코리안 미러클 7

정보화 혁명, 정책에 길을 묻다

나남
nanam

'육성으로 듣는 경제기적' 7기 편찬에 참여하신 분들

증언해 주신 분들 (가나다 순)

김남석 前 행정안전부 제1차관
김용수 前 과학기술정보통신부 제2차관
노준형 前 정보통신부 장관
안문석 前 전자정부특별위원회 위원장
양승택 前 정보통신부 장관
여운방 前 정보화위원회 실무추진위원
오 명 前 부총리 겸 과학기술부 장관
윤동윤 前 체신부 장관
이각범 前 청와대 정책기획수석비서관
이강우 前 공정거래위원회 부위원장
이석채 前 정보통신부 장관
이한영 중앙대학교 교수
조동호 KAIST 명예교수
진대제 前 정보통신부 장관

집필 책임

홍은주 前 MBC 논설주간, 한양사이버대 교수

편찬위원회 (위원장 이하 가나다 순)

진동수 前 재경회 회장, 前 금융위원회 위원장, 편찬위원장
홍장표 KDI 원장, 편찬위원장
권오규 재경회 회장, 前 부총리 겸 재정경제부 장관
김광수 재경회 이사, 전국은행연합회장
노준형 前 정보통신부 장관
방문규 재경회 이사, 한국수출입은행장
서중해 KDI 선임연구위원
송인호 KDI 경제정보센터 소장
윤대희 신용보증기금 이사장
조동호 KAIST 명예교수

KDI 연구진

이용수 KDI 경제정보센터 디지털경제분석실장
이정미 KDI 경제정보센터 전문위원
박진채 KDI 경제정보센터 총괄

코리안 미러클 7

정보화 혁명, 정책에 길을 묻다

육성으로 듣는 경제기적 편찬위원회

홍은주 집필

나남
nanam

한국 정보화 리더십,
전인미답의 길을 열다

한국의 정보통신산업은 거의 불모지에서 출발하여 유례없이 빠른 시간 내에 성공신화를 거둔 것으로 평가된다. 이 책은 한국이 정보화 정책을 기획하고 법과 제도를 만들어 집행을 시작한 지 얼마 안 되는 짧은 기간 내에 선진국 수준의 정보화 인프라를 만들고 세계 1, 2위를 다투는 전자정부를 구축하며, 상당수 정보통신 관련 산업이 세계 1, 2위 수출로 이어지는 데 작용한 핵심 성공 요인을 알아보기 위해 기획되었다.

재경회와 KDI는 2020년 3월 《코리안 미러클》 시리즈의 주제로 '한국의 정보화 전략'을 선정하고, 이후 주제와 방향을 명확하게 하기 위해 10여 차례의 회의를 거듭하였다.

눈부신 정보화의 진전과 성공을 위해서는 정책 리더십과 기술개발, 두 가지 축이 반드시 필요하다. 우선 남들보다 앞서 정보화가 가져올 정치, 경제, 사회, 민간과 공공 부문 전반의 미래상에 대해 뚜렷한 비전을 세우고 뚝심 있게 집행할 정책 리더십이 중요하다. 또한 비전을 국민과 경제의 일상 속으로 구체화할 수 있는 정보화 기술의 완성도가 요구된다.

이 가운데 정보화 기술의 빛나는 성공 스토리는 이미 많이 알려져 있으므로, 편찬위원회는 정보화 비전을 정책으로 연결시킨 많은 정보화 정책 리더들을 만나 당시의 고민과 정책적 배경, 결단의 어려운 순간을 들어 보는 방향으로 포커스를 맞추었다.

한국의 ICT 개발과 정보화는 불모지에서 법과 제도를 만들어 가며 쌓아 올린 리더십과 정책의 역사라고 해도 과언이 아니다. 1970년대와 1980년대, 1990년대, 한국은 미국과 유럽, 일본의 눈부신 정보화 속도에 한참 뒤져 있었다. 캄캄한 어둠 속에서 길을 헤쳐 나가는 것 같은 치열한 두려움과 고민의 연속이었다.

다행인 것인 전인미답(前人未踏)의 어둠 속에서도 그때그때마다 비전을 세워 방향을 설정하고 대통령과 국회 등 정치지도자들을 설득하여 거액의 예산을 편성하고 법을 만들어 구체적인 정책으로 실현시킨 정보화 정책 리더들이 시대의 고비고비마다 존재했다는 사실이다.

1980년대 초까지만 해도 한국은 정보통신산업의 불모지나 다름없었다. 경제가 성장하여 통신 수요가 급증하는데 전화 가설은 거북이 걸음이라 시중에서 거래되는 백색전화 한 대 값이 강남 아파트 가격과 맞먹을 정도였다.

그런데 1980년대 후반 들어 사정이 완전히 달라졌다. '단군 이래 최대 R&D 프로젝트'라는 전전자교환기(TDX) 개발에 착수하여 세계에서 7번째로 국산화에 성공한 것이다. TDX 보급으로 전화 가설 용량이 확 늘어나면서 오전에 이사하면서 집 주소를 통신사에 알려 주면 그날 오후에 전화가 가설되는 '1일 전화 가설 시대'가 세계 최초로 열렸다.

이 같은 성공신화의 바탕에는 1970년대 중반에 기계식이 주종이던 전화교환기를 디지털로 전환하기로 한 정책적 선견지명이 자리 잡고 있다. 디지털이라는 말이 무엇인지도 잘 모르던 1970년대에 전화교환기를 반(半)전자식으로 국산화하겠다는 대담한 정책결정이 대체 어떻게 나오게 되었을까? 이 책에는 한국 경제의 미래를 위해 디지털로 방향을 선회하기로 한 비전 리더들의 앞선 고뇌와 정보탐색, 현실적 정책의 아이디어와 재원조달 과정 등이 자세히 담겨 있다.

1990년대 초반에는 세계 최초로 디지털 이동통신 기술인 CDMA 상용화에 성공하여 한국이 이동통신 시대의 글로벌 리더로 등장한다. CDMA 기술의 세계 최초 상용화도 중요한 업적이지만, 정치역학적으로 이를 단일 기술표준으로 채택하여 이동통신 서비스에 적용하는 것이 더 어려웠다. 험난한 정치적 역풍과 논란, 기업들의 이해관계 충돌, 외국의 통상압력에도 불구하고, CDMA를 이동통신 단일표준으로 가기로 한 정책결정 과정은 4차 산업혁명의 미래를 향해 나아가기 위해 반드시 한 번쯤 음미해 보아야 할 대목이다.

현재 한국 경제가 직면한 최대 과제는 디지털 대전환과 4차 산업혁명 시대로의 빠른 이행이다. 4차 산업혁명은 아무도 가 보지 못한 미답의 영역, 미지의 기술이 대부분이며 거의 대부분의 제도와 법, 정책을 새로 만들어 가야 한다. 어느 부문에 투자할 것인가? 어느 방향으로 산업정책을 수립할 것인가? 미지의 기술표준들이 정치적 이유로 충돌할 때 어떤 논리로 어떤 의사결정구조를 만들어야 할 것인가?

과거는 미래를 위한 다양한 경험과 지혜를 함축하고 있다. 1970년대 이후 전자산업과 통신산업의 눈부신 발전을 모색하고 뚝심 있게 추진하여 오늘날 정보화 선진국을 만들어낸 정책비전과 리더십, 정치적 파고를 넘는 의사결정을 담은 이 책에서 4차 산업혁명이라는 미래 진행형 질문의 답이 나올 수 있기를 기대한다. 이 책의 인터뷰를 위해 기꺼이 귀중한 시간을 내주시고 생생한 증언을 해 주신 정책 당국자분들께 진심으로 감사드린다. 책이 나오기까지 노고를 아끼지 않은 편찬위원들과 집필진에게 사의를 표하며, 특히 초기 기획 단계부터 실무 과정 전반을 책임진 KDI의 서중해 선임연구위원과 이정미 전문위원, 이 기획을 이어받아 최종 마무리를 도와준 송인호 소장에게도 이 자리를 빌려 감사의 뜻을 전한다.

2022년 4월
편찬위원장 진 동 수 · 홍 장 표

특이점에서 현상으로 진화한
한국의 정보화

일반적으로 경제사를 기술하는 방식에는 역사주의와 상대주의가 있다. 상대주의는 역사적 사실들을 잘 관찰하면 일반화를 통해 일정한 유형이나 추세를 도출할 수 있다고 보는 관점에 기초한 서술방식이다. 따라서 시대적으로 점진적 연계와 공통적 흐름을 중시한다. 반면에 역사주의는 모든 사건과 현상은 개별적 독자성과 고유성을 지니고 있다고 보는 관점이다.[1]

한국 정보화의 현주소는 1970년대 중반에 아이디어가 싹트고 1980년대에 마스터플랜을 만든 후 오랜 시간 동안 수많은 기술적 도전과 정책적 장애를 극복하면서 민관이 노력하여 역동적으로 성장시킨 결과물이다.

이 같은 내용을 서술하기 위해 수많은 인터뷰와 증언을 진행하면서 발견한 사실은 세계적으로 유례없이 빠르게 진전된 한국의 정보화 발전사는 역사주의와 상대주의 속성을 모두 포함하고 있다는 것이다.

역사주의적 관점에서 보면 어떤 시점에 특별한 계기로 정보통신산업이 폭발적으로 발달하게 되는 특이점(特異點)들이 간간히 목격된다. 이 특이한 상황은 당시의 시대적 독자성과 당위에 기초하여 저절로 형성된 것이기 때문에 미래에 동일한 상황이 다시 재연되지는 않을 것이다.

그러나 그 특이점이 일회적·국지적 현상으로 그치지 않고 이후 정보통신의 발전

---

1 차하순, 2007, 《새로 고쳐 쓴 역사의 본질과 인식》, 학연사.

과 비전에 대한 기저적 흐름으로 도도하게 이어졌다는 것은 우리가 과거의 특이한 상황으로부터도 미래를 위한 상대적 통찰을 얻을 수 있다는 점을 시사한다.

따라서 이 책에서는 한국이 정보화 강국으로 떠오르게 된 계기적 특이점을 단순히 기술하기보다는 왜, 어떤 계기로, 어떤 시대상황에서 그런 특이점이 발생했는가, 또한 그 특이점이 일관된 정책이나 시장으로 확장되고 발전할 수 있게 된 데는 어떤 정보화 리더십이 작용했는지를 가능한 한 면밀히 살펴 시사점과 교훈을 얻고자 했다. 이와 함께 오랜 시간 동안 시행되어 온 정보화 정책의 기저에 흐르는 비전과 인식을 미래 발전을 위해 공유하고자 노력했다.

인터뷰를 진행하다 보니 반드시 귀중한 사료와 증언으로 남겨야 할 분들 가운데 이미 타계하신 분들이 적지 않다는 사실을 알게 되었다. 전화교환기 디지털화 결정과 TDX 국산화 개발정책 등 초기 정보화 정책의 선구자였던 김재익 경제수석과 1980년대 5대 국가기간전산망의 큰 그림을 그리고 추진하여 오늘날 세계 1위 전자정부를 만드는 데 앞장선 홍성원 청와대 비서관, 초기 정보통신부 기초를 다지고 정보통신정책을 정착시킨 경상현 정보통신부 장관과 강봉균 정보통신부 장관 등이 바로 그분들이다. 이분들이 한국의 정보화와 발전에 기여한 내용은 간접 증언 및 언론 인터뷰 등 기록에 남아 있는 내용들을 참고하였다.

한국의 ICT 정보화 발전을 위해 수많은 정책 결정 과정에서 많은 사람들이 참여하고 공헌했지만 지면의 한계로 모든 정보화 리더들을 다 모실 수는 없었다. 한국 정보화의 큰 기수 중 한 사람인 정홍식 전 정보통신부 차관은 인터뷰를 끝까지 고사하여 그가 집필한 《한국 IT 정책 20년》의 내용을 인용하였다. 진심으로 아쉽게 생각하며 다른 기회가 주어지기를 소망한다.

집필하는 과정에서 세세한 디테일은 기존에 나와 있는 완성도 높은 기록물들에 많이 의존하였다. 행정안전부가 전자정부 50주년을 맞아 2017년에 내놓은 다양한 기록물과 기획물들(《전자정부 50년》, 《되돌아보는 대한민국 전자정부 이야기 23선》 등), 한국지능정보사회진흥원이 매년 발간하는 《국가정보화 백서》 등에서 시대별로 자세한 내용을 참고할 수 있었다.

정보통신 강국의 길을 앞장서 열었던 국가 R&D의 메카 한국전자통신연구원(ETRI)

은 각종 정보통신 기술과 관련하여 실제 연구를 담당했던 연구자들의 자세한 동영상과 기록물을 홈페이지에 게재하고 있다. 이 역시 많은 참조가 되었다.

언론에도 정보화와 관련하여 많은 기록이 남아 있었다. 특히 〈전자신문〉이 특별기획하고 이현덕 대기자가 시리즈물로 집필한 "이현덕의 정보통신부, 그 시작과 끝"은 체신부의 전통을 이어받은 정보통신부의 14년 발자취를 재조명하여 큰 도움이 되었고, 〈조선비즈〉의 "정보화 리더십 탐구" 시리즈에서도 생생한 디테일을 확보할 수 있었다.

불모의 땅에서 정보화의 길을 열었던 리더들의 과거 경험이 4차 산업혁명 성공시대로 이어지는 치트키가 되기를 소망한다.

2022년 4월

집필자 홍 은 주

차
례

발간의 글 5
편집의 글 9

PROLOGUE
———

정보화 퀀텀점프를 보는
몇 개의 시선

Scene 1. 오징어 수출에서 IT 수출의 메카로 19
Scene 2. 압구정동 아파트 가격과 같았던 전화 가격 21
Scene 3. CDMA 상용화 성공과 이동통신 신화 22
Scene 4. 담대한 첫걸음, 5대 국가기간전산망 사업 24
Scene 5. 코로나19 시대에 ICT가 없었다면? 26
이 책은… 27

CHAPTER 1
———

정보통신 여명기
EPB의 역할

근대 통신의 시작 31
EPB와 KIST의 합작품, 행정전산화 36
티핑포인트(*Tipping Point*): 반전자교환기 도입 결정 67

CHAPTER 2

___

체신부,
정보통신혁명의 주역이 되다

군사정부에서 펼친 '경세제민'의 이상 85
정보화 정책 주도권, 체신부로 가다 107
정보통신 역사를 바꾼 연구개발들 124
5대 국가기간전산망 구축정책 144

CHAPTER 3

___

정보통신부의 출범:
정보선진화 마스터플랜 수립

'초고속통신망 구축계획' 가동 179
정보통신부의 시대가 열리다 189
정보화, 국정의 최우선 지표가 되다 205
통신산업 구조조정과 경쟁정책 227
한미 통신협상과 WTO 체제 출범 232
경쟁정책이 불러온 혁신: 케이블TV에서 VDSL까지 247

CHAPTER 4

___

이동통신산업과 기술의
정치역학

한국의 초기 이동통신 259
정치쟁점화한 제 2 이동통신 선정 262
CDMA 서비스를 둘러싼 정치적 논쟁 266
PCS 사업자 선정과 후폭풍 293

CHAPTER 5

—

브로드밴드 시대의
정보화

외환위기 발발과 국민의 정부 출범 311
새천년, 정보화의 문명사적 대전환을 추진하다 318
한국, 세계 정보통신의 중심에 서다 337
이동통신 주도권 국제 경쟁에서 앞서 나가다 342
「전자정부법」 제정과 전자정부 본격 추진 349
글로벌 리더 'e-코리아' 363

CHAPTER 6

—

연결시켜 꽃피우다:
정보화의 융합과 공진화

디지털 대전환 인식의 확산 371
가치사슬로 묶인 'IT 839 전략' 수립 379
한국, 추적자에서 추월자가 되다 396
한미 FTA 통신협상 413
전자정부를 고도화하다 430
정보화 역기능의 대책 마련 452
정보통신부의 해체 457
정보통신부를 다시 생각한다 464

EPILOGUE

——

4차 산업혁명:
기회 혹은 몰락?

'체스의 후반부'에 이른 정보화 혁명   473
4차 산업혁명 정책의 문제점과 대응방안   481
그리하여 …   500

APPENDIX

——

1. 시기별 주요 정보화 정책   502
2. 정보화 분야 재정투자 추이(1999~2011)   503
3. 인터넷 이용자 및 이용률 현황(2000~2019)   504
4. 정보통신서비스 이용자/가입자 추이(1987~2020)   505
5. 정보화 정책 시계열 자료(1991. 8~2021. 10)   506
6. OECD OURdata 지수   518
7. OECD 국가 초고속인터넷 가입자 수 현황(유선)   519
8. OECD 국가 초고속인터넷 가입자 수 현황(무선)   520

집필자 약력   521

정보화 퀀텀점프를 보는
몇 개의 시선

Scene 1. 오징어 수출에서 IT 수출의 메카로

1945년 일제 식민지에서 해방된 직후 한국은 세계 최빈국 수준이었다. 국민 대부분이 글을 읽거나 쓰지 못했고,[1] 농업이 주산업으로 공업기반은 극히 취약했다. 일본의 조선 병참기지화 전략에 따라 모든 주요 공장과 산업은 북한에 집중되어 있었기 때문에, 남한에는 변변한 부존자원이나 공장도 없었다. 1948년 5월 14일 북한으로부터 송전이 중단되자 얼마 안 되는 경공업 공장조차 가동률이 10% 미만으로 떨어졌다. 그나마 남아 있던 사회기반시설마저 1950년부터 3년간 한국전쟁을 겪으면서 많이 파괴되었다.

해방 후 15년이 지난 1960년 초, 한국은 여전히 1인당 GDP가 100달러도 안 되는 세계 최빈국을 면치 못했다. 1961년 한국의 10대 수출상품은 주석, 무연탄, 철광석, 흑연 등 광물과 오징어, 활선어 등 농수산물이 주를 이루었다. 1964년 무렵부터 수출공업화 전략을 수립하여 해외수출을 늘렸으나, 이때에도 역시 신발, 피혁, 봉제, 가발 등 노동집약적 산업에 주력했다.

그 무렵 한국에는 컴퓨터는커녕 제대로 된 전자제품도 없었다. 제품을 해체하여 재조합하는 과정에서 그 제품의 기능과 작동 원리를 파악하는 '역공학'(reverse engineering) 연구를 위해 흑백 TV를 외국에서 수입하자고 주장했던 상공부의 젊은 공무원이 황금보다 귀한 달러를 엉뚱한 데 낭비한다며 매국노라는 비난과 함께 뺨을 맞는 일도 있었다.[2]

1970년대 들어 남북관계의 긴장감이 고조하자 한국 정부는 산업과 수출의 고부가가치화를 지향하는 동시에 군수산업을 육성하고자 했다. 이런 목적으로 1973년 중화학공업 선언과 함께 재정, 금융, 세제 등 국가적 역량을 총동원하여 자동차, 기계, 철강, 화학 등 중화학공업을 집중적으로 육성하기 시작했다.

중화학공업 육성에 매진하는 상황에서 전자산업과 통신산업은 경시될 수밖에

---

1 당시 한국 국민의 문맹률은 78%에 달했다(문교부, 1958, 《문교개관》, 문교부; 재정경제부, KDI, 《대한민국 경제 발전 70년》, 148쪽 재인용).
2 오원철, 2003, 《한국형 경제건설 3》, 한국형경제정책연구소.

없었다. 경제 발전에 필수적인 산업용 전자제품이나 통신제품은 대부분 해외에서 수입하여 사용했다. 라디오나 흑백 TV 등 일부 전자제품은 수출했지만, 외국에서 모든 핵심부품을 수입해다가 한국의 저렴한 노동력을 이용하여 조립하고 재수출하는 수준에 불과했다. 수출이 늘어났지만 수입이 더 큰 폭으로 증가하여 경상수지는 만성적 적자였다.

당시 (한국의) 전자제품은 거의 아날로그 방식이었고, 심지어 대학에서 전자회로를 가르치는 교수님 집에 흑백 TV도 없을 정도였다. 대학이나 연구기관에서 디지털이라는 단어를 갓 쓰기 시작했지만, 디지털 기술이 어떻게 발전하고 어떤 위력을 발휘할지 아무도 몰랐다. 디지털 컨버전스니 네트워킹이니 하는 말은 아예 들어 본 적도 없었다.[3]

1970년대 초반, 한국에서는 흑백 TV도 제대로 보급되지 않았던 시절에 세계는 이미 반도체와 디지털 세상으로 혁신적 변화를 모색하고 있었다. 미국에서는 실리콘밸리를 중심으로 반도체와 컴퓨터를 생산하는 벤처기업이 늘어나고 있었다. 일본에서는 이미 1972년에 컬러 TV를 도입하여 대규모 전자제품 수요가 생겼으며, 이후 본격적으로 반도체와 컴퓨터를 생산했다. 반도체와 IC 원천기술은 미국에서 먼저 개발했지만, 그 기술의 상용화는 일본이 더 빨랐다. 1980년대 초반에 반도체 원조인 미국의 인텔사가 일본의 반도체 공세에 밀려 메모리 반도체 생산 중단을 선언했을 정도이다.

반면 한국은 1980년에 들어서도 상황이 크게 달라지지 않았다. 1980년 한국의 10대 수출품목을 살펴보면 의류와 섬유, 신발, 고무제품, 목재류 등 경공업이 주를 이루었다.

생산과 수출의 판도가 극적으로 변화한 시기는 그로부터 10여 년 후였다. 유선통신 전전자교환기 TDX와 무선통신 CDMA 교환기를 개발하여 수출하기 시작했고, 컴퓨터의 생산과 보급, 수출이 급격히 증가했다. 2000년대 전후 ICT 관련 전자제품이 수출품목 상위 10위권에 들었다. 2005년 자동차와 선박, 석유제품

---

3 윤종용, 2005, 《초일류로 가는 생각》, 삼성전자(비매품).

등 전통적 중화학공업을 제치고 반도체가 수출 1위를 차지했다. 3위에 휴대폰·무선통신 기기, 6위에 컴퓨터가 오르면서 10위권에 전자제품이 세 종목이나 포함되었다. 이후 평판디스플레이와 센서가 추가되어 4개 품목이 10대 수출품에 부동의 자리를 구축했다. 2020년 10대 수출품목 가운데 네 종목이 전체 수출품의 25% 이상의 비중을 차지했다. [4]

오징어와 가발, 봉제인형을 수출하던 나라가 어떻게 갑자기 반도체와 휴대폰, 컴퓨터, 디스플레이 등 IT 산업의 메카로 퀀텀점프(*quantum jump*) 하게 되었을까? 그사이에 어떤 일이 있었고 무슨 정책이 집행되었을까?

Scene 2. 압구정동 아파트 가격과 같았던 전화 가격

한국의 초기 전화통신 상황은 열악했다. 1948년 정부수립과 함께 체신부가 출범하여 전화가 약간 보급되었으나, 아날로그 전화교환기의 수입가격이 비싸 전화회선을 늘리는 데 한계가 있었다. 경제성장과 함께 증가하는 민간 통신 수요에 비해 전화회선은 턱없이 부족했다.

4차에 걸쳐 진행된 '통신사업 5개년계획'의 마지막 연도인 1981년에 전국 전화설비는 349만 1,270회선, 전화보급률은 8%에도 미치지 못했다. 전화회선을 늘릴 수 없어 당시 민간에서 거래 가능한 이른바 '백색전화' 가격은 웬만한 아파트 한 채 가격과 맞먹었다. 전화는 부와 권력의 상징이었다.

그로부터 몇 년 후 1980년대 후반에 전화통신 상황은 급반전했다. 집집마다 전화를 한 대씩 개설할 정도로 사정이 좋아진 것이다. 1가구 1전화 시대, 세계 최초의 전화 당일 개설이라는 신기록이 만들어졌다. 이사 가는 날 아침 한국전기통신공사에 전화해 이사 가는 집 주소를 알려 주면 그날 저녁에 바로 전화가 개통되는

---

4 〈연합뉴스〉, 2016. 7. 11.

일이 일상의 풍경으로 자리 잡은 것이다. [5]

전화혁명은 한국의 정치·사회·경제 구조를 근본부터 뒤바꿨다. 정보의 전파 속도가 빨라졌으며, 대도시의 자녀가 지방의 부모와 자주 통화하면서 '여촌야도' (與村野都: 여당은 지방에서 강하고 야당은 도시에서 강세를 보이는 것) 의 정치지형이 달라졌다. 지방의 농민이 도시지역의 농산물 가격 정보를 손쉽게 얻게 되어 외지의 중간 도매상과의 교섭력이 높아졌다. 기업은 국제전화로 글로벌 마케팅을 활성화하게 되었다. [6]

몇 년 안 되는 짧은 기간 동안에 어떤 일이 있었기에 한국의 전화통신 상황과 인프라가 갑자기 세계 최고 수준으로 도약한 것일까?

Scene 3. CDMA 상용화 성공과 이동통신 신화

1930년대에 미국 모토로라에서 무전기를 개발했다. 무전기가 각광받고 진화하게 된 결정적 계기는 2차 세계대전, 수많은 군인의 생사를 가르는 전쟁이었다. 이동통신이 절실히 필요했던 미군은 '워키토키'(*walkie-talkie*) 라는 별명을 지닌 휴대용 무선통신 기기를 개발하여 사용했다.

달과 지구의 첫 교신도 우주 통신용 무선통신을 통해 이루어졌다. 1969년 7월 인류 최초의 유인 우주선 아폴로 11호가 최초로 달에 착륙했을 때 닐 암스트롱 선장을 비롯한 우주인들은 지구에 감격스러운 목소리로 메시지를 전달했다.

"휴스턴, 여기는 '고요의 바다'이다. 독수리가 착륙했다"(*Houston, Tranquility Base here. The Eagle has landed*). [7]

1973년 인류 역사상 최초의 휴대폰을 개발했고, 1983년 아메리테크(Ameritech)

---

5 이 책의 노준형 전 정보통신부 장관의 인터뷰에서 인용했다.
6 이 책의 오명 전 부총리 인터뷰에서 인용했다.
7 독수리는 미국을 상징하는 새이다.

에서 미국 최초의 아날로그 셀룰러 서비스(AMPS: *advanced mobile phone service*)를 시카고에서 개통했다.

1984년 3월 한국에서도 최초의 상용 이동통신이 시작되었는데, 휴대폰이 아니라 카폰(*car phone*) 서비스였다. 차량용 이동통신 자체가 차량 한 대 가격과 맞먹을 정도의 고가인 데다가 월 통신이용료도 아주 비쌌다. 이동 중 무선신호를 잡기 위해 차에 큰 안테나를 달았는데, 차가 귀하던 시절 통신 안테나가 달린 차는 그야말로 선망의 대상이었다. 길 가던 사람들이 안테나 달린 차를 보면 한 번씩 뒤돌아볼 정도였다.

한국 최초의 상용 휴대폰은 미국 모토로라에서 1983년에 개발한 휴대폰 '다이나택 8000X' 시리즈인 '다이나택 8000SL'이었다. 다이나택은 검은색 벽돌 같은 크기에 무게도 딱 그 정도여서 일명 '벽돌폰'으로 불렸다.[8] 이에 자극받은 삼성전자는 역공학 방식으로 올림픽 개최 시기에 맞추어 최초의 국산 휴대폰 'SH-100'을 내놓았다. 다이나택보다 무게와 크기를 줄였지만, 이 역시 안테나를 포함하면 크기가 40cm에 달해 '냉장고폰'으로 불렸다.[9] 카폰과 휴대폰이 드물던 시절 한국의 일반인은 1980년대 후반까지 '삐삐'라는 애칭을 가진 수신전용 기기를 사용했다.

그런데 1990년대 중반 이후 한국은 급속도로 유선통신에서 이동통신 시대로 진입했다. 가입회선 용량이 증가하면서 적체 현상이 사라져 가입자가 급격히 늘어났고, 휴대폰 수출이 증가했다.

2000년대 초반 들어 한국은 이동통신 핵심 원천기술을 자체적으로 개발하여 3세대 이동통신의 글로벌 표준을 제시한 IMT-2000 프로젝트에 적극적으로 반영했다. 이후 한국의 휴대폰은 노키아, 모토로라와 같은 세계 1, 2위 기업과 대등하게 경쟁하는 수준으로 성장했다. 전 세계 누구도 별로 주목하지 않던 한국 이동통신이 하루아침에 중앙무대로 진출한 것이다.

---

8 초기 모델 가격은 천만 원 선이었다고 한다. 초기 휴대폰에 관한 내용은 SKnBiz 블로그 및 "벽돌폰에서 스마트폰까지 … 휴대폰 30년사", 〈연합뉴스〉, 2018. 8. 5 참조.
9 〈천지일보〉, 2010. 9. 1.

1990년대 초반까지 한국은 아날로그 이동통신교환기조차 개발하지 못해 해외에서 완제품을 수입하여 사용했다. 그런데 어떻게 하루아침에 세계 최초로 2세대 디지털 교환기 상용화에 성공하고 3세대 이동통신의 글로벌 표준에 스스로 개발한 기술을 반영할 정도로 급성장했을까? 그 과정에서 어떤 정치적 논란과 갈등, 정책적 결단이 있었을까?

Scene 4. 담대한 첫걸음, 5대 국가기간전산망 사업

1980년 초반에 한국 정부는 청와대 주도로 5대 국가기간전산망 사업을 시작했다. 행정전산망(정부 및 정부투자기관 전산망), 금융전산망(은행·보험·증권 등 금융기관 통합전산망), 교육전산망(대학·연구소 등의 전산망) 등 일반 국민을 위한 3개 전산망 사업과, 국방전산망, 공안전산망 등을 구축하는 한편 이를 담당할 국산 주전산기(서버)도 개발하는 방대한 프로젝트였다.

이 프로젝트는 첫째, 1990년대 중반까지 5대 기간망을 완성하고, 둘째, 2000년대 초까지 국가·사회 전반의 전산화 추진 및 전산망 구축을 통해 효율적 국가 경영과 대국민 서비스를 도모하며, 셋째, 그 과정에서 컴퓨터 및 네트워크, 전산기와 부품, 소프트웨어 등 민간시장 수요를 창출한다는 담대한 목표로 추진되었다.

5대 국가기간전산망 사업은 미국 클린턴 행정부에서 추진한 '정보화 고속도로' (*information superhighway*) 구축계획보다 훨씬 더 이른 시기에 수립되었고 1990년대 들어 '초고속통신망 구축계획'으로 자연스럽게 연결되었다. 정부의 선도투자로 초고속정보통신서비스 시장이 열리자 국내 업계는 케이블 TV망과 ADSL 등을 통해 초고속인터넷서비스를 빠르게 확산시켰다.

2002년 한국의 가구 수 대비 인터넷 가입자 비율은 천만 가구가 넘어 약 74% 수준에 이르렀다. 도시의 일반 가정은 가가호호 컴퓨터를 갖추게 된 것이다. 초고속통신망의 구축과 영상통화, VoIP, 소셜미디어, 메신저 등 데이터 서비스의 확산은 국가 전체가 정보화 사회로 진입하는 데 큰 역할을 했다. 이를 기반으로 전자

24

상거래 등 사이버 경제가 폭발적으로 증가했다.

5대 기간망 가운데 행정망은 '전자정부 구축계획'으로 진화했다. 정부의 모든 행정업무가 종횡으로 연결되어 행정의 투명화와 효율화가 이루어졌으며, 전국 어디서나 24시간 행정민원이 가능하게 되었다. 국세청의 국세통합전산망과 홈택스의 구축으로 종이가 필요 없는 세금신고와 납세행정이 실현되었다. 그 결과, 한국은 2010년부터 2016년까지 3회 연속 UN(United Nations)이 선정한 '1등 전자정부 국가'가 되었고, 이후 꾸준히 2, 3위를 유지하고 있다.

1989년부터 전국 1만 2천여 곳의 초·중·고등학교에 컴퓨터를 보급하고 교육용 데이터베이스(DB: *data base*) 구축사업을 시작하여 전 세계에서 가장 신속하게 교육전산망을 완성했다. 전국 어디서나 ATM과 인터넷뱅킹으로 돈을 주고받을 수 있도록 금융망도 고도화했다. 2010년 7월 12일에는 검찰과 경찰·법원·법무부가 공동으로 구축한 형사사법정보시스템(KICS)을 전면 개통하였다.

행정망과 금융망을 연결하자 사람과 돈, 토지의 흐름이 일목요연하게 파악되어 국가의 생산성과 투명성이 향상되었다. 교육망이 구축되자 미래세대인 학생들의 정보화 문해율이 제고되었으며, 형사사법정보시스템은 법질서의 선진화를 앞당겼다.

1980년대 초반 한국 기업은 메인프레임 컴퓨터는 물론 개인용 컴퓨터도 제대로 만들지 못했다. 그런데 어떻게 5대 국가기간전산망 구축이라는 담대한 발상이 나오고 이후 정권교체에도 중단 없이 장기적으로 추진되었을까? 그 과정에서 어떤 일이 있었을까?

Scene 5. 코로나 19 시대에 ICT가 없었다면?[10]

2019년 12월, 2차 세계대전 이후 최악의 글로벌 위기로 일컬어지는 코로나 19 사태가 발발했다. 미국과 유럽, 일본 등 선진국에서 코로나 바이러스를 통제하지 못해 혼란이 일었을 때 한국은 중국과 같이 극단적 봉쇄 조치를 동원하지 않고도 이를 효과적으로 통제했다. 다른 나라보다 월등히 뛰어난 ICT 기반을 활용한 덕분이었다.

바이러스 접촉자들은 스마트폰을 통해 자신이 해당자인지 아닌지를 전달받아 바이러스 검사를 했고, 그 결과 역시 스마트폰으로 전달받았다. 중앙정부와 지방정부의 웹사이트에는 감염원 업소 정보가 즉시 올라와 국민이 실시간으로 확인할 수 있었으며, 감염장소를 확인할 수 있는 앱이 무료로 개발, 보급되었다.

스마트폰을 활용한 긴급재난 문자방송서비스인 CBS(*cell broadcasting service*)도 개발되어 긴급재난 대처에 활용되었다. CBS는 일반적인 SMS 문자전송시스템을 통하지 않기 때문에 전 국민 모두에게 동시 다발적으로 재난 내용과 효율적 대처 방안 등을 발송할 때 속도지연이나 발송장애가 발생하지 않는다. 또한 확진자가 발생할 경우 확진자의 동선을 추적하여 이를 해당 지역 주민에게 빠르게 공개함으로써 동선이 겹치는 사람이 즉시 코로나 19 검사를 받을 수 있도록 했다. 이런 방식으로 CBS는 코로나 19 확산을 줄이는 데 크게 기여했다.

국민은 격리된 상태에서도 언택트 화상전화로 서로의 안부를 확인했고 스마트폰 앱으로 음식점에 주문하여 식사를 해결했다. 언택트 비즈니스나 회의가 증가함에 따라 원격 화상회의, 원격 근무 등에 필요한 솔루션이 쏟아져 나왔다. 직원들은 클라우드 서비스를 이용하여 3분의 1 이상이 교대로 재택근무를 하거나 집 근처의 스마트 사무실에서 업무처리를 했다. 학교가 문을 닫자 온라인 콘텐츠가 제공되고 온라인 교육이 시행되어 학습 중단의 부작용을 최소화했다.

의료법에서는 아직 원격진료를 허용하지 않고 있으나, 코로나 시기 동안 한시적

---

10 이하의 내용은 NIA가 세계은행, OECD 등의 요청에 따라 작성한 "Flattening the Curve on COVID-19: The Korean Experience"의 내용을 요약한 것이다.

으로 바이러스 확산을 막기 위한 원격진료가 허용되었다. 요양시설이나 요양병원 등에서는 병원과 연결하여 전화상담을 하거나 약을 처방받았다. 의사들은 스마트폰 화상전화로 병원시설이 미비한 지역의 코로나 환자들을 자세히 살피거나 문진했다. 환자가 작성한 문진표와 엑스레이 스캔이 업로드되면 수백 킬로미터 떨어진 서울의 대학병원 본원의 영상의학과 전문의가 실시간으로 이를 판독한 후 환자의 상태를 분류하고 중증 환자는 부근의 병원으로 이송하는 조치를 취했다.

한국은 고도화된 ICT 네트워크를 기반으로 코로나 19 사태에 대처했다. 만약 한국이 초고속망과 이동통신 기반이 취약한 상태에서 아무 준비 없이 코로나 19와 같은 사태를 맞았다면 한국의 상황은 어떠했을까?

이 책은 …

한국은 과거 농업사회로서 제조업과 공업 발전이 지체됨에 따라 오랫동안 식민지의 비극을 겪었고 해방 후에도 장기간 경제난에 시달렸다. 공업화가 늦었던 한국이 어느 나라보다 빨리 정보화 선진국으로 등장하게 된 배경에는 제3의 물결인 정보화를 신속하게 받아들이고 10년 후를 내다보는 장기적 비전을 수립했던 정책적 결단이 있었다. 또한 "산업화는 뒤졌지만 정보화만은 앞서가겠다"는 목표하에 구체적 마스터플랜을 세워 정권교체의 부침에도 뚝심 있게 이끈 수많은 정보화 리더들의 공헌이 있었다.

　　역사는 미래의 스승이다. 이 책은 한국 정보화 정책의 역사와 성공 동인, 정책 리더십의 기록인 동시에 미래 정보화 비전과 4차 산업혁명 시대에 필요한 정책의 길을 묻는 열린 물음표이다.

CHAPTER 1

정보통신 여명기
EPB의 역할

근대 통신의 시작

대한제국의 '전어통' 도입

한국에서 근대적 의미의 통신 역사는 1800년대 후반 개항기 무렵에 시작되었다. 최초로 가설된 통신전선은 1885년 9월에 개통된 서울·인천, 서울·의주를 잇는 서로전신선(西路電信線)이었다. 이는 청나라로부터 자금과 기술을 지원받아 건설했는데, 건설 당시 중국에 진출해 있던 덴마크 기술자 세 사람의 자문을 받았다.[1] 같은 해에 서로전신선의 운영을 담당한 한성전보총국이 개국했다.[2]

조선 정부가 독자적으로 추진한 통신시설은 독일의 지원을 받아 건설한 서울과 부산을 잇는 남로전신선(南路電信線)이었다. 이를 관리하기 위해 1887년 3월 조선전보총국이 설치되었다. 초대 조선전보총국 총판 홍철주가 정2품 한성판윤과 공조판서를 지낸 최고 고위층 관료 출신이었던 점을 감안하면 당시 조선정보총국에 대한 고종의 관심이 대단히 높았음을 짐작할 수 있다.[3]

1891년 고종의 처소에 임시 전화선이 가설된 후, 1896년 경운궁 내에 최초의 전화가 개통되었다. 당시 전화는 영어 텔레폰(*telephone*)을 음역하여 '덕률풍', '다리풍' 등으로 불리거나, 대화를 전달한다는 의미에서 '전어통'(傳語通)으로 지칭되었다.

> 고종은 침전인 함녕전 대청마루에 전화기를 놓았다. 관리들은 요상한 서양 기계가 임금의 체통을 깎는다면서 반대하기도 했다. 관리들은 고종과 통화를 할 때 관복을 갖춰 입고, 전화기에 큰절을 네 번이나 한 뒤 공손히 무릎을 꿇고 전화를 받았다.[4]

---

1 〈한국민족문화대백과사전〉(http://encykorea.aks.ac.kr, 2021. 11 인출).
2 한성전보총국은 청일전쟁 발발 후 일본군에 의해 해체된다.
3 한국전자통신연구원, 2017, 《한국전자통신연구원 40년사》.
4 한국 통신의 130년 역사를 다룬 《통(通)하다, 톡(*talk*)하다》(라이크컴퍼니, 2015); 성낙성, "전화기의 변천사 체신 1호에서 5G까지", 〈경상매일신문〉, 2019. 6. 19 재인용.

대한제국 궁내부에서 사용하던 전화기 모델
LM ERICSSON 301. 1895년 스웨덴의
에릭슨에서 제작한 벽걸이형 자석식 전화기로,
핸들을 돌리면 발전기가 회전하면서
신호를 송출하는 구조이다.

　　강제 퇴위를 당한 고종의 뒤를 이은 마지막 황제 순종은 고종에게 매일 전화로 문안인사를 올렸다. 고종이 승하한 1919년 홍릉과 덕수궁 사이에 직통전화를 놓고 상복을 차려입은 채 곡을 하기도 했다. [5]

　　1900년 3월 「전신법」이 제정되었고, 우편사무와 전신업무를 총괄하는 통신원이 설치되었다. 1902년 3월과 5월에는 교환전화 형태로 서울·인천, 서울·개성 간 시외 공중전화가 먼저 개통되었다. 서울 시내전화는 같은 해 6월에 개통되었다.

　　《백범일지》에 보면 "왜인 상인 쓰시다 조스케를 살해한 혐의로 사형을 기다리는데 사형 집행 직전에 고종이 전화해서 사형 집행을 하지 못하도록 했는데 그게 시외전화가 개설된 지 사흘 만의 일이었다"는 내용이 등장한다.

　　지금 대군주 폐하[陛下]께옵서 대청[집무실]에서 감리 영감을 불러 가지고 '김창수(金昌洙, 김구) 사형을 정지하라'는 친칙(親勅)을 받고 "밤이라도 옥에 내려가 창수에게 전지

5 〈IT 조선〉, 2015. 9. 22.

(傳旨)하여 주라"는 분부를 듣고 왔소. 오늘 하루 얼마나 상심하였소? 관청 수속이야 어떻든 나의 요량으로는 이재정[감리]이 그 공문을 받고 법부에 전화로 교섭한 것 같으나, 그 후 대청에서 나오는 소식을 들으면 사형은 형식으로라도 임금에 재가를 받아 집행하는 법인데, 법부대신이 사형수 각인의 공건(供件)을 가지고 조회에 들어가서 상감 앞에 놓고 친람(親監)을 하던 중 입시 승지 중 뉘가 공건을 다시 살필 때 '국모보수'(國母報讐, 원수 갚음) 네 글자가 눈에 이상히 보여서 재가 수속이 지난 안건을 다시 임금에게 보인 즉 대군주가 즉시 어전 회의를 열고 의결한 결과 국제 관계니 아즉 생명이나 살리고 보자 하여 전화로 친칙하였다 한다.

장도전화[장거리전화]가 인천까지가 처음이요. 전화 가설 공사가 완공된 지 3일째 되는 병신년 8월 26일[양력 1896. 10. 2] 날이라 한다. 만일 전화 준공이 못 되었어도 사형이 되었겠다 한다.[6]

백범이 "… 날이라 한다. … 했겠다 한다"고 그 내용을 전해 들은 것으로 술회했고 장거리전화의 개설 시점으로 미루어 실제로는 전화가 아니라 전보였다는 추정도 있다.[7] 그러나 전신이나 전화 같은 통신 문물이 백범의 생명을 구한 것은 확실해 보인다. 근대적 통신수단이 없었다면 그렇게 빠른 시간 안에 사형을 중단하라는 메시지를 서울에서 인천까지 전달하지 못했을 것이기 때문이다.

체신부 출범과 국산 전화기의 탄생

1948년 7월 17일 정부 수립과 함께 체신부가 출범했다. 이때부터 전화통신 수요는 조금씩 증가했으나 여전히 국가기관이나 극소수만이 전화를 이용할 수 있었다. 1961년 말 무렵까지도 전국 전화설비는 12만 3, 154회선, 전화가입률은 0. 4%에 불과했다.[8] 전화기는 외국에서 수입해 사용했다.

---

6 진용옥(경희대 명예교수)의 《백범일지》 번역, "백범, 고종의 덕률풍(전화) 명령으로 사형 면했다", 〈우리문화신문〉, 2018. 1. 11.
7 도진순 역, 2002, 《백범일지》, 돌베개.
8 홍봉화, 2006, 〈통신사업 5개년계획〉, 국가기록원.

1961년에 체신부가 최초의 국산 자동식 다이얼 전화기인 '체신 1호'의 규격을 만들어 국내 생산업체에 보급했다. 체신부는 "시험 결과에 따르면, 이 국산 전화기의 성능은 서독의 지멘스사 전화기보다 낮고 미제 '500형 전화기'나 일제 '4호 전화기'와 비슷하다"고 자신감을 나타냈다. [9]

1962년부터 금성(현 LG전자)을 비롯한 국내 생산업체들이 자동전화기를 본격적으로 생산하기 시작했다. 이 무렵 금성은 "전화기를 구입하거나 개설할 때는 금성제로 지정하십시오"라는 내용의 신문 광고를 대대적으로 실었다. [10]

국산 전화기에 대한 언론 보도도 뜨거웠다. [11]

금성 1호로 불리는 국산 전화기가 나왔다. 주식회사 금성사 제품인 이 전화기는 체신부 중앙전기시험소의 특성 시험 결과 그 성능의 우수함이 인정되어 본격적인 대량생산 단계에 들어갔다는 것이다. 시험 결과에 따르면, 이 국산 전화기의 성능은 서독의 지멘스사 전화기보다 낮고 미제 '500형 전화기'나 일제 '4호 전화기'와 비슷하다는 것이 밝혀졌다. 금성사의 월간 생산능력은 국내 수요를 충족시키기에 충분한 1만여 대라 하며 값은 자동식이 3만 1천 환 정도라 한다. [12]

당시는 '경제개발 5개년계획' 등 5년에 걸친 중장기 사업 수립과 추진이 일반화되었던 시절이다. 체신부는 장기간에 걸쳐 조금씩 설비를 늘려 나가기로 하고 1962년부터 '통신사업 5개년계획'을 수립하여 추진하기 시작했다.

'제1차 통신사업 5개년계획'(1962~1966)의 목표는 지방 통신시설 보급, 시내 및 시외 전신전화시설 확장, 전신요금 현실화, 국내 통신기계공업 육성 등이었다. 구체적으로, 시내 및 시외전화시설, 전신시설, 전기통신시험 및 전파관리시설 등을 확장하고, 통신기술훈련소를 신설하는 등의 7개 중점사업을 시행하기로 했다.

---

9 "체신 1호 전화기", 국가기록원.
10 "체신 1호 자석식 전화기", 대한민국 정책브리핑.
11 새로 개발되고 보급된 국산 자동전화기는 일반인이 엄두도 못 낼 만큼 비쌌기 때문에 구형 자석식과 공전식 전화기가 한동안 공존했다.
12 〈국제신보〉, 1961. 7. 18.

'제2차 통신사업 5개년계획' 동축케이블 시설공사 기공식 (1967).

이 기간 동안 전화가입 설치 목표는 시작 연도의 약 두 배인 22만 8,590회선, 장거리전화시설 2,818회선 등이었다.

'통신사업 5개년계획'은 이후 4차에 걸쳐 꾸준히 추진되었으나 성과는 미미했다. 4차 계획의 마지막 연도인 1981년 전국의 전화설비는 349만 1,270회선, 전화보급률은 8%에 불과했다. [13]

국제통신시설은 1967년 2월 국제통신위성기구(INTELSAT)에 가입한 후 활성화되었다. 1970년 6월 충남 금산에 제1위성통신지국을 건설하여 환태평양 국가들과 국제통신을 시작했다. 1977년 9월 역시 금산에 제2위성통신지국을 건설하여 인도양 통신위성을 활용하게 되었다.

한국은 태평양과 인도양의 두 지국을 한 곳에 건설할 수 있는 몇 안 되는 국가 중 하나였다. 두 지국의 개통 후 동남아, 중동, 유럽, 아프리카 등 전 세계 지역에 직접 통신이 가능해졌다. 그러나 1981년 국제통신은 1,488회선에 불과했다. [14]

---

13 홍봉화, 2006, 〈통신사업 5개년계획〉, 국가기록원.
14 〈한국민족문화대백과사전〉(http://encykorea.aks.ac.kr, 2021. 11 인출).

EPB와 KIST의 합작품, 행정전산화

행정전산화 원년 1967년

1961년 초, 내무부 통계국[15]에서 컴퓨터의 전신인 천공카드시스템 (PCS: Punched Card System)[16]이 사용되기 시작했다. 타자기와 비슷한 원리로 데이터를 입력하는 천공카드시스템을 다루기 위해 통계국 직원 20여 명이 일본으로 교육연수를 다녀오기도 했다.

그러나 급격한 인구증가로 신생아 수가 매년 90만 명에서 100만 명 이상으로 늘어나자 기존 천공카드시스템으로 인구센서스를 처리하기 어려워졌다. 이에 따라 경제기획원(EPB: Economy Planning Board)은 1967년 IBM 1401 컴퓨터를 도입하여 각종 국가통계 데이터를 일괄적으로 처리해 계산 속도를 높이고자 했다. 과거 내무부에 있던 통계국이 이때는 EPB에 있었다.

1962년 EPB 사무관으로 입사하여 후일 2대 통계청장을 지낸 이강우는 "1967년의 컴퓨터는 미국의 원조자금(AID)으로 도입되었다"고 기억한다.

이강우 제가 처음 공직사회에 들어갔을 때는 유솜[17]을 통해 기증받은 전자계산기밖에 없었습니다. 타이프라이터와 비슷한 전자계산기가 가장 최신 기종의 전산기기였고, 다른 특별한 전산기기는 없었습니다. 흔히 쓰던 것은 뺑뺑 돌려 계산하는 기계식 계산기이었죠. 제가 공직 초기에 주로 기획부서에서 일했는데 당시 컴퓨터가 도입되지 않아 컴퓨터를 접할 기회가 없었습니다. 행정기관 최초로 EPB 조사통계국에서 통계업무 처리를 위해 원조자금으로 컴퓨터를 들여왔는데 이것이 최초의 컴퓨터였습니다.

---

15 5·16 이전까지 통계국은 내무부에 있었다.
16 컴퓨터가 등장하기 전인 1950년대까지 천공카드는 자료 기입, 자료 기억 등을 위한 주 매체로 사용되었다.
17 유솜(USOM: United States Operations Mission)은 서울에 있던 미국 대외 원조기관이다.

이때 EPB에서 도입한 컴퓨터는 IBM에서 개발한 지 무려 8년이나 지난 낡은 트랜지스터형 모델이었다.[18] 하지만 모든 것을 암산과 주산, 기계식 계산기로 처리하던 시절에 등장한 파격적인 '신문물'이었다.

컴퓨터라는 단어 자체가 낯설던 당시의 언론 보도를 보면, 컴퓨터를 연산기능이 아주 뛰어난 '고성능 전자계산기'로 생각하고 있음을 알 수 있다.

이 '전자계산기'는 1초에 6만 자를 읽을 수 있는 고성능의 것으로 예를 들어 아직 세밀한 분석을 해보지 못한 지난 1966년의 인구조사 결과를 완전히 분석하자면 통계국 직원 450명과 2억 1천만 원의 돈, 그리고 14년 반의 시간이 걸리는데 이 기계를 쓰면 9천만 원의 돈과 시간은 1년 반으로 단축할 수 있다.[19]

그때 컴퓨터라는 신문물의 도입을 주도한 사람은 김학렬 경제기획원 차관이었다. 김학렬 차관은 당시 보기 드문 미국 유학파였고 업무상 미국의 유솜과 자주 접촉하면서 새로운 기술의 조류를 누구보다 잘 알고 있었다. 미국 출장 중에 미 연방정부와 기업에서 컴퓨터를 많이 도입하여 사용하는 현장을 시찰한 김 차관은 "우리도 이걸 도입하여 처리속도를 높이라"고 EPB 통계국에 지시했다고 한다. 한국 정부가 향후 중요한 잠재고객이 되리라고 기대했던 IBM은 3개월에 걸친 장기간의 설치작업을 적극적으로 지원했다.

거대한 본체와 보조기억장치, 인쇄장치, 항온항습기 등 여러 부대장비가 딸린 초대형 메인프레임 컴퓨터는 그 자체만으로도 볼만한 구경거리였다. 1967년 6월 24일, 박정희 대통령을 비롯해 장기영 부총리, 김기형 과학기술처 장관, 김학렬 경제기획원 차관 등이 참석한 가운데 IBM 1401의 가동식이 성대하게 열렸다. 대한민국 행정전산화 업무를 처음 시작한 이날은 한국 전자정부의 첫날로 공식적

---

18 출시한 지 8년이나 지난 모델을 선택한 이유는 최신 기종 컴퓨터는 주문에서 도입까지 1년 반이 넘는 긴 시간이 걸릴 것으로 예측되었기 때문이다. IBM 영업대표는 EPB 관계자들에게 우선 IBM 1401을 도입했다가 나중에 S/370(모델 40)로 바꾸라고 권했고 EPB 관계자들이 이 권유를 받아들였다고 한다 (〈한국아이비엠 25년 발자취〉 참조).

19 〈동아일보〉, 1967. 6. 24.

EPB에서 한국 최초로 도입한 컴퓨터 IBM 1401 (1967).

으로 기록되었다.[20]

　민간에서는 정부보다 한 달 앞선 1967년 5월 한국생산성본부(KPC)가 FACOM 222 트랜지스터 컴퓨터를 도입했다. 일본 후지쯔에서 개발한 것으로 당시 일본의 컴퓨터 수준이 상당했음을 보여 준다. 생산성 본부가 국내 기업의 전자정보처리시스템 활용 교육과 훈련 목적 등으로 도입한 FACOM 222는 정부에서 도입한 구형 IBM 컴퓨터보다 성능이 더 뛰어났고 가격도 훨씬 비쌌으며 무게가 무려 35톤에 달했다.[21] 어마어마한 크기의 컴퓨터 메인프레임이 몇 대의 트럭에 나뉘어 실린 채 운반되는 흑백 사진이 당시 언론에 크게 보도되어 독자들의 관심을 끌기도 했다. 그만큼 컴퓨터는 당시 한국 기술로는 상상도 못하던 파격적인 신문물이었다.

20 행정안전부, 2017, 《되돌아보는 대한민국 전자정부 이야기 23선》, 휴먼컬처아리랑.
21 기억용량은 18KC(1만 8천 어), 처리속도는 초당 100만 자였다. 당시 신문에서는 FACOM 222를 "비교, 판단, 통제에 무한정이며 기억장치 등이 거의 만능에 가까운 전자계산기"라고 보도했다. 정부 도입 컴퓨터가 40만 달러 수준인 데 비해 FACOM 222 가격은 60만 달러에 달했다.

행정전산화의 본산 KIST 전산실[22]

1970년대부터 한국 정부의 행정전산화가 본격적으로 추진된다. 한국의 행정전산화는 EPB와 한국과학기술연구소(KIST: Korea Institute of Science and Technology)의 합작으로 시작되었다.

KIST는 존슨 미국 대통령이 방한 기념으로 한국 정부에 제공한 자금으로 1966년 2월에 설립한 종합 과학연구기관이다. 당시 존슨 대통령이 지원하는 돈으로 무엇을 할 것이냐를 둘러싸고 상당한 논란이 있었다. 당장 급한 한강 다리부터 만들어야 한다는 주장이 나와 한강에 '존슨 브리지'가 만들어질 뻔하기도 했다. 그러나 "한국의 공업화를 위해 고급 해외 두뇌를 영입하는 공학 연구소 설립이 더 시급하다"는 주장을 박정희 대통령이 수용하여 KIST가 만들어졌다.

KIST가 설립된 지 1년쯤 지난 1967년 9월 무렵, 컴퓨터 관련업무를 전담하는 '전자계산실'(전산실)이라는 조직이 만들어졌다. 한국 최초의 컴퓨터 연구조직이었다. 초대 전산실장으로는 하버드대 공학박사인 성기수 씨가 발탁되었다.

당시 전산실에 도입 예정인 컴퓨터 기종을 둘러싸고 KIST 전산실장인 성기수 박사와 지원업무를 맡은 청와대 과학비서관의 의견이 엇갈렸다. 성 박사는 "명색이 한국의 컴퓨터 연구실인데 최고 성능의 최신 사양 컴퓨터를 도입해야 한다"고 주장한 반면, 청와대의 비서관은 다른 모델을 추천해서 갈등이 생긴 것이다.

성기수 박사는 서울대 졸업 후 미국 하버드대로 유학 가서 2년 1개월 만에 기계공학 석박사 학위를 받은 것으로 유명한 천재였다. 그의 초고속 박사학위 기록은 하버드대 300년 역사상 최초이자 마지막으로 남아 있다. 이러한 화려한 이력 덕분에 성기수 박사의 주장에 더 무게가 실렸다.

결국 1969년 9월 미국 컨트롤데이터에서 제작한 최신형 'CDC 3300' 컴퓨터가 KIST 전산실에 도입되었다. CDC 3300은 아시아 최고 성능을 자랑하는 데다가 초대형 크기로 연구실 벽면 전체를 차지할 정도였다.

---

22 행정안전부, 2017, 《되돌아보는 대한민국 전자정부 이야기 23선》, 휴먼컬처아리랑 참조.

CDC 3300 가동식(1969). 박정희 대통령(가운데)이 CDC 3300을 살펴보고 있다.
김학렬 차관(앞줄 왼쪽 첫 번째)과 성기수 박사(앞줄 오른쪽 두 번째)도 함께했다.

CDC 3300 도입 두 달 후인 11월, 성기수 박사는 MBC TV 프로그램인 〈명교수, 명강의〉에 출연하여 "미래 시대에는 컴퓨터 사회가 될 것"이라고 강의했다. 일반인들은 컴퓨터라는 단어도 들어 보지 못했던 시절이다. 이날 밤 이 프로그램을 지켜본 박정희 대통령은 비상한 관심을 보였다. 다음 날 대통령은 성 박사를 청와대로 불러 프로그램에서 했던 강연을 청와대 전 직원을 대상으로 하라고 했다. 대통령이 관심을 가지니 공공기관과 기업체, 은행 등에서 성기수 박사를 찾아와 특강을 요청했다.

당시 KIST 전산실에서 성기수 실장과 일하면서 행정전산화 초기에 씨앗을 뿌린 핵심 주인공 가운데 한 사람인 안문석(고려대 명예교수, 김대중 정부 전자정부특별위원회 위원장)의 증언이다.

안문석 2017년에 '전자정부 50주년' 행사를 하면서 1967년을 전자정부의 기점으로 삼은 이유는 당시 EPB 통계국에 아주 원시적인 IBM 컴퓨터를 한 대 들여왔기 때문입니다.[23] 사실 그것은 펀치카드를 사용하는 고급 분류기에 가까워 컴퓨터라고 부르기도 민망한 수준이었습니다.

진정한 의미에서 한국에 컴퓨터가 도입된 해는 KIST에서 CDC 3300을 들여온 1969년이라고 봐야겠죠. 기능이나 속도, 메모리는 요즘 스마트폰만도 못했지만, 당시 아시아에서는 가장 크고 성능이 좋은 컴퓨터라 구경거리로 볼만했습니다. 존슨 미국 대통령이 방한했을 때 지원해 준 돈으로 미국 바텔기념연구소를 벤치마킹하여 KIST를 설립했는데,[24] 전산실을 만들 때도 "바텔에 있는 컴퓨터와 같이 높은 수준의 컴퓨터를 들여와야 한다"고 성기수 박사가 주장해서 도입한 것입니다.

처음에는 정부에서 예산으로 컴퓨터 도입과 운영비용을 지원하겠다고 했지요. 그런데 기종 선정 과정에서 성기수 박사님은 원칙대로 최고사양 컴퓨터를 주장했고 청와대의 모 비서관은 다른 모델을 주장하는 바람에 두 사람 사이에 의견 대립이 심화되었습니다. 전문가인 성 박사님이 주장한 기종이 채택되자 청와대가 당초 약속과 달리 컴퓨터 예산을 확 깎아 버렸어요. 컴퓨터를 사는 대신에 대여하라고 했던 것입니다.

정부의 결정은 당초 약속과 달랐지만 항변하기 어려웠다. EPB에서 그 직전에 도입한 통계국 컴퓨터도 40만 달러를 한 번에 결제하기 힘들어 IBM에 매달 대여료 9천 달러를 내고 빌려 쓰기로 했기 때문이다.

매달 갚아야 하는 대여료는 정부가 대준다고 하더라도 운영과 유지비용, 인건비는 KIST 전산실이 자체적으로 해결해야 했고 독자적인 생존 방법을 찾아야 했다. 궁즉통(窮則通)이라고 했던가. 정부의 지원 부족에 직면한 KIST 전산실은

---

23 EPB 조사통계국에서 인구센서스 통계업무 처리를 위해 IBM 1401 컴퓨터를 도입했다. 기존 천공카드시스템(PCS)의 계산속도 한계를 극복하기 위해서였다. 450명이 2억 1천만 원을 들여 14년간 처리할 작업을 9천만 원을 투입해 1년 반 만에 해결했다("전자정부 50년: 대한민국 전자정부, 50년 만에 세계 1위로 우뚝 서다", 〈전자신문〉, 2017. 10. 24; 전자정부 50년사 사이버홍보관). 이하 주석의 출처가 동일하다.

24 바텔기념연구소(Battelle Memorial Institute)는 1929년 고든 바텔이라는 미국의 한 철강사업자 유지에 따라 오하이오 콜럼버스에 본부가 설립되었다. 워싱턴주 리치랜드, 스위스 제네바, 독일 프랑크푸르트에 분소를 두고 정부, 민간기업 등에서 용역을 받아 연구를 진행한다. 연구 개발한 기술의 상업화에 초점을 맞추는 것이 특징이다.

열심히 컴퓨터를 보급할 대상을 찾아 나섰다.

　첫 번째 마케팅 대상은 EPB 예산국이었다. 시중 은행에서 주산과 암산을 잘하는 직원들의 도움을 받아가며 빡빡한 스케줄로 밤샘 예산편성 작업을 하던 시절이었다. 예산국의 강경식 과장(후일 경제부총리, 국회의원)은 컴퓨터로 전산작업을 하여 예결산 작업의 효율성을 높이라는 KIST 전산실의 제안을 흔쾌히 받아들였다.

안문석 당시 정부와 공공 부문에서 컴퓨터를 이용하는 곳이 없었습니다. 처음 시작이 중요한데 EPB 예산국이 컴퓨터의 자동연산 기능이 반드시 필요한 곳이라고 보았습니다. 예산편성의 방대한 통계와 계산을 수작업으로 하고 있었으니까요. 예를 들어, 각 부처에서 예산신청을 하는데 재정이 빈약하던 시절이니 이걸 절반 정도로 깎아 나중에 최종 종합표를 만들어야 합니다. 예산편성 시기가 되면 주산 잘하는 사람들이 대거 지원 와서 밤낮없이 계산하는데 살인적인 업무 강도였습니다.

　예산국의 어려운 상황을 파악하고 성기수 박사님과 제가 강경식 예산총괄과장님을 만나 "예산편성을 컴퓨터 전산작업으로 하면 아주 쉽습니다"라며 설득했습니다. 강경식 총괄과장님이 제 설명을 듣자마자 "아주 좋다. 그거 당장 시작하자"라고 하는 바람에 쉽게 해결되었습니다.

홍은주 EPB는 열린 분위기였고, 특히 강경식 과장님이 식견이 뛰어나신 분이라 설득이 쉬우셨을 것 같습니다.

안문석 그렇습니다. 당시 김학렬 부총리 시절이었는데, 이분이 대단히 개혁적이고 EPB 직원들이 공부 안 하면 막 야단치는 무서운 장관이었습니다. 그래서 EPB 전체가 정말 열심히 공부하는 분위기였습니다. EPB 직원들은 책을 통해 계속 새로운 지식을 얻으니까 세계적 문명과 기술변화 추세에 열린 사고를 가지고 있었죠. 제가 듣기로, 당시 강경식 과장님도 월급을 전부 책 사는 데 썼다고 합니다. 그리고 당시 성기수 박사님이 워낙 장안에 잘 알려진 유명한 분이라 강경식 과장님도 성 박사님을 잘 알고 좋아했습니다.

안문석 (安文錫)

1944년 전북 남원에서 태어났다. 서울대
경제학과를 졸업하고, 서울대에서 행정학
석사학위를, 미국 하와이주립대에서 전산학
석사학위와 자원경제학 박사학위를 받았다.
KIST 전산시스템개발실장을 거쳐 1981년부터
2009년까지 고려대 행정학과 교수와
교무부총장을 지냈다. 한국지역정보개발원
이사장, 서울시정개발연구원 이사장,
한국정보문화센터 이사장, KERIS 이사장,
규제개혁위원회 민간위원장, 전자정부
특별위원회 위원장 등을 역임했다.
현재 고려대 명예교수이자 카자흐스탄
국제IT대 명예교수이다.

강 과장님께서 곧바로 KIST에 연구용역을 주는 바람에 제가 연구책임자가 되어 최초의 예산편성 전산화 작업이 그때부터 시작되었습니다. 그때는 '전산화'라는 용어도 없을 때라 컴퓨터 수입할 때의 정식 명칭을 그대로 써서 프로젝트 이름을 '예산업무의 EDPS화'[25]라고 명명했습니다. 영어를 번역하면 '전자적 데이터 처리 시스템'인 거죠.

예산실 공무원 전산교육

홍은주 당시 예산업무를 컴퓨터로 전산처리하려면 예산과목에 장, 관, 항, 세항, 목별 코드를 부여하고 예산의 구조와 과목을 재분류하는 지루하고 방대한 작업을 거쳤을 텐데 그런 일은 누가 했습니까?

---

25 당시에는 '전산화'가 아니라 'EDPS화'란 용어를 사용했다. EDPS(*electronic data processing system*)는 사무나 경영관리 데이터를 컴퓨터를 이용하여 처리하는 전자 데이터 처리 시스템으로, 모든 데이터를 컴퓨터에 입력하여 정확하게 종합하고 처리하는 방식으로 작동한다.

제2회 정부 EDPS 요원 관리자 교육 (1968).

안문석 행정업무를 전산화하는 데 필요한 것은 두 가지입니다. 첫째, 컴퓨터 언어에 대한 지식, 둘째, 업무처리 프로세스에 대한 지식입니다. 컴퓨터 언어는 사실 간단히 배울 수 있지만, 업무처리 프로세스는 해당 업무의 전문 종사자가 아니면 간단히 배울 수 있는 게 아니잖아요? 그래서 우리가 예산실 업무를 배워 지원하기보다 예산실 직원들에게 컴퓨터 언어를 교육하는 방식을 선택했습니다.

강경식 과장님에게 이 문제를 이야기했더니, 곧바로 이진설 사무관(후일 건설부 장관) 등 직원 10여 명을 우리에게 보내서 컴퓨터를 다루는 방법과 컴퓨터 언어교육을 한 달 정도 했습니다. 두 달째부터는 우리가 기술적으로 지원하면서 예산국 직원들이 직접 예산편성업무 프로그램을 짜 보도록 했습니다. 3개월 차에는 이것이 맞는지 틀리는지 점검하고 수정, 보완하여 예산편성업무 전산화에 성공했습니다.

결과적으로 볼 때 저는 이게 아주 잘된 전략적 선택이었다고 생각합니다. 예산실 업무가 폭주할 때라 사실 10여 명이나 되는 인원을 빼내어 3개월간 교육하는 일은 쉽지 않은 선택이었습니다. 그때 만약 바쁘다는 이유로 예산실 직원들에게 전산교육을 시키지 않고 KIST 프로그래머에게 전적으로 프로그램 개발을 맡겼더라면 예산업무 전산화가 뿌리를 내리고 다른 부처로 파급되기 어려웠겠죠. 우리가 철수해 버리는 그 순간 중단되니까요. 무엇보다 공무원들이 스스로 전산교육을 받도록 한 것이 행정전산화 확산에 결정적으로 작용했습니다.

최초의 데이터통신

EPB 예산총괄과 업무가 한국의 전자정부 역사에서 아주 중요한 기점이 되는 또 다른 일이 생겼다. 단순히 업무를 전산처리하는 것으로 그치지 않고 예산국과 홍릉 KIST를 통신으로 연결하여 최초의 데이터통신 시스템이 만들어진 것이다.

안문석 당시 예산편성 과정에서 강경식 과장님이 엄청난 자료 뭉텅이를 지프차에 실어 매번 홍릉 KIST까지 오가곤 했는데 보통 번거로운 일이 아니잖아요? 이걸 키펀처(key puncher)들이 쳐 주면 그것을 카드 리더에 넣고 라인프린터에서 처리 결과가 나오면 그 결과물을 들고 다시 광화문 정부청사로 돌아가 "다시 편성하라"고 지시합니다. 최종 마감까지 이 과정을 몇 번씩 되풀이하는 겁니다.

그러니까 강 과장님이 성기수 박사님께 "이걸 우리가 꼭 여기 와서 작업해야 합니까? 광화문에서 직접 전송하고 전송받는 방법은 없겠습니까?"라고 물었어요. 성 박사님이 "당연히 가능합니다. 그런데 지금 컴퓨터 성능으로는 안 됩니다. 돈 주고 비싼 컴퓨터를 사서 업그레이드해야 합니다"라고 답했죠. 강 과장님이 "그럼 당장 업그레이드합시다"라고 해서 곧바로 새 컴퓨터 구입 예산이 배정되었습니다.

그래서 최초의 컴퓨터 대여 계약을 한 후 얼마 안 되어 데이터통신이 가능한 최신형 컴퓨터가 정식으로 한국에 들어왔습니다. 그때 데이터통신을 위해 크레이 컴퓨터의 운영체제(OS: operating system)를 MSOS에서 데이터통신이 가능한 MASTER 시스템으로 전환하면서 KIST 컴퓨터 OS를 업그레이드했죠.

다음으로 홍릉 KIST 전산실과 광화문 EPB 예산실을 전화선으로 연결하는 문제가 있었습니다. 당시 통신회선 자체가 절대적으로 부족한 데다가 통화 품질도 나빠서 상대방 목소리도 잘 안 들리고 잡음이 들리며 자주 끊기던 시절이었습니다. 이런 열악한 통신선으로 데이터통신을 한다는 것은 어림없다고 생각한 어떤 사람이 "만약 그게 성공하면 내 손에 장을 지지겠다"라고 공언하기도 했죠.

EPB와 저희가 체신부 전화국을 설득해 광화문의 예산총괄과와 홍릉의 KIST를 연결하는 전용선을 교환기에서 스위치로 고정시키는 방식으로 문제를 해결했습니다. 그리고 EPB에 키펀치기계, 카드리더기, 콘솔, 프린터 등 4종의 아주 간단한 기기들을 가져다 놓고 데이터통신을 시작했습니다. 광화문에서 데이터를 보내면 KIST가 받아 컴퓨터로 처리하고 그 결과를 다시 EPB에 보내 주는 방식이었죠. 그것이 바로 한국 '제1호 데이터통신'의 시작입니다.

첨단 컴퓨터 시스템 개통식에서 고사 지내

1970년 1월 열린 EPB 예산실과 홍릉 KIST 전산실 컴퓨터를 잇는 개통식에 박정희 대통령과 김학렬 부총리가 참석했다. 대통령까지 오는데 행사 당일에 만약 시스템이 고장 나면 큰일 아닌가? 무사 개통을 간절히 비는 마음으로 이날 장예준 차관과 강경식 예산총괄과장, 조경식, 진념, 이진설, 강현욱 사무관 등 예산국 직원들은 컴퓨터 앞에 돼지머리를 놓고 고사를 지냈다. 이 장면을 본 한 언론인이 "첨단 컴퓨터 연결 개통식에 무슨 고사냐?"며 가십 기사를 쓰기도 했다.

1970년 2월부터 예산의 전산네트워크 시스템이 가동되었다. 예산실 직원들이 자료를 키펀치로 입력하면 KIST 전산실 본체로 정보가 전달되는 방식이었다. 당연히 초기에는 시스템이 불안하여 골머리를 앓았다. 비가 오거나 날씨가 궂으면 본체에 연결된 전화선이 불통이 되는 바람에 그때마다 예산자료를 차로 실어 날라서 KIST에서 입력했다. 전산처리 결과를 믿지 못해 한동안은 수작업 계산을 병행하기도 했다. 고장 나면 고치고, 잘못되면 보완하는 일을 3년쯤 계속하자 비로소 시스템이 안정화되기 시작했다.

홍은주 예산국과 KIST를 연결하는 데이터통신 행사에 박정희 대통령이 참석했고 대통령이 성기수 박사를 청와대로 부를 만큼 높은 관심을 보였으니, 당연히 다른 부처에도 전산화 바람이 확산되었겠네요.

홍은주 한양사이버대 교수(왼쪽)가 안문석 고려대 명예교수(왼쪽 두 번째)와 인터뷰를 진행하였다.
이정미 KDI 경제정보센터 전문위원(왼쪽 세 번째)과 박진채 KDI 경제정보센터 총괄도 배석하였다.

안문석 그렇죠. 박정희 대통령이 장관들에게 "컴퓨터가 행정 업무처리에 중요하다니 당신들도 공부하라"고 지시하여 각 부처 장관들이 전산강의를 들으려고 KIST에 줄을 서게 되었습니다. 그전에 제가 강 과장님과 의논하여 컴퓨터와 전산화의 핵심 개념을 설명하는 동영상을 국립영화제작소에 의뢰하여 제작했습니다. 제가 시나리오를 쓰고 성우와 배우로도 직접 출연하여 "컴퓨터란?"이라는 15분짜리 영상제작물을 만들었지요. 그것을 대통령께도 보여 드리고 이후 장관들이 KIST에 오면 반복해 틀어 주곤 했습니다.

1971년, 고교 교과서에 컴퓨터 등장

예산실 전산화 작업이 끝난 후인 1970년 4월, 성기수 박사는 박정희 대통령 주재로 열린 월간경제동향 보고회의에서 '예산업무 전산화와 정부 행정전산화'에 대해 보고했다. 이날 그는 "정부업무의 효율성과 생산성 향상을 위해 행정전산화를 하려면 컴퓨터 교육을 실시해야 합니다. 상업계 고등학교에서는 주판 대신에 코볼

정부의 각 부처 장관 대상 컴퓨터 교육 (1970).

등 컴퓨터 프로그램을, 공업계 고등학교에서는 컴퓨터 수치제어와 포트란을 교육
해야 합니다"라고 건의했다. 이를 받아들인 박 대통령 지시로 다음 해인 1971년
부터 고등학교 교과에 컴퓨터 관련 내용이 포함된다.

당시는 경제기획원 장관인 경제부총리가 각 부처 경제장관에게 사실상의 임면
권을 행사할 만큼 막강했을 때다. 더구나 김학렬 부총리는 경제수석으로 오랫동
안 대통령을 보좌하며 큰 신임을 받아 그야말로 '장관 위의 장관'이었다. 그는 경
제장관 회의 때마다 "장관들도 컴퓨터 공부 좀 하세요"라고 훈계하곤 했다. 대통
령이 관심이 크고 경제부총리가 회의 때마다 독려하니 장관들도 전산화에 관심을
갖게 되었다.

하루는 김학렬 부총리가 솔선수범하기 위해 경제장관 10여 명을 데리고 직접
KIST 전산실을 방문했다. 거물들의 방문에 놀란 성기수 박사가 "제가 정부청사로
가면 되는데 왜 직접 오셨습니까?"라고 묻자 김학렬 부총리가 "학생이 선생님을
찾아오는 게 도리 아닙니까?"라고 해서 웃음꽃이 피었다. 26

---

26 한국전자통신연구원, 2021, 《ETRI 45년사》.

EPB에서 각 부처 주요 업무의 EDPS화에 예산을 지원하면서 행정전산화가 점차 확산되기 시작했다. 이때부터 KIST는 정부 각 부처의 행정전산화 구축을 책임지게 되었다.

KIST가 가장 먼저 전산화 시스템 구축에 성공한 것이 전화요금고지서였다. 1970년 초만 해도 수도요금, 전기요금 등 일반 가정에 배달되는 각종 고지서는 수십만, 수백만 장에 이르는 방대한 양이 모두 수기로 작성되곤 했다. 전화요금고지서도 마찬가지였다. 하루는 OSI라는 미국 전산 컨설팅 회사가 "전화요금고지서 작성업무를 전산화해 보라"고 제안하고 나섰다. OSI는 체신부의 〈전화요금고지서 발급업무 전산화개발 예비타당성조사 보고서〉에서 "서울시 전화요금고지서 발급업무를 3년 6개월 이내에 마칠 수 있다. 초기 위탁운영 비용까지 500만 달러의 비용이 필요하다"고 밝혔다.

한국이 만성적 경상수지 적자에 시달리던 시절이다. 500만 달러는 엄두도 내지 못할 고액이었다. 1970년 11월 체신부는 이 프로젝트를 7천만 원에 KIST에 맡겼다. KIST는 이 정도 규모의 대형 전산시스템 구축에 아무 경험이 없었지만 무조건 1년 내에 이 시스템을 구축하기로 계약을 체결했다.

일단 수주하였으니 남은 일은 전력투구하는 방법밖에 없었다. KIST 당시 전산실 직원 50여 명 가운데 3분의 1 이상이 투입되어 그야말로 밤낮없이 총력전을 펼쳤다. 서울 시내 전화국 가입자들의 미터 데이터를 일일이 카메라로 찍어 수집하고 이를 천공작업(key punching)을 통해 카드에 입력하는 등 전산화를 위한 아날로그식 중노동을 쉴 새 없이 진행했다.

1971년 10월 우여곡절 끝에 마침내 서울 동대문전화국 관내 전화가입자들에게 한글 요금고지서를 발부하기 시작했다. 체신부와 약속했던 계약기간 내에 전산화에 성공한 것이다. [27]

KIST가 체신부의 전화요금 전자정보처리시스템 개발에 성공하자 방대한 실무 데이터를 반복적으로 다루고 계산업무가 많은 한국은행, 관세청, 관상대, 전매청

27 행정안전부, 2017, 《되돌아보는 대한민국 전자정부 이야기 23선》, 휴먼컬처아리랑.

등에서 속속 전산화 시스템 개발을 KIST에 주문하기 시작했다. 상수도요금고지서 발급업무시스템, 한국은행 수출지원 금융관리시스템, 관세행정 EDPS화 시스템 등이 개발되었다. 전매청도 수송시스템의 전산화 작업을 KIST에 의뢰했다.

KIST에서 전매청 전산화 작업에 참여했던 여운방 전 KDI 전산실장(후일 CK사이버시스템개발원 원장)의 회고를 들어 본다.

여운방 제가 대학 시절 수학과에서 리니어 프로그램(*linear program*)을 전공한 후 1972년 국방과학연구소(ADD)에 들어가 OR(*operation research*)을 연구했습니다. 군 수송 등을 연구하는 아주 중요한 분야라 제가 근무하는 OR실은 이중 보안을 통과해야 들어가는 삼엄한 곳이었습니다. 하루는 KIST 전산실 성기수 박사 팀에서 저한테 연락이 왔습니다. 당시 전매청이 담배를 판매해 국고 수입의 엄청난 몫을 담당하는 기관이었는데, 효율적인 담배운송과 배달노선을 위한 전산시스템 구축 솔루션을 KIST에 맡긴 거예요. 이걸 프로그램으로 만들자니 저와 같은 수송 LP 전문가가 필요했던 것입니다.

당시에는 물류 개념이 희박할 때였지만 전매청 입장에서는 "담배 제조창이 있고, 각종 보관창고가 있고, 전국에 수없이 많은 길거리 담배가게가 있는데, 이들을 어떻게 최소 비용에 최적으로 연결할 수 있을까?"라는 수송 LP가 중요했겠죠. 그러니까 "휘발유 값과 운영비, 인건비 등 비용을 가장 적게 들이고 가장 효율적으로 배달하는 물류 전달체계를 구축하는 전산솔루션을 개발해 달라"고 KIST에 의뢰한 것입니다. 그래서 제가 ADD에서 KIST로 옮겨 그 업무를 담당하게 되었습니다.

홍은주 그러다가 다시 KDI 계량분석실로 옮겨가서 한국의 '경제개발 5개년계획' 수립 등에 필요한 전산화 지원작업을 하셨죠?

여운방 그렇습니다. 1971년에 KDI가 설립되었는데 EPB의 '경제개발 5개년계획' 수립을 계량적으로 뒷받침하기 위해 계량모델을 많이 활용해야 했습니다. 환율 인상, 원유가 인상 등이 경제 전체에 미치는 영향 등 단기 과제를 수행하기 위해 데이터

여운방(呂運邦)

1947년 서울에서 태어났다.
서울대 공대 응용수학과를 졸업하고,
ADD, KIST에 잠시 재직하다 1973년부터
KDI에서 근무한 후, 1978년에 도미해서
미국 아이오와주립대에서 통계학 석사·
박사 학위를 받았다. 1982년에 귀국 후 다시
KDI에서 1997년까지 정보자료실장으로
근무했다. 교육부 멀티미디어교육지원센터
(현 교육학술정보원) 소장, 정보화위원회
실무추진위원, 정책기획위원회 위원을
지냈다. 현재는 2006년에 시작한 초중생을
위한《수학도둑》을 계속 집필하고 있다.

시뮬레이션도 많이 했습니다. 미국 모형에 한국 데이터를 넣어 해를 구해야 했죠.

그때 제가 KDI에 가 보니 최고의 국책연구기관인데도 컴퓨터가 없는 거예요. 기껏해야 탁상용 계산기가 다예요. 프로그램을 짜서 컴퓨터의 코딩 프로그램에 펀치를 하면 계량작업의 결과가 나옵니다. 그런데 컴퓨터가 없으니까 제가 KIST 나 과학기술처 지하에 있는 NCC(National Computer Center)에 가서 작업할·수밖에 없었습니다. KIST는 유료이고 NCC는 무료니까 저는 주로 NCC를 이용했는데, 결괏값이 나오기까지 몇 시간이 걸렸습니다. 프로그램을 조금만 잘못 짜도 하루를 공치는 것입니다. KDI 연구에 계량모델이 많으니까 제가 거의 매일 거기서 살다시피 하며 컴퓨터를 돌렸습니다.

KDI에 터미널을 만들고 통계국 컴퓨터와 연결하여 직접 가지 않고도 작업이 가능하게 된 시기가 1970년대 말이었습니다.

홍은주 당시는 EPB와 KDI가 '경제개발 5개년계획'을 수립하면서 밀접하게 함께 일할 때니까 EPB의 예산전산 시스템 구축 초기에 지원도 나가셨겠네요.

여운방 그렇습니다. 예산작업도 전산시스템을 구축하면 효율적인 편성과 피드백이 가능해져서 낭비를 줄이고 새는 돈을 줄일 수 있지 않겠습니까? 그래서 EPB 예산실에서 전산화를 꾸준히 추진 중이었는데, 강경식 예산국장 시절인 1970년대 중반 무렵에 제가 EPB에 가서 여러 가지 예산전산화 작업을 지원했습니다. 복사하기 위해 가리방을 긁던 시절에 EPB의 전산화 추진은 아주 획기적인 일이었습니다. 현실적으로는 현업에 바쁜 공무원들이 프로그램을 직접 짜거나 시스템을 구축하기 어렵고, 컴퓨터도 요즘과 달리 사용 과정이 아주 복잡해 EPB에서 KDI 원장에게 지원을 요청했습니다. 그래서 계량분석실에 있던 저와 몇 사람이 표세진 EPB 과장을 만나서 지속적으로 예산업무의 전산화를 도왔습니다.

일반인 대상 컴퓨터 교육 시작

모든 정부부처와 기관에서 업무 전산화를 시작하자 KIST 전산실이 바빠졌다. 업무 전산화는 단순히 전산시스템 구축으로 끝나는 문제가 아니다. 시스템을 사용할 사람들에 대한 정보화 교육이 중요하다. KIST 전산실 안문석은 정부 전산화 추진을 위한 공무원 교육에 열을 올리는 한편 일반인 대상 컴퓨터 교육까지 담당했다.

홍은주 당시 KIST 전산실에서 공무원뿐만 아니라 일반인 대상 컴퓨터 전산교육도 실시했다면서요?

안문석 그렇습니다. 컴퓨터를 통한 전산화를 원활히 진행하려면 전산화 교육이 필요합니다. 그래서 "컴퓨터는 배우기 쉽고 사용하기 쉽다"라는 구호를 만들었어요. 그전에는 컴퓨터 명령어는 '어셈블러'뿐이었는데 일반인이 배우거나 사용하기 어려웠습니다. 다행히 KIST가 들여온 컴퓨터가 성능이 좋아 포트란(FORTRAN)과 코볼(COBOL) 같은 영어와 비슷한 컴퓨터 언어를 알아들을 수 있어 일반인 대상 컴퓨터 언어교육이 가능했죠.

KIST 전산실에 컴퓨터교육반을 만들고 "컴퓨터 프로그램을 배울 분은 명동 유네스코회관으로 오십시오. 거기서 기다리겠습니다"는 신문 광고를 냈습니다. 그 래서 사람들이 오면 "앞으로의 세상에서는 컴퓨터를 배워야 합니다"라고 설득해 서 1기 때 30명을 모아 교육했습니다. 1기에서 성적이 좋았던 사람을 다시 교사 로 임명해 다음 기의 강사로 활용했죠. 그 교육이 대성공이었어요. 이때 교육받 은 분들이 대개 중고등학교 과학교사였는데, 결국 이분들이 학교 전산화 추진 과 정에서 일등공신이 되고 수많은 학생들을 컴퓨터의 세계로 인도했으니까요.

컴퓨터 통신강의도 했습니다. 지방에 있는 사람들은 서울까지 올라와 교육받기 힘들잖아요? 그래서 그때 국내에서 처음으로 통신강의을 시작했습니다. 먼저 우 리가 교재를 우송하고 학생들이 그것을 자습해 자신이 작성한 프로그램을 우리에 게 보내면 그 프로그램을 펀치카드에 기록하고 컴퓨터로 처리해 결과물을 본인에 게 다시 보내 주는 방식으로 통신강의를 운영했습니다. 결과를 받은 사람은 잘못 된 부분을 고쳐 프로그램을 짜고 그걸 다시 우리에게 보내는 식이었죠. 그때 지방 에서 공부한 사람들이 나중에 지방 공공기관의 전산 담당관이 되기도 했습니다.

"컴퓨터 토착화 일등공신은 세종대왕"

홍은주 당시 컴퓨터 자판이 모두 영어였고 출력도 영어로 됐습니다. 일반인은 영 어를 잘 모르고 영어 자판에도 익숙하지 않았을 것 같은데요, 그런 문제는 어떻게 해결하셨나요?

안문석 KIST 전산실이 당시 행정전산화 및 컴퓨터의 정착에 기술적으로 크게 기 여한 부분은 컴퓨터의 토착화였습니다. 입출력 장치를 한글로 전환하는 아이디어 를 내서 성공한 것입니다. 1970년, 컴퓨터가 막 들어온 직후에는 입력도 출력도 영어로만 되었어요. 전산업무를 보급하려면 당장 해야 할 일이 컴퓨터의 한글화 였는데 영어 알파벳 수와 한글 자모 수가 비슷해요. 그렇다면 새로운 한글 입력장 치를 따로 개발할 필요 없이, 가령, A는 한글 자음 ㄱ으로 B는 한글 자음 ㄴ으로 매치하고, 특수 기호를 넣고, 이후 나오는 것은 모두 한글로 인식하도록 컴퓨터가 기억하게 만들자는 아이디어가 나왔습니다.

그걸로 한글 입력장치 문제를 해결했습니다. 한글·알파벳 매치 방식을 사용하니 새로운 입력장치를 만들 필요 없이 미국 자판을 그대로 사용하면 되었거든요. 지금도 일본이나 중국은 입력이나 전환이 너무 힘든데 우리는 미국 키보드를 그대로 들여다 쓰잖아요? 그게 다 한글이 알파벳과 비슷한 구조라서 그래요.

출력도 처음에는 영어로 했는데 결국 이것도 한글이 가능하도록 바꿨습니다. 당시 출력장치는 라인프린터였는데, 그 원리가 자전거 체인 같은 것에다가 영어 알파벳 대문자, 소문자 등 4세트를 넣어 인쇄할 때 해머가 쳐서 프린트하는 것이었습니다. 알파벳 4세트 중 2개를 한글로 바꿔 한글 출력이 되도록 했어요. 처음에는 한글이 풀어쓰기 형태로 나와 읽기 힘들었죠. 이걸 모아쓰기로 다시 수정해 소프트웨어를 만들었습니다. 모아쓰기 프린트는 속도는 좀 느렸지만, 아무튼 그걸로 한국어 입출력 문제를 다 해결했습니다. 기술적으로 이걸 가능하게 만든 사람은 KIST 전산실 성기수 박사 팀이지만, 저는 근본적으로 '한국의 컴퓨터 토착화와 행정전산화의 일등공신은 세종대왕님'이라고 생각합니다.

홍은주 한글 자모와 영어 알파벳이 쉽게 매치되지 않았다면 계속 영어로 입출력 했을 것이고, 당시 영어에 익숙하지 않았던 사람들이 컴퓨터를 쉽고 친숙하게 접하기 어려웠을 것 같습니다.

안문석 그래서 전자정부 미팅이 있을 때마다 제가 "우리는 매년 전자정부 행사를 할 때 광화문에 가서 세종대왕님께 감사 꽃다발을 놓고 와야 합니다"라고 건의합니다. 농담이 아니라 저는 진짜 그래야 한다고 생각합니다. 서울시에도 제가 이렇게 이야기한 적이 있습니다. "사람들이 광화문 세종대왕 동상 앞을 그냥 지나치지 않고 한 번 더 고마운 뜻을 기리도록 꽃을 놓을 수 있는 제단을 하나 만드십시오. 상징이 있어야 요즘 같은 IT(information technology) 정보화 시대에 사람들이 한 번 더 한글을 창제한 세종대왕의 공로를 기릴 것 아닙니까?"

"비트와 소프트웨어? 그게 뭔데?"

홍은주 안문석 위원장님은 서울대 상과대학과 행정대학원을 졸업했는데 어떻게 KIST에 가고 정부 전산화 업무를 추진하게 되셨나요?

안문석 제가 1965년에 상과대학을 졸업하고 행정대학원에 진학했습니다. 당시 저는 행정대학원 조교를 하면서 유학만 다녀오면 서울대 교수가 예정된 교수요원 이었죠.

그런데 1967년 졸업 무렵에 제 인생 진로를 바꾼 결정적인 사건이 벌어졌습니 다. 하버드대에서 경영학 석사를 받고 한국에 돌아와 한국 예산제도를 근대화한 이 한빈 교수님이 우리 행정대학원 원장님으로 오신 것입니다. 이분이 학생들에게 인 기가 높았고 제가 직접 뵈니까 정말 훌륭한 스승이자 학자셨습니다. 하루는 이한빈 원장님이 "안 군, 자네는 경제학도 공부했으니 경제연구소에 가서 인턴을 하고 오 게" 그러셨습니다.

그래서 가게 된 곳이 당시 유일한 경제분야 싱크탱크인 경제개발협회(KDA)였 습니다. 송인상 전 장관이 협회장을 하는 곳이었습니다. 거기서 공군대위 신분인 성기수 박사님을 만났는데 공군제복을 입고 머리는 군인답게 스포츠 컷을 하고 있 더라고요. 현역 공군 대위로 공군사관학교 항공역학 교관이었는데 '경제개발 5개 년계획' 수립을 위한 수리계량 프로젝트를 수행하고 있었습니다. 그분이 하버드 공 과대학 석박사를 2년 만에 받고 돌아온 천재라고 소문이 자자하기에 얼마나 스마트 한 분인지 관심을 가지게 되었죠.

그 후 성 박사님을 자주 만나 이야기를 나누곤 했습니다. 어느 날 제가 그분 방 에 갔더니 "if … go to … " 등 이상한 용어를 종이에 쓰고 있는 겁니다. 이게 뭐냐 고 물었더니 "포트란[28]이란 컴퓨터 프로그램 용어다. 한국에 컴퓨터가 없으니 이

---

28 포트란(FORTRAN)은 '수식변환기'(*formular translation*)의 약자로 IBM이 1954년 개발한 컴퓨터 프로그램 언어다. 각종 수학기호와 기초함수들을 그대로 불러내 사용할 수 있는 장점이 있어 주로 과학계산용으로 쓰였다. 이후 JAVA 등 객체지향적이고 간편한 컴퓨터 언어가 등장하면서 현재는 많이 사용되지 않는다.

렇게 명령어를 짜서 일본에 우편으로 보내면 일본에서 컴퓨터를 돌려 그 결과물을 다시 보내 준다"는 겁니다.

당시 EPB에서 '경제개발 5개년계획'을 수립할 때 산업연관표상 투입계수표의 역행렬을 구해야 예측에 기반을 둔 장기 경제개발계획을 세울 수 있었습니다. 산업을 16개로 나눈 16 × 16 역행렬인데 지금 보면 웃음이 나올 정도로 간단한 것이었죠. 그때는 초창기라 그렇게 간단한 역행렬도 구하기 힘들었어요. 전자계산기를 아주 잘 쓰는 여직원 두 명이 밤낮없이 보름 정도 작업해야 간신히 계산할 수 있었습니다.

그런데 성 박사님은 자신이 프로그램을 짜서 일본에 보내면 컴퓨터가 알아서 다 계산해 보내 준다는 겁니다. 처음엔 컴퓨터가 뭔지 모르니까 '그게 뭐지? 정말 그게 가능할까?'라는 의문을 가졌는데, 보름쯤 후에 진짜로 계산되어 도착한 것을 보았습니다. 개인적으로 너무 놀랍고 충격적인 경험이었죠. '앞으로 세상은 이 컴퓨터라는 것이 지배하겠구나'라는 생각이 들어 성 박사님께 "저도 이걸 좀 배우고 싶습니다"라고 부탁했습니다. *FORTRAN Self-instruction Manual*이라는 책을 주어서 그걸 밤새 읽었는데 정말 재미있는 겁니다. 그래서 '앞으로 내가 이 분야를 해야겠다'고 결심했습니다.

홍은주 우연한 만남과 책 한 권으로 인생의 궤적이 완전히 바뀐 셈이네요.

안문석 그렇습니다. 그런데 당시 한국에는 컴퓨터도 없고 당연히 그걸 가르쳐 줄 선생님도 없었습니다. 제가 영어로 쓰인 포트란 입문서를 공부하면서 가장 어렵게 느낀 단어가 요즘 일상적으로 쓰는 비트(*bit*)나 소프트웨어(*software*) 등입니다. 누가 설명해 주는 사람도 없으니 그냥 눈치로 대강 의미를 짐작해야 했죠.

홍은주 원래는 실체가 먼저 존재하고 그 개념을 설명하는 단어가 생기는 법인데, 당시 한국 사회에는 컴퓨터가 거의 없었으니까 단어를 먼저 배우고 나중에 개념적 실체를 체험하신 것이군요.

안문석 네, 그래서 어렵사리 공부하다가 성기수 박사님이 KIST 전산실을 만들어 전산실장으로 가실 때 "저도 그곳에 가서 공부를 좀 더 하고 싶습니다"라고 부탁해서 함께 가게 되었습니다. 전산실에서 성기수 박사님과 함께 정부의 행정전산화 사업 마케팅을 시작했습니다. EPB의 예산전산화 사업 이후에 체신부의 시외전화 계산업무를 추진했고, 다음으로 전매청의 수송업무 전산화 작업을 추진했습니다.

유학만 다녀오면 곧바로 서울대 교수가 보장된 안문석이 갑자기 KIST를 간다고 하자 "왜 교수를 마다하고 그곳에 가느냐?"고 말리는 주변 사람이 많았다. 그래도 우연히 엿본 컴퓨터의 세계가 그를 매혹시켰다.

홍은주 정부의 전산화 업무를 처리할 컴퓨터는 KIST에만 있었습니까?

안문석 행정전산화 초기에는 컴퓨터가 워낙 비싸서 각 부처가 독자적으로 컴퓨터를 도입하지 못하고 KIST의 컴퓨터를 공용으로 사용했습니다. 당시 정부는 컴퓨터가 행정 효율화와 제도 개선의 핵심이라고 생각하는 수준까지 인식의 지평을 넓히지 못했습니다. 그저 복잡한 통계적 계산을 도와주는 과학기술 정도로 여겨 과학기술행정을 담당하는 과학기술처에서 컴퓨터 행정을 관장했습니다. 과학기술처가 하는 일은 주로 컴퓨터 수입을 통제하는 것이었습니다. 달러도 부족하고 컴퓨터가 너무 비싸니까 다른 부처의 컴퓨터 수입을 과학기술처가 막았던 것이죠.

홍은주 새 컴퓨터 도입하지 말고 있는 컴퓨터를 공동으로 이용하라고 했던 거군요. 비싼 컴퓨터를 들여와 활용을 안 하면 먼지만 쌓이니까 그랬을까요?

안문석 그렇습니다. 어디서 컴퓨터 도입한다고 하면 과학기술처에서 "당신들 준비가 충분히 되었느냐? 사용하고 관리할 사람은 있느냐?"고 따져 준비가 되지 않은 것 같으면 불허했습니다. 정부에서도 컴퓨터가 필요하다고 하면 KIST 컴퓨터를 공동으로 쓰라고 했습니다.

정부 공용 컴퓨터 중앙컴퓨터 가동식(1971).

1970년 4월 KIST 컴퓨터가 너무 바빠지자 과학기술처 소속으로 중앙행정 업무처리의 과학화를 위해 중앙전자계산소(NCC)가 설립되었습니다. NCC는 정부부처의 전산처리의 일부를 맡았습니다. 나중에 NCC의 프로그래머 한 사람이 반포 아파트 추첨 과정에서 불미스러운 사건에 개입한 일이 있었어요. 그때 최형섭 과학기술처 장관이 "우리 과학기술처는 이런 업무는 하지 않겠다"고 선언하고, 이걸 총무처로 보내 버렸습니다. 1974년 NCC의 소속을 행정 총괄기관인 총무처로 이관하면서, 그것이 정부전자계산소(GCC: Government Computer Center)로 이름이 바뀝니다. 총무처가 행정전산화의 추진하는 주체가 된 것이 바로 그때부터였습니다.

행정전산화 장기 계획 수립

GCC를 이관받은 총무처는 1975년 6월 행정전산화추진위원회를 설치하고 '제1차 행정전산화 기본계획'(1978~1982)을 수립하여 1978년부터 추진하기 시작했다. 이때 기본계획의 목표는 "정부기관의 99종 업무에 대해 행정전산화를 추진하여 정부예산과 인력을 절감하고 민원업무를 신속하고 공정하게 처리한다"는 것이었다.

행정전산화가 추진된 주요 업무 범위는 경제 발전, 국방 및 안전보장과 치안, 행정능률화 및 대민업무 등으로, 예산관리와 세금징수, 주민등록관리, 공안정보관리, 취업알선 업무 등이 최우선순위로 선정되었다. [29]

1차 기본계획상의 '행정업무 전산화 추진규정'을 보면(총리령 제221호), 행정전산화업무 개발계획, 전산조직 통신망 구성계획, 행정정보 공동활용 체제 구성계획, 소요기재 및 예산추계, 전산요원의 수급계획, 기타 기본계획 추진을 위해 필요한 사항 등을 구체적으로 명시했다(제2조).

'제1차 행정전산화 기본계획'은 개별 부처나 기관 단위로 산발적으로 추진되었던 행정업무 전산화를 최초로 국가 차원에서 종합적이고 체계적으로 추진한 정책이라는 점에서 큰 의미가 있다. 또한 중앙정부뿐만 아니라 전국 시·도·군·읍·면 단위까지 정보화 체계를 구축하는 것을 염두에 둔 장기 계획이었다. [30] 이를 계기로 행정전산화 및 '5대 국가기간전산망 구축계획', 초고속통신망 구축 등 정부의 주요 정보통신 정책은 5개년 단위로 중간 점검을 거치면서 장기적으로 설계된다.

한편 총리령 제8조를 보면 "예산낭비를 막기 위해 전산시설의 공동이용에 관한 규정을 두고 전산시설을 다른 기관과 공동이용하는 것이 경제적이고, 그 기관의 업무수행에 지장이 없을 경우에는 총무처 장관은 전산시설의 설치기관장에게 공동이용을 요청할 수 있다"고 하여 부처별·기관별 전산화 추진에 따른 낭비 요인을 경계하는 내용이 들어 있다. 이 내용이 들어간 배경은 다음과 같다.

1970년대 초반까지 정부부처나 주요기관 전산화는 KIST, KBCC, NCC 등의 전산센터를 공동활용하는 형태를 취했다. 행정업무 전산화의 필요성이 높아지자 과학기술처가 적극적으로 컴퓨터 도입을 막지 않았다. 몇몇 전산시스템으로 모든 것을 감당하기에는 용량이 부족했고, 마침 1970년대 중반 이후 상대적으로 낮은 가격에 고성능 미니컴퓨터가 개발되자 각 부처가 경쟁적으로 컴퓨터 도입을 추진했다.

---

29 한국전산원, 2005, 《한국의 정보화 정책 발전사》.
30 전자정부 50년사 사이버홍보관. 이 같은 방향은 '제2차 행정전산화 5개년기본계획'(1983~1987)과 '5대 국가기간전산망 구축계획'에 지속적으로 이어졌다.

그러자 전산화 중복개발 및 외화낭비 논란이 일었다. "각 부처별로 업무의 집중시기 외에는 전산자원에 여유가 있으나 공동활용을 못하고 있다"는 감사원 지적이 나오면서[31] EPB 예산국이 총리령 8조에 전산시설 공동이용 규정을 넣은 것이다. 부처별로 중구난방으로 진행된 전산화로 인한 비효율과 예산낭비, 비표준화는 국가기간전산망이 본격적으로 추진되기 전까지 계속 문제가 되었다.

행정정보시스템 구축 시범사업

EPB는 '행정전산화 기본계획'에 따른 행정정보시스템의 본격적 구축에 앞서 1978년 7월 시행착오와 예산낭비를 줄이기 위해 시범사업에 착수했다. 시범사업을 수행할 기관으로 KIST 전산개발센터가 선정되었고, 행정전산화 시범 도 및 시·군으로 충청북도가 적극적으로 나섰다. 시범사업 진행을 위해 1978년 7월 청주에 있는 충북도청에 전산실을 만들고 충청북도 산하 시군에 원격 단말기를 설치했다. 특히 음성군은 면 단위까지 단말기를 설치하여 시범사업에 완벽을 기했다.[32]

초기 EPB 업무 전산화를 담당했던 안문석 박사와 실무 책임자 신동필 박사(후일 시스템공학연구소 소장)를 비롯한 연구원 8명, 위촉연구원 9명, 자문그룹 8명 등 30명에 이르는 대규모 프로젝트팀이 행정정보시스템 구축 시범사업을 책임졌다.

당시 안문석은 미국 국무부 장학생으로 유학 가서 전산학 석사학위를 받고 시스템분석 전공으로 자원경제학 박사학위를 받은 후 1977년 1월에 막 한국에 돌아온 참이었다.

안문석 제가 한국에 돌아와 보니 총무처가 1975년에 세운 '행정전산화 기본계획'이 별로 진도가 나가지 못한 채 정체되어 있더라고요. 이 무렵 EPB의 강경식 예산실장님이 우선적으로 추진할 행정전산화 부문을 논의하는 과정에서 "우리는 수출로 먹고사는 나라다. 수출경쟁력을 높이려면 수출비용이 낮아져야 하는데 한국

---

31 황성돈(한국외국어대 행정학과 교수), 2006, 〈국가기간전산망구축 사업계획〉, 국가기록원.
32 한국전산원, 2005, 《한국의 정보화 정책 발전사》.

에서는 기업에서 서류를 들고 관청에 가서 매번 허가를 받는 행정비용이 너무 높다. 또 인허가 과정에서 부패 연결고리가 생기는 경우가 적지 않다. 그러니 수출원가를 낮추고 전체적 행정개혁을 하여 경제 발전을 모색하는 차원에서 주요 행정업무 전산화와 전산망 구축을 시도해 보자"고 제안했습니다.

이런 중요한 행정혁신 작업을 준비 없이 시작할 수 없고 기술적 완성도도 높여야 하잖아요. 그래서 행정전산화를 촉진할 만한 가시적 성과를 시범적으로 먼저 보여 주어야 한다고 판단했습니다. 강경식 실장의 강력한 지원을 얻어 충청북도 전역에 단말기를 깔고 주민등록업무, 호적업무, 자동차등록업무 등 각종 민원업무를 데이터베이스화하여 시범사업을 실시하기로 했습니다. 가령, 청주에 사는 음성 출신 주민이 주민등록이나 호적을 떼러 음성까지 갈 필요 없이 청주시청에서 처리할 수 있으면 사람들이 "아, 진짜로 이게 되는구나!"라고 실감할 것 아닙니까?

홍은주 시범사업을 시행할 지방자치단체로 왜 충청북도를 선택했습니까?

안문석 그때 정종택 충북지사가 재임하던 시절이었습니다. 강경식 실장님 이야기가 정 지사님께서 그렇게 부지런하시대요. 예산편성을 하다 보면 예산실에 부지런히 찾아오는 사람이 대체로 일도 잘하는데, 정 지사님이 매일같이 예산실에 출근하다시피 한다는 것입니다. "저렇게 부지런한 분이 있는 지자체에 가서 시범사업을 하면 번거로운 일이라도 잘 도와주실 것 같다"고 해서 강경식 예산실장님과 성기수 박사님, 저, 세 사람이 정 지사님을 찾아가 만났습니다. 도와달라고 했더니 아주 흔쾌히 좋다고 해요. 그래서 3년 계획으로 충북에서 시범사업을 시행했습니다.

홍은주 시범사업 시행 과정에서 애로사항은 없었습니까?

안문석 데이터베이스를 처음 시작하는 것이니 정말 손이 많이 가고 애로는 이루 말할 수 없었습니다. 그중 하나가 호적을 전산으로 데이터베이스화하는 과정에서 한문 이름을 한글 이름으로 고치는 것이었죠. 이름은 잘못 기록하면 큰일 나고 절대로 실수가 있으면 안 되잖아요? 그런데 이름에 쓰는 한자는 어렵고 옥편에도 없는 경우가 많았어요. 그 문제는 지방의 한학자분들을 모셔다가 해결했습니다. 제 연구실에서 충북행정전산팀을 만들었고, 그 팀이 청주에 상주했습니다. 팀장은 신동필 연구원이었죠. 그 팀의 노력으로 정권이 바뀌는 정치적 혼란기에도 성과를 낼 수 있었습니다.

홍은주 한국의 행정기록을 한자에서 한글로 고치고 디지털화를 시작하는 등 행정전산망 구축 과정에서 충북 행정전산화 시범사업이 큰 역할을 한 셈이군요.

안문석 그렇습니다. 충청북도 전역에 전용회선을 깔고 그런 식으로 다양한 행정 데이터베이스를 구축하고 연결했습니다. 통신 품질이 낮았던 당시 전화시스템으로 그걸 해낸 거예요. 예산실에서 도와주고 충북에서 협력해 줘서 가능했던 일입니다. 지금도 충북 청주시청에 가면 "여기가 행정전산의 산실입니다"라는 현판이 붙어 있습니다.

그 시범사업을 통해 우리가 향후 행정전산화를 시행하는 데 필요한 많은 경험을 쌓았고, 행정전산화는 '종합예술'이라는 사실을 배웠습니다. 행정전산화를 추진하려면 기술뿐만 아니라 법적 근거가 반드시 있어야 한다는 걸 그때 경험했어요. 가령, 청주에서 음성군 호적을 떼는 것이 기술적으로 얼마든지 가능해졌는데, 실제로 그걸 관청에 가져가면 아무런 법적 효력이 없으니 사용할 수 없었지요. 「주민등록법」과 「호적법」에 "원부를 가진 관청의 실제 관인이 찍혀야 한다"고 되어 있으니까요. 그래서 행전전산화를 하려면 무엇보다 법 제정이 필요하다고 뼈저리게 느꼈습니다. 또한 행정서비스 공급자와 수요자의 문화나 정보화 인식 및 교육수준, 행동양식 등도 종합적으로 고려해 세밀하게 설계하고 맞춤형으로 진행해야지, 기술의 완성도만으로는 안 되는 일이다, 백전백패라는 사실도 배웠습니다.

그때 경험은 제가 한참 후인 2001∼2002년 김대중 대통령 시절에 전자정부특별위원회 위원장으로 일하면서 11대 전자정부를 구축하는 과정에서 큰 도움이 되었습니다. 과제를 수행할 때 수많은 관련법과 규정의 개정 문제를 기본법으로 돌파하는 아이디어도 냈습니다. 시범사업의 또 하나의 성과는 당시 참여한 지방 공무원들이 공부를 많이 해서 나중에 행정전산망 구축 때 서울에 올라와 이걸 지원하는 핵심멤버가 됩니다. 이러한 점에서 충북 행정전산화와 데이터통신 시범사업은 참 소중한 경험이었습니다.

EPB와 KIST가 함께 추진한 충북도청과 산하 시군을 연결하는 행정정보시스템 시범사업은 1980년 초까지 계속되었다. 1979년 10·26 사태, 12·12 군사반란 와중에도 사업은 지속되었고, 1980년 봄까지 최규하 대통령이 주재하는 월간 경제동향 보고회의에 그 추진 과정이 정기적으로 보고되었다.

안문석 제가 충북 행정전산화 시범사업을 진행하는 도중에 10·26 사태가 일어났습니다. 이 사업이 다 없어지는 것 아닌가 걱정을 많이 했는데 다행히 시범사업이 당초 예정한 기간까지 유지됩니다. 12·12 이후 최규하 대통령 과도정부 때는 EPB의 강경식 차관이 경제문제에 대해 힘이 있어 유지되었습니다. 1980년 5월 국회와 행정부가 해산되고 국가보위비상대책위원회(국보위)가 통치하던 시절에는 충북 전산화 시범사업 당시 위촉연구원으로 참여했던 육사 출신 홍성원 박사가 도와주어 시범사업이 중단되지 않고 계속되었습니다.

충북 행정전산화 시범사업은 3년 만에 종료되었지만, 그 과정에서 얻었던 성공과 실패의 경험, 기술적·행정적 노하우와 참여 공무원들이 받았던 정보화 교육의 성과는 사라지지 않았다. 무형의 지식자산으로 고스란히 남아 1983년부터 추진된 '제2차 행정전산화 5개년 기본계획'(1983~1987)에 반영되었다.

　1980년대 초반에는 정부부처의 행정전산화가 일반화되었다. EPB 예산실의 전산화 작업도 고도화되었다. 당시 작업을 도왔던 여운방 전 KDI 전산실장의 증언을 들어 보자.

여운방 제가 1981년에 미국에서 계량경제학 박사학위를 받고 한국에 돌아와 보니 아직도 전산화가 더디고 대부분의 부처가 가리방 체제였어요. 그래서 EPB 이진설 예산실장, 한이헌 과장 때 제가 예산실과 EPB의 전산 업그레이드 작업을 또다시 지원했습니다. 그리고 이런 전산화 과정에서 예산업무 전체 프로세스에 대해 과장 이하 전체 공무원들을 교육했습니다.

가령, 예산의 장, 관, 항, 목 등 대분류가 있잖아요? 과거에는 각 부처가 각자 알아서 예산 자료를 작성해 보내면 그걸 분류하는 것부터 엄청나게 큰일이었죠. 그래서 제가 아예 전산입력용으로 표준화된 형식을 만들었고, 그 후 각 부처가 알아서 각각의 칸에 숫자를 채워 넣어 예산실로 보냈습니다. 모든 부처가 표준화된 방식으로 입력하여 작성하니까 계산이 아주 쉬워졌죠.

그리고 그전에는 어느 부처가 전국에 흩어진 여러 가지 보유자산의 현황을 대충 제출해도 예산실이 이걸 확인할 방법이 전혀 없었습니다. 그래서 제가 가령 자동차는 차적번호로 관리하고 다른 자산도 일련번호를 부여하여 혹시 새는 예산이 없는지, 일선에서 빼돌리는 정부자산이 없는지 확인해 보라고 조언했습니다.

또 동일 사업의 다년도 지속사업에 대해 부처마다 비용 규격화를 하여 다년도 예산관리 시스템을 구축하라고 권했습니다. 그러면 처음에 사업을 넣기만 하면 자동으로 다년도 사업이 정리되거든요. 다년도 예산관리 시스템을 구축하면 나중에라도 언제든지 과거 비용정보를 확인할 수 있습니다.

KDI도 1980년대 초반에 데이터통신을 시작했습니다. EPB와 함께 '경제개발 5개년계획'을 수립하고 제대로 된 경제연구를 하려면 해외에서 정보를 많이 받아야 하는데 텔렉스를 통해 들어오는 정보가 너무 제한적이고 비효율적이었습니다. 그래서 근거리 랜 시스템을 구축하여 드디어 KDI 연구원들에게도 컴퓨터를 보급했고, 데이터통신을 통해 논문이나 데이터를 업로드하고 교환하는 것이 가능해졌습니다. 다만 컴퓨터 도입 초기에는 자주 고장 나서 다들 저만 찾는 바람에 아주 골치 아팠습니다. 만날 도망 다닐 수도 없고요(웃음).

홍은주 1980년대 초반에 각 부처에서 컴퓨터를 도입하고 행정전산화를 추진하면서 시스템 표준화 문제가 제기되지 않았습니까?

여운방 그렇습니다. 정부부처마다 IBM, 큐닉스, 유니박 등 컴퓨터 시스템을 각기 알아서 구입해 사용했는데 그대로 두면 안 되잖아요? 다 연결해야 시너지가 나기 때문에 시스템을 표준화해야 했습니다. 그 작업도 제가 지원했던 기억이 납니다. 한번은 IBM과 호환되는 짝퉁 컴퓨터를 일본에서 만들었는데 이걸 우리 정부가 도입하도록 추진해 주면 돈을 주겠다는 유혹도 받은 적이 있습니다. 저는 "IBM 호환 컴퓨터가 처음엔 가격이 싸게 느껴지겠지만, 중장기적으로 소프트웨어 업그레이드를 IBM으로부터 받을 수 없기 때문에 결국 더 비싼 것"이라고 설명하고 "절대로 그걸 써서는 안 된다"고 정부에 조언했습니다.

초기 정보화 정책에 대한 평가: EPB 역할이 결정적

정보화의 황무지나 다름없던 한국의 경제개발 초기에 행정전산화를 추진한 핵심 주체는 EPB였다. 1970년대 후반에 총무처의 '행정전산화 5개년 기본계획' 수립과 추진에도 EPB가 큰 역할을 했다.

대체로 행정에서는 개혁에 저항의 관성이 작용한다. 새로운 방식이나 신기술로 업무전환을 시도하라고 하면 기존 업무에 추가해 공연히 일만 늘어난다고 생각하기 때문에 회피하기 마련인 것이다. 그런데 EPB 예산국은 자신들부터 적극적으로 컴퓨터를 배워가며 업무 전산화를 추진했고, 타 부처에도 전산화 예산을 지원하면서 강력히 추진을 독려했다.

NCC를 총무처로 이관하여 각 부처별로 중구난방으로 진행되던 행정전산화를 기본계획 및 장기 계획에 따라 체계적으로 통합 정리하고, 중앙정부뿐만 아니라 전국 시도별로 확장을 시도하는 과정에도 EPB가 깊이 관여했다.

초기 전산화 정책에서 EPB의 역할이 컸던 이유는 무엇일까? 그것은 EPB가 '경제개발 5개년계획'을 수립하는 주체였기 때문이다. 인구센서스를 작성하는 통계국이 EPB에 있었고 산업의 수출공업화를 지원하기 위한 과학기술 담당국도 EPB

에 있었다. '경제개발 5개년계획' 수립을 위해 미국 전문가들과 작업하는 과정에서 통계모델에 컴퓨터를 사용해야 한다는 인식도 빨리 형성되었다. 미국이 한국의 경제 발전을 지원하기 위해 만든 기구인 유솜과의 연결도 EPB가 담당하고 있었다. 초기에 빈약했던 한국의 예산으로는 구매하기 힘든 전자계산기나 컴퓨터의 수입을 지원한 기관이 바로 유솜이었다.

1960년대 말에 국세청이 설립되어 세수가 늘어나고 한국의 경제 발전으로 재정에 약간의 여유가 생긴 EPB는 1970년대 이후 예산을 할당하여 정부부처나 공공기관의 행정전산화를 적극적으로 독려했다. 충북 전산화 시범사업을 주도하여 중앙정부와 지방의 시·도·군을 잇는 중장기 비전을 세웠다. 행정전산화 사업은 훗날 5대 국가기간전산망 사업으로 이어지고 초고속통신망 기술과 결합하여 오늘날과 같은 전자정부의 개념으로 고도화되었다.

안문석 오늘날 한국의 수준 높은 정보화와 전자정부 성공의 가장 큰 공로는 물론 세종대왕님께 있지만, 초기에는 EPB가 큰 역할을 했다고 생각합니다. 예산국이 전산화 업무를 적극적으로 받아들이고, 직원들이 정보화 교육을 받아 컴퓨터를 예산편성업무에 적용하고, 데이터통신에 대해 EPB 고위층[33]이 대통령에게 관심사항으로 보고하지 않았더라면 이후 전 부처에 그렇게 빨리 EDPS를 확산시키지 못했을 것입니다. EPB의 공부하는 분위기와 지적 호기심, 새로운 지식이나 기술을 선입견 없이 받아들이는 정신이 크게 작용했다고 생각합니다.

결론적으로 전 과정을 회고해 볼 때 EPB가 전산화를 주도하지 않았다면 한국의 초기 행정전산화가 그렇게 빨리, 효율적으로 진행되지 못했을 것이라고 다시 한 번 강조하고 싶습니다.

---

33 최초의 컴퓨터 도입을 주도했던 김학렬 차관이 경제부총리가 되었다.

티핑포인트(*Tipping Point*): 반전자교환기 도입 결정

백색전화 한 대 값이 집 한 채 값

1972~1976년 사이 체신부는 '제3차 통신사업 5개년계획'을 꾸준히 진행하여 통신시설을 개량하고 전화회선을 늘려 나갔지만 전반적으로 당시 통신시설은 크게 부족했고 국민의 전화 사정은 열악하기 짝이 없었다.

연평균 성장률 10% 안팎의 고도 경제성장이 장기간 이어지고 기업활동이 크게 증가하면서 통신 수요가 급증했다. 하지만 일반 가정에서 전화를 신청하여 설치하려면 1~2년이 걸렸다. 시장에서 매매 가능한 백색전화는 부르는 게 값이어서 전화기 한 대 가격이 도시의 아파트 한 채 가격과 맞먹었다.

따라서 영세사업자는 전화 개설을 엄두도 못 냈고, 전화가 있는 몇 안 되는 다방(茶房)은 수많은 영세사업자의 '공유 사무소'가 되었다. 다방에서 여종업원이 "김 사장님, 전화요!"라고 외치면 여러 사람이 동시에 일어서는 웃지 못할 풍경도 벌어졌다.

통신 품질도 낮아서 잡음이 많고 잘 안 들리는 데다가 자주 끊기는 일이 다반사였다. 도서지역은 배가 닿지 않으면 무슨 일이 벌어지는지 모를 만큼 완전히 고립되어 있었다.

1975년 초 체신부는 전화회선 공급을 늘려 전화적체 현상을 해소하겠다고 대통령에게 보고한다. 전화회선 공급을 늘리려면 대형 통신설비인 교환기를 해외에서 수입해야 했다. 당시 체신부는 통신정책보다는 통신설비를 가설하고 구축, 운영하는 실무 부처로서의 성격이 강했기 때문에 교환기 증설 문제를 다룬 곳은 EPB 기획국이었다. 통신은 여러 산업에 고루 영향을 미치는 상위개념의 인프라이므로 경제 발전을 위해 열악한 전화통신 상황을 해소할 필요가 있었다. 또 통신설비 구축에는 거액의 예산이 수반되므로 전화적체 해소가 EPB의 업무가 된 것이다.

당시 EPB에서 전화설비 인프라 확장 문제를 다루던 부서는 기획국 투자3과였다. 이강우 당시 투자3과장(후일 통계청장)의 증언을 들어 보자.

홍은주 통신 주무부처인 체신부가 있었는데 EPB가 통신문제를 책임졌던 배경은 무엇이었습니까?

이강우 당시 EPB는 경제부처 전체를 총괄하고 기획, 수립, 종합하는 기관이었습니다. 경제개발을 위한 종합기획을 수립해서 추진하는 데 상당한 동력을 가졌었죠. 경제기획원 장관은 부총리급으로서 강력하게 다른 경제부처를 이끄는 역할을 했습니다. EPB는 근본적으로 통신회선이 확립되고 통신이 원활해야 전산화의 다음 단계로 넘어갈 수 있다고 인식했죠.

또한 당시에는 체신부가 전화통신사업을 운영하는 부처로서의 성격이 강해서 부처 자체에서 기획 기능이나 개발 기능이 크지 않았습니다. 체신부는 전화교환기를 설치하고 운영하는 데만도 바쁘기 때문에 EPB에서 통신 인프라 구축을 종합하고 총괄하는 기능을 한 것이죠.

EPB에서 독자적으로 통신이나 교환기 기종을 선정한다든가, 통신정책을 수립한다든가 하는 일을 전담했던 것은 아닙니다. 체신부나 상공부 등의 개별 부처가 단독으로 추진하기 어려운 사업이었기 때문에 경제장관 회의에서 결정하고 EPB가 주축이 되어 여러 부처가 공동계획을 수립하는 형태로 진행한 것입니다. 정부기관 차원에서 업무를 나누어 보면, EPB는 경제정책 전반을 총괄하고 종합하는 기관으로서 교환기 개발의 큰 그림을 그렸고, 교환기 생산을 관할하는 부서는 상공부, 기술은 과학기술부, 실제 운영은 체신부가 담당한 셈입니다.

EPB 조직에서 경제개발계획을 전담하는 곳이 경제기획국이었고요. 그 안에 종합기획과, 자금기획과, 투자 1, 2, 3과가 있었는데 각각 1차산업, 2차산업, 3차산업을 담당했습니다. 제가 당시 투자3과장이었어요. 투자3과는 3차산업 개발계획 업무를 총괄하는 부서였습니다. 경제가 발전하려면 사회간접자본 전체가 고루 발전해야 합니다. 특히 교통이나 운수, 정보, 통신 인프라 구축계획 수립 등이 중요하죠. 전화교환기 사업은 3차산업이잖아요? 그래서 경제기획국 투자3과장인 제가 통신 인프라 문제를 담당했습니다.

이강우 (李康雨)

1938년 부산에서 태어났다.
연세대 경제학과를 졸업하고,
일본 와세다대에서 상학 석사학위를,
국방대학원에서 행정학 석사학위를
받았다. 1962년 경제기획원에서 공직에
입문하여 투자3과장, 외자관리총괄과장,
재무부 국제금융국 투자진흥과장,
주일본대사관 재무관, 경제기획원
조사통계국장, 장관비서실장 등을
지냈다. 1994년 통계청장, 1996년
공정거래위원회 부위원장을
역임했다.

홍은주 당시 통신 인프라는 어떠했습니까?

이강우 당시는 정보통신 이야기가 아직 나오기 전이었습니다. 통신이라고 해봐야 유선전화밖에 없었는데, 일반 국민이 전화를 신청하면 1년에서 2년 정도 기다려야 할 만큼 전화 사정이 어려웠습니다. 전화통신은 1970년대 중반까지 다이얼식과 교환식 전화가 공존했습니다. 서울이나 부산 등 대도시는 다이얼식이었지만, 지방은 교환식이었죠. 또 백색전화와 청색전화가 있었는데, 백색전화는 개인이 소유하도록 했고, 청색전화는 소유권은 체신부에 두되 사용권만 개인에게 두도록 이원화했습니다.

그런데 백색이든 청색이든 통신 인프라와 전화 자체가 절대적으로 부족한 상태였습니다. 전화교환기를 확장해서 통신회선을 대폭 늘려야 한다는 것이 경제 발전을 위한 당면 과제 가운데 하나였죠. EPB 내에서도 '차제에 전화적체 문제를 반드시 해소해야겠다'는 절실한 상황인식을 가지고 있었습니다.

1976년 경제장관 간담회에서 생긴 일

1976년 2월, 남덕우 경제기획원 장관 겸 부총리가 주재한 경제장관 간담회가 열렸다. 여기서 "통신적체를 해소하기 위해 아날로그 전자식 전화교환기를 일단 추가로 도입한다. 또한 중장기적으로 전자교환기의 국산화 개발을 추진한다"는 결정이 내려졌다.

기존에 사용하던 기계식 교환기를 추가 수입하는 것이 아니라 선진국에서 이제 막 개발되어 보급되기 시작한 '아날로그 전자식'(반전자식)으로 바꾸고, 중장기적으로 국산 교환기를 개발하여 수입대체를 꾀한다는 계획이었다. 전자식 교환기 도입을 계기로 전자산업 육성도 적극 추진하기로 했다. 산업전자는 모조리 해외에서 수입했기 때문에 경상수지 적자가 날로 커지던 시절이다.

이날 회의에서 EPB가 주장한 반전자식 교환기 도입을 둘러싸고 부처별로 의견이 엇갈렸다. 체신부는 "미국의 일부 지역을 제외하고는 전 세계가 아직 기계식이고,[34] 기계식도 신형은 충분히 회선을 늘릴 수 있다. 반전자식 기술은 아직 완성형이 아니니 조금 더 기다렸다가 전자식이 완성되면 그때 도입을 추진해도 늦지 않다"면서 반대의견을 피력했다.

이에 상공부가 반전자식 도입을 지지하고 나섰다. "반전자식 교환기 도입은 단순히 통신적체 문제의 해결로만 볼 것이 아니다. 반전자교환기를 먼저 도입하고 운영해 보아야 우리 힘으로 전자식 교환기를 국산화할 수 있으며, 전자산업 육성을 위한 기술의 기초를 마련할 수 있다"는 논리였다.

EPB와 상공부가 말을 맞추자 체신부가 양보할 수밖에 없었다.

경제장관 간담회는 각종 경제정책을 협의하고 조정하는 비공식적 기구였지만,[35] 경제부총리가 주재하는 간담회에서 결정이 나면 사실상 대부분이 결정되었다. 전화교환기를 기계식이 아니라 반전자식으로 바꾸고 국산화를 추진하기로 한 이날의 결정은 이후 한국 정보통신 산업 발전의 결정적인 계기(*tipping point*)가 된다.

---

34 당시 일본은 반전자식 교환기 개발에 성공했으나 상용화 이전 단계였다.
35 2005년부터 명칭이 '경제정책 조정회의'로 바뀌고 통합·운영되었다.

반전자식 교환기는 대형 네트워크 시스템이다. 관련된 전자부품이 수없이 많고, 무선호출이나 컴퓨터 통신 관련 전자산업 자체가 발달해야 국산화가 가능해진다. 따라서 1976년 반전자식 교환기 도입 결정은 단순히 통신적체 해소 차원이 아니라 전자산업 발전을 위한 중장기적 전략이기도 했다.

몇 달 후인 1976년 9월 정부는 경제장관 회의에서 반전자교환기 도입의 후속조치로 '전자산업 육성방안'을 발표하였다. "1981년까지 내자와 외자를 조달하여 총 6억 달러를 투입하고 57개 품목 151개 공장을 신설하여 반도체를 비롯한 주요 전자제품들을 국산화하며 수입의존도를 줄이고 산업구조를 기술집약적 체제로 전환한다"는 내용이었다. [36]

산업적 파급효과가 크지만 초기 투자비용이 많이 들고 민간기업의 기술력이 부족한 컴퓨터와 반도체 등 미래형 전자산업 9개 품목은 정부 주도로 기술을 연구개발하여 민간에 전수하고 상용화한다는 방침을 세웠다. 시장이 없으면 기업들이 상용화 투자를 하지 않을 것이므로 정부가 공공구매를 통해 최초의 수요처가 되어주기로 했다. 이때 마련한 원칙은 이후 한국의 전자통신사업 발전 과정에서 계속 적용된다.

남덕우 부총리는 청와대 대통령비서실 경제수석을 지낸 이경식을 1976년 4월 체신부 차관으로 보내 반전자교환기 기종 선정과 국산화 개발 업무를 책임지도록 하는 인사를 단행했다. [37] 경제수석을 지내고 나면 대부분 주요 부처 장차관으로 가는 경우가 많았다. 핵심 정책부서라기보다 기술부처로 여겨지던 체신부 차관으로 경제수석을 보낸 것은 아주 이례적인 일이었다.

이는 그만큼 당시 정부가 반전자교환기 기종 선정과 도입 추진을 경제 발전을 위한 주요 업무로 보았다는 반증이라 할 수 있다.

---

36 한국전자통신연구원, 2017, 《한국전자통신연구원 40년사》.

37 이경식은 1976년 4월부터 1979년 12월까지 상당 기간 동안 체신부(현 과학기술정보통신부) 차관을 역임했다.

시대를 앞서 고민하다

1973년 박정희 대통령의 중화학공업 육성 선언 이후 정부의 모든 정책 역량은 화학, 철강, 기계, 조선, 자동차 등에 집중되었다. 중화학공업의 본질은 "평화 시에는 수출산업이다가 전쟁 시는 즉시 방위산업으로 전환된다"는 것이다. 1970년대 들어 남북한 대결이 심화되고 미군 철수 움직임이 가시화되면서 중화학공업 육성이 정부 정책의 핵심으로 떠오른 것이다.

그런데 왜 1976년에 중화학 공업과 전혀 다른 방향인 반전자식 통신교환기 도입과 개발, 전자산업 육성 정책이 잇따라 나오게 되었을까? 남덕우 부총리를 설득하여 반전자식 통신교환기를 도입하고 국산화하여 전화통신사업을 계기로 첨단 전자산업을 키우는 방안을 경제장관 간담회에 올린 사람은 EPB의 김재익 기획국장이었다.

김재익은 한국의 초기 정보통신과 전자산업 발전정책에서 결정적인 방향타 역할을 한 인물이다. 원래 전자공학과에 진학하고 싶었던 그는 거시경제 운영뿐만 아니라 당시 미국에서 한창 발전하던 컴퓨터나 통신기술도 깊이 이해하고 있었다. 통신 및 전자기술 관련 서적을 직접 구해 읽어 볼 정도였다.

김재익 기획국장을 가까이서 보좌했던 이강우 투자3과장은 그에 대해 다음과 같이 기억한다.

이강우 김재익 씨가 처음부터 공무원으로 시작했던 것은 아닙니다. 원래 한국은행에 입사했다가 스탠퍼드대에서 경제학 박사학위를 받았습니다. 남덕우 씨가 경제수석으로 있을 때 정책보좌관으로 갔는데 남덕우 씨가 부총리가 되자 이번에는 기획국장으로 김재익 씨를 불러들었어요.

당시 에피소드를 하나 말씀드리겠습니다. 제가 그때 초임 과장, 행정관리담당관으로서 법무나 직제 개정을 담당하고 있었어요. 한국은행 직원 신분으로 청와대에 파견 근무하던 김재익 씨를 당장 국장으로 임명하라고 지시하니 직제에 없는 경우라서 쉽지 않았지요. 그래서 제가 급하게 직제를 개정하여 김재익 씨가

홍은주 한양사이버대 교수가 이강우 전 통계청장과 인터뷰를 진행하였다.

국장으로 임명될 수 있도록 했습니다. 그 정도로 남 부총리가 김 국장을 신임했던 것입니다.

제가 과장으로 김재익 국장을 모시고 있었는데, 이분이 겸손하고 훌륭한 인격을 갖추었을 뿐만 아니라 지식도 해박했어요. 당시 세계에서 한국 경제에 관심이 높았기 때문에 해외 여러 기관에서 방문했습니다. 그때 김재익 국장이 한국 경제의 현황과 미래에 대해 설명을 잘했죠. 그것이 소문나서 외국 인사들의 면담 요청이 끊이질 않았습니다. 김 국장이 아침부터 저녁까지 외국인과 면담하는 데 시간을 많이 뺏기니까 우리가 업무를 협의하거나 결재를 받을 시간이 부족한 적도 있었습니다(웃음).

전화교환기 도입에 따른 정책적 고민

남덕우 부총리의 눈에 들어 우연한 계기로 공무원의 길을 걷게 된 김재익은 당시 박정희 대통령과 청와대가 불도저처럼 밀어붙이던 중화학공업 육성에 아주 회의적이었다. 주변 사람들에게 "한국처럼 국토가 좁고 기름 한 방울 나지 않아 부존자원이 거의 없는 나라는 요소투입비용이 높은 중화학공업보다 서비스산업 발전이 필요하다"고 항상 주장했다.

서비스 산업이 발전하려면 상위 인프라인 전화통신산업의 발전이 핵심이다. 당시 한국은 기계식 전화교환기를 수입해서 쓰고 있었는데 통신적체를 해소하려면 전화교환기를 대거 추가로 수입해야 했다. 이 교환기의 기종 선정 문제가 김재익이 국장으로 있는 기획국 투자3과 소관이었다.

이강우 그때까지의 목표는 사실 "전화교환기 회선이 절대 부족하니 교환기를 확대하여 전화가입을 원활하게 한다"는 것이었습니다. 처음부터 기계식이나 전자식으로 방향을 딱 정해 놓고 생각했던 것은 아니었습니다. 기계식 교환기는 회선이 워낙 부족해서 신설에 급급하였고, 전자식 교환기는 개발 초기 단계인 반전자식으로 세계적으로 많이 보급되어 있지 않았습니다.

미국이나 유럽 등 일부 선진국에서 전자식 교환기와 기계식 교환기를 병행하여 사용했고, 일본에서는 막 전자교환기 개발에 착수하여 아직 완성단계에 이르지 못한 상태였습니다.

EPB도 처음부터 전자식 교환기로 전환해야 한다고 주장했던 것이 아닙니다. 기계식이든 전자식이든 통신회선을 늘려야 한다고 검토에 착수했는데 마침 시기상으로 일부 선진국에서 전자식 교환기로 전환하던 때였던 것이죠.

당시 전 세계적으로 기계식 교환기가 대세였지만 미국 등 선진국 일부는 반전자식 교환기를 도입하고 있었다. 반전자식은 기계식보다 회선을 훨씬 많이 늘릴 수 있다는 장점이 있었지만 기술 자체가 진행형이었다. 시간이 조금 지나면 기술적으로 낙후된 제품이 될 우려가 있었다. 따라서 체신부는 완전한 전자식이 개발되어 선진국에서 충분히 검증할 때까지 기술적으로 진전한 기계식을 계속 쓰자는 입장이었다.

두 방식을 놓고 EPB에서 검토에 들어갔다. 전화교환기는 수입하는 데 막대한 달러가 소요되는 주요 품목이었기 때문에 신중하게 논의했다. 기존 교환기 설비가 낙후되어 추가로 도입해야 하는데 기계식을 더 증설할 것인지, 반전자식으로 바꿀 것인지 의견이 분분했다.

이강우 한국에서는 당시 금성통신과 동양정밀, 두 회사가 기계식 교환기 중에서도 후진적 상태의 기계를 생산했기 때문에 상당히 낙후되었다는 문제가 있었습니다. 같은 기계식이라도 선진국에서 쓰는 기계식 교환기는 성능이 좋았거든요. 금성통신에서 만드는 것은 독일 지멘스의 EDM이라는 기종이었고, 동양정밀에서 만드는 것은 스트로자라는 아주 오래된 구형 교환기였습니다. 따라서 그것으로 통신회선을 확장한다는 것은 사실 어려운 문제였습니다.

교환기 기종 선택을 두고 부처 간 논의가 진행되던 1975년 하반기 어느 날, 과학기술처가 주도한 어느 정부 회의에서 김재익 국장은 미국 벨연구소 출신 경상현 박사(후일 정보통신부 장관)를 만났다.

경상현 박사는 미국 MIT에서 핵공학을 전공했다. 핵원자로의 자동제어 방법을 연구하는 과정에서 컴퓨터를 활용하는 자동제어 분야에 관심을 갖게 되어 박사학위 취득 후 미국 벨연구소 제어 분야에 취업했다. 벨연구소는 미국 최대 통신회사인 AT&T 산하 연구소였다.

1975년 귀국한 경상현 박사는 한 달쯤 뒤인 10월 하순에 과학기술처에서 열린 시스템 발전방안 회의에 참석했는데, 그 회의에 김재익 국장도 참석했다. 그의 경력을 눈여겨본 김 국장은 저녁 늦게 회의를 마치고 회의장을 나가려는 경 박사를 붙잡고 질문을 던졌다.

"경 박사님은 벨연구소에 있을 때 어떤 일을 하셨습니까?"

"미국에서 반전자식 교환기가 새로 나오는데 운영비와 장비구입비 등 수요측정에 대비해 기계식 교환기의 경제성을 판단하는 통신망 계획연구를 했습니다."

경 박사의 대답에 김재익 국장이 반색하며 부탁했다.

"마침 잘됐습니다. 자문을 좀 구하고 싶으니 오늘 오후에 시간 좀 내주시오."

EPB의 자신의 방에서 경 박사로부터 반전자식 교환기에 대해 이야기를 들은 김재익 국장은 즉시 남덕우 경제부총리의 집무실로 그를 데려갔다.[38]

김 국장이 경 박사에 대해 소개하고 인사를 시키자 곧바로 남 부총리가 질문을 던졌다.

"우리가 전화교환기를 바꾸려고 하는데 의견이 첨예하게 엇갈리고 있습니다. 한쪽은 반전자교환기를 도입해야 한다고 주장하고 다른 한쪽은 기계식 교환기를 그대로 사용해야 한다고 합니다. 이에 대해 경 박사는 어떻게 생각하시오?"

"미국의 경우 두 가지를 다 쓰고 있는데, 인구가 증가하는 지역은 기계식을 반전자교환기로 교체하는 것이 대세입니다."

남 부총리는 고개를 끄덕이더니 김 국장을 보며 말했다.

"김 국장, 앞으로 경 박사와 많은 대화를 나눠 보고 자문을 구하세요."

남 부총리 집무실을 떠난 두 사람은 EPB 근처에서 저녁을 먹으며 교환기에 관해 깊이 있는 의견을 나누었다. 이날 김재익 국장은 "현재의 통신설비로는 경제 발전이 곧 한계에 부닥칠 것이다. 큰 예산을 투자하더라도 전화적체 문제는 시급하게 해결해야 한다"고 역설했다.

김재익 국장은 경 박사의 조언과 내부 토론을 통해 기계식보다는 반전자식 교환기 도입이 전화적체 문제를 신속하게 해소할 수 있고 한국의 전자산업의 발전에도 도움이 될 것이라는 내부적 결론을 내렸다.

경상현 박사는 반전자교환기 기술 도입의 효과성과 경제성을 객관적 수치로 밝히는 보고서를 작성해 1975년 12월 기획원에 보냈다. 이 보고서가 두 달 후인 1976년 2월 27일 열린 경제장관 간담회의 안건으로 올라가 "앞으로 반전자식 전화교환기를 도입하고 중장기적으로는 국산을 개발한다"는 정책적 결정으로 이어진 것이다.

경제장관 간담회 이후 EPB 기획국은 KIST에 전자식 교환기 도입에 대한 공식적인 타

---

38 "이현덕의 정보통신부 그 시작과 끝 10: 경상현 초대 정통부 장관 — 과학자에서 장관까지", 〈전자신문〉, 2010. 7. 23. 이후 경상현 박사의 진로는 원자력 분야에서 정보통신 분야로 급격한 궤도수정을 했고, 훗날 ETRI 소장을 거쳐 체신부 차관과 정보통신부 장관을 지냈다.

당성 검토 작업을 맡겼다. 한국원자력연구소 연구원이던 경상현 박사는 검토 책임을 맡아 1976년 2월 말 KIST에 파견되었다. [39]

이강우 기계식 대신 반전자식으로 전환하는 것으로 최종 정책결정이 내려진 후부터는 "어느 나라의 어떤 기종을 선택하여 수입하느냐?"가 가장 핵심적인 문제로 떠올랐습니다. 기종에 따라 한국 통신산업에 미치는 효과나 결과가 달라질 텐데 어떤 기종을 선택해야 기계식에서 전자통신으로 넘어가는 대과제를 우리가 효율적으로 추진할 수 있는지가 가장 큰 문제였던 것이죠.

우리가 이를 해결하는 과정에서 여러 기술적 문제나 새로운 트렌드에 대한 정보를 입수했습니다. 이때 KIST 경상현 박사에게 많이 협조를 받았고 사실상 거의 같이 작업하다시피 했습니다.

한국통신기술연구소 설립

반전자식 교환기 도입과 국산화 프로젝트는 투자 액수가 크고 중요한 사안이었다. 따라서 KIST에 별도 연구소를 두어야 한다는 의견이 나오면서 1976년 12월 KIST에 부설 한국전자통신연구소[40]가 설립되었다. 당시 KIST 전자공학연구부 산하에 있던 6개 연구실 가운데 무선통신연구실이 한국전자통신연구소로 분리된 것이다.

초대 소장으로는 KIST 부소장인 정만영 박사가 취임했다. 정만영 박사는 1970년대 초에 이미 국산 이동통신을 개발해 본 경험이 있는 전문가였다. 부소장은 김종련, 안병성, 경상현 박사 등 세 사람의 공동체제로 운영되었다. [41] 팀 전체의 공통된 고민은 어떤 기술로 개발할 것인가, 누구로부터 기술을 도입할 것인가,

---

39 "정보화 리더십 탐구: 경상현 초대 정통부 장관", 〈조선비즈〉, 2016. 7. 11.

40 이 부설연구소는 1977년 한국통신기술연구소(KTRI)로 독립했는데, 오늘날 한국전자통신연구원(ETRI)의 전신이다.

41 도입 기종 선정의 총괄책임을 맡은 사람은 경상현 박사였다. 교환기 도입에 따른 기술분석은 안병성 박사, 경제성 분석은 유성재 박사, 기종 도입 후 생산반은 박헌서 박사가 책임졌다("대한민국 전자정부 50년").

어느 수준까지 국산화할 수 있을 것인가 등이었다.

1977년 3월 "타당성 검토를 위한 국제입찰"이라는 조건을 달아 AT&T, ITT, GTE, NEC, 지멘스, 후지쯔 등 6개 업체에 안내서를 보냈다. 그해 6월 14일 접수 마감 결과 AT&T를 제외한 5개 업체가 입찰에 참여했다. 경상현 박사 팀은 5개 업체가 제시한 조건들을 면밀히 검토한 결과 경제성이 충분하다고 판단했다. [42] 초기에는 반제품을 수입해 조립 생산하다가 생산기술을 배운 후 국산화를 추진하는 방향으로 결론을 내리고 검토 결과를 정부에 보고했다.

반전자교환기 도입을 확정한 정부는 두 달 후인 9월 이경식 체신부 차관을 위원장으로 '전자통신개발 추진위원회'(TDTF)를 구성하고 본격적 사업실무를 추진했다. 위원회는 체신부 차관을 위원장으로 하여 EPB와 재무부, 상공부, 과학기술처 차관 등 당연직으로 참석하는 8인으로 구성했다. 전자교환기의 도입 및 개발 사업 종합관리와 외국 기업과의 총괄계약 체결, 외국 기업 감독 및 업적 평가, 전자교환 방식의 도입과 개발사업에 대한 관계기관·생산업체의 총괄조정 및 감독 등을 목적으로 했다. [43]

정부는 우선 협상대상으로 ITT와 후지쯔 등 2개 업체를 선정하여 재협상을 진행했다. 기술이나 성능, 가격 등 모든 면에서 후지쯔가 ITT를 앞섰지만 후지쯔는 "한국에 핵심기술은 넘겨줄 수 없다"는 단호한 입장이었다. 단순히 통신적체 해소 차원이 아니라 전자교환기 국산화를 통한 전자산업 육성을 구상했던 한국은 최종 도입 기종으로 미국 ITT를 선정했다.

이강우 최종적으로 ITT를 선정하기까지 상당한 어려움이 있었고 오랜 시간이 걸렸습니다. 초기에는 교환기를 기계식과 전자식 중 어떤 것을 채택할 것이냐가 중요했고, 나중에는 어느 회사, 어느 나라의 어느 기종을 채택할 것이냐가 가장 핵

---

42 "이현덕의 정보통신부 그 시작과 끝 10: 경상현 초대 정통부 장관—과학자에서 장관까지", 〈전자신문〉, 2010. 7. 23. 이 인터뷰에서 경 장관은 입찰 참여를 밝힌 업체들이 제시한 기술지원비, 교육훈련비 등 각종 비용을 검토하여 경제성을 평가했다고 밝혔다.

43 전자통신개발 추진위원회설치령 제1조(목적), 제2조(구성), 제3조(직무) 참조.

심이었습니다. 생산업체 간의 이해관계 갈등도 있었고, 기술적으로도 어느 기종을 선택하느냐가 참 어려운 문제이다 보니 결정이 쉽지 않았습니다.

결국 최종적 기종 선택은 경제장관 회의를 거쳐 결정되었습니다. 교환기 도입 결정과 개발 예산은 EPB 예산국에서 담당했지만 일단 경제장관 회의에서 국책사업으로 추진하기로 결정되면 예산 확보는 비교적 수월하게 진행됩니다. 제가 기획 단계를 끝냈고, 기종 결정 후에는 상공부가 제조를, 체신부가 실제 운영을 맡게 되었습니다.

1977년 12월 본격적인 교환기 국산화 프로젝트 추진을 위해 KIST의 한국전자통신연구소가 체신부 산하 한국통신기술연구소로 독립했다. 그해 12월 박원근 체신부 장관이 반전자교환기 국산화와 통신망 및 전자화, 그리고 디지털 전자교환 기술 국내 개발계획을 박정희 대통령에게 보고해 재가를 받았다.[44]

다음 해인 1979년 5월 반전자식 교환기 제2기종 국제입찰과 기종 선정이 이루어졌다. 이때는 미국의 AT&T 기종이 선정되었다.

"정책결정은 이해관계의 재설정"

여기까지 진행되는 과정이 파란만장했다. 반전자식 교환기 도입 이전에 국내에서는 이미 두 민간기업이 기계식 교환기를 수입하고 관련 부품을 생산하고 있었다. 반전자식 교환기를 도입한다는 계획은 기계식을 수입, 운영하던 기존 업계에 큰 충격을 던지는 소식이었다. 기업의 사활이 걸린 문제이다 보니 온갖 민원이 정치권에 전달되었다.

반전자식 교환기 공급회사가 미국 ITT로 확정되자 "김재익 국장이 미국 통신회사의 앞잡이다", "CIA 간첩이다", "미국 회사로부터 뇌물을 받았다더라"는 등의 괴소문이 나돌았다. 전자식 교환기 도입에 앞장섰던 김재익 국장은 중앙정보부에

---

44 "이현덕의 정보통신부 그 시작과 끝 10: 경상현 초대 정통부 장관 — 과학자에서 장관까지", 〈전자신문〉, 2010. 7. 23.

불려가 조사를 받기도 했다.

다음은 남덕우 부총리의 회고록에 나오는 내용이다.

> 기존의 기계식 교환기 업체들이 맹렬한 로비를 전개하기 시작했다. 현재 교환기의 수명
> 이 남아 있는데 새 시설을 도입해 외화를 낭비하고 중복 투자를 하려 한다고 김재익 국장
> 을 매도하기 시작했고 중앙정보부를 통해 압력을 가했다.[45]

남덕우 부총리의 적극적인 엄호로 중앙정보부의 뇌물 의혹은 사라졌지만 기존
업계의 강력한 로비는 청와대로, 국회로, 언론으로 계속되었다.

이 무렵 EPB에서 이 문제를 지켜보았던 이석채 과장(후일 정보통신부 장관, 경
제수석, KT 회장)은 "정책결정은 이해관계의 재설정 문제임을 확인했다"고 한다.

이석채 당시 김재익 기획국장이 전화교환기 방식을 기계식에서 전자식으로 바꾸
려 했는데 그 과정에서 큰 위협을 받았어요. 이분이 EPB에 있을 때 저보고, "이
석채 과장, 내가 죽을 뻔했어" 그래요. 김 국장의 친구가 어느 전자기업에 있었는
데, "재익아, 우리 회사에서 너를 죽이기로 했대. 절대 혼자 다니지 마" 그랬다는
겁니다. 김 국장이 계속 전자식으로 바꾸자고 주장하니까 그런 협박까지 받은 것
이죠.

기업들이 왜 그렇게까지 했는지 그 과정을 살펴보면 "정책결정은 이해관계의 재
설정"이라는 고전적 이슈가 등장합니다. 기계식 교환기는 기존에 그것을 공급하던
회사가 있고, 또 거기에 바탕을 두고 통신권력을 행사해온 일부 사람들이 있잖아
요? 그걸 전자식으로 다 바꾼다는 것은 패러다임 전환을 넘어 혁명적 정책결정 아
닙니까?

경제정책에서 가장 어려운 부분이 바로 이해관계를 바꿀 때입니다. 그래서 모
든 정책은 경제적 이해관계를 바꾼다는 점에서 출발합니다. 그 이해관계가 기득
권 세력, 강력한 세력을 건드릴 때 반드시 반발이 있고 난리가 나는 겁니다. 용기

---

45 〈동아일보〉, 2009. 9. 22.

있는 정책가는 그 기득권을 부술 수 있어야 한다고 생각합니다.

그런 면에서 김재익 국장이 당시에 크게 기여했습니다. 1980년대 초반, 5공화국 시절에도 경제수석을 지내면서 기득권을 가장 많이 부수었습니다. 그리하여 한국 경제가 확 바뀌는 계기를 맞게 되었다고 저는 생각합니다.

반전자교환기 도입 결정에 대한 평가

1970년대 중반과 후반에 진행한 반전자교환기의 도입과 국산화 노력은 큰 의미가 있었던 것으로 평가된다. 이를 계기로 전자산업 발전의 기회를 마련했기 때문이다. 반전자교환기의 국산화 과정에서 전자기술을 축적하여 1980년대 이후 통신 분야에서 완전한 전전자교환기(TDX) 국산화가 이루어졌다.

이강우 지나고 평가해 보니 당시 반전자교환기 선정은 정말 잘되었다고 생각합니다. 그때 독일 지멘스는 반전자식 개발이 좀 덜 된 상태였고 일본은 개발 초기 단계였기 때문에 최종적으로 미국의 ITT BTM 기종을 선정했습니다. 결국 미국의 반전자식 기술을 도입한 것이 오늘날 한국 정보통신산업이 이만큼 성장하는 계기가 되었다고 봅니다. 기종 선정 후 반전자교환기가 도입되었고, 훗날 이를 바탕으로 체신부가 TDX를 개발하여 완전히 국산화한 것은 산업적으로나 기술적으로나 상당히 의미 있는 결과물이라고 생각합니다.

1979년 6월 체신부는 정보통신산업 육성을 위한 중장기 계획을 수립하였다. 당시 43만 대 수준이던 전화회선을 1980년 말에 76만 회선, 1986년에는 140만 회선으로 늘리고, 전화교환기의 신기술 도입과 개발 및 현대화 등을 추진한다는 내용이 담겨 있었다.

그러나 그해 하반기에 10·26 사태가 일어났고, 이어 12·12 군사반란이 발생했다. 이후 정치적 소요가 격화되면서 이 계획은 크게 빛을 보지 못했다. 1980년대 초까지 한국은 대부분 기계식 교환기에 의존했으며, 1981년 한국의 전화보급률은

8% 수준에 불과했다.

한국의 전화통신 인프라가 선진국 수준으로 도약하고 정보통신산업이 눈부시게 발전하는 데는 또 다른 계기와 정책적 결단이 필요했다.

CHAPTER 2

체신부, 정보통신혁명의
주역이 되다

군사정부에서 펼친 '경세제민'의 이상

정치 암흑기에 밀려온 정보화의 물결

1970년대와 1980년 초반 무렵에 미국, 유럽, 일본 등 선진국들은 부지런히 정보화 시대를 준비하고 있었다.

미국에서는 IBM의 메인프레임 시대에 이어 1970년대 중반부터 개인용 컴퓨터(PC: *personal computer*)가 등장하여 확산되었다. 1975년 미국 MITS에서 세계 최초의 PC를 출시했고, 1977년 애플 Ⅱ PC가 등장했다. 애플 Ⅱ PC는 사각 브라운관 모니터에 각설탕 모양의 타자기를 이어 붙인 듯한 형태로, 크기가 작고 계산 및 사무용 소프트웨어 외에 게임 소프트웨어를 탑재하여 집 안으로 들어온 컴퓨터였다. 기업이나 대학, 연구소 등 전문가의 영역에서 사용되던 컴퓨터가 개인의 영역으로 들어오기 시작한 것이다.

1970년대 후반과 1980년대 초반에는 아파넷을 통한 컴퓨터 연결도 크게 강화되는 추세였다. 수십 개 정도이던 호스트컴퓨터가 미국 전체로 확산되자 쉽게 서로의 문서 라이브러리를 찾고 자료를 교환하기 위해 아파넷 네트워크 지침과 프로토콜을 만드는 움직임이 활발해진 것이다.

> 아파넷에 연결된 수학자와 컴퓨터과학자, 공학자, 물리학자 등은 사용자이면서 동시에 아파넷을 진화시킨 사람들이었다. 이들은 자신들이 사용 과정에서 드러나는 여러 가지 문제점들을 해결하기 위해 끝없는 토론을 거치면서 인터넷을 효율적으로 진화시키는 데 필요한 여러 가지 규칙, 새로운 프로토콜[1]을 만들어내는가 하면 버그를 수정하고 기능을 추가했다.[2]

그 무렵 일본은 어땠을까? 일본은 앞선 전자기술을 바탕으로 이미 1970년대 중

---

1 네트워크상에서 정보의 효율적 교환을 위해 사용하는 통신규약이다.
2 클레어 L. 에반스, 2020, 《세상을 연결한 여성들》, 조은영 역, 해나무.

반부터 컴퓨터 및 반도체의 상용화와 제조에서 독자적인 시장을 구축했다. 일본의 컴퓨터 시장은 NEC, 후지쯔, 샤프 등 세 회사를 중심으로 구성되었다. NEC는 1976년 단일보드 컴퓨터 키트에 이어 1979년 자체개발 PC를 내놓았다. 비슷한 시기에 샤프도 PC 독자모델을 개발해 출시했다. 후지쯔는 기업용 메인프레임 컴퓨터 분야에 집중했다.[3]

일본 기업들은 전자산업과 마찬가지로 컴퓨터와 반도체 분야에서도 종주국인 미국을 곧 압도할 수 있으리라고 자신만만했다. 실제로 1980년대 초반에 일본은 세계 반도체 시장점유율에서 미국을 능가했다. 1969년 세계 최초의 메모리칩을 출시했던 인텔이 일본의 반도체 공세에 견디지 못해 "앞으로 메모리 반도체 생산을 중지하고 CPU만 만들겠다"고 선언했다. 1976년 5조 엔 규모이던 일본의 전자산업 생산액이 1980년 초반에는 두 배 수준으로 높아졌다.[4]

미국, 유럽, 일본이 정보화 산업의 미래를 놓고 각축을 벌이던 1980년, 한국은 정치적·경제적 암흑기였다. 1979년 10·26 사태가 일어나 박정희 정부의 개발연대가 종언을 고했다. 12·12 군사반란을 통해 권력을 장악한 신군부는 1980년 5월 행정부와 국회를 해산하고 전국 계엄령을 내렸다. 해산된 국회와 행정부를 대신하여 두 기관의 기능을 결합한 막강한 권력기관인 국보위가 전면에 나섰다.

경제적으로도 어려운 상황이 지속되었다. 2차 석유파동의 여파로 도매물가 상승률이 40%를 넘어 물가가 폭등했다. 여름철에는 냉해 피해로 농산물과 생필품 가격도 천정부지로 치솟았다. 쌀과 원유를 수입해야 하는데 달러는 현저히 부족했다. 물가폭등으로 민란이 발생할 것이라는 소문까지 떠돌았다.

3 정지훈, 2020, 《거의 모든 IT의 역사》, 메디치미디어, 60쪽.
4 일본경제신문사, 1990, 《일본경제의 분석》, 비봉출판사.

"오늘부터 경제는 당신이 대통령이야"

불안한 정치상황과 어려운 경제현실 속에서 1980년 전두환 정부가 출범했다. 최고 군부 권력자인 전두환 보안사령관이 대통령으로 취임했다.

이때 청와대 경제수석으로 내정된 사람이 1970년대 중반에 반전자교환기의 도입과 개발을 주도하고 중화학공업 대신 전자산업을 육성하자고 주장했던 EPB 기획국장 출신 김재익이었다. 1970년대 중반부터 전자산업 육성을 주장했던 김재익의 경제수석 내정은 한국의 초기 정보통신 발전사에서 중요한 전기가 된다.

전두환 대통령으로부터 경제수석 내정 연락을 받았을 때 김재익은 "제가 추진하려는 안정과 자율, 개방 정책은 인기도 없고 반대도 많을 것입니다. 기득권의 저항과 반대가 심할 것입니다. 어떠한 저항이 있어도 제 말을 믿고 정책을 끌고 나가 주십시오"라고 요청했다. 이에 전두환 대통령이 했다는 답변은 '전설'처럼 내려온다.

"긴말할 것 없어. 오늘부터 경제는 당신이 대통령이야."[5]

실제로 전 대통령은 김재익 수석이 추진하는 일은 어떠한 반대 의견이나 정치적 압력도 다 막아 줄 정도로 그를 신뢰했다. 나중에 금융실명제를 추진하다가 정치적 후폭풍으로 좌초하게 되자 "금융실명제를 추진했던 김재익에게 책임을 물어야 한다"는 허화평, 허삼수, 허문도 등 5공의 핵심 실세, 이른바 '쓰리 허'를 청와대에서 내보내기도 했다.

제5공화국은 쿠데타로 집권한 군사정권이다. 행정부나 입법부의 기능이 정상적으로 작동하지 못한 채 보안사령부와 중앙정보부, 청와대를 주축으로 한 군사 문화적 위계가 세상을 지배했고, 그 권력의 정점에 전두환 대통령이 있었다. 무소불위의 권력을 가진 대통령의 높은 신뢰를 바탕으로 김재익 수석은 경세가로서 자신의 꿈과 이상을 펼쳤다. 이 상황을 지켜본 한 언론인은 "권력과 꿈의 결합"이라는 말로 요약했다.[6]

---

5 이장규, 2008, 《경제는 당신이 대통령이야》, 올림.
6 박보균, 1994, 《청와대비서실 3》, 중앙M&B, 357쪽.

전두환 대통령에게 업무보고를 하는
김재익 수석 (1980).

전두환 대통령은 왜 그렇게 김재익을 신뢰했을까?

김재익은 1980년대에 국보위에서 경제과학위원장을 지내면서 전두환 국보위원
장에게 '경제 과외'를 하는 과정에서 큰 신임을 받았다. 경제 문외한인 군 출신 대
통령에게 어려운 경제 이론을 다른 사람들보다 잘 설명했다는 것만으로 이후 전두
환 대통령이 보여 준 무한 신뢰의 배경을 다 설명할 수 없다.

정치적 계산과 술수가 난무하던 시절에 김재익 수석이 "정치적 술수나 권력 자
체에 대한 욕심이 아예 없었던 맑은 선비기질"을 가졌던 점이 전 대통령의 신뢰를
얻게 된 배경이었던 것으로 알려졌다. [7] 돈 욕심이 없어 공무원 시절 외부에서 강
의를 하고 강의료를 받으면 고아원에 기부했고, 재벌과 식사할 때도 식사비를 자
신이 내곤 했다. [8]

이 때문에 전두환 대통령은 김재익이 추진하는 경제정책은 적어도 사적 이익이
나 정치적 계산이 없다는 것을 확실히 믿었다.

---

7 노재현, 1993, 《청와대 비서실 2》, 중앙M&B, 336쪽.
8 위의 책, 357쪽, 이학봉 전 민정수석의 증언.

석유파동 여파로 산업 구조조정 구상

김재익은 한국 경제의 안정과 자율, 개방을 위해 전력투구하는 중에도 자신이 1970년대에 구상했던 전자산업 육성정책을 실현하고자 했다. 그가 국장 시절부터 전자산업 육성을 고민하게 된 결정적 계기는 세계적인 OPEC 석유파동이었다.

한국은 1973년부터 중화학공업을 육성하기 시작했는데 공교롭게도 바로 그해 10월 4차 중동전쟁이 발발했다. 1차 석유파동으로 유가가 폭등하면서 중동에서 배럴당 2.6달러이던 원유가 1974년 초에 11.7달러로 급등했다.

당시 일본도 원유의 99.7%를 수입에 의존했기 때문에 유가 급등으로 국내 물가가 치솟았다. 1974년 도매물가 상승률은 23.4%에 이르렀고 일본의 실질 GNP는 마이너스로 돌아섰다. 국민의 분노가 자민당의 다나카 내각에 쏟아졌고 그해 참의원 선거에서 대패한 다나카 수상은 정치적 십자포화를 맞고 퇴진했다.[9] 심각한 후유증을 겪은 일본 정부는 이때부터 산업구조를 반도체와 전자, 통신 등으로 빠르게 전환하기 시작했다. 그 결과, 1970년대 후반부터 반도체, 산업전자 분야에서 미국을 따라잡았고, 1980년대 초중반에는 일본의 전자제품이 미국 시장을 휩쓸었다.

한국 경제는 이 같은 경제 대전환의 세계적 흐름과 동떨어져 있었다. 1970년대 내내 에너지 다소비형 중화학공업에 대규모 투자를 계속했고, 흑백 TV와 라디오, 냉장고 등 일부 가전제품 외에 전자산업은 열악한 상황이었다. 에너지 다소비형 산업인 중화학공업에 대한 불균형 투자 집중으로 자원 왜곡이 심해졌고, 고유가와 과잉유동성으로 물가 불안이 갈수록 심각해졌다.

1978년에는 2차 석유파동이 발생했다. 배럴당 10달러 선을 유지하던 원유가격은 곧바로 두 배 이상 올랐다. 나중에는 현물시장에서 원유가 배럴당 40달러를 호가했다. 1979년 겨울 상하수도가 다 얼어붙은 가운데 한국이 비축한 원유 재고량은 1주일분 정도로 위기 상황에 내몰렸다. 국민은 금값보다 비싼 석유 값을 감

---

9 일본은 수입 원유 중 80%를 중동에 의존했다.

당하지 못해 강추위에 떨었다.

한국 정부는 1980년대 들어서야 중화학 육성 일변도 정책의 부작용을 줄이기 위한 산업구조 전환을 모색했다. 에너지 소모가 상대적으로 낮으면서 부가가치가 높은 전자산업 육성에 눈을 돌린 것이다.

"때로 운명은 아주 단순한 일에서 출발한다"

한국 정보통신혁명의 선구자인 오명 전 과학기술부총리가 자신의 회고록에서 "때로 운명은 아주 단순한 일에서 출발한다"고 썼다. [10] 단순한 일은 김재익 경제수석과 오명이 같이한 어느 날의 저녁 자리를 말한다. 그날의 저녁 자리가 오명을 '한국 정보통신혁명의 길'이라는 운명으로 이끌었다는 뜻이다.

미국에서 전자공학 박사학위를 받은 후 귀국한 청년 오명은 국방과학연구소의 연구원으로 일하다가 1980년 6월 국보위 상공자원분과위원회로 차출된다. 나중에 전두환 국보위원장이 대통령이 되고 국보위가 해체되어 연구소로 돌아가는 수순을 밟던 1980년 가을 어느 날, 김재익 경제수석으로부터 "시간 되면 저녁이나 같이하자"는 전화가 걸려왔다. 오명은 김재익 수석과 국보위에서 같이 일했지만 분과가 달랐다. 김 수석과 특별한 인연이 있었던 것도 아니고 어느 모임에서 한두 번 인사했던 것에 불과했기 때문에 '왜 나를 만나자고 하나?' 의아하게 생각하면서 저녁 자리에 나갔다.

그 자리에서 김재익은 "내가 보니까 오 박사가 첨단 전자산업에 아주 관심이 많은 것 같은데, 우리나라가 어떤 방향으로 준비해야 전자산업이 발전할 수 있겠습니까? 오늘 그 이야기를 좀 들었으면 좋겠습니다"라고 말문을 열었다.

오 명 제가 그 말을 듣고 아주 잘됐다고 생각했습니다. 김재익 씨가 청와대 경제수석이니까 이분을 설득하면 우리나라의 전자산업 발전에 도움이 되겠다는 생각

---

10 오명, 2009, 《30년 후의 코리아를 꿈꿔라》, 웅진지식하우스.

오 명 (吳明)

1940년 서울에서 태어났다.
육군사관학교와 서울대 전자공학과를
졸업하고, 미국 뉴욕주립대에서
전자공학 석사·박사학위를 받았다.
국방과학연구소 책임연구원, 대통령
경제수석비서실 과학기술비서관을 거쳐
1981년 체신부 차관, 1987년 체신부 장관,
1993년 교통부 장관, 1994년 건설교통부
장관, 2003년 과학기술부 장관,
2004년 부총리 겸 과학기술부 장관을
역임했다. 〈동아일보〉 사장,
아주대 총장, 건국대 총장을 지냈다.

에 그날 여러 가지 이야기를 많이 했습니다.

"한국은 지금까지 이른바 중화학 중심으로 발전했고 첨단 전자산업이나 미래를 위한 투자에는 소홀했던 것 같습니다. 그래서 이제 첨단산업을 위한 기술개발에 집중적으로 투자했으면 좋겠습니다"라면서 구체적 내용을 설명했어요. 이분이 경제학자라서 알아들을까 걱정했는데 의외로 기술적 내용은 물론 용어까지 다 잘 알아듣는 겁니다. 제가 놀라서 어떻게 이 분야를 그렇게 잘 아느냐고 물었더니, "사실 내가 공과대학에 가고 싶었는데 색약이라 못 갔어요. 기술 문제에 관심이 아주 많습니다"라고 하더라고요.

오명은 이날 저녁 단순한 가전(家電) 뿐만 아니라 통신과 반도체, 컴퓨터, 소프트웨어 등 산업전자와 정보통신산업 등 더 큰 분야의 발전 필요성을 역설했다. "한국은 식민지배와 전쟁 등으로 산업사회 진입이 늦었기 때문에 아직도 가난에서 벗어나지 못하고 있습니다. 하루빨리 산업전자를 육성하고 미래 정보통신산업을 선도해야 합니다. 그러려면 통신의 가장 기본인 전화적체 문제부터 최우선순위로 해결해야 합니다"라고 강조했다.

통금시간이 되어 헤어지기 직전이었다. 갑자기 김재익 수석이 "청와대에 와서 함께 일해 보지 않겠습니까?"라고 제안했다. "이야기를 나눠 보니 나와 생각이 똑같은데, 이왕이면 오 박사가 청와대에 와서 말씀하신 일들을 직접 해보지 않겠습니까? 직책은 약속할 수 없지만 소신껏 일할 수 있도록 해주겠습니다"라는 것이었다. 오명은 "기회가 주어진다면 일하겠습니다"라고 답한 후 헤어졌다.

그런데 얼마 후 정말 청와대에서 연락이 왔다. 과학기술비서관으로 발령이 났으니 당장 출근하라는 것이었다. 김재익 수석은 출근한 오명 비서관에게 정보통신과 관련된 체신부 업무와 과학기술처 업무, 방위산업 업무뿐만 아니라 산업비서관실이 담당하던 상공부 업무 가운데 전자공업 관련업무까지 따로 분리하여 맡겼다.[11] 과학비서관실에는 오명 비서관 아래에 홍성원 박사(중령)가 연구관이라는 비공식 직함으로 와 있었고, 정홍식과 송옥환 행정관 두 사람이 있었다.

홍은주 청와대 가서 가장 먼저 하신 주요 업무는 무엇이었습니까?

오 명 첨단기술과 첨단산업 전반에 걸쳐 폭넓은 업무를 위임받아 평소에 구상했던 정책들을 진행하기로 했습니다. 한국 전자산업은 1970년대 중반까지 대만과 거의 대등하게 발전했습니다. 그런데 1977년, 1978년 들어 컬러 TV로 넘어가는 과정에서 대만은 컬러 TV를 이미 시작했고 VTR까지 계속 발전했던 반면, 한국은 도농격차와 에너지 부족 등으로 컬러 TV 시판을 불허하면서 대만과 차이가 벌어졌습니다.

저는 전자산업 발전의 출발점으로 우선 컬러 TV 방영을 허용하자고 주장하여 대통령의 재가를 얻었습니다. 1980년 12월 컬러 TV 방영을 시작했지요. 컬러 TV 방식을 결정하는 권한도 저에게 있어 미국식과 유럽식 두 가지 중에서 미국식인 NTSC로 결정했습니다. 컬러 TV는 관련 부품산업, 생산설비까지 영향을 미치기 때문에 컬러 TV 방송 허용이 가져오는 산업적 파급효과가 아주 컸습니다.

---

11 당시 경제수석실에서는 금융, 재경, 산업, 자원, 국토개발, 과학기술 등의 업무를 맡았다. 산업비서관실은 전자공업을 제외한 중화학공업, 무역, 중소기업 및 국제경쟁력 강화 등의 업무를 진행했다.

홍은주 한양사이버대 교수가 오명 전 과학기술부총리와 인터뷰를 진행하였다.

뿐만 아니라 사회와 문화, 예술의 패러다임이 한꺼번에 바뀌면서 경제가 활성화되기 시작했죠.

홍은주 한국 경제가 향후 20~30년간 먹거리를 찾으려면 무엇을 해야 하는지 고민하는 TF도 그때 만들었다면서요?

오 명 근본적인 전자산업 발전 방안이 필요하다고 판단하고 전자공업 육성 장기정책을 만들었습니다. TV, 라디오, 냉장고 등 가전전자 중심에서 이제는 컴퓨터 등 산업전자 중심으로 가자, 또 가능하면 우리가 전화통신의 핵심인 TDX까지 만들어 전자산업을 기계산업이나 섬유산업에 맞먹는 산업으로 육성해 보자는 목표를 그때 세웠습니다.

정책이 지속성을 가질 수 있도록 세제혜택, 자금조달, 기술개발 등 다양한 측면에서 지원하기 위해 범부처 차원의 위원회를 구성했습니다. 청와대의 조율하에 상공부의 전자공업국장을 반장으로 하고, EPB, 재무부, 체신부, 과학기술처 과장 등 유관 부처 공무원은 물론 삼성의 남궁석 씨(후일 정보통신부 장관) 등 산업계와 연구소 핵심 인재들을 고루 참여시켰습니다. 26명으로 이루어진 큰 규모의 위원회로 여러 가지 문제를 논의했지요. 가령, 컬러 TV는 특소세를 포함한 67.2%의 세금이 붙어 가격이 아주 비쌌습니다. 보석보다 전자제품의 세율이 더 높은 것은 말이 안 되잖아요? 이런 문제들을 해결해야 전자산업이 활성화된다고 보았습니다.

청와대 과학기술비서관 팀은 전자공업육성 장기정책에 이어 반도체산업 육성계획도 수립했다. 반도체는 컬러 TV보다 훨씬 더 반대가 거셌다. 비교우위론을 주장했던 학자들은 "이미 선진국들의 반도체 수준이 훨씬 앞서 있어서 우리가 뒤늦게 개발해 봐야 만성적으로 뒤쫓아 가기만 할 것이기 때문에 예산만 낭비할 뿐 경쟁력이 없다"는 주장을 폈다.

그러한 반대를 정면 돌파하고 어렵사리 반도체산업 육성 연구가 시작되었다.

오 명 일부 관료들은 "우리가 이제 와서 선진국을 어떻게 따라가느냐?"고 냉소적으로 반응했지만, 청와대에서 워낙 강하게 추진했기 때문에 위원회 안이 집행될 수 있었습니다. 실제로 나중에 어떻게 되었는지 결과를 보세요. 1986년 전자산업 생산액이 기계산업을 앞질렀고, 1988년에는 한국 최대 산업이었던 섬유산업을 앞질렀죠.

그때 제가 얼마나 많은 시간과 에너지를 소모적 논쟁에 허비했는지 모릅니다. 그런 논쟁을 벌이는 시간에 반도체 개발에 하루라도 더 빨리 착수했더라면 4M DRAM 개발 기간이 1년은 단축되었을 것입니다. 다행히 대통령께서 국무회의에서 두 차례나 "반도체는 '산업의 쌀'이나 마찬가지니까 각 부처가 적극적으로 협조하라"고 지시해서 반도체 연구가 시작되었고 민관 합동연구가 활발해졌습니다.

1981년 3월, 국가행정전산망 사업을 추진하고 정보통신 소프트웨어 인력을 양성한다는 내용의 '전자공업육성 장기정책안'이 대통령의 재가를 받아 정부 정책으로 최종 확정되었다.

인원이 4명뿐인 과학기술비서관실에서 짧은 시간에 여러 부처를 움직여 큰 정책을 추진할 수 있었던 데는 몇 가지 이유가 있었다.

첫째, 사업계획과 정책입안의 기초 실무작업은 청와대의 독단이 아니라 관계부처와 기업, 학계, 연구소 등 전문가들을 모두 참여시켜 장기적 차원에서 양적·질적 목표를 설정했다. 둘째, 청와대가 종합적으로 조율하되 실질적 추진 전략은 실무부처가 책임지고 결정하도록 하여 자율성을 부여했다. 셋째, 정부부처의 인식이 현저히 부족하거나 선진국의 압력 등이 있으면 일정과 규모 등 사업목표를 조정하거나 유예기간을 두어 여건이 변화하기를 기다리며 설득하는 작업을 병행했다.[12]

전문가의 의견을 반영하고 부처의 자율성을 보장하는 추진 방식은 6공화국 정권교체기에 정책의 큰 흐름이 일관되게 지속되는 데 결정적인 역할을 했다. 처음 장기목표를 세울 때부터 관계부처와 전문가들이 모두 참여했기 때문에 정권이 교체되고 권력의 무게중심이 이동한 뒤에도 각 부처가 당초 제시된 장기목표의 일정에 따라 일관되게 정책을 추진할 수 있었던 것이다.

또한 기업에도 참여 인센티브를 제공했다. 정부가 정책자금을 동원해 기업을 직접 지원하지 않는 대신 공장부지 확보나 인허가 문제 등 규제의 애로사항은 적극적으로 해결해 주었다. 기업이 초기부터 국책연구기관과 공동으로 연구개발에 참여하도록 하고, 연구개발 결과 국산화 목표달성에 어느 정도 도달하면 공공기관 구매력을 활용하여 소규모라도 국내시장을 확실히 보장해 주는 경제적 유인책을 썼다.[13]

반도체와 TDX, 컴퓨터, CDMA 등 이후 전개된 주요 IT 기술개발 과정에서 기업들의 공동연구와 정부의 초기수요 제공이라는 유인 방식은 일관되게 유지되어 효과를 나타냈다.

---

12 정홍식, 2007, 《한국 IT 정책 20년》, 전자신문사, 31쪽.
13 위의 책, 31쪽.

한국전기통신공사와 한국데이터통신 설립 추진

1980년 가을부터 한국 전자통신 발전 방안의 하나로 체신부에서 전신전화 개설 업무를 분리하여 한국전기통신공사(한국통신, 현 KT)를 설립하자는 안이 추진되었다. 전화통신 적체문제를 빠른 시간 내에 해결하고 체신부가 종합적 통신정책을 기획. 수립. 집행하는 기관으로 거듭나려면 하루빨리 전기통신공사를 설립하는 것이 선결문제라고 보았던 것이다.

이미 1970년대 중반부터 "체신부는 정책수립에만 전념하고 사업부서는 따로 분리하여 통신공사와 우정공사 체제로 가자"는 주장이 꾸준히 제기된 바 있지만, 대대적인 조직 축소로 체신부가 소극적이었다. 과학비서관실은 체신부의 반대를 무릅쓰고 속전속결로 일을 진행하기로 했다. 다행히 당시 최광수 체신부 장관이 김재익 수석과 의사소통이 잘되어 '통신사업자 경영체제 개선' 문건은 1980년 12월 대통령의 공식 재가를 받았다.

이 문건의 핵심 내용은 첫째, 전기통신공사를 설립한 후 체신부의 실무업무를 분리하여 전담하도록 하고, 둘째, 미래 정보화 시대에 대비하여 데이터통신을 전담할 민간 주식회사를 설립한다는 것이었다.

오 명 "한국 통신정책의 가장 큰 문제점은 체신부 장관이 계획을 세우고 실제로 집행까지 하니까 과부하가 걸려 과감한 계획을 못 세운다. 정책수립과 현장집행을 분리해야 한다"고 제가 주장했습니다. 그래서 체신부에 통신정책국을 만들어 통신정책국장이 모든 정책을 세우고 한국통신이 집행하도록 이원화하기로 결정한 것입니다. 사실 박정희 대통령 때도 비슷한 논의가 있었는데 실행이 안 되었죠. 전두환 대통령 때는 남덕우 총리와 김재익 수석이 적극 지원하여 제가 이 내용이 포함된 문서를 대통령께 결재받았습니다.

'매출 3% 연구비 사용' 명시

체신부에서 전기통신사업을 분리하여 공사화를 서둘렀던 현실적 이유는 전자산업과 통신산업 육성을 위한 연구개발 재원 마련 때문이었다. 당시 전신전화사업으로 들어오는 자금이 EPB 예산국으로 넘어가 각종 정부사업에 사용되는 경우가 많았다. 전기통신 부문을 별도로 공사화하면 이 자금이 정부예산에서 분리되므로 전자산업과 통신 부문의 육성재원으로 활용할 수 있다고 보았던 것이다.

청와대 과학비서관실은 "전기통신공사의 위상을 어떻게 정립해야 할 것인가?"를 놓고 검토에 들어갔다. 대만과 같이 단독신분, 단독보수제를 채택하고 국가가 경영하는 방안, 서독과 같이 보수와 예산회계제도의 탄력성을 유지하며 국가에서 경영하는 방안, 영국이나 일본과 같이 공사로 전환하는 방안 등 여러 가지 대안을 검토하다가 결국 공사화 방안으로 기울었다.[14] 공사화하는 것이 연구개발 투자를 위한 재원의 탄력성과 상대적 자율성을 기대할 수 있었기 때문이다.

당시 청와대 과학비서관실에서 오명과 전자공업육성 장기 계획을 수립했던 정홍식(후일 정보통신부 차관, LG데이콤 부회장)은 자신의 저서에서 이 내용을 다음과 같이 자세히 설명하고 있다.

> 1980년대의 가장 중요한 통신 인프라의 하나인 전자교환기를 도입하고 운용하기 위해서는 고급인력을 채용해야 하지만 당시 공무원 급여체계로는 고급인력을 채용하는 데 한계가 있었다. 또 신규 첨단산업 육성을 위해 우선 추진하기로 했던 전자교환기와 컴퓨터, 반도체 연구개발을 위해서는 막대한 자금이 필요했다. 여기에 필요한 자금은 전신전화사업에서 나와야 하는데 그때까지만 해도 전신전화사업에서 얻는 막대한 수익은 정부의 다른 예산사업을 지원하는 데 전용되고 있었다. 따라서 이 돈을 사용하려면 아무래도 전신전화사업을 전담하는 공사체제가 유리했다. 또 정부부처로서는 1년 단위의 예산편성과 국회의결을 거쳐야 하므로 유연성이 떨어질 수밖에 없었다. 바로 이런 문제의 해결방안으로 통신사업 경영체제 개선의 필요성이 제기되었고, 그 결론으로 한국통신의 설립이 추진된 것이다.[15]

---

14 행정안전부, 2017, 《되돌아보는 대한민국 전자정부 이야기 23선》, 휴먼컬처아리랑.
15 정홍식, 2007, 《한국 IT 정책 20년》, 전자신문사.

한국전산원 현판식 (1987).

　한국통신의 정관에는 "연매출의 3% 이상을 연구개발비로 투자해야 한다"는 의무조항이 명시되었다. 이 매출 3% 연구비 사용 룰은 '신의 한수'였다. 안정적인 연구개발 재원을 확보함으로써 인터넷 연구가 계속되었고, 전전자교환기 및 반도체 연구개발이 이어졌다.

오 명　체신부 내에 통신정책국을 신설하고, 한국통신을 분리하고, 한국데이터 통신을 만드는 과정에서 우리가 더 적극적으로 연구개발을 해야 한다는 생각이 들었습니다. 첨단 정보통신산업과 전자산업을 육성하려면 규모가 크고 깊이 있는 연구개발을 해야 하는데, 그때까지 체신부 산하에는 남산에 조그마한 통신연구소 뿐이었습니다.
　"이런 수준으로는 안 된다. KIST보다 더 큰 연구소가 아니면 정보화 사회를 위한 연구개발을 감당할 수 없다. 최고의 연구소를 하나 만들자"는 취지에서 구미의 전자연구소와 서울 남산의 통신연구소를 흡수해 대형 연구소인 한국전자통신연구원(ETRI: Electronics and Telecommunications Research Institute)을 대전에 설립했습니다. 거기에 최순달 박사를 소장으로, KIST의 경상현 박사를 부소장으로 모셔왔어요.

또한 정보화 사회의 정책 연구를 담당하는 정보통신정책연구원(KISDI: Korea Information Society Development Institute)을 설립했습니다. 정책연구소를 만들어 훌륭한 학자들을 초빙하자 통신정책 연구의 질이 향상되었습니다. 다음으로 해외통신 컨설팅을 하는 통신기술주식회사와 중소기업을 지원하는 통신진흥주식회사도 만들었습니다.

1980년대 중반부터 행정전산망을 추진했는데, 정보화 사업 진행에 관해 감사원에서 내용을 모르니 감사할 수 없었습니다. 그래서 이를 책임지고 처리하는 기관으로 설립한 것이 한국전산원(NIA: National Information Society Agency, 현 한국지능정보사회진흥원)입니다.

오명, 체신부 최연소 차관으로 가다

통신공사 설립을 결정한 후 체신부에서 관련업무와 인원을 대대적으로 분리하여 통신공사에 이관하는 복잡하고 현실적인 문제가 기다리고 있었다. 이미 수립된 전자통신공업 육성정책을 집행하는 한편 체신부가 정보통신 정책기관으로 거듭날 수 있도록 기반을 다지는 작업도 필요했다.

이를 위해 오명 박사는 1981년 초에 청와대 비서관이 된 지 8개월 만에 체신부 차관으로 가게 되었다. 41세의 최연소 공학박사 차관의 탄생이었다.

오 명 최광수 체신부 장관이 제게 체신부 차관으로 와서 좀 도와달라고 하더군요. 아마 김재익 수석이 저를 체신부 차관으로 추천한 모양이에요. 김 수석께서 "오 박사가 전자산업과 첨단산업 육성을 강조하는데, 그러면 상공부에 가는 것보다 체신부로 가는 것이 좋습니다. 왜냐하면 상공부는 수단이 제한되어 있지만, 체신부는 자금이 있고, 기술도 있고, 구매력도 있고, 모든 것을 가졌습니다. 체

노태우 대통령에게 업무보고를 하는 오명 당시 체신부 장관 (1988).

신부에 가면 한국 첨단산업을 육성할 수 있습니다"고 권해서 체신부 차관으로 가게 되었습니다.

젊은 오명 박사를 차관으로 보내면서 김재익 수석은 "한국 통신산업이 제대로 될 때까지 일 많이 하고 오래 있으십시오"라고 덕담하였다. 그 말이 마치 예언처럼 이루어져서 오명은 이후 체신부에서 무려 8년간 일하면서 차관과 장관을 지냈다. 이후 건설교통부 장관을 거쳐 과학기술부총리까지 지내면서 자신이 설계했던 정보통신산업과 전자산업, 행정전산망 사업을 꾸준히 시행하고 집행하고 응용했다.

한국전기통신공사 출범

1981년 5월 「한국전기통신공사법」이 제정되었다. 이 법에 따라 체신부에서 통신 설치, 운영, 보수, 영업 등의 업무가 분리되면서 1981년 12월 한국전기통신공사가 출범했다. 한국전기통신공사는 공중(公衆) 전기통신시설에 대한 기존의 체신부 업무를 이어받는 한편, 통신에 관한 연구개발, 시험 및 상용화와 통신인력의 양성업무 등을 수행하게 되었다(법 제22조 1항).

이 조치로 체신부에 소속되었던 153개 기관의 3만 5천여 명이 통신공사로 자리를 옮기는 대대적 인사이동이 이루어졌다. 체신부 공무원 신분이 공기업 직원 신분으로 바뀌는 것인데도 큰 반발이나 말썽이 없었다. 최규하 대통령 시절 비서실장을 지낸 최광수 체신부 장관(1981~1982)의 원만한 일처리와 리더십이 돋보이는 대목이다.

오 명 1981년 5월에 제가 체신부 차관에 부임하자마자 추진했던 첫 번째 작업이 체신부에서 한국전기통신공사를 분리하는 것이었습니다. 한국 정보통신 역사에서 가장 모범적인 일 가운데 하나가 한국전기통신공사를 분리하는 작업이었다고 생각합니다. 체신부 인력 약 8만 명 가운데 5만 명을 분리하는 인사를 잡음 하나 없이 공정하고 깨끗하게 처리한 분이 최광수 체신부 장관이에요. 아주 훌륭한 행정가이시죠. 그분이 아니었으면 그 작업은 아마 힘들었을 겁니다.

"데이터통신이 뭡니까?"

한국전기통신공사 설립과 동시에 정부는 데이터통신을 전담할 민간회사를 설립했다. 데이터통신에 대한 개념조차 불분명했던 시절에 데이터통신 회사를 만들어야 한다고 주장한 사람은 1970년대 후반 반전자식 교환기 도입 연구에 참여했던 경상현 박사였다.

1980년 10월 어느 날, 김재익 수석이 정홍식 비서관을 불렀다.

"데이터통신을 전담할 신설조직을 만들기 위한 보고서를 작성해 보세요."

당시는 통신이라면 전보나 전화가 다인 줄 알던 시절이다. 일반인들에게는 데이터통신이라는 개념조차 낯설었다.

정 비서관은 자신도 모르게 되물었다.

"데이터통신이 뭡니까?"

"전기통신공사는 음성통신만을 전담할 것이고, 비음성통신인 데이터통신을 전담할 조직이 따로 필요합니다. 자세한 내용은 경상현 박사와 상의해 보세요."[16]

데이터통신은 미국 국방부에서 1969년부터 시작한 컴퓨터 통신시스템 아파넷이 진화하여 데이터 교환체계와 시스템이 갖추어지면서 활성화되었다. 초기에는 전화 통신선에 컴퓨터를 연결하여 비음성 정보인 각종 데이터를 송수신하는 형태였다. NCP 프로토콜을 기반으로 주요 대학이나 연구소 호스트컴퓨터를 원격 접속하고 파일을 검색하거나 정보를 교환하는 형태로 장기간 진행되었다. 호스트컴퓨터가 기하급수적으로 늘어나 도저히 기존 방식으로는 운영이 불가능해지자 미국이 새로운 통신 프로토콜인 TCP/IP을 개발하여 인터넷이라는 이름으로 막 운영하기 시작한 시점이 1983년 무렵이다.[17]

데이터통신의 활성화를 통해 여러 가지 데이터 정보를 수집하고 색인, 가공, 처리 등의 과정을 거쳐 사업자나 일반 국민에게 서비스하는 새로운 부가가치 산업의 가능성이 커졌다. 미국에서는 이미 1970년대 초반에 〈뉴욕타임스〉에서 상업용 데이터베이스를 구축한 데 이어 DIALOG, DRI 오르비트, 다우존스 등이 속속 설립되었다. 일본도 미국과 유럽의 상업용 데이터베이스에 접속하여 세계 각국의 입찰정보, 시장정보 등에 접속했다. 해외 현지 무역정보나 입찰정보를 파악하기 위해 해외 출장을 가야 했던 한국 기업보다 일본 기업이 훨씬 빠르게 발전할 수 있었던 이유다.[18]

청와대 과학비서관 팀은 데이터베이스나 데이터통신이 향후 음성통신 못지않게 중요해질 것이라고 판단했다. 1980년 12월 오명 비서관이 데이터통신의 실제를 파악하기 위해 한국과학기술정보센터를 찾아가 전용선 없이 해외 주요 데이터베이스에 접속하는 방식을 견학하기도 했다.

데이터통신은 전화 통신망을 통해 이루어졌으므로 한국통신 내에 사업부서로

16 정홍식, 2007, 《한국 IT 정책 20년》, 전자신문사.
17 한국에서 TCP/IP 프로토콜 기반 인터넷 연결은 1982년 전길남 박사가 최초이다.
18 육성으로 듣는 경제기적 편찬위원회, 2019, 《코리안 미러클 5: 모험과 혁신의 벤처생태계 구축》, 나남.

있어도 되지 않았을까? 그러나 한국통신은 전화 시스템을 확장하는 업무만도 과중했다. 또한 기술과 서비스를 창의적으로 만들고 산업화하려면 법과 규제로부터 상대적으로 자유로운 형태가 바람직했다.

과학비서관실은 사업의 높은 전문성과 빠른 기술개발 속도에 비추어 볼 때 의사결정구조상 민간기업이 효율적이고, 공기업의 낮은 임금수준으로는 기술인재 영입도 어려울 것으로 보았다. 그리하여 민간기업들이 출자하도록 유도하여 데이터통신을 주식회사 형태로 설립하기로 했다.

일본은 우리보다 앞서 전기통신 업무를 정부에서 분리하여 독립시키면서 NTT(국내 통신)와 KDD(국제 통신) 등 두 회사를 만들었다. 한국은 국내 통신과 국제통신을 하나의 통신공사로 만들고, 대신에 데이터통신 전담회사를 전화사업에서 분리하여 출범시킨 것이다.

홍은주 일본과 다르게 가기로 결정한 데는 어떤 정책적 판단이 있었습니까?

오 명 우리가 일본에 견학 가서 보니 일본도 우리처럼 정책과 집행을 분리했는데, NTT라는 국내 통신회사와 KDD라는 국제 통신회사, 두 개로 나누었더라고요. 그런데 일본 사람들과 대화해 봤더니 국제전화를 할 때 NTT를 통해야 하고 KDD도 거쳐야 해서 접속료, 접속방식, 요금부과 등에서 비효율적 문제가 많다고 했습니다.

그래서 우리는 국내외 통신서비스를 한 회사가 모두 제공한다는 결론을 내렸습니다. 대신에 앞으로 데이터통신이 매우 중요해질 테니 데이터통신만 전담하는 회사를 공사가 아닌 주식회사 형태로 만들자고 논의했습니다. 일본이 데이터통신에 관심은 많은데 그걸 진전시키지 못하더라고요. 한국통신을 만들고 난 후 거기서 데이터통신 분야를 분리해 우리가 먼저 한국데이터통신주식회사를 설립했습니다.

홍은주 데이터통신을 민간 주식회사로 만들게 된 배경은 무엇입니까?

오 명   에릭슨 같은 세계적 통신회사로 키울 생각으로 데이터통신 회사를 만들었습니다. 데이터통신이 발전하려면 돈을 많이 주고 컴퓨터 분야에서 앞서가는 박사들을 초빙해야 합니다. 공사 조직이나 공사 자회사로 만들면 그 부분을 해결하기 어렵습니다. 또 데이터통신은 사업의 성격상 기술과 산업의 조류에 맞게 빠르게 치고 나가야 합니다. 정부, 감사원, 국회, 한국통신 등 통제기관이 너무 많으면 걸림돌이 될 것 같아 주식회사 형태로 만들자고 한 것이죠. 실제로 그렇게 하자 인원채용도 유연해지고 보수도 올려 주는 등 융통성이 생겼습니다.

1982년 1월 데이터통신 전담회사 설립 발기인 모임이 이루어졌다. 한국데이터통신주식회사(데이콤의 전신)가 정부와 민간이 합동으로 출자한 형태의 「상법」상 주식회사로 출범한 것이다. 한국전기통신공사가 최대 주주로 참여했고, 삼성과 럭키금성, 한국방송공사, 대영전자공업 등 다양한 기업이 7% 미만의 주식을 분산 소유했다. [19]

3월에는 주식 33%를 보유한 최대 주주인 한국전기통신공사와 삼성, 금성, 현대 등 26개 회사 발기인 대표들이 모여 창립총회를 열었다. 어떤 그룹도 7% 이상은 주식을 갖지 못하도록 정관에 명시했다.

한국데이터통신 초대 사장으로 국내 1호 벤처기업 설립자인 이용태 박사가 낙점되었다. 당시 컴퓨터와 데이터통신 분야에서 최고 전문가는 성기수 박사와 이용태 박사, 두 사람이었다. 주식회사인 만큼 사업 마인드가 필요하다는 중론 때문에 이용태 박사가 낙점되었다. 실제로 이용태 박사는 아이디어가 풍부하여 정부에 여러 가지 제안을 했고, 기업 경영도 잘해서 회사가 짧은 시간 안에 성공적으로 자리 잡도록 했다. 1980년대 중반부터 추진한 5대 국가기간전산망 사업도 이 박사가 적극적으로 많은 아이디어를 냈다.

데이터통신은 미래를 위한 산업이지만 설립 당시에는 경제성이 불분명했다. "초기 몇 년간은 적자가 불가피할 것이므로 5년 후를 보고 투자해 달라. 대신 적자

---

19 민간기업 출자한도는 대기업 7억 원, 일반 기업 5억 원으로 설정했다.

는 체신부 사업을 통해 보전해 주겠다"고 참여 기업들을 설득했다.

오 명   모든 통신회사 사장들을 불러 "데이터통신이 황금알을 낳는 거위다. 앞으로는 이쪽이 대세이니 여기에 투자하라"고 사업설명회를 했어요. 1982년 3월 한국통신을 비롯해 금성, 대한전선, 연합통신, 한국전자통신 등이 출자하여 한국데이터통신주식회사가 설립되었습니다. 그런데 문제는 돈을 벌어야 할 것 아니겠어요? 사업계획서를 보니 총 5년간 적자가 불가피하더군요. 그래서 제가 민간 주주들에게 "5년 동안 적자는 정부가 보전해 주겠다"고 약속하고 투자를 받아 데이터통신 회사를 설립한 것입니다.

한국데이터통신을 만들 때 데이터베이스 사업을 어떻게 할 것인가 하는 논쟁이 벌어졌습니다. 그때 한국에 데이터베이스라는 개념이 없을 때라 데이터베이스 사업을 하면 적자가 난다는 말이 많았습니다. 어차피 체신부가 5년간 적자를 보전해 주는데, 데이터베이스 구축 비용도 우리가 더 보전해 주면 된다고 하고 데이터베이스를 구축하도록 했습니다. 한국전기통신공사의 전용선 서비스 사업을 한국데이터통신이 하도록 해서 적자를 보전해 주었습니다. 정부 데이터베이스 구축사업을 시작했고 민간 데이터베이스도 구축해서 이것이 나중에 천리안 서비스로 연결되었습니다.

한국데이터통신의 초기 주요 업무는 한국전기통신공사의 전화망에서 통신선로를 가져와 정보교환회선과 통신회선을 운용하는 것이었다. 더불어 정보통신사업, 정보처리 및 정보수집, 데이터베이스 구축 및 가공, 판매, 국내외 데이터뱅크 연결 등의 업무를 진행했다.[20]

1984년 체신부의 연초 업무보고를 살펴보면 정부가 한국데이터통신을 통해 어떤 미래상을 기대했는지 짐작할 수 있다.

---

20 오명, 2009, 《30년 후의 코리아를 꿈꿔라》, 웅진지식하우스.

체신부는 날씨, 항공표 예약 등 각종 생활정보를 가정에까지 직접 전달하는 비디오텍스와 텔레텍스시스템을 연내에 개발하여 1985년부터 시범 운영하고, 먼 거리에 떨어져 있으면서 서로 얼굴을 보며 회의 등을 진행할 수 있는 화상회의 시스템을 오는 10월 정부 제1·2 종합청사 간에 시범 운영하여, 국무회의나 장차관회의 때 이용하도록 하겠다고 말했다. 비디오텍스는 전화회선에 TV 수상기를 연결하여 뉴스, 일기예보, 스포츠 등 일상생활에 필요한 정보를 TV 화면을 통해 받아 볼 수 있는 서비스이다. 텔레텍스는 편집·수정·기억 기능을 갖춘 소형 컴퓨터가 들어 있는 일종의 타자기로 사무실에서 사무자동화기기로 활용되며 전화회선과 연결하면 현재의 텔렉스보다 몇 배나 빠른 고속으로 각종 정보의 송수신이 가능한 서비스이다.[21]

체신부에서 한국통신을 분리하고 한국데이터통신을 주식회사로 설립한 것은 당시로서는 혁명적인 발상이었고, 미래를 향해 본격적으로 내딛은 큰 첫걸음이었다. 군사정부의 비상계엄 상황이 아니었다면 수많은 기득권과 정치적 반대, 온갖 음모론 등에 부딪혀 무산되었을지도 모른다.

여담이지만, 민간시장에 적지 않은 의미가 있는 통신 규제 하나가 1981년 초에 조용히 사라졌다. 체신부가 전화 생산업체 몇 개를 지정하여 할당을 주던 전화 관급제 규제가 철폐된 것이다. 누구나 자유롭게 전화 생산시장에 진입할 수 있게 하자 수많은 전화 생산업체가 생겨났다. 전화기의 성능, 색상, 디자인 등이 다양해졌고, 경쟁 과정에서 품질이 향상되어 전화기 수출이 늘어났다. 1980년 후반에는 한국이 세계 최대 전화 수출국가로 등장했다. 규제개혁이 만들어낸 시장 혁신의 결과였다. 한전이나 공항공사 등에 통신망을 개방하는 정책도 이때 도입되었다.

오 명 저는 1980년대에 한국의 정보화가 퀀텀점프를 하면서 대성공을 거두게 된 핵심 초기 조건을 두 가지로 봅니다. 우선 정보화 예산을 확보하기 위해 한국통신을 체신부에서 분리할 때 다른 나라에는 없는 "통신사업자 매출의 3%를 연구개발에 쓴다"는 규정을 만든 것입니다. 그 돈으로 TDX를 개발하여 1가구 1전

---

21 〈중앙일보〉, 1984. 2. 13.

화 시대를 열었고, 행정전산망을 추진하면서 슈퍼미니컴퓨터까지 성공했으며, 반도체도 초기 작업에 성공했습니다. 나중에 CDMA(*code division multiple access*, 코드분할다중접속)까지, 모든 성공적 기술개발이 3% 룰을 토대로 추진되었습니다. 3% 룰이 어마어마한 역할을 한 것입니다. 그 과정에서 기술축적이 계속 이루어지고 한국이 최초로 개발한 기술이 많습니다. 가령, 세계 최초로 와이브로를 만들었습니다. 와이브로도 우리가 빨리 손썼으면 세계표준을 만들었을 텐데, 그때부터 이것이 예산으로 추진되어서 국회에서 심의하고 보고하고 감사받으면서 몇 년씩 걸리더라고요.

또 한 가지 성공 요인은 기업들의 통신서비스 사업 진입을 대폭 개방한 것입니다. 이전에는 통신사업은 오로지 체신부만 할 수 있었어요. 전화도 관급제였고, 공항 내 통신서비스도 체신부 산하기관이 들어갔고, 한국전력도 모두 체신부가 들어가 통신망을 만들어 주었죠. 그걸 다 개방하는 정책을 시행하여 공항공사나 한전 등 모든 기업이 자체 통신망을 만들게 된 것입니다.

정보화 정책 주도권, 체신부로 가다

컴퓨터를 보는 세 개의 시선: 선망, 두려움, 미움

1980년대 초반, 정보통신과 컴퓨터가 인류의 삶 속에 깊숙이 들어오기 시작했다. UN은 1983년을 '세계 통신의 해'(World Communications Year 1983)로 선언하고 각국에 통신의 중요성을 강조하는 메시지를 전달했다.

1983년 1월 미국 시사주간지 〈타임〉은 표지에 "The Computer Moves In"이라는 제목과 함께 선명한 PC 앞에 모호한 이미지의 사람이 앉아 있는 그래픽을 게재했다. 〈타임〉은 수십 년간 매년 첫 달 표지에 전년에 가장 큰 영향을 미친 사람을 '올해의 인물'로 선정하여 사진을 게재해왔다. 그런데 1983년에 사상 최초로 사람 이 아닌 컴퓨터가 등장한 것이다. 그해 〈타임〉 헤드라인은 '올해의 인물'이

〈타임〉 표지 (1983. 1. 3).

아닌 '올해의 기계'(Machine of the Year) 였다.

그 무렵 정보화와 관련하여 세상과 미래를 바라보는 사람들의 시각을 변화시킨 책 한 권이 출간되었다. 앨빈 토플러(Albin Toffler)가 저술한 《제3의 물결》(The Third Waves) 이다. 이 책에서 앨빈 토플러는 컴퓨터와 정보통신 기술의 교차 발달과 그에 따른 거대한 산업 변화를 '제3의 물결'로 표현하면서 곧 다가올 정보혁명과 정보사회를 예견했다. 그는 "컴퓨터, 전자공학 등 새로운 기술과 지식을 기반으로 다양한 생산양식이 가속화되고, 지식과 정보를 많이 가진 사람이 미래 경제의 승자가 될 것"이라 예측하며 "우리는 정보혁명의 첫 세대이자 기존 산업 시대의 마지막 세대"라고 정의했다.

선진국들이 정보화 시대의 도래를 인식하고 신속하게 움직일 무렵인 1980년대 초반까지 한국은 정보화의 불모지대였다. 국내에는 정부부처와 기업에서 도입한 메인프레임을 제외하고는 애플 미니컴퓨터가 몇 대 들어온 정도였다. 애플 미니컴퓨터가 도입되자 청계천 전자상가가 발 빠르게 움직여 주요 부품을 수입하고 복제 컴퓨터 시장을 만들었다.

당시의 한국 사회에서 컴퓨터라는 신문명을 바라보던 시선은 선망과 두려움, 미움 등 세 가지로 요약된다. 우선 컴퓨터는 선진국을 상징하는 놀라운 기술이었다. ETRI가 PC의 국산화 연구를 시작한다고 하자 "컴퓨터는 선진국이 만드는 엄청난 것인데 한국이 어떻게 컴퓨터를 만들 수 있느냐?"는 반응을 보일 만큼 선망의 대상이었다. 해외 정보화 흐름을 읽은 국내 전자업체들이 ETRI로부터 기술을 이전받아 컴퓨터를 생산하겠다고 하는 바람에 교통정리가 어려웠다. 상공부가 나서서 LG, 삼성, 현대 등 세 곳이 컴퓨터 생산업체로 확정되었다.

컴퓨터를 바라보는 또 다른 시선은 두려움이었다. 컴퓨터를 도입하고도 혹시 잘못 만졌다가 고장 나서 책임지게 될까 봐 두려워서 쓰지 않은 채 방치하는 경우가 많았다. ETRI에서 정부예산으로 반도체 칩을 수입하여 애플 복제컴퓨터 5천 대를 만들어 전국의 실업계 고등학교에 보급했는데, 컴퓨터를 아는 사람이 거의 없어 대부분 고이 모셔 두었다. 나중에 장학사가 점검을 나오면 그제야 부랴부랴 컴퓨터가 안 된다고 ETRI에 전화가 빗발쳤는데 대부분 컴퓨터 전원을 켜지 않아서 생긴 문제들이었다.

컴퓨터를 바라보는 세 번째 시선은 바로 부모들의 미움이다. 컴퓨터는 자녀가 공부하지 않고 게임만 하게 만드는 애물단지였다. 게임으로 부모들 속을 까맣게 태웠던 그 청소년들이 콘텐츠나 소프트웨어, 정보통신의 주역으로 성장한 것은 나중의 이야기다.

청계천 전자상가에서 애플 미니컴퓨터를 무단 복제해서 기업체 생산 컴퓨터보다 더 저렴한 가격으로 일반에 판매한 것이다. 기업들은 대기업 컴퓨터를 사고 서울의 좀 잘사는 집에서는 자녀들이 조르니까 청계천 PC를 샀는데, 지금과 달리 인터넷이 연결된 것도 아니고 아무 소프트웨어도 없다 보니까 그걸로 하는 것이 게임밖에 없었다. 그래서 부모들이 컴퓨터를 아주 싫어했다. 그렇지만 결국 한국에서 컴퓨터가 확산되고 게임산업, 영상산업, 애니메이션산업이 번창하게 된 것은 그때 성장한 청소년들이 커서 주역이 되었기 때문이다.[22]

22 오길록, "영상을 통해 만나는 대한민국 ICT 역사의 산증인", 한국전자통신연구원, 2021, 《ETRI 45주년》.

'정보화는 일본보다 앞서가자' 슬로건 정착

1970년대의 초기 행정전산화 때는 컴퓨터에 의한 EDPS화 등의 단어가 혼용되다가 '정보화'라는 단어로 정착된 것은 1980년대 초반이었다. Information이라는 영어 단어를 번역한 '정보'라는 단어는 연구소나 산업계 등에서는 이미 쓰이고 있었다. 1982년 KETRI는 "디지털 기술과 컴퓨터 네트워크의 등장으로 산업혁명 이후 최대 기술혁신이 일어날 텐데 그걸 빨리 잡아서 정보화 정책을 시행하자"고 체신부에 제안했다. [23]

여담이지만, 정보화라는 단어가 정부의 공식적 정책용어로 사용되기까지 적지 않은 우여곡절이 있었다. 군사정부 시절 최상위 권력기관이던 중앙정보부에서 자신들이 이미 사용하는 정보라는 단어를 체신부가 쓰는 것을 꺼렸던 것이다.

체신부에서는 "정보부의 정보(情報)는 intelligence이고 체신부의 정보화는 information"이라고 주장하여 차별화를 시도했다.

양승택 그때 우리가 정보화라는 단어를 쓰자고 체신부에 건의하면서도 솔직히 중앙정보부가 겁났습니다. 중앙정보부가 이미 정보라는 단어를 쓰면서 우리에게 그 단어를 쓰지 말라고 했기 때문이죠. 그런데 영어 단어 information은 정보 외에 달리 해석할 수가 없잖아요? 그래서 안 쓸 수 없었죠. 다행히 그 단어가 정착되어 나중에 체신부가 정보통신부로 이름을 바꾸게 된 것입니다.

이때부터 체신부는 정보화 정책을 본격적으로 수립하고 집행하기 시작했다. 국내 최초의 컴퓨터 제작 벤처기업을 설립하고 한국데이터통신 사장을 역임한 이용태 박사는 "우리가 일본보다 정보화를 먼저 추진하자"고 주장했다. 오명 체신부 차관은 그의 의견을 받아들여 각종 정보화 관련산업을 전통 제조업과 구분하고, "우리가 산업화는 뒤졌지만 정보화는 앞서가야 한다"는 슬로건을 체신부에 정착시켰다.

---

23 양승택 전 정보통신부 장관의 증언이다.

오 명 기계산업 등 기존 제조업은 사실 50년간 죽도록 더 노력해도 우리가 일본
을 따라잡기 힘들었습니다. 그런데 1980년 초에 '제3의 물결'인 정보화가 전 세계
에 몰려왔습니다. 이용태 박사가 "이걸 잘 이용하면 선진국이 될 수 있다. 일본은
현재 배가 너무 불러 정보화에 별 관심이 없으니 우리가 일본보다 정보화를 먼저
추진하자"고 이야기했고 모두가 공감했습니다. 일본을 지켜보면서 "잘만 하면 정
보화는 우리가 일본을 앞설 수 있겠다"는 희망을 본 것입니다. 그래서 "산업화는
한국이 일본보다 뒤졌지만, 정보화는 앞서 나가자"고 우리가 자주 이야기했고, 체
신부 내부에서 제가 정보화 교육을 많이 했습니다.

    1주일에 두 번씩 차관 주재 회의가 있었습니다. 한 번은 정책회의를 하고, 나
머지 한 번은 "앞으로 2000년대가 어떤 사회가 될 것인가? 우리가 무엇을 준비해
야 할 것인가?"라는 주제로 체신부 공무원 중심의 포럼을 계속했습니다. "2000년
대에는 정보가 가장 중요한 가치를 갖기 때문에 정보를 다루는 우리 체신부가
2000년대에는 1등 부처가 된다"는 내용으로 1년간 지속적으로 논의했습니다. 각
자가 해외 자료도 열심히 찾아보고 외부강사를 불러 특강도 하고 토론도 했습니
다. 1년쯤 지나자 체신부 공무원들이 정보화에 대한 탄탄한 비전과 전문지식을
갖게 되었습니다.

    훗날 실제로 한국의 정보화 정책이 일본보다 앞서기 시작했고, 새로운 기술을
받아들이는 속도도 한국이 더 빨랐습니다. 가령, 한국이 휴대폰을 셀룰러(cellular)
타입을 받아들인 때가 1985년 무렵인데 뉴욕이나 LA보다 더 이른 시기입니다.
AT&T가 셀룰러 타입을 시카고에서 시험하고 나서 막 다른 도시로 확산시킬 때 우
리가 그걸 서울에서 먼저 받아들인 것입니다. 새로운 기술이 나올 때마다 미국에
서 개발에 성공할 것 같으면 우리가 미국이나 일본보다 먼저 받아들였어요. 삐삐
도 우리가 빨리 받아들여 크게 성공시킨 예입니다.

나중에 한국이 초고속통신망을 세계에서 가장 신속하게 구축하는 데 기반이 된
광대역 광통신도 일본보다 빨리 적용하였다. 기존에 깔려 있던 통신용 동축 케이
블로는 음성과 영상, 데이터의 급격한 증가로 인한 통신량 문제를 해결할 수 없

다고 보았던 AT&T는, 1977년 초반에 시카고 시내 전화국 두 곳과 가입자 시설을 광케이블로 연결하여 2년간 시험서비스를 진행하였다. 그 결과, 광통신 시스템의 품질이 아주 우수하다는 결론이 나오면서 본격적인 광통신 시대가 열리게 되었다.

한국도 비슷한 시기인 1977년에 광섬유 개발에 착수하여 1979년 KIST 주도의 산연 공동연구에서 0.1mm 굵기의 광섬유를 만들었다.[24] 1981년 구로전화국과 안양전화국 간에 24개 심이 들어간 광섬유케이블을 제작, 설치함으로써 상용화 서비스에 착수했다. 1983년 서울과 인천 간의 30km 및 당산과 화곡전신전화국 6km 구간에 광통신 시스템을 구축하여 빠르게 상용화했다.[25]

오 명 1980년도 초중반에 광대역 광통신 기술 개발이 국책과제로 추진되었고, 그 결과 외국제품에 뒤지지 않는 시제품이 개발되어 적용됩니다. 기존의 동축케이블이나 마이크로웨이브 시스템은 전송용량이 한계에 이르렀기 때문에 대안으로 용량이 훨씬 큰 광통신 시스템이 미국에서 개발되었습니다.[26] 한국은 개발 시점이 미국에 별로 뒤지지 않았고 일본보다 먼저 전국 광통신을 깔았습니다.[27] 이것이 나중에 행정전산망 구축의 기반이 된 것입니다.

---

24 672 음성회선을 전송할 수 있는 용량이었다.

25 〈한국광학회지〉, 29권 5호, 2018. 10.

26 1977년 초반, 시카고 시내에 24개 멀티모드 광섬유로 구성된 광케이블 6.3km를 연결시켜 전화국 두 곳과 가입자 시설 한 곳을 연결했다. 그때부터 2년간 음성·영상·데이터 서비스를 제공하는 현장실험을 진행했다. 광통신 시스템의 품질이 아주 우수하다는 결론이 나오면서 1970년대 말부터 광통신 시스템이 전 세계에 대규모로 보급되기 시작했다. 본격적으로 '광통신 시대'가 열린 것이다(〈한국광학회지〉, 29권 5호, 2018. 10).

27 1977년에 처음으로 광섬유 개발에 착수, 1979년 KIST와 산업체가 공동으로 672 음성회선을 전송할 수 있는 0.1mm의 광섬유 제작에 성공했다. 1981년에는 구로전화국과 안양전화국 간 12km에 24심의 광섬유케이블을 설치함으로써 실용화 초기 단계에 들어갔다.

체신부 통신정책국, 정보화 정책의 컨트롤타워

1980년대 초반에는 청와대가 정보화 정책을 주도할 때라 체신부뿐만 아니라 과학 기술처와 상공부도 정보화 정책 주도권을 쥐기 위해 경쟁했다.[28] 그러나 오래지 않아 체신부가 정보화 정책의 결정적 주도권을 쥐게 되었다.

한국전기통신공사를 통해 조성하는 거액의 연구개발자금과 매년 1조 원 이상 투자하는 장비 구매력, 산하 전자통신연구소가 축적한 기술력, 체신금융사업으로 조성하는 자금 등 다양한 정책수단과 풍부한 자금이 체신부 힘의 원천이었다. 체신부는 정보통신산업 기술개발을 주도하고 업계에 시장을 조성해 주는 과정에서 자연스럽게 정보화 정책의 흐름을 주도했다.

체신부 내의 정보화 정책 컨트롤타워는 신설된 통신정책국이었다. 산하에 기획과, 기술과, 업무과, 정보통신과 등 4개 과를 두고 출발했다.[29] 체신부 통신정책국은 이후 한국의 정보통신산업 발전에서 결정적인 역할을 했다. 통신정책의 입안과 운영체계 개편, 전화적체 해소를 위한 통신시설의 확장 공급, 국산 전전자교환기 TDX 개발, 국가기간전산망 구축사업, 법률과 규정의 정비, 정보화 관련 조직 신설 등 다양한 정책이 통신정책국의 손을 거쳐 만들어지고 집행되었다.

1965년 행정고시에 합격한 후 체신부 사무관으로 들어가 1980년대에 5년간 최장수 통신정책국장을 지낸 윤동윤(후일 체신부 차관, 체신부 장관)으로부터 당시 1980년대 초반 체신부의 분위기와 통신정책국의 역할에 대해 들어 본다.

홍은주 법대를 졸업하고 1965년에 행정고시에 합격한 후 체신부에서 사무관으로 공직생활을 시작했습니다. 당시 체신부는 기술직 성격이 강해 문과출신 사무관들

---

28 1983년 1월 28일 대통령 주재로 열린 제1차 기술진흥확대회의를 살펴보면, 이정오 과학기술처 장관이 업무계획 보고를 통해 1983년을 '정보산업의 해'로 정하고 「정보산업기본법」을 제정하는 등 정보화 시책을 추진하겠다고 밝혔다.

29 "통신공사를 효율적으로 지도, 감독하여 통신적체 문제를 시급히 해결하며 국가경제 측면에서 통신산업을 획기적으로 육성, 발전시키기 위한 목적"으로 만들어진 조직이었다.

에게 인기 있던 부처도 아니었는데 어떻게 체신부로 가게 되었나요? 당시 체신부에서 어떤 일을 했는지요?

윤동윤 제가 법대를 졸업하고 3년간 군복무 후에 다행히 행정고시에 합격했습니다. 합격 소식은 당시 EPB 예산국에서 근무하던 친구로부터 전보를 받아 알게 되었습니다. 그때는 전화가 거의 없을 때였으니까 전보를 친 것이죠. 합격통지만 받았지 어디로 발령 났는지 알지 못했는데 다시 그 친구한테서 "너 체신부로 발령 났으니 가 보라"고 연락이 왔어요. 당시 행정직 공무원 중에서는 나중에 농림수산부 장관과 국회의원을 지낸 강현욱과 저, 두 사람만 체신부로 발령 났습니다. 인사계장에게 "우리한테 물어보지도 않고 동의 없이 발령한 것은 공무원법상 무효 아닙니까?"라고 주장하면서 불만을 토로하자, 체신부 총무과장이 우리보고 "앞으로 세상이 달라진다. 체신부가 미래 사회와 미래 경제의 주축이 될 것이니 자네들이 체신부의 핵심 인재가 돼 주시오"라고 설득하는 겁니다. 이 설득에 넘어가 체신부에서 공무원 생활을 시작했습니다.

윤동윤이 부산에 있는 본가에 내려갔더니 부친께서 "어디로 발령받았느냐?"고 물었다. "진해 우체국 업무과장입니다"라고 답했더니 부친이 더 이상 말씀을 하지 않은 채 싹 돌아앉았다. 부처와 보직을 듣더니 많이 실망하신 기색이 역력했다.

당시 체신부의 두 가지 주요 역할은 우정사업과 전기통신사업이었다. 전국의 우체국과 전화국을 통해 우편과 전신전화 서비스를 하면서 방방곡곡 산골짜기와 도서지역까지 국민의 발이 되고 입이 되어 주는 부처라 국민에게는 체신 공무원이 착하고 성실한 이미지로 좋은 평가를 받았다. 그러나 행시출신 공무원 입장에서는 국가경제를 위해 큰일을 한다는 보람이나 만족감이 크지 않아 체신부로 배치되는 것을 다들 기피했던 것이다.

젊은 윤동윤 사무관은 집을 나와 다방에 가서 혼자 고민했다. '우선 일하다가 기회가 되면 다른 부처로 떠나야겠다'고 생각했다. 그런데 그의 공무원 생활이 우체국 업무에서 전화, 통신 쪽으로 선회하는 계기가 생겼다.

114

윤동윤 (尹東潤)

1938년 부산에서 태어나
서울대 법학과를 졸업했다.
1965년 행정고시에 합격하여
체신부 행정사무관, 환금관리사무소장,
통신정책국장, 우정국장, 기획관리
실장을 거쳐 1990년 체신부 차관,
1993년 체신부 장관을 역임했다.
한국정보문화센터 이사장, 정보화추진
협의회 의장, 한국복지정보통신협의회
이사장, 한국 IT 리더스포럼 회장,
한국정보방송통신대연합 회장
등을 지냈다.

윤동윤 1970년 2월에 체신부 장관이 된 김보현 씨가 체신부 인사혁신을 해야겠다고 결심하고 본부에 3년 이상 근무한 사람을 전원 교체한다는 방침을 세웠어요. 그 바람에 제가 두 달 며칠 만에 체신부 전무국 전무기획과 전화시설공급 담당 계장으로 이동하게 되었습니다. 중앙전화국 등 교환시설과 수요공급을 기획하는 중요한 자리죠. 원래 수학을 좋아하고 잘해서 기술적 부분을 공부하고 열심히 했더니 담장 국장이 저를 눈여겨보았는지 기획실장으로 가면서 체신부 기획예산계장 자리로 저를 불렀습니다. 체신부에서 기획관리실이 첫째, 거기서 또 기획예산과가 첫째로 꼽히는데 그 핵심 요직에 제가 발령 난 것입니다. 그때 체신부에서 한국통신이 분리되기 전이라 전기통신 부문에서 막대한 수입이 있었습니다. EPB가 예산이 추가로 필요하면 체신부 돈을 가져가곤 했는데 제가 바로 그 업무를 담당했습니다.

그러다가 체신부 전산관리소장(환금관리사무소장)으로 가서 제가 수행한 과제가 전국 우체국의 수작업을 전산시스템으로 바꾸는 일이었습니다. 그 과제가 떨어졌을 때 최순달 장관께 "제가 열심히 할 테니 이것저것 간섭하지 말아 주십시오"라고 요청해 약속을 받았죠. 그리고 ETRI와 함께 체신부 산하 24개 도시의 우체국에 예금 및 보험과 자금 유출입 시스템을 만들었습니다. 이를 위해 전국 은행과 대한항공 전산센터 등 이름난 전산센터를 모두 돌아다녔습니다. IBM 기종을 도입했고 직원 60여 명에게 전산교육을 시켰습니다. 전산센터 직원들 가운데 9급 공채로 온 사람 60명을 차출해서 IBM에서 훈련시켜 전산시스템을 운영했죠. 이 시스템이 잘 돌아가자 최순달 장관이 1983년 초에 저를 2대 통신정책국장으로 발령했습니다.

홍은주 그때부터 5년간 통신정책국장을 지내면서 한국의 정보통신정책의 마스터플랜을 마련하는 데 큰 역할을 하셨지요.

윤동윤 우선 한국통신이 체신부에서 떨어져 나가 독립 사업자가 되니 법이 바뀌어야겠죠. 그때까지 적용했던 「전기통신법」을 폐지하고 1983년 12월에 「전기통신기본법」과 「공중(公衆) 전기통신사업법」을 분리하여 제정했습니다. 기본법은 정보화 사회 촉진을 위한 연구활동 강화와 정부의 적극적 역할을 주로 규정했습니다. 사업법은 통신사업자의 신규 허가와 사업자 간 공정경쟁 관리 중심으로 규정했습니다. 그 법 통과 전에 각 부처가 의견을 내도록 되어 있는데 상공부와 EPB에서 이의를 붙인 이슈가 무려 30여 개가 넘었습니다. 제가 직접 상공부의 신국환 국장, 공정거래국의 전윤철 과장 등을 찾아가 의논하여 각각 3개 정도로 줄여 기본법을 통과시켰습니다.

통신정책국에 '계급장 뗀 소신토론' 정착

홍은주 통신국장 시절 '계급장 뗀 소신 토론'을 많이 했다면서요?

윤동윤 정보통신산업은 과거에 없던 새로운 분야였기 때문에 우리 내부에서부터 개념정립을 하는 것이 시급한 상황이었습니다. 그래서 주요 과제를 수행할 때 국장실에 모두 모여 발표자가 발표하고 나면 "자, 이제부터 계급장 떼고 소신발언을 하라"고 시키고 토론을 많이 했습니다. 특히 업무 담당자가 아닌 다른 과의 과장과 사무관들이 참여하도록 독려했고, 참석자가 눈치 보지 않고 소신껏 발언하고 주장하는 분위기를 조성하면서 자유로운 토론을 유도했습니다.

참여자 모두가 자신이 가진 정보를 바탕으로 한참 토론하다 보면 대체로 방향성과 개념이 설정됩니다. 그걸 다시 한 번 리뷰하는 식으로 정보통신정책을 쭉 만들어 나갔습니다. 나중에 보니까 이 방식이 성과가 참 좋았습니다.

홍은주 계급장 뗀 열린 토론이 주요 정책결정을 할 때 어떤 긍정적인 역할을 했다고 보십니까?

윤동윤 정책을 입안할 때 실무자들은 보통 최선의 정책을 고민하면서 입안하기보다 가급적으로 집행하기 편하고 자신이 아는 지식 범위 내에서, 그리고 동원하기 쉬운 자원 범위 내에서 가장 문제가 적은 정책을 만들려는 경향이 있습니다. 이러한 정책은 만들기 쉬울지 몰라도 당초 기대한 정책효과가 나타나지 않을 수 있습니다. 정책의 고객인 국민이나 기업들로부터 지지를 받지 못해 예상외의 반발이나 돌출변수를 만날 수도 있죠. 비판이나 검증을 받지 않은 채 정책을 만들다 보면 때때로 부작용도 일어나는 것입니다.

제가 '계급장 뗀 소신 토론'을 선호한 이유는 이러한 부작용을 방지하는 두 가지 기능이 있기 때문입니다. 첫째, 정책의 완결성이 높아지고, 정책 집행 시 일어나는 시행착오가 현저히 줄어듭니다. 토론 과정을 통해 다른 사람이 객관적인 눈으로 문제점을 지적해 주면 이것이 보완되고 논리적 방어력도 단단해집니다. 국회 또는 기자들이 공격할 때 체신부 후배들이 단단한 논리로 무장하고 탁월하게 방어하는 모습을 흐뭇하게 자주 지켜봤던 기억이 납니다.

둘째, 우리 체신부 직원들을 훈련하는 가장 효과적인 직무훈련(OJT: on the job training)이 되었습니다. 공무원들은 순환보직 과정을 거쳐 여러 가지 업무를 맡게 됩니다. 그런데 토론 과정에서 이미 다른 부서의 주요 업무에 대한 지식을 상당히 축적하면 다음에 그 업무를 맡게 되었을 때 적응 기간이 줄어들고, 문제를 풀어가는 지혜를 키우게 됩니다. 공무원 위계하에서 국장은 정책 입안의 실무적 최종 책임자입니다. 정책의 완결성을 높이고 소속 직원의 역량을 키우는 역할을 당연히 해야 한다고 생각했습니다. 이런 토론방식에 대해 처음에는 싫어하는 사람들도 있었지만 나중에는 일하는 방식, 생각하는 방식이 한층 성숙해졌다고 고맙다는 이야기를 많이 들었습니다.

홍은주 그 무렵에는 정보통신의 중요성이 강조되면서 체신부에도 슬슬 고시합격자들이 들어오기 시작했지요? 다들 젊은 엘리트 사무관들이라 정보통신정책을 세우는 데 이들의 역할이 중요했을 것 같습니다. 당시 체신부 통신정책국 주도로 추진하여 좋은 성과를 거둔 정책은 무엇이 있을까요?

윤동윤 전화시설 확충과 통신망 광역자동화가 이루어졌고, 시외전화망의 완전 디지털화 실현이 1984년의 일이었습니다. 당시에 가장 중요한 정책결정이 선진국에서도 몇 나라밖에 개발하지 못했던 TDX의 국내 개발을 결정하고 성공시킨 것입니다.

전화 등 통신산업을 육성하려면 첨단기술 분야인 통신기술 국산화가 중요하다고 생각하여 관련기술 개발 및 축적과 기술기반 구축을 위해 노력했습니다. 그 일환으로 전전자교환기의 국내 개발이라는 야심 찬 계획을 1982년부터 추진하여 1984년 TDX-1A형 전전자교환기의 개발에 성공했지요. 그 결과, 전자교환기 대량 보급을 통해 전화적체가 완전히 해소된 것이 1987년 일입니다. ETRI가 개발한 TDX 기술은 국내 4대 통신장비 생산기업에 전수되어 정보통신산업 성장을 위한 마중물이 되었습니다. 완전한 전전자교환기인 TDX 국내 개발 성공으로 전화적체 현상이 일거에 해소되고 한국에서 1가구 1전화 시대가 본격화되었죠.

1984년 7월부터 통신부품기업 및 중소통신기업 육성시책 등도 시행했습니다. 구체적으로 중소통신기업 육성시책은 전자통신연구소 기술진의 지도 활성화, 한국통신의 중소기업 제품 구매지원, 매년 15개 내외 유망 중소통신기업에 대한 최대 3억 원 자금지원 등 세 가지 방안을 추진했습니다. 이 정책은 많은 중소통신기

118

홍은주 한양사이버대 교수가 윤동윤 전 체신부 장관과 인터뷰를 진행하였다.

업의 성장과 발전에 크게 기여했으며, 오늘날 ICT 강국으로 도약하는 데 초석이
되었다고 자부합니다.

신규 통신서비스의 보급 확대와 통신사업의 점진적 경쟁체제 도입도 중요한 변
화를 불러왔습니다. 한국데이터통신의 경쟁대상으로 1984년 3월에 무선호출서
비스를 담당하는 한국이동통신서비스의 설립을 허가했습니다. 이후 국제전화는
제가 체신부 차관 재임 시절인 1991년에, 이동통신사업은 1993년 체신부 장관
재임 시절에 경쟁체제를 도입했습니다.

홍은주 한국의 정보통신정책을 수립하기 위한 싱크탱크인 통신정책연구소(ICR,
현 정보통신정책연구원)가 그때 만들어졌지요?

윤동윤 그렇습니다. 통신정책연구소가 1985년 2월 4일 개소했습니다. 새로 발
족한 통신정책국이 업무를 적극적으로 수행하려면 할 일이 많았습니다. 전화적체
의 완전해소를 위한 투자재원 확보, 통신사업자 간 경쟁정책, 민영화정책, 이동
전화와 부가통신 등 새로운 통신서비스 도입과 신규 사업자 허가, 미국 등 외국 통

신시장 개방요구에 대한 논리적 대응 등이 그 예입니다. 특히 학술적 논리의 뒷받침이 절실히 필요했습니다.

　우리 공무원들만으로는 한계를 느끼고 다른 대책을 고민하던 차에 정책연구소의 신설을 주장하게 되었습니다. 당시의 오명 차관과 김성진 장관께 정책연구소를 설치하겠다고 건의드리고 착수했습니다.

당시 김성진 장관은 국방과학연구소장과 안기부 시절부터 기구를 늘리기보다 조직 효율화를 위해 축소하는 방침으로 이름이 났다. 또 다른 연구소의 신설에 부정적이었다. 1주일쯤 후에 다시 장관실을 찾아가 "정보통신정책 수립에서 연구소의 역할이 정말 중요하니 재고해 주십시오"라고 했으나 김 장관은 이때도 언짢아했다. 장관이 부정적이니 전략적으로 철수할 수밖에 없었다.

　윤동윤 국장은 논리를 더 강화하여 며칠 후 장관실을 다시 노크했다.

윤동윤 제가 다시 장관실에 올라가 설립의 필요성을 역설했습니다. 이분이 할 수 없이 인원을 최소화하는 조건으로 허락해 주었습니다. 소규모 연구소, 즉 브루킹스연구소처럼 연구과제 관리만 하는 조직으로 가라는 것입니다. 아무튼 장관의 허락이 떨어졌기 때문에 우선 사단법인 형태로 통신정책연구소를 1985년 2월에 신속히 개소했습니다. 초대 원장은 홍병유 박사였습니다.

　통신정책연구소는 설립 직후부터 많은 통신정책 연구로 큰 성과를 냈습니다. 「통신개발연구원법」이 제정, 공포된 직후인 1988년 1월에는 정부출연 연구소로 개원했습니다. 초대 원장은 김세원 박사였습니다. 1997년 8월 지금의 명칭인 정보통신정책연구원으로 명칭을 변경했습니다. 해외 선진국 사례와 장단점을 분석한 통신·정보화 정책 수립 연구로 오늘날 한국 정보통신이 비약적 발전을 이루는 데 큰 기여를 했다고 봅니다.

홍은주 통신개발연구원 설립뿐만 아니라 각종 학회에도 많은 연구지원을 하셨는데요, 인문·사회계까지 다방면으로 연구지원을 하게 된 배경이 무엇입니까?

윤동윤 한국이 정보화 사회에 전략적으로 대비하려면 체신부는 물론 대학과 학계에서 다방면의 연구가 필요하고 정책에도 이분들의 광범한 참여가 필요하다고 생각했습니다. 그래서 신설된 통신정책연구소를 통해 외국에서 발간한 정보화 사회 관련 서적을 첫해부터 매년 12권씩 번역하여 대학과 학계에 배포했습니다. 지식인 그룹이 관련지식을 공유하도록 하여 한국 지식사회에 정보화 사회 붐을 일으키고자 했던 것입니다.

또한 전자공학회와 통신학회 등 이공계뿐만 아니라 사회학, 행정학, 정치학, 심리학, 교육학 등 인문·사회계열의 학자들에게도 미래 정보화 사회의 실체와 필요한 기술, 그리고 정책적 대응방안 연구를 부탁했습니다. 활발한 융합연구의 결과 좋은 정책 제안을 많이 확보할 수 있었습니다.

학계에서 쏟아진 이 같은 제안들을 참고하고 입안하고 반영하며 정보화를 집행해 나갔습니다. 그 덕분에 불과 수년 전까지 전화적체 문제로 시달리던 통신 후진국이 ICT 강국이 되고 세계의 선두로 나설 수 있는 토대를 단시간에 만들었다고 봅니다. ICT 기술수준, 초고속통신망의 보급 정도, 기업업무의 전산화·정보화 수준, 각 부처 업무의 전자정부화, 국민의 초고속통신과 정보이용 수준 등 모든 면에서 획기적 변화가 일어났지요.

〈2000년대를 향한 통신사업 중장기 계획〉 수립

정보화 시대에 대응하기 위한 내부학습과 토론의 결과, 1984년 체신부의 주무과장, 주무국장을 중심으로 〈2000년대를 향한 통신사업 중장기 계획〉이라는 정보통신정책의 핵심 프레임이 만들어졌다. 열띤 내부 토론을 통해 만들어진 이 보고서는 이후 한국 정보통신정책의 마스터플랜이 되었다.

〈2000년대를 향한 통신사업 중장기 계획〉의 내용을 살펴보면 '정보화 사회의 필연적 도래'를 소제목으로 썼다. 이 무렵 정보화라는 개념이 체신부 내부적으로 이미 확고해졌음을 보여 주는 대목이다.

보고서는 "정보화 기술혁명은 각종 정보의 처리와 전달을 용이하게 함으로써 다

품종 소량생산 자동화를 가능하게 한다. 급속히 고갈되어 가는 물질과 에너지 자원을 절약하면서 고도의 생산성을 유지하기 위한 새로운 자원이 바로 '정보'다. 정보의 원활한 이용을 도모하는 것이 국가경제 발전의 긴요한 과제"라고 기술했다.

윤동윤 1980년대 초반에 한국이 전화통신도 제대로 안 되어 골머리를 앓고 있을 무렵에 선진국들은 이미 통신과 관련하여 엄청난 변화를 경험하고 있었습니다.

우선 미래 정보화 사회 혁명이 예고되었습니다. 대표적 저서가 바로 앨빈 토플러가 쓴 《제3의 물결》입니다. 이 책은 미래 정보화 사회를 예견하며 통신과 컴퓨터의 디지털 기술이 결합하여 기술혁명은 물론 산업의 재편과 사회혁명, 문명사적 전환을 가져온다고 주창했습니다. 그 변화의 핵심기술과 원동력은 통신 관련 디지털 기술이라고 예언했습니다. 당시 제가 이 책을 읽고 큰 충격을 받았죠. 둘째, UN은 1983년을 '세계 통신의 해'로 선언하고 각국에 통신의 중요성을 강조하는 의미 있는 메시지를 전했습니다. 셋째, 미국에서 한국 통신서비스 시장(부가통신, 국제전화, 이동전화 등)과 교환기 등 장비 시장의 경쟁에 미국 기업이 참여하는 것을 허용하는 시장개방을 일찍이 요구했습니다.

이러한 정보화 사회 변혁은 우리가 경험하지 못한 것이라 두렵고 걱정스러웠지만, 다른 나라도 마찬가지일 것이라고 생각했습니다. 이 격변의 시기에 잘 준비하면 한국이 다가올 정보화 시대에 도약하는 기회를 마련할 수 있다는 강한 자신감과 도전 의욕이 들었습니다. 그래서 우선 체신부 공무원들끼리 정보화 사회에 관한 이론적 학습을 했습니다. 앨빈 토플러 등 국내외 전문가 초청강연도 수차례 진행하면서 정보화 사회 도래에 대한 사회적 이슈와 관심을 제고하려고 노력했습니다.

체신부에서는 정보화 사회 추진에 필요한 인재를 육성하는 일이 무엇보다 중요하다고 보고 1984년 11월 정보화 교육시설을 만들었다. 이 기관은 체신부 산하 재단법인 정보통신훈련센터로 출발하여 일반인을 대상으로 정보화 인력 양성을 시작했다.

당시 한국에는 신기술인 컴퓨터와 디지털 정보통신 기술을 배운 전문인력이 부족했다. 정보통신훈련센터는 정보화 사회 추진에 필요한 인재를 육성하기 위해 컴퓨터를 전공하지 않은 다른 분야 전공인력을 대상으로 소프트웨어 과정, 시스템분석 과정(SA), 통신 신기술 과정, 초급인력 양성 등 50여 개 교육과정을 운영했다.

1984년부터 1992년까지 정보통신 전문인력 2만 6천여 명이 정보통신훈련센터를 통해 배출되었다. 또한 정보화 사회의 도래를 국민 대상으로 널리 계몽, 홍보하고 통신과 컴퓨터의 이용 역량 제고를 독려하기 위해 1988년 6월을 '정보문화의 달'로 지정하여 이후 매년 다양한 행사를 계속했다.

정보통신훈련센터는 1988년 1월 재단법인 정보문화센터로 확대 개편되었다. 1992년 2월에는 「전산망보급확장과 이용촉진에 관한 법률」이 제정됨에 따라 한국정보문화센터로 법인화되었다. 2000년대 들어 2003년 한국정보문화진흥원으로 명칭이 변경되었으며, 2009년 한국정보사회진흥원과 통합되어 한국정보화진흥원으로 바뀌었다. 2020년에는 4차 산업혁명에 대비하는 한국지능정보사회진흥원으로 진화하였다.[30]

도농 간 통신격차 해소에도 노력을 기울였다. 1984년 2월 김성진 체신부 장관은 연초 대통령 업무보고에서 "군 단위 시외전화는 연말까지, 읍·면 단위 시외전화는 1987년까지 완전 자동화하겠다. 또 시외·국제전화 요금 인하를 위해 현재 거리에 따라 8단계로 구분된 시외 통화요금 단계를 대폭 축소하겠다"고 밝혔다.[31]

홍은주 당시 지방과 대도시의 통신요금이 큰 차이가 있었는데, 이를 없애겠다는 것은 통신 불균형을 해소하는 차원이었습니까?

오 명 그렇습니다. "2000년대에 우리 GDP가 올라가겠지만 정보는 특정인에게 독점될 가능성이 있다. 정보의 혜택을 어떻게 모든 국민에게 보급할 수 있을까?"

---

30 〈한국민족문화대백과사전〉(http://encykorea.aks.ac.kr, 2021. 11 인출).
31 〈중앙일보〉, 1984. 2. 13.

라는 정보 불균형 해소와 정보화 복지사회에 대한 논의가 이미 1980년대 초부터 체신부에서 있었습니다.

정보의 혜택을 모든 국민에게 고르게 주기 위해 체신부가 계획한 일이 있습니다. 첫째, 지역에 관계없이 전화 통화료를 동일하게 만든 것입니다. 그때 서울은 공중전화 한 통화에 10원인데, 제주도에 전화하려면 500원이었습니다. "이래서 어떻게 복지사회가 되겠느냐, 도농격차를 어떻게 줄이겠는가?"라는 논의가 있어 전국을 한 통화권을 만들어야 한다는 공감대가 이루어진 것입니다. 처음에 제주도부터 한 통화권으로 만들었고, 제가 재임하는 중에 대전까지 동일 통화권으로 만들었습니다.

둘째, 모든 지역의 통신장비를 똑같이 해서 통화품질을 보장하는 정책을 추진했습니다. 사실 어느 나라든지 대도시와 지방은 통신장비가 달라요. 미국도 그렇고 일본 그렇고요. 그런데 우리가 지방에도 동일한 통신장비를 공급하자고 나선 것입니다. 그것이 예산이 수반되다 보니 EPB와 마찰이 일었죠. 그래도 정보화 사회에 선제적으로 대비한다는 것이 우리의 철학이니까 계속 진행했습니다. 그렇게 해서 전 세계에서 한국만 전국 장비가 똑같은 통신 네트워크를 만든 거예요.

정보통신 역사를 바꾼 연구개발들

정보통신 기술 3대 육성 전략

체신부가 정보통신산업의 신속한 육성을 위해 선택한 대표적 전략이 '민관 합동연구 플랫폼'과 '선도시장 구축'이다. [32] 민간기업의 정보통신 연구개발 역량이 아직 부족하던 시절이다. 체신부는 민관 합동연구를 진행하기로 하고, 기업의 적극적 참여를 유도하기 위해 국가의 장기적 산업육성 목표가 기업 이익에도 부합하도록

---

32 이하 내용은 정홍식, 2007, 《한국 IT 정책 20년》, 전자신문사 참조.

다양한 유인체제(*incentive alignment*)를 마련했다.

첫째, 거액이 소요되는 연구는 ETRI 등 국책연구기관을 통해 기술개발의 초기 마중물을 정부가 제공해 주었다. 둘째, 개발 초기부터 민간 생산기업의 연구인력을 참여시켜 해당 기술이 개발되자마자 상용화에 착수하는 방식을 채택하여 기술개발과 제품생산 단계 사이의 시차(*time lag*)를 최소화했다. 셋째, 제품생산이 개시되면 초기시장을 정부가 마련해 주었다. 기술적으로 국산화 개발이 완료되었다고 해도 장치산업의 특성상 초기 투자비용이 많이 들기 때문에 시장이 없으면 기업들이 생산을 기피할 것이다. 따라서 민간기업이 안심하고 생산할 수 있도록 정부가 초기시장을 만들어 주었던 것이다. 기업들은 정부가 마련해 준 초기 국내시장 수요를 통해 경험을 축적한 후 해외 마케팅을 통해 수출을 시작하곤 했다.

이 같은 방식의 정책은 전자통신산업 육성 경쟁을 벌이던 상공부와 과학기술부 등에서 모두 채택했지만 특히 체신부에서 잘 구현되었다. 우선 청와대에서 정보통신산업 육성을 주도했던 오명이 집행부서인 체신부 차관으로 갔기 때문에 청와대와 손발이 잘 맞았고, 한국통신의 매출액 3%를 연구개발비로 쓸 수 있어 재원이 풍부했기 때문이다. 만약 주요 프로젝트마다 정부의 예산 통제를 받고 국회동의를 얻었다면 이처럼 빠른 속도로 정보통신 및 전자산업이 발전하기 어려웠을 것이다.

정보통신과 전자산업 중장기 육성에 필요한 연구개발 계획 실행을 위해 1982년에 국책사업 연구제도가 생겼다. 예산이 턱없이 부족할 때라 국책사업은 국산 PC 개발과 반도체 DRAM 개발, TDX 개발 등에 불과했지만, 이 세 과제는 이후 한국 경제의 미래를 바꾸는 데 결정적인 역할을 한다.

TDX 국산화 개발과 '혈서사건'

1980년대 초반에 한국의 전화통신 상황은 매우 열악했다. 전화 개설을 신청하면 부지하세월이었고, 시중에서 거래되는 백색전화 한 대 값이 강남의 아파트 한 채 가격과 맞먹었다.

1987년에 접어들면서 상전벽해와 같은 상황이 벌어졌다. 1천만 전화회선 설비가 달성되어 전화적체가 완전히 해소된 것이다. 오전에 전화 개설을 신청하면 오후에 설치되는 세계 최초의 국가로 발돋움하였다. 1987년에는 전국 자동교환망이 완성되면서 전국 어디서나 교환수를 거치지 않고 전화할 수 있는 체제를 갖추었다.

열악한 통신 상황에서 헤매던 1981년과 전화의 당일 개설이 가능해진 1987년 사이에 대체 무슨 일이 있었던 것일까? 이 수수께끼를 풀어 주는 열쇠는 바로 대표적인 초기 국책사업의 성공 사례인 '단군 이래 최대의 정부 연구개발사업'인 TDX 프로젝트다.

당시 한국의 전화적체 현상이 심각했던 이유는 기존에 설치된 전화교환기가 대부분 아날로그식이라 용량이 제한되었기 때문이다. 1970년대 후반부터 반전자식을 해외에서 수입해왔으나 교환기 자체의 가격이 천문학적이었을 뿐만 아니라 유지와 보수를 할 때마다 드는 비용도 엄청났다. 장기적 기술종속도 문제였다. 심각한 전화적체 현상을 해결하려면 TDX를 국내 기술진의 힘으로 반드시 개발해야 한다는 절박한 필요가 있었다.

이에 따라 정부는 '제5차 경제개발 5개년계획'(1982~1986)에 "한국이 독자적으로 전자식 전화교환기 TDX를 개발하여 1984년 농어촌 지역부터 공급하고 1987년까지 도시지역으로 공급한다. 기존의 기계식 교환기는 신규 공급을 중단하고, 반전자식도 축소한다"는 내용을 포함시켰다.

정부의 출연연구기관 통폐합 방침에 따라, 한국통신기술연구소와 한국전기기기시험연구소를 통합한 한국전기통신연구소(KETRI, ETRI의 전신)가 1981년 출범한 상태였다. 33 당시 KETRI 소장은 최순달 박사였다.

오명 차관이 "한국의 전화적체 문제를 해결하기 위해 우리 기술로 TDX를 만들어 봅시다"라고 제안하자 최순달 박사의 첫 반응은 "말도 안 된다"는 것이었다.

---

33 KETRI는 1981년 출범했다. 이후 1985년 3월 한국전자기술연구소(KIET)와 통합하여 ETRI로 출발했다.

오 명 그런 반응이 당연했던 것이 당시 우리 기술로는 컬러 TV도 완성하지 못할 때니까요. 연구개발이라고 해봐야 10억짜리 프로젝트도 없는데 TDX 연구개발 비는 아마 100억 원도 넘게 들 거라는 겁니다. 아예 개발비를 산정하여 공식문서 로 가져오라고 했더니, 5년간 연인원 1,300명을 투입한다는 240억 원짜리 계획 서를 만들어 왔어요. 이걸 최광수 장관께 보고하니까 "정말 TDX를 개발할 거예 요?"라고 묻더니 나중에는 "오 차관이 소신껏 하라"고 했습니다.

최순달 소장에게 "만약 실패하면 어떻게 책임지시겠습니까?"라고 물었더니 "제 가 사표를 내겠습니다" 하더군요. 최순달 소장, 경상현 부소장 다 저보다 선배입 니다. 그분들께 "TDX는 단군 이래 최대의 연구개발 사업이고 이것이 성공해야 앞 으로 계속해 여러 프로젝트를 할 수 있습니다. 여기서 실패하면 모든 과학자 앞에 죄인이 된다는 각오로 하십시오"라고 했습니다. 그랬더니 "우리가 각서를 쓰겠습 니다" 하고는 최순달 소장부터 시작해 모든 연구원이 각서를 써 왔어요. 그것이 세간에 'TDX 혈서사건'으로 알려진 것입니다.

홍은주 실제 피로 쓴 건 아니고, 각서를 쓰신 분들의 빨간색 도장이 많이 찍혀서 피처럼 보였다고 하더라고요(웃음). 그 정도로 비장한 각오였음을 보여 주는 에피 소드로 알려져 있습니다.

오 명 TDX 개발은 당시 선진국 6개국만이 성공한 가장 어려운 기술 중 하나였 습니다. 다들 비장한 각오로 1982년에 TDX 사업을 시작한 거죠.

TDX 연구개발 추진이 확정되자 ETRI 최순달 소장이 와서 "이 사업을 진행할 적임자는 삼성에 있는 양승택 박사 한 명뿐입니다. 꼭 데려와야 합니다"라고 해 서 그러라고 했습니다. 삼성에서 "양 박사는 삼성에도 꼭 필요한 사람"이라며 난 색을 표하기에 "4개 회사의 공동연구이고 국가사업인데, 삼성 출신이 단장이 되 면 삼성에도 유리한 것 아닙니까?"라고 설득했더니 당시 이건희 부회장이 수락했 습니다.

우여곡절 끝에 양승택 박사를 연구단장으로 임명해 240억 원의 연구비 사용

권한을 전부 주었습니다. 품질보증단장으로는 서정욱 박사를 초빙해 사업단장을 병행하도록 했습니다. 미국에서 연구계획을 수립할 때 연구개발부터 장비구매, 사용 후 폐기처분까지 순환주기 관리를 다 하는데 우리도 그런 방식을 채택했죠.

TDX 개발 책임단장을 맡은 양승택 박사는 훗날 무선전화 교환기인 CDMA 상용화도 성공시켜 한국 정보통신 기술의 발전 궤도를 다른 차원으로 옮긴 핵심 기술주역 중 한 사람이다. 김대중 정부 때 정보통신부 장관을 지내기도 했다.

당시 양승택 박사는 삼성전자 구미공장에서 통신교환기 생산 책임을 맡고 있었다. 벨연구소에서 11년간 근무하다가 귀국해 삼성전자 임원으로 일했는데 갑자기 TDX 개발단장으로 차출되어 TDX 개발 총책임을 맡게 되었다고 회고한다.

양승택 정부가 예산 240억 원을 들여 5년 내에 TDX를 국내 기술로 개발하기로 하고, 그 프로젝트를 맡을 적임자를 찾았었나 봅니다. 당시 저는 삼성전자 구미공장에서 반전자교환기를 만들고 있었어요. 그때 이름은 한국전자통신주식회사였는데 삼성이 그 회사를 인수한 상태였습니다.

최 소장이 하루는 저를 보자더니 TDX 개발 책임을 맡아 달라고 했어요. "월급은 삼성 임원 받는 것보다 훨씬 적을 텐데 그래도 맡아 줄 수 있겠는가?"라고 물었습니다. 제가 이야기를 들어 보니까 재미있을 것 같아 하겠다고 선뜻 응하기는 했는데 막상 월급을 받아 보니 정말 적었어요(웃음). 1981년에 삼성 월급이 꽤 높아서 세금 때고 제 손에 들어오는 순소득이 130만 원이었는데, 연구소는 세금 때기 전에 70만 원이니까 절반도 안 되는 수준이었죠. 하지만 TDX 개발하는 일이 더 중요하고 흥미롭다고 생각해 별 불만은 없었습니다.

제가 떠나기 전에 당시 이건희 부회장이 저를 보자고 하더니 "정부에서 당신이 꼭 필요하다고 내놓으라고 하니 보내긴 하는데 장기 출장이라고 생각하고 빨리 연구 끝내고 돌아오시라"고 했습니다. 오명 체신부 차관을 만났더니 "당신이 원하는 대로 연구원을 340명 더 뽑아 주겠다. 구의동에 연구소도 새로 지어 주겠다"는 등의 조건을 제시했습니다.

그런데 막상 ETRI 연구소에 가 보니 연구 분야 전체 책임을 맡은 선임연구부장이 따로 있었습니다. 바로 그 옆에 TDX 개발단장이 저였는데 모든 연구원이 선임연구부장 산하에 있었고 단장조직이라고 하지만 제 밑엔 달랑 여비서 한 명뿐이었습니다. 매트릭스 조직으로 연구하라는 것인데 돈이 있거나 인사권, 결재권이 있으면 몰라도 이 경우는 정말 아무것도 없는 것이나 다름없으니 참 난감했지요. 어떻게 하나 고민했는데, 마침 체신부 산하 한국통신공사가 생기면서 선임연구부장이 거기 부사장으로 갔습니다.

그때부터 제가 ETRI 선임연구부장이 되어 일을 진행했습니다. TDX 관련 예산이 1년에 70억 원인데 ETRI 전체 예산이 34억 원 정도이니 연구소 전체가 사실상 TDX 연구체제로 전환한 셈이었습니다. 연구하는 사람 수가 340명인데 그 사람들을 수용할 공간도 부족했습니다. 구의동에 새 건물 짓는 것은 시간이 없어 포기했고, 그때 골조만 만들어져 있던 대덕연구소를 활용하기로 했습니다. 골조를 만든 지 몇 년이 지난 상태라 비가 오면 녹물이 기둥에 묻어 있을 때인데 이곳을 보수해서 연구진이 내려가기로 한 것입니다. 당시 ETRI에 TDX 연구비 외에는 다른 연구비가 거의 없어서 그것으로 대덕연구소 건물의 구색을 갖추고 컴퓨터나 장비도 샀죠. 돈이 충분하지 않아 예비작업을 하면서 더 마음고생을 했습니다.

"TDX 품질표준, 벨연구소에 맞춰라"

홍은주 정부 입장에서는 거액의 예산을 들여 TDX를 개발하는 것이라 최순달 소장부터 모두가 각서도 쓰고 많이 걱정했다고 들었습니다.

양승택 TDX 개발의 성공 사례는 한국이 전 세계에서 7~8번째입니다. 저는 처음부터 국산개발 자체는 크게 어렵다고 생각하지 않았습니다. 실패할 것이라고는 전혀 생각해 본 적 없어요. 왜냐하면 기본 개념이나 정형화된 이론이 이미 교과서나 논문 등에 다 나와 있었고, ETRI 연구원도 모두 기본적으로 이론적 역량을 갖추었기 때문입니다. TDX 원천기술도 〈벨 시스템 테크니컬 저널〉(*Bell System Technical*

Journal) 에 이미 공개되어 있었어요. TDX 교환기는 책 한 권을 할애하여 원리와 이론을 밝혔기 때문에 원리 자체는 우리가 다 이해하고 있었습니다.

홍은주 그렇다면 TDX 개발에서 가장 핵심적인 관건은 무엇이었나요?

양승택 TDX 연구개발의 핵심은 연구의 완성품을 국산기술로 만드는 것 자체가 아니라 "전자교환기가 산업전자인 만큼 절대로 고장 나지 않게 만들어야 한다"는 것이었습니다. 개인, 기업, 정부기관 등 불특정 다수의 사람들이 사용하는 것을 산업전자라고 합니다. 일반 가전은 고장 나도 그 피해가 한 가정에 국한되지만 산업전자는 한 번 고장 나면 그 피해가 전후방으로 엄청나기 때문에 고장 나지 않도록 만드는 것이 핵심입니다. TDX는 당시 가장 비싸고 정교한 기술을 요구하는 산업전자 아이템이었고, 한 번 고장 나면 너무 많은 부문에서 피해가 발생할 수 있었습니다.

그래서 처음 설계 단계부터 절대로 고장 나지 않는 개념으로 연구개발하는 것이 핵심 관건이었습니다. 전자교환기 한 대가 그때 돈으로 몇십억 원을 호가하는 고가 장비였잖아요? 전전자교환기 한 대가 약 10만 명의 전화가입자를 처리하는데 잘못되면 정말 큰일 나는 거죠. 제가 근무했던 벨연구소는 세계 전화 시장의 50%를 점유했고, 벨의 자회사가 TDX 교환기를 생산했습니다. 그곳이 교환기 품질 스펙 표준이 "수명주기인 40년간 두 시간 이상 다운되지 않도록 설계하는 것"이었습니다. 우리가 TDX를 개발할 때 벨의 교환기 기술 스펙을 기준으로 했습니다. 겉모양만 그럴듯한 비싼 장난감이 되면 안 되니까요.

홍은주 교환기 국산화 사업은 1978년부터 시작되어 시제품이 이미 만들어져 있었습니다. 1980년대에 새로 개발한 TDX는 무엇이 달랐습니까?

양승택 시제품은 소비자전자와 산업전자의 차이나 개념을 이해하지 못한 채로 개발되었다는 것이 문제였습니다. 산업전자의 엄격한 기준이 반영되어 있지 않았습니다. 가령, 보통 교환기는 열이 많이 나니까 교환기 들어가는 곳에는 에어컨이 있는데 이것이 고장 날 때가 있어요. 그때를 대비해 전체 온도를 60도로 올려 기계를 48시간 가동시켜 얼마나 견디는지 등을 시험해야 합니다. 또 당시엔 소프트웨어 기술수준도 낮을 때니까 이른바 찌꺼기가 생겨 시스템이 자주 다운되곤 했죠. 그런 문제도 해결해야 했습니다.

홍은주 소프트웨어의 찌꺼기가 뭡니까?

양승택 우리가 프로그램을 짤 때 어떤 단계에서 해결 안 되고 막히면 'go to' 명령어를 사용해 그 단계를 건너뛸 수 있는데 그런 일 자체가 메모리를 잡아먹습니다. 이른바 찌꺼기가 많이 쌓여 메모리를 다 잡아먹으면 완성품의 시스템이 자주 다운되는 겁니다.

그런 현상을 방지하려면 소프트웨어를 코딩하기 전에 먼저 기본 뼈대라고 할 수 있는 구조(structure)를 만들어 나중에 합치면 해결됩니다. 제가 그런 개념을 많은 개발자들에게 설명하고 이것저것 가르치면서 개발을 시작했습니다. 단순히 저 혼자 진행하는 연구가 아니라, 연구책임자로서 각각의 연구자가 할 일을 분배하고 일일이 설명하면서 진행하니까 그 부분이 어렵더라고요.

TDX 개발 후 용인 송정에서 시험운행을 하기로 했습니다. 그 장소는 용인읍에서 4km 떨어진 비포장도로인 데다가 여관이나 음식점이 아무것도 없었어요. 민박을 할 수밖에 없었는데 민박은 영수증이 없으니까 출장비를 못 받습니다. 그래서 제가 단장으로서 출장 규정을 바꿨던 일이 기억납니다.

완성된 TDX를 실용화, 상용화하려면 질적 수준이 기대한 대로 나왔는지 테스트해야 했다. 개발된 제품이 현장에서 제대로 기능하는지 엄격한 품질 테스트와 시험평가가 중요하기 때문에 사업단장인 서정욱 박사는 시제품을 비닐봉지에 싼 뒤 헤어드라이어로 바람을 넣어 가면서 품질을 검증하도록 했다.

오 명 양승택 박사가 개발에 성공한 제품에 대해 서정욱 박사가 잔소리도 많이 했고, 삼성과 금성이 제대로 제품을 생산하는지 엄격히 현장점검도 했습니다. 즉, TDX 개발은 양승택 박사가 했고, 제품 완성도를 높이는 데 기여한 분은 서정욱 박사예요. "TDX를 누가 개발한 겁니까?"라고 물으면 저는 양승택 박사와 서정욱 박사, 두 분이 같이했다고 말해요. 이런 과정을 거치며 질적으로 완전한 제품이 나왔습니다.

당시 TDX 개발에 참여했던 임주환 박사(후일 ETRI 원장)의 증언이다.

내가 1984년에 TDX 개발팀에 합류했는데 그때 마무리 단계라 전체 연구원이 난리법석이었다. TDX는 큰 시스템이고 국가적 사업인 데다가 교환기 성능시험은 24시간 계속 돌아가야 하기 때문에 관련 연구원들이 모두 야전침대 놓고 밤새워 죽치고 앉아 잠깐 쉬고 또 시험하곤 했다. 나도 시험담당으로 들어갔는데 여름의 극한 더위와 겨울의 추위에 어느 정도 민감한지 보려고 비닐을 씌워 온도를 한도까지 높여서 열에 대한 민감도를 테스트했던 기억이 난다. 완성 후 4개 시에 시험 설치를 했는데 다른 데 것들은 다 괜찮은데 이상하게도 가평전화국에 설치한 것만 천둥번개만 치면 계속 죽어 버렸다. 비상이 걸려서 우리가 계속 시험을 했는데 안에서는 멀쩡하던 것이 꼭 현장에 가면 계속 다운이 되니까 원인을 찾다가, 결국 한국통신 전화국의 접지불량으로 결론을 냈다. 결국 접지공사를 완전히 새로 해서 교환기 자체는 문제가 없는 것으로 확인되었다.[34]

민관 합동개발 플랫폼의 전략적 의미

산업기술 개발은 기술 자체의 완성도 중요하지만, 최종적으로 실용화와 상용화에 성공해야 한다. IT나 디지털기반 산업기술은 기술변화가 빠르고 상품주기가 짧아 연구 착수에서 최종 개발과 생산에 이르는 과정을 최대한 줄이는 것이 관건이다. 한국의 TDX 개발 프로젝트는 다음의 두 가지 방식을 채택하여 기술개발과 상품화 사이의 시차를 줄인 대표적 성공 사례이다.

첫째, TDX는 하드웨어와 소프트웨어, 부품 등을 모두 연계해야 하는 거대한

---

34 임주환, "영상을 통해 만나는 대한민국 ICT 역사의 산증인", 한국전자통신연구원, 2021, 《ETRI 45주년》.

132

시스템이므로 전체 개발과정을 모듈화하여 각각의 모듈을 완성한 후 조립하는 방식으로 개발에 걸리는 시간을 단축했다. 최종 단계에서 하드웨어와 소프트웨어 책임자 간에 의견이 크게 달라 어려움을 겪었지만, 의견을 조율하여 개발을 완성하고 상용화에 성공했다.[35]

둘째, ETRI가 주관하여 기술을 개발하되, 개발과정 초기부터 민간 생산업체가 공동 참여하도록 했다. 함께 기술개발을 했기 때문에 기술개발이 끝나자마자 기업에서 곧바로 상품화할 수 있었다.

양승택 연구개발이 완료되면 제품생산은 어차피 기업에서 하니까, TDX-1 개발에 착수할 때 4개 생산기업에서 50명씩 엔지니어를 참여하도록 했습니다. 우리가 민간에서 온 사람들을 교육하면서 연구를 진행했어요. 처음에는 이 사람들이 우리를 도와줄 것으로 생각하고 열심히 교육했습니다. 그런데 1년쯤 지나서 써먹을 만하니까 이 사람들이 죄다 되돌아가고 완전히 새로운 사람들이 오곤 했습니다. 사실상 기업에서 우리를 도와주러 오는 것이 아니라 신입사원들의 기술교육을 보내는 셈이었죠. 5년 동안에 각 기업별로 상당히 많은 사람을 교육했던 것 같습니다.

TDX 개발이 성공한 후 논공행상을 할 때 좀 아쉬웠던 점이 있어요. 개발에 참여하여 고생한 ETRI 연구원 중에는 훈장을 못 받은 사람이 많았던 반면, 민간에서 온 개발자 중에는 훈장을 받은 사람이 많았던 것입니다. ETRI의 많은 연구원이 억울해했죠. 제가 나중에 우연히 찾아봤더니 우리 속담에 "대궐을 하나 짓고 나면 그 대궐 내가 지었다고 말하는 사람이 수만 명이다"는 말이 있더라고요. 비슷한 상황이 전에도 있었기 때문에 이런 속담이 생긴 것이 아닌가 생각됩니다(웃음). 성공하면 다 자기가 했다고 하고, 실패하면 그 책임은 저와 연구원들이 오롯이 져야 했던 것이죠. 그래도 그 사람들이 돌아가 다 현장 전문가가 되었으니, 사회 전체로 보면 의미 있는 정보통신 기술교육이 확산된 셈입니다.

---

35 천유식, "영상을 통해 만나는 대한민국 ICT 역사의 산증인", 한국전자통신연구원, 2021, 《ETRI 45주년》.

민관 공동연구로 '기술 낙수효과' 발생

오명 장관은 "정부가 기업들을 모아 국책연구기관 주도하에 국산화 기술을 공동 개발하고 기술을 민간에 과감하게 나눠주는 기술 낙수효과 전략은 세계에서 찾아보기 어려운 사례"라고 평가한다. 기술개발이 성공하면 정부가 선도시장을 만들어 준다는 것을 알고 있었기 때문에 기업들도 적극적으로 연구에 참여했다.

오 명 관련기업의 기술자들을 모아 체신부와 공동 개발하고 그 기술을 기업에 나눠주는 것은 한국만의 독특한 방식이었습니다. 기업체의 우수 엔지니어들이 돈을 받지 않고 와서 TDX 연구에 참여하는 대신, 기업들이 제품을 생산하면 해외수출을 하기 전에 체신부가 매입하는 것으로 초기시장 수요를 만들어 주었습니다. 시장 수요를 정부가 확보해 주니 기업들이 열심히 참여한 것입니다.
  그리고 국내시장 수요를 베이스로 품질을 보완하고 해외에 수출하는 것은 기업에서 자율적으로 하는 형태로 진행했습니다. 정부가 해외 장관급과 직접 거래하여 한국 교환기를 판매할 수 있는 분위기를 만들어 주기도 했습니다. 다만 수출과정에서 생산업체들이 해외까지 나가 과당경쟁을 하지 않도록 체신부에서 약간 조율했지요.

전화통신 혁명으로 이어진 TDX 개발 성공

TDX-1은 큰 성공이었다. 선진국 수준 품질의 TDX 개발은 전 세계에서 7번째였다. 이후 TDX-1을 보완 및 확장하여 TDX-10 시리즈까지 출시되었다. TDX-1은 1만 2천 명의 가입자만 처리할 수 있었지만, TDX-10은 10만 명 가입자를 동시에 처리할 수 있었다.
  TDX-10이 개발, 보급된 1987년에는 전화가입자 수가 1천만 명이 넘어 1가구 1전화 시대가 열렸다. 전화개설도 당일 신청에 당일 개설이라는 기록을 세웠다. 전화 당일 개설은 세계적으로도 전례가 없는 일이었다. 1992년에는 전화가입

대용량 전전자교환기 시스템 TDX-10.

자가 2천만 명이 넘었다.

또한 TDX 개발 과정에서 디지털 전자기술이 축적되어 1990년대 초반에 이동통신 디지털 교환기술인 CDMA 기술혁명으로 이어진다.

오 명 TDX 프로젝트는 한국 과학기술과 정보통신 역사를 완전히 바꾼 새로운 프로젝트입니다. 우리가 성공하고 난 후 그때부터 한국 정보통신 기술이 퀀텀점프를 하게 된 것이죠.

당시 최순달 체신부 장관을 위시해 경상현 박사, 양승택 박사, 윤동윤 통신정책국장 등 TDX 개발에 참여한 멤버들은 그야말로 드림팀이었습니다. 최순달 장관이 양승택 박사를 추천해 민간에서 영입했고, 청와대에서 김재익 수석, 홍성원 박사 등이 강력하게 뒷받침해 주었죠. 체신부 예산이 넉넉하여 정보통신 연구에 돈도 충분히 쓸 수 있었습니다. 서울대에 반도체 공동연구소도 설립했고 TDX 개발자금으로 교수들이 연구도 진행하여 지식의 낙수효과를 불러왔습니다.

한국만 체신부에서 IT 정책을 주도했습니다. 김재익 박사가 정보통신정책의 주체로 체신부가 적절하다고 판단했던 것이 시작이었죠. 그때 최광수 장관 같은 훌륭한 리더가 체신부 장관이었던 것도 행운이었습니다. 또 초기에 김성진 장관이 넓은 시야로 장기플랜을 만드는 분이라 법제처장을 설득해 체신부에서 「전기통신 기본법」을 만든 것도 초기 성공을 뒷받침했습니다. 한국 정보통신산업을 비약적으로 성장시킨 TDX 국산 개발의 근거도 이 법에서 나온 것입니다.

국가적으로는 농촌과 도서지역, 오지까지 전화가 보급되면서 전국 방방곡곡이 연결되었고 도농 간 통신격차가 줄어들었다. 전화의 확장 보급으로 가족 간 소통이 늘어나고, 친구나 지인 간 커뮤니케이션이 급증했으며, 기존의 여촌야도 현상이 무너지는 등 급격한 사회적 · 정치적 변화가 나타나기 시작했다.

오 명 전화통신의 확산은 단순히 기술적인 문제가 아니라 정치 · 경제 · 사회구조 전반을 바꾸는 혁신적 사건이었습니다. 한번은 고랭지 채소를 재배하는 마을의 새마을 지도자가 "교통이 열악한 곳이라 도시의 채소 가격을 모르니까 외지에서 누가 트럭 끌고 와 배추를 산다면 마을 사람들이 경쟁적으로 파는 바람에 제값을 못 받았습니다. 그런데 전화가 마을에 생기고 나서부터는 시세를 미리 조사해서 알고 있으니 마을 소득이 20% 이상 올랐습니다"라고 말하는 것을 제가 들은 적이 있었습니다.

전국의 전화 자동화를 가장 마지막으로 완성한 곳은 경기도 발안으로 제가 체신부 차관일 때 행사에 참석해 어부와 기념 통화를 했습니다. "전화가 개설되어 편리하시죠?"라고 물었더니 그분이 "전화 개설로 편리해지기도 했지만, 그보다 생선 값을 제대로 받게 되어 기쁩니다"라고 하는 겁니다. 전화가 설치되면서 그 전화를 통해 얻는 가격 정보가 농어민의 가격협상력을 높여 소득수준을 높인 것입니다.

물류의 경우도 예전에는 화물차가 짐을 싣고 부산에 내려가 하역하고 나면 빈차로 올라오거나 현장에서 대기하곤 했었죠. 전화가 원활하게 보급된 후에는 처음부터 스케줄을 다 짜고 움직이기 때문에 물류 생산성과 경쟁력을 높이는 데 큰 효과가 있었습니다.

동네 중국집도 전화가 있으면 주문배달이 되는데 전화가 없으면 안 됩니다.

TDX 200만 회선 개통식 (1990. 3. 30).

전화 있는 약국이나 상점에 들러 전화를 걸면 그냥 못 나오니까 물건이나 약을 사는 겁니다. 또 한국 오토바이 시장에서 일본 혼다와 스미토모, 두 회사가 경쟁했었는데, 혼다가 PC로 재고관리를 시작하면서 경쟁력이 향상되어 큰 차이로 앞서게 되었습니다.

통신 발전이 정치에도 영향을 미쳤습니다. 1981년 총선까지는 국회의원 선거가 여당은 지방에서 강하고 야당은 도시에서 강한 전형적인 여촌야도 현상을 보였는데, 1980년대 후반 이후 전화가 천만 회선 이상 늘어나면서부터 전국이 고르게 나왔습니다. 전화를 통해 도시의 자녀와 농촌의 부모가 서로 의견을 나누게 된 것이죠.

TDX는 한국의 정보통신 인프라를 근본부터 바꾸었다. 또한 삼성전자와 금성 등 국내 4대 통신장비 생산기업의 기술을 발전시켜 정보통신산업의 민간 부문 성장을 위한 마중물이 되었다. 가전만 생산하던 국내 기업들이 전전자교환기를 개발한 회사라는 평판을 얻어 세계시장에서 산업전자로 자리 잡게 된 것이다. 처음에는 정부가 외국 정부나 통신 공기업과 협상하여 수출이 확정되면 국내 교환기 생산업체들에게 물량을 나눠주었으나, 나중에는 기업들이 스스로 시장을 개척했다.

정부의 경상수지 흑자전환에도 TDX는 큰 도움이 되었다. 교환기 수입에 드는 달러를 절약했을 뿐 아니라 TDX 수출로 부가가치 높은 전자제품의 수출이 시작된 것이다. 1991년 필리핀의 첫 수출을 시작으로, 1995년 9개국에 1억 5천만 달러, 1996년에는 9개국에 3억 7천만 달러, IMF 기간 중에도 10개국에 1억 8천만 달러의 물량을 수출했다.

TDX 성공신화를 이룬 핵심멤버들은 이후 전원이 한국 정보통신 부문의 리더가 되었다. ETRI 최순달 소장은 곧 체신부 장관이 되었고, 경상현 박사는 후일 정보통신부 장관을, 서정욱 사업단장은 과학기술부 장관을 역임했다.

TDX는 기술력을 요하는 복잡한 산업전자 상품이기 때문에 그냥 제품만 수출하는 게 아니라 설치부터 운영, 사후 서비스까지 종합적 기술 컨설팅을 해줘야 한다. 그래서 한국통신기술 회사가 만들어졌는데 TDX 개발책임을 졌던 양승택 박사가 여기에 사장으로 갔다가 나중에 ETRI 원장을 거쳐 정보통신부 장관을 역임했다.

"연구개발은 실패해도 성공이다"

TDX 개발에 착수했을 당시는 한국은 간신히 가전제품을 만들던 때였다. 대표적 산업전자의 하나인 TDX를 국산화, 상용화한다고 발표하자 체신부 내에서도 우려의 시각이 적지 않았다. 국내 최대 예산이 투입된 TDX 개발에 모든 ETRI 연구원이 '혈서 각서'까지 쓸 정도로 비장한 각오를 가지고 출발했다.

그러나 정책적 책임을 진 오명 차관은 성공을 자신했기 때문에 실패를 걱정하지 않았다고 한다. "내가 겁 없이 240억 원이라는 무거운 책임을 기꺼이 떠맡게 된 충분한 이유가 있었다"는 설명이다. TDX를 국내에서 개발하기로 한 사실이 알려지자마자 해외수입 교환기 가격이 5분의 1까지 하락했던 것이다.

오 명 1970년대 후반에 첫 번째 반전자교환기 모델을 도입할 때 회선당 800달러였습니다. 나중에 600달러 정도였고요. 그런데 우리가 국산화 연구를 시작한다고 발표하니 얼마 안 되어 100달러 미만으로, 5분의 1 이하로 떨어졌습니다. 우리가 5조 원 상당의 교환기를 해외에서 수입한다면 연구개발을 시작하는 것만

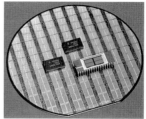

ETRI는 1989년 4M DRAM (왼쪽), 1991년 16M DRAM (가운데),
1992년 64M DRAM (오른쪽 첫 번째), 1999년 256M DRAM 개발에 성공했다.

으로 엄청난 돈을 절약했다는 뜻입니다. 그러니 실패를 두려워 할 이유가 없습니다. 실제로 TDX 연구개발자금 240억 원을 포함해 상용화 보급까지 약 1천억 원을 썼지만 4조 원 이상 돈을 벌게 된 것입니다.

TDX 개발 성공은 단순히 경제적 성과에 그치지 않았다. 이전까지는 연구개발이라고 하면 돈이 없어지는 것이라고 봐서 정부가 연구비가 많이 드는 대형 연구개발 프로젝트를 승인해 주지 않았다. 그런데 TDX 국산화로 엄청난 돈을 벌 수 있는 가능성을 입증한 후 대형 국책 연구개발사업이 크게 늘어났다.

양승택 TDX 개발의 성공은 전화 당일 개설이 가능해지고 통신요금이 저렴해졌다는 외형적 변화 이상의 의미가 있습니다. 사실 그 이면에 더 큰 정책적 의미가 있는 것입니다. 정부예산으로 시행한 단군 이래 최대 액수의 TDX 연구개발 프로젝트가 성공하여 효과가 가시화되자 '우리도 하면 된다'는 자신감이 높아졌고, 대형 정부 프로젝트가 확 늘어난 것입니다. 저는 바로 이 점이 TDX 개발 성공의 가장 큰 의미라고 생각합니다.

나중에 정부가 거액의 연구개발비를 들여 반도체 4M DRAM을 개발한 것이나 행정망 전산화 작업 때 주전산기를 개발한 것, CDMA를 국내에서 개발한 것 등도 TDX-1 성공의 자신감에서 비롯된 것이라고 볼 수 있다.
　다음은 ETRI 소장이던 경상현 박사가 한 언론과의 인터뷰에서 밝힌 내용이다.

1984년에 제가 ETRI로 돌아가 소장이 된 후 8년 재임하는 기간 동안 우리나라 정보통신을 변화시킨 굉장히 큰 프로젝트를 여러 개 했습니다. 삼성반도체통신, 금성반도체 같은 민간 회사들과 손잡고 메모리 반도체(DRAM)를 개발했고 나중에는 CDMA 방식의 이동통신 기술의 초기 단계 개발도 했습니다. 당시 ETRI 연구원들은 밤새 일하는 분위기였습니다. 나라 전체가 각계각층에서 오랜만에 정말 뭔가 이뤄진다, 잘살게 되는구나 하는 기분을 느낄 때였습니다. 나라의 숨통이 트이던 그런 시절이었습니다.[36]

TDX 개발 시에 도입한 민관합동 연구개발 플랫폼은 이후 중요한 국산화 연구개발 프로젝트를 수행할 때마다 가동되었다. 반도체 4M DRAM, 슈퍼미니컴퓨터, CDMA, 와이브로, DMB, 위피 등의 개발과 상용화가 TDX와 비슷한 민관합작 방식으로 추진되었다.

양승택 반도체산업의 경우 이병철 회장이 256K DRAM 반도체 공장을 건설했어요. 다음으로 1메가를 생산해야 하는데 기술적으로 좀 난관에 부딪혔던 모양입니다. 메모리 용량이 면적에 반비례하기 때문에 설계구조가 달라져야 하는데 그게 어려우니까 정부에 좀 도와달라고 요청했습니다. 그래서 ETRI에 연구비로 큰돈을 주어 연구개발 책임을 맡기고, 반도체를 개발하는 3개 대기업을 다 불러 협업하게 했습니다. 그렇게 4메가 연구가 시작되어 64M DRAM까지 ETRI가 관리했습니다.
　진행방식은 삼성, LG, 현대 등 반도체 3사가 각자 경쟁적으로 알아서 개발하는 겁니다. 다만 연구비를 일정 부분 정부가 제공해 주고, ETRI가 기술적 컨설팅과 관리를 했습니다. 세 기업이 64메가까지는 비슷하게 가다가 그 후 삼성이 결정적으로 선두로 치고 나갔습니다.

4M DRAM 개발이 성공하자 전두환 대통령은 4M DRAM 개발에 참여한 박사들을 청와대 저녁만찬에 초청했다. 1988년 2월 8일 저녁, 그의 퇴임을 얼마 남기지 않은 날이었다. 임기 중에 반도체 개발이 성공하자 전 대통령은 이날 무척 기분

---

36 "정보화 리더십 탐구: 경상현 초대 정보통신부 장관", 〈조선비즈〉, 2016. 7. 11.

이 좋았는지 "나중에 16M DRAM이 나오면 내 머리털을 팔아서라도 연구원들에게 한턱내겠다"고 농담했다. 조용했던 만찬장에서 갑자기 떠들썩한 웃음소리가 터져 나왔다. 전두환 대통령은 대머리였다. 전 대통령과 비슷한 이미지의 탤런트가 감히(?) 같은 모양의 대머리를 할 수 없어 가발을 쓰고 다녀야 했던 무시무시한 권위주의 정부 시절에 대통령이 자신의 약점인 대머리를 스스로 언급하며 농담을 던졌으니 웃음이 터져 나온 것이다.

행복한 연구원들이 만든 기술혁신

TDX 성공 이후 연구원들이 아이디어를 내고 연구비를 신청하면 연구비가 척척 나왔다. 당시를 기억하는 ETRI 연구원들은 하고 싶은 연구를 돈 걱정 하지 않고 마음껏 할 수 있어서 행복했다고 기억한다. ETRI의 천유식 박사는 45주년 동영상 인터뷰에서 "그때는 모두가 미쳐서 일했다. 하고 싶은 연구가 있으면 마음껏 하게 해주었기 때문에 진짜 원 없이 연구개발에 몰두했다. 개인적으로는 그때가 살면서 가장 행복했다"고 말했다.

'행복한 연구원'들이 열정적으로 연구를 거듭하면서 한국의 R&D 역량을 강화하고 수많은 전자통신 기술을 개발하여 상용화했다. 우선 114 번호안내 시스템을 개발하여 보급했다. 서울의 전화가입자 수가 70만~80만 명일 때 114에 전화번호를 물어보면 안내원들이 노란색 두꺼운 전화번호부 책을 일일이 찾아보면서 안내해 주었다. 만약 전화가 몰리는 어떤 기관이 이사하면 주소와 번호가 다 바뀌어 그걸 일일이 다시 확인하여 알려 주는 것이 보통 일이 아니었다. 그래서 114 번호안내 시스템을 전산화 개발에 착수한 것이다. [37]

1985년에는 DDD (*direct distance dialing*) 공중전화기를 개발하여 상용화했다. 공중전화에 소형 컴퓨터를 넣어 개발한 제품이었다. 그런데 전화기에 100원을 넣고 50원어치만 통화해도 거스름돈을 내주지 않았다. 나중에 그것이 언론에서 문

---

37 천유식, "영상을 통해 만나는 대한민국 ICT 역사의 산증인", 한국전자통신연구원, 2021, 〈ETRI 45주년〉.

제가 되었다. "KT가 재발신되지 않고 남은 낙전 수입을 무단 독식하고 있다"고 언론과 국회에서 문제 삼았던 것이다. 체신부는 KT의 공중전화 낙전수입을 활용하여 농촌 등의 학교에 무상으로 컴퓨터를 보급했다.

오 명 교육부의 전산화가 예산문제로 제대로 추진되지 못했는데 하루는 교육부 전산화 담당과장이 저를 찾아와 도와달라고 해요. 그때 KT가 공중전화 낙전수입으로 1년 몇백억 원의 공짜 수입을 얻는다고 국회에서 말썽이었죠. 마침 잘됐다 싶어 그 돈으로 교육부를 지원하여 지방 학교에 컴퓨터를 보급했습니다. 그 외에 모든 부처의 전산화를 그 돈으로 많이 지원했습니다.

국내에서 개발된 산업전자 중에는 국산화에 성공하고도 정치적 이유로 기술이 사장된 경우도 있었다. 데이터통신 터미널 텔레텍스 기술이 대표적 사례이다.

> 당시는 팩스가 문서통신의 주요 수단이었는데 대부분 일본에서 수입해 사용했고, 문서를 사진처럼 복사하는 것뿐이기 때문에 문서 편집기능이 없었다. 그래서 우리가 전화선을 통해 데이터통신 터미널 텔레텍스를 개발하는 데 성공했다. 그런데 상용화가 안 된 이유는 어이없게도 일본에서 발생한 정치적 이유 때문이었다. 일본에서 NTT가 텔레텍스를 개발했는데 NTT의 노동조합원들이 이게 도입되면 전보사업 노동자들의 일자리가 다 사라진다고 해서 강하게 상용화를 반대하는 바람에 무위로 돌아가고 말았다. 한국에서도 비슷한 노동조합의 반대가 나와 정치문제화될까 봐 우리도 개발해 놓고도 상용화하지 못했다.[38]

정보통신진흥기금의 조성

1980년대에 반도체와 컴퓨터, TDX 등 수많은 국산화 연구개발을 지원했던 '매출 3% 연구비 사용' 규정이 사라진 것은 1989년 12월 한국전기통신공사가 주식

---

38 강철희, "영상을 통해 만나는 대한민국 ICT 역사의 산증인", 한국전자통신연구원, 2021, 《ETRI 45주년》.

회사 형태로 전환되면서부터였다. 그 대안으로 만들어진 것이 정보통신진흥기금이다.

1990년 2월 이우재 체신부 장관은 노태우 대통령에게, "복수의 통신사업자가 내는 출자금과 정부가 보유한 한국통신 주식으로부터 나오는 배당금을 재원으로 하여 천억 원 규모의 정보통신진흥기금을 만들겠다"는 내용의 업무보고를 했다. 과거 3% 룰에 의한 출연금은 성격상 반대급부 없이 지급하므로 회수가 불가능했는데, 기금으로 전환하면서 투자자금 회수도 가능해졌다.

1990년 5월, 체신부는 "정보통신 진흥계획을 수립하고, 이에 필요한 기금을 조성하며, 정보통신 분야 인력양성을 위한 교육기관을 설립한다"는 등의 내용이 담긴 「정보통신진흥법」을 입법 예고했다.

그러나 여러 부처의 반대에 직면하여 암초에 부딪혔다. 우선 진흥이라는 단어에 상공부[39]가 반발했다. 산업진흥은 상공부 소관이라는 것이다. 할 수 없이 법안의 명칭을 「정보통신 연구개발에 관한 법률」로 바꿔 1990년 초 차관회의에 올렸다. 이번에는 EPB와 재무부가 정보통신진흥기금 설치를 반대했다.

EPB는 각 부처가 정부의 예산 통제를 벗어나는 각종 기금을 만들어 부처의 쌈짓돈으로 쓰는 것에 지속적으로 반대 의견을 냈다. 조성된 기금을 자본시장에서 운영하는 것에 재무부도 우려를 표명했다.

부처 반대를 우회하여 1990년 12월 24일 「정보통신 연구개발에 관한 법률」이 통과되었다. 이 법 제5조는 "정보통신 연구개발을 효율적으로 지원하기 위해 '정보통신진흥기금'을 조성한다"고 명시했다.

1991년 정보통신진흥기금이 만들어져 운용심의회를 구성했다. 기금 재원은 정부출연금과 기간통신사업자의 출연금, 한국전기통신공사 적립금, 기타 수입금으로 마련하여 연구개발과 정보통신 인프라 구축사업, 정보화 추진사업, 전문인력 양성 등에 사용되었다.

---

39 1998년 산업자원부로 명칭이 변경되었다.

5대 국가기간전산망 구축정책

연결의 시대가 열리다

1978년에 시작된 '제1차 행정전산화 기본계획'은 충북 행정전산화 시범사업의 종료와 함께 마무리되었다. 1982년 말에 '제2차 행정전산화 기본계획'이 마련되어 발표되었으나, 물가안정을 위해 극도의 예산 및 재정긴축이 진행되던 시절이라 본격적으로 시행되지 못한 채 수면 아래로 내려갔다. 그러나 국가 경영을 책임진 리더들의 구상 속에서 그 계획이 계속 살아 있었던 것으로 보인다.

서석준 장관이 상공부 장관 퇴임 후 1982년에 KDI 자문위원으로 와 있었을 때 일이다. 서 장관은 곧 경제부총리로 내정될 것으로 예상되었는데, 경제부총리는 생산성을 높이고 중장기 경제성장을 고민해야 하는 자리다. 서 장관과 친분이 깊었던 김재익 경제수석은 "KDI 전산실장 여운방 박사를 만나 이야기를 들어 보라"고 조언했다. 여 박사가 경제 발전을 위해 사람, 토지, 자본이라는 전통적 생산요소 외에 앞으로 정보화라는 제3의 생산요소가 중요하다고 늘 강조했기 때문이다.

홍은주 김재익 수석과는 어떻게 알게 되셨나요?

여운방 1970년대 중후반에 김대영 박사님이 KDI 기조실장이었는데, 이분이 김재익 수석과 친했고 저는 김대영 박사팀에서 일하니까 저까지 셋이서 자주 만났습니다. 저는 상도동, 김재익 수석은 반포에 살아서 우리가 방배동 밥집에서 자주 만나 한국 경제의 생산성을 높이기 위한 여러 가지 방안을 토론했습니다. 당시 김 수석은 "경제가 투명해지려면 돈의 흐름을 파악해야 한다. 부가세 도입이 꼭 필요하고 상거래 기록을 위해 금전등록기를 도입해야 한다"는 취지의 이야기를 하곤 했습니다. 실제로 정부가 예산에서 큰돈을 지원하여 금전등록기를 많이 보급했어요. 그게 1주일 만에 모조리 다 고장 나는 대형 인재(人災)를 겪으면서 실패하기는 했지만요.

144

홍은주 아니 왜 한꺼번에 금전등록기가 고장 났습니까?

여운방 국세청에 매출규모를 숨기고 싶었던 가게주인들이 금전등록기를 일부러 고장 내 버린 거예요(웃음). 아무튼 모두가 경제 생산성과 투명성을 높이기 위해 시스템적 방법론을 고민하던 때였죠. 그때 저는 한국 전자산업 발전을 위해 부가가치가 낮은 가전산업 대신에 산업용 컴퓨터나 ICT 산업을 일으켜야 한다고 조언했습니다.

1980년대 초에 미국에서 박사학위를 받고 돌아온 뒤에는 전산망 연결을 통해 '생산요소인 사람과 토지와 돈의 흐름을 파악하는 국가설계 인프라 구축'에 관한 기본 개념을 EPB의 여러 공무원에게 이야기했습니다. 그래서인지 서석준 장관이 상공부 장관을 마치고 1982년 KDI에 잠깐 와 있을 때 김재익 수석이 "당신이 여운방 박사를 만나 보고 이야기를 좀 들어 보라"고 했대요. 그때 서석준 장관과 제가 만나 경제 생산성과 국가 경영의 효율성을 높일 수 있는 전산시스템 구축과 연결 방안에 대해 이야기했습니다.

전통적으로 국가경제의 생산요소는 사람(L)과 토지와 자본(K) 아닙니까? 앞으로는 '정보화'라는 제4의 요소를 추가해야 할 것이라고 제가 이야기했습니다. 한마디로 "GDP 성장을 위해 돈의 흐름과 사람의 흐름, 토지의 흐름을 다 파악할 수 있도록 관련정보를 구축하고, 전산시스템을 온라인으로 연결해야 한다. 토지 DB와 인구 DB를 만들고, 이들을 전산으로 연결하며, 돈의 흐름을 추적할 수 있는 금융전산망도 함께 만들어야 한다"고 강조했습니다.

당시 제가 항상 생각한 것이 한국이 비록 가난하지만 중장기적 경제 발전을 하려면 국가 운영의 효율성 제고를 위한 정보화 시스템과 인프라 구축이 필요하다는 것입니다. 예전에는 각각이 분리된 부분적 요소(*partial element*)의 시대였지만, 이제는 집합과 시스템이 중요한 시대가 곧 오리라고 예상했기 때문입니다. 이 개념이 나중에 국가기간전산망 구축에 반영되었던 것 같습니다. 국가기간전산망에 저나름대로 기여한 셈이라고 생각하니 참 보람이 있습니다.

국가기간전산망 구축의 기본 구상

한국에서 국가기간전산망 구축의 기본 구상이 처음 등장한 때는 인터넷 연결이 가능해지고 네트워크를 통한 정보교환과 활용의 인식이 높아진 1983년 5월 무렵이다. 1970년대에 각 부처가 제각기 업무 전산화를 추진하면서 사용하는 컴퓨터나 프로토콜이 달랐다. 타 부처의 관련업무를 조회하거나 정보를 활용할 수 없었으며, 예산낭비가 심하다는 문제가 지속적으로 제기되었다. 이것이 국가기간전산망 구축의 배경이 되었다.

> 내무부, 국세청, 총무처 등의 컴퓨터에 쓰이는 '서울'을 나타내는 코드를 보면 어떤 곳은 01, 다른 곳은 001 등으로 코드가 다르게 되어 있었다. 따라서 한 부처가 다른 부처의 컴퓨터 자료를 이용하려면 근본적으로 코드 자체를 일일이 바꾸는 불편을 겪어야만 했다. 심지어 같은 주민등록 자료가 이용되어야 할 재무부의 실명거래제도, 국세청의 토지거래제도, 의료보험공단의 의료보험제도 등의 컴퓨터 프로그램에서도 코드가 서로 달라 내무부가 이미 마련해 놓은 주민등록 자료 대신 각 기관이 자체 시스템에 맞추어 주민등록 데이터를 전환하여 사용해야 하는 등 이로 인한 행정 불편과 손실이 컸다.[40]

막상 이를 통합하는 일은 부처의 저항이 컸기 때문에 청와대가 전체적 국가망 구상과 기획을 하고 추진에 나섰다. 그런데 국가기간전산망 사업계획이 구체적 모습을 갖추기 시작한 1983년 10월에 아웅산 테러로 서석준 부총리와 김재익 경제수석이 사망하는 비극이 일어났다.

다행히 두 사람과 정책의 맥을 같이하는 사람들이 후임으로 오면서 국가기간전산망 구축정책의 공백은 최소화되었다. 공석이 된 경제부총리에 신병현 상공부 장관이, 경제수석에 사공일 KDI 박사가 각각 취임했다.

1984년 국가기간전산망 구축을 위한 조정위원회가 발족했다. 행정, 교육, 국방, 공안, 금융 등 5대 국가기간전산망 정책을 총괄 심의하고 의결하는 정책기구

---

40 행정안전부, 2017, 《되돌아보는 대한민국 전자정부 이야기 23선》, 휴먼컬처아리랑, 49쪽.

5대 국가기간전산망 사업 관련 보도 기사(《매일경제》, 1984. 11).

였다. 위원은 과학기술처·체신부·상공부·문교부 차관과 청와대 정무 2수석, 경제수석, 교문수석 등 10여 명이었고, 홍성원 과학비서관이 간사 역할을 했다.

이때 전산망조정위원장이 강경식 대통령비서실장이었다. 국가경제 개조(國家 經濟 改造)에 대해 김재익 수석과 늘 뜻을 같이했던 강경식이 1983년 10월 청와대 대통령 비서실장에 취임하여 국가기간전산망 구축정책 집행에 큰 힘을 실어 주었던 것이다.

당시 상황에 대한 안문석 교수의 설명이다.

안문석 국가기간망 추진 배경은 뭐냐? 행정전산화가 점차 활성화되면서 각 부처가 독자적으로 컴퓨터를 도입하기 시작했습니다. 마침 마이크로컴퓨터가 등장하여 가격이 저렴해지고 과학기술처가 컴퓨터 도입 승인을 많이 내주니까 각 부처가 제 각각 컴퓨터 센터를 설치했습니다. 당시의 기술수준으로는 데이터 중복이 불가피했고, 각 부처가 예산을 받아 독자적으로 추진할 욕심이 있다 보니 도입된 컴퓨터의 활용에서 효율성이 문제가 되었습니다. 동일한 소프트웨어(SW: *software*)의 중복 개발 등 전산화 추진에서 비효율과 낭비가 발생하자 비판 여론이 일어났습니다.

그러자 홍성원 박사를 비롯한 청와대 전문가 그룹이 이 문제를 인식하고 뭔가 특단의 조치가 필요하다고 생각하여 '공동개발, 공동이용' 개념을 형성했습니다. 그것을 국가망 전체로 확대한 것이 '5대 국가기간전산망 구축계획' 수립입니다. 5대 기간망 가운데 정부의 행정전산망 계획은 행정부의 모든 컴퓨터를 네트워크로 연결하여 데이터 정보를 공유하고 컴퓨팅 능력과 소프트웨어를 공유, 공동 개발한다는 것입니다.

　　그런데 행정전산망 추진을 위해 각 부처 전산망을 통합해야 하니 얼마나 힘들어요? 부처들이 다들 자기 권한과 예산을 빼앗긴다고 생각하니까 저항이 클 수밖에 없습니다. 그래서 그 조정 업무를 하는 '전산망조정위원회'를 청와대에 두게 된 것입니다. 대통령 비서실장이 힘을 실어 주기 위해 위원장이 되었는데 이러한 경우는 흔치 않았습니다.

"세상에 이게 웬일이야"(*Lo and Behold*)

컴퓨터를 통한 행정효율성 제고나 데이터베이스 구축과 같은 분절된 사고를 넘어 이를 '연결'하는 국가기간전산망 개념을 한국 정부가 검토하게 된 데는 정보 네트워크 발전이라는 시대적 배경이 있었다.

　　네트워크 등장 이전의 세계는 분리된 세계관이 지배했다. 뛰어난 브레인들이 생산한 많은 정보가 지구의 여기저기에 흩어져 있었다. 같은 대학, 같은 연구소에서 서로 잘 알거나 지리적으로 가까운 사람들 간에 조각난 정보를 교환하고 재구성하여 종이책으로 발간했고, 우편으로 발송했다. 해외 정보를 자세히 확인하려면 비행기를 타고 긴 여행을 하는 것이 일반적이었다.

　　정보의 연결을 최초로 시도한 것은 인터넷의 원형이라 할 수 있는 아파넷 프로젝트(ARPAnet: Advanced Research Project Agency)였다. 미국 국방부의 고등연구계획국에서 1969년 가을에 시작한 아파넷 프로젝트에서는 독립된 네트워크를 연결하는 장치인 라우터가 첫선을 보였다.

　　아파넷은 NCP(*network control program*)라는 전송 통신규약을 사용하여 UCLA,

캘리포니아대 샌타바버라캠퍼스, 스탠퍼드 연구소, 유타대 등 네 곳의 호스트컴퓨터의 연결을 시도하면서 시작되었다. 스탠퍼드대의 대형 호스트컴퓨터가 아파넷상에서 다른 호스트컴퓨터를 최초로 연결한 순간 검은색 컴퓨터 화면에는 'Lo'라는 흰색 글씨가 깜박거렸다. 최초의 연결에는 성공했지만 금방 연결이 끊어지는 바람에 최초의 인터넷 메시지인 'Log in'이 잘려 나가 'Lo'가 화면에 남았던 것이다. 문자 그대로 "Lo and Behold"(세상에 이게 웬일이야) [41]의 경이적인 연결이 이루어진 것이다.

아파넷 프로젝트가 순항하면서 MIT, 카네기멜론, 버클리 등 유수의 대학이 속속 참여했다. 원래 4대였던 호스트컴퓨터가 1970년 무렵에는 30여 대로 늘어났다. 이 무렵 각 호스트컴퓨터가 보유한 어마어마한 정보를 유용한 데이터베이스로 정리하는 일, 즉 오늘날 검색엔진이 하는 일을 1970년대에는 사람이 손으로 카드 색인에 써서 정리했다. [42]

그러나 호스트컴퓨터가 급증하고 정보와 데이터 교환이 폭증하자 사람 손으로 정리하는 작업은 곧 한계에 부딪혔다. 세계적으로 가장 뛰어난 수학자와 과학자, 공학자들이 함께 머리를 맞대고 공동으로 아파넷을 진화시키기 시작했다. 이들은 자신의 사용 경험을 바탕으로 새로운 방식과 프로토콜을 제안하고, 버그를 수정하거나 기능을 추가해 초기의 인터넷을 설계하는 데 기여했다. 나중에는 호스트컴퓨터가 너무 늘어나는 바람에 호스트컴퓨터의 이름이 겹치지 않도록 도메인 주소를 만들어 관리했다. [43]

1980년대까지 전문가들의 전유물이던 아파넷은 1982년 TCP/IP 프로토콜을 채택하면서 일반 인터넷으로 진화했다. 군용 아파넷은 MILNET으로 독립했고, 인터넷 관할 주체도 미군에서 미국 국립과학재단으로 바뀌었다.

---

41 "Lo and Behold"는 2016년 제작된 미국 다큐멘터리 제목이다. 제작자 베르너 헤어조크(Werner Herzog)는 인터넷과 로보틱스, AI, 사물인터넷 등이 인간의 삶에 미치는 영향을 묘사했다. 그 시작은 인터넷이었다.
42 스탠퍼드대에 아파넷을 담당하는 네트워크 정보센터(Network Info. Center, 애칭 '닉')가 있었다. 여기서 정보를 데이터베이스로 정리했는데 이를 책임졌던 사람이 엘리자베스 파인러이다(클레어 L. 에반스, 2020, 《세상을 연결한 여성들》, 조은영 역, 해나무).
43 오늘날 .org, .go, .com, .net 등이 탄생하게 된 배경이다.

이 무렵 아파넷은 더 이상 일부 전문가들의 전유물이 아니었다. 공학박사들보다 컴퓨터에 관심이 큰 학생들이 훨씬 더 많았다.

초기 인터넷 커뮤니티는 과학자와 학생, 군 관계자 등이 뒤섞여 있었다. 어린 해커가 노벨상 수상자와 이야기하고 베트남전쟁 반대 시위자가 전쟁에서 막 돌아온 군인과 컴퓨터를 통해 이야기를 나누던 시절이었다. 이 때문에 아파넷 디렉토리에서 소속과 직함을 빼 버리자는 결정이 나온다. 이는 모든 사람이 인터넷에서 평준화되고 동일하게 존중받는 철학적 배경이 된다.[44]

네트워크가 활성화되면서 여기저기 흩어져 있던 조각난 정보들이 연결되기 시작했다. 정보를 입수한 사람은 자신의 아이디어와 생각을 부가하여 재구성하고 재해석하여 다시 전파했다. 분리된 세계관이 네트워크적 세계관으로 이동하기 시작한 것이다.

1982년은 한국에 인터넷이 막 도입되었던 시점이다. 미국에서 돌아온 전길남 박사가 미국에서 막 개발된 TCP/IP 인터넷프로토콜을 서울대와 한국전자기술연구소(현 ETRI) 사이에 구축하는 데 성공했다. 재일교포로서 미국에서 인터넷을 연구한 전길남 박사는 일본으로 돌아가지 않고 한국으로 와서 미국에 이어 세계에서 두 번째로 TCP/IP 인터넷 연결을 성공시켰다.

데이터베이스 구축과 기간전산망 연결

1985년 4월 '국가기간전산망 기본계획'이 마침내 대통령의 재가를 받았다. 1986년 5대 국가기간전산망 사업이 확정되고 1987년부터 본격적 구축이 시작되었다. 그 사이에 부처별로 지속적 전산화와 데이터베이스 구축작업이 이루어졌다.

당시 건설부의 토지전산망 구축작업을 지원했던 여운방 KDI 전산실장의 증언을 들어 보자.

---

44 클레어 L. 에반스, 2020, 《세상을 연결한 여성들》, 조은영 역, 해나무.

여운방 1984년부터 건설부가 1년에 걸쳐 토지전산망을 구축하기 시작했습니다. 토지전산망을 구축하여 이를 내무부 주민등록전산망과 연결하는 작업을 진행했죠. 제가 여기에 참여하여 프로그램을 짜 준 적이 있습니다. 토지전산망을 구축하려면 그전에 전국 토지의 공시지가를 모두 DB로 입력해야 하기 때문에 전국 토지의 가격평가를 합리적으로 제도화하는 것이 가장 큰 관건이었습니다. 그 작업을 위해 제가 30만 필지를 샘플로 뽑아 공시지가 DB를 만들었습니다.

홍은주 그 작업을 어떻게 진행했는지 좀 더 구체적으로 말씀해 주세요.

여운방 가령, 강남 테헤란로 대로변에 있는 특정 지역의 공시지가는 자주 거래되니까 얼마라고 이미 정해져 있습니다. 그런데 거래가 안 되는 다른 땅은 어떻게 공시지가를 내야 할까요? 거래가 되고 공시지가가 이미 정해진 토지를 기준으로 하여 뒤편의 수많은 이면 도로 토지의 경우 주변환경과 기준토지로부터의 거리 등 다양한 요소들을 전부 포함하여 계산한 후 공지시가를 산정합니다.

제가 그 모델을 만든 것입니다. 그 모델을 전국적으로 확장시킨 다음 표준 샘플을 1년에 몇십 퍼센트씩 바꾸도록 했습니다. 그 작업을 하면서 어려움이 많아서 이익이 쓴 《성호사설》(星湖僿說)의 〈토지〉 편을 읽어 보니까 나라님도 토지는 마음대로 못 한다고 합니다. 토지전산망뿐만 아니라 나중에 금융실명제를 위한 전산화 작업과 다른 전산화 작업도 열심히 지원했던 기억이 납니다.

1986년 5월 「전산망 보급 확장과 이용촉진에 관한 법률」(전산망법)이라는 긴 이름의 법이 제정되었다. 이 법 제4조는 "국가기관 등의 전산망 개발, 전산망에 관한 기술 및 기기의 개발보급 및 이용촉진, 전산망 사업의 지원·육성, 전산망에 관한 새로운 매체의 개발과 실용화, 전산망에 관한 전문기술인력의 양성 등을 통해 정보화 사회의 기반을 조성한다"는 목표를 제시했다.

이 법을 제정하기까지 우여곡절이 적지 않았다. 청와대의 조율하에 체신부와 산업자원부, 과학기술부가 협력하여 법을 만들기로 했는데 정책 주도권을 놓고 많은 갈등이 일어났던 것이다. 체신부가 법을 주도하겠다고 나서면 과학기술처와 산업자원부가 반대하고, 산업자원부가 나서면 체신부와 과학기술처가 반대했다. 결국 청와대에서 조율하여 의원입법 형태로 관련법이 1986년 5월에 만들어졌다.

법률 제정과 함께 1987년부터 국가기간전산망 구축사업에 속도가 붙기 시작했다. 국가기간전산망 구축사업은 행정전산망(정부 및 정부투자기관 전산망), 금융전산망(은행·보험·증권 등 금융기관 통합전산망), 교육전산망(대학·연구소 등의 전산망) 등 일반 국민과 관련된 3개의 전산망 사업과, 국방전산망, 공안전산망 등 국가 전반에 걸치는 기간전산망을 구축하는 한편 이를 담당할 국산 주전산기를 개발하는 대담한 프로젝트였다.

1990년대 중반까지 이 프로젝트를 완성하고, 2000년대 초까지 국가·사회 전반의 전산화 추진 및 전산망 구축을 통해 효율적인 국가 경영과 대국민 서비스를 도모하는 것이 중장기 목표였다. 또한 장기간의 구축 과정에서 컴퓨터 및 네트워크, 전산기와 부품, 소프트웨어 등 민간시장 수요를 창출하여 정보산업 육성을 체계적으로 발전시키고 관련기술을 연구 개발하며 인재를 육성한다는 다양한 목표를 추구했다.

행정자료 데이터베이스 구축과 전산망 사업

제1차 국가기간전산망 사업(1987~1991) 중 금융전산망은 1988년 4월 한국은행을 총괄기관으로 한 금융전산망추진위원회가 기본계획을 수립했다. 9월 과학기술처와 문교부가 교육전산망과 연구전산망 기본계획을 각각 수립했다. [45]

1987년 행정전산망 종합계획을 확정하면서 시작된 1차 행정전산망 구축사업은 각 부처가 보유한 주민등록과 토지, 자동차 등 각종 행정정보 데이터베이스를 추가로 구축, 보완하여 1991년까지 상호 연결한다는 목표로 시작되었다.

---

45 황성돈, 2006, 〈행정전산망 사업 기본계획〉, 국가기록원.

행정전산망의 6대 우선 추진사업은 주민등록 관리, 부동산(지적과 소유권) 관리, 자동차 관리 등 국민생활에 파급효과가 큰 부문과 통관관리, 고용관리, 경제통계관리 등 전자정부의 가장 밑거름이 되는 분야였다.

우선 토지의 소유권 이전, 분할, 합병, 지목변경 등을 일목요연하게 파악할 수 있도록 전국 시·군·구 3,200만 필지의 토지 및 임야대장을 데이터베이스화하여 온라인으로 연결했다.

국민 전체에 대한 인적 정보 데이터베이스 구축작업도 진행했다. 주민등록이 전산화되자 초·중·고등학교 학령기에 이른 학생, 입영대상자, 세금을 징수할 수 있는 월급생활자 숫자 등을 어느 정도 파악할 수 있었다.

전국 130개 기관의 자동차 등록사항 및 자동차 검사와 정비, 제증명 발급 등의 업무도 데이터베이스화하여 온라인 연결을 시작했다. 통관관리 업무는 수출입 통관수속 및 보세화물 관리를 전산화하여 세관, 관세사, 은행 등 109개 기관을 연결하였다. 물가, 인구, 산업생산 등 20개 부문의 경제통계는 1985년 5월부터 데이터베이스를 구축하여 1991년 1월에 온라인 서비스를 제공하는 것을 목표로 했다.

그동안 수기로 작성하던 행정자료들은 전자 데이터베이스화하고 행정기관들을 연결하여 1991년부터 공동 사용하는 방향으로 뚜렷한 윤곽을 갖추었다. 이를 위해 전국 시도에 전산본부가 만들어지고, 주전산기가 단계적으로 설치되었으며, 일선 행정기관에도 PC가 보급되었다.

기존의 작업방식을 근본부터 바꾸는 일을 추진하는 것은 결코 쉽지 않았다. 총무처에서 정부전자계산소(GCC) 업무를 담당했던 김남석(후일 행전안전부 차관, 우즈베키스탄 정보통신기술부 차관)의 증언이다.

김남석 제가 1980년에 총무처에서 공무원 생활을 시작했는데 첫 보직이 GCC 담당이어서 자주 컴퓨터를 접할 수 있었습니다. 행정전산화가 국가망 사업으로 본격적으로 전환한 것은 1986년 무렵 국가기간전산망 사업이 결정되면서부터입니다. 그전에는 행정전산화라고 해봐야 단순히 컴퓨터를 활용한 통계업무 처리 수준이었습니다. 네트워크라는 망 구축보다 부분적 업무 전산화 단계였던 것입니다. 예를 들어, 내무부가 주민등록증, 건설부가 부동산과 자동차 등록 등 데이터베이스를 구축하기 시작했습니다. 각 부문에서 자료를 데이터베이스화하고 업무를 컴퓨터로 처리해 효율성을 높이고자 했죠.

그때 제가 보니까 일반 부처에서는 행정전산화 사업에 별 관심이 없었습니다. 업무는 업무대로 하면서 일만 자꾸 많아지니까요. 그래서 실무적 추진도 쉽지 않았습니다. 이것이 참 대단한 사업이었는데, 당시 저는 총무처의 주니어 사무관이라 큰 그림이나 내용을 잘 몰랐고 부처 간 의견 조율도 쉽지 않아 청와대 정홍식 과장의 뜻을 실무적으로 제대로 뒷받침하지 못했던 점이 아쉽습니다. 제가 혼도 참 많이 났죠(웃음).

기술적 애로사항도 많았다. 1차 사업 기간 동안 행정망을 연결하기 위해 도입한 국산 주전산기 성능에 문제가 있어 고장이 자주 발생했다. 특히 통신인프라가 열악하여 컴퓨터 간 온라인 연결도 어려웠다. 일선 공무원들은 고달픈 한숨을 내쉬었다.

컴퓨터 시스템의 사양이 너무 낮아 전송속도가 느렸다. 젊은 공무원들은 느린 속도에 한숨을 내쉬었고, 나이 든 공무원들은 사용법조차 잘 몰랐다. 더구나 행정망 연결 시스템이 자주 고장을 일으켜 애로사항이 이만저만이 아니었다. 예전에 하던 대로 수기로 작성하되 이걸 다시 전산화 자료로 바꾸어 다시 입력해 올려야 했으니 같은 월급에 업무만 두 배로 늘어난 셈이었다. 전화모뎀을 통해 전산자료를 보내야 했으나 자주 고장 나고 속도가 느려 플로피디스켓에 출력을 받아서 우편이나 인편에 보내는 일도 잦았다. 내무부로 파견 나와서 매일 야근하던 시도 공무원이 연탄가스 중독으로 사망하는 일도 있었고, 전담 사업자인 한국데이터통신 직원이 지역에 장비 설치하러 다니다 교통사고로 사망하는 일도 발생했다.[46]

---

46 석호익과 정보통신부 블로그 (https://blog.naver.com/hoicksuk).

1992년에 시작된 제2차 행정전산망 사업(1992~1996)은 1차 사업에서 구축한 행정전산망의 여러 가지 문제점을 보완하고 고도화하는 것과 이를 국내 정보산업의 육성으로 연계하는 것이 목표였다.

제2차 행정전산망 사업은 우선 업무, 계획 업무, 기존 업무 등으로 나누어 추진했다. 우선 업무는 대국민 서비스의 질을 높이고 행정능률 향상에 효과가 큰 업무, 전산망 사업의 기준과 표준을 제공하는 전국 규모의 업무 등 7개 업무를 선정했다. 정부 데이터베이스를 온라인으로 연결하는 과정에서 수많은 불편과 애로사항이 발생하여 초고속통신망의 필요성이 높아진 시기이기도 했다.

'선투자 후정산' 방식 동원

정부의 행정전산망을 모두 표준화하여 연결하자는 최초의 아이디어는 이용태 한국데이터통신 사장으로부터 나왔다. 그는 "10년 후의 비전을 생각하고 행정전산망을 통합하는 시스템을 개발하자"고 체신부 오명 차관에게 제안했다. 행정전산망 사업자금 규모는 목표 기간으로 설정한 10여 년간 주전산기 283대 개발비와 시스템 구축비용, 컴퓨터 구입 및 운영비, 인건비 등에 모두 7,607억 원이 넘는 비용이 들어가는 것으로 추산되었다.[47]

국가재정이 풍족하지 않았던 때라 행정전산망 구축에 소요되는 천문학적 예산을 한꺼번에 투입하기 어려웠을 것이다. 필요한 재원은 어떻게 해결했을까? 우선 한국전기통신공사가 자금을 조달하여 한국데이터통신의 행정전산망 구축사업에 선투자하고 나중에 행정전산망을 완성하면 정부가 사용료 명목으로 예산에서 연차적으로 상환하는 '선투자 후정산' 방식을 동원했다.

선투자 후정산 방식 아이디어도 이용태 사장이 냈다. 그는 "(정부사업을 할 때) 예산을 확보한 뒤 사업하려면 프로젝트 하나를 수행하는 데 최소 5년이 걸린다. 보통 첫해에 사업타당성을 조사하고 다음 해에 본예산 보고서를 내고 나서 프로젝

---

47 국가망 구축사업 내용은 《끝없는 혁명》(서현진, 2001, 이비컴, 320~324쪽)에 자세히 기술되어 있다.

트에 착수하는데 예산과 집행에만 5년이 걸리는 것이다. 그러나 사업부터 벌여놓고 비용을 정산하면 1년 만에 마칠 수 있다"고 홍성원 박사를 설득했다.[48]

이에 따라 행정망 구축 전담사업자인 한국데이터통신이 한국전기통신공사에서 설립한 자회사 한국통신진흥주식회사로부터 소요자금을 차입하여 먼저 사업을 추진하고 개발이 완성되면 정부에서 10년에 걸쳐 분할 상환하는 구조가 만들어져 사업이 추진되었다.[49]

윤동윤 1987년 1월부터 행정망 구축을 추진하는데 워낙 큰 투자비용이 들어가는 사업이기 때문에 한국통신의 돈으로 우선 투자하면 정부가 매년 정산해 주는 선투자 후정산 방식을 채택했습니다. 이를 관리하기 위해 한국통신진흥주식회사와 한국통신기술주식회사 등이 설립되었습니다. 한국통신진흥주식회사는 1986년 11월에 한국통신의 전액출자 (76억 원) 로 설립하여 국가기간통신망 개발과 구축에 필요한 자금의 조달 지원 등 금융업무를 담당했습니다. 한국통신기술주식회사는 엔지니어링 전문기업으로 1986년 2월 설립하여 관련장비의 대여와 엔지니어링을 담당했습니다.[50] 또한 1987년 1월에는 기간망 사업을 감리할 목적으로 한국전산원을 만들었습니다.

민간기업이 선투자하고 정부가 예산으로 매년 정산해 주는 것은 전례가 없는 일이라 예산당국이 골머리를 앓았다. 당시 예산관리과 사무관이던 노준형 (후일 정보통신부 장관) 의 증언이다.

노준형 이 사업이 추진될 당시 제가 EPB 사무관으로서 예산관리과에 있었는데, 예산관리과장이 가장 어려워했던 업무였습니다. 뭐가 어려웠느냐? 이 사업은 민

48 "정보화 리더십 탐구: 삼보컴퓨터 창업자 이용태", 〈조선비즈〉, 2016. 6. 29.
49 석호익과 정보통신부 블로그 (https://blog.naver.com/hoicksuk).
50 전산망 구축이 완료된 이후에는 KT그룹 계열사인 (주)케이티엔지니어링으로 발전하여 시스템 통합, 네트워크 통합을 기반으로 정보기술 서비스를 운영하는 엔지니어링 기업이 되었다.

간사업자가 먼저 투자하고 정부가 예산으로 후정산하는 방식으로 추진되었는데 예상회계법상 선투자를 하려면 국고채무부담 행위를 해야 합니다. 그런데 그때 내용도 잘 모르는 행정전산망 사업을 하느라고 예산회계에 예외를 두어야 했으니 담당자로서 얼마나 난감했겠습니까?[51]

이 같은 선투자 후정산 방식은 법적 근거가 없어 매년 상환금액이 예산에 반영될 때마다 국회에서 논란이 벌어지곤 했다. 그러나 결과적으로 아주 효율적인 추진 방식이었다고 평가받는다.

당시 총무처에서 행정전산화 실무를 담당했던 김남석 전 행정안전부 차관의 증언이다.

김남석 처음 추진할 때 법적 근거가 없어 논란을 빚었지만, 만약 국가예산을 먼저 확보해 행정전산화를 추진하려 했으면 아마 부지하세월이었을 겁니다. 선투자 후정산 방식의 법적 근거에 논란이 있었음에도 어떻게 그런 결정이 가능했는가? 그걸 강하게 추진한 주체가 청와대였기 때문입니다. 과학기술비서관실의 홍성원 박사와 IT 담당 정홍식 과장이 청와대에서 이 사업을 주도했습니다. 제가 총무처의 GCC 담당 사무관이니까 그때 정홍식 과장을 만나 일했습니다. 그분이 사고방식이 혁신적이고 개방적인 데다가 IT에 대한 이해도 깊었죠. 무엇보다 집행력과 추진력이 대단했습니다. 본인이 해병대 출신이라고 몇 번이나 말씀하셨어요(웃음). 정홍식 과장을 만날 때마다 이분의 포부나 꿈이 참 대단하다고 생각했습니다.

선투자 자금을 마련하기 위해 설립된 한국통신진흥주식회사의 사장으로 간 사람은 TDX 개발을 성공시킨 양승택 박사였다.

---

51 이 내용은 《코리안 미러클 5: 모험과 혁신의 벤처생태계 구축》(육성으로 듣는 경제기적 편찬위원회, 2019, 나남)의 노준형 장관 증언에서 재인용했다.

홍은주 국가기간망 구축사업에 자금담당 회사가 따로 필요했던 이유가 있었나요?

양승택 당시 정부 행정전산망을 추진하는 데 거액의 자금이 필요했고 그것을 체신부가 조달해야 하니까 체신부가 한국통신공사에 이 문제를 해결하는 방안을 마련하라고 지시했습니다. 한국통신이 삼일회계법인의 컨설팅을 받아 보니까 약 300억 원을 출자해 자금담당 회사를 하나 만들고 이 회사에서 자금조달을 하면 된다고 했던가 봐요. 그래서 한국통신진흥주식회사라는 자회사를 만들었고, 제가 가서 초기 투자자금 1,750억 원을 1년 8개월 만에 조달했습니다.

워낙 거액이라 제가 그 액수가 어느 정도 규모인지 몰라 곰곰이 생각해 보니까 그때 서울에서 여의도 공작아파트가 가장 비쌌는데 그게 1억 원 정도였습니다. 그러니까 공작아파트 1,750세대를 만든 셈이었죠. 자금은 산업은행에서 주로 조달하고 나머지는 정보화촉진기금 등을 만들어 한국데이터통신에 빌려주었죠. 한국데이터통신이 그 돈으로 먼저 행정전산화를 추진하고, 정부에서 이자와 원금을 사용료 명목으로 매년 예산에 반영해 갚아 주는 형태였습니다.

유닉스 기반 컴퓨터시스템 개발 목표

당시 정부부처들은 UNIVAC, CDC, IBM 등 제각기 다른 컴퓨터 시스템을 도입해 사용하고 있었다. 대부분 폐쇄적 운영시스템이라 연결도 어려웠다. [52]

청와대 홍성원 비서관과 정홍식 과장은 부처의 반발을 무릅쓰고 오픈소스 OS인 유닉스를 과감히 채택하여 각 부처가 제각각 도입한 컴퓨터 시스템을 기간전산망으로 통합하고자 했다. 당시 유닉스 기반 시스템은 HP와 유니시스 등 글로벌 벤더들이 시장을 주도했다. 청와대에서는 "차제에 아예 주전산기를 국산으로 개발하여 컴퓨터 관련 원천기술과 전산망 운영 노하우를 확보하고 국내 컴퓨터 산업을 육성하여 수입 대체효과를 달성하겠다"는 야심 찬 계획을 함께 추진했다. [53]

---

52 행정안전부, 2017, 《되돌아보는 대한민국 전자정부 이야기 23선》, 휴먼컬처아리랑.
53 정홍식, 2007, 《한국 IT 정책 20년》, 전자신문사.

158

기간망을 구축하려면 외국의 최신 시스템과 주전산기, 소프트웨어를 거의 전액 수입해 써야 하는데, 그럴 경우 해외 의존도가 높아져 심각한 경상수지 적자 요인이 된다. 실제로 국가기간전산망 사업 이전에는 연간 약 3천억 원의 공공기관 전산화 비용 가운데 60%가 해외로 유출되었다는 통계가 있었다.[54] 이에 따라 정부는 행정전산망을 추진하는 과정에서 기업들을 적극적으로 연구에 참여시켜 주전산기와 시스템을 국산화한다는 분명한 목표를 세웠다.

총무처에서 행정전산화 실무작업을 추진했던 김남석 전 행정안전부 차관은 "행정전산망 사업을 추진했을 때 구축 과정을 통해 전자통신산업을 육성하고 국산화하는 것에 강한 무게중심을 두었다"고 기억한다.

김남석 1986년에 국가기간전산망 사업이 결정되었고, 1987년부터 본격적으로 행정전산화가 시작되었습니다. 정부가 국가기간전산망 구축을 위해 국산 하드웨어, 즉 메인프레임과 서버를 국산화하고 소프트웨어를 개발하자고 하여 적극적 투자를 시작했습니다.

제가 당시 총무처 GCC에서 사무관 업무를 수행하면서 보니까 국가기간전산망 사업의 최우선 목표는 전자정부 구축 그 자체라기보다 전자통신산업 발전과 국산화에 더 초점이 맞춰졌어요. 행정효율화나 혁신, 대국민 서비스 개선 등 전자정부 구축은 다소 부차적인 목표라고나 할까요. IT산업 육성을 위해 선도적으로 국가기간전산망을 구축하고 시장을 만들어 준다는 의미가 컸습니다. 그때까지만 해도 전체 행정 흐름을 시스템화한다든가 대국민 서비스 개선을 통해 행정개혁이나 제도개선을 이룬다든가, 투명성을 높인다든가 하는 전자정부에 관한 고민을 하는 단계는 아직 아니었습니다.

---

54 위의 책.

국산 주전산기 타이콤 개발의 명암

컴퓨터산업 육성 목표에 따라 민관 합동개발 방식을 채택하여 탄생한 것이 국산 주전산기인 '타이콤'(TICOM)이다. 타이콤의 명칭은 서울 올림픽 마스코트 호돌이(tiger)와 컴퓨터(computer)의 합성어에서 유래했다.

타이콤의 개발 및 보급사업의 뿌리는 1981년 5월 전자공업 육성계획이라 할 수 있다. 3대 집중 육성 아이템[55]에 컴퓨터가 포함되어 있어 컴퓨터의 개발과 보급은 지속적으로 이루어졌는데, 1980년대 중반에 국가기간전산망 사업이 시작되자 주전산기 국산화 개발사업을 행정망 사업과 연계한 것이다.

1987년 초에 행정전산망 구축사업과 더불어 주전산기 개발계획도 확정했다. 1991년까지 약 385억 원의 연구개발비를 민관이 공동 투입하기로 한 타이콤 연구는 ETRI와 금성, 대우통신, 삼성전자, 현대전자 등이 참여한 가운데 순조롭게 착수됐다. 1989년 말까지 기술 도입과 개량을 마치고 다음 해에 시제품을 개발하며 1990년대 초반부터 생산에 착수한다는 계획이었다.

주전산기 국산화 개발을 지원하고 한국에 기술을 이전해 줄 기업으로 미국 벤처기업인 톨러런트가 선정되었고, 타이콤 개발은 일정대로 진행되었다. 정부가 공공조달을 통해 타이콤을 구매하여 보급하자 개발 첫해인 1993년 국내 시장점유율 17%라는 판매고를 올렸다.[56]

막강한 기술력을 갖춘 글로벌 IT기업들로부터 독립을 선언하고 기술을 축적한다는 목적으로 야심 차게 출발했던 타이콤은 기술력과 호환성 부족으로 추가적 시장 확장에는 실패했다. IBM이나 HP 등 해외수입 컴퓨터보다 고장이 잦았고 외국에서 개발한 OS 소프트웨어와도 맞지 않아 자주 충돌을 일으켰던 것이다.[57] 서비스나 사후관리에 대한 인식이 부족할 때라 정부가 A/S 비용을 예산에 반영해주지 않았던 점도 타이콤에 대한 불만을 키웠다.

---

55 TDX, 반도체, 컴퓨터를 가리킨다.
56 1993년 삼성과 금성이 각각 130대, 80대의 타이콤을 공급해 괄목할 만한 성과를 냈다.
57 〈컴퓨터월드〉 홈페이지(http://www.comworld.co.kr, 2021. 11. 15 인출).

순수 국내 기술로 개발한 행정전산망용 주전산기 타이콤.

정부가 타이콤을 구입한다면 예산 승인을 쉽게 해주자 공공기관들만 구매하여 정밀도가 떨어지는 작업에만 사용했다. 민간과 금융권으로 확산되지 못한 타이콤은 결국 2세대 개발을 끝으로 시장에서 퇴출되었다. 타이콤의 실패에 대해 '무모한 국산화 요구가 낳은 실패작'이란 비판적 평가도 나왔다.

그러나 오명 전 부총리는 다음의 두 가지 이유에서 타이콤이 실패한 것이 아니라고 주장한다. 첫째, 고성능 컴퓨터의 자체 개발 과정에서 IT 기술이 4개 주전산기 민간기업에 낙수효과로 전파되어 산업전자 기술수준이 높아졌다. 둘째, 한국 기업들이 타이콤을 개발한다는 소식이 알려지면서 해외에서 수입하는 주전산기 가격이 낮아졌다. 국내 기술로 대체품을 만들 수 있는 가능성이 열리자 해외 벤더들이 가격을 낮춘 것이다. 또한 고성능 하드웨어 개발 기술은 시간이 지남에 따라 PC나 모바일 등 범용 하드웨어 개발 기술로 이전되었다. [58]

58 오명, 2009, 《30년 후의 코리아를 꿈꿔라》, 웅진지식하우스.

30대 젊은 박사의 열정: 고(故) 홍성원 비서관

5대 국가기간전산망 사업 가운데 행정전산망 구축을 가장 열심히 추진했던 주역 가운데 한 사람이 당시 청와대 과학비서관이었던 고(故) 홍성원 박사였다. 오명 전 과학기술부총리는 홍성원 박사의 열정을 다음과 같이 회고한다.

오 명 행정전산망을 추진하자고 이용태 박사가 의견을 내서 제가 청와대와 의논했습니다. 제가 체신부 차관으로 나오면서 제 밑에 연구관으로 있던 홍성원 박사가 과학비서관이 됐는데, 이분이 컴퓨터 전문가로 한국 행정전산망 성공의 최대 공신 중 한 사람입니다. 제가 청와대에 있을 때 경제과학비서관인 제 밑에 정홍식, 송옥환 두 사람의 행정관이 있고, 그 중간에 홍 박사가 연구관으로 있었습니다. 김재익 수석이 연구관이라는 비공식 직책을 만들어 홍 박사를 불러온 것입니다.

홍 박사는 육사 시절 제 제자인데 컴퓨터 공학 박사인 데다 머리가 좋고 뚝심과 고집도 있어 일을 강하게 추진했습니다. 제가 체신부 차관으로 간 이후에는 홍 박사가 정식비서관이 되어 청와대에서 컴퓨터와 정보통신정책 추진을 잘 챙겼습니다. 특히 국가기간전산망 사업은 홍 박사가 청와대 들어오기 전에 충북 행정전산화 시범사업에도 참여했기 때문에 강하게 주도권을 잡고 추진했습니다.

1981년에 홍성원 박사가 앞장서서 "국내 대기업들이 컴퓨터를 못 만드니까 국가가 먼저 PC 생산기술을 개발할 테니 민간업계가 다 와서 같이 개발하자"고 해서 10개 민간기업이 다 모여서 8비트 국산 컴퓨터를 공동 개발했습니다. 국내 기업에 컴퓨터 기술이 공유되고 난 후 16비트, 32비트 컴퓨터가 속속 나오게 되었습니다.

국산 컴퓨터를 생산하면 정부가 10만 대를 구입하기로 했는데 예산이 없어 체신부 돈으로 5천 대만 우선 사서 전국 우체국에 보급했습니다. 그게 전국으로 보급되니 얼마나 효율적이 되었느냐? 전국 도서지역까지 우체국이 퍼져 있으니 매년 예산서를 취합하려면 2월 초나 가능했는데, 컴퓨터가 보급되고 나서는 1주일 만에 전국에서 예산서가 다 나왔습니다. 컴퓨터가 다 계산해서 결과를 낸 예산서를 프린트해서 가져갔더니 EPB에서 자기네 방식이 아니라면서 다시 써오라고 받지 않았던 기억이 있습니다. 별거 아니지만 우체국이 그때부터 이미 선진화된 것이지요. 그게 정보화에서 체신부가 앞서 나가게 된 이유이기도 합니다.

전국의 전산망 연결도 체신부가 가장 빨랐습니다. 한 달에 한 번 지방채 신청까지 전화로 연결해 컨퍼런스 콜로 회의를 했는데, 장관이 뭘 물을지 모르니까 전국 간부들이 다들 긴장했죠. 아무튼 그때 청와대에서 강하게 밀어붙였기 때문에 가능했던 사업이나 R&D 등이 많습니다.

거인 IBM의 벽을 넘어라!

당시는 IBM 컴퓨터가 전 세계를 휩쓸 때였다. 한국뿐만 아니라 세계 어느 나라든 행정전산망은 IBM이 맡았다. 한국에서도 이미 1967년부터 각 부처 행정의 전산처리 용도로 IBM 컴퓨터가 모두 들어가 있었다. 그런데 IBM은 OS 코드소스를 공개하지 않기 때문에 우리가 행정전산망 주전산기를 자체 개발할 방법이 없었다.

홍성원 박사는 행정전산망 사업을 통해 국내 산업전자 및 통신산업을 육성해야 한다고 결심하여 주전산기와 OS 소프트웨어를 국내에서 개발하자고 주장했다. "IBM 컴퓨터를 쓰지 말고 우리가 직접 개발해서 국산 컴퓨터를 만들고, 국산 OS로 행전전산망을 추진해 보자"는 것이었다.

오 명 그때 우리의 목적은 각 부처의 컴퓨터를 국산으로 통일하는 것이었습니다. IBM은 소스코드를 우리에게 알려 주지 않기 때문에 우리가 손댈 수도 없었죠. 전 세계가 IBM의 노예가 되어가고 있었죠. 그런데 홍성원 박사가 아예 우리 독자적인 컴퓨터 모델로 바꾸자고 강하게 주장하여 온갖 음해를 무릅쓰고 추진한 것입니다.

사실 저는 남들과 덜 부딪히려는 성격이기 때문에 IBM 컴퓨터로 가되 표준화하는 방향으로 진행했을 것 같습니다. 홍 박사는 본인이 컴퓨터 전공자인 데다가 30대에 혈기왕성하고 경험도 있으니까 달랐죠. 우리가 자체적으로 만든 컴퓨터로 행정전산망을 만들자고 했고 한국데이터통신 사장인 이용태 박사와도 친해서 서로 의기투합하여 행정전산망 구축을 국산 컴퓨터로 하자고 추진한 것입니다.

홍성원 박사가 강하게 주장해 미국 벤처기업 30여 곳을 조사해서 가장 좋다고 평가되는 기종을 들여왔다. 그게 바로 톨러런트 컴퓨터였다. IBM 컴퓨터를 쓰지 않으니 OS도 직접 개발해야 했다. 그때 캘리포니아에서 처음 유닉스가 나올 때였기 때문에 유닉스를 채택했다. 유닉스는 배타적인 IBM과 달리 다양한 시스템 간에 서로 호환이 가능하고 멀티태스킹과 다중 사용자를 지원하는 오픈소스였기 때문이다.

오 명 그때만 해도 각 부처가 제각각 IBM 컴퓨터로 전산시스템을 구축하는 식이었습니다. 온 나라가 폐쇄적인 IBM 중심으로 돌아갈 때인데, 우리가 오픈소스였던 유닉스 OS를 과감히 선택하여 모든 부처의 컴퓨터를 연결하고자 했습니다. 유닉스를 선택하면 IBM 컴퓨터뿐만 아니라 다른 모든 컴퓨터에도 연결할 수 있었거든요. 그런데 각 부처에서 독립적으로 운용하던 시스템을 청와대 팀이 중심이 되어 기간전산망으로 묶자 부처 반발이 거셌습니다.

　1986년 서울 아시안 게임 등에서 오픈소스 OS인 유닉스로 컴퓨터를 전부 연결한 데서 아이디어를 얻어 개별 부처의 모든 컴퓨터를 연결하는 행정전산망 개념을 만들었습니다. 데이터를 서로 편하게 주고받을 수 있는 통합 행정전산망을 구축해야 제대로 된 의미의 행정전산망이 만들어진다는 것을 체험한 것입니다.

당시에 각 부처가 IBM 컴퓨터를 도입한 상태였다. 하루아침에 청와대에서 "모든 걸 다 스톱하고 전 부처가 톨러런트 컴퓨터로 바꾸라"고 지시하자 "그 조그만 벤처회사 컴퓨터를 뭘 믿고 들여오느냐?"면서 각 부처가 반발했다. 한국데이터통신이 행정전산망 사업의 주 사업자였다. 컴퓨터와 OS를 자체 개발했는데 막상 운영 단계에 들어가 보니 여기저기서 잔고장과 시스템 장애가 생겼다. 고장이 한 번 날 때마다 각 부처에서 불평과 원망이 쏟아졌다.

오 명 "왜 한국데이터통신이라는 민간회사가 정부 행정전산망 사업에 나서느냐?"는 비난도 많이 듣고 잡음도 많았죠. 저야 두 사람이 열심히 하겠다니까 적극 도와주었습니다. 당시 모 언론사에서 특별취재팀을 구성해 우리에게 무슨 비리가 없나 추적하고 국회에 불려 다녔지만 뚝심 있게 밀어붙였습니다. 무고도 많이 당하고 정치적으로 여러 차례 곤욕을 치렀죠. 그때 제가 40대, 홍성원 박사가 30대, 그리고 이용태 박사가 워낙 혁신적인 사람인 데다가 전두환 대통령 시절 청와대의 힘이 워낙 셀 때라 행정전산망 국산화를 세게 밀어붙일 수 있었지, 그렇지 않았다면 어려웠을 겁니다.

김대중 정부에서 전자정부 추진 책임을 졌던 안문석 위원장도 "국가기간전산망 사업은 초기에 홍성원 박사 등이 정교하게 계획을 잘 세우고, 장기간 뚝심 있게 추진하여 성공했다. 결국 이것이 훗날 한국이 UN이 평가한 전자정부 1등으로 도약하는 데 기반이 되었다"고 평가한다.

안문석 저는 한국 정보통신 발전사에서 기록으로 반드시 남겨야 할 것이 과학비서관이던 고 홍성원 박사의 역할이라고 생각합니다. 홍 박사가 박정희 정부에서 제5공화국으로 이행하는 과정에서도 큰 역할을 했지만, 1984년부터 시작된 '5대 국가기간전산망 구축계획'에도 결정적으로 기여했습니다. 홍 박사가 너무 겸손해서 자신의 역할을 잘 내세우지 않다 보니 기록에 별로 남아 있지 않습니다만, 국가기간전산망을 성안하고 집행한 핵심 주역 가운데 한 사람입니다. 당시 홍 박사와 그 밑에서 일했던 정홍식 과장 두 분이 애를 많이 써서 계획을 잘 세우고 실무적으로도 뚝심 있게 꾸준히 추진하여 오늘날과 같은 5대 국가기간전산망의 밑그림이 그려진 것입니다.

제6공화국의 정보화 정책

1988년 2월 25일, 제6공화국이 출범했다. 노태우 정부가 들어서면서 청와대에서 대대적 인사조직 개편이 뒤따랐다. 행정전산망 사업이 워낙 많은 예산이 투입된 국책사업이었기 때문에 정권교체기에 "영부인이 관여한 5공 비리"라는 정치적 의심을 받기도 했다.

정홍식 과장은 한 해 전인 1987년에 체신부 국장으로 보직이 바뀌었다. 홍성원 비서관은 정권 교체 후 1년 만인 1989년 3월 청와대를 떠나 민간으로 자리를 옮겼다. 그 바람에 체신부 차관으로 있다가 노태우 정부 때 장관이 된 오명이 국회와 언론의 거센 정치 바람을 혼자 다 맞았다.

오 명 국가기간전산망 사업의 실무는 청와대 비서관인 홍성원 박사와 한국데이터통신의 이용태 박사가 대부분 했습니다. 저는 체신부 차관일 때라 대외적으로 총대만 멨는데, 나중에 6공화국 때 저한테 집중포화가 들어왔습니다. 홍성원 비서관은 이미 민간으로 나갔고, 행정전산망은 원래 행정자치부 소관인데 행정자치부 장관은 내용을 잘 모르니까 6공화국 때 장관이던 저에게 국회의 모든 질문이 집중된 것입니다. 5공화국에서 6공화국까지 넘어온 유일한 사람이 저였거든요. 제가 모든 것의 원흉이 되어 집중포화를 맞고 언론에 수없이 공격당하고 국회의원들과도 많이 싸웠어요.

특히 우리가 개발모델로 들여온 톨러런트 컴퓨터가 망하는 바람에 제가 국회에 불려 다니면서 얼마나 고생했는지 말로 다 못 합니다. 망한 회사 제품을 들여다 썼다며 공격하기에 "그게 바로 벤처기업입니다. 그리고 그 회사가 망했어도 우리가 이미 국내 개발을 완수했고 우리한테 더 요구할 일도 없으니 얼마나 좋습니까? 우리한테는 오히려 잘된 겁니다"라고 답변하곤 했습니다. 온갖 음모론도 나돌았지만 결국은 5공 비리가 아닌 것으로 다 밝혀졌습니다.

홍은주 역사에서는 때로 결과가 과정을 다 설명해 주기도 합니다. 우여곡절을 거처 행정전산망 사업을 추진했지만, 결과적으로 2000년대 이후 한국이 세계 1위 전자정부를 구축했습니다. 최초의 선택과 이후의 추진 과정이 옳았다는 사실이 증명된 것 같습니다.

오 명　그렇습니다. 그 과정에서 컴퓨터 개발기술이 완전히 우리 것이 되었고, 우리가 만든 유닉스 OS도 완전히 우리 것이 되었습니다. 삼성, LG가 개인용 컴퓨터도 제대로 못 만들 때 우리가 톨러런트의 기술을 바탕으로 타이콤 1, 2 같은 독자적인 슈퍼미니컴퓨터를 만들어 행정전산망을 완전히 우리 기술로 구축한 것입니다. 1980년대에 우리가 그걸 성공한다는 것은 당시 우리나라 수준에서는 있을 수 없는 일인데 이루어낸 거예요.

　정보화 시대에는 정보를 만들고 전달하는 것이 중요한데, 이를 위해 컴퓨터의 정보처리 능력과 통신의 속도 문제, 두 가지 이슈를 동시에 해결해야 합니다. 1980년대에 우리가 이 두 가지 문제를 동시에 해결했습니다. 1980년대 초중반에 우리가 온갖 오해를 받으면서도 밀어붙이지 않았다면 지금의 정보통신 성공도 없었을 것이라고 생각합니다. 그렇게 강하게 나갔으니까 국산 컴퓨터가 발전하고 행정전산망이 추진되었지, 그러지 않았다면 아마 10년 후에도 어렵지 않았을까요?

1988년 6월 청와대는 전산망조정위원회를 체신부로 이관했다. 이 과정에서 정보화 추진업무가 체신부가 아닌 과학기술처로 옮겨갈 뻔한 일이 벌어지기도 했다. 정보통신은 컴퓨터 및 소프트웨어와 밀접한 관련이 있기 때문에 체신부와 과학기술처는 정보통신업무 주도권을 둘러싸고 계속 경쟁을 벌였다. 제5공화국 때는 청와대가 컨트롤타워가 되어 정보화 행정을 주도했기 때문에 조용했으나, 노태우 정부 시절 청와대가 전산망조정위원회를 부처로 이관한다고 하자 과학기술부가 적극적으로 나섰던 것이다. 노 대통령이 이관 부서로 과학기술처와 체신부, 두 곳 모두에 사인하는 촌극도 벌어졌다. 문희갑 경제수석이 과학기술처를 지지하여 전산망조정위원회가 과학기술처로 갈 뻔하기도 했다.

　첨예한 갈등 상황을 종결지은 것은 재원조달 문제였다. 국가기간전산망 구축사업에 소요되는 천문학적 예산을 어느 부처가 쉽게 조달할 수 있느냐가 관건이었던 것이다. 체신부는 산하에 전국 규모의 사업체와 풍부한 인력, 재원이 있는 한국전기통신공사가 있다는 점이 고려되었다. 통신사업자와 재원 없이 국가기간전산망이 구축되기 어렵기 때문이다. 결국 무게중심이 체신부로 급격히 기울었다.[59] 이때의 부처 갈등에서 승리함으로써 체신부는 정보통신정책의 주도권을 계속 쥐게 되었고 후일 정보통신부가 신설되었을 때도 주무부처가 되었다.

정권교체 후에도 국가기간망 지속 추진

5대 국가기간전산망으로 나뉘어 주체별, 분야별로 추진되던 기간전산망 사업계획은 1988년 12월 제5차 전산망조정위원회에서 '국가기간전산망 기본계획'으로 종합되었다. 여기에는 분야별 전산망 기본계획과 국산 주전산기의 개발과 보급, 다기능 사무기기 보급 및 성능강화 계획, OS 소프트웨어 개발, 통신회선 지원, 표준화 추진, 감리기능 발전, 정보보호 및 안전대책 수립, 국가기간전산망 운영체계 발전 등 8개 분야의 지원계획이 포함되었다.[60]

전산망조정위원회는 1990년 9월 범부처 정보사회종합대책을 확정하고 사무국 내에 정보사회종합대책 작업반을 구성했다. 장기적으로 '경제사회발전 5개년계획'과 연계하여 '정보사회발전 5개년계획'으로 발전시켜 나가기로 했다. '자유롭고 창의적인 정보사회 구현'이라는 목표로 전문가 34명이 분과별로 정보사회 전망, 전산망, 뉴미디어, 표준화, 법제도, 정보문화, 지역정보화, 정보산업, 통신사업 등에 대한 정책 방안을 만들었다. 기술과 산업 측면뿐만 아니라 법과 제도, 문화를 아우르는 최초의 국가정보화 종합 설계도를 만들었다.

중점 추진과제별로 주관부처를 정했다. 기간전산망 확충은 전산망조정위원회, 중소기업 정보화·정보산업 육성은 상공부, 지역정보화 촉진·단말기 보급·뉴미디어 개발 보급·정보통신사업 진흥·정보문화 확산·정보기술 표준화는 체신

---

59 행정안전부, 2017, 《되돌아보는 대한민국 전자정부 이야기 23선》, 휴먼컬처아리랑, 42쪽.
60 한국전산원, 2005, 《한국의 정보화 정책 발전사》.

부, 정보기술 연구개발은 과학기술처, 정보인력 양성은 문교부, 정보사회 법령 정비는 행정조정실 법령정비위원회가 맡았다. 정부 차원의 종합과 조정은 국무회의 등을 통해 각자 하기로 했다.[61]

대통령도 청와대도 행정전산망 추진에 큰 관심을 보이지 않았다. 그럼에도 체신부에서 일관되고 꾸준한 움직임을 주도한 사람은 1987년 청와대에서 체신부로 보직을 옮겨온 정홍식 국장이었다.

안문석 노태우 대통령 때는 전두환 정부 때 추진한 행정전산화에 별 관심이 없어 겉으로 드러난 이야기가 별로 없습니다. 그렇다고 중단된 것은 아니고 청와대에서 그걸 주도하던 팀들이 체신부로 자리를 옮겨 물밑에서 작업이 진행되었습니다.

5대 국가기간전산망 구축 과정에서 초기에 청와대에서 홍성원 박사를 도와 실무적으로 잘 추진하고, 나중에 노태우 정부, 김영삼 정부 때까지 일관되게 연결한 사람이 정홍식 비서관입니다. 이분이 청와대에서 국가기간전산망 사업을 추진하다가 전두환 정부 마지막 해에 체신부로 옮겨가서 국장으로 정보통신 업무를 담당했습니다. 청와대 내에 있던 전산망조정위원회의 간사 기능이 체신부로 이관되자 그 업무를 이어받은 것입니다.

당시 정홍식 국장이 아주 투철한 사명감을 가지고 이 사업을 지속시켰습니다. 이분은 겉으로 잘 안 나서고 언론 인터뷰도 잘 안 하고 자신의 공을 내세우지 않습니다. 그러나 5대 국가기간전산망 사업이 체신부에서 역대 정부를 이어가며 지속된 배경에는 이분의 기여가 대단했다고 봅니다. 이분의 노력이 아니었으면 노태우 대통령 시절에 5대 국가기간전산망 사업이 아예 사라졌을 수도 있어요.

홍은주 그 점에서 정홍식 국장이 한국 정보통신 발전사에서 정말 중요한 기여를 하신 분으로 반드시 기억되어야 할 것 같습니다.

---

61 정홍식, 2007, 《한국 IT 정책 20년》, 전자신문사.

안문석 정홍식 국장의 애국심과 가치관을 엿볼 수 있는 에피소드를 하나 말씀드리겠습니다. 이분이 체신부로 옮겨간 후 제가 체신부의 정보통신 업무 자문위원이라 자주 만났는데 아주 애국심이 강한 분이었습니다. 정 국장이 항상 "위원님들, 우리 애국심을 갖고 일합시다"라고 강조해서 우리가 "그럽시다"라고 화답하곤했던 기억이 납니다.

정보통신 분야는 당시 외부 자문위원이 대부분 30대의 젊은 사람들이었죠. 한번은 정홍식 국장과 우리 외부 자문위원들이 담합해 IBM의 '횡포'를 막아낸 적이있습니다. 당시 IBM은 자타공인 글로벌 컴퓨터 업계의 거인이었어요. 얼마나 콧대가 높았느냐 하면 모든 컴퓨터 거래에서 자기네 멋대로 만든 표준계약서를 가지고 "표준계약서의 자구 하나, 점 하나 바꿀 수 없다"면서 자기네 유리한 조건을 일방적으로 우리에게 강요했습니다. 그 횡포를 어떻게 손보느냐를 고민하다가 당시정 국장과 우리가 미리 의논했어요.

당시 상당히 큰 액수의 IBM 컴퓨터를 들여오는 프로젝트가 하나 예정되어 있었는데, "민간인이 주축인 '컴퓨터 도입 심의위원회'에서 표준계약서 내용에 시비를 걸어 이걸 보류시키자"고 논의한 것입니다. 그때는 IBM 사장이 한국에 오면곧바로 대통령을 만났습니다. 보통 대통령 만나고 나서 대통령이 "이거 IBM이 원하는 대로 해주라"고 지시하면 그걸 누가 반대할 수 있어요? 대충 통과시켜 주게되어 있잖아요? 우리 민간위원들이 "만약 그런 일이 생기면 어떻게 할 거냐?" 그랬더니 정홍식 국장이 그건 자신이 막겠대요. "그럼 좋다. 한번 해보자. 만약 대통령이 야단치면 젊은 외부 위원들이 교수들이라서 정부 말을 듣지 않는다고 핑계를대겠다"고 했지요.

실제로 우리 위원회가 IBM 컴퓨터 도입을 보류시켰습니다. 당연히 난리가 났죠. 한 달인가 두 달 동안 끌다가 결국 IBM이 물러났습니다. 완전히 항복해서 그후로는 우리 정부에 자기네 표준계약서를 강요하지 않았습니다.

170

국가기간전산망 사업에 대한 평가

1980년대에 정부가 추진했던 국가기간전산망 사업은 여러 가지 면에서 큰 의미를 지닌다. 우선 산업적 측면에서 정보화산업 육성이 기기별·분야별 단위사업에서 국가 전체의 통합 네트워크 정책으로 전환되었다. 추진 과정에서 다양한 데이터베이스 인프라가 구축되었으며, 중형 컴퓨터와 PC, 통신시스템, 소프트웨어 등 수많은 기술개발 연구가 이루어졌다. 정부가 초기시장을 만들고 든든한 수요처가 되어 주었기 때문에 관련기기와 부품, 소프트웨어 등의 연구개발과 국내 생산이 활성화되기도 했다.

속도는 비록 느렸지만, 온라인을 통해 정보가 오가면서 PC통신 이용자가 크게 증가했다. 이러한 온라인 수요를 기반으로 1993년 초고속인터넷망 구축사업이 시작되었다. 행정전산망에 소요되는 하드웨어와 소프트웨어 및 통신망의 규격표준화 등의 작업도 이후 정보통신산업 발전에 큰 영향을 미쳤다.

이 과정에서 1990년 전후에 IT 벤처기업들이 탄생할 수 있는 산업생태계가 형성되었다. [62] 국가행정 측면에서는 운영의 효율성을 크게 향상시켰으며, 이후 초고속통신망과 연결되면서 전자정부 사업으로 고도화되었다.

노준형 국가기간전산망 가운데 핵심은 주민등록망, 토지종합정보망, 금융전산망 등 3대 망입니다. 국가를 운용하는 데 있어 가장 중요한 것이 무엇입니까? 바로 사람과 토지, 돈(금융)이죠. 주민등록망, 토지종합정보망, 금융전산망을 구축하여 세 요소의 움직임이 일관되고 투명하게 포착해야 선진국이 된다는 믿음이 국가기간전산망 계획의 바탕이 되었습니다. 당시로서는 굉장히 혁신적이고 깨어 있는 생각이었죠. 한국이 정보화 강국으로 도약한 것은 모두 이런 깨어 있는 선도적 생각과 제도적 기반이 바탕이 되었다고 봅니다.

국가기간전산망 사업은 1983년부터 기획되어 1987년부터 본격적으로 추진되

---

62 조덕희 외, 2015, 《벤처 진단 및 벤처 재도약을 위한 정책과제》, 산업연구원.

었습니다. 초기에 청와대가 주도한 사업이고 아주 강한 이니셔티브로 추진되었습니다. 청와대의 사업을 실무적으로 뒷받침했던 체신부가 나중에 이 사업을 이어받아 주도적으로 꾸준히 진행했고요. 초기에 우리가 기술도 없고 예산도 부족해서 사업을 추진할 때 모든 관계자가 정말 고생했습니다. 하지만 이런 경험들이 오랫동안 축적된 결과 훗날 체신부가 정보통신사업의 주도권을 쥐고 정보통신부로 거듭날 수 있었다고 생각합니다. [63]

김대중 정부에서 전자정부 사업을 책임졌던 안문석 교수도 "초기의 국가기간전산망 사업은 정교하고 세련되게 구상되고 추진되었다"고 평가한다.

안문석 오늘날 한국의 행정망, 금융망, 교육망, 국방망, 공안망 등이 얼마나 정교하고 세련되게 잘 구축되어 있는지 아시죠? 현재 기준으로 다시 평가해도 저는 초기의 '5대 국가기간전산망 구축계획'이 아주 잘 만들어졌다고 생각합니다.

　TDX의 개발, 보급 후 급격히 통신기술혁명이 일어나고 확산되어 컴퓨터가 드디어 연결되고 네트워크화되었습니다. 데이터통신이 제대로 발전할 수 있는 통신기술 기반이 만들어진 것이죠. 그러자 초고속망 이야기가 조금씩 나오기 시작했어요. 효율적 연결의 필요성이 높아졌으니까요. 초고속통신망의 마스터플랜을 세우고 실현하기 시작한 정부가 김영삼 정부, 그걸 이어서 완성한 정부가 김대중 정부입니다.

　결국 초기에 마스터플랜을 세워서 강하게 추진했고, 이후 김영삼·김대중 정부가 연속적으로 잘 집행했던 것이 한국 정보통신 발전을 위해 아주 다행이었습니다.

---

63 이 내용은 《코리안 미러클 5: 모험과 혁신의 벤처생태계 구축》(육성으로 듣는 경제기적 편찬위원회, 2019, 나남)의 노준형 장관 증언에서 재인용했다.

정보화 Episode: 전산시스템 금메달 받은 서울 올림픽

올림픽, 엑스포, 월드컵은 3대 국제행사로 손꼽힌다. 전 세계인이 특정 시기에 열광적으로 주목하기 때문에 이 세 행사를 성공적으로 주최할 수 있느냐 없느냐가 해당 국가의 기술과 문화, 스포츠 등의 수준을 판가름하는 잣대가 된다. 한국은 1988년 서울 올림픽과 1993년 대전 엑스포, 2002년 한일 월드컵을 통해 정보통신 기술의 진화를 선보이는 자리를 마련했다.

데이터 통신이라는 말이 무슨 뜻인지도 잘 모르던 1980년대 초반에 데이터 통신회사인 한국데이터통신을 민간회사로 설립했던 것은 정보통신 올림픽이라고 불리는 1988년 서울 올림픽 때 결정적으로 빛을 발했다. 1988년 9월 17일부터 10월 2일까지 16일 동안 대한민국의 서울에서 올림픽이 개최되었다. 160개국이 참가한 역대 최대 규모의 올림픽이었다.

올림픽은 전 세계의 주목을 받는 국제 스포츠 대회인 동시에 한국의 정보통신 기술을 시험하는 리트머스 시험지였다. 육상, 체조, 수영 등 모든 경기의 기록을 정확히 측정하고, 경기가 끝나자마자 전광판에 득점과 순위가 표시되어야 하며, 이를 기자들이 전 세계에 타전할 수 있어야 한다. 그렇기 때문에 개최국이 정확하고 신속한 통신서비스를 제공하는 것이 핵심이다. 경기운영 시스템과 종합정보망 시스템, 대회지원 시스템 등 엄청난 규모의 통신 및 전산시스템이 필요했다.

체신부는 서울 올림픽의 전초전으로 전국체전 및 1986년 서울 아시안 게임부터 전산시스템을 마련하고 관련 소프트웨어 개발에 매진했다.

오 명 우리가 서울 올림픽을 유치했을 때, 외국 사람들이 "올림픽을 치르는 게 결코 간단한 게 아니다. 스포츠와 문화행사로 끝나는 게 아니다. 한국은 전화도 제대로 없는 나라인데 어떻게 전 세계로 타전되는 정보통신 문제를 해결하려 하느냐?"고 부정적으로 보더라고요. 사실 그때 한국이 올림픽에서 정보통신서비스를 할 수 있는 능력이 있으리라고 생각하는 사람이 국내외에 거의 없었을 것이라고 봅니다.

서울 올림픽 전에 한국에서 전국체전을 강원도 춘천과 강릉에서 분산 개최했는데, 그때는 KIST의 성기수 박사 팀이 전국체전 전산운영을 책임졌습니다. 큰 문제는 없었지만 조금만 문제가 생기면 부실한 통신 인프라 때문에 그렇게 되었다는 비난이 일었죠. 한편 한국통신에서는 "통신에는 문제가 없다. 전산 운영하는 사람들이 잘못해서 그런 걸 왜 우리한테 그러나?"고 하는 상황이었습니다.

서울 올림픽을 준비하기 위해 우리가 1984년에 LA 올림픽을 참관했습니다. 정보통신의 기술적 문제를 미국이 어떻게 해결하는지 견학했는데 어마어마한 컴퓨터가 들어와 있었습니다. 참 대단해 보였는데, 3일간 유심히 관찰했더니 여러 가지 문제점이 많더라고요. 가장 큰 문제는 어떤 결과를 2~4시간 지나야 알 수 있는 거예요. 이건 뭔가 시스템 간에 연동이 안 되고 컴퓨터에 문제가 있다는 이야기 아닙니까?

그걸 보고 돌아와 "우리가 서울 올림픽 때는 이보다 훨씬 좋게 만들자"고 다짐했죠. 그런데 올림픽조직위원회는 우리의 실력을 믿지를 못하고 "LA에서 썼던 시스템을 사서 그대로 쓰자"고 했습니다. LA 올림픽 소프트웨어는 그보다 8년 전에 치른 몬트리올 올림픽의 소프트웨어를 가져다가 조금 보완해서 쓴 것입니다. 1988년이 되면 벌써 12년이나 지난 소프트웨어 가져다 쓰자는 얘기인데 이게 말이 되냐고 했더니 한국 기술로 했다가 만약 문제 생기면 누가 책임을 지느냐면서 한참 옥신각신했어요.

그때 박세직 올림픽 위원장이 여러 대표들을 모아 놓고 회의하는데 "전산이나 정보화 문제에 대해 나는 잘 모르니 오명 차관이 얘기해 보시오" 하더라고요. 제가 "체신부가 책임지고 다 알아서 하겠습니다"라고 했죠. 체신부가 책임지는 조건으로 국내에서 서울 올림픽 시스템을 자체 개발하는 것으로 결정했습니다. 그리고 성기수 박사 팀이 국내 전국체전을 할 때 개발하여 사용했던 경기운영 시스템 '자이온스'(GIONS: Game Information Online Network System)를 계속 발전시키기로 계획했습니다.

서울 올림픽 자이온스 시스템 개발을 위해 국책연구기관은 물론 한국통신과 한국데이터통신, KIST 부설 시스템공학센터, 민간 컴퓨터 기업 등이 총동원되었다. 시스템 개발의 총책임자는 시스템공학연구소의 김봉일 박사였다. 김 박사 팀은 'SIJO'라고 불리는 LA 올림픽 시스템을 분석하여 장점은 그대로 채택하고 문제점은 일일이 분석하여 개선했다. 그 결과, LA 올림픽에서 사용한 시스템보다 일단 개념적으로 훨씬 진일보한 안을 내놓았다.

LA 올림픽 시스템의 가장 큰 문제는 중앙처리식 전산망을 고집하는 IBM의 주장을 그대로 받아들였다는 것이다. 경기장에는 단말기만 설치하고 이를 중앙 대형서버에 연결한 형태였기 때문에 각각의 경기장에서 선수들의 점수와 순위가 나오면 담당자가 그걸 들고 중앙 서버까지 와서 입력하는 방식이었다. 이런 과정을 거치면서 당연히 경기 결과가 올림픽 관계자와 언론 등에 서비스되는 과정에서 상당한 시간지체가 발생했다.

더 큰 문제는 만에 하나 중앙 서버에 문제가 생기면, 모든 경기장 전체에 다 문제가 생길 수밖에 없다는 것이었다. 심한 경우, 순위와 결과를 2~4시간 후에 알게 되는 일이 발생했다.

LA 올림픽 시스템의 문제점을 시정하기 위해 자이온스는 24개의 경기장마다 각각의 독립된 서버를 설치하는 분산식을 채택했다. 심판이 컴퓨터 단말기에 결과나 순위를 직접 입력하면 이것이 경기장 서버를 통해 중앙 서버로 연결되어 전광판과 기자실 등 단말기로 전송되는 방식이었다. 그 결과, 기자들이 경기장에서 벌어지는 내용을 실시간으로 즉시 파악할 수 있었다. IBM은 이때도 중앙처리식 전산망을 고집했는데 IBM과 싸워가며 분산시스템을 구축한 것이다.

1986년 서울 아시안 게임은 1988년 서울 올림픽을 위한 전초전 성격이 강했다. 자이온스 시스템으로 아시안 게임을 성공적으로 치른 후 기자들이 김봉일 박사에게 "서울 올림픽 전산시스템 개발이 어느 정도 끝났습니까?"라고 물었다. 김봉일 박사는 "99.999%가 끝났는데 이제부터는 끝자락에 9를 하나씩 더해가는 노력을 할 것"이라고 답했다(오명, 2009, 《30년 후의 코리아를 꿈꿔라》, 웅진지식하우스).

김봉일 박사는 마지막까지 시스템을 보완하고 점검해 서울 올림픽 대회 기간 동안 고장이나 에러가 단 한 차례도 발생하지 않는 기적을 만들어냈다. 또 만의 하나의 경우에 대비하여 경기장마다 백업용 서버를 하나씩 더 설치하여 듀얼시스템을 갖추었다. 북한의 테러에 대비한 중앙 전산시스템도 백업용으로 준비했다.

서울 올림픽을 빛낸 또 하나의 정보통신 시스템은 한국데이터통신에서 개발한 윈스(WINS: Wide Information Network System)였다. 윈스는 올림픽 참가국 정부와 언론이 해외에서도 서울 올림픽 전산시스템 DB에 접속해 각종 경기 결과와 자료를 받을 수 있도록 하는 데이터통신서비스였다. 아직 인터넷이 일반화되지 않았던 시절인데도 인터넷과 유사한 해외 데이터통신서비스를 한국이 제공한 것이다.

오 명 종합정보망 시스템인 윈스는 데이터통신으로 이용태 박사 팀에서 해온 제안이었습니다. 해외에서 한국의 서울 올림픽 컴퓨터에 접속하면 모든 진행 과정과 결과 데이터를 직접 받아 볼 수 있는 서비스였습니다. 자이온스와 윈스를 결합하여 세계에서 가장 앞선 정보

서울 올림픽 전산통신지원실 (1988).

시스템을 만들어 보자고 해서 양쪽이 각각 시스템을 구축했죠. 마지막 점검에서 막상 시험해 보니 이게 연동이 안 되는 거예요. 한쪽은 80칼럼이고, 한쪽은 120칼럼이라서 그랬던 것입니다. 우여곡절 끝에 양쪽 시스템을 조율해서 연동 시스템을 만들었죠.

다행히 단 한 건의 시스템 고장도 없이 올림픽을 치렀어요. 올림픽 역사상 지금까지도 없는 일이죠. 전산시스템 책임자인 김봉일 박사가 사무실에 매트리스 놓고 밤새가며 연구했어요. 얼마나 지독하게 했는지 나중에 건강이 크게 나빠졌다고 합니다. 저는 김봉일 박사에게 국가 최고의 훈장을 줘야 된다고 생각합니다.

아무튼 서울 올림픽 끝나고 나서 외신들이 "한국은 올림픽 종합 4위였으나, 통신과 전산시스템은 세계 1위를 차지했다"라고 극찬했습니다. 그 후 올림픽이 열릴 때마다 서울 올림픽 이야기가 나오곤 했습니다.

당시 윈스 서비스가 큰 성공을 거둔 데는 중요한 배경이 있었다. 우선 한국데이터통신이 몇 년에 걸친 데이터 접속 서비스를 해오면서 상당한 노하우가 축적되어 있었다. 1985년부터 문화와 스포츠, 날씨와 기상정보 등 5개 분야 생활정보 DB를 구축하고 시범 서비스를 시작했다. 다음 해인 1986년 9월부터는 국내 접속지점을 대폭 늘리고 세계 52개국과 연결하여 전국에서 통신서비스를 주고받을 수 있도록 했다. 경제, 산업, 증권 등 10여 개 분야의 데이터 뉴스 서비스도 시범적으로 대기업이나 기관 등에 제공하기 시작했다. 이 과정에서 축적한 경험이 서울 올림픽을 정보서비스 올림픽으로 만드는 데 결정적 역할을 했다.

CHAPTER 3

정보통신부의 출범:
정보선진화 마스터플랜 수립

'초고속통신망 구축계획' 가동

문민정부 초기의 정보화 정책

1993년 2월 말 김영삼 정부가 출범했다. 당시 선진국의 경기가 침체 국면인 데다가 미국의 통상압력으로 대외 환경이 악화되었다. 국내적으로도 고정투자 감소와 민간소비 진정추세가 지속되는 등 내수가 부진했다.

이러한 배경에서 7월 2일 새 정부의 경제 청사진인 '신경제 5개년계획'[1]이 발표되었다. 문민정부가 이전 군사정부와의 차별화를 위해 청와대 주도로 새로 만든 계획이었다. 그런데 '기술개발 및 정보화 촉진' 내용만은 노태우 정부 때 만들었던 '제7차 경제개발 5개년계획'에 포함되었던 것을 그대로 반영했다.

'신경제 5개년계획'을 발표하던 날 "내년 예산편성에 정보화 촉진과 정보산업 육성 관련 비용을 적극 반영하라"는 대통령 지시도 있었다. 차기 연도 예산편성의 큰 그림이 이미 다 정해져 있을 때였는데 초고속정보통신망 구축 등의 신사업에 예산을 추가하라는 지시가 떨어진 것이다.[2]

초고속정보통신망은 "음성을 비롯하여 데이터, 영상 등 다양한 형태의 정보를 손쉽게 주고받을 수 있는 유무선 고속, 광대역 통신망"을 말한다. 초고속정보통신망 설치는 광대역 광통신 인프라가 널리 보급되었기에 가능한 작업이었다.

취임 초 김영삼 대통령의 최우선 국정과제는 정치개혁이었다. 집권하자마자 주요 공직자 재산공개제도 도입을 비롯해 「공직자윤리법」 제정, 하나회 숙청과 군 개혁, 「금융실명제법」 추진 등 굵직굵직한 정치개혁이 이어졌다. 정보화나 정보통신산업 육성이 문민정부의 최우선 관심사라고 보기 어려운 상황에서 '새로운 사

---

1 '신경제 5개년계획'은 ① 산업구조 조정 촉진, ② 기술개발 및 정보화 촉진, ③ 사회간접자본 확충과 물류개선, ④ 국토의 효율적 이용, ⑤ 인력개발 및 노사관계 안정, ⑥ 공정 경쟁질서 정착, ⑦ 중소기업 경쟁력 강화, ⑧ 농어촌 사회 개발 등의 과제를 설정했다. 이는 '경제개발 5개년계획'이 경제의 지속발전을 위한 10대 정책과제 가운데 두 번째 우선순위로 '기술혁신과 정보화 추진'을 담은 내용과 유사하다.
2 석호익과 정보통신부 블로그 (https://blog.naver.com/hoicksuk).

회간접자본'(New SOC)으로 불리는 초고속정보통신망 구축사업이 대통령의 지시 사항으로 나오게 된 배경은 무엇일까?[3]

바로 이 사업이 1992년 미국 대선의 핵심 이슈로 떠올라 한국에도 전파되었기 때문이다. 1982년 인터넷프로토콜(TCP/IP)이 표준화된 이래 1980년대 후반 무렵부터 전 세계가 인터넷을 통해 본격적으로 연결되었다.

결정적 전기가 된 시점은 1991년이었다. 유럽입자물리연구소(CERN)의 팀 버너스리(Tim Berners-Lee)는 1989년 개발한 '월드와이드웹'(WWW)을 텍사스 샌안토니오에서 열린 '하이퍼텍스트 91' 학회에서 선보였다. 당시 월드와이드웹 은 가격이 비싸고 성능이 떨어져 "하이퍼텍스트 유사 인터페이스"라는 전문가들 의 혹평을 받았다. 버너스리의 월드와이드웹의 발표 시간에 공학자와 개발자들 은 정원 분수대에서 마르가리타를 마시느라 정신이 없었다.[4] 하이퍼텍스트 전문 가들은 월드와이드웹의 쉬운 작동 법으로 인해 일부 전문가들의 전유물이던 인터 넷과 정보 권력이 배경지식이 없는 일반인들에게 곧 넘어가게 되리란 사실을 전 혀 몰랐다.

월드와이드웹의 등장과 인터넷의 기술적 진보에 따라 1992년 미국 대선에는 '국 가정보 인프라 NII 프로젝트'가 핵심 이슈로 등장했다. NII(National Information Infrastructure)는 광섬유 기간망을 기반으로 초고속 컴퓨터 통신과 네트워크를 구 축하고, 이를 통해 혁신적 디지털 정보화를 추구하는 사업으로, 1991년 앨 고어 상 원의원의 발의로 통과된 법안을 토대로 하고 있었다.[5]

1992년 미국 대선에서 '미국의 정보화와 초고속망 구축'을 전면에 내세웠던 빌 클린턴 대통령은 당선 후 "미국의 미래 운명은 정보통신기반의 구축에 달려 있다" 고 천명했다. 그리고 이 정책을 전 세계로 확대한 세계정보통신기반(GII: Global Information Infrastructure) 정책을 전개했다.[6]

---

3 한국의 '초고속정보통신망 구축계획'의 초기 디자인은 전길남 박사가 작성하여 1994년 3월에 제출한 보고서 〈초고속정보통신망 구축방안에 관한 연구〉에 잘 정리되어 있다.

4 클레어 L. 에반스, 2020, 《세상을 연결한 여성들》, 조은영 역, 해나무.

5 High Performance Computing Act of 1991.

6 전길남, 1994, 〈초고속정보통신망 구축방안에 관한 연구〉, 정보통신연구진흥원.

유럽연합(EU)도 범유럽정보통신망(TEN: Trans European Network) 구축을 추진하고 있었다. 일본은 '신사회자본'이라는 이름으로 초고속정보통신기반 구축계획을 진행했다.

1992년 미국 대선에서 초고속정보통신망 이슈를 제기한 것을 눈여겨보고 이 개념을 체신부의 차세대 행정전산망 사업 구상에 결합하자고 건의한 사람은 경상현당시 전산원장이었다.[7] 또한 초고속정보통신망 구축을 정책의 우선순위에 적극적으로 반영한 사람은 문민정부 첫 체신부 장관인 윤동윤이었다.

윤동윤 제가 문민정부 출범 후 첫 체신부 장관이 되면서 가장 중요하게 추진했던 일이 국가정보화 추진이었습니다. 매주 수요일 오전 10시부터 장관실에서 여러 전문가들과 초고속정보통신망 구축의 미래 과제에 대해 논의했습니다. 그때 이것이 엄청난 재원과 혁신적 정책이 필요한 사업이라 체신부 혼자서는 계속하기 어렵다고 판단하고, 대통령 관심 프로젝트로 만들어 범정부적으로 추진해야겠다고 마음먹었습니다. 수차례 경제수석실과 김영삼 대통령께 국가정보화 추진과 초고속정보통신망 구축의 필요성을 강조하여 보고했습니다.

그 결과, 1993년 7월 2일 김 대통령께서 '신경제 5개년계획'을 발표하면서 "국제화 시대에 선두주자가 될 수 있도록 정보화 시대에 대처할 수 있는 능력을 키워야 한다"고 강조하고 국가정보화 추진을 지시했습니다. 대통령 지시가 떨어진 직후 1993년 7월 15일 초고속정보통신망구축 실무추진단을 구성했고, 그해 말 '초고속정보통신망 구축계획'을 만들었습니다.

초고속정보통신망 구축기획단 출범

윤동윤 체신부 장관은 1994년 1월 청와대 업무보고에서 "통신사업구조 개편과 국가경쟁력 강화를 위해 법과 제도를 정비하며, 2015년까지 3단계로 나눠 전국에

---

7 "정보화 리더십 탐구: 경상현 초대 정보통신부 장관", 〈조선비즈〉, 2016. 7. 11.

초고속정보통신망 구축기획단 현판식 (1994. 8. 17).

초고속정보통신망을 건설하고, 관련정책 추진을 위해 국무총리를 위원장으로 하는 범정부적 추진위원회를 상반기 내에 구성하겠다. 이에 필요한 재원을 확보하기 위해서 정보통신진흥기금을 지난해보다 두 배 이상 늘리겠다"고 보고했다. [8]

이 계획은 1994년 3월 김영삼 대통령의 재가를 받은 후 범국가 프로젝트로 확정되었다.[9] 4월 정부종합청사에서 이회창 국무총리 주재로 관계장관 회의가 열렸고, 한 달 뒤인 5월 총무처에서 추진위원회와 실무조정위원회 및 기획단 설치를 위한 근거 규정을 대통령령으로 마련하였다. 초고속정보통신 시스템 구축 추진체계를 살펴보면, 14개 부처의 장관이 위원으로 참여하는 초고속정보화추진위원회가 최고 의사결정기구이고, 각 부처의 1급으로 구성된 실무조정위원회를 두었다. [10]

1994년 8월 '초고속정보통신망 구축계획'을 구체적으로 추진할 '초고속정보통신망 구축기획단'(이하 초고속망기획단)이 체신부에서 정식 출범했다. [11] 초고속망

---

8 "초고속정보통신망 일궈 유례없는 행정혁신 DNA 심다", 〈디지털타임스〉, 2017. 10. 24.
9 실제로 예산사업으로 확정된 것은 1994년 12월 정보통신부 출범 직후인 1995년 3월이었다.
10 한이헌 경제기획원 차관이 실무위원장을 맡았다.
11 행정안전부, 2017, 《되돌아보는 대한민국 전자정부 이야기 23선》, 휴먼컬처아리랑.

기획단의 초대 단장은 박성득 체신부 정보통신정책실장이었다. 정보통신부 출범 후에는 정홍식 정보통신정책실장이 단장을 맡았다. 체신부가 정보통신부로 확대 개편되고 정보화기획실이 정보통신부의 정식 내부 조직으로 생긴 후에도[12] 천조운 국장이 계속 부단장직을 수행하여 업무의 연속성을 유지했다.

기획단 내에는 기획총괄반, 국가망계획반, 공중망계획반, 기술개발반, 망운영반, 기술지원반 등 6개 전담반이 구성되었다. 기획단 조직 운영에 필요한 인원 49명 가운데 25명은 EPB와 상공부, 과학기술처, 총무처, 공보처 등 7개 부처에서 파견한 인원으로 충원했다. 나머지는 한국통신과 데이콤, 한국이동통신, 한국전산원, 한국전자통신연구소, 통신정책연구소 등에서 전문인력을 선발했다.[13]

기획단에서 가장 주목받은 기구는 기획총괄반이었다. 원래 정보화추진위원회 규정은 초고속망구축기획단을 체신부 내부에 두어 초고속 정보통신망의 기술적 구축에 관한 사항을 다루고 이를 넘어서는 기반구축과 관련된 사항은 추진위원회에서 논의한다고 했다. 그런데 "아무런 사전 조율 없이 회의 때마다 한 번씩 만나 정책조정을 한다는 것은 실질적으로 어려우며 종합적 계획의 사전수립도 불가능"하기 때문에 총괄기능을 수행하는 기획총괄반이 초고속망구축기획단에 구성되었던 것이다.[14]

기획총괄반은 전체 업무를 총괄하고, 부처 간 이견을 조정하며, 사업을 종합적으로 심사하고 평가하기로 했다. 또 관련법령 및 정보화에 따른 각종 제도의 구축, 수요조사, 공공 부문 신규 서비스 개발지원 등 기술적 범위를 넘어서는 전체 기획 기능을 담당했다.

---

12 1996년 6월에 정보통신부에서 정보화기획실을 설치함에 따라 정보화 업무는 정보화기획실로 이관되었다.
13 행정안전부, 2017, 《되돌아보는 대한민국 전자정부 이야기 23선》, 휴먼컬처아리랑.
14 〈전자신문〉, 1994. 6. 29.

초고속정보통신망 구축기획단의 조직과 기능

기획총괄반

총괄조정기능 및 종합심사 분석·평가, 법령 및 제도의 구축, 수요조사 및 공공 부문 신규 서비스 개발지원, 민간 부문의 관련 서비스 개발 촉진 및 지원 등의 업무를 수행한다.

국가망계획반

국가통신망을 단계별로 구축하기 위한 세부추진 계획 수립, 연도별 예산편성 및 확보 등 재원조달 방안 마련 등의 업무를 수행한다.

공중망계획반

일반 공중망 구축 추진계획 및 심의와 국가망 연계추진 기획, 민간기업 투자를 유도하는 세제와 금융 인센티브제도 수립, 사업자별 망구축 진도 관리 등의 업무를 수행한다.

기술개발반

기술개발 기본계획 수립, 국내외 기술개발 동향 조사·분석, 기술개발기관 간 협력·지원, 연구개발 업무 지원 등의 업무를 수행한다.

망운영반

선도시험망 구축 운영, 시험망을 이용한 기술개발 과제 선정 및 지원, 정보화 시범지역 구축사업 추진, 시범사업 구축 개발 등 관련업무, 전산망 간 연동운영 기술개발, 망 보안성·안전성·신뢰성 대책 수립 등의 업무를 수행한다.

기술지원반

초고속망 관련제품의 표준화 추진, 시험·인증 등을 위한 기술기준·규격·표준 제정, 핵심 기술의 국제협력 방안 지원, 개발기술 관리 및 이용촉진 등의 업무를 수행한다.

'초고속정보통신기반구축 종합계획' 확정

기획단은 휴일도 반납하고 초고속망 구축사업안 마련에 전력을 다해 1995년 3월 '초고속정보통신기반구축 종합계획'을 확정했다.

최종적으로 모습을 드러낸 초속정보통신망 구축사업은 정부예산과 민간자금 총 44조 8천억 원을 투입하는 건국 이래 최대 규모의 국가 프로젝트였다. 총 사업 규모가 1994년 국가 전체 예산보다 컸고, 1994년에서 2015년까지 10여 년에 걸친 중장기 계획이었다.

'초고속정보통신망 구축계획'은 크게 두 축으로 구성되었다. 국가재원으로 투자하는 공공 기간망인 초고속국가정보통신망과, 통신사업자 등 시장의 민간 재원으로 추진하여 일반 국민이 서비스를 이용할 수 있는 초고속공중정보통신망 등이다.

첫째, 초고속국가정보통신망(국가망)의 경우 1995년부터 2010년까지 3단계로 추진하되, 전국 주요 도시를 광케이블로 연결하고 중앙정부, 지방자치단체, 공공기관, 산업공단, 학교, 종합병원 등 주요기관에 초고속, 대용량의 통신서비스를 제공하는 것이 목표였다. [15]

이 과정에서 공공 지식생산 및 정보그룹을 연결하여 지식과 정보의 교환, 재구성 등이 신속하게 이루어지도록 하고, 정보통신산업 육성을 위한 초기시장을 만들어 관련 기술과 서비스를 육성하기로 했다. 1980년대부터 추진된 5대 국가기간전산망 전략이 초고속통신망 계획에 녹아 있었던 셈이다.

초고속국가정보망 구축 과정에서 산학연 공동으로 응용서비스와 핵심기술을 개발할 수 있도록 했다. 또한 선도시험망 및 시범사업을 통해 성과를 곧바로 시험, 확인할 수 있도록 했다.

필요 재원은 정부의 일반예산 외에 한국통신 주식매각 대금과 통신사업자 재원 및 민간투자 등으로 충당하기로 했다. 한국전산원이 초고속국가망 전담기관으로 사업의 총책임을 맡아 경쟁입찰을 실시한 결과 KT와 데이콤이 각각 국가기간전

---

15 1차로 2000년까지 연구기관의 100%, 교육기관의 70%, 정부기관의 60%, 의료기관의 50%, 산업체의 90%를 광케이블로 연결하는 것이 목표였다.

산망과 선도시험망 구축사업자로 선정되었다.

둘째, 초고속공중정보통신망 구축은 기업, 가정 등 민간 부문을 대상으로 2015년까지 모든 기업 사무실과 가정을 광케이블로 연결한다(FTTH: *Fiber to the Home*)는 구상이었다. 1단계는 1997년까지 전체 가입자 대비 1%의 광케이블화율(약 22만 가입자)을 목표로 삼았고,[16] 2단계는 2002년까지 광케이블화율을 10%까지 늘리기로 했다. 최종 단계인 2015년까지는 중소기업, 아파트, 도서관, 전시장, 소형건물, 빌딩, 경기장, 단과대학 등 도심 인구밀집 지역 전체를 광케이블로 연결하는 것을 목표로 삼았다.

공중망 사업에는 "규제 완화와 경쟁 확대를 통해 민간기업의 사업참여를 제고한다"는 개념을 도입했다. 후일담이지만 이 개념의 도입이야말로 한국을 초고속망 선진국가로 앞당기게 된 '신의 한수'였다. 기업 간의 치열한 경쟁 과정에서 혁신적 아이디어가 속속 등장하여 초고속공중망 구축사업 기간이 당초 예정보다 훨씬 단축되었으며 한국이 정보통신 강국으로 성장하는 동력이 되었다. '초고속정보통신망 구축계획'은 이 밖에도 수많은 관련법과 제도의 정비, 정보통신 전문인력 양성 등의 내용을 포함했다.

초중고 교육과정 및 각종 사회교육 프로그램에 정보통신 교육을 도입하여 국민의 정보화 인식과 개념을 확장하였고, 사회계층 간 정보격차 해소문제도 다루었다. 한마디로 정보화 시대를 앞당기기 위한 국가 차원의 대담한 '정보화 마스터플랜'이었던 것이다.

'초고속통신망 구축계획'과 세계화의 연계

'초고속통신망 구축계획'은 대형 국가 프로젝트로서 체신부 혼자서는 추진할 수 없는 일이었다. 전 부처의 협조를 구하려면 대통령의 관심이 필요했다. 당시 대통령의 최대 관심사는 '세계화'였으므로 체신부는 이 계획을 국제협력 활동과 연계했다. 미국과 유럽, 일본 등 정보화 선진국들과 정보 및 기술교류를 시도했고, 시

---

16 "정보인프라 점검: 초고속통신망", 〈전자신문〉, 1996. 9. 23.

범사업 등에서도 국제 협력을 모색했다.

'초고속통신망 구축계획'을 기초로 김영삼 대통령은 1994년 11월 아시아태평양 경제협력체(APEC) 정상회담에서 아태지역 정보통신기반구조(APII: Asia Pacific Information Infrastructure) 어젠다를 제안했다.

김영삼 정부의 초대 정보통신부 장관인 경상현은 당시 상황을 이렇게 회고했다.

김영삼 대통령께서 1994년 11월 인도네시아 보고르에서 열린 APEC 정상회의에 참석했는데, 그때 "아태지역 전체 정보통신 분야가 잘되면 결국 우리도 덕을 많이 볼 것"이라는 취지의 의견을 드렸습니다. 김 전 대통령이 마침 정상회의에서 이와 비슷한 발언을 한 뒤 세계화를 하는 데 가장 중요한 역할을 하는 매개체가 정보통신이라고 강조했습니다. 그러면서 김 대통령이 APEC 정보통신 장관회의를 제의했고, 다음 해인 1995년 5월 서울에서 회의를 주최했습니다.[17]

초고속통신망 구축정책에 대한 평가

1990년대 초반에 체신부가 추진한 초고속통신망 구축사업은 한국 정보통신 역사에서 여러 가지 의미를 지닌다.

첫째, 한국의 초고속통신망 구축사업은 선진국들과 시대적으로 거의 비슷한 시기에 시작되었다. 선진국들이 한국보다 수십 년 앞서 정보화를 추진한 데 비해 한국은 1980년대 중반까지 정보화의 변방에 있었다. 미국과 일본이 컴퓨터와 반도체 시장을 둘러싸고 치열한 글로벌 경쟁을 벌이던 때에 한국은 컴퓨터와 반도체가 만드는 세상이 어떻게 전개될지 아직 어두운 상태였다. 이러한 점을 감안할 때 1990년대 초반에 '초고속통신망 구축계획'을 세운 것은 놀라울 정도로 빨리 초고속통신 시대에 진입한 것이라고 볼 수 있다.

둘째, 한국이 수립한 '초고속정보통신망 구축계획'은 미국이나 일본의 '정보화 고속도로 구축계획'보다 더 전략적이고 장기적이며 구체적이라는 평가를 받는다.

---

17 "정보화 리더십 탐구: 경상현 초대 정통부 장관", 〈조선비즈〉, 2016. 7. 11.

우선 기간망 구축과정에서 산학연 공동연구를 통해 관련기술을 개발하고, 본격적 적용에 앞서 선도시장과 시범영역을 마련하여 선제적 시험을 하면서 정교한 추진 계획을 세워 시행했다.

기술 측면에서는 멀티미디어 정보검색과 구축·가공·저장·전송을 할 수 있는 유통기반기술과 소프트웨어, 단말기와 서버를 초고속으로 연결하는 접속기술, 휴대단말기술, 가상현실구현기술 등 다양한 정보통신 관련기술과 서비스, 소프트웨어 등을 연구 개발하고 산업에 적용했다. 또한 정책을 1, 2, 3단계로 나누어 기간별 목표를 정량적으로 제시하고, 기간별로 중간 점검하며, 그때마다 기술적 환경 변화에 따라 전략을 수정하고 보완했다.

정교한 마스터플랜의 수립과 장기 집행이 가능했던 이유는 한국의 경제부처와 관료들이 "미래 비전에 따라 중장기 계획을 세우며 로드맵대로 정책을 집행하는 방식"에 익숙했기 때문으로 분석된다. 한국은 1960년대 초부터 '경제개발 5개년 계획'을 수립하여 장기간 추진하는 과정에서 빠른 속도로 고도성장을 이룩했다. 세부적으로, '기술진흥 5개년계획', '과학기술발전 5개년계획', '통신사업 5개년 계획', '전자공업진흥 5개년계획' 등 다양한 계획이 정량적 목표로 수립되고 집행되고 보완되었다. 이러한 정책 과정에 익숙했기 때문에 초고속망 추진에서도 미래 변화에 대응하는 목표를 세우고, 해당 분야의 우선순위에 과감하게 예산을 투입하여 가시적 성과를 만들어내는 방식을 채택한 것이다.

셋째, 한국 정부는 '초고속정보통신망 구축계획' 수립을 통해 기술적·산업적·경제적 의미를 넘어 국가개조 차원의 시도를 했다. 정치·경제·사회·교육 등 국가 전체의 정보화를 촉진하기 위한 '그랜드 디자인'을 만들고 추진했던 것이다. 이를 위해 기술 표준화, 법과 제도 정비, 국민정보화 교육을 크게 강화했다. 또한 국가, 지방자치단체, 공공기관, 연구소, 대학 등이 생산한 지식과 정보를 초고속통신망으로 연결하여 국가 운영을 효율화하고 사회 전반에 걸쳐 정보 고도화를 이루며 궁극적으로 국민의 삶의 질을 향상시키기 위해 노력했다.

실제로 1차와 2차 국가기간전산망 구축사업이 신속하게 추진되면서 정보화 시대를 앞당기게 되었다. 행정정보 공동활용이 가능한 G2G 서비스가 갖추어졌고,

산업공단, 연구소, 대학, 기업 등 지식인 집단이 낮은 요금으로 빠른 속도의 인터넷을 활용하면서 지식과 정보의 교환, 재구성 등이 활성화되었다. 대외적으로는 통신위성, 해저광케이블 등 국제 간 전송로를 통해 세계의 정보망과 결합을 시도했다. 국내로 제한되었던 정보의 범위가 세계로 확장되고 인식의 지평이 글로벌 차원으로 넓어졌다.

정보통신부의 시대가 열리다

비밀리에 진행된 정부조직 개편[18]

1994년 12월 3일 김영삼 대통령이 청와대에서 긴급고위당정회의를 소집했다. 취임 초 김 대통령이 주요공직자 재산공개제도, 하나회 숙청와 군 개혁, 「공직자윤리법」 제정, 금융실명제 등을 전격적이고 비밀리에 추진했기 때문에 청와대의 갑작스러운 소집에 다들 "이번엔 또 무슨 일일까?"라며 긴장한 얼굴로 모여들었다.

갑작스러운 회의소집 목적은 정부조직 개편으로 밝혀졌다. 김 대통령은 "작지만 강력한 정부를 구현하고, 규제 위주에서 서비스 위주로, 국민의 복지와 창의력을 최대한 발휘할 수 있게 조직을 개편한다"는 취지의 모두 발언을 했다. 이어 황영하 총무처 장관이 정부조직 개편의 구체적 내용을 밝혔다. "EPB와 재무부를 통합해 재정경제원을 만들고, 건설부와 교통부를 통합해 건설교통부를 신설합니다. 상공자원부를 통상산업부로 개편하고, 체신부를 정보통신부로 확대 개편해서 상공부와 과학기술처를 비롯한 다른 부처 업무 일부를 이관합니다. 또 환경처를 환경부로 승격하고 보건사회부를 보건복지부로 개편합니다"라고 설명했다.

개편 내용을 들은 각 부처 장관들의 표정에 희비가 엇갈렸다. 확대 개편된 부처도 있었지만, EPB와 재무부, 건설부와 교통부처럼 두 부처가 합쳐지는 경우는

---

18 이하의 내용은 행정안전부, 2017, 《되돌아보는 대한민국 전자정부 이야기 23선》, 휴먼컬처아리랑 참조.

문제가 심각했다. 국과장 등의 보직이 절반으로 줄어들 것이고 업무가 중복되는 경우 수많은 공무원의 일자리가 사라질 것이기 때문이다.

김영삼 대통령은 '정치 9단'이라는 별명답게 이해관계가 엇갈리는 사안은 비밀리에 일을 추진하고 전격적으로 기정사실화하는 방식을 선호했다. 그러나 이때의 비밀 조직개편은 김 대통령의 뜻이라기보다 박관용 대통령 비서실장이 막후에서 큰 역할을 했던 것으로 알려졌다.

정부조직 개편이 처음부터 비밀이었던 것은 아니다. 김영삼 대통령 취임 직후인 1993년 4월 대통령자문기구인 행정쇄신위원회가 구성되었다. 행정쇄신위원회는 1차와 2차에 걸쳐 정부조직 개편안을 만들었고 대통령이 이를 받아들여 일부 개편을 단행했다. 조직개편 과정에서 공직사회 전체가 크게 동요했다. 특히 1961년 출범하여 대한민국 경제 발전을 주도했던 EPB를 폐지하는 것에 큰 논란이 일었다.

당시 EPB 예산실장을 지냈던 이석채 전 정보통신부 장관의 증언이다.

이석채 1993년 김영삼 대통령 정부가 들어서면서 정부조직 개편에 착수했는데, 가장 중요한 이슈가 EPB를 없애는 문제였습니다. 제가 예산실장이었을 때인데 행정쇄신위원회에서 이 문제에 대해 이야기해 달라고 저를 불렀어요.

행정쇄신위원회에 가서 인사를 하자마자 제가 작심하고 말했습니다. "제가 볼 때 행정개혁에서 가장 중요한 문제들은 따로 있습니다. 지금 그런 것은 다루지 않고, EPB를 없애는 것이 무슨 중요한 행정개혁인 것처럼 이야기하는 것은 완전히 번지수를 잘못 잡은 것입니다." 이 사람들이 "EPB 조직에 대해 예산실장은 어떻게 생각합니까?"라고 질문을 던져서 "제 생각에는 대한민국 경제가 만든 가장 훌륭한 발명품이라고 생각합니다"라고 답변했더니 더 할 말이 없는지 "그냥 가시라"고 하더라고요.

결국 1994년 말 정부조직 개편이 이루어지면서 EPB와 재무부를 합쳐 재정경제원을 만들었습니다. 나중에 제가 경제수석으로 있으면서, 한보사태나 대기업 연쇄부도, 금융경색 등 위기상황이 닥쳤을 때 'EPB를 없앤 것이 천고의 실수다'라고 생각했습니다.

정부조직 개편 움직임에 대해 공직사회가 크게 동요하고 언론이 비판의 목소리를 높이자 취임 초기에 비밀리에 대대적인 정치개혁을 추진하던 김영삼 대통령은 이 개혁안들에 미칠 영향을 우려하여 더 이상의 정부조직 개편 논의를 중지시켰다. 정부조직 개편 논의는 수면 아래로 내려가 청와대 내에서 극비로 추진되었다.[19]

그해 11월 김영삼 대통령이 아태지역을 순방하면서 국정 목표를 세계화에 두겠다는 이른바 '세계화 장기구상'을 전격 발표했다. 박관용 실장은 김 대통령에게 "세계화 구상에 적합한 정부조직을 새롭게 만들어야 하지 않겠습니까?"라고 말을 꺼낸 후 자신이 극비에 만든 정부조직 개편 골격을 간략하게 보고했다. 김 대통령은 이 안을 검토한 후 박 실장을 불러 비밀리에 정부조직 개편안을 확정할 것을 지시했고, 12월 3일 개편안이 깜짝 발표되었다.

정보통신부의 탄생과 출범

1994년 말 전격 발표된 정부조직 개편에서 가장 눈에 띄는 내용 가운데 하나가 체신부를 확대 개편한 정보통신부의 신설이었다. "국가·사회의 정보화와 정보통신 산업 현황에 대한 정확한 분석을 토대로 정보통신 분야를 선진국 수준으로 발전시키기 위한 종합적이고 체계적인 계획을 수립하고, 국내외 환경 변화에 능동적으로 대처할 수 있도록 한다"는 것이 정보통신부 신설의 이유였다.

당시 행정쇄신위원회에는 1970년대 초반에 행정전산화를 주도했던 안문석 교수가 위원으로 참여하고 있었다.

안문석 최초의 문민정부가 들어서면서 군사정부 시절의 권위주의적 행정을 문민정부의 민주적 스타일로 바꾸는 일이 아주 중요하게 부각되었습니다. 그래서 행정쇄신위원회가 발족하여 행정개혁을 추진하는 업무를 했죠. 제가 그 실무위원을

---

19 이의근 행정수석, 한이헌 경제수석, 김종민 청와대 행정비서관, 김정국 경제비서관, 김동연 비서관 등으로 구성된 TF에서 정부조직 개편이 비밀리에 추진되었다 (행정안전부, 2017, 《되돌아보는 대한민국 전자정부 이야기 23선》, 휴먼컬처아리랑, 56~57쪽).

정보통신부 현판식 (1994. 12. 24).

하다가 나중에 본위원회 위원이 되었습니다. 그때 제가 사명감을 가지고 "행정쇄
신을 시스템적으로 추진하려면 그 전제로 행정전산화가 반드시 필요하다"고 많이
제언했습니다. 실제로 김영삼 대통령 재임 시에 정보화 정책이 아주 활기를 띠었
습니다. 그전까지 전산화라는 용어를 썼는데, 김 대통령 시절에는 단순히 기술적
혁신을 뜻하는 전산화 대신에 더 고도화된 개념, 사회·정치·경제적 변화로 외
연이 크게 확장된 개념인 정보화라는 용어를 사용하게 되었습니다.

정보통신부 출범은 어느 날 갑자기 이루어진 것이 아니다. 국가와 사회가 정보화
되고 정보통신산업이 발전하려면 초고속통신망 인프라를 매개로 하여 정보통신
교환기와 서버, 다양한 부품, 소프트웨어, 콘텐츠가 하나의 가치사슬에 묶여 종
합적으로 움직여야 한다.

　　그런데 정보화 추진을 위한 여러 정책이 상공자원부, 체신부, 과학기술처 등에
분산되어 있었다. 방통융합 트렌드에도 불구하고 방송 콘텐츠에 대한 정책기능은

공보처가 쥐고 있었다. 이에 따라 칸막이식 정보통신산업 육성정책 비효율을 줄이고 통합육성을 할 수 있는 부처 신설의 필요성이 1980년대부터 계속 제기되었다.

당시 김영삼 대통령을 가까이서 보좌했던 이각범 전 수석도 "정보통신부의 신설은 특정 인사의 아이디어가 아니라 시대가 만든 이름"이라고 증언한다.

이각범 체신부 시절의 아날로그 통신에 비해 용량과 속도 면에서 차원이 다른 광통신과 디지털 통신이 생겼습니다. 기간망으로서 초고속정보통신망과 디지털무선통신 시스템인 CDMA가 김영삼 정부 첫해인 1993년에 한국 이동통신 네트워크로 공식적으로 채택되었습니다.

이러한 시대적 흐름 속에서 아날로그 통신과 디지털 통신을 구분짓고, 통신망의 건설 자체가 엄청난 네트워크 효과(network effect)를 만드는 선순환구조를 창출한다는 사실을 분명히 국내외에 천명할 필요가 있었습니다. 이에 따라 각 부처에 흩어진 정보통신 정책기능을 하나로 모으고, 앞으로 새로운 시대에 맞게 데이터(정보)와 네트워크(통신)가 결합한다는 의미에서 체신부가 아니라 정보통신부라고 명명하게 된 것입니다.

정보통신부 신설은 특정한 개인이 대통령에게 따로 건의해 이루어졌다기보다 정부조직 개편 과정에서 여러 곳에서 아이디어가 나와 추진한 것으로 알고 있습니다. 체신부를 정보통신부로 해야 한다는 것은 KISDI에서도 주장했고, 저도 그때 세계화추진위원회에서 정보화 소위원장을 맡고 있었는데 이 문제를 언급했죠. 체신부 내부에도 그 이야기를 했다는 사람이 여러 명 있습니다. 이런저런 시대적 요구가 모여 자연스럽게 정보통신부 개편안이 대통령에게 올라갔던 것으로 알고 있습니다. 정보통신부 신설과 작명은 자연스러운 과정의 결과로 보아야 할 것입니다.

당시 정부조직 개편 실무팀이자 비서실장 보좌관이던 김광림 국장(후일 국회의원)은 "김영삼 대통령의 대선후보 공약에도 '정보통신부 확대 개편'이 들어 있었으며 행정쇄신위원회나 청와대가 정보통신부 출범에 대한 의견이 일치했다"고 한다.[20]

20 행정안전부, 2017, 《되돌아보는 대한민국 전자정부 이야기 23선》, 휴먼컬처아리랑, 56~57쪽.

이에 대해 체신부의 마지막 수장이었던 윤동윤 장관의 증언을 들어 본다.

윤동윤 1994년 말 정보통신부 발족은 제가 통신정책국장으로 있을 때부터 체신부에서 공유했던 아이디어였습니다. 특별히 조직개편을 위해 로비를 하거나 장관이 대통령께 건의할 필요가 없었습니다. 미래 정보화 사회를 대비하는 일뿐만 아니라 정보화로 세상이 눈부시게 변화하는 시기에 한국이 국가적으로 도약하려면 반드시 정보통신부를 확대 발전시켜야 한다는 신념이 확산되고 있었습니다. 수년간 대학과 학회에 정보화 사회 연구를 주문한 결과 정보화가 국가 도약의 기회가 될 수 있고, 그 일을 선도하고 주도할 정보통신부가 필요하다는 공감대가 학계에서 자연스럽게 형성되었습니다. 따라서 21세기 정보화 사회에 능동적으로 대처하고, 정보통신산업을 국가전략산업으로 집중 육성하는 부처의 필요성이 높아졌습니다.

이러한 분위기 속에서 박관용 비서실장이 주관한 조직개편 작업 때 김영삼 대통령의 세계화 구상을 실현하기 위한 중요한 전략으로서, 그리고 정보화 추진의 주무부처로서 자연스럽게 정보통신부 발족이 포함되었다고 들었습니다.

홍은주 1966년부터 체신부 행정사무관으로 공직생활을 시작하여 과장, 국장, 실장, 차관을 거쳐 김영삼 정부에서 체신부 장관을 지내셨습니다. 체신부에서 사무관부터 장관까지 오른 최초이자 마지막 공무원이고 정보통신부의 탄생에 기여하셨는데요, 이 기간 동안에 체신부의 역할이나 위상이 어떻게 변화했습니까?

윤동윤 1994년 말에 장관으로 퇴직할 때까지 28년간 체신부 생활을 했는데, 이 기간 동안 체신부의 역할과 위상은 눈부시게 변화하고 발전했습니다. 제가 사무관을 처음 시작한 1966년에 체신부는 정부부처이면서도 정책부처라기보다 우정사업과 전신전화사업의 운영사업자 역할을 했습니다. 그런데 1994년 장관으로 퇴직할 때에는 국가와 사회의 정보화를 기획하고 선도하면서 정보통신산업을 한국 경제의 주력산업으로 육성하는 정보화 정책을 주도하는 정책기관으로 변화, 발전했습니다.

정부와 공직사회 내에서의 위상, 국민과 산업계가 체신부를 바라보는 시각, 직원들의 보람과 만족도 등도 28년 전과 비교할 수 없을 정도로 크게 도약했습니다.

정보통신산업 여명기인 1980년대에 통신정책국장으로 재직할 때 세계가 정보화 사회로 변화하는 기회를 미리 감지하고 나름대로 혼신의 힘을 다해 정보화 입국 정책을 소신껏 추진했던 것과 체신부를 정보통신부로 확대 출범시킬 수 있었던 것은 지금도 가슴 뿌듯한 보람으로 남아 있습니다.

정보통신부의 발족으로 여러 부처에 나뉘어 있던 정보통신 관련업무가 한 부처로 일원화되었다. 정보통신부는 상공자원부로부터 정보통신 및 방송기기 관련산업·멀티미디어산업에 대한 지원·육성기능을 가져왔다. 과학기술처로부터는 시스템 산업개발 육성과 전산조직 기술개발 보급, 소프트웨어 프로그램 보호 및 육성에 관한 업무 등을 이관받았다.[21] 수요 측면의 정보화촉진 정책과 공급 측면의 정보통신산업 육성정책을 상호 연계하여 정책효과를 극대화할 수 있게 된 것이다.

정보통신정책을 종합적으로 담당하는 부처 신설은 세계 어느 나라에도 전례가 없던 일이었다. 김영삼 대통령은 조직개편 발표 직후인 1994년 말에 청와대를 방문했던 빌 게이츠 마이크로소프트 회장에게 정보통신부 발족과 정보화 혁신정책 추진을 자랑스럽게 이야기했다. 빌 게이츠 회장은 한국 정부의 정책에 적극 찬성하면서 "최근 수년간 한국에서 일어났던 정보화 혁명에 대비하는 여러 혁신적 정책들을 볼 때 앞으로 한국이 ICT 정보혁명 분야에서 세계를 이끌 것을 확신한다"고 화답했다.[22]

한국이 정보통신부를 신설하여 정보화를 강하게 추진하고 나서자 세계 각국에서 정부통신부 신설 붐이 일어났다. 여러 국가가 한국을 벤치마킹하여 유사 부처를 만들었다. 특히 인도네시아와 미얀마 등 아시아 국가들은 ICT가 선도하는 경제와 정부 환경을 형성하기 위해 노력했다.

---

21 컴퓨터 및 주변기기 산업은 정보통신부 발족 후에도 통상산업부에 존치되었으며 유선방송 및 종합유선방송 허가업무도 공보처에 잔존했다.
22 윤동윤 전 체신부 장관의 증언이다.

정보통신부의 성격과 인적 구성

정보화는 컴퓨터와 통신 네트워크 기술 발전을 통한 국가와 사회 전체의 고도화를 의미한다. 차세대 정보통신 기술의 개발과 혁신, 상용화를 통해 기업 생산성 및 경제 생산성을 높이는 문제이기도 하다.

따라서 정보통신부는 구 체신부를 주축으로 하면서도 어느 정도 부처융합적 성격을 지니게 되었다. 오명, 윤동윤의 계보를 잇는 정홍식, 천조운 국장 등 논리와 강한 추진력을 겸비한 체신부 인재들에 더하여 다른 부처와의 정책 조율을 위해 EPB 인력을 일부 충원받았다.

이 같은 부처융합적 특징은 정보통신부 신설 이전에 TF로 구성되었던 초고속망 기획단에서 이미 단초를 보였다. 위원장이 경제기획원 차관이었고, 단장과 국장은 체신부의 정보통신정책실에서, 총괄과장은 EPB에서 파견 왔다.

정보통신부 장관도 초기에는 체신부와 EPB 출신이 교차 취임했다. 초대 정보통신부 장관은 1970년대 중반부터 한국의 통신 선진화와 정보화 기술개발에 기여하다 체신부 차관을 지낸 경상현 박사가 승진했다.

다음으로 EPB 정통관료 출신인 이석채 장관과 강봉균 장관이 잇따라 취임했다. 정보통신부가 기술사업의 범위를 넘어 범부처 행정망 사업과 국가 전체 정보화사업을 주도하면서 타 부처와의 조율과 예산실과의 밀접한 논의가 필요해졌기 때문이다.

김대중 정부 시절부터는 많은 민간기업 CEO가 정보통신부 장관으로 와서 민간의 DNA를 이식하기도 했다.

「정보화촉진 기본법」 제정

정보통신부가 신설된 다음 해인 1995년 7월에 「정보화촉진 기본법」(현 「지능정보화 기본법」)이 국회를 통과했다. 체신부 시절부터 추진되어 무려 10여 년을 표류하던 법안이 정보통신부 출범을 계기로 극적으로 통과한 것이다.

1986년 체신부는 「전산망 보급 확장과 이용촉진에 관한 법률」을 통과시켰다. 이 법은 명칭 그대로 국가기간전산망의 개발과 보급을 목적으로 하는 협의의 법안이었고,[23] 구체적인 예산의 뒷받침에 대한 언급도 없었다. 정보통신산업 육성과 이를 위한 연구개발도 여러 부처의 법에 흩어져 있었다.[24]

1992년 정보화 관련산업 육성정책을 놓고 체신부와 상공부, 과학기술처 등 세 부처가 경쟁적으로 관련법령을 만들면서 막후에서 부지런히 움직였다. 1993년에 새 정부가 들어서면 정권 초기에 무게중심이 어디로 실리느냐에 따라 향후 정보통신정책의 주도권 흐름이 달라질 것이기 때문이다.

세 부처가 각각 입법안을 만들자 1992년 초 EPB는 정보산업발전기획단을 구성해 NSII(Network Services and IT Infrastructure)라는 정보화 장기 계획을 수립하고자 했다. 정보산업발전기획단은 "정보통신정책 기능이 체신부, 상공부, 과학기술처 등에 분산되어 시너지를 내지 못하는 문제점을 시정해야 한다"는 지적에 따라 「정보화촉진 기본법」을 만들고 1992년 8월에 입법 예고했다.

EPB가 만든 「정보화촉진 기본법」은 세 부처가 마련한 정보화 육성정책을 종합하고 절충한 내용이었기 때문에 다음과 같은 몇 가지 한계가 있었다.[25] 우선 '정보화촉진 기본계획'의 수립 주체가 불분명했다. 부처 간 이해관계가 첨예한 사안이 계속 돌출할 텐데 "체신부 장관이 EPB와 산업자원부, 과학기술처 및 관계 중앙행정기관과 협의하에 '정보화추진위원회'의 심의를 거친다"고만 되어 있었다. 관계 부처 간에 이해관계가 다른 사안의 경우 합의가 이루어질지 여부가 불투명했다.

또한 정보화촉진기금도 문제였다. 기금에서 정보통신계정은 체신부가 맡고 정보산업계정은 상공부가, 정보기술계정은 과학기술처가 제각각 관리 운영하는 것으로 되어 있었다. 더욱이 정보화촉진기금을 체신부 기금을 흡수 합병하여 마련한다고 하여 체신부의 반발이 특히 컸다.

논란이 커지자 4개 부처 장관들이 9월과 10월 두 차례의 회의를 열어 "정보화촉진기금은 기존 체신부의 정보통신진흥기금을 흡수하지 않고 별도의 기금조성

---

23 전산망조정위원회를 설립하고 기술연구를 위해 한국전산원을 만들어 기술표준을 마련한다는 등의 내용이 포함되었다.

24 체신부가 1991년에 제정한 「정보통신 연구개발에 관한 법률」을 비롯해 1991년 산업자원부가 제정한 「무역업무 자동화 촉진에 관한 법률」, 「공업발전법」, 「산업기술정보원법」 개정안 등에 분산되어 있었다.

25 이하의 내용은 행정안전부, 2017, 《되돌아보는 대한민국 전자정부 이야기 23선》, 휴먼컬처아리랑 참조.

이나 예산을 투입하는 형태로 조성하며, 중복업무는 총괄조정 회의를 만들어 조정하기로 한다"고 합의했다.

그해 12월 법안 명칭을 「정보산업기반조성에 관한 법률」로 바꾸고 경제장관회의에서 통과시켰다. 그러나 국무회의에서 내용을 보완해야 한다는 지적이 나오면서 이 법안은 결국 철회되었다.

1994년 12월 정보통신부가 출범하면서 이처럼 오래 표류해온 쟁점들이 한꺼번에 해결되었다. '정보화촉진 기본계획' 수립, 정보화추진위원회 설치, 정보화촉진기금 신설 등에 따른 내용이 크게 보강되었고, 정보화 추진에 따른 부처 간 역할분담 문제가 확정되어 「정보화촉진 기본법」으로 만들어졌다. 이 법은 1995년 7월에 국회를 통과했다.

「정보화촉진 기본법」은 한국의 정보통신정책사에서 여러 가지로 중요한 의미를 지닌다. 우선 이 법은 "(정보통신부는) 정보화 촉진 등에 대한 시책의 기본계획을 수립하며, 여기에는 재원의 조달 및 운용에 관한 사항 등을 포함시켜야 한다"고 명시하여 정보통신부의 역할을 분명히 했다. 한편 정보통신부가 향후 주도하게 될 각종 정보화시책들이 법적·예산적 뒷받침을 받을 수 있는 근거를 제시했다. 기본법 제정을 계기로 정보통신부의 강화된 역할이 법적 탄력성을 받게 된 것이다.

기본법 수립에 따라 「전산망법」이나 「연구개발법」 등 개별법들도 종합적·실효적 의미를 갖게 되었다. 기본법은 정보통신부가 추진하는 기본계획에 정보통신산업의 기반 조성과 고도화, 연구개발, 인력양성 등에 관한 기술적 내용을 넘어, 정보화를 국민생활 속에 뿌리내리고 정보가 안전하게 유통되도록 하는 등의 종합적 내용을 포함하도록 명시했다.

이에 따라 신설조직인 정보통신부가 타 부처, 타 기관에 있는 정보화 기능을 종합적으로 조율할 수 있는 근거를 가지게 되었다. 또한 정보화에 따른 역기능을 막기 위한 정보보호 추진체계 구축과 이용자 권익보호 등에 대한 정책수립이 본격 추진되었다. 하드웨어와 소프트웨어, 초고속망이 결합된 정보통신산업을 범부처 차원에서 균형 있고 종합적으로 육성하여 궁극적으로 국가와 사회 전반에 걸친 정보화를 촉진하는 것이 비로소 가능해진 것이다.

기본법은 또한 한국 사회의 정보화 촉진을 위해 중앙정부에 강한 의무를 부여한 것이 특징이다. "정부는 정보화 촉진 등을 위해 '정보화촉진 기본계획'을 수립하여야 한다"고 하여(법 제5조) 정보화가 국가정책의 필수가 되도록 법적 의무를 부과했다. "각 부처는 매년 정보화촉진 시행계획을 수립하고 시행하여야 한다"(법 제6조)고 하여 중앙부처의 부문별 정보화 계획 수립 및 집행 계획의 제출도 의무화했다.

'정보화촉진 기본계획' 확정

각 부처와 기관으로부터 부문별 정보화 계획을 접수받은 정보통신부는 '정보화촉진 기본계획' 시안을 만들어 정보화추진위원회의 심의를 거친 후 1996년 6월 '정보화촉진 기본계획'을 확정했다. '정보화촉진 기본계획' 수립은 한국의 정보화 상황이 선진국보다 훨씬 뒤처져 있다는 현실인식을 바탕으로 했다.

한국전산원에 따르면, 1994년 말을 기준으로 한국의 정보화 수준을 100으로 볼 때 미국은 829로 8배가 넘고, 유럽은 549로 5배, 일본은 361로 3배, 싱가포르는 428로 4배 이상 높은 것으로 나타났다. 인터넷을 통한 국민의 정보이용도 역시 선진국보다 현저히 떨어졌다. 1994년 인구 1만 명당 인터넷 이용자가 미국은 671명, 영국은 222명, 일본은 42명이 넘는 데 비해 한국은 22명에 불과했다. 1995년 이동통신 가입자 수는 1천 명당 37명으로 미국 282명, 일본 54명에 비해 크게 뒤처졌고, PC의 랜 접속률과 케이블 TV 가입자 수도 매우 낮은 수준이었다. 방송과 통신의 융합 추세에 대한 대비와 구조조정도 시급한 것으로 지적되었다.

또한 선진국과 비교한 국내 정보화 기술수준은 통신기기가 평균 3.4년, 정보기기와 부품은 3년 이상의 기술격차가 존재했다. 특히 소프트웨어는 세계시장에서 존재감이 거의 없었다. 정보통신부는 1995년 「소프트웨어 개발촉진법」을 개정하여 소프트웨어 시스템 개발, 유통환경 촉진, 전문인력 양성 등 진흥시책을 강구했다.

고도정보통신서비스를 실현하기 위한 기반 구축도 미흡했다. TDX의 개발과 보급 후 음성전화시설은 크게 좋아졌지만, 컴퓨터와 무선, 위성 등 고도정보통신 기반은 여전히 낙후되어 있었다. 정보화 격차를 줄이기 위한 대담한 조치가 없는 한 한국은 계속 정보화 후진국에 머물 수밖에 없었다.

이처럼 엄중한 현실인식과 시대적 당위가 정책적 목표로 구체화된 것이 바로 '정보화촉진 기본계획'이었다.[26] '정보화촉진 기본계획'은 정보화를 추진하기 위한 국가적 마스터플랜의 성격으로 2010년까지의 장기비전을 종합적으로 담았다.

우선 기술적 측면에서 초고속정보기반 구축과 정보통신산업 육성을 위한 기술 개발 및 인력양성, 표준화, 단지조성, 신기술지원, 유통구조 개선, 중소기업 육성 등을 추진하기로 했다.[27] 특히 통신기술, 전파, 방송기술, 정보기술, 반도체, 부품기술, 기초기술 등 5개 분야 10대 기술을 중점적으로 개발하여 선진국에 대한 기술의존도를 낮추기로 했다.

또한 규제 완화와 법제도 정비 등 정보화 촉진을 위한 주변 여건을 조성하기로 했다. 이에 따라 1996년 8월부터 1997년 4월까지 「상법」, 「증권거래법」 등 41개 법령을 일제히 제·개정했다. 사생활 침해나 컴퓨터 범죄 등에 대처하기 위해 개인 정보 보호제도를 강화하는 한편, 정보시스템 간 호환성을 높이기 위해 적극적 표준화 정책도 함께 추진했다.

1단계(1996~2000)는 정보화촉진 기반조성 단계이다. 한국의 정보통신산업(응용서비스, 정보통신망, 정보통신 기술) 육성과 법, 제도 등 정보화 환경을 G7 국가 수준, 즉 세계 5~7위 수준으로 발전시키는 것을 목표로 삼았다.

제2단계(2001~2005)는 민간 주도 정보화 정착 및 고도정보사회 구현에 충분한 수요 창출을 목표로 했다. 정부가 초기수요를 조성하는 형태로 주도하는 1단계와 달리 시장이 성숙한 2단계에는 민간이 주도해 정보화를 촉진하도록 한다는 것이다.

제3단계(2006~2010)는 정보고도화 단계이다. 언제 어디서나 필요한 정보를 편리하게 이용할 수 있도록 하여 국가경쟁력 강화와 국민의 삶의 질 개선 등을 이룩하는 정보활용 성숙단계 진입을 목표로 삼았다.[28]

---

26 황성돈, 2006, 〈국가기간전산망구축 사업계획〉, 국가기록원.
27 강성주(정보통신부 정보통신과 사무관), "정보화촉진 기본법 제정 의의와 향후 추진방향", 〈데이터베이스 월드〉, 1996년 12월호.
28 황성돈, 2007, 〈정보화촉진 기본계획〉, 국가기록원.

정보화시책의 기본 원칙

정보통신부는 '정보화촉진 기본계획'을 추진함에 있어 다음과 같이 몇 가지의 기본 원칙을 수립했다.

첫째, 민간투자의 확대와 공정경쟁을 촉진하기로 했다. 정보통신산업은 혁신기술과 제품, 서비스의 개발을 통해 성장하기 때문에 시장의 창의성과 활력을 정책적으로 뒷받침하는 것이 무엇보다 중요하다고 보았다. 또한 대규모 자본이 소요되는 정보통신 인프라에 대한 투자활성화를 위해 민간의 역할이 필수적이다. 기업들의 경쟁적 투자를 늘리기 위해 진입장벽을 낮추고 공정경쟁을 보장하며 각종 애로사항을 해결하기로 했다. 다만 정보화 시장 규모가 작고 기술적 기반이 매우 취약한 점을 감안하여 초기에는 정부가 선도적 시장을 만들어 주기로 했다.

둘째, 한국이 정보화 사회로 이행함에 따라 과거 산업사회에서 만들었던 각종 법과 제도를 대폭 수정, 보완해야 할 필요성이 커짐에 따라 법과 제도를 변화하는 환경에 맞추어 정비하기로 했다. 대외적으로는 선진국의 시장개방 압력 및 정부의 세계화 노력과 연계하여 국제적 기준에 따라 제도를 만들고, 정보화 사회에서 각종 변화 속도는 과거와 비교가 되지 않을 정도로 빠르기 때문에 최대한 탄력적으로 제도를 운영하기로 했다.

셋째, 정보가 특정 계층이나 기업에 독점될 경우에 과거 산업사회 때보다 훨씬 더 큰 격차와 부작용이 발생할 것을 우려하여 정보통신기반에 대한 국민의 접근도를 최대한 높이기로 했다. "정보통신기반은 정보사회의 혈관에 해당한다. 따라서 과거처럼 정보통신기반이 정부나 공공기관 혹은 특정 사업자에게 독점되거나 제한적 접근만 허용된다면 정보통신산업의 경쟁력이 제약되고 서비스의 획기적인 개선이 불가능하여 국가적으로 큰 불이익을 초래할 수 있다. 따라서 능력과 의지만 있으면 누구나 정보산업에 뛰어들 수 있도록 정보통신기반을 개방해야 한다"는 것이다.

넷째, 정보화 격차(*digital divide*)를 최대한 줄이는 방향으로 정책을 수립하고 추진하기로 했다. 기본적 정보통신서비스의 이용을 연령, 지역, 소득, 기타 여건과 무관한 '국민의 기본권리'로 간주하여 보편적 서비스(*universal service*)를 제공한다는 원칙이었다.

다섯째, 정보사회의 역기능을 사전에 방지하기 위해 각종 정책과 제도를 만들기로 했다. "정보와 지식의 정당치 못한 생산, 유통, 활용은 사회체제뿐만 아니라 개인 생활에 치명적 악영향을 미친다"고 보고 개인의 사생활 및 정보화 기술의 지적 소유권 보호 등에 나서기로 한 것이다.

여섯째, 다양한 국제 협력을 촉진하기로 했다. 당시 미국은 '국가정보 인프라 NII 프로젝트'를 글로벌 지평으로 넓힌 GII를 추진했다. APEC도 1994년 김영삼 대통령의 제의로 아태지역 정보통신기반구조(APII)를 구축하고 있었다. 이에 따라 정보통신 기술, 정보유통, 규제체제 등 국제 협력이 요구되는 부분에서 한국의 활동범위를 최대한 넓히는 등 정보화 의제에 적극 동참하기로 했다.

한국전산원, 1996, 〈1996~2000년의 정보화촉진 기본계획 해설서〉.

정보화촉진기금 신설

「정보화촉진 기본법」 제정 이후 거액의 투자가 필요한 초고속망 구축과 정보화 사회 촉진, 정보통신 관련산업 발전을 위해 체신부가 1993년부터 운용하던 정보통신진흥기금이 정보화촉진기금으로 통합, 개편되었다. 정보통신진흥기금으로 뒷받침하던 연구개발은 별도 계정으로 분리하여 지속적으로 지원하기로 했다. 기금이 만들어지면서 오랫동안 말썽이 되었던 '선집행 후정산' 방식의 사업도 중단되었다.

이후 초고속망 구축, 정보화 촉진, IT산업 발전에 결정적 역할을 한 이 기금의 신설에는 정홍식 정책실장의 노력이 컸다. [29]

노준형 정보통신부가 다른 부처들의 정보화 사업을 종합하여 이끌어 나가는 것을 제도적·공식적으로 인증한 것이 바로 정보화촉진기금이었습니다. 기금을 새로 만드는 일이 쉽지는 않았습니다. 하지만 당시 정홍식 정보통신정책실장은 "정보통신부가 범부처적 정보화 정책을 주도하려면 기금이라는 틀이 필요하다"는 것을 절실히 인식하고 있었기 때문에 모든 난관을 헤쳐 나가며 예산당국, 관계부처, 부처 내 우려를 불식시키고 합의를 도출했습니다.

당시 정보화촉진기금은 일반계정과 연구개발계정으로 구분했습니다. 일반계정은 일반회계 예산에서 책정했는데, 초고속통신망기반 구축, 이용 활성화, 공공 및 지역, 산업 등 각 분야의 정보화 촉진, 정보통신산업기반 구축 등에 사용하였습니다. 연구개발계정은 통신사업자의 납부금으로 운영했는데, IT 개발에 집중적으로 투자하였고, 인력양성, 표준개발, 연구기반조성 등에도 사용하였습니다.

---

29 2005년 1월에는 원래 명칭인 정보통신진흥기금으로 돌아왔다. 2008년 이명박 정부 들어 정보통신부가 폐지됨에 따라 기금 주체가 지식경제부로 넘어갔다가 박근혜 정부 출범 후 미래창조과학부로 이관되었다(행정안전부, 2017, 《되돌아보는 대한민국 전자정부 이야기 23선》, 휴먼컬처아리랑).

정보통신부는 2000년까지 향후 5년간 '정보화촉진 기본계획'을 추진하는 데 소요되는 재원이 약 10조 원이라고 추정했다.

1단계 정보화 촉진 목표 달성을 위해 정부는 전자정부 구현과 정보화 인재 육성, 기업의 정보화 경쟁력 강화, 재난관리시스템 구축 등 '10대 중점과제'[30]를 선정하여 우선 추진하기로 했다.

정보화 촉진 10대 중점과제 추진에 필요한 약 5조 8,473억 원은 정부가 2000년까지 일반회계와 지방자치단체 예산에 매년 반영하여 투자하기로 했다. 단, 정보통신산업기반 조성과 초고속정보통신망 구축, 여건정비사업 등 인프라 구축에 필요한 예산은 재정투융자특별회계(정보화촉진기금)에서 재원을 확보하기로 했다. [31]

또 사업추진이 필요하지만 예산확보가 안 된 사업이나 성공가능성이 불확실하지만 파급효과가 클 것으로 기대되는 사업은 '시범사업(prototype) 개발 포함'으로 지정하여 정보통신부가 운용하는 정보화촉진기금에서 지원한다는 방침을 확정했다.

---

30 10대 중점과제는 ① 작지만 효율적인 전자정부 구현, ② 정보사회 인재양성을 위한 교육정보화 기반 구축, ③ 지식기반 고도화를 위한 학술·연구 정보이용 환경 조성, ④ 산업정보화 촉진을 통한 기업경쟁력 강화, ⑤ 정보화를 통한 사회간접자본시설 활용도 제고(종합물류 정보시스템 구축, 지능형교통 정보시스템 개발, 국가지리 정보체계 구축 등 포함), ⑥ 지역 균형발전을 위한 지역정보화 지원 ⑦ 정보기술을 활용한 의료서비스 고도화, ⑧ 쾌적한 생활을 위한 환경관리 정보화, ⑨ 재난·재해에 대비한 국가안전관리 정보시스템 구축, ⑩ 선진 외교·국방 정보체계 확립 등이다.

31 진한엠앤비 편집부, 2012, 《기록으로 본 한국의 정보통신의 역사 II》, 진한엠엔비.

정보화, 국정의 최우선 지표가 되다

정부출범 시 대통령에게 정보화 건의

문민정부 초기부터 초고속통신망 구축사업이 추진되기 시작했다. 1994년 정보통신부가 신설되면서 정보화기금이 조성되고 「정보화촉진 기본법」이 제정되어 '정보화촉진 기본계획'이 범부처 차원에서 속속 집행되었다. 1996년 무렵에는 정보화가 김영삼 정부 후반기 국정의 최우선 지표로 등장했다.

이 과정에 대해 서울대 교수 시절부터 김영삼 대통령에게 정보화를 조언했던 이각범 전 청와대 수석의 증언을 들어 본다.

홍은주 정보화를 범부처 차원에서 추진하고 정보화 추진이 국정지표가 되기 위해서는 대통령의 인식과 리더십이 중요합니다. 김영삼 대통령이 언제부터 정보화의 필요성에 공감하게 되었습니까?

이각범 1993년 초 김영삼 대통령께서 취임하고 그해 가을쯤인 9월, 10월경으로 기억합니다. 제가 그 무렵 대통령께 "산업화에 늦어 우리가 일제 식민지 시절을 겪었습니다. 우리나라가 언젠가는 일본을 극복하고, 일본을 능가하는 나라가 되어야 하지 않습니까? 이제 그 기회가 왔습니다. 산업화가 늦은 것은 어쩔 수 없지만, 정보화를 하면 우리가 일본보다 먼저 발전할 수 있습니다"라고 말씀드리니까 김영삼 대통령이 이에 공감하셨습니다. 그때 언론이 "산업화는 늦었지만, 정보화는 앞서가자"라는 구호를 썼거든요. 제가 당시 해당 언론사 편집국장[32]에게 전화해서 이 슬로건을 새 정부가 쓰고 싶다고 했더니 흔쾌히 수락했습니다.

홍은주 수석님은 개인적으로 어떤 일을 계기로 국가개조에 정보화가 필수적이라고 생각하셨나요?

---

32 〈조선일보〉의 인보길 편집국장을 가리킨다.

이각범 (李珏範)

1948년 부산에서 태어났다.
서울대 사회학과를 졸업하고,
독일 콘스탄츠대에서 사회학 석사과정을
시작하여, 독일 빌레펠트대에서
사회학 석사·박사 학위를 받았다.
1995년 청와대 정책기획수석비서관을
역임했으며, 정보문화포럼 의장,
IT 전략연구원장, 한국미래연구원장,
대통령소속 국가정보화전략위원회 위원장
등을 지냈다. 서울대 사회학과 교수,
KAIST 기술경영학과 교수를 거쳐
현재 KAIST 명예교수이다.

이각범 저는 '한국의 미래를 어떻게 만드는 것이 국가경쟁력을 높이고 선진국이 되는 길인가?'에 늘 관심이 많았습니다. 그 방법론으로 정보화의 가능성을 엿본 것은 1992년 말 미국 대선이었습니다. 당시에 클린턴 대통령과 고어 부통령 팀이 정보화 고속도로, 진취적 정부, 일을 위한 배움, 환경 등 네 가지 정책으로 대선에서 승리했잖아요? 제가 정보화 고속도로 부분을 다 읽고, '이미 선진국인 미국은 새로운 인터넷 시대를 여는데, 미국보다 한참 뒤진 한국이 아직도 미적대고 있으면 언제 선진국이 될 것인가?'라는 생각이 들더군요.

또 문민정부에서 정보화를 추진하게 된 중요한 이유 중 하나가 인터넷 시대의 도래입니다. 인터넷이 미국 국방부의 아파넷 프로젝트의 연장선상에서 1980년대 초반부터 시작되었죠. 하지만 인터넷이 실질적으로 구현된 시점은 월드와이드웹이 만들어지고 1992년 마이크로소프트에서 MS-DOS를 넘어 윈도우 3.1로 갔을 때부터라고 볼 수 있습니다.

제가 1995년에 "초고속정보통신망이 세계 각국의 경제·사회·문화에 미치는 영향"이라는 논문을 썼습니다. 새로운 네트워크가 만들어지면 이를 계기로 전체 사회가 어떤 영향을 받고 어떻게 발전하는지 조명하는 내용이었습니다. 그리고 김영삼 대통령께 "미국은 이렇게 가고 있습니다"라고 보고했고, 정보화의 중요성에 대해 끊임없이 말씀드렸어요.

홍은주 김영삼 정부의 정보화 정책 수립에 공식적으로 관여하게 된 시점은 언제부터입니까?

이각범 문민정부 들어 제가 세계화추진위원회의 정보화소위원장을 했는데 그때부터 정보화에 관여했습니다.

홍은주 당시 정보화소위원회에서 다루었던 중요한 어젠다는 무엇이었습니까?

이각범 1994년에 정부가 초고속선도망이라는 기간망을 구축하기 시작했습니다. 그런데 "케이블방송을 위해 깐 동축케이블을 사용하면 초기 속도는 다 나오니까 그걸 기간망으로 하면 빨리 추진할 수 있다"는 주장과 "아니다. 동축케이블로 하면 나중에 속도를 높일 때 비용이 이중으로 든다. 속도를 높이려면 묻었던 것을 또 파느니 차라리 광통신섬유(optical fiber)로 가자"는 주장이 팽팽하게 맞섰습니다. 제가 네트워크에 대한 기술적 지식이 별로 없는데, 양측이 와서 계속 주장하는 겁니다. 제가 양쪽 주장을 다 들어 보고 나름대로 조사한 후 "광통신망(optical fiber cable)으로 가는 것이 맞다. 광통신 구축은 비용이 많이 들지만, 기간통신망이니 지금 당장 속도를 내는 것보다 멀리 내다보고 그 기술을 선택하자"고 결론을 냈습니다.

다음으로, 기지국에서 각 가정까지 연결하는 '마지막 가입구간'(last mileage)이 문제가 되었습니다. 기간망 간 광통신 구축은 문제가 없는데 광통신은 동축케이블과 달리 특성상 마지막에 구부러지지 않습니다. 마지막 가입구간에서 가정이나 직장에 연결하려면 구부러져야 하는데 이것이 기술적으로 안 되는 겁니다. 마지막 가입구간을 어떻게 하느냐에 대해 또 논쟁이 붙었는데, 제가 "그건 나중에 기술적으로 해결하고, 일단 기간망부터 다 깔라"고 권고했습니다. 그래서 문민정부에서 광통신으로 기간망을 설치하기 시작한 것입니다.

홍은주 실제로 케이블 TV망과 ADSL (*asymmetric digital subscriber line*, 비대칭 디지털 가입자 회선) 등 기술발전과 시장혁신을 통해 차기 김대중 정부 때 이 문제가 극적으로 해결되었죠. 초고속통신망이 문민정부에서 추진되어 다음 국민의 정부에서 완성되었는데, 굳이 역할을 나눈다면 어떻게 봐야 할까요?

이각범 나중에 국민의 정부에서는 뭘 했느냐? 문민정부에서 만든 기간통신망을 바탕으로 마지막 가입구간, 즉 기간망을 각 가정과 기업으로 연결하는 부분을 해결해서 초고속통신망을 완성했습니다. 김영삼 정부에서는 1994년 시험망, 선도망에서 출발해 1995년 본격적으로 통신망을 깔기 시작했습니다. 1996년에는 예산을 45조 원에서 31조 원으로 대폭 줄였고, 1997년에는 2003년까지 기간을 앞당기고, 예산도 약 10조 원으로 한다고 계획을 계속 수정해 나갔습니다. 1997년 말에 김대중 정부 들어서는 "각 가정까지의 마지막 가입구간은 통신사들이 각자 알아서 하라"고 선언하자 민간기업들이 기막히게 창의적으로 그걸 해결했습니다. 기간망이 이미 다 구축되었으니 거기에 마지막 단말로 동축케이블을 깔거나 케이블 TV망을 그냥 가정으로 올렸습니다.

홍은주 1995년 12월 정책기획수석으로 청와대에 들어가셨죠. 정보화가 국정지표로 문민정부의 최우선 과제로 떠오른 시점은 언제입니까?

이각범 1996년 2월 싱가포르에서 열린 ASEM 정상회의 참석차 김영삼 대통령이 싱가포르를 방문했을 때 제가 대통령께 두 군데에 가 보시라고 건의드렸습니다. 하나는 '21세기 도시' 프로젝트를 위해 싱가포르 도시재개발청 (Urban Redevelopment Agency) 을 방문하시라고 했고, 또 하나는 물류정보화 현장을 직접 시찰할 수 있는 싱가포르 항만에 가 보시라고 했습니다. 싱가포르 항만을 방문하셨을 때 제가 "싱가포르 항만의 선진적이고 효율적인 물류처리 능력은 정보화 덕분입니다. 정보화를 제대로 하면 모든 부문에서 이러한 변화와 혁신이 일어날 수 있습니다"라고 말씀드렸습니다.

홍은주 한양사이버대 교수가 이각범 전 정책기획수석비서관과 인터뷰를 진행하였다.

대통령께서 선진화된 물류정보화 현장을 보고 감탄하셨나 봅니다. ASEM 회의가 끝나고 싱가포르 방문을 마치신 후, 귀국 보고회에서 기존에 추진해오던 '세계화'에 더해서 '정보화'를 국정지표로 놓겠다고 선언하셨습니다. 김영삼 정부 출범 이후 최고 국정지표였던 '역사 바로 세우기'를 '세계화·정보화'로 대체하는 순간이었습니다.

정보통신의 급격한 기술발전과 네트워크 연결을 통해 세계가 하나의 정보공동체가 되면서 김영삼 대통령이 추진해온 세계화의 개념에 자연스럽게 연결된 것입니다. 1993년부터 미국 주도로 추진되던 GII(Global Information Infrastructure)가 가시권에 들어온 것도 시대적 환경으로 작용했습니다.

홍은주 정보화가 문민정부 후반기에 본격적으로 국정지표로 등장했는데 당시 청와대의 정보화 이해 수준은 어느 정도였습니까?

이각범 제가 수석일 때 김영삼 정부에서 초고속정보통신망 목표 속도 등을 수석회의에서 보고할 때 정보화를 이해하지 못하는 분들이 많아 참 애먹었습니다. 수석회의에서 이걸 대통령께 보고하면 다른 수석님들이 "bps가 뭐예요?"라고 질문합니다. 그럼 바이트(*byte*)부터 처음부터 설명해야 했죠. 설명이 좀 길어지면 "이 수석, 그런 기술적 문제는 수석회의에서 이야기하지 말고 그냥 혼자 알고 있으면 되지, 왜 여기서 그런 얘기를 하시오?"라고 불평하는 분도 있었습니다.

홍은주 말씀을 들어 보니까 그때 모든 분들이 다 정보화 인식이 깊었던 것은 아니고 정보화가 진행형이었던 것 같습니다.

정보화기획실 신설

1996년 6월, 한국의 정보화 역사에서 큰 역할을 담당한 조직이 만들어진다. 정보화기획실이 국무회의에서 공식 의결되어 정보통신부 내부 조직으로 신설된 것이다. 정보화기획실의 주요 업무는 첫째, 정보화 촉진과 초고속정보통신기반 구축, 둘째, 정보통신에 대한 중장기 정책수립, 셋째, 정보통신산업 지원기능 보강 등 종합적이고 포괄적이었다.

산하에 정보화기획심의관 아래 기획총괄과, 정보화제도과, 정보화지원과 등 3개 과, 정보화기반심의관실 아래 초고속망을 기획하고, 기획대로 구축하며, 정보보안 책임을 맡는 3개 과를 두었다.

정보화기획실은 정보통신부 신설 이전인 1994년부터 EPB와 체신부 등 정부 각 부처가 참여했던 초고속정보통신기획단의 기능과 역할을 대폭 확대, 개편하여 정보통신부 정규조직으로 바꾼 성격이었다. 당시 초고속정보통신기획단에서는 망 구축과 같은 기술적 문제뿐만 아니라 이를 이용하여 국가 생산성과 정부 효율성을 어떻게 높일 것인지, 법과 제도는 어떻게 바꿔야 하는지, 국민의 삶의 질과 문화는 어떻게 달라져야 하는지 등을 종합적으로 논의했는데 이것이 정부의 공식기구로 정착한 것이다. [33]

---

33 노준형 전 정보통신부 장관의 증언이다.

정보화기획실을 정보통신부에 신설한 이석채 당시 장관의 증언이다.

이석채 당시까지 체신부와 정보통신부가 주로 추진하던 것은 5대 국가기간전산망과 초고속통신망 구축 등 기술적인 측면이었습니다. 그때 ADSL 기술이 막 나오기 시작할 때인데, 각 가정의 컴퓨터를 기간망 네트워크와 연결하는 일도 했습니다. 제가 직원들을 불러 모아 "정보화의 핵심이 뭐라고 생각합니까?"라고 물으면 대개 기술적이고 부분적인 답을 해요. 예를 들어, 사회와 경제구조의 디지털 전환, 그다음에 광통신, 무어의 법칙, 컴퓨팅 능력의 확대 개발 등이었죠. 저는 이런 것들을 다 통합해 묶었을 때 나타나는 궁극적 변화에 대한 종합적 분석이나 정책이 필요하다고 보았습니다.

당시 제가 정홍식 실장으로부터 여러 가지 이야기를 많이 들었습니다. 유비쿼터스 컴퓨팅 시대를 맞아 앞으로 컴퓨터가 어떻게 변할 것이고, 그걸 연결한 네트워크가 어떻게 변할 것이고, 그 결과 산업과 경제가 어떻게 변할 것이라는 이야기였습니다. 일찍부터 융합을 얘기했고, 유비쿼터스, 즉 오늘날처럼 온 세상천지에 유무선 네트워크가 깔린다고 듣곤 했기 때문에 머지않은 미래에 모든 사물이 연결되는 세상이 온다는 것을 알고 있었죠. '그 세상이 도대체 우리에게, 우리 경제에 어떤 의미가 있는가?' '그런 세상을 준비하려면 우리가 무슨 일을 해야 하는가?' 등을 고민했습니다.

그런데 이런 문제를 깊이 있게 종합적 정책으로 추진하는 부서가 아무데도 없었습니다. 체신부 시절에는 재경직 공무원을 받지 않고 기술직과 행정직 공무원만 받았습니다. 그래서 제가 정보통신부 장관으로 가서 "과거 EPB가 '경제개발 5개년계획'을 수립한 것처럼 정보통신도 중장기적 정책수립 기능이 필요하다. 앞으로 정보화 시대니까 우리가 그에 걸맞게 여러 가지 제도를 혁신하고, 교육과 기술 훈련도 바꾸어서 종합적으로 대비해야 한다"고 강조했습니다.

정보통신의 미래를 생각해 대통령 업무보고에 이런 내용을 넣어도 아무도 관심이 없습니다. "당신이 정보통신부 장관이니까 그런 얘기를 한다"면서 별로 귀담아듣지 않습니다. 재정경제원에서 보고하는 경제부처의 업무보고의 반 페이지도 아니고 겨우 석 줄 정도밖에 안됩니다. 그래서 제가 '이런 목소리는 결국 정보통신부가 직접 내야 한다. 그걸 전담할 새로운 부서를 신설해야 한다'고 절감하고 정보화기획실을 구상하게 되었습니다.

또 '거기는 정보통신부 직원들로만 채우면 안 되고 미래 장기설계를 하는 데 익숙한 EPB 직원들을 불러와 정책융합을 해야겠다'고 생각했습니다. 총리실에 정보화기획위원회가 있었지만, 그곳은 정부전산망 구축 등을 논의하는 데에 불과했습니다. 앞으로 진짜 정보화 시대가 도래하면 우리는 무엇을 해야 하고, 세상을 어떻게 바꾸고 대비해야 하는지 고민하고, 정책적이고 종합적으로 해결하는 기구가 필요했습니다.

당시 청와대에서 정보화 업무를 추진했던 이각범 전 수석 역시 '정보화는 기술적 완성도 중요하지만, 정치, 경제, 사회 등 국가 전체의 인프라에 녹아들어 제도적 완성으로 이어져야 의미가 있다'고 생각하고 있었다. 정보화를 통한 국가개조를 하려면 종합적 정책수립이 필요하다고 보고, 이를 담당할 조직을 만들어야 한다고 대통령을 설득했다. 정보화기획실 신설의 필요성에는 자연스럽게 합의가 이루어졌다.

그런데 이 조직을 어디로 두어야 하는지를 놓고 청와대와 정보통신부 사이에 약간의 갈등이 있었다.

이각범 정보통신부가 만들어지면서 새로 구축한 조직이 정보화정책실인데, 이 조직은 주로 네트워크 구축이라는 기술적 인프라를 책임지는 곳이었습니다. 저는 정보화란 네트워크 구축만으로 끝나는 것이 아니라 국정 모든 부문에서 총괄적 변화를 이끌어내야 하고, 그러려면 정보화에 관심을 갖고 국가의 미래 비전과 더불어 조정하는 강력한 기관이 필요하다고 봤습니다.

그래서 1996년 4월 대통령비서실장이 배석한 자리에서 "청와대에 정보화기획단을 신설하고 제 밑에 정보화담당 비서관을 두겠습니다"라고 말씀드렸죠. 대통령께서 허락하시면서 "청와대에 정보화 업무를 총괄하는 정보화기획단을 발족하고 정보화담당 비서관을 신설하라. 이 수석이 정보화기획단장을 겸하라"고 비서실장에게 지시하셨습니다.

홍은주 정보화기획단이 청와대가 아니라 정보통신부로 가게 된 데는 어떤 배경이
있습니까?

이각범 이석채 정보통신부 장관이 대통령께 "정책수석실 밑에 정보화기획단을 두
시고 정책수석이 단장까지 겸하면 저는 도로 체신부 장관일 뿐입니다. 정보통신
부가 정보화 업무를 총괄하게 해주십시오"라고 말씀드렸던 모양입니다. 대통령
이 이미 비서실장에게 지시하셨는데 이석채 장관이 그렇게 이야기하니까 난감하
셨겠죠. 고심 끝에 과학기술자문위원장을 불러 "정보화 추진체계를 어떻게 하면
좋은지 과학기술자문위원회에 빨리 소위원회를 만들어 이 문제를 한 달 내에 매
듭지으시오"라고 지시하셨습니다.

양승택 ETRI 원장이 소위원장이었는데, "청와대에 정보화기획단을 설치하여 정
보화담당 비서관을 두고 정책수석이 단장을 겸하면 문민정부 아래에서는 정책 일관
성이 있다. 그러나 앞으로 2년 뒤 문민정부가 물러나면 정보화 정책이 공중분해할
수 있으니 정보화기획실은 정보통신부에 설치하는 게 맞다"고 결론 내렸습니다.

저는 수석으로서 ETRI 원장과 당연히 정보화에 관한 얘기를 해야 하잖아요? 자
주 교류도 해야 하고요. 그런데 그때 제가 양승택 원장에게 화가 나서 거의 한 달
동안 말도 하지 않았습니다(웃음). 그 후 수석을 그만두고 나서 가만히 생각해 보
니까 양 원장님 말씀이 맞더라고요. 나중에 양 원장님에게 "제가 정보화를 한다고
정보화담당 비서관도 만들고 했는데, 실제로 정보화에 기여한 것은 별로 없는 것
같습니다"라고 말했습니다. 양 원장님이 "국가정보화로 통합한 것은 그때까지 아
무도 생각 못한 개념이니까 그걸 인정해야죠"라고 하시더군요. 양 원장님 말씀을
들으니까 '내가 아주 헛고생한 건 아니었구나' 생각되더라고요.

홍은주 혁신 중에 가장 큰 혁신이 개념 혁신입니다. 정보화 정책을 넘어 정보화기
획실이라는 개념 혁신을 만드는 데 기여하셨다고 생각합니다.

당시는 미국 등 선진국에 확산된 신자유주의 영향으로 전 세계가 작은 정부를 지향했고 김영삼 정부 조직개편의 기본 화두 역시 정부기구의 '축소'에 방점을 두었다. EPB와 재무부를 통합하고 몇몇 장관 수를 줄인 것이 조직 축소의 큰 상징처럼 여겨졌다. 그런데 정보통신부에서 정보화기획실이라는 기구를 확장하고 1급 직책을 늘린다는 것은 당시 상황에서는 아주 이례적인 일이었다.

이석채 그러한 악조건 속에서도 좌우간 정보통신부가 정보화기획실을 신설했어요. 그걸 해낼 수 있었던 이유는, 제가 장관 되기 전까지 아마 대한민국 정부에서 가장 여러 차례 여러 부처 공무원들을 거느리고 여러 기획단을 이끌었던 경험 덕분이라고 생각합니다. 지금 한국 사회간접자본 인프라의 기본 골격을 만든 사회간접자본 투자기획단과 지역균형발전기획단, 우루과이라운드 대비기획단 등 여러 단체를 만들고 운영하는 과정에서 수많은 부처의 직원들을 만났습니다. 제가 인복이 있는지, 그분들이 저를 적극적으로 도와줘서 1급 정보화기획실 직제를 만들 수 있었습니다.

그때 제가 적극적으로 정보통신부로 영입해온 사람들의 면면을 살펴보면 실물에 아주 밝고 경제 돌아가는 상황을 잘 아는 재정경제부 안병엽[34] 국장을 초대 정보화기획실장으로 영입했습니다. 또 나중에 정보통신부 장관을 지낸 노준형, 유영환 등도 EPB의 인재였습니다.

정보화에서 국가와 사회, 제도, 사람 전체가 네트워크에 들어가는 것은 중요한 아이디어입니다. '정보통신부의 이 조직이야말로 다양한 사람들이 들어와 앞으로 미래를 보면서 뭔가 계획을 짜고 집행해야 할 곳이구나'라고 생각하여 다양한 인재들을 스카우트한 것입니다.

홍은주 정보화기획실을 신설할 때 청와대에 두자는 이야기도 있었죠?

이석채 청와대는 힘센 권력조직이지만 정책을 집행할 손발이 없는 것이 약점입니

---

34 안병엽은 당시 재정경제원 국장이었다가 이후 정보화기획실장, 정보통신부 차관, 장관을 지냈다.

다. 몸이 없는 조직은 말뿐이지, 실제로 정책이 진척되지 않아요. 청와대에서 백번 지시해 봐야 그 지시를 받아 목숨 걸고 집행하는 사람이 없으면 그건 그저 허공에 떠도는 메아리일 뿐입니다. 일을 제대로 추진하려면 반드시 조직이 있어야 한다는 것이 제 지론입니다. 청와대에서 자기 밑에 수족처럼 움직이는 조직, 예를 들어, 옛날 경제비서실과 EPB의 관계처럼 서로 보완하는 조직이 있어야 해요. 그래야 서로 합의하면서 신속하고 효율적으로 정책을 결정하고 집행할 것 아닙니까?

이론적으로 보면 정보화기획실이 청와대나 총리실에 있는 것이 나을 수 있습니다. 그러나 정책집행을 하려면 어떤 특정 조직이 권한과 책임을 가져야 해요. 아이디어를 내고 '죽거나 살거나 이것은 내 일이다'라고 밤낮으로 그것만 생각하는 사람이 있어야 합니다. 그래야 일이 추진됩니다. 그 사람이 비록 역량이 다소 부족하더라도 어떤 사람에게 책임과 조직을 맡겨 "당신이 죽든 살든 알아서 추진하라"고 해야 뭔가 일이 됩니다. 정보화기획단도 그런 측면에서 정보통신부 내에 만들어졌죠.

노준형 당시에 이석채 장관, 이각범 수석, 두 분 모두가 정보화 정책에 훌륭한 비전을 가진 분들이라 상당한 견해차에도 불구하고 남의 발목을 잡는 네거티브로 가지 않고 종합적으로 잘되는 방향으로 늘 결론을 냈습니다. 당시 두 분 사이의 가장 큰 논쟁점은 정보화기획실을 정보통신부와 청와대수석실 중 어디에 두느냐였습니다. 사실 한국의 정치구조에서는 늘 대통령의 지근거리에 있는 청와대 수석을 장관이 이기기 힘듭니다. 그런데 정보화기획실이 부처에 있는 것이 왜 필요한지 강하게 주장하고 끝까지 관철시킨 분이 이석채 장관이고, 이 장관의 주장에 양보하여 어려운 결단을 내린 분이 이각범 수석이었습니다.

초고속통신망사업, 시작도 전에 암초 만나

그런데 이렇게 어렵게 만들어진 정보화기획실이 사업을 시작하기도 전에 암초를 만났다. 감사원에서 정보화기획실의 감사를 시작한 것이다. 당시 정보화기획실 기획총괄과장이었던 노준형의 증언이다.

노준형 (盧俊亨)

1954년 서울에서 태어났다.
서울대 법학과를 졸업하고,
서울대에서 법학 석사학위를 받았다.
1977년 행정고시에 합격하여
정보통신부 초고속통신망구축기획과장,
공보관, 정보화기획심의관, 통신위원회
상임위원, 국제협력관실 국제협력관,
정보통신정책국장, 기획관리실장,
대통령직인수위원회 경제2분과 전문위원
등을 지냈다. 2005년 정보통신부 차관,
2006년 정보통신부 장관, 2007년
서울과학기술대 총장을 역임했다.

노준형 국가망 예산을 집행하기도 전에 감사원에서 감사를 나왔습니다. 44조 8천억 원 규모의 사업이니까 감사원에서 어마어마한 예산이라고 생각했나 봐요. 사실 42조 원은 민간 통신기업들이 알아서 투자한 것입니다. 국가가 예산을 직접 관여하는 분야는 초고속국가망 구축과 시범사업으로 3단계에 걸쳐 약 2조 원을 장기적으로 나누어 집행하는 계획이었습니다. 이제 막 사업을 시작하려는데 갑자기 시작하기도 전에 감사원이 정책감사를 하겠다고 나온 것입니다.

물론 정부 정책을 바라보는 감사원의 독자적 관점이 있었겠지만, 정보화 고속도로 구축 프로젝트는 미국 등 선진국들도 처음 하는 사업이잖아요? 신설된 정보통신부도 처음 시도하는 '정보화의 백년대계' 사업인데 시작하기도 전에 정책감사를 나온다? 저는 국가망사업의 직접 당사자는 아니었지만, 솔직히 '이건 좀 아니다' 싶었습니다. 정권이 바뀐 것도 아니고 사업에 예산을 집행한 것도 아닌데 감사원이 그때 왜 그렇게 나왔는지 지금도 이해가 안 가는 부분입니다.

감사원은 1996년 7월 5일, 정보통신부에 대한 감사를 종료하면서 "초고속국가정보통신망 사업에서 370억 원의 예산을 과다 계상하는 등 중대 과실이 적발되었다"고 발표했다. 그러면서 초고속통신망기획단 시절부터 실무작업을 총괄해왔던 천조운 국장을 징계하라고 정보통신부에 통보했다. [35]

초고속망기획단이 외부에서 가동되던 시절에 단장은 정보통신부의 정보통신정책실장이 겸임하고 있었다. 따라서 프로젝트의 실질적 책임자는 부단장이었던 천조운 국장(감사 당시 정보화기획실 정보화기획심의관)이라고 판단한 감사원이 그에게 감사를 집중한 것이다.

언론보도에 따르면, 이권에 관해 관련업체에서 감사원에 진정한 것이 사전 정책감사의 배경이 되었던 것으로 알려졌다.

노준형 초고속망구축사업에 감사원이 감사를 나와 온통 난리가 났는데 그걸 마무리하신 분이 정보화기획실이 생기면서 청와대에서 자원하여 온 진동수 국장(후일 금융위원장)이었습니다. 정보화기반심의관으로 오셨는데 그 자리에서 네트워크 고도화와 초고속국가망의 실제적 구축을 관리하고, 국가망이 어떻게 갈 것인지 계획을 세우고, 여러 가지 네트워크 고도화 시범사업을 시행하는 역할을 했습니다.

진동수 국장은 정보통신부에 오자마자 감사 문제를 해결해야 했기 때문에 내용을 파악하고 대응논리와 대안을 제시하느라 짧은 기간에 아주 고생했습니다. 그 문제를 해결하지 않으면 초고속망 사업 진도를 나가지 못하는 상황이었으니까요. 그때 감사원의 주장은 "통신사업자들이 돈도 많은데 그 사람들한테 투자하라고 하지, 왜 정부가 나서서 예산을 쓰면서 선도시장을 만들고 시범사업을 하느냐?" 였습니다.

홍은주 정보통신부에서 어떻게 논리를 구성하여 설명했습니까?

노준형 만약 정부가 이제 막 형성되는 통신시장에 일부라도 개입하지 않으면 어떻게 되겠습니까? 엄청난 규모의 사업에 투자할 기업은 자본력이 풍부한 독과점 기업뿐입니다. 한두 개 사업자가 초기투자를 다 하도록 내버려 두면 미래의 정보

---

35 〈전자신문〉, 2010. 11. 4.

화 시장이 영원히 독과점화되는 거예요.

그래서 정부가 초고속망 구축에 선도투자를 하고 사업자를 몇 개 선정하여 경쟁체제를 도입해야 했습니다. 또한 불확실성이 큰 시장은 수요가 없으니까 정부가 초고속국가망이나 시범사업을 하여 초기시장을 만들어 주는 것이 당연했습니다. 우리가 국가망을 구축하겠다고 하니까 학교나 연구소, 각종 공공기관 외에 보건복지부에서 전국 병원을 전부 들고 왔어요. 저는 병원이 비영리법인 성격인 것을 그때 처음 알았습니다.

미국에서도 "국가망이 논리망이냐, 물리망이냐?"는 논쟁이 있었습니다. 정부가 투자 개념으로 가면 물리망이고, 수요 개념으로 가면 논리망인 것이죠. 아무튼 진동수 국장께서 "국가망을 정부가 먼저 구축하고 수요기관들이 사용료를 내도록 하여 이를 상계한다"는 논리로 해결했습니다. 그렇게 나오니까 감사원도 뭘 어쩌겠어요? 이렇게 초고속국가망 사업의 첫 번째 고비를 넘어가는 데 큰 역할을 한 분이 진동수 국장입니다.

감사로부터 몇 년 지나지 않은 1999년 7월 4일, 정보통신부에 천조운 국장의 부음 소식이 들렸다. 오늘날 한국이 ICT 선진국으로 도약하는 데 기반이 된 초고속통신망 정책을 수립하기 위해 고된 밤샘작업을 견디며 일했는데도 제대로 평가받기는커녕 감사에 시달렸던 후유증이라는 말이 돌았다. 행시 14회 최연소 합격자로 체신부에 들어와 정보화 불모지였던 한국을 정보화 강국으로 도약시킨 초고속통신망 구축 마스터플랜을 만들고 실행하는 데 누구보다 앞장섰던 정보통신 인재의 안타까운 소식에 많은 이가 애석해했다.

노준형 그때 천조운 국장이 감사 때문에 너무 고생하셨습니다. 제가 옆에서 보니까 이분이 답답하고 열받고 스트레스가 쌓여 어쩔 줄 모르는 상황이었습니다. 천조운 국장은 오늘날 한국이 정보화 선진국이 되는 데 가장 크게 기여하신 분들 가운데 한 분으로 반드시 기록되어야 할 것입니다.

218

청와대의 '종이 없는' 컴퓨터 회의

1996년 10월 14일 청와대에서 김영삼 대통령이 주재하는 '제1차 정보화추진확대 보고회의'가 열렸다. 국무총리와 정보통신부 장관 등 각 부처 장관들, 시·도지사, 국회의 여야 지도자, 전경련을 비롯한 재계인사 등 120여 명이 참가한 대규모 회의였다.

이날 회의는 국정회의 사상 최초로 서류와 펜이 없는 '종이 없는'(*paperless*) 회의였다. 회의장 책상 위에는 문서 대신 PC와 노트북이 등장했다. 회의장에 유일하게 종이를 가지고 들어간 사람은 혹시 컴퓨터에 문제 생길 경우에 대비해 대통령 연설문 등을 출력한 종이를 준비해서 들어간 이각범 수석뿐이었다. 김영삼 대통령은 컴퓨터 화면을 마우스로 넘겨가며 "정보화는 국가경쟁력 제고를 위한 가장 중요하고 강력한 수단이며, 정보통신산업을 21세기 주도산업으로 육성하겠다"는 요지의 연설문을 읽었다. 이날 회의를 위해 김 대통령은 컴퓨터 사용법에 대한 속성과외를 받았다.

이각범 제가 정보화 시대를 앞당기려면 청와대 수석들부터 디지털 마인드를 가져야 한다, 이 디지털 마인드를 전 부처와 전체 기업에도 확산시켜야 한다는 취지로 페이퍼리스 회의를 대통령께 말씀드렸더니 "그거 좋다. 한번 해보자" 하시더군요. "각하도 종이 없이 마우스로 컴퓨터를 클릭하셔야 합니다" 그러자 "그거 어떻게 하는데?" 물으셨어요. 그래서 제가 마우스 활용법을 알려드렸죠.

홍은주 당시 정보화추진확대 보고회의는 큰 기술적 문제 없이 잘 넘어갔습니까?

이각범 회의 시간 내내 '혹시 버그가 생겨 컴퓨터가 작동하지 않으면 어떡하나?' 걱정했는데 다행히 큰 문제 없이 마쳤습니다. 김 대통령께서 마우스로 컴퓨터 모니터를 클릭하면서 '국가경쟁력 강화를 위한 정보화 전략'에 관해 연설했는데 페이지도 잘 넘기시고 끝까지 잘 하시더라고요.

홍은주 그 에피소드의 후일담으로, 국회에서도 국회의원들이 컴퓨터 전문가를 초청하여 배우는 열풍이 일었습니다.

제1차 정보화추진확대 보고회의 (1996. 10. 14).

이각범 그때 주제가 둘이었는데 하나는 전자정부 구현이었고, 또 하나는 벤처창업 지원 및 벤처산업 육성과 활성화였습니다. 이날 회의에서 1세대 벤처기업인 고(故) 이민화 회장은, 문민정부에서 정보통신 네트워크 기반조성과 범정부적 활용, 그리고 벤처창업 지원과 기술거래까지 완벽한 벤처생태계를 만들었다고 평가했습니다. 한국이 만든 벤처생태계를 1997년에 이스라엘 요즈마펀드에서 배워 갔습니다.

확대보고는 보통의 보고와 참석 범위가 달라요. 대통령, 국무총리, 전 국무위원, 전 수석, 서울시장을 비롯한 지방자치단체장, 국회 분과위원장 이상, 주요 기업 총수 등이 청와대 영빈관에서 하는 회의입니다. 제가 회의를 기획하면서 감독 역할을 맡아 대통령께서 어떻게 하셔야 하는지 말씀드렸습니다. 페이퍼리스 회의를 무사히 다 마치시고 대통령도 아주 뿌듯해하시면서 "이제 새로운 시대가 열리는 거지" 하시더군요.

홍은주 옆에서 지켜본 김영삼 대통령의 리더십 스타일은 어땠나요?

이각범 기본적으로 김영삼 대통령은 '내가 대통령을 한번 하겠다'가 아니라 '내가 시대전환을 하는 대통령이 되겠다'는 생각이 뚜렷했습니다. 그분의 가장 큰 장점은, 어떤 사안을 건의했을 때 그것이 타당하다고 생각하면 바로 결단하는 겁니다. 저는 최고의 지도자라고 생각합니다. 이야기할 때마다 한 번도 "왜 그런 엉뚱한 소리를 하느냐?"고 야단치신 적이 없습니다.

전자정부의 추진

페이퍼리스 방식으로 진행된 제1차 정보화 확대회의에서 김영삼 대통령이 강조했던 내용 가운데 하나가 향후 전자정부의 구축이었다. 김 대통령은 "현재는 정부에 민원을 제기하는 국민이 이 창구, 저 창구 뛰어다니면서 서류를 떼야 하고 창구에 가면 '다른 서류를 준비해 오시오' 한다. 정부가 가진 정보는 정부 안에서 소통되어 어디든지 국민이 가면 원스톱 서비스가 되도록 하라. 장기적 목표는 논스톱 서비스가 되어야 한다. 국민의 요구를 정부가 미리 파악해 국민이 요구하지 않아도 정부가 서비스할 정도가 되어야 우리 정부를 선진 정부라고 할 수 있다"고 강조했다.

전자정부라는 단어가 최초로 쓰인 것은 1995년 작성된 '정보화 기본계획'에서였다. "정부 정보의 공동활용이 촉진되어 신속한 업무처리가 가능해지고, 특히 정부와 국민 간에 자유롭게 정보를 주고받을 수 있는 기반이 구축되어 국민의 의사가 정책결정 과정에 신속히 반영되는 열린 정부를 실현한다"고 하여 민주적 전자정부(*electronic government*)의 미래 비전을 명확히 밝혔다. [36]

이각범 전자정부를 추진한다고 하자 정보통신부와 총무처 가운데 어디가 주무부처가 될 것인지에 대한 논란이 있었습니다. 행정전산망을 총무처에 있는 GCC가 주관하여 추진해왔기 때문에 총무처에서 저에게 여러 차례 "전자정부는 총무처가 주도해야 한다"고 주장했습니다. 정보통신부는 "당연히 정보통신부 정보화기획실이 주무를 해야 한다"고 맞섰죠.

그래서 제가 "총무처가 전자정부라는 이름으로 행정전산망을 추진하던 방식을 그대로 유지하면, 이것은 전산화지 정보화가 아니다. 전자정부가 되려면 하는 업무 자체를 디지털화(*digitalize*)해야 하고, 디지털화하려면 A에서 하는 일에 대해 B부처와 정보소통이 되어야 한다. 정보공개, 민간과 정보공유, 정부부처 간 정보소통이 될 수 있도록 업무를 디자인해야 한다"고 중재했습니다.

---

36 한국전산원, 1996, 〈1996~2000년의 정보화촉진 기본계획 해설서〉.

총무처에 업무를 리디자인(redesign) 하라는 과제를 주었고, 정보통신부에는 "전자정부에 걸맞은 정부의 망 고도화를 빨리 추진해 전자정부가 가능하도록 해야 한다"고 교통정리를 했습니다.

총무처는 1996년 '행정정보화촉진 시행계획'(1996~2000)을 수립하여 향후 5년간 1조 5천억 원을 투입하기로 했다. 그 결과, 서울, 부산 등 12개 대도시와 천안, 목포 등 10개 주요 도시를 연결하는 통신망을 구축하여 행정정보화, 생산성 향상, 민원행정 서비스 활성화 등 전자정부의 기초를 마련했다. 각 부처는 '정보화촉진 기본계획'을 토대로 분야별 '정보화촉진 시행계획'을 수립해 정보화를 추진했다. 국가기간전산망 사업은 이후 김대중 정부 시절인 1998년 2월 행정자치부가 신설되면서 본격적인 전자정부 구현으로 이어진다.

역대 정부에서 행정전산화와 전자정부 업무를 지속적으로 추진해온 안문석 교수의 평가이다.

안문석 김영삼 대통령의 가장 큰 업적 가운데 하나가 정보통신부를 만든 것과 초고속정보통신망 구축을 위한 마스터플랜을 만든 것이라고 생각합니다.

김영삼 대통령 시절에 추진했던 행정전산화 중에 특히 기억나는 것이 여권업무의 전산화였습니다. 그때가 세계화를 강조하던 시대인데도 여권 하나 받으려면 외무부, 경찰청 등 온갖 정부기관을 다 돌아다녀야 했습니다. 그 복잡한 업무를 일원화하고 정보를 연결해 한 군데에서 정부의 내부 정보를 해당 기관이 다 체크해 내줄 수 있도록 한 것입니다. 그때 특히 경찰청이 정보공유에 난색을 표해 힘들었는데 그래도 계속 관철해서 성공했죠. 또 동사무소를 문화센터나 주민센터로 역할을 바꾸는 등의 민선정부에 걸맞은 여러 가지 행정개혁이 이루어졌습니다.

정보화 정책의 관점에서 중요한 것은 처음에는 정보화추진위원회를 청와대에 두고 정책을 조율했는데 "정부가 정보화를 추진하려면 조정기구가 필수적인데 그걸 청와대 위원회로 두면 한계가 있다. 체신부 중심으로 정책을 조정할 수 있도록 해야 한다"는 이야기가 행정쇄신위원회에서 나왔습니다. 결국 나중에 정보통신부

조직이 만들어집니다.

또 한 가지, 김영삼 정부 시절 정보통신부가 성공하게 된 요인은 EPB가 사라지고 그곳 출신 공무원들이 정보통신부로 많이 옮겨 가면서 개혁적이고 자유롭고 개방적일 뿐만 아니라 학구적이고 장기설계를 하고 미래를 내다보는 문화가 정보통신부에 이식되었기 때문이라고 생각합니다. 저는 당시 자문위원으로서 정보통신부에 들어가면 마음이 아주 편했습니다.

조선과 동아의 '정보화 국공합작'

일반적으로 언론은 정부의 정책에 비판적이다. 언론의 사회적 역할이 정부를 칭찬하는 것이 아니라 문제점을 발굴하고 지적하여 고치도록 하는 것이기 때문이다. 갈등 속에서 해결책을 모색하는 길항작용을 하는 것이다.

그런데 정보통신부 출범 이후 정부와 언론의 밀월관계가 형성된다. 그때 정부와 언론이 모두 '우리가 산업화는 뒤졌지만, 정보화는 앞서야 한다'는 열의로 가득차 있었다. 모든 미디어가 정보화 정책에 관심을 가져 비중 있게 다루면서 격려했으며, 추진 과정에서 사소한 문제가 발생해도 이슈화하지 않았다.

정보통신부가 '정보화촉진 기본계획'을 세운 후 이를 추진하기 위해 41개에 이르는 법령이 통과되었다. 이렇게 많은 관련법이 여당은 물론 야당의 반대 없이 단기간에 제정, 개정된 데는 정보화 추진을 응원하는 언론의 막후 지원이 결정적으로 작용했다.

심지어 경쟁관계인 〈동아일보〉와 〈조선일보〉가 공동기획, 공동취재, 공동집필하여 양 신문에서 똑같은 면에 똑같은 크기로 정보화 관련 기획기사를 10회에 걸쳐 게재하기도 했다. 대한민국 언론 역사상 처음이자 마지막으로 있었던 큰 사건이다.

정보통신부가 언론과의 밀월관계라는 행운을 누렸던 당시의 대변인은 노준형 국장이었다. 그는 EPB 예산실에 오래 있다가 정보통신부로 옮겨와서 초고속통신망구축기획과장, 정보통신정책실 정보망과장, 정보화기획실 기획총괄과장 등을 거쳐 1996년 강봉균 장관 때 대변인으로 발탁되었다.

홍은주 한양사이버대 교수가 노준형 전 정보통신부 장관과 인터뷰를 진행하였다.

노준형 강봉균 장관으로부터 대변인을 하라는 말을 듣고 모두가 놀랐고 저도 놀랐습니다. 술이라고는 거의 못 마시고 골프도 못 치고 기자들과의 접점도 없었기 때문에 제가 대변인을 잘할 수 있을까 솔직히 자신이 없었어요. 사실 장관님 입장에서도 저처럼 술도 못 마시고 외골수로 정책에만 전념해온 사람을 대변인으로 쓴다는 것이 위험 요소가 있는 것 아닙니까?

그런데 곰곰이 헤아려 보니 강 장관님이 '이 시점에 필요한 정보통신부 대변인은 이런 사람이어야 한다'고 생각하셨던 것 같습니다. 제가 장관님의 뜻을 이해한 것은 공보관이 되어 첫 번째로 모든 간부들이 모인 회의 자리에서였습니다. 회의하다 말고 강 장관님이 "대변인은 직제상 누구의 지휘를 받나?"라고 묻는 겁니다. 그때 제가 보니까 대변인은 공무원 직제 중 가장 독특한 직위였습니다. 장관 직속으로 차관의 지휘도 받지 않습니다. 직제의 의미는 바로 장관이 "이 사람이 하는 말이나 행동이 바로 내 뜻이다"라는 것입니다. 강 장관님께서 저에게 "장관이 일 잘하는 것은 대변인인 당신에게 달려 있다"고 강조했던 이유도 바로 거기에 있다고 생각합니다. 그래서 제가 공보관이 된 후 대(對) 언론관계를 형성하는 과정에서 장관의 생각과

224

동아·조선 정보화 캠페인 관련 기사
(〈조선일보〉, 1997. 1. 9)

진의를 가장 정확히 파악하고 이를 잘 표현하기 위해 노력했습니다.

　제가 공보관을 시작했을 때 가장 인상 깊었던 점은 당시 우리 언론이 정보화에 큰 관심이 있었고 정보통신부의 정책에 아주 협조적이었다는 것입니다. 제가 대변인을 지낼 때 가장 큰 사건은 〈동아일보〉와 〈조선일보〉가 공동기획, 공동집필을 해서 양 신문이 똑같은 면에 똑같은 크기로 정보화 관련 기획기사를 10회에 걸쳐 게재한 것입니다. 〈중앙일보〉 등 다른 언론사들도 모두 정보화 추진정책에 대단히 관심이 높아 여러 곳을 취재하고 열심히 기사를 쓰면서 아주 비중 있게 다루었습니다.

　공보관으로서 기자들과 정보화 정책 추진을 위한 정보를 공유하고 때로는 조율했습니다. 취재경쟁이 지나치게 과열되지 않도록 합의해 기업의 주거래은행처럼 언론사별로 주로 관심을 갖는 정보화 분야를 정했습니다. 대학은 〈동아일보〉가 맡았고, 중고등학교는 〈중앙일보〉가, 초등학교 정보화는 〈조선일보〉가 맡았습니다.

언론이 정보화에 관심이 뜨겁고 협조적이었다는 점은 공보관으로서 아주 큰 행운이었습니다. 그때 〈동아일보〉에서 대학의 정보화 수준을 평가하여 대학 랭킹을 정했는데, 이를 평가하기 위한 위원회가 만들어졌습니다. 대학들이 이 문제를 아주 중대하게 받아들여 해당 대학에서 가장 정통한 분들을 위원회로 파견했습니다. 그때 김효석 중앙대 교수, 허운나 한양대 교수, 이명박 정부 IT 특보를 지낸 오해석 교수 등 쟁쟁한 분들이 참여했습니다.

〈조선일보〉와 〈동아일보〉의 정보화 정책 공동기획과 공동취재, 공동게재라는 전대미문의 사건은 오명 장관이 〈동아일보〉 사장으로 취임하여 추진한 일이었다.

오 명 1996년 제가 〈동아일보〉 사장으로 갔습니다. 〈동아일보〉 사장 시절에 기억나는 일은 다른 기사는 몰라도 정보화 관련기사는 "뭘 쓸 거냐?" "뭘 실었느냐?" 매주 점검하면서 기자들의 정보화 교육에 매진했던 것입니다. 또 〈조선일보〉의 방상훈 사장을 만나 "우리 두 신문사가 정보화 추진에서 큰 역할을 하자. 정보화에 기여하자. 이를 위해 우리가 라이벌 신문이지만 같이 캠페인을 하자"고 제안했더니 흔쾌히 수락했습니다. 그래서 두 신문사 기자들이 10회에 걸쳐 정보화 기사를 공동으로 취재하고 공동으로 게재했습니다. 두 신문이 공동으로 같은 내용의 기사를 게재한 것은 아마 처음이자 마지막이었을 겁니다.

홍은주 언론사 사장으로서 대학 정보화 교육에 힘쓰셨던 것으로 알고 있습니다.

오 명 제가 〈동아일보〉 사장으로 있을 때 대학의 정보화 랭킹을 정하는 작업을 했습니다. 대학에 컴퓨터 예산이 별로 없었을 때였는데 랭킹을 정하니까 대학이 컴퓨터와 정보화에 신경을 쓰기 시작했습니다. 또 유니코사(UNICOSA) 라고 각 대학의 컴퓨터 비전공자들이 모여 컴퓨터를 배우고 연구하는 동아리가 있었습니다. 하루는 학생 대표들이 저를 찾아와 도와달라고 해서 데이콤과 연결시켜 각 대학에 컴퓨터 두 대씩을 기부하고 활동비도 지원했습니다. 그러자 전국 대학생 컴퓨터 동아리가 활발하게 돌아가기 시작했습니다.

정보문화센터 내에 정보통신훈련원을 개설하여 6개월 동안 대학생 컴퓨터 실무교육을 하는 과정도 졸업하면 100% 취업했습니다. 이를 계기로 대학 총장들을 만나 "좋은 강사를 보내 줄 테니 컴퓨터와 정보통신 과목을 개설하라"고 설득해 각 대학이 컴퓨터 교육을 늘리기 시작했습니다. 한국데이터통신의 이용태 박사가 이에 많이 기여했고 큰 역할을 했습니다. 한국 정보화는 물론 대학 컴퓨터 교육의 최대 공로자 중 한 사람이 이용태 박사였습니다.

통신산업 구조조정과 경쟁정책

통신산업 구조조정

정보통신산업은 초기 시설투자에 천문학적 비용이 들어서 자연독점적 성격이 강한 데다가 '네트워크 외부효과'(network externality) 때문에 대부분의 국가에서 정부 독점사업이나 공기업으로 유지하는 것이 당연하다고 장기간 생각했다.

그러나 1980년대 초반 들어 전 세계적으로 통신산업 경쟁정책 도입이 활성화되기 시작했다. 미국은 장기간 「반독점법」 소송의 결과 장거리 전화시장이 3사 경쟁체제로 접어들었다. MCI와 Sprint가 뛰어들어 기존 사업자인 AT&T의 아성에 도전했다. 국내외 통신사업의 인수합병과 제휴, 합작 등도 늘어났다. AT&T는 이동통신 셀룰러 업체인 McCAW의 주식을 인수하여 이동통신 분야에 진출했고, 애플과 IBM, 지멘스 등과 연합하여 멀티미디어 개발그룹을 형성했다. 이 같은 AT&T의 움직임에 대응하여 벨 애틀랜틱과 Nvnex US West, AirTouch는 이동전화사업을 통합했다. MCI는 세계 전화시장에서의 경쟁을 위해 BT와 제휴했으

며 Sprint는 FT 및 DBT와 제휴했다. [37]

영국에서는 1984년 「전기통신법」이 개정되어 BT 지분의 50% 이상이 민간에 매각되었다. 이어 MCL(Mercury Communication, Ltd.)이 영업을 시작하면서 BT와 복수경쟁 체제로 돌입했다.

통신기술 발달과 다양한 신시장의 출현이 이러한 변화를 불러왔다. 우선 통신기술이 빠르게 발전하고 비용이 저렴해지면서 통신사업의 자연독점적 성격이 약화되었다. 또한 기본 음성통신 시장도 시내전화와 시외전화, 국제전화, 위성전화 등으로 나뉘었다. 기본적 유선 음성통신은 전국 전화선 구축에 따른 비용이 천문학적이어서 자연독점적 성격을 유지했다. 그러나 시외전화, 국제전화, 위성전화 등은 기존의 망을 활용하여 초기 투자비용이 별로 들지 않기 때문에 진입 기회를 달라는 업계의 요구를 더 이상 외면하기 어려워졌다.

둘째, 통신의 개념이 음성통신에서 데이터와 영상, 이동통신 등 다양한 분야로 확대되었다. 따라서 기존의 음성통신에 적용하던 규제로는 더 이상 새롭게 부상하는 부가통신 분야 서비스를 확대하기 어려워졌다.

글로벌 환경의 변화에 따라 1988년 통신개발연구원은 시내전화의 신규 사업자를 추가 선정하여 한국통신과 경쟁하도록 하는 방안을 건의했다. 1989년에는 업계에서의 경쟁 도입을 위한 통신사업 구조조정을 건의하기도 했다. [38]

이 같은 시대 조류에 맞추어 체신부는 1990년 7월 '경쟁도입을 위한 통신사업 구조조정 방안'을 발표했다. 구조개편의 내용은 첫째, 시내전화는 한국통신이 기간통신사로서 독점을 유지하되 장거리 시외전화와 국제 및 이동통신은 단계적 경쟁으로 가고, 둘째, 부가통신 분야는 조기 경쟁을 유도한다는 내용이었다. 급격한 조직분할구조 분리를 택한 미국이나 일본과 달리 회계분리를 중심으로 점진적 시장경쟁을 도입한 영국 모델에 가까운 내용이었다. [39]

---

37 강문석, 1995, "WTO 체제에서의 통신서비스산업 패러다임의 변화와 대응방향", 〈정보와 통신〉, 12권 11호.

38 정보통신발전협의회에서 건의한 내용이다(정홍식, 2007, 《한국 IT 정책 20년》, 전자신문사. 186쪽).

39 장석윤·조성원, 1998, "BT의 사업전략과 구조조정", 〈전자통신 동향분석〉, 13권 6호

통신산업 구조조정과 경쟁도입 원칙을 반영하여 체신부는 1991년 「전기통신기본법」과 「전기통신사업법」을 개정했다. 그 결과, 데이콤이 국제 전화사업에 뛰어들었다. 1992년 무선호출 제2사업자가 지역별로 10개 사가 선정되었고, 1993년 한국통신의 데이콤 보유분을 완전 매각했으며, 1993년 12월 한국통신 주식 10%를 1차로 민간에 매각했다. 이것이 1차 구조조정이었다.

1994년 6월 체신부가 시외전화와 PCS 사업자, 무선데이터 사업자에게 경쟁체제를 도입한다는 내용의 제2차 통신시장 구조개편 방침을 발표했다. 허가제도를 망과 서비스로 나누어 주요 통신망을 보유하고, 음성 중심 서비스를 하는 사업은 허가제를 적용했다. 반면 데이터통신 등 정보처리 중심 서비스를 하는 부가통신사업자는 신고만으로도 사업할 수 있도록 한 것이 주요 변화였다.

그러나 이때도 여전히 복잡한 규제가 적용되었다. 통신서비스 대상지역과 음성, 데이터, 영상 등 정보 형태 및 유무선 형태, 설비기반과 재판매기반 등 공급기반, 일방향과 쌍방향 등 전달양식에 따라 규제가 다양하게 적용되었다. 가령, 시내전화는 독점, 시외전화와 국제전화는 경쟁체제를 유지했고, 음성은 허가, 데이터영상은 신고, 유무선전화는 별도의 지분제한을 두었다.[40] 양방향 서비스는 통신영역으로 정보통신부가 규제하는 한편, 일방향 서비스는 방송영역으로 보아 공보처에서 관장했다.

경쟁체제가 도입된 일부 국제전화 서비스 등에서도 추가적 진입은 막혀 있었고 요금인상도 막혀 있었다. 주도 사업자의 망에 전적으로 의존해 사실상 독과점구조가 온존해 있었던 것이다.

---

40 유선전화의 동일인 지분제한은 10%, 무선전화는 33%였다. 외국인의 지분제한은 유무선 공히 49%였고, 한국통신은 33%였다.

제3차 구조조정, 급진적 경쟁체제 구축

1995년 7월 4일 정보통신부가 '통신사업 경쟁력 강화를 위한 기본정책 방향'을 발표했다. [41] 점진적 경쟁도입을 추진했던 과거 1차와 2차 구조개편과 달리 3차 구조개편은 전면적이고 급진적인 경쟁체제의 조기 구축을 목표로 했다. 통신사업 구조의 일대 지각변동을 예고한 것이다.

3차 구조개편의 핵심 내용은 첫째, 사업허가는 경쟁이 원칙, 독점은 예외라는 기준이었다. 1단계는 현행법령이 허용하는 한도 내에서 최대의 국내 신규 사업자를 허용하기로 했다. 2단계로 WTO 협상 결과에 따라 「전기통신기본법」, 「전기통신사업법」 등 관련법규를 재개정하여 외국사업자도 포함하는 경쟁제체를 구축하기로 했다.

이에 따라 복잡한 진입규제가 대폭 사라졌다. 특히 그동안 통신시장 신규 진입을 사실상 불가능하게 했던 사전공고 방식을 폐지하기로 했다. 정부의 사전공고가 없을 경우 허가신청 자체가 불가능했는데, 앞으로 사업 희망자가 능력이 갖춰지면 아무 때나 허가신청을 낼 수 있도록 한 것이다.

신규 통신사업자를 선정할 때는 1차 자격심사와 2차 경매방식을 병행하기로 했다. 서비스 능력을 검증한 후 경쟁사업 희망자 가운데 정보통신 연구개발 출연금의 최고액을 써낸 사업자를 선정한다는 방침이었다. [42]

둘째, 기존 통신사업자와 신규 사업자 간의 공정한 경쟁을 위해 사업 간 회계분리 및 내부보조 금지를 통해 공정한 경쟁을 유도하고, 상호접속 보장, 요금규제 완화, 주파수 자원배분의 효율성 확대, 합리적 번호체계 구축 등 보완대책 마련에 나서기로 했다. 통신위원회의 기능도 강화하기로 했다.

셋째, 시내 전화사업은 당분간 독점으로 두되, 유선 음성통신 기간사업자인 한국통신은 주식을 민간에 매각하여 정부지분을 49% 이하로 낮추는 방식으로 「정

---

41 이하 구조개편의 내용은 《한국 IT 정책 20년》(정홍식, 2007, 전자신문사)에 자세히 기록되어 있다.

42 이러한 선정방식을 시험적으로 적용하고, 그 성과를 보아 1997년으로 예정된 주파수경매제도부터 본격적으로 도입하기로 했다. 실제 IMT-2000 사업자 선정에서 이 방식을 채택했다.

부투자기관관리 기본법」의 적용대상에서 제외하여 신규 사업 투자, 임금 등에 대한 규제를 완화하기로 했다. 경영 자율성을 최대한 허용하여 효율성을 높이고 세계 수준의 경쟁력을 갖는 기간통신사업자를 육성한다는 것이다.

초고속정보통신기반 구축사업의 진척 상황과 케이블TV 전송망 구축 및 운용상황, 통신사업 경쟁확대의 파급효과, 요금책정 문제와 보편적 서비스 보장 문제 등에 대한 해소방안이 마련되는 시점에 시내전화 사업자를 추가로 허가하기로 했다.

경쟁적 광케이블망 확충을 유도하여 시내 부문의 초고속화를 촉진하기 위해 회선임대사업(전용회선사업)도 신규 사업자를 허가하기로 했다.[43] 당초 1개 사업자에게 허가해 주었던 PCS(개인휴대통신서비스)는 국내 기술개발 상황을 감안하여 주파수 허용범위 내에서 사업자를 다수 허가하기로 했다. TRS(주파수공용통신)는 연초 항만전화에 이어 하반기 중 전국 및 지역사업을 허가하고, 시티폰(CT-2)과 무선데이터는 사업성을 시장 판단에 맡겨 주파수가 허용하는 한 사업자를 대거 허가하기로 했다.[44]

통신 경쟁정책 도입의 시대적 배경

1996년에 대대적 통신시장 구조개편이 추진된 데는 "급격한 기술발전으로 통신시장 진입을 막는 것이 능사가 아니며 가능하지도 않다"는 현실 인식과 함께 미국 등 선진국의 시장개방 압력이 가중되었던 시대적 배경이 있었다. 1980년대 후반부터 미국의 시장개방 요구가 높아짐에 따라 시작된 통신시장 구조개편은 1차(1991)와 2차(1994)까지만 해도 마지못해 대응하는 분위기였다. 구조개편의 핵심은 "선진국의 공세로부터 국내 통신시장을 어떻게 지키느냐?"에 있었다.

그런데 시간이 지나면서 발상의 대전환이 이루어졌다. 한미 통신협상에 이어 시작된 WTO 회의에서 선진국 주도 기본통신협상이 타결되어, 1997년부터 통신

---

43 이에 따라 시장에 참여한 사업자가 훗날 나스닥 시장의 파란을 일으킨 두루넷이었다. 두루넷은 삼보컴퓨터와 한국전력이 합작으로 만든 초고속공중망 사업자였다.
44 "통신사업 경쟁력 강화 기본정책 방향", 〈전자신문〉, 1995. 7. 5.

시장 개방이 확실시되었다. 향후 한국 시장에 진출할 외국 사업자들에 대한 경쟁력 확보가 시급해졌다.

이에 따라 "단순히 수세적으로 대응할 일이 아니다. 차제에 국내 통신시장을 더 효율화하고 자체 경쟁력을 갖추는 계기로 삼아야 한다. 그러려면 대담한 경쟁체제를 도입해야 한다"는 의견이 대세가 되었다. "선 국내 경쟁체제 도입, 후 국제경쟁 허용" 원칙 아래 1996년 전면적 국내 경쟁체제 구축을 위한 구조개편이 이루어진 것이다.

1996년 구조개편 발표 이후 정보통신부는 관련법규 개정을 통해 전면적 국내 경쟁체제를 구축하고, WTO 협상 결과에 따라 1997년 관련법규를 2차로 개정하며 1998년부터 단계적 시장개방을 통해 국제 경쟁을 확대해 나가기로 했다.

한미 통신협상과 WTO 체제 출범

"짐 싣는 자동차가 여기서 왜 나와?"

미국은 1980년대 후반부터 「슈퍼 301조」[45]를 동원한 한국과의 쌍무협상 과정에서 시장개방을 지속적으로 요구했다. 특히 1989년부터 미국의 통신시장 개방압력이 커짐에 따라 제1차 한미 양자간 통신협상이 시작되었다.

한미 통신협상은 이후 WTO 체제 출범과 함께 1994년에 시작된 다자간 기본통신협상으로 연결되었다. 기본통신협상은 우루과이라운드(UR: Uruguay Round)의 막바지에 시작되었지만, 본격적 협상은 UR이 타결되고 WTO가 출범한 이후

---

45 1988년 종합대외무역경쟁법(Omnibus Foreign Trade and Competitiveness Act of 1988)에 의해 만들어진 한시법 조항이며 1974년 제정된 미국 통상무역법 301조를 강화한 내용이다. 미국의 모든 교역상대국의 부당하거나(unjustifiable) 비합리적이고(unreasonable) 차별적인(discriminatory) 법·제도 관행에 대해 발동된다. 교역상대국의 불공정 무역관행(unfair trade practice) 중 미국무역대표부(USTR: Office of the United States Trade Representative)가 미국 수출 감소에 가장 큰 영향을 준 '우선협상 대상국 관행'(PFCP: priority foreign country practice)을 지정해 조사를 개시한다.

이루어졌기 때문에 'WTO 기본통신협상'이라고 지칭한다.

당시 체신부에서 한미 양자간 통신협상을 담당했던 김용수 전 과학기술정보통신부 차관(한미 통신협상 당시 사무관 및 과장)과 WTO 통신협상에서 정부 대응을 이론적으로 뒷받침했던 이한영 중앙대 교수(당시 KISDI 연구원)로부터 통신시장 개방 협상에 대해 자세히 들어 본다.

김용수 기존의 GATT 체제에서 상품경쟁력을 잃게 된 미국은 자신들이 경쟁력을 가진 서비스 무역을 강조하면서 각국을 압박하기 시작합니다. 1980년대 초반에는 일본이 주요 타깃이 되어 통신, 금융, 환율 등 시장개방 압박을 받았죠. 일본을 손본 다음 1980년대 후반부터 「슈퍼 301조」를 동원하여 한국을 우선협상 대상국으로 지정하고 시장개방 압력을 넣었습니다.

홍은주 한미 쌍무협상 때 음성전화 같은 기본 서비스는 물론이고 이동전화와 PCS 같은 무선통신 서비스, 케이블TV 사업자의 통신망 서비스, 패킷·회선 교환 데이터 전송과 텔렉스, 전신, 팩스, 전용회선, 위성망서비스 등 부가통신서비스 (VAN: *value added network*)가 모두 포함되었다고 들었습니다.

김용수 그렇습니다. 당시 우리는 통신시장과 기술의 미래가 어떻게 전개될 것인지 사실 잘 알지 못하는 상태에서 얼떨결에 개방협상에 임했습니다. 1980년대 말에 미국은 민간에서 한창 컴퓨터와 인터넷이 눈부시게 발전하고 데이터통신도 활발했죠. 반면 우리는 음성전화통신이 대부분이었습니다. 미국이 다짜고짜 "밴 시장을 개방하라"고 요구했는데 "밴이라니? 통신서비스 협상하자면서 짐 싣는 자동차 이야기가 여기서 왜 나와?"라며 어리둥절해할 정도로 부가통신이라는 개념 자체가 생소하던 시절이었습니다.

물론 통신 전문가들이 포진해 있던 체신부는 그 내용을 알고 있었지만 난감했습니다. 당시 한국에서는 통신사업이 사실상 국가사업이었기 때문입니다. 한국통신은 정부 기능의 일부를 대행하는 것이나 다름없었죠. 한국통신의 자회사인 데

김용수 (金容秀)

1963년 서울에서 태어났다.
서울대 법학과를 졸업하고, 서울대에서
정책학 석사학위를, 미국 컬럼비아대에서
법학 석사학위를, 미국 조지타운대에서
국제법 석사학위를 받았다. 1987년
행정고시에 합격하여 주제네바 UN 대표부
1등 서기관, 정보통신부 통신경쟁정책과장,
대통령 미래전략수석비서관실 정보방송
통신비서관, 미래창조과학부 정보통신
정책실장 등을 지냈다. 2017년 방송통신
위원회 상임위원, 미래창조과학부 제2차관,
과학기술정보통신부 제2차관을 역임했다.

이터통신도 민영화되었지만, 결국 공공적 성격을 가지고 사업을 하고 있었습니다. 그런데 부가통신 시장을 개방하라니 참 당혹스러웠죠.

그런데 우리가 협상하면서 당시 미국이 눈여겨보았던 부가통신 시장개방의 가장 큰 목적은 금융서비스였음을 점차 깨달았습니다. 미국은 당시 컴퓨터 네트워크가 발달하여 금융서비스나 금융데이터가 전부 통신으로 이루어졌거든요. 우리는 아직 통신 네트워크를 금융서비스로 연결한다는 생각을 일부 전문가들만 하고 있었습니다. 부가통신 시장개방이라고 하지만 한국에는 부가통신사업이라는 게 거의 없을 때니까 사실 금융서비스 시장을 노린 것일 수 있겠다, 이렇게 판단했던 기억이 납니다.

또 미국은 미국 기업이 생산한 통신장비를 한국통신에 판매하고 싶어했습니다. 당시는 한국통신이 루슨트(Lucent)라는 AT&T 자회사에서 통신장비를 많이 구매해 들여왔습니다. 그렇게 이해관계가 컸기 때문에 한미 통신협상에서 미국은 "한국통신에서 통신장비를 구입할 때 미국 회사와 한국 회사를 비차별적으로 대우하라"고 요구하곤 했습니다.

234

'선 국내시장 육성, 후 시장개방' 전략 수립

홍은주 한미 통신협상이 한국 통신산업에 어떤 영향을 미쳤습니까?

김용수 한미 통신협상을 진행하는 과정에서 전통적으로 정부 정책기능의 일부였던 한국 통신시장에 민영화와 경쟁정책 도입이라는 큰 변화의 바람이 불게 되었습니다. 미국의 통신시장 개방요구가 국내 통신산업 전반에 걸친 대대적 구조 개편 문제로 연결된 것입니다. 통신산업에 대한 정책 자체가 180도 전환이 불가피해졌습니다. 정부사업, 독점체제로 진행되어 오던 통신시장을 민간에게 개방하여 경쟁체제로 전환해야 향후 닥쳐올 미국의 거대 통신기업에 대응할 수 있으니까요.

그때 체신부가 결정한 전략이 '선(先) 국내시장 육성, 후(後) 시장개방'입니다. 미국과 협상을 끝내도 실제로 시행단계에 들어가기까지 시간 여유가 좀 있습니다. 그사이에 우리가 먼저 시장을 개방하여 민간자본을 많이 유치하고 경쟁을 유도하는 전략을 세운 것이죠. 그래서 당시 여러 부가통신서비스 시장을 개방하고 적격성 심사를 거쳐 민간기업에 허가를 많이 내주었습니다. 한국통신이 독점하던 국제전화서비스를 복점으로 하고, 시외전화도 복점으로 하여 경쟁하도록 했습니다. 삐삐 무선호출 역시 민간사업자를 유치하고, PCS 사업자도 3개까지 허용하기로 결정했던 것입니다.

국내 경쟁을 먼저 유도하여 시장포화(*market saturation*) 상태를 만들어 놓자, 나중에 미국 사업자가 들어와 봐야 '이미 여러 경쟁자로 다 차서 먹을 게 별로 없네'라고 느끼는 상태로 만들자고 구상했습니다.

1989년 한미 양자협상 차원에서는, 이 협상 자체가 워낙 큰 사건이라 정부가 통신개방협상단이라는 별도 조직을 꾸려 대응했습니다. 당시 제가 사무관으로, 존경하는 이인표 국장께서 단장으로 참여했습니다. 통신정책국에서는 국내 경쟁 정책과 산업정책을 병행함에 따라 국내 산업정책과 통신협상이 동시에 돌아가기 시작했습니다.

정보통신부, 신기술에 대한 수용성 강해

홍은주 통신시장에 대한 미국의 개방압력이 있었다지만, 사실상 협상이 마무리되기도 전에 통신시장을 경쟁시장으로 전환하고 민간기업에 복수 시장진입을 허용한 것은 놀라울 정도로 유연한 정책의 선회였던 것 같습니다.

김용수 당시 한미 통신협상은 체신부가 시작했고, 정보통신부가 생기면서 정보통신부가 협상을 이어받았습니다. 기술관료가 많았던 체신부나 정보통신부의 가장 큰 장점은 새롭게 등장하는 디지털 기술에 두려움이 없고 변화에 대한 수용성이 아주 강한 조직이라는 것이었습니다. 기술변화와 혁신이 아주 빨리 일어나니까 기술에 대해 보수적일 수 없었죠. 궁극적으로 기술발전이 세상을 바꾼다는 생각을 저를 포함해 다들 하고 있었습니다. 그러니까 '개방압력에 소극적으로 저항해 봐야 별 의미가 없다. 강요당해 하기보다 우리가 먼저 하자'는 생각이 강했습니다.

게다가 당시 정보통신산업은 사실 정부가 주도했습니다. 만약 민간기업이 이미 많이 있었더라면 시장개방에 맞서 이들이 기득권을 지키기 위해 정치권에 로비하고 저항하고 그래서 문제가 아주 커졌을 겁니다. 그런데 정부가 독점하던 산업이라 정부만 결정하면 되니까 시장개방에 유연하고 통 큰 결단이 가능했던 것입니다.

바로 그 결정이 한국 통신산업 발전을 불러왔다고 생각합니다. 먼저 국내적으로 빠르게 경쟁체제를 갖추었고 시장개방 후 선진국 기업들과 상호 경쟁하면서 커나간 것이 한국 통신산업이 글로벌 수준으로 급성장한 결정적 요인이라고 봅니다.

우루과이라운드와 WTO 통신협상

1990년대 초반까지 한미 통신협상은 어느 정도 주요 쟁점이 마무리되었다. 하지만 2차 한미 협상이 진행되는 동안 다자간 협상인 WTO 기본통신협상이 시작되어 한국 정부는 사실상 두 가지 협상을 동시에 대응해 나갔다.

WTO 협상의 시작은 1986년 서비스 시장개방을 촉진하기 위한 우루과이라운드(UR)가 시초였다.[46] 시간이 지나면서 다른 서비스는 어느 정도 진척을 보인 반면 통신서비스 부문에서 별로 진도가 나가지 않자 1990년 12월 미국은 정식으로 통신서비스 시장개방 문제를 제기했다. 1992년 2월부터 한국과 일본, EU 등 12개국을 지정하여 "장거리 및 국제전화는 사업자 수 제한을 없애고 외국인 투자를 허용하며 외국 사업자의 독자적 설비구축이나 회선재판매 서비스가 가능하도록 허용해야 한다. 또한 투명하고 비차별적이며 원가에 기초한 기본통신서비스 접근을 보장해야 한다"고 전면개방을 요구해왔다.

미국이 전면개방을 요구하자 1993년 7월 캐나다가 절충안을 마련하고 다른 국가들이 이에 동조하여 '통신협상 공동의제'(Common Agenda)[47]를 UR에 제출했다. 한국은 처음에는 소극적이었으나 다자간 협상이 미국과 진행 중인 쌍무협상에 전략적으로 다 유리할 것이라는 판단에 따라 1994년 4월부터 스위스 제네바에서 열린 WTO 다자간 통신협상[48] 참여를 결정했다.

홍은주 한미 통신협상이 먼저 있었고 이후 WTO 다자간 통신협상이 시작되었는데, 두 협상은 어떻게 연결되었나요?

김용수 한미 통신협상의 주요 쟁점이 대강 마무리된 시점에 WTO 기본통신협상이 시작되었습니다. WTO를 주도하는 국가가 미국 등 몇몇 선진국이고, 사실상 미국이 주도하는 협상이었습니다. 몇 년 전부터 미국과 양자간 통신협상을 해왔던 한국 입장에서는 WTO 협상의 핵심 쟁점에 대한 원칙적 입장이 이미 정리되었다고 봐야죠. 특히 부가통신 시장에 경쟁정책을 모두 도입하고 다 개방하기로 정해져

---

46 우루과이라운드는 미국과 유럽 등 선진국들이 기존의 관세 및 무역에 관한 일반 협정인 GATT 체제에 더해 서비스 무역에 관한 일반 협정을 체결하여 서비스 시장개방을 요구하면서 시작되었다.

47 기본통신의 정의와 범위, 자유화 일정의 기재방식, 외국 기업 진입제한, 기본통신서비스 진입에 대한 사업자 수 제한 유무, 공정경쟁 보장문제 등을 포함했다.

48 처음에는 17개국이 참여했으나 모든 국가에 열려 있는 협상이었기 때문에 진행 과정에서 참가국이 계속 더 늘어나 1995년 10월에는 45개국이 참여했다.

이한영 (李漢煐)

1963년 경기도 포천에서 태어났다.
서울대 국제경제학과를 졸업하고
서울대에서 경제학 석사학위를,
미국 듀크대에서 경제학 박사학위를
받았다. KISDI 연구위원을 거쳐
2004년부터 중앙대 경제학부 교수로
재직하고 있다. 《디지털@통상협상:
UR에서 한미 FTA 까지》(삼성경제연구소,
2007), 《너 이런 경제법칙 알아?》
(21세기북스, 2016) 등을 저술했다.
정부자문 공로로 국무총리 표창,
대통령 표창과 녹조근정훈장을 수상했다.

있었습니다. 미국에 의해 WTO에 대응하는 강력한 백신을 먼저 맞았던 셈입니다.

이한영 제가 미국 유학을 마치고 1994년 말에 한국에 막 돌아오자마자 지금의 KISDI[49]에 입사해 1995년 초부터 WTO 기본통신협상에 참여했습니다. WTO 기본통신협상을 이해하려면 GATT 체제의 역사적 맥락을 살펴볼 필요가 있습니다. 전 세계 주요국들은 1930년대 대공황에 이어 제2차 세계대전을 겪는 과정에서 국가 간 협조가 절실했으나 그러지 못해 어려움에 부딪쳤던 일을 반성했습니다. 그 일환으로 탄생한 것이 브레튼우즈 체제입니다.

당초 브레튼우즈 체제는 상품무역 분야의 자유무역 질서를 위해 ITO (International Trade Organization, 국제무역기구)라는 국제기구를 창설하려 시도했으나, 막판에 미국의 반대로 ITO 창설에 실패했습니다. 이에 따라 국제기구 없이 관세 및 무역에 관한 일반 협정, 즉 GATT (협정문)와 사무국만으로 출범한 다자무역 체제가 GATT 체제로 1994년까지 유지됐습니다. GATT는 글자 그대로 상품무역에 국한된 국제

---

49 1994년 말까지 KISDI의 공식 명칭은 통신개발연구원이었다. WTO 기본통신협상 본격화 이전의 한미 통신협상(양자간 협상)은 통신개발연구원이 주로 지원했다.

무역 행위규범입니다.

그러다가 1980년대 초에 미국의 입장이 크게 달라졌습니다. 막대한 상품무역 수지 적자에 직면하면서 자국이 더 이상 제조업 분야에서 국제경쟁력이 없다고 판단했던 것입니다. 미국의 국제경쟁력은 서비스나 지식재산권 분야에 있고 미국 기업이 해외시장에 진출하려면 타국 서비스나 지식재산권 분야가 열려 있어야 하는데 이를 뒷받침할 수 있는 국제무역 행위규범이 부재한다는 사실도 깨달았죠.

이를 위해 미국 주도로 시작한 GATT 체제하의 마지막 포괄협상이 우루과이라운드(UR)입니다. 1986년부터 1994년까지 진행된 UR을 통해 미국은 서비스 무역에 관한 일반 협정(GATS)과 지식재산권에 관한 협정(TRIPs) 제정에 성공했습니다. 이 세 가지 협정[50]을 동시에 관할하는 국제기구도 탄생했는데, 그것이 바로 WTO(World Trade Organization, 세계무역기구)입니다.

홍은주 브레튼우즈 체제하에서 미국이 반대하여 실패한 ITO가 근 50년 만에 다시 미국의 주장으로 WTO로 창설된 셈이군요.

이한영 당시 UR은 두 가지 성과를 냈습니다. 하나는 서비스 무역 협정문(GATS) 제정이고, 다른 하나는 협상 참여국들의 서비스 분야 시장개방입니다. 즉, 서비스 무역에 관한 행위규범을 만드는 동시에 서비스 시장개방 협상을 진행한 것입니다. 통신서비스도 시장개방 협상의 대상으로 포함되었습니다. 통신에는 기본 음성통신 외에 부가통신이 포함되지만, 당시 한국을 비롯한 개도국들은 고정관념처럼 전화가 모든 통신을 대변한다고 생각한 나머지 부가통신은 별로 중요하게 여기지 않았죠. 그래서 UR 때 부가통신 분야 시장개방에는 거부감이 없었고, 결과적으로 협상이 미국 의도대로 쉽게 타결되었습니다.

반면, 기본통신 분야 시장개방에는 다들 조심스러운 입장이라 협상 진전이 어려웠습니다. 이러한 상황을 못마땅하게 여겼던 미국은 UR 막바지에 강수를 두었습니다. "기본통신 분야에 상호주의(reciprocity)를 적용하겠다"고 선언한 것입니

---

50 GATT, GATS 및 TRIPs를 가리킨다.

다. 무역상대국이 개방하면 미국도 개방하고, 그 반대이면 미국도 무역상대국의
자국 시장 진출 문호를 닫겠다는 것입니다. 쉽게 말하면, 기본통신 분야 시장개방
을 다자무역체제 밖에서 양자협상으로 다루겠다는 것이죠. 미국이 이렇게 나오니
여러 나라가 놀라서 "기본통신 시장개방 협상은 시간을 연장해 UR 이후에도 진행
하자"고 합의했습니다. 이것이 1994년 5월부터 시작된 'WTO 기본통신협상'입니
다. 즉, WTO 체제가 이미 출범한 후 기본통신협상이 시작되었던 것입니다.

기본통신협상대책단 TF 구성

WTO 기본통신협상은 1995년부터 본격화되었다. WTO 협상에 대한 각국의 입
장은 국가별로 다양했다. 미국은 적극적인 대외 개방협상을 일관되게 추구했다.
유럽은 EU 차원에서 역내 개방 원칙, 일정 확인 후 이를 바탕으로 대외협상을 전
개한다는 입장으로 시장개방과 공정경쟁제도 마련에 합의했다. 일본은 1종 사업
뿐만 아니라 회선재판매(공·전접속), 위성통신서비스 등 이미 많은 부분에서 개
방적 제도를 갖추어 놓았다. 한국도 대응체제 마련이 시급했다.

이한영 WTO 협상이 진전될수록 일이 너무 복잡하고 많아지니까 정부가 1995년
하반기 즈음 광화문 우체국 4층의 별도 공간에 기본통신협상대책단이란 TF를 만
들었습니다. 국장급 단장, 총괄과장, 사무관 3명, 주무관 2명, KISDI 박사 3명 등
이 핵심 인력으로 투입되었던 것으로 기억합니다. 여기에 한국통신과 한국이동통
신, 데이콤 등에서 실무인력을 지원받아 총 15여 명으로 대책단이 꾸려졌습니다.
　대책단에서는 협상전략 수립 및 주요 협상 상대국 전략 분석, 양허안(시장개방
계획) 작성 등을 담당했습니다. 제네바에서 협상이 열릴 때마다 최종 협상타결까
지 평균적으로 한두 달에 한 번씩 계속 출장을 다녔습니다. 참고로 양허안은 협상
기간 중에 주고받는 시장개방 계획으로서 그 자체에 법적 구속력이 있는 것은 아
닙니다. 반면 양허표는 협상타결 시점에 최종적으로 확정하므로 국내 비준을 통
해 법적 구속력을 갖게 됩니다.

한국, '살라미 전술'로 접근

1995년 11월 제9차 WTO 다자간 통신협상 때까지 한국은 양허안을 내놓지 않았다. 다른 나라들이 거의 대부분 양허안을 내놓은 다음, 이를 보고 개방 일정이나 수위를 조절하고 시장에 미치는 영향을 분석한다는 전략이었다. 그런데 미국에 유일하게 맞설 수 있는 EU가 예상보다 개방에 적극적으로 나왔다. EU는 기본통신을 비롯해 모든 부가통신 분야를 1998년 1월부터 개방하고, 외국인 지분투자 역시 일부 회원국의 예외사항을 제외하면 가능하면 제한을 두지 않겠다는 입장이었다.

협상을 주도하는 양대 세력의 압력에 따라 한국이 처음으로 양허안 입장을 내놓은 때는 1995년 12월이었다.

이한영 1995년 12월에 한국이 WTO에 최초 양허안을 제출했는데, 이것은 사실 협상용이라고 보면 됩니다. 협상은 처음부터 자기가 가진 패를 다 내보이지 않잖아요? 최대한 보수적으로, 쉽게 말해 당시 한국 현행법이 명시하는 그대로의 상태 (status quo)를 작성해 내 본 것입니다.

최초의 양허안은 글자 그대로 협상 상대국들에게 처음 보여 주는 카드입니다. 협상이 진행되면서 당연히 시장을 더 열라는 압박이 들어오겠죠. 압박이 왔을 때 대응하는 것은 현명하지 않습니다. 내부적으로 최종 카드로 무엇을 내밀지 미리 준비해야 합니다. 기본통신협상대책단은 내부 논의도 하고 공청회도 하면서 우리가 내밀 수 있는 마지노선을 미리 잡아 두는 작업을 진행했습니다. 또 당시에 한미 통신협상이 동시에 진행되었기 때문에 정부가 미국의 속내도 사전에 고려해야 했고요.

실제로 WTO 협상에서 이러한 다양한 상황을 감안해 최종적 밑그림을 그려 둔 상태에서 필요하다고 판단하는 시기에 수정 양허안을 통해 단계적으로 양허 수준을 높였습니다. 보통 이러한 협상전략을 '살라미 (salami) 전술'이라고 합니다. 껍질을 한 겹, 한 겹, 조금씩 까면서 최종 카드에 접근해 가는 것이죠.

홍은주 양허안 작성방식은 어땠습니까?

이한영 WTO 관행하에서 양허안은 첫째, 어떤 세부 서비스를 개방할 것인지 담아야 하고, 둘째, 특정 세부 서비스를 개방할 때 어떤 제한조치를 적용하는지 명시해야 합니다. 즉, 서비스는 포지티브 리스트(*positive list*) 방식이라 특별히 어려울 건 없어요. 양허안에 기재된 서비스에 한해 개방한다는 의향을 보여 주는 것이니까요. 문제는 제한조치, 즉 네거티브 리스트(*negative list*) 방식입니다. 예컨대, 양허안을 통해 개방한다고 밝힌 어떤 서비스에 아무런 제한조치도 기재하지 않으면, 이는 해당 서비스가 전면 개방됨을 의미합니다.

홍은주 양허안에 미리 제한조치를 두지 않는다면 나중에 해당 통신서비스 분야에서 국내 피해가 커지더라도 어떻게 할 방법이 없겠군요.

이한영 그렇습니다. 네거티브 리스트의 어려운 점은 현행법에 명시된 규제를 혹시 실수로 누락해 양허안에 담지 못하면 그야말로 대형사고 터진다는 것입니다. 나중에 실수였다고 말할 수 없잖아요? 그러다 보니 한국 「전기통신사업법」 등 기본통신과 관련된 모든 법과 규제를 전부 다 찾아보아야 하고 이중으로 체크해서 규제와 제한조치를 모두 다 써 넣어야 했습니다.

통신시장 개방에 따른 '통신위원회' 출범

김용수 당시 WTO 협상안은 1차 한미 양자간 통신협상을 기본 모델로 해서 만들어졌습니다. 1차 한미 통신협상 때 주요 쟁점이 많이 정리되어 사실상 예방백신을 맞은 셈이었죠. WTO 협상을 할 때 다자간 협상이라 복잡하고 어려웠지만 상대적으로 심적 부담은 덜했습니다. 이한영 교수가 말씀하신 대로 개방의 양허수준도 문제였지만, 참조문서(*reference paper*)[51]라고 해서 국내 규제를 어떻게 할지 명시하는 것도 문제였는데, 몇 가지 사항은 이미 미국과 협상을 거쳐 확정했습니다.

마지막으로 힘들었던 쟁점은 '통신위원회'라는 별도의 분쟁해결기구를 두는 문제였습니다. 예를 들어, "한국통신과 해외업체 간에 분쟁이 발생해 한국 정부가 이를 다루면 한국통신에 유리하게 손을 들어 줄 것 아니냐? 그걸 우리가 믿지 못하겠으니 별도의 분쟁해결기구를 두라"는 것이었죠. 결국 통신위원회가 출범했습니다.

홍은주 WTO는 다자간 협상이라 선진국, 중진국, 후발개도국 등 경제규모나 수준이 다른 수많은 국가가 참여하여 합의를 도출합니다. 혹시 한국과 비슷한 경제수준의 다른 나라들과 연합하고 공조하여 대응한 경우는 없었습니까?

이한영 WTO가 전 세계 국가가 대부분 참여하는 대단히 큰 조직이지만, 사실 그 기본 생리는 QUAD(quadruple), 즉 4개국 주도체제입니다. 미국, 유럽, 캐나다, 일본 등 네 나라가 주도적으로 움직이죠. 이들 간에 큰 방향성이 정해지면 나라별 양자협상을 통해 전체적 분위기를 자기네들이 원하는 방향으로 몰아가는 것이 보통입니다. 그 마지막 단계에서 전체 회의를 통해 결과물을 정리하는 방식입니다.
안타깝게도 한국은 기본통신협상 당시에 전략적 목적을 위해 동료국을 규합할 만한 역량이 없었습니다. 우리가 그때 최선을 다할 수 있는 방법은 WTO에서 회의가 있으면 부문별, 국가별 회의를 모조리 다 찾아다니며 참석해 우리에게 가용한 정보를 최대한 수집하고, 외국 사례를 참고하여 국익에 맞게 정교한 협상전략과 양허안을 만드는 것뿐이었습니다.
당시 평균적인 협상회의 기간이 1주였습니다. 우리가 주말에 한국에서 출발해 토요일이나 일요일 밤에 도착하면 월요일부터 목요일까지 강도 높게 협상하고 금요일에 총회 비슷하게 최종 마무리를 하는 형태로 진행되었습니다. 협상 막바지 중요한 시기에는 협상회의 기간이 2, 3주인 경우도 있었습니다. 그때는 계속 협상이 진행되는 제네바 현지에 머물면서 마무리했죠.

---

51 양허표에 첨부된 문서로 사실상 법적 의무를 규정한다.

홍은주 한양사이버대 교수가 김용수 전 과학기술정보통신부 차관,
이한영 중앙대 교수와 인터뷰를 진행하였다.

홍은주 해외출장이 잦았겠군요? 힘드셨겠습니다.

이한영 시차가 반대인 것이 특히 힘들었습니다. 또 한국 명절 기간에 협상이 개최
되는 경우도 많아 집안 식구들도 덩달아 고생했고요. WTO 회의 일정이 선진국
위주라서 크리스마스 때는 정회하는데, 한국의 큰 명절인 설이나 추석에는 회의
를 개최하는 경우가 많았습니다. 저는 집안에서 장남인데 설이나 추석 때마다 해
외출장을 가니까 제사에 거의 참석하지 못했죠.

　가족에게 항상 미안해서 회의 끝나고 귀국하는 길에 가족을 위한 선물을 사곤
했습니다. 한번은 애들 장난감 권총을 두 개 샀습니다. 2년 터울로 아이가 둘이어
서 싸우지 말라고요. 장난감 권총이 플라스틱이 아니라 스테인리스라 겉모양도
그럴듯하고 오래 쓸 것 같아 샀습니다. 그런데 공항에 도착해 제 가방만 나오지 않
아서 관세청 직원에게 찾아갔더니 총기류가 들어 있어 검사해 봐야 한다더군요
(웃음). 실물을 꺼내서 다 보여 주고 나서야 짐을 찾았던 기억이 있습니다.

홍은주 WTO에서 이해관계가 다른 국가들이 저마다 자기주장을 하면 회의가 좀처럼 끝나기 힘들었을 것 같은데요, 실제로 어땠나요?

이한영 WTO 체제는 국제기구이자 협정인데 GATT, 즉 관세 및 무역에 관한 일반 협정, 서비스 무역에 관한 일반 협정(GATS), 무역 관련 지식재산권에 관한 협정(TRIPs), 그리고 재판절차(분쟁해결기구) 등 4개 축으로 구성되었습니다. 각 축별로 위원회가 있습니다.

통신협상은 GATS를 관할하는 서비스 무역위원회에서 다루었는데, 백수십여 개 나라가 큰 회의장에서 앉아 회의하곤 했습니다. 일반적 규칙은 의장석에서 내려다보면서 의제에 대해 말하고 싶은 나라가 팻말을 세우면 순서대로 발언권을 주는 것입니다. 협상에 참여하는 사람들은 어떻게 회의를 운영하는지 잘 알아요. 다들 눈치가 빨라 회의가 상식 밖으로 늘어지는 일은 별로 없었습니다. 또 협상의 실질적 현안은 주요국 간 또는 소규모 국가 간 별도 협상과 회의 기간 중 국가 간 양자협상에서 논의가 진전되었습니다. 따라서 이를 정리하는 차원에서 진행되는 서비스 무역위원회에서는 회의가 지연되는 경우가 거의 없었습니다.

김용수 제가 제네바에서 3년간 근무하는 동안 WTO를 담당했고 다른 국제기구 회의에도 많이 참석했습니다. UN 산하에 많은 기구가 있는데 WTO가 가장 젊은 기구이고, 사무국 수도 가장 많으며, 참여하는 사람들도 모두 고도의 전문가들이었습니다. 다른 UN 기구에서는 서로 발언하겠다고 나서면서 한 국가가 20~30분씩 잡아먹느라 진행이 안 되기도 하죠. 그러나 WTO에는 변호사나 경제학자가 참석하기 때문에 아주 효율적이고 법리적으로 회의가 진행됩니다. 어느 일방의 말이 길어지면 거의 매도당하는 분위기입니다.

이한영 WTO는 QUAD 중심으로 돌아가고, 더 줄이면 미국과 유럽, 최종적으로 미국의 의도가 중요합니다. 우리는 한미 통신협상에서 미국과 이미 실질적 결론을 냈기 때문에 심적 부담이 덜했습니다만, 육체적으로 참 힘들었던 기억이 납니다. 협상에 들어가면 밤새우는 건 기본이죠. 잠이 너무 부족하니까 저녁 먹는다고 숟가락 들다가 멈춰 졸기도 했어요. 구체적으로 이야기하면, 하루 종일 협상하고 6시쯤 끝나면 한숨 돌리기도 전에 한국에서 전화가 왔어요. 오늘의 협상 내용을 빨리 알려 주고 정리해서 보내 달라고요. 그럼 초안을 만들어 보내고 한국에서 의견을 받아 고치면서 날밤을 새우고 나서, 다음 날 회의를 또 준비해야 하는 상황이었습니다.

WTO 전체 회의장에서 있었던 에피소드가 하나 떠오릅니다. 당시 일본은 QUAD 일원이고 경제규모도 크니까 참가하는 사람 수도 우리나라보다 훨씬 많았습니다. 우리나라는 4~5명인데 일본은 10명이 넘었어요. 하루는 전체 회의를 하다가 의장이 피식 웃어서 왜 웃나 돌아보니까 뒤에 배석한 일본 사무관급 대표단이 모조리 졸고 있었습니다. 그때 일본도 우리나라만큼 업무 강도가 세구나 하고 생각했죠.

69개국이 제출한 최종적 양허표가 통과되면서 WTO 기본통신협상이 1997년에 마무리되었고 1998년 2월부터 효력이 발생하게 되었다. 최종안의 내용은 선진국들은 1998년부터 외국인 투자를 100% 허용하는 자유화를 지향했고, 아시아 국가들은 자국 내 통신시장 상황과 구조조정 여건을 감안하여 단계적 개방조건을 제시했다. 한국은 시내전화와 시외전화를 포함한 통신서비스 13종을 개방하고 기간통신사업에 대한 외국인의 지분 참여를 단계적으로 확대하기로 했다. [52]

---

52 1997년 말 외환위기 발생 이후 외국 자본을 유치하기 위해 1999년 중 외국인의 유무선통신지분 참여한도를 49%로 확대하고 외국인이 휴대폰과 무선호출, 전화업체의 대주주가 될 수 있도록 했다. 20%로 제한되었던 한국통신 주식도 일부를 해외주식예탁증서 형태로 매각한 후 점차 확대했다. 개방 일정이 WTO 양허표보다 2년 정도 앞당겨진 셈이다.

경쟁정책이 불러온 혁신: 케이블 TV에서 VDSL까지

"통신의 속도를 높여라"

1982년 국내 최초의 전용회선 인터넷이라 할 수 있는 첫 TCP/IP 네트워크가 서울대와 구미 산업연구원(KIET) 사이에 만들어졌을 때 속도가 겨우 1.2Kbps였다. 1984년 서비스를 시작한 데이터통신망의 백본망 대역폭이 56Kbps였고, 개인 PC 통신은 2.4~9.6Kbps에 불과했다.[53]

1986년 데이콤의 PC통신 천리안 서비스가 시작되었고 1988년 상용화되었다. 이후 하이텔과 유니텔 등 PC통신 서비스가 경쟁을 시작하면서 가입자가 크게 늘어났다. 하지만 전화모뎀을 이용한 컴퓨터 통신속도는 1990년대 초반에도 별로 향상되지 못했다. 파일 하나를 내려받는 것에도 적지 않은 인내심과 수양이 필요했다.

무엇보다 불편한 점은 PC통신에 사용하는 전화모뎀의 경우 음성통신과 병행이 불가능했다는 것이다. 가정에서 컴퓨터를 하면 전화가 끊기기 때문에 누가 밖에서 급한 전화를 하더라도 컴퓨터를 끌 때까지 통화할 방법이 없었다. 컴퓨터 통신의 개념을 잘 모르는 이웃이나 친지들이 "급한 일로 댁에 전화했더니 계속 통화 중이던데 무슨 일로 한 시간 넘게 통화했느냐?"고 묻기도 했다.

1995년 말 당시 한국의 개인 PC는 약 400만 대, 모뎀 보급률은 약 20%였다.[54] 전화국과 전화국 간의 문제는 정부가 꾸준히 광통신을 구축하는 사업으로 해결해 나갔다. 그런데 전화국에서 가정 컴퓨터까지 연결하는 최종단계가 문제였다.

사업을 효율적으로 추진하기 위해 정부는 초고속통신서비스 시장을 복수 사업자 경쟁체제로 전환하기로 결정했다. 경쟁이 치열해지면 서비스망 투자가 늘어날 것이고 시장이 커지면 요금도 자동으로 인하될 것으로 기대한 것이다.

---

53 정보통신부, 2003, 〈한국의 초고속정보통신망 발전사〉, Science On.
54 진한엠앤비 편집부, 2012, 《기록으로 본 한국의 정보통신의 역사 II》, 진한엠엔비.

노준형 초고속정보통신망 사업에서 가장 중요했던 것은 민간사업자의 공중망 구축이었습니다. 공중망 구축은 통신사업자들이 자신들의 사업에 필요한 망을 만드는 것인데, 총 42조 원에 이르는 큰돈이 소요될 것으로 추정되었습니다. 공중망은 일반 국민이 일상적으로 쓰는 것이기 때문에 "얼마나 빠른 속도로, 얼마나 대용량으로 구축할 것인가?"라는 것이 핵심이었습니다. 문제는 정부가 특정한 목표를 설정하고 계획을 세우더라도 이를 민간사업자에게 강요할 수 없다는 점이었습니다.

따라서 정부는 투 트랙으로 민간투자를 촉진하고자 했습니다. 하나는 선도망 투자를 통해 민간에 초고속망의 초기수요를 제공하고 기술적 사양과 표준을 제시하는 동시에 선도시험망을 통해 초고속통신망과 이에 기반한 서비스의 기술적·경제적 타당성을 검증함으로써 초고속공중망의 투자를 촉진하고자 했습니다. 또 하나는 대규모 민간투자를 유도할 수 있는 가장 유효한 정책수단을 동원했는데 그것은 바로 경쟁이었습니다. 독점적 통신시장에 획기적 경쟁체제를 도입한 것입니다. [55]

"초고속공중망 고도화 투자를 유도하기 위해 업계의 경쟁을 촉진시킨다"는 전략은 이후 이루어진 초고속통신망의 급격한 기술혁신과 시장확산에 결정적인 역할을 했다.

1990년대 초반 한국통신은 전화모뎀을 이용하여 컴퓨터 통신속도를 높일 때에 기존의 전화통신 기간망을 그대로 사용하면서 신호체계를 디지털로 바꾸어 속도를 높이는 ISDN(*integrated services digital network*)을 대안으로 생각하였다. 전문가들은 ISDN이 음성과 문자, 이미지, 동영상, 팩시밀리, 전신 등을 전송할 수 있는 종합정보통신망이라고 여겼다.

일본에서 먼저 추진하여 큰 성공을 거두었기 때문에 한국의 초고속통신망 연구도 초기에는 대부분 ISDN 중심으로 이루어졌다. [56] 한국통신은 1991년 서울, 대

---

55 《코리안 미러클 5: 모험과 혁신의 벤처생태계 구축》(육성으로 듣는 경제기적 편찬위원회, 2019, 나남)에서 노준형 전 정보통신부 장관의 증언을 재인용했다.

ISDN 영상회의 시스템 시연회 (1993).

전, 제주 지역 시범서비스를 거쳐서 1993년 12월부터 서울, 부산, 광주 등 전구 11개 도시를 대상으로 상용서비스를 제공했다. 장기적으로 광대역 ISDN으로 발전시켜 초고속정보통신망으로 완성할 계획이라고 밝혔다. [57]

그런데 시장에서의 경쟁이 뜻밖의 기술혁신을 불러왔다. 1996년 11월 두루넷 (Thrunet)이 ISDN보다 훨씬 빨리 혁신적인 초고속인터넷서비스를 시작한 것이다. [58] 두루넷 혁신의 기폭제가 된 것은 한국전력(한전)이었다. 한전은 이미 전국 규모의 철탑 및 송전선을 보유하고 있었기 때문에, 여기에 데이터 전송능력이 높은 광섬유 케이블을 깔아서 초고속인터넷서비스사업에 뛰어들고자 했다. 그러자 한국통신이 "한전이 전력사업이나 잘하지, 왜 잘 모르는 통신사업에 뛰어드냐?"며 반발했다.

'공룡의 영역 다툼'으로 여론이 악화되자 이를 진화하기 위해 한전은 민간 통신

---

56 일본은 일반 전화기까지 ISDN 전화기로 바꾸는 등 ISDN이 상업적 성공을 거두는 바람에 역설적으로 인터넷용 초고속인터넷 개발이 늦어지게 되었다.

57 안승춘(KT 기술기획실), "초고속정보통신망 계획", 〈전자정보통신학회지〉, 11권 12호, 1994년 12월호.

58 정식으로 상용화 서비스가 개시된 때는 1998년이다.

업자인 삼보컴퓨터를 파트너로 영입했다. 삼보컴퓨터는 한국데이터통신의 이용태 사장이 설립한 강소기업으로, 대기업이 아니면서도 컴퓨터를 생산할 수 있는 기술적 능력을 가지고 있었다. 한전과 삼보컴퓨터, 두 회사가 합작하여 1996년 7월에 국내 최초 초고속인터넷 사업자인 두루넷을 설립했다. [59]

두루넷은 한전망을 유선방송인 케이블TV 전송망과 연결하여 초고속인터넷서비스를 시작하였다. 1997년 기업 서비스에 이어서 1998년 12월부터 일반 가정에도 초고속인터넷서비스를 시작했다. 두루넷의 초고속인터넷서비스는 시장에서 큰 돌풍을 일으켰다. 속도가 10Mbps로 전화모뎀의 200배, 한국통신이 서비스하던 ISDN에 비해 100배나 빨랐으며, 컴퓨터 사용과 음성 통화가 동시에 가능했다.

마케팅에서도 두루넷은 두각을 나타냈다. "총알인터넷 두루넷"이라는 광고 문구로 이용자들의 시선을 사로잡았다. 또 데이터통신 이용량이 많아지더라도 동일요금을 적용하는 정액제를 도입하여 비싼 통신요금을 걱정하던 사람들을 대거 끌어모았다. [60] 1999년 11월 17일에 국내 기업으로서는 최초로 나스닥에 직상장하기도 했다. [61]

그러나 불꽃처럼 '초고속 영광'을 누렸던 두루넷은 경쟁 통신사들의 눈부신 기술혁신으로 '초고속 몰락'의 길을 걷게 되었다. 경쟁사 하나로통신이 1999년 4월에 대대적인 반격을 시작했던 것이다. 1997년 신규 시내전화 사업자로 선정된 하나로텔레콤은 기존의 전화선으로 초고속통신이 가능한 ADSL을 앞세워서 초고속통신망 구축의 주역으로 등장하였다. ISDN에 이미 큰돈을 투자했던 한국통신도 뒤늦게 방향을 바꾸어서 2000년 5월부터 메가패스라는 ADSL 상품을 내놓았다.

하나로통신이 추진한 ADSL은 두루넷의 케이블TV망보다 여러모로 진화된 기술이었다. 우선 음성과 데이터가 서로 다른 주파수 대역을 사용하기 때문에 통신

59 〈동아일보〉, 1997. 6. 28.
60 1999년 7월 10만 명이던 가입자가 2000년 8월 50만 명, 2001년 5월 100만 명을 돌파했다.
61 〈IT 동아〉, 2018. 8. 29.

속도가 아주 빨랐다. 또한 두루넷은 케이블TV가 없는 공동주택이나 읍면 소재의 시골에서는 연결되지 않았던 데 비해서 ADSL은 유선전화가 있는 곳이라면 어디에서든지 서비스를 이용할 수 있었다. [62]

ADSL의 단점은 서비스 거리가 짧다는 것이었다. 국토가 넓은 미국에서는 버려진 기술이었다. 그러나 한국은 집단거주지가 많고 대도시에 인구가 밀집하여 가능성이 있다고 본 배순훈 정보통신부 장관의 정책적 판단으로 서비스가 허용되었다.

ADSL을 앞세운 경쟁 사업자들의 약진으로 두루넷은 급속도로 무너져 2003년 법정관리를 신청하고 역사 속으로 사라지게 되었다. 그러나 두루넷은 짧은 영광과 몰락 과정에서 "경쟁은 시장에 연쇄적 기술혁신을 불러오고 소비자 후생을 향상시킨다"는 사실을 입증했다.

ADSL은 기술적으로 더욱 진화하여 2000년 1월 VDSL (*very high-bit rate digital subscriber line*) 이라는 초고속디지털가입자회선이 개발되었다. VDSL은 일반 가정의 전화선을 이용한다는 점에서는 ADSL과 동일하다. 하지만 훨씬 빠른 속도로 양방향 통신이 가능하고, 많은 양의 데이터를 초고속으로 전송할 수 있어 진정한 '광섬유의 가정화'(FTTH: *Fiber to the Home*)를 현실화한 기술이다. 2002년부터 VDSL이 상용화되면서 대용량 데이터통신이 가능해졌고, 고화질 비디오나 영상이 실시간으로 서비스되기 시작했다. [63]

---

62 두루넷의 케이블TV 인터넷은 다운로드 속도가 빠른 대신 업로드 속도가 느린 비대칭 현상이 현저했던 데 비해 ADSL은 업로드와 다운로드 속도가 상대적으로 균일하게 나오는 편이었다 (정보통신부, 2003, 〈한국의 초고속정보통신망 발전사〉, Science On).
63 정보통신부, 2003, 〈한국의 초고속정보통신망 발전사〉, Science On.

정보화 Episode: 100년 후를 내다본 ICT 국제공항을 만들다

인천국제공항은 세계 공항서비스 평가에서 12년 연속 1위를 차지하는 대기록을 세웠다. 2021년 코로나 19 방역우수공항상과 최고보안검색공항상을 받기도 했다. 인천국제공항 건설은 1990년대 초부터 시작되었는데 이를 책임졌던 사람은 바로 오명 교통부 장관이었다. 그는 정보화의 기수답게 인천국제공항을 첨단 IT 통합 기반으로 구축하여 세계 최고 수준의 효율적인 출입국 서비스와 물류 서비스를 선보였다.

오 명 인천국제공항 설계에 참고하기 위해 일본 간사이공항을 간 적이 있습니다. 책임자가 안내하는 모든 시설이 미래공상과학 영화처럼 첨단으로 만들어져 있었지만 연약 지반이 내려앉아서 보완조치를 많이 했더라고요. 그때 제가 "인천국제공항을 훨씬 더 훌륭하게 만들 수 있다. 정말 잘 만들어서 동북아 허브공항으로, 세계 최고로 만들겠다"고 결심했습니다.

그래서 당초 계획을 완전히 바꿔 EPB 예산실과 싸우면서 인천국제공항 100년을 내다보고 미리 자가용비행기 시대를 대비한 제5활주로까지 준비했고, 통합전산 인프라를 구축하여 세계 최고의 공항이 되도록 설계했습니다. 공항공사 사장으로 강동석 씨를 초빙한 것은 제가 가장 잘한 일이었습니다. 이분이 사장을 맡지 않으려는 걸 1주일간 설득해 모셔왔죠.

마스터플랜을 세울 때 가장 중점을 둔 것은 수하물 처리시스템입니다. 시스템을 완벽하게 운영하기 위해 가방 몇천 개를 계속 돌려가며 시험 운영을 했습니다. 출입국 관리부터 공항 전체를 IT 시스템으로 통합 연결하여 2001년 3월 29일 세계 최고의 IT 공항을 만들었습니다.

또 입국 시 짐검사를 면제했습니다. 정부의 보안 관련부처들이 반대했고 특히 청와대 경호실이 끝까지 반대했지만 제가 밀어붙여 세관원이 5% 범위 내에서 샘플링 검사만 하기로 했지요. 대신 고속 엑스레이를 교통부 돈으로 사서 공항에 설치했습니다.

IT는 물류를 비롯해 모든 산업의 기본인프라입니다. 공항뿐만 아니라 고속철도도 IT로 성공했어요. 저는 한국의 수출경쟁력이 떨어졌던 이유는 물류비용이 높았기 때문이라고 보았습니다. 물류비용을 낮추기 위해 컴퓨터 네트워크를 구축하여 서비스했고, 대단위 물

인천국제공항 전경

류단지를 건설했으며, 건설교통부 내에 물류국을 신설하여 정보유통 등을 책임지도록 했습니다. 또한 팔레트 통일작업 등을 추진했는데, 그것이 운송의 표준화와 규격화에 큰 영향을 미쳤습니다.

이후 스마트 팩토리 등 모든 제조업도 IT와 융합하여 발전하고 있습니다. IT 관련 무역흑자가 얼마나 큰지 보세요. 정보통신의 발전 덕분에 모든 결제도 IT 시스템으로 전국 어디서나 가능합니다. 삼류행정에서 일류행정으로 변모했고, 정치와 행정에서 부패가 줄어들면서 투명성이 개선되었습니다. 특히 한국의 세무행정은 최고 수준입니다. 제가 외국 다니면서 IT 컨설팅을 많이 했는데, 외국인들이 가장 부러워하는 것이 세무 전산망입니다. 다른 나라에 조언하고 시스템을 갖추어 주어도 제대로 운영하지 못하는 경우가 적지 않습니다. 대도시 인구를 지방으로 분산시키는 역할도 IT가 해왔습니다.

IT는 한국의 정치, 사회, 경제 전반을 발전시키고 선진국으로 가는 지름길을 만들었다고 생각합니다.

정보화 Episode: 한국 정보통신의 국민교육 현장, 대전 엑스포

서울 올림픽을 성공적으로 개최한 한국은 국제 엑스포를 개최하여 한국의 발전상을 전 세계에 보여 주기 위한 시동을 걸었다. 1964년 도쿄 올림픽을 성공적으로 치른 후 1970년에 오사카 박람회를 성공적으로 개최하여 서방 선진국에 존재감을 확실하게 과시했던 일본의 전례를 따른 것이다.

문제는 세계박람회기구인 BIE(Bureau of International Exposition)가 이미 결정된 1992년 세비야 엑스포, 1995년 오스트리아·헝가리 엑스포 등 몇 개만 승인하고 더 이상은 엑스포 국제공인을 해주지 않겠다고 공식적으로 선언했다는 것이었다. 엑스포 참여에 국가적으로 돈이 많이 들어가는 데 비해 경제적 성과가 크지 않다는 현실인식 때문에 "국제 엑스포를 너무 자주 열지 말자"는 쪽으로 결론을 내린 것이다.

대전 엑스포를 국제공인으로 만들기 위해 42개 회원국 가운데 3분의 2 이상의 동의를 받아야 하는 난제를 해결한 사람이 이 무렵 공직을 그만두고 뉴욕대에서 강의하던 오명 전 장관이었다. 그는 당시 BIE의 개최불가 사유가 참가국의 비용부담을 고려한 경제적 이유라는 데 착안하여 "개도국이 개최하는 만큼 저예산의 신개념 엑스포로 가겠다"는 논리를 제시하며 "개도국에도 엑스포를 유치할 기회를 달라"고 선진국들을 설득했다.

우여곡절 끝에 개최된 대전 엑스포는 1993년 8월 7일 개막하여 11월 7일까지 공식적으로 93일간 열렸다. 대전 엑스포에는 사상 최대의 108개국이 참석했다. 선진국은 물론 나이지리아와 통가 등 아프리카 국가, 불가리아와 루마니아 등 동유럽 국가까지 수많은 개도국이 참가한 것이다. 여기에 더해 33개 국제기구가 참가했다.

당초 목표는 1천만 명 관람이었으나 입소문을 타면서 관람객 수가 점점 늘어나 결국 1,400만 명 이상으로 늘어났다. 하도 많은 사람이 몰리는 바람에 방송사에 부탁해 "주말에는 큰 혼잡이 예상되므로 엑스포에 가능하면 오지 말아 달라"는 뉴스를 내보내야 할 정도였다.

대전 엑스포는 최대의 상업적 박람회였을 뿐만 아니라 한국 IT 기술을 세계에 과시한 사건이기도 했다. 우선 개별 전시관 예약은 윈도우 3.1 기반의 터치스크린 방식 키오스크를 활용했다. 개별 전시관에 입장하려면 대기 줄이 끝도 없이 길었지만 키오스크를 활용하여 예약하면 기다리지 않고도 인기 전시관에 입장할 수 있었기 때문에 개장하자마자 사람들

대전 엑스포 개막 당시 엑스포과학공원 한빛탑 광장에 모인 관람객 모습(1993. 8. 7).

이 예약 키오스크로 몰려들었다. IBM 등 세계적 컴퓨터 기업들 역시 터치스크린 방식의 상호작용 콘텐츠와 다양한 소프트웨어를 선보였다.

주제가 '새로운 도약으로의 길'이고 부제가 '전통기술과 현대과학의 조화'였던 만큼 개별관은 200여 개 국내 대기업이 테크노피아관, 우주탐험관 등을 만들어 한국 첨단기술을 최대한 자랑했다. 정보통신주제관과 첨단통신전시관, 두 개의 관으로 나누어진 정보통신관은 공식 스폰서인 KT가 만들어 운영했다. 첨단통신전시관에는 하이텔 등 데이터정보통신 체험시설이 있었고, 남극 세종과학기지와 연결되는 컬러 화상전화도 설치했다.

정부는 관계법령까지 개정하며 금융·세제상의 지원방안을 마련해 기업들의 대전 엑스포에 참여를 독려했다. 한국의 우수한 기술수준을 전 세계에 알리기 위해 정부와 기업이 모든 역량을 동원한 당시 최대 규모의 과학기술 국제행사였던 셈이다.

대전 엑스포는 경제적 성과도 있었지만, 정보통신 발전사의 관점에서 보면 최대의 IT교육 행사이기도 했다. 이때 관람객이 대부분 부모와 교사의 인솔하에 따라와 새로운 과학기술, 정보통신 기술에 눈뜬 호기심 많은 초등학생, 중학생, 고등학생들이었다. 학생들은 디지털 TV와 터치스크린 방식의 안내 시스템, 각종 컴퓨터와 소프트웨어 작동 체험, 남극까지 연결되는 화상통신 체험 등을 통해 미래 과학기술, 산업기술의 신세계를 엿보았다. 결과적으로 전국의 학생들에게 생생한 컴퓨터와 IT 교육을 실시했고 과학기술과 정보통신에 대한 호기심과 상상력을 자극했다는 점에서 더할 나위 없는 교육적 성과를 거둔 것으로 평가받았다.

엑스포과학공원의 자기부상열차관(왼쪽)과 우주탐험관(오른쪽) 전경

　또한 엑스포를 계기로 초현대식 과학문화센터가 들어서면서 정부출연 연구소와 민간연구소등 60여 개 과학기술 연구기관이 들어선 대덕연구단지와 연계되어 이후 대덕은 과학기술의 심장부로 자리 잡게 되었다.

오 명　대전 엑스포에 운영했던 전산시스템은 서울 올림픽 전산시스템 부책임자로 있던 이단영 박사가 개발하여 완성했습니다. 대전 엑스포의 전산시스템은 그전에 스페인이 개발했던 것이라든가 다른 나라에서 개발했던 전산시스템하고 완전히 차원이 다를 정도로 아주 완벽한 시스템이었죠.
　그때는 컴퓨터 구경을 못해 본 사람이 많았던 때거든요. 그런데 대전 엑스포에 사용한 컴퓨터가 2천 대가 넘었어요. 도로혼잡 시스템, 자율주행 자동차, 가상세계 등 상상도 못했던 정보화 사회에 대한 모든 것이 구현됐었죠. 저는 대전 엑스포가 한국 국민의 정보화 교육을 위해 큰 역할을 했다고 봅니다. 한국 정보화 수준을 한 차원 높였다는 점에서도 의의가 매우 큽니다.
　1993년 대전 엑스포를 통해 정보화 사회 진입에 필요한 국민교육을 했습니다. 당시 일반 가정에 PC가 없을 때였는데, 대전 엑스포 행사장에 PC 2천 대를 설치해 각 전시관마다 학생들이 직접 컴퓨터를 만지도록 하면서 컴퓨터 교육을 한 것입니다. 가상세계 체험, 미래 정보화 사회의 여러 가지 장치를 선보여서 컴퓨터에 대한 국민의 호기심을 자극했습니다.

CHAPTER 4

이동통신산업과 기술의
정치역학

한국의 초기 이동통신

한국 이동통신, 카폰에서 시작

1973년 인류 역사상 최초로 휴대폰이 등장했다. 이후 휴대폰이 일반인에게 급격히 확산된 것은 셀룰러 시스템(*cellular system*)[1]이 도입되면서부터다. 1979년 일본이 도쿄에서 세계 최초로 휴대폰 셀룰러 시스템을 설치 가동했고, 1982년에는 미국 연방통신위원회(FCC)가 상용 서비스를 승인함에 따라 아메리테크가 1983년 시카고에서 미국 최초의 아날로그 셀룰러 이동통신 서비스를 개통했다. 이 서비스의 개통과 함께 등장한 휴대폰이 모토로라에서 개발한 '다이나택 8000' 시리즈이다.

한국에서는 1984년 3월에 무선이동통신 서비스가 시작되었다. 그때는 아직 휴대폰이 한국에 등장하지 않았던 시점이라 한국통신의 위탁서비스회사로 출발한 한국이동통신은 차량용 무선이동통신, 즉 카폰(*car phone*) 서비스를 주로 담당했다. 카폰을 설치한 차는 신호를 잡기 위해 높은 안테나를 달았는데 차가 귀하던 시절에 통신 안테나가 달린 차는 그야말로 특수차량으로 선망의 대상이었다. 길 가던 사람들이 안테나 달린 차를 보면 한 번씩 돌아볼 정도였다.

차량용 이동통신 자체가 차 한 대 값과 맞먹을 정도의 고가인 데다가[2] 통신요금도 아주 비쌌다. 카폰을 조립 생산하는 업체들이나 이동통신서비스를 담당하는 한국통신에서 "이게 제대로 영업이 될까?", "가입자가 얼마나 될까?"라는 의구심을 가졌었다. [3]

---

1 각 기지국을 셀(*cell*)이라고 부르는 영역으로 나누고 휴대폰을 사용하는 사람이 다른 지역으로 이동하면 인접한 전파지역으로 통신 기지국을 자동으로 전환하는 방식이다. 셀 시스템을 통해 기지국을 공간적으로 확장하면서 주파수 자원을 효율적으로 활용할 수 있는 장점이 있다(한국정보통신기술협회, 《정보통신용어사전》 참조).

2 차량전화 단말기와 가입비를 합치면 400만 원을 훌쩍 넘겨 '포니 2' 자동차(400만 원대)와 맞먹었다고 한다(《전자신문》, 2012. 9. 17).

3 카폰은 금성전기 등 4개 회사가 생산했지만, 주요 핵심부품을 모두 수입해 단순 조립하는 정도의 수준으로 국산화율이 20%에 불과했다.

한국이동통신서비스에서 차량에 카폰을 설치하고 있다 (1986).

　이러한 우려를 깨고 차량전화의 인기는 폭발적이었다. 서비스를 시작하자마자 한 달도 채 안 되어 가입자가 2천 명이나 몰렸고, 그해 말 2,658명의 가입자를 모았다. 한국이동통신은 자본금 규모의 두 배 가까운 매출액 3억 9천만 원을 기록했다.[4]

오 명　앞으로 이동통신이 유선전화보다 더 중요해진다고 보아 1984년 이동통신 주식회사를 만들고, 항만 쪽에 무선통신을 담당하는 회사도 만들었습니다. 제1 이동통신 주식회사는 카폰 등 이동통신 서비스를 하다가 휴대폰 서비스를 시작했는데 나중에 민영화되면서 SK에 합병되었죠. 재벌이 가져갔기 때문에 빨리 성장한 측면이 있지만 세계적 이동통신회사로 크지는 못했습니다. 한국의 역량으로 비춰 볼 때 만약 독립 통신회사였고 훌륭한 CEO가 있었다면, 진정한 글로벌 이동통신회사로 클 수도 있었을 텐데 그 길이 막힌 것은 좀 아쉽게 생각합니다.

---

4 납입자본금은 2억 5천만 원이었다(〈전자신문〉, 2012. 9. 17).

1983년부터 일반인이 많이 쓰던 이동통신 수단은 '삐삐'(beeper), 즉 페이저(pager)였다. 페이저는 허리에 차고 다니다가 삐삐 소리가 울리면 발신자의 간단한 메시지나 전화번호를 확인하여 공중전화나 집전화로 상대에게 전화하는 수신전용 이동통신 시스템이었다. 1983년 무선호출 서비스가 개시되었으며, 한때 1,500만 가입자를 모을 정도로 광범위하고 대중적으로 활용되었다.

서울 올림픽과 휴대폰 시대 개막

한국에서 국내 기업이 첫 휴대폰 서비스를 시작한 시점은 1988년 서울 올림픽을 앞둔 때였다. 모토로라가 국내 휴대폰 시장에 진출하여 서비스를 시작했다. 삼성전자는 제품을 분해하고 재조립하는 과정에서 기능과 작동원리를 이해하는 역공학 기법으로 올림픽 개최에 맞추어 최초의 국산 휴대폰 'SH-100'을 내놓았다. SH-100은 모토로라의 '다이나택 9800'보다 더 저렴하고 작았으나 큰 인기를 끌지 못했다. [5]

1990년대 초반에 모토로라의 신형모델 '마이크로택 950'이 등장하면서 급격히 휴대폰 가입자 수가 증가하기 시작했다. 마이크로택은 번호판을 얇은 플립형 커버로 덮을 수 있도록 고안해 실수로 버튼을 누르는 문제를 해결했고, 크기도 옛날 모델보다 작아 손에 쥘 수 있었다. 진정한 손안의 '휴대전화'(携帶電話)가 등장한 것이다. 한국 이동통신 시장에서 모토로라는 순식간에 절대강자가 되었다.

모토로라에 대응하여 국산 휴대폰도 기술과 디자인이 진화하기 시작했다. 삼성전자는 1990년대 들어 'SCH-200' 신모델을 개발했고, 1994년 '애니콜'(Anycall) 브랜드를 개발했다. 애니콜은 '언제나'(anytime), '어디서나'(anywhere) '통화'(call)가 잘된다는 뜻으로 "(산악이 많은) 한국 지형에 강하다"는 광고 문구를 내세워 모토로라의 독주를 견제했다.

그러나 1930년대부터 무선전화 기술을 연구해온 모토로라의 기능을 따라잡기

---

5 〈천지일보〉, 2010. 9. 1.

는 쉽지 않았다. 삼성 휴대폰이 소비자들에게 품질 나쁜 제품이라는 부정적 이미지로 각인되는 것은 시간문제였다. 1995년 3월 9일 삼성전자는 애니콜 등 휴대폰뿐만 아니라 팩시밀리 등 약 500억 원대의 제품을 모두 리콜하여 구미공장에서 전량 폐기 처분하는 '애니콜 화형식' 퍼포먼스를 진행했다.

그 후 삼성은 불철주야로 품질과 기능, 디자인 개선에 나섰다. 1년 후인 1996년 불량률을 많이 낮춘 삼성전자 애니콜은 해외 브랜드인 모토로라와 노키아를 제치고 국내 시장점유율 51.5%를 차지하며 처음으로 1위에 올랐다.[6] 1995년 처음으로 휴대폰을 시장에 선보인 LG전자의 싸이언 브랜드도 인기를 끌었다. 삼성전자의 애니콜과 LG전자의 싸이언은 해외시장에서도 선전하면서 노키아와 모토로라의 아성을 넘보았다.

정치쟁점화한 제2이동통신 선정

기업들의 치열한 이동통신 진입경쟁

통신서비스 시장개방 압력에 직면한 정부는 '선 국내경쟁, 후 시장개방'의 원칙을 확립하고, 우선 이동통신 시장부터 제2사업자를 선정하기로 했다. 제2이동통신사업자 선정은 한창 성장하던 이동통신사업에 경쟁을 도입하기 위해 꼭 필요한 정책이었다.

휴대폰 가입수요가 크게 증가하는 추세였기 때문에 많은 기업에서 제2이동통신에 관심을 보였다. 체신부가 "휴대폰을 생산하는 기업이 통신서비스까지 하게 되면 수직계열화 독과점이 될 수 있다"는 우려를 표명함에 따라 삼성, 럭키금성, 현대, 대우 등이 물러났다.

1992년 제2이동통신사업자 선정 입찰에는 동부, 동양, 선경, 쌍용, 코오롱,

---

6 〈한국금융신문〉, 2021. 11. 8.

포항제철 등을 주간사로 한 6개 컨소시엄이 참여했다. 이때 제2이동통신사업자 선정 과정에서 벌어진 정치적 특혜논란과 혼선은 가치중립적이어야 할 기술의 경제논리가 정치적 영향력과 결합했을 때 어떤 부작용을 낳는지 보여 준다.

체신부는 제2이동통신 신규 사업자를 선정하기 위한 절차를 만들고 공개모집과 심사를 거쳐 1992년 7월 29일에 1차 심사 결과를 발표했다. 선경그룹이 주도한 대한텔레콤주식회사와 코오롱그룹이 주도한 제2이동통신주식회사, 포항제철 계열의 신세기이동통신주식회사 등 세 곳이 2차 심사대상 업체로 선정되었다.

그런데 이들은 모두 강한 정치적 연줄을 가지고 있었다. 우선 선경그룹은 노태우 대통령과 혼사로 결합된 사돈관계였다. 포항제철은 설립자인 박태준 전 회장이 집권당인 민자당 최고위원이었다. 코오롱그룹 역시 회장이 민자당 최고위원인 김종필과 사돈관계였다.

한 달 뒤인 1992년 8월 20일, 제2이동통신사업자 선정 2차 심사에서 선경그룹의 대한텔레콤주식회사가 1위를 차지하여 신규 사업자로 선정되었다. 그 발표가 나오자마자 다음 날 모 조간신문의 제목은 거두절미하고 "사돈한테 줬다"였다. 다른 신문이나 방송에서도 노태우 정부가 사돈인 최종현 회장의 선경그룹을 밀어주었다는 뉘앙스가 강하게 담긴 기사들을 쏟아냈다. 선경그룹에 대한 특혜논란과 부정적 여론이 확산되면서 온 나라가 시끄러웠다.

하필 선정 작업이 진행된 1992년은 차기 대통령 선거가 치러지는 해였다. 3당 합당으로 여당이 된 김영삼 대통령 후보가 들끓는 여론을 잠재우기 위해 강하게 반대 의사를 표명했다. 결국 선경은 제2이동통신사업권을 자진 반납했다.

당시 체신부 차관으로서 사업자 선정기준을 만들었던 윤동윤 전 체신부 장관의 증언이다.

윤동윤 그때가 노태우 대통령 집권 후반기였습니다. 제2이동통신사업자를 선정하기 위해 체신부에서 제안서 기준을 만들었습니다. KISDI 윤창번 박사(후일 청와대 미래전략수석), 조신 박사(후일 연세대 교수, 청와대 미래전략수석) 등 전문가들이 매주 토요일마다 한 달간 고생해서 제안서 기준과 양식을 작성했죠. 이 기준이 아주 잘 만들어졌다고 자부합니다. 다음 해 문민정부의 문화공보부에서 케이블TV 사업자 선정 공고를 낼 때 이걸 그대로 가져다 사용할 정도였어요.

당시 송언종 씨가 체신부 장관이었는데, 이분이 아주 깐깐하고 엄격한 분입니다. 정치권 로비를 받아 움직일 분이 절대로 아니에요. 업체들로부터 제안서를 받은 후 완전히 외부와 차단된 장소에서 연구소 박사들과 외부 전문가들, 대학교수들이 심사를 진행했습니다. 체신부 직원들은 근처에도 못 오도록 엄금했습니다. 그런데 심사자들의 일치된 결론이 "선경그룹의 대한텔레콤 서류가 대학원 박사학위 논문이라면 나머지는 중고등학교 수준으로 큰 차이가 있다"는 것이었죠.

알고 보니 선경은 이미 1980년대부터 이동통신사업을 하려고 미국에 회사를 하나 만들어 장기간 착실히 준비해왔답니다. 그렇게 오래 작업했으니 당연히 실력 차이가 날 것 아닙니까? 그런 과정을 거쳐 선경이 최종 선정되었는데, 마침 선경의 최종현 회장이 노태우 대통령과 사돈 간이니 다들 정치적으로 해석하여 제2이동통신을 사돈에게 밀어주었다고 본 것입니다. 대선 국면이고 여당의 김영삼 대통령 후보가 "왜 제2이동통신을 대통령 사돈에게 주느냐? 철회하라"고 주장하니까 결국 최종현 회장이 자진 반납했습니다.

이동통신사업자 선정, 전경련에 위임

김영삼 후보가 대통령에 당선되고 1993년 초 문민정부가 출범한 이후 다시 제2이동통신 선정 문제가 불거졌다.

윤동윤 문민정부에서 제가 체신부 장관이 되었는데 제2이동통신 선정 문제가 여전히 해결이 안 된 채 남아 있었습니다. 선경이 반납한 사업권을 다시 선정해야 했는데 체신부 장관으로서 처음엔 매우 막막한 마음이었습니다. 사업자 선정에서 동일한 행정적 절차를 다시 반복할 수도 있었죠. 하지만 한번 정치적 이슈가 되어 큰 소동이 일어난 문제를 또다시 반복하는 것은 아무리 공정하게 선정하더라도 상당히 위험하다는 게 중론이었습니다. 재심하면 또 비슷한 상황이 될 것이 뻔했거

264

든요. 그렇다고 제2 사업자 선정을 더 미룰 수도 없었죠.

제가 여러 가지 측면을 고려해 고민하다 두 가지 결정을 내렸습니다. "우선 한국통신이 출자한 주식회사인 제1이동통신사업자는 주식을 민간에 매각한다. 그리고 제2 이동통신사업자를 추가로 선정하여 그 둘을 민간에서 경쟁시킨다"는 것과 "제2 이동통신사업자 결정은 민간이 자체적으로 하도록 맡기자"는 것이었습니다.

홍은주 "정부가 결정해야 할 정책을 왜 민간에 위탁했는가?", "책임회피 아닌가?", "체신부 문 닫아야 한다"는 등의 말이 나왔습니다.

윤동윤 정부가 다시 절차를 밟아 심사해도 선경이 다른 사업자들보다 훨씬 앞서 있으니까 똑같은 결론이 나올 것이고 정치적 파문이 되풀이될 것이 뻔했습니다. 고민을 거듭하던 차에 마침 일본에서 우정성을 대신하여 한국의 전국경제인연합회(전경련)에 해당되는 일본경제단체연합회(경단련)에서 신규 통신사업자를 선정했다는 사례를 접했죠. 우리도 이 같은 방식으로 전경련에 제2 이동통신사업자 선정을 맡기는 문제를 검토했습니다. 제가 무능하다는 소리 듣더라도 직원들에게 피해 가지 않도록 체신부 조직을 보호해야겠다고 결심하고 단안을 내렸죠.

최종현 선경 회장은 전경련 회장이니까 심사에서 빠지고 다른 대기업 회원사들이 선정 작업에 들어갔습니다. 이건희 회장과 구자경 회장, 김우중 회장, 세 분이 적극적으로 나서 주었습니다. 이분들에게는 지금도 감사한 마음입니다. 세 그룹 회장들이 삼성의 승지원에서 계속 회의를 해서 결론을 냈어요. 선경그룹은 1994년 1월 제1이동통신사인 한국이동통신 지분 23%를 매입하여 한국통신과 공동경영 체제를 구축했습니다. 이후 2차로 이루어진 제2이동통신사업자 선정에서는 포항제철을 지배주주로 코오롱그룹이 공동 경영하는 신세기이동통신이 인가를 받았습니다. 결과적으로 무사히 제2이동통신사업자 선정 작업을 마쳤습니다. 정말 신중하게 추진했는데도 1차 때 제2이동통신사업자 선정 문제가 정치적 이슈가 되었던 것은 지금까지 아쉬움으로 남아 있습니다.

CDMA 서비스를 둘러싼 정치적 논쟁

2세대 이동통신 기술 채택 논란: "TDMA냐, CDMA냐?"

1990년대 초반에 한국 이동통신산업의 미래를 바꾼 결정적인 사건이 벌어졌다. 제1세대 아날로그 이동통신 기술을 대체한 제2세대 이동통신 기술인 CDMA 상용화에 한국이 세계 최초로 성공한 것이다. 1980년대에 TDX가 전화통신을 꽃피웠다면, 1990년대에는 CDMA가 본격적인 이동통신 시대를 열었다.

제1세대 이동통신 기술인 FDMA(*frequency division multiple access*, 주파수분할다중접속) 기술은 아날로그 방식이었기 때문에 통화품질이 낮았고, 이동 중 기지국 연결 서비스가 불량하여 통화 끊김 현상이 자주 발생했다. 무엇보다 연결량에 큰 제한이 있었다. 처음에는 국내 휴대폰 가입자 수가 적어 문제가 되지 않았으나,[7] 1990년대 초 들어 가입자 수가 크게 늘면서 금방 포화상태에 도달했다. 과거 유선전화에서 벌어진 적체 현상이 이동통신에서 또다시 발생한 것이다.

가입자 수가 제한적이고 통화품질도 낮은 아날로그 통신방식을 더 효율적인 방식으로 전환해야 할 필요성이 높아졌다. 당시 유럽과 미국의 이동통신 기술은 아날로그에서 제2세대 디지털 기술로 넘어가는 과도기였다. 미국은 1988년부터 이동통신 국가표준을 디지털로 바꾸기로 했다. 유럽 역시 기존의 아날로그 방식과 디지털 방식인 TDMA를 조합하여 글로벌 디지털 이동통신 방식인 GSM(*global system for mobile communication*) 시스템을 구축하여 1992년부터 서비스를 시작한다는 계획이었다.

체신부는 1989년 디지털 이동통신 기술개발을 국책과제로 선정하여 ETRI에 연구개발 책임을 맡겼다. 무선통신개발단장을 맡은 ETRI 이원웅 박사는 선진국이 추진하던 TDMA(*time division multiple access*, 시분할다중접속) 기술을 도입하기 위해 선진국의 여러 통신기업을 방문했다. 그러나 선진국 통신기업들은 한국이

---

7 1989년 휴대폰 가입 대수는 1천 대도 채 안 되었다.

기술료를 내겠다는데도 TDMA 라이선스조차 주지 않으려고 했다.

당시 ETRI 소장이던 경상현 박사(후일 정보통신부 장관)가 한 언론 인터뷰에서 밝힌 내용이다.

다른 나라들은 디지털 이동통신에 관한 기술개발을 이미 마치고 막 상용화하려는 시점이어서 기술을 사오는 것이 최선이었어요. 그런데 이동통신 기술 라이선스를 얻는 것조차 굉장히 어려운 시기였습니다. 모토로라는 당시 TDMA라는 디지털 기술이 있었지만, 우리에게 라이선스를 줄 생각이 전혀 없었습니다.[8]

TDMA 기술 라이선스를 확보하기 위해 애쓰던 차에 "퀄컴이라는 벤처기업이 주파수 용량, 통화품질, 보안성 등에서 아주 우수한 CDMA 기술을 개발하여 미국의 국가표준으로 채택해 달라고 신청했다"는 이야기가 들렸다. "TDMA는 기존의 아날로그와 결합한 미완성 디지털 방식이다. 반면 완전한 디지털 방식인 CDMA는 디지털의 특성상 보안성이 높아 원래 군대의 비밀 통신에 주로 쓰이던 것을 퀄컴이 민간 이동통신용으로 개발한 것"이라는 이야기를 미국 출장 중에 전해 들은 이원웅 박사는 즉시 퀄컴이 있는 실리콘밸리로 향했다.

퀄컴은 당시 20여 명의 직원을 둔 소규모 벤처기업이었지만, 업력이 탄탄했고 경영진과 연구진 등 인력도 세계 최고 수준이었다. CDMA가 당시 대세였던 반디지털식 TDMA보다 용량이 훨씬 크고 기술적으로 우수하다는 것을 확인한 이원웅 박사는 한국에 돌아와 "퀄컴이 기술이전을 해줄 의향이 있으니 CDMA로 가는 것이 좋겠다"고 경상현 박사에게 보고했다.

마침 퀄컴은 CDMA를 개발해 놓고도 이걸 상용화할 자본이 없어 큰 어려움을 겪고 있었다. CDMA 기술이 실제로 대량 동시통화가 가능한가 시험하려면 거액의 투자를 받아야 하는데 모토로라와 AT&T가 이미 TDMA를 표준으로 신청한 상황이었기 때문에 투자하려는 미국 기업이 없었던 것이다.

역사는 완성도가 높지만 시대를 지나치게 앞서거나 시장 마케팅 능력 부족으로

8 "정보화 리더십 탐구: 경상현 초대 정통부 장관", 〈조선비즈〉, 2016. 7. 11.

빛을 보지 못한 채 사라진 수많은 기술의 무덤으로 가득 차 있다. 특히 통신기술은 네트워크 효과가 100% 작동하는 대표적 시장이다. 기술 자체의 완성도도 필요하지만 표준으로 채택되는 것이 중요하고, 그보다 더 중요한 승패 요인은 표준을 누가 먼저 선점하여 시장을 만드느냐이다.

휴대폰 거인 모토로라와 통신공룡 AT&T가 먼저 시장을 만들면 이후 등장하는 모든 이동통신 기기에 쏠림 현상이 발생할 것이다. 하루빨리 CDMA 대용량 장비를 시험하고 휴대폰에 내장할 CDMA 칩을 개발해야 하는데 퀄컴은 신생 벤처기업이라 그럴 돈이 없었다. 절박한 상황이던 퀄컴에게 한국 정부는 갑자기 나타난 산타클로스나 다름없었다. 일반 기업이 아니라 국가가 협상 파트너이니 기술만 내놓고 돈을 떼일 염려도 없었다. 한편 한국에서는 경상현 ETRI 원장이 "돈을 주고 CDMA 기술 라이선스를 들여와 우리가 세계적으로 가장 먼저 상용화하자"고 체신부를 설득했다.

1991년 5월 체신부의 'OK' 사인을 얻은 ETRI는 퀄컴과 1,695만 달러의 라이선스 계약서에 사인했다. 비용은 3단계 기술협력을 조건으로 나누어 지불하기로 했다. 우선 개발을 시작한 첫해에는 약 140만 달러를 연구비 명목으로 퀄컴에 주고 ETRI 연구원 30~40명을 미국으로 연수 보내기로 했다. 퀄컴이 가정교사처럼 뭘 가르쳐 주는 것은 아니었으므로 배워 오는 것은 온전히 연구원들의 몫이었다. 다행히 1986년에 개발한 디지털교환기 TDX를 진화시키는 과정에서 당시 연구원들은 스스로 기술을 습득할 정도의 충분한 지적 역량을 갖추었다.

양승택 그 무렵 한국의 이동통신은 기지국에서 가입자의 휴대폰과 연결하는 무선 부분이 아날로그 기반이라 용량이 포화상태가 되어 휴대폰 연결이 잘 안 되고 자주 끊겼습니다. 그러한 상황에서 아날로그 방식을 디지털 방식으로 바꿔야 했죠. 당시 디지털은 유럽·일본 연합인 GSM 그룹의 TDMA가 많이 보급되어 주력으로 자리 잡았습니다. 사실 우리도 거기에 끼고 싶었는데 GSM 그룹이 우리를 끼워 주질 않았습니다. 이미 다 개발한 기술인데 왜 우리한테 그걸 알려 주겠어요?

양승택 (梁承澤)

1939년 원산에서 태어났다.
서울대 전기공학과를 졸업하고,
미국 버지니아공대에서 공학 석사학위를,
미국 브루클린공대에서 공학 박사학위를
받았다. 미국 벨연구소에서 11년간
연구하다 1979년에 귀국했다.
그 후 ETRI TDX 개발단장,
CDMA 개발단장, ETRI 원장,
한국정보통신대 총장을 거쳐
2001년 정보통신부 장관을 지냈다.
동명대 총장, KAIST 석좌교수를
역임했다.

그런데 마침 미국 퀄컴이 TDMA와 다른 방식의 디지털 기술인 CDMA를 개발했는데, 벤처기업이라 자금도 없고 시제품을 만들어 샌디에이고 기지국 몇 군데에서 시험하는 수준이었어요. 이때 퀄컴의 기술수준이 아주 낮고 초기 상태라서 20여 명이 이동통신을 접속하면 끝이라 자기들도 사정이 급하니 한국과 계약했던 것입니다.

파란만장했던 CDMA 상용화 프로젝트

국내 상용화 연구가 시작된 CDMA 기반기술을 국내 유일한 이동통신 서비스 표준으로 선정하는 이후 과정은 그야말로 파란만장했다. 이 과정에서 벌어진 정치적·외교적 후폭풍은, "기술은 그 자체로 중립적일지 모르지만, 이를 도입하는 과정은 고도의 정치적 판단과 정책적 결정"이라는 것을 단적으로 보여 준다.

CDMA의 국내 적용 여부가 문제가 된 시기는 기술개발이 시작된 후 약 2년이 지난 1993년 6월 무렵이었다. 2세대 이동통신 기술을 어느 것으로 정할 것인지가 최대 정책현안으로 떠올랐다.

1993년 문민정부의 첫 체신부 장관으로 취임하면서 2세대 이동통신 표준을 결정해야 했던 윤동윤 장관은 장고가 깊어졌다.

윤동윤 제가 장관으로 가 보니 휴대폰이 포화상태가 되어 향후 이동통신 정책을 어떻게 가져갈 것인지에 대한 대책이 목전의 과제로 닥쳤습니다. 바꾸기는 해야 하는데 몇 가지 선택지를 놓고 고민할 수밖에 없었습니다. "휴대폰 가입 포화상태를 해결하기 위해 아날로그를 증설해 해결할 것인가? 아니면 디지털로 갈 것인가?", "만약 디지털로 간다면 다른 선진국들이 주로 채택한 반디지털식 TDMA로 갈 것인가? TDMA보다 앞선 디지털 기술이지만 아무도 상용화해 본 적이 없는 CDMA로 새로운 영역을 개척할 것인가? 혹은 신기술의 위험을 줄이기 위해 TDMA와 CDMA, 두 기술표준을 병행할 것인가?" 등의 여러 가지 옵션을 놓고 정책결정에 앞서 정말로 많이 고민했습니다.
　　주변에서 참 말이 많았습니다. "안전하게 아날로그를 증설해야 한다", "선진국들이 하는 대로 TDMA로 가야 한다"는 의견이 지배적이었고 "CDMA로 가자"는 의견은 개발자인 ETRI 외에는 어디에도 없었습니다. CDMA는 새로 등장한 기술이라 이에 대해 제대로 아는 사람도 ETRI의 개발자들 외에는 없었고요. 제가 모든 ETRI 실무개발 책임자들과 연구원들을 모아 놓고 "2년 안에 우리가 CDMA 상용화를 할 수 있겠습니까?"라고 물었습니다. 신중을 기하느라 4~5개월 동안 몇 차례나 회의를 했습니다.

　　그 과정에서 "CDMA를 실험적으로 들여오는 것이 아니라 정식으로 상용화하여 도입한다"는 체신부 방침이 알려지자 여러 곳에서 반대의 목소리가 높아졌다. 자신들이 생산한 이동통신교환기를 한국에 계속 판매하려는 미국 정부의 로비와 통상압력이 집요해졌고, TDMA를 한국에 정착시키려는 모토로라의 방해공작도 심상치 않았다. TDMA 수입을 추진하던 국내 업체들도 반대 여론에 불을 붙였다. 국회와 언론에서는 미지의 기술에 돈을 낭비하고 있다고 문제 삼았다.

윤동윤 언론이 날마다 체신부 비판 기사를 쓰고 국회가 난리가 났어요. 국회는 장관 보고도 안 받겠다는 겁니다. 당시에 이상하게 여당은 CDMA를 반대하는 반면 야당은 "체신부가 애국자"라며 찬성하는 분위기였어요. 여당 국회의원들은 제 보고도 받지 않겠다는 겁니다. "아무도 써 보지 않은 CDMA를 강행하려는 장관 보고는 들을 필요가 없다"고 그러는 판이었습니다. 업체들이 반발하고 언론이 떠들면 국회가 그걸 문제 삼고 다시 언론이 그걸 기사로 받아쓰는 그런 상황이었습니다.

홍은주 확실하고 안전하게 갈 것이냐, 모험을 하더라도 우리가 먼저 신기술을 도입하여 치고 나갈 것이냐? 불확실한 상황에서 고민스러운 선택의 기로에 섰군요.

윤동윤 지금도 그때를 회고해 보면 어디로 가야 할지 정책결정이 참 어려웠습니다. 국가의 통신정책의 미래를 가르는 중요한 결정이니까 현황을 분석하고 미래를 생각해서 장관이 결단을 내려야 하는 것 아닙니까? 그런데 아날로그는 증설해 봐야 2년만 지나면 죄다 교체해야 합니다. TDMA는 미국 AT&T가 개발하여 미국에서 추진했고 유럽도 채택해서 대세였지만, 우리 것으로 만들 기술을 들여오기 힘들었습니다. 한편 CDMA는 미지의 기술이지만, 최신 전자식이니 한국이 선진국보다 먼저 치고 나갈 수 있는 가능성이 높았죠.

결국 "한국은 CDMA로 가자"고 제가 결단을 내렸습니다. 새롭게 급속히 일어나는 세계 이동통신 시장을 우리 기술, 우리 제품으로 선점할 수 있겠다는 정보통신산업 차원에서 내린 결단이었죠. TDX 성공 이후 축적된 국내 기술기반에 나름대로 자신감도 있어서 많은 반대에도 결단을 내렸습니다.

김영삼 대통령의 통 큰 리더십

윤동윤은 실무자들과 여러 차례 회의 후 내린 결론을 자료로 정리해 청와대에서 김영삼 대통령에게 보고할 기회를 가졌다. 그는 그 자리에서 대통령을 설득했다.

"CDMA는 꼭 우리가 먼저 개발에 성공하여 독자적으로 상용화하겠습니다. 우리나라가 다른 나라들보다 앞서 나가려면 CDMA로 가야 합니다."

"자신 있소?"

"자신 있습니다. 그런데 CDMA로 간다면 앞으로 언론이 계속 공격할 겁니다. 그 점은 미리 알고 계십시오."

대통령이 CDMA나 TDMA의 기술적 측면을 자세히 알 리 없었다. 다만 자신이 선택한 장관을 믿으면 그의 판단도 믿는 것이 김 대통령의 큰 장점이었다. 언론이나 정치권의 공세에 의견을 바꾸는 스타일도 아니었다.

마침내 김 대통령의 허락이 떨어졌다.

"알았소. 잘 추진해 보시오."

윤동윤 김영삼 대통령께서는 정말 대단한 분입니다. 국회와 언론이 아무리 떠들어도 그 후 단 한 번도 CDMA 건으로 저에게 전화하지 않았습니다. 다른 일로는 전화했어요. 동대문 통신국에 불이 났는데 거기에 각종 데이터통신이 집결해 있어 서울시가 한 사흘간 난리가 나니까, 그 사건에 대해 한 번 전화했습니다. 그다음에 우편물을 실은 차량이 부산에서 서울로 오다가 경산에서 불이 나서 전소한 사건이 있었습니다. 그때도 대통령이 새벽 4시 30분에 우리 집에 전화했습니다.

그런 일로는 전화하면서도 CDMA에 대해서는 온 언론이 도배하고 기업들이 로비하여 국회가 시끄러워도 일체 말이 없었습니다. 참 대단하지요?

대통령의 재가를 받은 윤동윤 장관이 해야 할 일은 ETRI 연구원들이 다른 생각하지 않고 연구에 몰두할 수 있도록 정치적 외풍을 막아 주는 것이었다. 윤 장관은 일단 '집안 단속'이 중요하다고 보고 체신부에 반대 의견을 내놓은 EPB와 산업자원부를 설득했다. 여당 의원들에 대해서도 각개격파에 나섰다.

"TDMA로는 국산화할 수 없습니다. 급증하는 한국 이동통신 수요를 우리 자체 기술이 없이 외국 기술에만 의존하면 수입이나 로열티 지급으로 막대한 비용이 소요됩니다. 이미 1980년대에 TDX 성공 사례에서 이 비용을 대폭 절감한 적이 있지 않습니까? CDMA는 우리가 국산화할 수 있으니 이동통신에서 CDMA 개발이 반드시 필요합니다"라고 당위성을 역설했다.

윤 장관이 계속 버티면서 설득하자 한 달쯤 지난 후 분위기가 조금씩 반전되기 시작했다. 문민정부 집권 초기라 김영삼 대통령의 의지가 국회, 특히 여당의 풍향을 바꾸는 결정적 힘이 되었다.

기업들, CDMA 연구참여에 미온적

체신부의 당초 계획은 "CDMA 기술을 상용화한 다음, 이 기술을 삼성, LG, 현대, 맥슨 등 국내 전자업체에 넘겨 이들이 CDMA 기반 교환기를 만들도록 한다"는 것이었다. 그런데 정작 국책연구기관과 합동으로 상용화 연구에 착수하여 CDMA 기반 교환기와 휴대폰을 생산해야 할 전자업체들의 반응이 미온적이었다.

TDX 때와 분위기가 완전히 달랐다. TDX는 이미 선진국들이 사용하는 기술을 국산화한 것이지만, CDMA는 아무도 가지 않은 길을 한국이 앞서가는 것이라 기술의 완전성 자체를 믿지 못했다. 한국이 미국보다 앞서 상용화할 수 있다는 점도 못 미더워했다. "안전하게 다른 선진국들을 따라가지, 기술동향을 잘 알지도 못하는 정부가 괜히 앞장서서 오버한다"는 비판이 뒤에서 들려왔다.

홍은주 CDMA의 최대 수혜자로서 글로벌 휴대폰 시장에서 현재 1, 2위를 다투는 삼성이 그때 CDMA에 가장 반대했다면서요?

윤동윤 그렇습니다. 삼성은 이미 아날로그 교환기를 자체적으로 만들고 있는 데다가 TDMA를 도입하려고 준비 중이었기 때문입니다. TDMA 기술이 채택되면 삼성에 유리하지만, CDMA 기술개발이 국내에서 성공하면 체신부 정책으로 모든 국내 통신 제조기업에 기술이 고르게 이전될 것을 우려했던 것 같습니다.

삼성이 여러 채널을 통해 CDMA를 반대하는 바람에 제가 화가 나서 실국장 회의에서 "삼성 출입금지"를 선언했습니다. 3주쯤 지나니 그제야 삼성전자 임원들이 체신부로 와서 사과하면서 "앞으로 CDMA를 만드는 데 우리가 가장 먼저 앞장서겠습니다"라고 약속했습니다. 결국 민관합동으로 CDMA 상용화가 성공하자 TDMA로 한국 시장을 지배하던 모토로라가 한국에서 퇴출되고 CDMA를 가장 반대하던 삼성이 가장 큰 덕을 보게 되었습니다. 지금은 세계 1위 휴대폰 사업자로 부상하여 큰 성공을 거두고 있지 않습니까? 당시 삼성 CEO였던 남궁석 사장이 나중에 정보통신부 장관을 지냈는데 저한테 "참 고맙다"고 인사해 감회가 새로웠던 기억이 있습니다.

한국 정부와 퀄컴의 동상이몽

김영삼 대통령의 재가가 떨어지고 삼성도 적극적 참여 의사를 밝히면서 ETRI는 민관합동으로 CDMA 상용화 개발 속도전에 착수했다. 한국 정부는 퀄컴과 셀사이트 관련장비와 기지국 하위 시스템 설계 및 개발, 이동단말기 개발, 시스템 시제품 현장시험 등에 대해 3단계 계약을 맺었다. 이후 사이좋게 상용화 공동개발을 했으리라는 일반의 추측과 달리 한국과 퀄컴은 양쪽 다 동상이몽의 계획을 가지고 있었다.

우선 퀄컴은 단순히 기술 라이선스 비용을 받는 것에 만족하지 않았다. KCS (Korea CDMA System), 즉 한국형 CDMA를 개발한다는 명목으로 공동 개발해서 한국 이동통신 시스템과 휴대폰 시장 전체를 장악하고자 했다.

한편 체신부와 ETRI는 로열티를 내고 CDMA 기술만 배우고자 했다. 이동통신 시장을 퀄컴에 내줄 생각이 전혀 없었다. 달러가 만성적으로 부족했던 한국은 핵심기술의 해외 의존에 본능적 두려움을 품고 있었다. 일회성 기술 도입은 상관없지만 향후 지속적으로 달러를 지출하는 일은 절대로 있어서는 안 된다고 생각했다. 무조건 국산화하고, 다음으로 이를 해외로 수출한다는 전략을 고집했다.

홍은주 한양사이버대 교수가 양승택 전 정보통신부 장관과 인터뷰를 진행하였다.

ETRI는 이동시험시스템(RTS) 핵심기술을 익힌 후 퀄컴과 사실상 결별하고 독자적으로 대량 가입자를 대상으로 한 상용화 개발을 서둘렀다. 그때는 누가 먼저 대량가입 상용화에 성공하여 시장을 선점하느냐를 놓고 치열한 경쟁을 벌였다.

동시공학으로 추진한 CDMA

당시 ETRI에서 CDMA 상용화 개발을 책임진 사람은 TDX 개발을 성공시켰던 양승택 소장(후일 정보통신부 장관)이었다.

양승택 세간에는 퀄컴이 우리에게 무슨 CDMA 기술을 이전해 준 것처럼 잘못 알려져 있어요. 기술 자체는 이미 공개되어 있어서 우리가 다 알고 있었습니다. 그걸 우리가 가져와 기술적으로 고도화하고 조기에 정식으로 상품화한 것입니다. 다만 그쪽이 원천특허를 가지고 있었기 때문에 기술료를 준 것뿐입니다.

CDMA를 고도화하고 상품화할 때 ETRI가 '동시공학'(同時工學) 개념을 도입하여 기술개발과 동시에 상용화 단계로 가는 속도전에 들어갔습니다. 보통은 연구개발이 끝나고 시제품을 만들어 시험한 뒤에 생산단계로 갑니다. 그런데 우리는 한쪽에서 개발하고 다른 한쪽에서 시운전하고 생산하는 일을 동시에 진행한 것이죠.

서두른 이유가 뭐냐? 정부가 정한 시한도 있었고, 한국과 계약하여 자금 여유가 생긴 퀄컴이 한국보다 빨리 상용화와 제품화를 하여 그걸 우리에게 팔려고 서두르는 바람에 우리와 퀄컴 사이에 개발경쟁이 벌어졌기 때문입니다. 처음에 퀄컴에서 우리에게 CDMA 기술기반의 교환기를 당시 전 세계가 개발 중인 ATM을 쓰라고 했는데 제가 그걸 거절했어요. "우리가 이미 TDX 교환기 기술이 있는데 거기에 CDMA를 적용하면 되지 왜 아직 개발도 안 된 것을 쓰라고 하느냐? 그렇게 못 하겠다"고 했죠. 결국 누가 먼저 상용화하느냐는 경쟁이 벌어지게 되었습니다.

우리가 반드시 퀄컴을 이겨야 하는데, ETRI는 따로 생산기반이 없으니까 업계에서 생산기술 인원 450명을 받아 우리가 개발하는 즉시 공장에서 생산할 수 있도록 동시공학 개발 과정을 밟은 것입니다. 보통 연구개발이 먼저 끝난 후 시제품을 만들어 시운전하는 과정이 있습니다. 우리는 자신이 있으니까 연구하면서 동시에 공장에서 시제품을 생산하고 보완한 후 최종 생산을 시작하여 우리가 퀄컴보다 1년 먼저 성공하게 된 것입니다.

그때 민간 대기업 3개 업체에서 150명씩 450명을 받았습니다. 이 사람들을 수용할 장소가 없어 창고까지 뜯어고치면서 장소를 확보하려고 노력했던 기억이 납니다. 개발하고 보니 우리가 만든 CDMA 용량이 아날로그의 15배 이상 나왔습니다.

1993년 말에 TDX 개발 경험이 있는 서정욱 박사(후일 과학기술부 장관)를 사령탑으로 '이동통신 기술개발 사업관리단'이 발족했다. 서정욱 박사는 ETRI의 개발 프로젝트를 총괄 관리하는 역할을 했다.

윤동윤 연구개발은 ETRI 중심으로 했고, 한국통신이 연구개발자금을 지원했는데 그 돈이 제대로 쓰이는지 감독하는 CDMA 사업단을 만들어 서정욱 박사를 단장으로 모셨습니다. 김영삼 대통령이 중국을 국빈 방문했을 때 제가 대통령을 따라가 조어대(釣魚臺: 베이징에 위치한 외국국빈 영빈관)의 방에서 혼자 앉아 CDMA 사업을 이모저모 걱정한 적이 있습니다. 'CDMA가 아주 큰 사업이니까 이걸 조율할 수 있는 사업단을 만들어야겠다. 사업단장에는 서정욱 박사를 영입해야겠다'고 생각한 것입니다.

TDX 개발 때도 서정욱 박사가 단장을 해서 경험이 풍부하거든요. 그때는 김성진 체신부 장관과 서 박사가 ADD에서 함께 일한 적이 있어서 김 장관이 서 박사를 추천했었지요. 제가 체신부 차관이 될 때 마침 서 박사는 과학기술부 차관이 되면서 서로 자주 전화 연락을 하는 사이였는데, 제가 장관이 되고 나서 서 박사는 KIST 원장을 하다가 그만둔 상태였습니다. 이분이 TDX 개발 경험도 있고 ETRI 개발 책임자인 양승택 박사와 경상현 체신부 차관의 대학 선배이기도 하니까 체신부와 ETRI 두 조직을 조율할 수 있을 것 같아 사업단장을 맡긴 것입니다. 서 박사, 양 박사, 경상현 차관, 실무자 신용섭 CDMA 총괄과장까지 매주 제 방에서 회의하면서 CDMA 상용화 개발 진도를 체크했습니다.

저도 장관직을 걸었기 때문에 한 달에 두 번 정도 대전 ETRI를 방문해 이 문제를 점검했습니다. "CDMA 개발은 전쟁이다"라고 비장하게 강조했더니 ETRI 벽에 제 말이 구호로 써 붙어 있더라고요(웃음). 연구원들에게 개발성공 보상금과 특별수당 등 인센티브도 많이 제시했습니다. 다행히 미국이 1993년 7월 CDMA를 제2디지털 이동통신 표준으로 추가했습니다.

일본은 한국이 CDMA의 독자적인 길을 간다고 하자 CDMA 실무 총괄책임을 맡은 신용섭 과장을 찾아와 "만약 실패하면 어떻게 할 것인가?"라고 묻기도 했다고 한다.

CDMA 단일 기술표준 채택 놓고 정치쟁점 재점화

1994년 체신부는 제2이동통신사로 신세기통신을 선정하면서 "CDMA 기술로만 이동통신 서비스를 한다"는 것을 전제로 사업허가를 내주었다. 윤동윤 체신부 장관은 "당시 결재서류에 디지털이동전화 기술표준은 CDMA로 한다는 내용이 빠져 있어 그 내용을 반드시 넣도록 해서 결재했다"고 밝혔다. 만약 복수표준을 도입하면 한국은 계속 기술종속국이지만 CDMA로 전환하여 정착시키면 기술종주국이 되기 때문이다.

체신부의 신용섭 전파기술과장도 언론과의 인터뷰에서 "제2이동통신사업자도 한국이동통신과 마찬가지로 CDMA 연구개발비를 부담하고 상용 시제품의 현장시험부터 상용화 단계까지 개발과정에 참여시킨다"는 점을 분명히 했다. [9]

이후 잘 진행되는 듯하던 CDMA의 이동통신 기술표준을 둘러싼 논란이 재점화했다. 막상 시간이 지나 이동통신 서비스를 시작할 때가 되자 신세기통신에서 "세계 최초로 도입하는 미지의 기술로 서비스하는 것은 위험이 너무 크다"면서 반발한 것이다. "세계 최초라는 것은 다른 데서는 전혀 시도해 본 적이 없는 기술이라는 뜻이다. 만에 하나 잘못되면 개점하자마자 회사 문을 닫아야 하는 것 아니냐?"면서 정치권과 여론에 호소 작전을 폈다.

정보통신부가 제2이동통신사 선정이나 PCS 선정의 전제조건으로 CDMA 단일표준 채택을 핵심 전제로 내세웠던 이유는 TDX를 국산화할 때 경험했던 잘못된 유인체계의 경험에 바탕을 두고 있었다. 외제가 무조건 국산보다 더 우수하다고 생각하던 시절이다. 같은 TDX라도 기업들이 외국 부품을 수입하여 단순히 조립 생산하면 수입마진과 부품생산비, 운송비, 개발비, 일반관리비 등에서 훨씬 더 많은 이익을 낼 수 있었다. 국산 TDX를 정부가 구매해 주지 않으면 TDX의 국내 생산은 줄어들 수밖에 없었다.

만약 정부가 복수표준으로 결정한다면 모든 기업이 손쉽고 이윤이 높은 외국산 TDMA를 수입해 조립 생산하지 생산투자비와 운영비가 많이 드는 국산 CDMA를 사서 쓸 이유가 전혀 없는 것이다. 그렇게 되면 국책사업으로 약 1천억 원을 들여 세계 최초 상용화를 노리던 CDMA 기술은 사장되고 말 것이 틀림없었다.

---

9 〈한국경제신문〉, 1994. 3. 10.

가중된 미국의 무역 압력

당시 미국은 TDMA와 CDMA를 모두 기술표준으로 채택하여 통신업체나 교환기 업계에서 자율적으로 선택하도록 하는 정책을 펴고 있었다. 미국은 "무슨 기술을 선택하든 기업들이 알아서 하도록 내버려 두어야지 정부가 표준을 강요해서는 안 된다"는 원칙을 내세우면서 한국 정부에 "CDMA 단독 표준방침을 재고해 달라"고 압력을 넣었다. 경상현 장관은 "그런 요청을 받아들일 수 없다"고 거절했다.

양승택 당시 ETRI 소장은 "CDMA는 상용화 기술개발 작업보다 그 후 정치적 과정이 훨씬 힘들었다"고 회고한다.

양승택 우리가 CDMA 상용화 개발에 착수하기 전에 CDMA 방식을 반드시 사용 하는 조건으로 제2이동통신을 허가해 주었습니다.

포항제철과 코오롱이 미국 회사와 합작해서 제2이동통신인 신세기통신을 설립 했습니다. 신세기통신은 막상 서비스를 시작할 때가 되자 주주인 미국 회사를 앞 세워 "CDMA를 사용하지 않고 일단 아날로그 교환기를 수입하여 쓰면서 사업을 시작하겠다"고 했습니다. "CDMA만으로 이동통신서비스를 시작하라고 하는데 이 건 아직 검증이 안 된 신기술이다. 만에 하나 다운되면 개장하자마자 폐업해야 하 는 것 아니냐?"면서 반발하는 것입니다. 혹시라도 다운될 경우에 대비해 미국에서 수입해 와서 아날로그 교환기를 병행하겠다는 것이었죠.

USTR 초대 위원장을 지내 한국 정부에 영향력이 컸던 칼라 힐스가 미국 측 법률 고문이었는데 "최초로 개발한 시스템을 어떻게 믿느냐? 한국 정부가 기업에 기술 표준을 강요하지 말고 시장의 결정에 맡겨야 한다"는 원론을 내세워 청와대를 압박 했습니다.

홍은주 한마디로 국내 연구소 ETRI에서 개발한 CDMA 시스템의 안정성을 못 믿 겠다는 거였군요. 벨연구소에서 장기간 근무하셨던 경험에 비추어 당시 ETRI의 기술수준은 어떻다고 평가하셨습니까?

양승택 제가 미국의 벨연구소에 11년간 근무하면서 보니까 벨연구소가 세계 최고인 데는 몇 가지 요인이 있었습니다. 우선 연구진 중에 고급인력인 박사 수가 많았고, 연구소에서 발간하는 학술서적이 세계에서 가장 많이 인용되었으며, 거의 매일 한 건씩 발명특허를 등록했고 상용화한 제품이 많았습니다.

제가 1992년에 ETRI 소장으로 와서 보니까 이미 기술이 많이 축적되었고 박사 수는 벨연구소보다 더 많았어요. 그때 제가 원장으로서 제안한 것이 3P, 즉 연구 논문과 발명특허, 제품개발(paper, patent, products) 등 세 가지였습니다. 3P의 목적은 연구원 개인의 목표와 연구소의 목표를 일치시켜 보자는 것이었습니다.

연구원이 자기 이름으로 논문 쓰고 발명특허 내고 제품개발 하면 결국 그게 다 연구원 자신의 것이 되잖아요? 연구원들이 각자 그 분야의 최고가 되면 ETRI도 저절로 세계 최고의 연구소가 되는 겁니다. 그래서 〈ETRI 저널〉을 영어 전용으로 바꾸고 연구원들 논문을 게재했더니, 결국 SCI[10]리스트에 올라 ETRI가 최고 수준의 연구소 가운데 하나임을 증명했습니다.

ETRI의 기술 수준이 높으니까 우리처럼 기술적 내용을 잘 아는 사람들은 CDMA 상용화가 충분히 가능하다고 자신했습니다. 그런데 잘 모르는 사람들이 각자의 이해관계에 따라 여기저기서 안 된다고 흔들어 대니까, 일일이 설득하러 돌아다니는 것이 기술 개발하는 것보다 훨씬 더 어려웠습니다.

정책결정을 책임진 정보통신부는 확고한 입장이었는데, 청와대나 정치권은 미국이 자꾸 압력을 넣는 데다가 자기들도 확신이 없으니까 오락가락하는 입장이었습니다. 하루는 우리가 저녁을 먹는데 마침 같은 음식점에 와 있던 청와대 고위층이 우리 자리로 와서 "신세기통신의 뜻대로 해주는 게 어떠냐?"고 권하기도 했습니다. 우리가 상용화 연구를 주도하여 기업들이 이미 CDMA 생산을 개시한 상태인데 이제 와서 되돌린다는 게 말이 됩니까? 만약 CDMA 프로젝트가 흔들려 상용화에 성공하더라도 나중에 폐기 처분할지 모른다면 연구원들이 열심히 개발하려 하겠습니까? 그래서 제가 박세일 수석을 직접 만나 설득하기도 했습니다.

---

10 미국 과학정보연구소(ISI: Institute for Scientific Information)에서 과학기술 분야 학술지 중 엄격한 기준으로 선별한 저명 학술지를 뜻한다.

경상현 정보통신부 장관은 "반드시 CDMA 단일표준으로 가야 한다"고 분명히 입장을 밝혔다. 그러나 청와대와 국회에서 신세기통신의 말이 맞다고 손을 들어 주면서 CDMA 단일표준 채택을 둘러싼 논란은 점점 가열되었다. 당시 미국의 통상압력에 직면한 한승수 대통령비서실장이 복수표준을 채택해야 한다는 의견을 밝혔기 때문에 김영삼 대통령도 누구의 말이 맞는지 몰라서 결단을 내리지 못하고 있었다.

당시 PCS 사업자로 새로 선정된 한국이동통신과 한국통신의 입장도 제각기 달랐다. 한국이동통신은 "TDMA를 도입하면 국내 통신시장을 외국 업체에 내줄 수 있다. CDMA를 하루빨리 상용화해야 한다"고 주장했다. 반면 이제 막 이동통신서비스를 시작하려는 한국통신은 "TDMA는 이미 검증된 기술로 보편적 서비스를 실현할 수 있고, 해외시장 진출에도 유리하다"면서 TDMA 복수표준을 강조했다.

통신사업자들에게 장비와 단말기를 납품하는 업체들까지 이 논란에 가세하면서 사태는 점점 더 복잡한 양상을 나타냈다. 삼성전자와 LG정보통신, 현대전자, 맥슨 등은 CDMA 방식을 주장했고, 대우통신과 한화전자정보통신 등은 TDMA 방식을 선호했다.

CDMA 단일 기술표준 결단

가열된 CDMA 단일표준 채택 논란에 마침표를 찍은 사람은 경상현 장관 후임으로 정보통신부 장관에 취임한 이석채였다. 이석채 장관은 김영삼 대통령을 설득하여 이리저리 표류하던 CDMA 표준화 채택 문제에 결단을 내렸다. "이미 확정된 정책을 되돌릴 수 없으니 당초 약속한 대로 단일표준으로 간다"는 것이었다. 그가 CDMA 단일표준이 중요하다고 생각했던 이유는 무엇일까? 업계의 반발은 어떻게 무마했을까?

이에 대해 이석채 당시 정보통신부 장관의 설명을 들어 본다.

이석채 EPB 조직이 없어지면서 농림수산부 차관으로 잠깐 있다가 재정경제원 차관으로 와서 한창 일하던 중에 제가 경제수석으로 간다는 이야기가 나왔습니다.

홍은주 왜 청와대 경제수석이 아니라 정보통신부 장관으로 가게 되었습니까?

이석채 뭐 실제로 어떤 일이 있었는지는 아무도 모르지만 짐작 가는 일은 좀 있습니다. 제가 재정경제원 차관을 지낼 때 모 재벌기업이 외화를 전액 단기 차입해서 외국의 한 전자회사를 인수·합병하겠다고 나섰습니다. 그런데 제가 거기에 조건을 달았습니다. "전액 차입은 안 된다. 20%는 당신들 돈을 매칭해서 넣어라." 그러자 신문 1면에 톱기사로 나고, IMF도 와서 "한국 기업이 외국에 투자하는 것에 정부가 관여하지 말라"면서 난리가 났습니다. 제가 꿈쩍도 하지 않고 버텼습니다. "그 투자가 잘되면 좋지만 만약 잘못되면 그게 외화부채니까 모조리 대한민국 국민의 빚으로 돌아올 텐데 그것은 누가 책임질 거요?"라고 반대했지요.

당시 국제 금융시장이 개방되고 해외금리가 국내금리보다 낮으니까 기업들이 자기 돈은 하나도 안 들이고 해외에서 돈을 빌려 외국 기업을 살 수 있었습니다. 기업들이 전부 해외로 빠져나가 버리면 국내 일자리가 줄어들고 경제가 위축될 것 아닙니까? 저는 그 문제가 상당히 심각하다고 생각했습니다. 그래서 제가 재벌기업이 전액 외화부채를 얻어 투자하지 못하도록 결사적으로 막았던 것입니다. 한국 기업의 고질적 문제에 대해 깊이 생각하는 계기를 마련해 준 사람이 미시간대 경영학과 김응한 교수입니다.

김응한 교수가 EVA(*economic value added*)[11]라는 콘셉트를 가지고 대한민국 큰 기업들을 다 조사해 보니 EVA가 전부 마이너스라는 거예요. 경제적 부가가치가 마이너스이면 기업의 존속이 당연히 어려워지는 거 아니에요? 제가 대한민국 경제

---

11 Economic value added (EVA) is a measure of a company's financial performance based on the residual wealth calculated by deducting its cost of capital from its operating profit, adjusted for taxes on a cash basis. EVA can also be referred to as economic profit, as it attempts to capture the true economic profit of a company (출처: Investopedia).

이석채 (李錫采)

1945년 경북 성주에서 태어났다.
서울대 경영학과를 졸업하고, 미국
보스턴대에서 정치경제학 석사학위와
경제학 박사학위를 받았다. 1969년
행정고시에 합격하여 대통령비서실
경제비서관, 대통령비서실 사회간접자본
투자기획단 부단장, 경제기획원 예산실장
등을 지냈다. 1994년 농림수산부 차관,
재정경제원 차관, 1996년 정보통신부 장관,
대통령 경제비서실 경제수석비서관,
2009년 KT 회장을 거쳐 한국경제교육협회장,
한국통신사업자연합회장을 역임했다.

에 상당한 위기감을 느끼고 재계의 과잉부채 문제와 해외달러 조달에 계속 단호한 입장을 견지하니까 경제수석으로 가는 걸 누군가는 많이 불편해했겠지요. 어느 날 대통령께서 저에게 직접 전화해서 "자네가 정보통신부 장관으로 가야겠네"라고 해서 경제수석이 아니라 정보통신부 장관으로 가게 된 것입니다.

홍은주 정보통신부 장관으로 가자마자 처리하신 일이 CDMA였지요?

이석채 그렇습니다. 정보통신부에서 CDMA를 3세대 이동통신의 표준으로 정하고 1996년 1월 1일부터 서비스를 시작하기로 했는데, 시스템과 기술이 불안정하다고 신세기통신이 정부에 문제제기를 해서 4월 1일로 연기한 상태였어요. 그래서 제가 정보통신부 장관으로 갔을 때 당장 발등에 떨어진 불이 CDMA 통신서비스의 단일표준화 개시 문제였습니다.

신세기통신과 관련된 이해관계자와 주주들의 약 3분의 1이 미국인이고, 3분의 1이 중소기업이고, 3분의 1이 대기업이라 여러모로 복잡했습니다. 만약 CDMA 통신서비스가 혹시 잘못되면 이 사람들이 다 망하잖아요? 미국인의 이해관계가 크니까 한국 정부에 지속적으로 압력을 넣었고 업계도 자꾸 문제제기를 하니까 청와대나 당, 언론이 이 문제에 크게 주목하고 있었습니다.

그때 아날로그 휴대폰 시장을 점령하던 사업자는 SK의 한국이동통신이었습니다. SK도 4월 1일부터 CDMA 서비스를 같이 시작해야 하지만, SK와 신세기통신은 차이가 있었죠. SK는 CDMA를 기존의 아날로그 방식과 병행하는 데 비해 새로 인가받은 신세기통신은 오직 CDMA만으로 서비스하도록 되어 있었습니다.

신세기통신은 "CDMA는 한국에서 개발하여 세상에서 처음 사용하는 기술인데 혹시 잘못되면 우리가 큰 문제를 떠안는 것 아닙니까? 그러니 우리가 아날로그 교환기를 2천억 원 정도 수입해 들여와서 기지국을 설치하고 그것으로 백업하면서 CDMA 서비스를 시작하겠습니다"라고 요구했습니다. 이에 정보통신부는 "그것은 안 됩니다. 인가받을 때의 약속대로 하십시오"라고 맞섰죠. 그래서 계속 분란이 일어났던 것이 제가 정보통신부 장관으로 갔을 때의 상황이었습니다.

홍은주 개발자들은 성공을 확신했지만 다른 사람들은 좀 불안해 보였을 수도 있었겠습니다.

이석채 당시 청와대에서도 이 문제에 관심이 높아 한승수 비서실장이 저에게 전화해서 "이 장관이 가셨으니까 신세기통신에 CDMA 기술만으로 이동통신서비스를 하는 것을 강요하지 마십시오. 잘못하면 미국과 큰 무역분쟁이 생기고, 만약 CDMA 기술 서비스가 실패했을 때 국민의 불만으로 정치적 파장이 대단히 클 테니까 유연성 있게 대처하십시오"라고 당부했습니다. 신세기통신에 미국이 투자했으니 미국 정부가 국회, 행정부를 움직여가며 한국에 문제제기를 했을 것이고, 한승수 장관은 비서실장이라 미국 동향에 민감하잖아요. 미국 켄트 상무장관도 저를 찾아오고 주한 미국 대사도 찾아왔어요. 아무튼 수많은 사람이 그 문제 때문에 저를 찾아와 미국의 우려를 전달했습니다.

이 문제를 어떻게 풀어 나갈 것이냐를 놓고 제가 깊이 고민했습니다. 이 분야를 잘 모르니까 여러 전문가들에게 물었는데 누구 하나 확실히 답하는 사람이 없었어요. 전문가들도 의견이 제각각이었습니다. 해도 문제없다는 사람, 하면 안 된다는 사람, 또 엉뚱하게 "사실 TDMA를 했어야 되는데 CDMA를 해서 그렇다"고 말하는 사람도 있었죠. 나름대로 판단해 보니 CDMA의 성공과 실패 확률이 반반 정도인 것 같은데 참 고민스러웠습니다. 업계 의견을 무시하고 정부가 강행했다가 만에 하나 기술적 문제가 발생하면 어떤 일이 일어나겠어요? 저뿐만 아니라 대통령에게 책임이 돌아가겠죠. 그때 언론이 김영삼 정부에 대해 공격 모드로 바뀔 때였습니다.

저는 성격상 위에서 지시한다고 따라가는 사람은 아니기 때문에 정치적 압력을 배제하고 어떻게 하는 것이 가장 좋을지 고민했습니다. 제 판단으로 아날로그는 이미 포화상태라서 어차피 안 되고 결국 디지털 방식으로 가야 했죠. 그러다가 칼라 힐스 전 USTR 대표가 보낸 편지 내용에서 해결의 실마리를 얻었어요. 그 편지를 대통령에게 보냈는지, 저에게 직접 보냈는지 지금 확실히 기억나지 않는데, 그 내용이 이랬어요.

"CDMA 강요는 한국 정부가 완전히 재벌편향 정책을 하는 거다. 재벌기업인 SK에는 아날로그와 CDMA 기술을 병행하도록 해서 절대로 실패하지 않도록 보장하는 조치를 허락해 주고, 우리(미국)가 투자한 기업은 CDMA만 쓰라는 것은 재벌 편들기다."

그걸 읽고 제가 "됐다. 바로 이거다"라고 아이디어를 얻어 곧바로 정홍식 실장을 불렀습니다. "우리가 SK를 설득하여 신세기통신의 아날로그 기지국 서비스와 로밍을 백업해 주겠다. 그렇게 하면 당신들이 약속한 대로 CDMA 서비스를 시작하겠냐?"고 물어보라고 했습니다. 단 어떤 경우가 있어도 4월 1일 자 서비스 변경은 안 된다고 확실히 알리라고 했습니다.

그리고 SK의 손길승 사장을 불러 의견을 물어보니까, "우리가 주파수가 부족합니다. 신세기통신은 아직 고객이 없으니까 주파수에 여유가 있을 테니 우리가 아날로그 교환기를 대여해 주는 대신 주파수를 빌려 쓸 수 있겠습니까?"라는 겁니다.

SK가 보유한 아날로그 기지국이 전국에 깔려 있잖아요? 제가 그걸로 신세기통신의 백업을 해주도록 하는 방안을 만들어 두 회사 모두에게 유리한 제안을 했더니 양쪽이 다 "그렇게 하겠다"고 그래요.

홍은주 다행히 양쪽 모두에서 긍정적 답변을 얻었으니 대통령께 최종 보고를 했겠군요?

이석채 그렇습니다. 제가 청와대에 가서 대통령께 이렇게 말씀드렸어요.

"CDMA 기술이 성공할 확률은 높습니다만, 만약 실패하면 혼란이 일어나 국민이 정부를 거세게 비난할 겁니다. 그때는 저에게 책임을 물으시면 됩니다. 제가 국민에게 '세종대왕 이래 한국이 세계 최초로 시도하는 기술적 발명품이기 때문에 CDMA 서비스를 하다가 이런 문제가 생겼는데, 이것은 곧 우리가 보완하겠습니다. 국민에게 불편을 끼쳐드린 것은 장관인 제가 책임지고 사표를 내겠습니다'라고 하면 문제가 수습됩니다.

그런데 실패할 리스크가 두려워 CDMA 시행을 하지 않으면, 그동안 CDMA 기술개발에 사력을 다했던 사람들, 그것을 후원하고 투자했던 사람들, 정부를 핑계만 있으면 공격하는 사람들이 전부 총궐기해서 대통령과 정부를 공격할 겁니다. 그러니까 여러 가지로 봤을 때 CDMA 시행에 다소 리스크가 있더라도 예정대로 진행하는 것이 좋겠습니다. 그리고 CDMA 기술의 안정성은 SK에서 아날로그로 백업해 주면 큰 문제가 없습니다."

그렇게 대통령 재가를 얻어 4월 1일에 CDMA 서비스를 시작했습니다. 신세기통신도 만에 하나 생길 문제에 대해 보험을 들어 놓은 셈이니까 협상이 아주 원만하게 타결되었습니다. CDMA와 아날로그를 같이 써야 해서 초기에 휴대폰 사이즈가 좀 커졌습니다만, 아무튼 CDMA 상용화가 세계 최초로 시작되었습니다. 저는 혼자서 이런저런 고민 끝에 그런 결론을 내린 것인데, 나중에 알고 보니까 그게 '위험분석'(*Risk Analysis*) [12]이라는 방법론이더라고요.

---

12 From the financial to the scientific, anyone who faces uncertainty in their quantitative analysis can benefit from Risk. Risk Analysis is systematic use of available information to determine how often specified events may occur and the magnitude of their consequences. Risks are typically defined as negative events, such as losing money on a venture or a storm creating large insurance claims. However, the process of Risk Analysis can also uncover potential positive outcomes. By exploring the full space of possible outcomes for a given situation, a good Risk Analysis can both identify pitfalls and uncover new opportunities (출처: Investopedia).

홍은주 위험분석이란 어떤 방법론인가요?

이석채 1997년 아시아 금융위기가 발생했을 때 루빈 재무부 장관이 "아시아 각국에 금융지원을 했을 때의 여러 가지 리스크, 안 했을 때의 리스크를 비교하여 지원하지 않는 것이 문제가 훨씬 더 크다고 생각해서 하는 것으로 결정했다"고 말한 인터뷰가 〈월스트리트 저널〉에 실렸어요. 훗날 제가 '아, 내가 위험분석 방법론을 배우지 않았지만, 나름대로 그 방법을 원용했던 것이구나'라고 깨달은 적이 있습니다.

　좀 전에 말씀드린 것처럼 당시 CDMA 기술기반 이동통신 서비스의 성공 가능성은 불확실했습니다. 그래서 제가 '결과가 불확실한데도 추진을 강행했을 때 리스크가 무엇인가?' 또 '시행을 연기하고 추진하지 않을 때 리스크가 무엇인가?' 등을 헤아렸습니다. 이렇게 비교했을 때 CDMA를 추진하지 않을 때의 리스크가 추진할 때의 리스크보다 훨씬 크다는 결론을 내리고 추진을 결정한 것입니다.

정치행위가 수반된 경제정책, 대통령 리더십이 중요

이석채 장관은 "불확실성하에서 어떤 정책이 긍정적 효과를 나타내려면 시간을 버는 방법밖에 없다. 그럴 때 정책효과를 믿고 기다려 주는 최종 보스는 대통령이라는 정치권력"이라고 했다. 대통령을 설득하는 작업이 경제정책에서 아주 중요하다는 말이다.

이석채 당시 CDMA 단일표준 강행을 둘러싸고 저에게 온갖 이야기와 민원이 많이 들어왔습니다. 기업들이 이런저런 민원을 정부에 전달하고 부탁하는 것을 사람들은 부정한 것, 더러운 것으로 생각하는데, 인간은 항상 부탁하게 되어 있습니다. 아는 사람한테 부탁을 못 하면 하느님께라도 기도해서 부탁하잖아요(웃음). 부탁은 인간이 사는 세상에서 늘 있는 일입니다. 그러면 정책결정자나 정치가가 명심할 핵심 원칙은 무엇인가? 이런저런 부탁이나 민원을 전부 다 들어 보고 그럼에도 불구하고 최선의 정책을 선택하는 것입니다.

그리고 정책을 선택했다고 해서 그것이 끝은 아닙니다. 그때부터 효과가 나타나는데 대개 긍정적 효과는 천천히 나타나고, 부정적 효과는 즉시 나타납니다. 또 정책변경으로 혜택을 보는 사람은 다수인데 자신이 무슨 혜택을 얻게 되는지 잘 모릅니다. 반면 불이익을 받는 사람은 소수이지만 '내가 이 정책으로 죽게 됐다' 싶으면 즉각적으로 반발합니다. 바로 그 지점에서 경제정책이 정치문제로 탈바꿈하는 겁니다. 그러니까 정부가 내리는 모든 경제정책 결정이 다르게 말하면 정치행위인 것입니다. 그 이해관계 함수를 잘 풀지 못하면 경제정책이 절대로 성공할 수 없다고 생각합니다.

그것을 푸는 방법은 뭐죠? 힘으로 밀어붙이는 방법은 옛날 군사정부 때나 가능한 일이입니다. 결국 설득하는 방법, 다음으로 계속 홍보하며 긍정적 효과가 나날 때까지 시간을 버는 방법밖에 없습니다. 그럴 때 믿고 기다려 주는 사람이 정치권력이거든요. 정책효과를 인내심을 가지고 기다려 주는 최종 보스가 바로 대통령입니다. 그래서 대통령의 철학이 경제정책에서 아주 중요한 겁니다.

흔히 어떤 경제정책 하는 사람이 잘하면 실무자가 잘나서 잘한 것으로 생각하는데 아니에요. 근본적으로 모든 경제정책은, 특히 중요한 경제정책은 결국 본질적으로 정치 문제이고 리더십 문제입니다. 사람들의 이해관계를 바꾸고, 그에 따라 온갖 정치적 파장이 일어날 때 그것을 견뎌내고 그 파고를 넘을 수 있는 힘을 가진 사람은 결국 정부요, 대통령입니다. 대통령이 그것을 견뎌내고 막아 주고 밀어주는 것이 정치이고, 그런 역할을 하도록 옆에서 돕는 것이 비서실입니다. 그래서 청와대 비서실이 아주 중요한 겁니다.

또한 어떤 서비스나 사업을 시장에서 이끄는 주체는 결국 민간기업입니다. 기업들이 반발 없이 정책을 수용하도록 하는 것, 업계의 이해관계 조정을 잡음 없이 만들어가는 것이 행정의 핵심입니다.

장관이라고, 정책부처라고 해서 무조건 명령만 한다고 되는 일이 아닙니다. 지시할 수 있지만 그렇게 지시만 하면 일이 제대로 집행이 안 됩니다. 가장 좋은 방법은 업계가 자발적으로 거래하도록 솔루션을 제시하여 스스로 받아들이게 해야 해요.

홍은주 한양사이버대 교수가 이석채 전 정보통신부 장관과 인터뷰를 진행하였다.

정보통신부가 "4월 1일부터 CDMA 서비스를 시작하기로 하고 인가를 내주었으니 반드시 해라. 안 하면 인가를 취소한다"고 하면, 업계가 시작 안 한다고 실제로 인가 취소까지 갈 수 있겠어요? 실제로는 안 되는 겁니다.

홍은주 그래서 어떻게 업계의 이해관계를 조정했습니까?

이석채 당시 SK는 하루빨리 CDMA 서비스를 시작하고 싶어 했습니다. 고객들의 이동통신 가입수요가 커졌는데 아날로그 방식으로는 수용에 한계가 달했으니까 새로운 디지털 주파수로 변경하고 싶었을 것 아닙니까? 만약 CDMA가 실패하더라도 SK는 아날로그 방식으로 되돌아가면 되니까 별 문제가 안 됩니다. 그런데 신세기통신은 아니지 않습니까? CDMA만 가지고 이제 막 사업을 시작하고 승부를 내야 하는데 만에 하나 그게 잘 안 됐다고 생각해 보세요. 신문에 대문짝만 하게 날

거고, 그러면 회사가 끝나는 거 아니에요?

이럴 때 정부가 대안적 솔루션을 마련하여 업계를 설득하고 반발을 최소화하려는 노력이 필요합니다. 정부가 하라고 한다고 기업들이 그냥 수긍하는 것이 아니니까요. 정부가 양측 모두의 이해관계를 조정하는 대안적 솔루션을 마련해 주어야 합니다.

CDMA 상용화와 단일표준 채택의 의미

CDMA 단일표준 채택 문제가 일단락되면서 시장에서 불확실성이 사라져 이동통신산업이 크게 발전하기 시작했다. 당시 삼성, LG, 팬택 같은 회사들이 CDMA의 개발과 상용화에 참여했다. CDMA가 단일표준으로 공식 채택된 후 시장의 불확실성이 사라지자 개발에 참여했던 생산업체 간에 본격적인 경쟁이 불붙었다.

한 언론은 당시의 CDMA 정책결정에 대해 "가정이긴 하지만 당시 정보통신부가 이런 결정을 내리지 않았다면 한국은 IT 강국의 기치를 내걸지도 못했을지 모른다"고 논평했다.[13] CDMA는 낙후된 통신기술 국가였던 한국이 단숨에 세계시장으로 도약하는 결정적 분수령이 되었다.

양승택 우리가 CDMA를 개발하자 이동통신 요금이 훨씬 저렴해지고 기능이 편리해지면서 이동전화가 급격히 대중화되었습니다. 동영상 등 원활한 데이터 이동통신이 가능하게 되었고요. CDMA 개발 전에는 아날로그 이동통신 가입자가 약 300만 명 정도였습니다. 그때 우리가 총 830억 원의 CDMA 연구비를 책정하면서 연구비 타당성을 검토할 때 "가입자가 800만 명만 넘으면 타당하다"고 분석했는데 CDMA를 개통하니까 금방 휴대폰에 가입한 사람이 1천만 명이 넘었습니다. 지금은 6천만 명도 넘었죠? 한마디로 CDMA가 성공하면서 휴대폰 가입자가 급증하여 한국 사회가 진정한 모바일 사회로 이행하게 된 것입니다.

---

13 "통신사업자 선정 96년 총선 이후로 연기", 〈전자신문〉, 2010. 8. 26.

CDMA 서비스 시연회(1995. 6. 9).
이수성 당시 국무총리가 CDMA 이동전화 시험통화를 하고 있다.

　또한 당시 이동통신 시장은 모토로라가 석권했었는데, 한국에서 세계 최초로 CDMA 서비스를 시작한 후에 한국 시장에서 모토로라가 사실상 퇴출되었습니다.

홍은주　CDMA가 어떻게 모토로라를 몰아낸 것입니까?

양승택　그때 모토로라는 기존 아날로그 방식으로 장사를 잘하고 있었고 TDMA로 방향을 정했기 때문에 성공 여부가 미지수인 CDMA에 돈을 들여 새로운 시도를 하려 하지 않았습니다.

　종합하면, 유선 전화교환기인 TDX와 무선 데이터통신 교환기인 CDMA, 이 두 가지를 기본으로 한국이 유무선 정보화 네트워크 사회로 진전하게 되었습니다. 이 두 기술 모두 국내에서 개발하면서 대한민국의 모든 국민의 삶 속에 정보화가 생활이 되었습니다. 이 기반 위에 지금의 고도정보사회가 완성되었고 기술축적이 이루어졌다고 봅니다.

1996년 4월 1일 CDMA 이동통신서비스를 시작한 신세기통신은 "엄격한 기술 테스트를 거쳐 한 기업의 제품만 구입하겠다"고 밝혔다. 신세기통신의 1차 물량은 삼성전자가 가져갔다. 입찰에 참여한 삼성, 현대, LG 제품이 성능 면에서 거의 차이가 없었고, LG정보통신은 수주입찰 직전의 성능 시험에서 1위를 했다. 하지만 가격 면에서 삼성이 우위를 차지했던 것이다. [14]

CDMA 장비 경쟁에 이어 벌어진 경쟁이 국산 핵심 칩을 장착한 휴대폰 개발이었다. 그동안 핵심 칩은 미국 퀄컴에서 수입했지만, ETRI를 중심으로 국산화가 마무리되어 국산 칩을 장착한 휴대폰이 경쟁적으로 생산되기 시작했다. 1996년에는 처음으로 국내 기업의 휴대폰 시장점유율이 해외 기업을 제치고 50%를 돌파했다. 1997년에는 국내 업체가 시장의 90% 이상을 확보했다. 단기간에 6조 6천억 원의 수입대체효과를 나타낸 것이다. [15]

또한 CDMA 관련 단말기와 시스템 수출도 본격화되었다. 1997년 단말기 수출은 2억 4,400만 달러, 시스템 수출은 1,800만 달러로 총 2억 6천만 달러를 기록했다. 1년 만에 수출액이 무려 11배 이상 늘어난 것이다. [16]

삼성과 LG, 현대 등 국내 기업들의 치열한 CDMA 기반 단말기 경쟁에 밀려 한때 한국의 이동통신시장을 과점했던 모토로라는 스타택이 2000년 5월에 단종되면서 한국 시장에서 퇴출당했다.

1980년대의 TDX에 이어 1990년대의 CDMA까지 한국이 정보통신 기술과 반도체, 전자산업을 발전시킨 것은 신흥공업국이 선진국을 추격한 예외적 사례로 평가받는다. 개도국 중에서 유일하게 한국만이 이러한 기술적·경제적 성과를 거두었다.

14 〈중앙일보〉, 1997. 6. 13.
15 〈천지일보〉, 2010. 9. 1.
16 송위진, 2000, 〈이동통신산업의 기술혁신패턴과 전개방향〉, 과학기술정책연구원.

PCS 사업자 선정과 후폭풍[17]

이동통신시장 경쟁구도 조성

한국의 이동통신서비스는 처음에는 SK의 한국이동통신과 신세기통신, 두 사업자가 경쟁하면서 휴대폰 가입자를 늘려 나갔다. 그런데 1995년 무렵 주파수가 다른 이동통신인 PCS 사업자 3개 사를 추가로 선정하는 문제가 다시 정보통신부의 주요 문제로 대두되었다.[18] PCS는 기존 셀룰러 이동통신사들과 다른 주파수 대역을 이용한다는 차이가 있었지만, 소비자 입장에서는 별 차이가 없었다. 사실상 이동통신사가 5개로 늘어나는 셈이었다.

정보통신부가 PCS 사업자 3개를 추가로 선정하게 된 데는 몇 가지 이유가 있었다. 우선 기술적 이유는 대외적으로 CDMA 도입 후 이동통신 대량 가입이 가능해졌다는 것이다. 또 하나 더 큰 이유는 "이동통신 시장 대외개방에 대비하여 시장을 최대한 붐비게 만들어야 한다"는 시장포화 전략(*market space saturation*)이 있었다. 해외 사업자들이 '한국은 경쟁이 너무 치열하여 진출해 봐야 별로 먹을 것이 없는 시장'이라고 인식하고 진입을 주저하도록 만들고자 한 것이다.

PCS가 '황금알을 낳는 거위'가 될 것으로 본 업계의 경쟁이 지나치게 뜨거웠다.[19] 삼성과 현대, LG, 대우 등 4대 대기업이 PCS 사업부서를 만들고 핵심 통신 인재를 영입하여 전면에 내세우는 등 사업 준비를 시작했다. 동양, 효성, 한솔 등도 본격적인 시동을 걸었다.

재계의 내로라하는 별들이 뛰어들어 경쟁이 격화되었다. 정보통신부가 제시한 선정기준 하나하나를 따져가며 자신들에게 유리한지 여부를 저울질하는 바람에

---

17 "IT산업 20년 전: PCS와 시티폰, 그리고 제4 이동통신", 〈컴퓨터월드〉, 2016. 6. 30.

18 1995년 제3차 구조개편 때 "개인 휴대통신의 경우 향후 보편적 서비스로 발전할 가능성이 크고, 기술개발의 파급효과가 클 것으로 예상되므로 국내 기술개발 상황을 고려하고 주파수 허용 범위 내에서 사업자를 허가한다(주파수 여건을 감안할 때 전국 사업자 3개까지 가능)"고 언급했다.

19 당시 업계는 PCS 서비스의 예상 가입자 수가 2002년 700만 명을 넘어설 것으로 추정하고 있었다. 이를 매출액으로 환산하면 1996년 기준으로 최소 3조 원에서 최대 5조 원에 달하는 규모였다.

말도 많고 탈도 많았다. 막후 로비가 갈수록 거세졌다.

PCS 사업자 선정방식을 둘러싼 논란

원래 1995년 말에 PCS 사업자를 선정할 예정이었으나 지나치게 과열 조짐을 보였다. 정치권에서 "PCS 선정을 1996년 4월에 치를 15대 총선 이후로 일정을 연기해야 한다"는 말이 나왔다. 노태우 정부 시절 제2이동통신사업자 선정이 심각한 정치적 시비에 휘말렸던 악몽이 아직도 생생하던 시절이다. 사업자 선정을 서둘다가 특혜 시비가 일어날 가능성이 높았다.

윤동윤 전 체신부 장관은 당시 지나치게 달아오른 업계 분위기가 옆에서 보기에도 크게 우려되었다고 회고한다.

윤동윤 제가 장관할 때만 해도 PCS는 새로운 기술이었기 때문에 우선 한국통신에만 하나를 주기로 결정했었습니다. 그렇게 결정된 걸로 알고 있었는데 갑자기 한국통신을 포함해 PCS 사업자를 3개 선정한다는 겁니다. 제가 그 말을 듣고 후배 공무원들을 참 많이 말렸습니다.

"이동통신시장 수요로 판단할 때 가장 좋은 경쟁구도가 3개 사 정도다. 기존 이동통신사업자 2개에 더해 PCS 사업자 1개이면 되지, 추가로 2개를 더 선정해 5개 회사가 경쟁하면 반드시 이 가운데 몇 개는 망할 것이다. 그리고 선정 과정에서 다치는 사람이 틀림없이 나온다. 이렇게 강행하면 큰일 난다."

결국 3개 사가 선정되었고 실제로 어떻게 되었는지 결과를 잘 아시지요? 김대중 정부 들어 검찰수사가 시작되니까 정보통신부의 핵심 주축이던 우수한 공무원들이 너무 많이 다치고 공직을 그만두게 되었습니다. 당시 정보통신부에 우수한 후배들이 정말 많았는데 안타까운 일이었죠.

1995년 9월 7일, 온갖 정치적 압력에 시달리던 경상현 장관이 기자회견을 열었다. "그간 공청회 등 의견수렴 과정을 거치는 동안 출연금에 의한 2단계 심사방법, PCS 무선접속방식, CT-2와 무선호출 사업자 수 및 사업구역 등 사업자 선정 방안을 놓고 다양한 의견이 제시되어, 추가 의견수렴과 검토가 필요하다"면서 "통신사업자 선정 시기를 1996년 총선 이후인 5, 6월로 연기하겠다"고 밝혔다.

1995년 12월 15일 사업자 허가신청 공고가 나왔다. 정보통신부는 단일표준방식과 더불어 사업자 선정방법과 관련해 6개 심사사항별 배점을 포함한 1차 심사기준을 발표했다.[20] 각 심사사항에 대해 60점 이상, 전체 평균 70점 이상을 받으면 적격업체로 보고 2차 심사(출연금)를 받는다는 내용이었다.

그런데 사업자 선정공고를 낸 뒤 6일 만에 경상현 장관이 전격 경질당했다. 공고된 심사기준에서는 2차 출연금 심사에서 경쟁업체 간 점수가 같을 경우 추첨에 의해 사업자를 결정하도록 규정했다. 이 같은 추첨방식에 김영삼 대통령이 불만을 가졌던 것으로 알려졌다.

경상현 장관 후임으로 정보통신부 장관이 된 이석채 장관의 증언이다.

이석채 김영삼 대통령이 제게 전화해서 정보통신부 장관으로 가라고 하면서 "정부가 정보통신사업자 인가를 내주면서 추첨제로 한다는데, 그건 말도 안 된다. 자네가 정보통신부 장관으로 가서 추첨제 말고 무슨 방법이든지 소신껏 정하라"고 하셨습니다. 제가 정보통신부 장관으로 가자마자 CDMA 문제를 해결했고, 다음으로 PCS를 포함하여 많은 신규 통신사업자들의 인가 문제를 다루었습니다. 전체 7개 분야[21]에 무려 27개 사업자를 선정하는 작업이 기다리고 있었습니다. TRS 민영화도 있었고요.

27개나 되는 통신사업자를 한꺼번에 선정할 당시 제가 "왜 이렇게 많은 통신사업자를 한꺼번에 인가하려 하느냐?"고 물었어요. 정홍식 실장이 "WTO 체제가 출범하면서 통신시장도 개방됩니다. 통신시장이 개방되었을 때 우리가 만약 주파수를 안 쓰고 그냥 놔두면 외국 통신업체가 와서 그것을 사용하게 해달라고 할 때 우

---

20 심사기준은 서비스 제공계획, 설비규모, 재정능력, 기술개발 실적 및 기술개발 계획, 기술계획 및 기술능력, 신청법인의 적정성 등이다.
21 PCS 보급 이전에 한정된 환경에서의 휴대폰 서비스인 시티폰, '삐삐'로 불리던 무선호출기 등 7개 분야다.

리가 못하게 할 방법이 없습니다. 그래서 미리 현재 이용 가능한 모든 주파수를 다 제공하려고 하는 겁니다"라고 설명했습니다.

정홍식 실장은 한마디로 "통신주권은 외국에 절대로 넘겨주면 안 된다"는 입장이었다. 반면에 이석채 장관은 "통신주권 자체가 절대명제는 아니라고 보았다"고 한다. 경쟁정책이 통신주권을 지키는 측면 이상으로 산업발전을 촉진시키는 데 중요하다고 생각한 것이다.

이석채 정홍식 실장에게 제 의도를 다음과 같이 설명했습니다. "새로운 통신서비스를 우리 업체가 맡으면, 우리가 그 통신서비스 시장을 이용해서 통신관련 장비산업을 육성할 수 있다. 그런데 만약 외국 업체가 국내에서 통신서비스를 하여 시장을 장악하면 해외 장비산업과 업체들을 우리 돈으로 도와주는 셈이 된다. 국내 통신서비스 시장이 해외에 넘어가면 국내 장비업체들은 시작도 못해 보고 영원히 기술적으로 종속될 것이다. 그러니까 PCS 사업 등 27개 사업을 인가하면서 차제에 우리가 이 분야에서 부가가치 높은 산업을 일으켜야 한다."

이석채 장관은 1996년 1월 5일 확대 경제장관 회의에서 "추첨방식으로는 최적격 업체 선정이 어렵고, 대통령도 못마땅하게 생각한다"는 견해를 밝힌 뒤 3월 8일 이 조항을 삭제한다. 또한 PCS 업체 선정 시 장비제조업체와 비장비제조업체를 구분하고 IT산업 육성목표와 중소기업 육성 문제도 넣는 등 인가기준을 크게 변경했다.
　1996년 6월, 정보통신부는 27개 신규 통신사업자 선정 결과를 발표했다. 가장 주목을 끌었던 3개의 PCS 사업권은 LG텔레콤과 한솔PCS에 돌아갔고 한국통신은 자동 배정을 받았다.
　그런데 바로 이러한 인가기준 변경이 나중에 정치적으로 문제가 되었다. "자금력 등에서 대기업에 열세를 보였던 비장비제조업체 한솔PCS를 대기업 장비제조업체들로부터 분리하여 경쟁을 수월하게 하려는 특혜조치"라는 의혹으로 비화한 것이다.

홍은주 당시 많은 대기업이 신규 이동통신사업자에 선정되려고 치열하게 경쟁했습니다. 중소기업은 중소기업대로 "재벌만 통신사업 하라는 법 있나? 중소기업에도 할당해 주어야 한다"고 요구했고요. 이처럼 이해관계가 첨예했던 PCS 사업자 선정 문제가 잠재적 폭탄이 될 수 있다고 짐작하지 않으셨나요?

이석채 짐작했지요. 대한민국 굴지의 재벌들이 거기에 필사적으로 참여하고 있는데 어떻게 하든, 무슨 결론이 나든 자기들이 탈락하면 가만히 있겠습니까? 사업자 선정을 잘못했다가는 폭탄을 안고 불속에 뛰어 들어가는 것이나 다름없었습니다. 그런데 저 자신은 그런 일이 폭탄이라고 생각해 본 적이 한 번도 없어요. 아무것도 꺼릴 일이 없으니까 누가 뭐라고 해도 버틸 자신이 있었고 신경 쓰지 않겠다고 생각했습니다. 공직자로서 오래 지내오면서 결단해야 할 수많은 일이 있었는데 그런 걸 두려워하면 결정을 내릴 수 없습니다. 막상 장관이 되어 PCS 사태를 직접 겪어 보니까 "장관이라는 자리는 보호막이 하나도 없구나. 이렇게 무고와 음해를 당해도 어디 가서 하소연할 데도 없구나"라고 느꼈습니다.

그럼 왜 선정기준을 바꿨느냐? 그때만 해도 저는 IT 신산업 육성이 중요하다고 생각했기 때문에 PCS 업체 선정과 인가기준에 IT 산업 육성 목표를 넣었고 중소기업 육성 문제도 넣었던 것입니다. 실제로 그 기준을 바꿀 때 그게 어떻게 미국 손에 들어갔나 봐요. 미국이 그때 통신기기 형식승인, 영업 비밀보호 미흡, 민간 통신사업자 조달에 대한 정부 간여 등을 이유로 통상 문제를 제기하기도 했습니다.

당시 한국통신이 교환기 구매 시 국산을 우선 구매하자 미국 기업의 시장접근성 논란이 일었다. 정부조달협정 위반을 이유로 통상 문제가 제기되어 회의가 열렸다.

1996년 상반기 한국 정부와 USTR이 미국에서 연례회의를 개최할 때 회의 도중에 한국 협상대표가 이석채 장관에게 전화를 했다.

"미국 정부에서 갑자기 신규 통신사업자 선정과 관련해 한국 정부가 새로운 산업정책을 도입하려 하는 것에 대해 토의하자고 제의했습니다. 어떻게 할까요?"

이 장관은 단호하게 말했다.

"회의를 접고 아예 나와라. 국제회의를 할 때는 어젠다를 사전에 합의한다. 미국이 미리 정식채널을 통해 어떤 문제를 토의하고 싶다고 밝히고 우리 측과 합의해야 한다. 다른 문제를 토의하는 자리에서 갑자기 그 문제를 들고 나오는 것은 국제규범에 어긋난다. 즉각 귀국해라."

그러자 바로 미국이 「슈퍼 301조」의 PFC(*Priority Foreign Country*), 우선협상 대상국 조항을 들고 나섰다. 한국을 예비판정 국가로 지정한 다음 조사해서 정식으로 덤핑판정을 내린다는 것이었다.

이석채 미국이 그렇게 강경하게 나오니까 주미대사가 깜짝 놀라 구본영 경제수석에게 편지를 하고, 한국이 발칵 뒤집어졌습니다. "한미 통상협상이 대부분 마무리되어 모처럼 평화로운 시점이었는데 갑자기 정보통신부 장관이 새로 와서 무역분쟁을 다시 일으켰다"면서 난리가 난 겁니다. 미국의 「슈퍼 301조」가 통신산업만 보고 하는 게 아니라, 통신에 불만이 있으면 다른 산업에 타격을 주는 것 아니에요? 그러니까 다른 경제부처 장관들이 다들 자기네 걱정을 하는 거죠. 제가 이 문제를 해결하기 위해 대통령을 직접 뵙고 다음과 같이 이야기했습니다.

"지금 한국은 전통 제조업을 넘어설 새로운 산업이 필요합니다. 새로운 산업을 육성하려면 산업정책이 필요합니다. 산업정책은 곧 시장제공 아닙니까? 시장제공 정책에는 수입을 막는 정책도 있고, 관세를 부과해 수입을 억제하는 정책도 있고, 국내 산업에 보조금을 주는 방식도 있고, 여러 가지가 있습니다. 하지만 국내에 형성되는 유치산업에 시장을 제공해 제품을 만들고 발전시키는 것이 산업정책의 제일 고급 형태입니다. 새로운 산업을 일으켜야 하는데 이번 통신사업자 선정이 절호의 찬스입니다.

이것 때문에 미국이 지금 한국에 보복한다고 많은 사람이 걱정하는데, 그런 것은 걱정하실 필요가 없습니다. 첫째, 우리가 대미 무역적자 상태입니다. 둘째, 전임 대통령들은 군사독재라고 비판받았지만 지금은 민주 대통령입니다. 미국 정부가 경제적으로 다소 불만이 있어도 절대로 민주주의 대통령을 칠 리 없습니다. 셋째, 미국은 원래 논리를 가지고 강하게 반발하는 사람을 함부로 하지 않는데,

미리 머리 숙이고 들어가는 사람은 반드시 함부로 합니다. 우리가 논리를 가지고 당당하게 맞서면 오히려 미국이 우리를 다시 볼 겁니다. 그리고 중국이 부상하는데 한국을 계속 괴롭혀서 미국이 얻을 게 뭐가 있겠습니까?"

그렇게 안심시켜 드리고 정 안 되면 제가 사표를 내겠다고 설득하니까 '민주주의 대통령'이라는 말에 김영삼 대통령이 기분이 좋으셨는지 수긍했습니다.

홍은주 장관 사표가 늘 마지막 카드, 전가의 보도였네요(웃음).

이석채 그렇습니다. "제가 사표 내면 문제가 다 해결될 테니 차제에 우리가 반드시 통신관련 IT산업을 육성해야 합니다"라고 대통령을 설득했습니다. 그러고 나서 아무도 더 이상 공식적으로 말을 못 했어요. 물밑에서는 기싸움이 계속되었지요. 그때 누가 구본영 경제수석에게 편지를 썼어요. 미국에 "노!"라고 했던 일본 하시모토 수상과 저를 비교하면서 제가 무슨 정치적 욕심을 가진 사람이라는 식으로 뒤에서 말들이 많았습니다. 레이니 주한 미국 대사도 저를 찾아와 걱정하더라고요. 그래도 제가 요지부동이었죠. "당신들이 뭐라든 나는 상관 안 한다"고 꼼짝 안 하고 버티니까 결국 어떻게 할 수 없잖아요?

그러다가 제가 8월쯤에 청와대 경제수석으로 옮겨갔습니다. 정보통신부 산하 조직이나 민간에서 여러 사람들이 한숨을 돌렸을 겁니다(웃음).

미국은 "한국이 어떤 식으로든 통신장비를 국산화하는 데 보조금을 쓰거나 산업정책을 의도적으로 육성하지 않겠다"는 것을 양국이 정식으로 사인해서 약속해 달라고 요구했다. 논란 끝에 관보에 "한국은 WTO 회원국으로서 그에 걸맞은 산업정책을 추진하고, 그에 저해되는 산업정책은 추진하지 않는다"는 입장을 천명하는 것으로 정리되었다.

차기 정부서 정치문제로 비화한 PCS 선정

3개 PCS사업자가 추가 선정된 이후 기존 2개 사 등 5개 사업자 간에 치열한 경쟁이 벌어지면서 이동통신 시장은 빠른 속도로 성장했다. 그런데 1998년에 정권이 바뀌자 새 정부가 "1996년 개인휴대통신(PCS) 등 신규 통신사업자 선정 때 업계에서 제기되었던 각종 의혹을 특별감사를 통해 밝히겠다"고 나섰다. 이 때문에 PCS 3사를 선정했던 이석채 장관은 이 사건으로 옥고까지 치르며 기나긴 소송에 시달렸다.

홍은주 PCS 3사 선정과 관련하여 검찰조사와 함께 기소되는 등 엄청난 고초를 치렀습니다. 검찰에서는 PCS 선정 평가항목을 이 장관께서 바꿨으니 직권남용이라는 것이었죠? 법원에서는 다 무죄로 판결을 받았습니다. 사업자 선정 과정에서 경제적 목적으로 내린 결정이 어떻게 직권남용이 되었나요?

이석채 PCS 평가항목 변경을 결정할 때 저의 일관된 목표는 IT 제조업 육성이었기 때문에 그걸 평가 카테고리에 집어넣은 것뿐입니다. 제가 당시 주장한 것은, "이 정책의 최종 목표는 IT 제조업 육성이며, 여기에 어느 한 기업이 참여해 서비스하는 것이 아니라 대한민국의 가능한 한 많은 기업이 경쟁적으로 참여하도록 해야 한다"는 것이었습니다.

그 원칙에 따라 제가 바꾼 항목이 또 하나 있습니다. 원래 한국통신은 PCS를 자동적으로 하나 허가해 주기로 되어 있었고, 한국통신은 그렇게 받은 PCS 사업을 내부화하여 사업부 형태로 운영하기로 했습니다. 그래서 제가 "안 된다. 한국통신도 독자적으로 응모해서 심사를 받으라"고 했습니다.

홍은주 한국통신은 기간사업자 프리미엄으로 하나를 자동 배정받는 것으로 예정되었는데 왜 그런 요구를 하셨습니까?

이석채 저는 한국통신이 향후 경쟁력 확보를 위해 다른 기업들과 컨소시엄을 만들어 별도의 합작 통신회사를 만드는 것이 좋다고 봤습니다. 왜냐하면 한국통신 같은 큰 규모의 공기업은 운신이 자유롭지 않아 경쟁에 한계가 있습니다. 앞으로 민간 대기업들과 이동통신 시장에서 경쟁하려면 조직 자체가 경쟁력을 가져야죠. 새로운 통신서비스가 반드시 성공한다는 보장이 없고 리스크도 항상 있다고 생각했습니다. 경쟁이 심화되면 필요한 자금을 계속 투입해야 합니다. 그러려면 컨소시엄을 형성하여 투자자가 많을수록 위험이 분산되고 투자도 더 늘어나서 좋다고 판단했던 겁니다.

저는 경쟁이 없으면, 즉 상호자극이 없으면 반드시 기업이나 산업이 몰락하거나 죽는다고 생각해요. 국가도 그렇고, 사회도 그렇고, 개인도 그렇고, 경쟁이 없으면 절대로 발전이 없습니다. 누구나 끊임없이 투쟁하면서 변화하고 달라지는 것 아닙니까? 경쟁을 통해 새로운 아이디어가 나옵니다. 미국 기업을 보면, 한때 영원히 세상을 지배할 것 같던 기업들이 다른 새로운 기업에 의해 쫓겨나잖아요.

홍은주 슘페터가 말한 '창조적 파괴'를 만들어내는 것이 경쟁의 힘이죠.

이석채 그렇습니다. 아무리 머리 좋은 사람, 능력 있는 기업이라도 기존의 틀, 기존의 생각 속에 안주하면 절대로 혁신이 탄생하지 않습니다. 당시 정홍식 실장도 저와 비슷한 생각이었기 때문에 그런 미래를 철저히 내다보면서 경쟁정책을 추진하려 했습니다. 당시 정보통신산업은 정보통신부나 관심 있었지, 다른 부처는 별 관심이 없었어요. 그런데 경쟁정책을 도입하니까 과거에는 감히 상상도 못했던 정보통신 세상이 지금 만들어졌잖아요?

단순히 기술적 측면만을 정태적으로 생각하면 시장과 경쟁의 힘이 만들어내는 동태적 시너지를 잘 몰라요. 시장을 이용하면 안 될 것도 되고, 시장을 가로막으면 될 것도 안 됩니다. 정부가 시장을 절대로 이기지 못합니다. 정부가 시장이 작동하도록 유인을 제공해야 합니다.

그런데 저의 그런 생각이 KT 노조의 격렬한 저항을 받았습니다. 당시 KT 노조의 논리는 뭐냐? 자기들이 1980년대에 이동통신회사를 가지고 있었는데 그걸 나중에 정부에 의해 정치적으로 빼앗겨 SK에 넘어갔다는 것입니다. KT가 신규 무선통신사업권을 받아 내부화하는 것은 몰라도 다른 곳과 컨소시엄을 하여 독립 주식회사 형태로 만들면 안 된다는 것이죠. 또 다른 정부가 들어와 "이것도 누구한테 넘겨라" 하는 식으로 빼앗길 가능성이 있다는 겁니다.

PCS 평가방식을 결정할 때 제가 냈던 또 하나의 아이디어는 카테고리를 나누는 것이었습니다. "제조업체, 즉 통신장비 제조업을 가진 기업들을 1그룹으로 설정하여 경쟁시키고, 다음에 통신제조업을 갖지 않은 채 순수 서비스업만 하는 2그룹, 그다음에 한국통신, 세 그룹으로 나누어라. 그리고 이들을 심사해서 채택하자"고 제안했습니다.

그러니까 자연스럽게 1그룹에서 삼성, 현대, LG가 하나의 그룹으로 경쟁했고, 2그룹에서 금호, 효성, 한솔 컨소시엄이 경쟁했으며, 3그룹은 한국통신이 자회사를 만들어 단독 지원했습니다.

홍은주 당시 경제 청문회에서 제기된 주요 의혹에 대한 언론기사를 살펴보니까 "특혜 의혹의 하이라이트는 청문심사에 '전무(全無) 채점방식'을 도입한 대목이다. 전무 채점방식이란 5개 평가항목에 대해 비교우위 업체에 만점을 주고 다른 업체는 0점을 주는 평가방식이다. 이 채점방식 때문에 삼성과 현대 컨소시엄인 에버넷이 LG보다 높은 점수를 받았음에도 청문심사에서 결과가 뒤바뀌었다"는 내용이 있습니다.[22] 이것은 무슨 내용입니까?

이석채 1차 서류심사 결과를 이야기 들어 보니, 삼성·현대 컨소시엄인 에버넷이 LG보다 0.3점이 앞섰다고 해요. 그런데 서류심사 이후 청문회 제도라는 것이 있었습니다. 청문회 제도는 제가 도입한 게 아니라 정홍식 실장이 필요성을 역설했습니다. "서류를 남들 보기에 멋있고 그럴듯하게 작성하는 것은 쉽다. 돈 주고 외

---

22 "경제청문회: 특위가 밝힌 PCS 시나리오", 〈중앙일보〉, 1999. 2. 6.

부에 용역을 줄 수도 있다. 실제로 사업자가 이 문제에 대해 얼마나 진지하게 생각하는지, 또 얼마나 잘 아는지, 얼마나 준비되었는지 등을 체크하려면 직접 대면하여 청문회 면접을 할 수밖에 없다"는 것입니다. 그래서 청문회 면접을 심사과정에 넣었습니다.

그런데 청문회에서 심사 카테고리가 5개이고 각 항목마다 비중이 굉장히 작아요. 한 카테고리에서 만점을 받아도 0.2~0.3점밖에 차이가 안 납니다. 한 항목에서 여기는 90점, 저기는 85점, 이렇게 가면 절대 점수는 큰 것처럼 보여도 항목당 비중이 워낙 미미하니까 차별성을 두기 어렵습니다. 심사자에 따라 엉뚱하게 점수가 뒤집힐 수 있죠. 그래서 심사위원들끼리 채점방식을 합의하여 각 평가 항목별로 우수한 사업자에게 점수 편차를 두기로 했습니다. 청문회 채점방식을 이렇게 정리하여 종합점수를 매기니까 1차 서류심사 순위가 청문회에서 뒤집어졌습니다. 삼성·현대 컨소시엄인 에버넷이 떨어지고 LG 점수가 높아져서 최종적으로 LG에 사업권이 돌아갔습니다. 진정성 등 미묘한 차이가 대면 면접인 청문회에서 결정적으로 작용한 것입니다.

홍은주 LG가 1차에서는 졌지만 2차 청문회에서 역전한 거군요. 그런데 새 정부가 들어서자 그런 결정이 정치적으로 문제가 되었지요?

이석채 새 정부가 들어서자 외환위기 사태에 책임을 물어 김영삼 정부를 겨냥하면서 정책 가운데 말이 많았던 것은 죄다 문제 삼았습니다. 예를 들어, 종합금융 인가한 것, 지역방송 인가한 것, 그다음에 PCS 선정한 것 등이었죠. 이 모든 것이 큰 재벌들이 자신들의 이익을 위해 필사적으로 싸우던 이슈이니까 이상한 소문이나 뒷말이 없을 수 있겠어요?

옛날부터 기업들이 싸우면 거기서 심판관 노릇을 하려는 공무원이 많지 않습니다. 그냥 자기들끼리 알아서 해결하게 하지요. 그런데 저는 늘 겁 없이 나아가는 성격이라 재벌싸움에 산업정책적 측면을 도입하고 진정성과 준비성을 차별적으로 평가하도록 하면서 공식적 심판관 노릇을 했습니다. 그 결과, 서류심사가 면접에서 뒤집어졌으니 떨어진 쪽에서 얼마나 말이 많았겠습니까?

그런데 특정 지역에 큰 공장이 있는 케이스는 건드릴 수 없습니다. 예를 들어, 어느 지역에 자동차 공장이 있다든지 하는 문제는 잘 안 건드려요. 그런 회사는 지역주민들의 첨예한 이해관계가 걸려 있으니까요. 통신은 이해관계가 걸리는 특정 지역이 없잖아요. 통신을 문제 삼았다고 해서 어느 지역주민이 피해 보지 않습니다. 저 개인적으로 정치적 미움을 받았으리라고 추측하는 대목도 있어요. 아무튼 그래서 PCS를 결정했던 제가 지목되었던 것이 아닌가 추정합니다.

처음에는 뇌물죄와 직권남용죄로 걸었다가 아무리 파도 받은 뇌물이 나오지 않으니까 검찰이 직권남용죄만 적용하여 저를 기소했습니다. 결국 2심에서 모두 무죄가 선고되었습니다. 제가 무슨 돈을 받은 것도 아니고 산업육성 정책을 추진한 것에 왜 직권남용죄를 적용합니까? 실제로 나중에 한국 ICT 제조업이 경제의 일등공신이 되었잖아요. 외환위기 사태로 우리 전통 제조업이 무너졌을 때 순식간에 무선전화 장비가 우리나라 3대 수출품이 되었습니다. 그것이 바로 PCS 3사 선정기준을 만들 때 제가 정확히 의도하던 바입니다. 저 나름대로 앞을 내다보고 소신껏 추진했던 정책인데 정치적 고초를 너무 많이 겪었습니다.

홍은주 공무원이 아무 일도 안했다고 직무유기로 걸기는 어렵지만, 무슨 일을 적극적으로 했다고 직권남용으로 걸기는 쉽죠.

이석채 과거에 보면 인사 관련 직권남용 등 정치적 사건에서나 직권남용죄가 있었어요. 저처럼 산업정책에 관련된 내용으로 직권남용을 적용한 예는 별로 없었던 것으로 압니다. 뇌물죄 등 손쉬운 걸로 저를 칠 수 있으면 좋았을 텐데 아무리 캐도 그건 나오는 게 없으니까 직권남용을 적용했을 겁니다. 외환위기 때 얼마나 많은 재벌기업이 도산했어요? 도산하면서 회계장부가 노출되는 경우가 많았잖아요? 거기 뇌물 수뢰자 명단에 제 이름이 단 한 줄만 있었어도 저는 아마 무사하지 못했을 것입니다.

홍은주 정보통신부 장관을 지낸 기간이 만 7개월인데 굵직굵직한 일들을 많이 추진하셨습니다.

이석채 CDMA 상용화나 PCS 선정 외에도 나름대로 여러 가지 정책적 문제들을 다루었습니다. 정보통신부 산하 핵심 연구기관인 KISDI도 제가 기술이 경제에 미치는 영향을 고려할 때 경제학 전문가가 가야 한다고 해서 정보통신경제학을 강의해온 모 대학 교수를 초빙했습니다. 정보통신정책이 한국 경제의 미래를 설계하는 경제정책의 본류에 들어가야 한다고 생각하고 제 나름대로 그런 방향을 모색한 것입니다.

또 나스닥을 연구하도록 해서 한국의 코스닥을 계속 발전시키는 데도 제가 나름대로 기여했습니다. "미국은 지금 나스닥이 만들어지면서 벤처기업에 돈이 흘러들어가고 벤처생태계가 형성되어 혁신 벤처기업들이 많이 생겨나더라. 우리는 그런 벤처투자자금 환류제도가 없지 않나? 나스닥과 비슷한 기능을 하는 코스닥을 만들라"고 지시했습니다. 그리고 제가 윤증현 세제실장에게 이야기해서 벤처기업 스톡옵션에 세제혜택을 주도록 세법에 넣었어요. 미국에는 스톡옵션이라는 제도가 있어서 수많은 신생기업에서 인재들을 끌어모아 이 사람들이 미래 신산업의 주역이 된다는 이야기를 듣고 우리도 스톡옵션 제도를 만들라고 한 것입니다.

당시 제 생각은 "이제는 정보통신부가 옛날 같은 기술부처가 아니라 경제정책의 핵심이다. 정보통신부가 경제부처 마인드로 무장해야 신기술을 경제적 측면에서 생각하고 정책을 기획할 수 있다"고 봤습니다. 따라서 "정보통신부에 반드시 재경직 공무원이 와야 하고 경제분야로 유학을 가야 한다. 그리고 앞으로 공무원교육원에 가서 함께 교육을 받아야 한다"고 주장했습니다. 고시에 합격하면 누구나 공무원교육원에서 교육을 받아야 하는데, 정보통신부는 전신인 체신부 시절부터 체신공무원교육원에서 정식교육을 따로 받았어요. 그래서 "앞으로 정보통신부가 일반 경제부처로 변화해야 한다. 경제두뇌가 필요하다"고 제가 강조하여 정보화기획실을 만들고 여러 유능한 경제인재들을 데려왔던 것입니다.

기술부처인 정보통신부를 기술기반 산업부처, 경제정책 부처로 전환하려고 제

나름대로 부단히 노력했습니다. 그 시도가 성공했는지 모르지만, 적어도 시동은 걸었다고 생각합니다.

홍은주 당시 경제정책 하시는 분으로서 이과적 기술의 미래 파장이나 파급력 등은 스스로 읽고 공부해서 터득하는 것 외에 주로 누구와 밀접하게 논의하셨는지요?

이석채 정보통신부 장관 시절 제가 만난 사람 가운데 가장 큰 그림을 그리며 정책을 수립한 사람이 정홍식 실장이었습니다. 지금 생각해도 이분이 우리나라에서 가장 오랫동안 정보통신 문제를 고민하고 연구한 참 대단한 인재입니다. 제가 경제수석으로 자리를 옮기게 되었을 때 정 실장을 정보통신부 차관을 시키지 않고 기획관리실장 했던 분을 차관을 시켰어요. 왜 그랬느냐?

사실 제 나름대로 심모원려(深謀遠慮)가 있었습니다. 제가 경제수석으로 갔을 때가 1996년 하반기니까 다음 해 12월이면 대통령 선거가 있고 새 정부가 곧 출범하잖아요. 일반적으로 정권이 그대로 유지되는 상황에서 차관이 되고 일을 잘하면 다음에 장관이 될 기회가 있지만, 새 정부가 들어서면 새로운 장관이 올 것이고 현 정부에서 차관을 지낸 사람은 다음에 기회가 별로 없어요. 차관만 해도 이미 정치적인 자리 아닙니까? 제가 보기에 정홍식 실장은 한국 정보통신정책의 큰 기둥이고 앞으로 IT를 이끌어갈 테니까 그대로 실장 자리에 있으면 다음에 어느 정부가 집권하든 잘될 거다 싶어 다른 사람을 먼저 차관을 시켰던 것입니다. 아무튼 정 실장이 저에게 가장 큰 스승이었습니다.

정보통신부 내부에서 정 실장 외에 개인적으로 가장 많이 자문받은 사람은 노준형 국장이었습니다.

이동통신 시장 3개 사로 고착화

5대 이동통신사가 치열하게 경쟁하면서 휴대폰 가입자 수는 폭발적 성장세를 나타냈다. 1999년 신세기통신과 SK텔레콤으로 이름을 바꾼 한국이동통신(KTF)

은 가입자가 1,335만 명으로 늘어났고, 같은 해 한국통신프리텔, LG텔레콤, 한솔 등 PCS 3사는 천만 명이 넘는 가입자를 확보했다. 2021년 4월 말 기준 국내 스마트폰 가입회선은 약 5,259만 개에 이르렀다.[23]

흡수합병 등의 과정을 거치면서 5개 이동통신사는 3개로 줄어들었다. SK텔레콤이 신세기통신을 흡수 합병했으며, KTF는 2000년 한솔 PCS를 합병하여 몸집을 늘렸다가 KT 본사와 다시 합병했다. 현재는 SK텔레콤과 KT, LG유플러스 3강 체제가 장기간 고착화되었다.

정부는 이동통신 시장에 활력을 제고하고 통신료 인하 및 서비스 다양화를 자극하기 위해 제4이동통신사업자를 선정하려고 여러 차례 시도했으나 지속적으로 무산되었다.

2016년 1월 3개 사가 제4이동통신사업자에 지원하였으나 미래창조과학부는 "사업허가를 신청한 3개 법인의 사업계획서를 심사한 결과 3사 모두가 서비스의 안정적 제공능력이 현실적이지 못하고 자금조달 계획이 불확실하여 사업자를 선정하지 못했다"고 발표했다.[24]

2018년에는 허가제도를 폐지하는 대신 요건을 갖춘 사업자는 누구나 기간통신 사업을 할 수 있도록 등록제로 바꾸었다.[25] 이후 3년이 경과한 2021년 말 현재에도 신규 사업자가 추가되지 않은 채 이동통신 시장은 3강 체제로 고착되어 있다.

---

23 과학기술정보통신부, 2021. 5, 〈무선통신서비스 가입자 통계〉.
24 "제4이동통신 허가심사 결과 발표", 대한민국 정책브리핑, 2016. 1. 29.
25 등록제라고 하지만 제4이동통신 사업권을 위한 주파수 할당 과정에서 정부가 재무 요건을 심사한다.

CHAPTER 5

브로드밴드 시대의 정보화

외환위기 발발과 국민의 정부 출범

1997년 1월 말 재계서열 14위 대기업 한보가 무너졌다. 22개나 되는 한보 계열사의 무더기 도산사태는 그해 말에 닥친 국가부도 위기라는 긴 악몽의 서막이었다. 한보사태로 6조 원이 넘는 부실채권이 발생했고 해당 그룹과 거래하던 은행과 종금사 등 61개 금융기관이 부실채권의 늪에 빠졌다.

금융권이 일제히 긴축 국면으로 들어서자 자금사정이 어려웠던 대농, 진로 등 대기업들이 연쇄부도를 내기 시작했다. 7월 중순에는 재계서열 8위 기아그룹까지 부도를 냈다. 28개 계열사에 직원 수 5만 5천 명이 넘는 기아자동차의 부도로 금융시장은 더욱 급격히 흔들리기 시작한다.

엎친 데 덮친 격으로 태국발 외환위기의 태풍이 인도네시아, 말레이시아, 필리핀 등 아시아 각국으로 급속도로 퍼져 나갔다. 외환보유고가 높았던 중국과 일본, 홍콩은 무사했지만, 몇 년간 경상수지가 적자였던 한국은 태풍의 중심에 휘말렸다.

11월부터 한국에 들어와 있던 단기 해외자금이 썰물처럼 빠져나가기 시작했다. 기업들에게 대출해 주었던 외화자금을 상환하지 못해 은행들이 위기에 몰리자 정부가 외환을 풀어 막아 주는 사이 외환보유고는 그야말로 '소금창고가 물에 녹듯' 사라졌다. 어쩔 수 없이 국제통화기금(IMF: International Monetary Fund)에 외화자금지원을 요청하게 되었고, IMF는 지원조건으로 가혹한 재정긴축과 금융긴축을 요구했다.

외환위기 중에 치른 1997년 12월 대통령 선거에서 김대중 후보가 당선되었다. 긴박한 경제위기 상황에서 IMF는 강도 높은 재정긴축을 주문했고, 새 정부는 '작고 효율적인' 정부를 지향했다. 대통령직인수위원회는 기존 부처들의 존폐 여부에 대해 논의하기 시작했다. 이전 정부에서 출범한 정보통신부가 도마에 올랐다.

안문석 외환위기의 격랑 속에서 정권이 바뀌었습니다. '김영삼 정부의 정보화 정책이 싹 다 사라지고 단절되겠구나'라고 내심 우려했죠. 하루는 대통령직인수위원회에서 제게 "향후 정부에 도움이 되는 조언을 좀 해 주십시오"라고 연락이 왔습니다. 당시 저는 중요한 교재를 쓰고 있어 고민하다가 정보화 정책의 연속성 유지를 위해 저라도 가서 목소리를 내야겠다 싶어 갔는데 그게 아주 잘 간 거예요.

그때가 외환위기인 데다가 신자유주의가 세계적으로 유행했고, 행정개혁을 주도한 사람들이 경제학자와 경영학자이니 아무래도 정부 효율성 위주로 나가고 있었지요. 김대중 정부가 작은 정부를 지향하니까 정보통신부도 없애야 할 부처 후보로 올라온 거예요. 제가 "미래 먹거리를 생각해야지 없애는 게 말이 됩니까?"라고 강하게 반대했죠. 결국 정보통신부, 문화부, 과학기술처 등이 살아났습니다. 제 주장은 "작은 정부? 그건 다 좋습니다. 그런데 없애려면 과거형 부처를 없애야지 미래 먹거리를 창출하는 부처를 없애는 것은 말이 안 됩니다"라는 것이었죠. 다행히 존폐가 거론되던 해당 부처들이 모두 살아남았습니다. 지금도 그때 참여하길 잘했다고 생각합니다.

김대중 정부 출범 이후 4대 부문 구조조정이 본격적으로 시작되었다. 정부부처와 공공기관 구조조정 과정에서 정보통신부를 없애는 안이 1년 만에 다시 수면위로 떠오르게 되었다.

안문석 하루는 제가 학교(고려대)에서 강의를 하는데 정보통신부 장관에게서 급하게 전화가 왔습니다. 지금 빨리 총리공관으로 와 달라고요. 당시 김종필 총리 시절이었는데 가 보니까 제 자리를 김 총리 옆에 마련해 두었더라고요. 제가 바로 총리 옆에 앉아서 "작은 정부도 좋지만 국무위원이 미래 먹거리를 창출하는 일을 24시간 생각하는 것과 실국장이 생각하는 것은 같을 수 없습니다. 어떤 것이 국가의 미래를 위해 더 좋다고 보십니까?"라고 김 총리에게 역으로 질문을 던졌습니다. 총리가 "정보통신부를 없애지 않겠습니다"라고 약속하더라고요.

결국 지금 보세요. 그때 정보통신부가 살아 있었던 것이 김대중 정부가 외환위기를 극복하는 데 큰 도움이 되지 않았습니까?

DJ 취임사 "지식정보사회 구축"

1998년 2월 25일 취임한 김대중 대통령은 취임사에서 정보통신정책의 중요성을 역설했다. 대통령 취임사에 정보화가 화두로 등장한 것은 이때가 처음이었다. 김대통령은 "정보화 혁명이 주도하는 뉴밀레니엄에 대비하여 한국을 세계에서 가장 컴퓨터를 잘 쓰는 나라로 만들겠다"고 약속했다.

> 유형의 자원이 경제 발전의 요소였던 산업사회로부터, 무형의 지식과 정보가 경제 발전의 원동력이 되는 지식정보사회로 나아가고 있습니다. 정보화 혁명은 세계를 하나의 지구촌으로 만들어 국민경제 시대로부터 세계경제 시대로의 전환을 이끌고 있습니다. 우리는 이 같은 문명사적 대전환기를 맞아 새로운 도전에 전력을 다하여 능동적으로 대응해야 합니다. … 새 정부는 자라나는 세대가 지식정보사회의 주역이 되도록 힘쓰겠습니다. 초등학교부터 컴퓨터를 가르치고 대학입시에서도 컴퓨터 과목을 선택할 수 있도록 하겠습니다. 세계에서 컴퓨터를 가장 잘 쓰는 나라로 만들어 정보대국의 토대를 튼튼히 닦아 나가겠습니다.[1]

김대중 대통령의 취임 일성이 "정보화 혁명을 통한 지식정보사회 구축"이 된 이유와 계기는 무엇일까? 우선 개인적으로 김 대통령은 자신이 앨빈 토플러의 《제3의 물결》을 읽고 나서 정보화의 중요성에 눈떴다고 말했다. 1982년 청주 교도소에 정치범으로 수감되어 있을 때, 당시 한국 지식인들을 뒤흔든 《제3의 물결》을 읽고 한국의 정보화 추진에 대해 생각하게 되었다는 것이다.[2]

OECD의 지식기반경제 보고서

새 정부가 채택한 '지식정보화'에 큰 영향을 미친 또 다른 배경은 그 전해인 1997년 OECD가 발표한 지식기반경제(*knowledge-based economy*)[3]와 국가혁신체계(NIS:

---

1 〈국정신문〉, 1998. 2. 26; 대한민국 정책브리핑, 1998. 2. 25.
2 "중소기업·벤처기업 대표 초청 오찬 연설", 2001. 3. 28.

National Innovation System)⁴에 대한 두 개의 보고서였다.⁵

〈지식기반경제 보고서〉는 개념적 중요성을 강조하였고, 〈국가혁신체계 보고서〉는 구체적 실천전략을 제시했으니 사실상 두 개의 보고서가 동일한 연장선상에서 작성된 셈이었다. 보고서는 "글로벌화에 따른 무한경쟁 시대에 경쟁력의 핵심요소는 지식이므로, 국가 전체적으로 지식혁신을 위한 시스템을 구축하여 지식기반경제로 이행해야 한다"는 것을 강조했다. 국가경쟁력을 근본적으로 높이기 위한 기술고도화와 정보혁신체계를 명확히 정의하여 국가발전 장기비전으로 제시한 것이다.⁶

지식기반경제의 핵심은 무엇일까? OECD 보고서는 지식은 네 가지 종류로 구성되어 있다고 했다. 즉, 사실에 관한 지식(*know-what*), 사물의 작동원리에 관한 지식(*know-why*), 운영에 관한 지식(*know-how*), 누가 가장 적임자인지 아는 지식(*know-who*) 등이다. 앞의 두 가지는 열심히 강의를 듣거나 공부해서 터득할 수 있는 지식이다. 세 번째는 실제로 자신이 해봐야 습득할 수 있는 경험적 지식이고, 마지막은 경험과 지식, 두 가지 모두가 필요한 지식의 형태다.

OECD, "정보와 지식이 강물처럼 흐르게 하라"

OECD 보고서의 실천적 핵심은 "경쟁력 있는 지식기반경제로의 이행이 가능하려면 경제주체가 모든 지식을 적시에 활용할 수 있어야 한다"는 것이다.⁷ 지식정보를 적시에 활용하려면 이를 네트워크로 연결시켜야 한다. 더 구체적으로 "지식혁신(*knowledge innovation*) 시스템과 기술혁신(*technology innovation*), 지식확장

---

3 OECD, 1996, 〈Employment and Growth in the Knowledge-Based Economy〉.

4 OECD, 1997, 〈National Innovation Systems〉.

5 OECD 보고서가 정책에 미친 영향은 1998년 산업자원부가 작성한 산업기술시책 서문에서도 엿볼 수 있다(행정간행물 등록번호 330000-55130-66-98022).

6 B. Godin, 2006, "The Knowledge-Based Economy: Conceptual Framework or Buzzword?", *The Journal of Technology Transfer*, 31, 17~30.

7 T. Siesfeld, J. Cefola, & D. Neef, 1998, *The Economic Impact of Knowledge*, Butterworth Heineman.

(knowledge proliferation), 지식응용(knowledge application) 시스템을 구축하여 다양한 형태의 지식과 정보가 전문가는 물론 기업과 일반 국민에게 막힘없이 흐르게 만들어야 한다"는 것이다. [8]

외환위기로 침몰한 한국 경제를 되살리기 위한 대안으로, 국민의 정부는 OECD가 제시한 대로 "지식이 강물처럼 흐르도록 만들 수 있는 핵심적 방법이 무엇인가?"를 고민했다. 그 해법으로 제시된 세 가지 방안은 첫째, 초고속통신망을 구축하고, 둘째, 컴퓨터를 대량으로 보급하며, 셋째, 정보화 교육을 통해 국민의 생활 속에 컴퓨터와 인터넷을 정착시키는 것이었다.

이에 따라 새로 출범한 국민의 정부 100대 핵심 국정과제에 초고속정보화 인프라 구축을 위한 여러 가지 방안과 1천만 명 정보화 교육, 정보취약계층 지원 등의 정책이 포함되었다. 대통령 취임사에도 그 내용이 반영되었다.

정보화 뉴딜정책 '인터넷코리아'

1998년 2월 미국 뉴욕에서 해외 채권단과 한국 대표 사이에 단기외채의 만기연장 합의가 이루어짐으로써 국가부도라는 사상 초유의 사태는 간신히 피했다. 그러나 한국 경제는 IMF가 요구한 금융·기업 구조조정과 재정·금융 긴축으로 몸살을 앓았다. 한국전쟁 이후 최악의 실업사태가 발생했다. 청년들은 고등학교와 대학을 졸업하고도 일자리를 찾지 못했다. 직장에서 강제로 해고된 수많은 사람은 갈 곳을 잃었다. "IMF는 'I am fired'(나는 해고됐다)라는 말의 약자"라는 자조적인 말이 회자되었다.

이러한 상황을 타개하기 위한 비상대책이 필요했다. 시급한 사회안정을 위해 여러 가지 조치를 취하고 임시 공공사업 일자리를 만들어야 했다. 이때 각종 건설사업이나 공원 제초작업, 황소개구리 포획 등 전통적 취로사업 대신 1998년 새로운 정보화 뉴딜정책으로 제안한 것이 '인터넷코리아'이다. "초고속인터넷을 대중적으

---

8 OECD, 1997, 〈National Innovation Systems〉.

로 보급하며, 웹마스터 10만 명을 양성하여 100만 개의 새로운 일자리를 만들자"
는 것이 이 운동의 핵심 내용이었다.

고(故) 이민화 초대 벤처기업협회장에 따르면, "'인터넷코리아'는 벤처협회 회
원들의 토론 과정에서 나온 아이디어였다"고 한다. "대공황 때 미국 정부가 채택
한 뉴딜정책 같은 공공사업 개념을 차용하되 그 대상을 컴퓨터와 온라인 등 정보
화 분야로 특화하자"고 건의했는데 정부가 이를 받아들여 단기 일자리 창출 정책
의 전면에 내세웠다는 것이다.

1998년부터 추진된 '인터넷코리아' 사업은 위기의 한국 경제에 구원투수 역할
을 톡톡히 했다. 단기적 고학력 실업문제 완화는 물론이고, 9 국가 디지털화 기반
조성에도 크게 기여했다. 당시 고학력 실업자들에게 단기적 일자리를 제공한 것
은 공공 부문의 디지털 데이터베이스 고도화 사업이었다. 한국사정보화사업 DB,
한국학전자도서관 DB, 건설기술정보 DB, 법령 DB, 특허정보 DB 등 데이터베이
스 구축이 급진전되었다. 이때 구축된 데이터베이스는 이후 초고속망의 완성과
함께 전 국민이 정보를 편리하고 신속하게 검색할 수 있는 디지털 정보 흐름의 기
반이 되었다. 10

정부가 여러 가지 정보화사업을 발주하면서 외환위기로 어려움을 겪던 혁신중
소기업과 벤처기업도 숨통이 트였다. 디지털화 사업은 평균 4.8년 단축되었고,
정보화근로사업 참여자의 38.3%, 기타 공공근로사업 참여자의 26.5%가 정규
취업으로 연결되기도 했다. 11

---

9 '인터넷코리아' 사업은 하루 평균 1만 6천여 명을 고용함으로써 사업 개시 당시 심각한 국가 문제였던
　실업문제를 완화하는 데 큰 역할을 했다. 뿐만 아니라 고용 인력의 88%가 전문대졸 이상이었고 여성인
　력이 57%를 차지해 고학력 실업문제와 여성 실업난을 크게 완화했다.
10 행정안전부, 2017, 《되돌아보는 대한민국 전자정부 이야기 23선》, 휴먼컬처아리랑.
11 위의 책.

정보통신부 사령탑으로 온 민간 CEO

국가부도 위기 속에서 수많은 대기업과 중소기업이 연이어 쓰러지자 이들을 대신할 수 있는 경제성장 동력이 필요했다. 국민의 정부는 정보통신산업과 IT산업 및 벤처기업 육성, 정보화 추진에서 제조업을 대신할 수 있는 해답을 찾고자 했다. 당시 회의 문건에는 '경제회생을 위한 정보화 촉진 방향'이라는 말이 등장했다. 정보화가 단순히 정책의 연장선상에서 추진되었다기보다 외환위기에 빠진 한국 경제를 구할 대안으로 절박하게 모색되었음을 알 수 있는 대목이다.[12]

국민의 정부 정보화 정책을 이끌 사령탑은 민간에서 찾았다. '탱크주의'를 내세운 광고로 국민에게 친숙했던 배순훈 대우전자 회장이 정보통신부 장관으로 취임했다. 1998년 4월 17일 정보통신부 업무보고 자리. 원래 대선 승리로 들떠 있어야 할 시기였으나 국가부도 위기라는 초유의 사태로 은행과 기업에 구조조정의 한파가 몰아치고 실업문제도 심각할 때라 분위기는 엄숙하고 경직되어 있었다.

배순훈 신임 정보통신부 장관은 "2002년까지 한국을 세계 10위권 정보선진국으로 도약시키기 위해 정보화 기반 구축과 애플리케이션 구축, 정보활용 촉진 등 가치사슬로 연결된 사업들을 한꺼번에 병행 추진한다"고 밝혔다. "공공 부문 정보데이터베이스 구축사업을 지속적으로 추진하고, 홈택스와 전자상거래시스템, 인터넷뱅킹 등의 전산화를 통해 다양한 애플리케이션을 만들며, 이를 초고속인터넷망으로 연결시켜 지식정보를 확산한다"는 내용이었다.

이러한 계획을 조기에 실현하기 위해 공급과 수요, 두 측면 모두를 고려한 종합적 정책대응을 마련했다. 우선 공급 측면에서 초고속정보통신망을 구축하는 과정에서 대규모 투자를 하여 IT산업의 생산을 늘리고 통신서비스 시장을 활성화하며 단말기와 애플리케이션에 투자하기로 했다. 수요 측면에서는 국민의 컴퓨터와 휴대폰 활용을 증가시키기로 했다. 가장 중요한 작업은 국민이 적극적으로 정보화에 참여하도록 만드는 것이었다. '국민 1인 1PC'가 가능하도록 저가 컴퓨터를 보급하고, 우체국과 구청, 동사무소 등 각종 공공장소를 최대한 활용하여 국민정보

---

12 제1차 정보화 전략회의(http://www.koreascience.or.kr, 2021. 10. 21).

화 교육을 실시하는 방안이 보고되었다. 정보통신부는 또한 대통령 주재 '정보화 전략회의'를 신설하여 정보화 및 교육 추진 경과를 지속적으로 대통령에게 보고하겠다고 밝혔다. [13]

1998년 5월 21일 청와대에서 개최된 제1차 정보화 전략회의에서 배순훈 장관은 각 부처와 협의하여 2002년까지 학생과 주부, 군인 등 전 국민 2,500만 명에게 정보화 교육을 실시하기로 했다. [14] 필요한 예산은 정보통신부가 정보화기금에서 조달하여 각 부처에 지원하기로 했다.

1998년 6월에는 국민의 관심을 정보화로 유도하기 위해 대통령이 사이버 기자회견을 열었다. 청와대 홈페이지에 국민이 인터넷으로 접속하여 질문을 올리면 이를 분류하여 대통령이 답하는 형식이었다. 당시만 해도 TV와 신문 등 전통 미디어가 압도적 강세를 보였고 인터넷 사용자가 많지 않을 때라 나름대로 '최첨단 기자회견'이었다. [15]

새천년, 정보화의 문명사적 대전환을 추진하다

'정보통신기술개발 5개년계획' 수립

1999년은 새천년의 시작을 준비해야 하는 D-1의 해였다. 희망과 불안, 낙관과 불확실성이 교차한 해이기도 했다. 과거 천년 동안 선진국에 뒤처졌던 한국 경제가 정보화에서는 선진국과 어깨를 나란히 하고 같은 출발선상에서 경쟁을 준비해야 하는 해였다. Y2K (Year 2 Kilo) 라는 밀레니엄 버그에 대응해야 하는 해이기도 했다.

정보통신부는 정보통신 기술 고도화를 통한 지식경제기반을 마련하기 위해 중

---

13 이전 정부에서 대통령 주재 '정보화추진 확대회의'가 이미 개설되었는데 이를 '정보화 전략회의'로 이름을 바꾸고 좀 더 빈번하게 정례화하기로 했다.

14 행정안전부, 2017, 《되돌아보는 대한민국 전자정부 이야기 23선》, 휴먼컬처아리랑.

15 육성으로 듣는 경제기적 편찬위원회, 2019, 《코리안 미러클 5: 모험과 혁신의 벤처생태계 구축》, 나남.

장기적 새천년 비전 수립에 나섰다. 1998년 11월부터 전문가 300여 명이 6개 분과위원회를 운영하여,[16] 중점 연구개발 전략 및 유망기술사업 분야를 제시했다.

1999년 초에는 새천년의 비전을 마련하기 위해 한국개발연구원(KDI: Korea Development Institute)과 과학기술정책연구원, 한국전산원, 정보통신정책연구원, 문화정책개발원, 국토연구원 등 연구기관 중심으로 구체적인 '지식기반 경제발전 종합계획'을 수립했다.

이 내용은 1999년 9월 '제2차 정보통신기술개발 5개년계획'(2000~2004)으로 최종 확정된다. 새천년의 시작과 함께 한국 경제의 구조와 체질을 근본부터 대전환하기 위한 마스터플랜이었다.

새천년의 패러다임은 "창조적 지식기반국가를 건설한다"는 것이었다. 창조적 지식기반국가란 "고도화된 정보통신 인프라를 구축하여 정부, 기업, 학교, 연구소 등 국가의 지식생산 주체가 지적 활동을 통해 창조해낸 지식과 정보를 축적, 공유, 활용하여 경제활동 및 제반 정치, 사회문제를 해결하는 국가"로 정의된다. OECD가 강조했듯이 "지식과 정보의 흐름이 강물처럼 흘러 정치, 행정, 사회 전반의 투명성이 높아지고, 경제주체의 생산성이 높아지며, 제반 문제의 신속한 해결이 가능한 국가"인 것이다.[17]

이를 위해 "국가 전체를 관통하는 광통신망(*all optical network*) 구축을 기반으로 현재보다 천 배 빠른 인터넷을 구현하여 '제2의 국토'인 사이버 스페이스를 열고 새로운 사업기회 창출과 양질의 일자리를 창출한다"는 장기 목표를 수립했다.

2대 기반분야와 6대 중점사업 집중 육성

'제2차 정보통신기술개발 5개년 계획'에서 선정된 2대 기반 분야는 핵심부품과 원천기초 분야이다.

첫째, 핵심부품 기술개발의 경우 2000년까지 IMT-2000 단말기의 핵심부품

---

16 네트워크, 단말기, 소프트웨어, 콘텐츠, 부품, 원천기술 등 30개 작업반이 소속되었다.
17 OECD, 1997, 〈지식기반경제 보고서〉.

을, 2002년까지 광통신과 무선통신부품, 디스플레이 소자, 광저장장치 등 고기능성 부품을 자체 개발하기로 했다. 정보통신기기의 국산화율을 2004년까지 80%로 두 배가량 높이는 것이 양적 목표였다. [18]

둘째, 원천기초 분야는 개발에 장기간이 소요되고 위험도가 높아 민간 부문이 기술개발을 기피하는 분야 가운데 전략적으로 중요한 분야를 선정하여 정부가 적극적으로 나서기로 했다. 단기 개발 목표는 2002년까지 선진국과 동등한 수준의 광교환기반 기술을 확보하고, 2004년까지 테라비트 광통신 및 무선이동 멀티미디어 등의 원천기술을 확보하여 선진국과의 기술격차를 해소하는 것이었다. [19]

한편 6대 중점사업 분야는 정보통신 기술의 고속화, 대용량화, 유무선 통합화 방향에 따라 천 배 빠른 초고속인터넷 구축과 정보통신 인프라 고도화를 위해 차세대 인터넷기반 기술, 디지털방송 기술 및 광통신 기술의 확보와 무선통신, 소프트웨어, 컴퓨터 기술 등이 선정되었다.

'사이버코리아 21'과 R&D 확대

1999년 3월 업무보고에서 정보통신부는 '정보화 기본계획'에 따른 구체적 목표와 일정, 투자 계획을 종합적으로 정리한 '사이버코리아 21'을 발표했다.

우선 국가정보화와 국민정보화 실현에 필요한 초고속통신 인프라 구축과 컴퓨터 단말기의 보급, 국민정보화 교육을 위해 민관이 향후 4년간 28조 원을 투입하여[20] 정보 인프라를 구축하고, 그 결과 100조 원이 넘는 생산유발효과를 불러온다는 목표를 담았다.

정부는 이를 위해 1999년 연구개발 투자규모를 확대했다. IMF 체제하에서 혹

---

18 1998년 정보통신기기의 국산화율은 42%였다.

19 3세대 이동통신 이후에 등장할 무선이동 멀티미디어 분야 기술개발을 선도적으로 추진하여 무선통신 분야의 경쟁우위를 확보하는 것과 뇌파 인식이나 생체정보 연구 등 약 10년 후를 전망한 장기적 연구도 포함되었다.

20 민간 자본 17조 3천억 원이 포함된 금액이다.

독한 재정긴축으로 연구개발 예산이 대폭 줄어들 것이라는 당초 예상을 깨고 오히려 연구개발을 확대한 것이다.

정보통신 연구개발 투자의 구체적 내용으로 'MIC-UP 21' 전략[21]을 수립하여 제시했다. 이는 유능한 정보통신 인재 육성(*man power-up*), 인터넷을 세계에서 가장 잘 쓰는 나라 건설(*internet power-up*), 콘텐츠를 가장 잘 만드는 나라 건설(*contents power-up*) 등의 개념을 합친 것이다.

당시 전문가들이 그린 미래는 오늘날 한국 정보화 사회 모습 그대로였다.

인간의 오감을 대신할 수 있는 멀티미디어화되고 지능화된 응용서비스들이 지속적으로 창출될 것이다. 개인 생활과 관련된 가정, 교육, 의료 분야에 각종 첨단서비스(재택근무, 대화형 영상정보, 재택민원, 홈쇼핑, 원격교육, 학술정보서비스, 원격진료, 개인건강정보 데이터베이스 관리, 복지카드 등)가 제공되어 국민의 삶의 질이 획기적으로 개선될 전망이다. 공공분야에서는 전자정부 구현으로 대민서비스가 대폭 개선되고, 각종 업무 처리의 전자화(시설물관리 GIS, 토지정보 GIS, 도로교통정보, 자동전입신고 처리, 자동 신분 확인, 재택민원 처리, 부처 간 화상회의, 정부전자문서 교환 등)로 '작지만 강력한 정부'가 탄생할 것이다. 산업분야는 전자상거래, 통합물류생산(CALS), 수발주시스템, 전자화폐 등 경쟁력 강화를 위한 다양한 서비스들이 제공될 것이다.[22]

한편 연구개발 전략은 민간 경쟁력이 있거나 단기 상품화가 가능하면 민간기업이 주도하고, 그렇지 않으면 정부 출연연구기관이 주도하는 투 트랙으로 마련되었다. 개발과 동시에 상용화가 가능한 부품들은 산업체가 주도하는 연구에 국책연구기관, 대학 등이 공동으로 참여하고, 민간경쟁력이 취약한 비메모리반도체

---

21 주요 내용은 다음과 같다. 첫째, 차세대이동통신 시스템(IMT-2000), 휴대통신 단말기, 무선가입자망 고도화 개발 등 포함한 CDMA 고도화를 추진한다. 둘째, 전자상거래와 콘텐츠제작 시스템, 고속 LAN, 멀티미디어 서버, 휴대정보 단말기, 다기능복합 ATM 개발 등을 통해 초고속인터넷 사용을 활성화한다. 셋째, 교통정보시스템(ITS), 지리정보시스템(GIS), 위치정보시스템(GPS), 우편자동처리시스템 개발 등 산업정보화를 추진한다. 넷째, 광저장·전송장치, 차세대 RF, 고속가입자모뎀 등 기술개발을 통해 산업기반을 강화한다. 다섯째, IPTV, 디지털 TV 등을 통한 교육정보화를 추진한다.

22 정남철, 1999, 《미래를 위한 선택》, 정보통신연구진흥원.

등의 연구개발 분야는 정부가 집중 투자하되 중소업체들이 참여하고 이용할 수 있는 환경을 조성하기로 했다.

컴포넌트 소프트웨어 기술, 부호화 및 압축기술 등 소프트웨어 기반분야는 출연 연구원을 중심으로 산업체가 공동개발을 추진하되, 미래에 대비한 휴먼 인터페이스 분야 등은 출연 연구원이 개발하여 민간에게 기술을 전수하는 방향으로 추진하기로 했다.

'사이버코리아 21'의 주요 내용

'사이버코리아 21' 전략에서 추진하기로 한 국가정보화 정책을 가치사슬 유형으로 분류해 보면 다음과 같다.

첫째, 기반구축사업으로 초고속망 구축과 PC, 이동전화, 디지털 TV 등 단말기 보급, 정보통신 관련 표준 및 법제도의 정비 등이 추진되었다.

둘째, 애플리케이션 구축사업으로 G4C 등 전자정부시스템, 4대보험 연계시스템, 홈택스와 재정정보시스템, 전자결제 및 전자문서유통시스템, 교육행정정보시스템, 전자상거래시스템, 인터넷뱅킹시스템 구축 등이 추진되었다.

셋째, 정보활용촉진사업으로 다양한 채널을 활용한 정보화 교육, 정보화격차 해소, 다양한 콘텐츠와 소프트웨어 등이 포함되었다.

생산성 향상을 위해 기업정보화를 지원하고 정보통신산업 및 인터넷 기반의 신산업, 즉 전자상거래 활성화와 정보제공사업(IP), 정보유통사업(ISP)을 육성하며 소프트웨어산업과 정보통신 벤처기업을 활성화하는 정책을 펴 나가기로 했다.

또한 자동차, 전자 등 주요 8대 업종을 운영하는 대기업과 중소하청업체를 정보네트워크(CALS)로 연결하여 기업 간 지식정보 공유와 유통을 효율화하여 기업 생산성을 높이기로 했다.

이 밖에 정보보호기술 개발 및 산업육성, 암호이용 활성화와 전자서명 인증제도 정착, 개인정보 보호제도 등을 확립한다는 목표를 설정했다.

브로드밴드 시대: 초고속통신망 고도화

'사이버코리아 21'을 실현하여 2004년까지 정보화 선진국으로 도약하려면 초고속정보통신기반이 구축되어야 한다. 이를 위해 2002년까지 초고속기간망을 전국 144개 지역망과 연결하고 인터넷 사용속도를 1999년보다 100배 빠르게 하여 정보통신망의 고속화·고도화를 추진하기로 했다.[23]

이 같은 목표하에 3단계로 구성된 초고속정보통신망 구축의 2단계 사업(1998~2000)이 1998년부터 본격화되었다. 초고속인터넷 가입자망은 광케이블, ADSL, 케이블TV, ISDN, 무선과 위성망 등을 총체적으로 활용하여 구축하기로 했다. 고층건물의 60% 이상을 광케이블로 연결하는 FTTC(*fiber to the curb*)[24]를 구축하고, 아파트 등 공동주택의 구내 통신실에 광단국을 설치하여 초고속인터넷서비스를 제공할 수 있는 환경을 조성했다. 도서와 벽지는 무궁화위성을 활용한 고속인터넷망을 구축하기로 했다.

실제로 초고속통신망의 구축 속도를 크게 앞당긴 것은 경쟁체제에 들어간 민간통신사들의 혁신적 아이디어와 치열한 시장경쟁이었다. 1996년 11월 시범서비스를 시작한 두루넷은 한전의 송전망과 케이블TV망을 연결하는 혁신적 아이디어와 단일요금제로 빠르게 시장을 장악했다. 이에 하나로텔레콤 등 경쟁기업들이 ADSL을 앞세워 본격적인 반격에 나섰다. 이후 ADSL 기술의 대량보급을 통해 한국은 세계에서 브로드밴드(*broadband*)를 제일 잘 구축한 나라가 되었다.

두루넷과 하나로텔레콤, KT의 치열한 경쟁 속에서 통신비용이 크게 낮아졌고 초고속인터넷망은 각 가정으로 빠르게 연결되었다. 정부가 직접 진행했다면 얼마나 큰 비용이 소요되었을지, 얼마나 오랜 시간이 걸렸을지 모를 큰 사업을 시장과 경쟁의 힘으로 단기간에 추진한 것이다.

통신사들이 경쟁적으로 케이블 플랫폼을 연결하면서 인프라가 확충되었고 통신서비스의 가격이 크게 하락했다. 공급자들의 치열한 경쟁은 온라인게임 등 멀

---

23 "창조적 지식기반 국가 건설을 위한 정보화 VISION", 한국전자산업진흥회, 1999, 〈전자진흥〉, 1~7쪽.
24 초고속 광케이블을 가정이나 회사 근처 도로까지 설치하여 사용하는 것을 뜻한다.

티미디어 수요의 증가라는 시장 트렌드와 맞물려 거대한 초고속망 생태계를 구축했다.

여기에 대해 OECD는 "한국 민간기업 간의 치열한 경쟁이 정부의 적극적 정보화 정책과 맞물려 초고속통신망 구축이 조기 확산되었다"고 분석했다. 한국의 빠른 초고속망 구축이 가능했던 이유로 "대도시 밀집지역이라는 지역적 특징 때문"이라는 분석이 나왔는데, 한국과 비슷한 대도시 집단주거 환경을 가진 나라가 적지 않지만 한국만이 초고속통신망 구축에 빠르게 성공한 것은 경쟁의 힘과 정책적 추진이 크게 작용했다는 것이다. [25]

브로드밴드의 보급으로 시장 생태계에도 큰 변화가 있었다. 기존의 모뎀통신으로는 불가능했던 대용량 데이터 전송이 가능해졌다. 인기 롤플레잉게임 '스타크래프트'를 PC방뿐만 아니라 일반 가정에서도 즐길 수 있게 되었다. 빠른 속도로 컴퓨터게임을 하고 싶었던 한국 소비자의 '빨리빨리' 욕구도 초고속통신서비스 시장 수요를 촉진한 원인으로 작용했다. NC소프트 같은 인터넷게임 업체와 네이버 같은 인터넷 기업을 비롯한 수많은 벤처기업을 탄생시킨 계기가 되기도 했다.

초고속통신망의 조기 구축은 단말기와 소프트웨어, 부품, 시스템 등에도 폭발적 연쇄 변화와 기술 발전을 불러왔다. 초고속인터넷의 급속한 확산에 따라 인터넷망 및 서버 컴퓨터와 네트워크 회선 등을 제공하는 시설인 IDC(*internet data center*) 등이 비약적으로 성장하기 시작했다. 한 해에 초고속통신망 사용자가 13배 이상 늘어나자 트래픽의 급격한 증가로 인터넷기간망, 가입자망 등 인터넷 인프라도 연쇄적으로 확충되었다.

국민 PC 보급과 인터넷 가입 촉진

초고속인터넷망 구축이 공급 측면의 정책이라면 1가구 1PC 보급운동[26]은 수요 측면의 정책이었다. 새천년을 앞둔 1999년 국민 PC 보급운동, 100만 가정 무료홈피 구축운동, 1천만 국민 ID 보급운동 등이 잇따라 전개되었다.

PC가 흔하지 않던 시절이라 당시 대기업에서 주로 생산하던 PC는 전문가용, 기업용의 고급사양 PC 일변도였다. 당연히 가격이 비싸서 기업이나 부유층의 전유물이었다. 주머니가 가벼운 일부 컴퓨터 마니아들은 청계천 전자상가에서 복제 컴퓨터를 조립해 사용했다.

정보통신부는 "모든 국민이 다양한 사양과 기능을 갖춘 값비싼 외제 PC나 대기업 PC를 가질 필요는 없다"는 데서 착안했다. 정부는 "일반가정용 사양으로 바꾸어 150만 원 이상이던 PC 가격을 110만 원 안팎으로 대폭 낮추는 사업자를 선정하겠다"고 발표했다. 그러자 중견 컴퓨터 기업과 인터넷서비스업체가 정부입찰에 경쟁적으로 뛰어들어 12개 PC 제조업체와 4개 인터넷서비스업체가 보급형 PC 사업자로 선정되었다. [27]

국민 PC 사업이 순조롭게 진행되자 여기에 자극받은 컴퓨터 업계의 '빅 4' 기업인 삼성, LG-IBM, 대우통신, 삼보컴퓨터 등도 가정용 중급사양 메모리를 장착하고 하드드라이브 등을 분리 판매하는 등의 방식으로 저가 PC 마케팅에 돌입했다. 경쟁이 불러온 또 다른 시장확산이었다.

정부는 국민이 보급형 PC를 살 때 인터넷까지 동시에 가입하면 이용료를 할인해 주는 방식으로 인터넷 가입을 적극적으로 유도했다. 컴퓨터가 인터넷으로 연결되어 이미 구축된 정보화 데이터베이스를 활용하고 궁극적으로 정보화 사회로 이행할 수 있도록 유인책을 제공한 것이다.

각종 유인정책에 더해 통신업체 간의 치열한 경쟁을 통한 정액요금제 정착, 온

---

26 1989년에 체신부가 국가와 기업, 개인의 정보활용을 원활하게 하고 정보화 사회를 앞당기기 위해 수립했던 '개인용 PC 보급정책'을 확대, 보완한 것이다.

27 〈매일경제〉, 1999. 1. 1.

라인주식 투자 및 온라인게임 등의 활성화와 같은 다양한 수요증가 요인이 작용하여 인터넷 가입자가 폭발적으로 늘었다. 여기에 코스닥이 활성화되면서 관련 벤처기업이 크게 늘어났다. 공급과 소비, 자금 부문까지 본격적으로 정보화 산업의 생태계가 형성되기 시작한 시점이다.

1999년 1월 「정보화촉진 기본법」이 개정되었다. 개정안의 핵심은 다음과 같다. 첫째, 국가기관, 지방자치단체 및 정부투자기관에 정보화사업을 총괄하는 정보화책임관[28] 및 조직을 두도록 의무화한다. 둘째, 정보화사업에 민간투자를 유치한다. 셋째, 사회적 약자들이 정보접근 기회를 누릴 수 있도록 디지털 복지를 강화한다.

기본법은 "(정보화의) 지역적·경제적 차별이 시정되도록 하고, 장애인·노령자·저소득자 등 사회적 약자들이 정보화의 혜택을 향유할 수 있도록 하기 위해 정보통신요금, 정보통신기기 사용 편의성 및 정보이용 능력의 개발 등에 필요한 대책을 강구해야 한다"고 명시하여 보편적 복지정보통신의 실현을 추구했다(법 제16조의 2항, 법 제34조).

군인에서 주부까지, 전 국민 컴퓨터 교육

1999년 3월 31일에 열린 제10차 정보화추진위원회에서는 '국민정보화교육 종합계획'[29]을 수립하여 확정했다.

국민정보화 교육을 위한 방법론으로 "국민 누구나 어디서나 정보화 교육을 받을 수 있도록 하는 법과 제도의 정비, 정보화 교육시설 및 공공접근 장소의 대대적 확충, 필요할 때 언제나 정보화 교육을 받을 수 있는 뉴미디어 정보화 교육시스템 구축, 각 계층별(학생, 주부, 군인 등) 정보화 교육을 위한 교수인력 공급체계 확충, 정보화 교육과정 개발 및 보급" 등이 제시되었다.

---

28 정보화 책임관은 각자의 소속기관에서 정보화사업 계획의 종합 및 추진실적의 평가, 정보화와 연계된 정책수립, 정보자원의 획득·배분·이용 등의 종합조정 및 체계적 관리와 정보 공동활용 방안의 수립, 행정업무의 정보화 촉진을 책임지는 역할로 규정되었다(법 제9조의 3항).

29 "세계에서 컴퓨터를 가장 잘 쓰는 나라를 만들기 위해 1천만 명의 학생과 90만 명의 공무원, 60만 명의 군인 등 전 국민 대상 컴퓨터 교육을 실시한다"는 목표였다.

우선 학생들에 대한 정보화 교육이 강화되었다. 이를 위해 전국 5,700개 초중고에 학내 전산망 LAN을 추가로 구축했다. 교사 33만 명과 교실 21만 개에 PC 1대씩을 보급했으며 컴퓨터 실습실용 PC 41만 대를 추가로 보급했다.

군은 예전부터 조직적으로 국민의 교육수준을 높이기 위해 활용되었다. 건국 초기에 문해율을 높이기 위해 군에서 '부모님 전상서'를 쓰도록 하여 한글 교육이 이루어졌다. 1999년 디지털 정보교육을 위해 군부대에 정보화 기초과정과 전문과정이 조직적으로 개설되었다. 교육 첫해는 육·해·공군의 13개 부대에 교육장을 개설했는데 호응이 좋았다. 2000년에는 교육장을 33개 부대에 확대 설치했다.

주부나 사내연수를 받기 어려운 중소규모 직장인이나 자영업자 등은 민간 사설학원 등을 통해 정보화 교육을 추진했다. 2000년 3월부터 전국 학원 1천여 곳에서 주부들을 대상으로 인터넷 교육을 하는 '100만 주부 인터넷 교육'이 실시되었다. 주부 대상 인터넷 교육은 2001년까지 200만 명으로 확대되었다. 사설학원 인터넷 교육비는 정부가 일부 혹은 전부를 제공했다.

2000년 4월 6일에 열린 '정보화 전략회의'에서는 "정보격차 해소를 위해 전국 읍단위 지역까지 초고속인터넷서비스를 제공하고, 초고속유선망 설치가 어려운 도서·벽지의 우체국 등에 인터넷플라자를 다수 추가 설치한다"는 계획을 발표했다.

인터넷 카페와 PC방이 만든 사회변화

컴퓨터를 사용할 줄 아는 사람이 계속 늘어나자 한국의 정보화 생태계가 활성화되기 시작했다. 당시의 활발한 정보화 분위기를 엿볼 수 있는 사례가 PC방 사업의 확산이다. PC방은 1994년 한국에서 최초로 상용인터넷서비스가 시작되면서 등장한 '인터넷 카페'의 초고속인터넷 버전이었다.

검은 바탕화면에 흰색 글자를 입력하여 통신을 연결하고 게임도 하던 원시적 문자통신 시대를 마감하고, 1990년대 중반 월드와이드웹 서비스가 시작되면서 본격적인 인터넷 시대가 열렸다. 그러나 가정에서 인터넷을 사용하는 것은 '하늘의 별 따기'였다. 인터넷을 하려면 인텔 펜티엄을 탑재한 최신 PC와 실리콘그래픽스워크스테이션, 전용회선 등 최고급 사양이 필요했는데 이를 일반 가정에서 구입하기는 어려웠기 때문이다. 이 같은 수요를 기반으로 1990년대에 인터넷 카페가 생겼다. 1970년대에 외국 팝송을 듣기 위해 종로 음악다방으로 몰려들었던 청춘 군상이 1990년대 중반에는 종로와 홍대, 신림동 일대의 인터넷 카페로 몰려들었다.

1990년대 후반 초고속 인터넷 시대가 되자 인터넷 카페는 PC방으로 변신했다. PC방은 최고급 컴퓨터 시설을 갖추고 스타크래프트 같은 인기 온라인게임 유저들을 끌어들였다. PC방은 당시 다른 나라에서 찾아볼 수 없었던 한국만의 독특한 인터넷 이용방식이었다.

1999년 PC방은 전국 1만 5천여 점포로 늘어날 정도로 성업했다. PC방은 컴퓨터와 인터넷 애호가들이 자주 찾는 일상의 풍경이 되었다. 외환위기로 해고되어 갈 데가 없어진 사람들이 잠깐의 스트레스를 풀던 애환의 장소이기도 했고, 해고된 사람들이 대거 자영업자로 변신하는 계기를 제공하기도 했다. 게임에 푹 빠진 청소년들이 수업이나 과외를 빼먹고 PC방에서 먹고 자는 일이 벌어져 부모들의 눈총을 받기도 했다.

고 이민화 초대 벤처기업협회 회장은 "닷컴붐과 벤처기업의 불씨가 만여 개의 PC방에서 만들어졌다"고 말한다. PC방이 늘어나자 PC나 부품을 제작해 판매하는 벤처기업들이 성장했고, 인터넷망을 판매하는 사업자의 매출이 늘어나며 영업이 활성화되었다.[30]

새천년을 목전에 둔 1999년 12월 말, 한국의 총 PC 보급 대수는 1,153만 408대로 늘어났다. 1가구 1PC 시대가 당초 목표보다 빨리 열린 것이다. 컴퓨터 보급과 함께 초고속인터넷망이 구축되어 인터넷 이용자 수가 1천만 명을 돌파했다. 지속적인 국민 정보화 교육으로 컴퓨터와 인터넷을 통해 데이터베이스 정보에 접근하거나 공공 전산 대민서비스를 이용하는 사람의 숫자도 크게 늘어났다.

데이터통신의 시대, 멀티미디어의 시대, 디지털 혁명의 시대인 2000년대로 대전환할 준비를 갖춘 시점이었다.

---

30 육성으로 듣는 경제기적 편찬위원회, 2019, 《코리안 미러클 5: 모험과 혁신의 벤처생태계 구축》, 나남.

정보화 Episode: 1999년 12월, Y2K 밀레니엄 버그 대응

1999년 한국 정부는 새천년을 앞두고 등장한 '컴퓨터의 유령'에 대비했다. 당시 전 세계가 Y2K라는 밀레니엄 버그의 가능성을 우려하고 있었다. Y2K란 20세기 중반에 개발된 컴퓨터가 21세기(2000년) 이후 연도를 제대로 인식하지 못할 것이라는 내용이었다. 정보통신부는 1997년 2월 정보화기획실에 'Y2K 종합대책반'을 설치했다.

1999년 12월이 다가오면서 긴장감이 고조되었다. "하늘을 날던 비행기가 추락하고, 미사일이 오발사되고, 통신위성이 정지하고, 전력과 수도 공급이 끊기고, 엘리베이터가 멈추고, 전화도 불통된다. 핵발전소의 원자로가 녹아 방사성 물질이 누출될 수 있다"는 우려가 나왔다. Y2K가 재앙으로 갈 가능성은 높지 않았고 과잉반응이라는 비판도 있었다. 막연히 손 놓고 있을 수는 없는 일이었다.

정부는 12월 29일 Y2K 비상대응 체제로 전환했다. 서울 세종로 정보통신부 15층 대회의실에는 Y2K 정부종합상황실(실장: 안병엽 정보통신부 차관)이 차려졌다.

12월 31일이 다가오자 Y2K 정부종합상황실에는 긴장감이 감돌았다. 시곗바늘이 차츰 12시를 향해가면서 Y2K 종합지원센터가 설치되어 있던 한국전산원은 한국통신과 한국전력 등 전국 600여 개 주요 기관을 연결한 상황관리 시스템을 통해 정상운영 여부를 확인했다.

2000년 1월 1일 0시. 정부 상황실의 위기대응 팀들은 숨죽인 채 결과를 지켜보았다. 약 10분 후 13대 중점 분야별 이상 유무 확인 작업이 시작되었다.

"전국 철도상황 정상 운행 중", "항공 이상 없음", "지하철 이상 없음", "원전 16기 모두 정상적으로 가동 중". 가장 핵심이 되는 네 분야에서 이상 없다고 연락해 왔다. 이후 전기와 통신, 의료, 교통 등 기간서비스 분야에서도 아무 이상 없다는 보고가 올라왔다. 새벽 한 시를 넘긴 시점에는 대부분의 상황이 보고되고 "이상 없음"으로 종료되었다.

몇 년 동안 우려했던 디지털 재앙의 가능성을 떨쳐낸 인류는 디지털 기술문명이 지배하는 새천년으로 가벼운 발걸음을 옮겼다.

행정안전부, 2017, 《되돌아보는 대한민국 전자정부 이야기 23선》, 휴먼컬처아리랑.

기간통신사업자 KT의 완전 민영화

2001년 3월 ETRI 양승택 원장이 정보통신부 장관으로 취임했다. 개각 때마다 장관 물망에 올랐는데 2001년 초에 드디어 장관으로 임명받은 것이다. 언론은 "양승택 신임 정보통신부 장관은 TDX 개발을 성공시킨 책임연구자이며, ETRI 원장으로 6년간 근무하며 이동전화 국내 표준인 CDMA 기술을 세계 최초로 상용화한 인물이다. 국내 주요 통신 공기업 사장과 연구기관장을 두루 거친 보기 드문 전문경영인이자 과학기술자이다"라고 소개했다.

양승택 장관이 2001년 3월 장관에 취임하자마자 했던 일이 KT 주식을 뉴욕 증시를 통해 매각하는 것과 민영화 작업이었다. KT 민영화는 이미 1987년부터 부분적으로 추진되었으나 이는 어디까지나 경영효율화 차원이었다. 1990년대 들어 세 차례에 걸쳐 적극적 경쟁정책을 도입했음에도 KT는 여전히 기간통신사업자로 분류되었고[31] 지분매각 한도도 49%로 설정되었다.[32] 그때까지 유선전화가 대세였고 KT가 국내 모든 유선 통신망의 소유권자였기 때문에 정부가 어떤 통신정책 방향을 구상할 때 이를 구현할 수 있는 1차 기관으로 KT를 생각했던 것이다. WTO 기본통신협상 발효 이후 한국 시장을 공략해 들어올 잠재적 글로벌 플레이어들에 대한 대항마로 KT를 육성한다는 생각도 있었다.

WTO 협상에 참여했던 이한영 중앙대 교수의 설명이다.

이한영 한국은 시장경쟁 활성화 이후에도 한동안 KT를 기간통신사업자로 간주했습니다. 국가의 신경망에 비유되는 통신은 국가안보와 직결됩니다. 즉, 정부는 KT를 국가정보 보안을 위한 '최후의 보루'(last resort)로 지켜내려는 의지가 있었죠.

그때는 전 국민이 유선전화만 사용하던 시기인데, KT가 전국에 깔린 시외망과 지역별 시내망을 보유한 유일한 사업자였습니다. 만일 외국 사업자가 유선전화망

---

31 1996년 민간경쟁을 촉진하기 위해 대대적 구조개편을 할 때에도 KT는 PCS 3사 선정 시 경쟁 없이 자동으로 사업권을 배정받았다.

32 1993년, 1994년 각각 10% 매각, 1996년 8.8% 추가 매각(경쟁입찰)했다(김낙순, 2005, "KT 민영화 3년, 평가와 과제", 〈정기국회정책자료집〉).

을 다 지배한다면 상당히 심각한 문제지요. 재난이나 위기가 발생했을 때 정부가 국민과 통신할 수 있는 최소한의 수단을 동원해야 하는데, 외국 사업자들의 협조를 받기는 쉽지 않겠지요. 식량안보처럼 KT가 통신안보의 첨병 역할을 해야 한다고 생각했던 것입니다. 그래서 최소한 하나의 국내 기간통신사업자는 육성할 필요가 있다고 보았죠. 산업 논리보다 통신안보 논리가 작용한 판단이라 할 수 있습니다.

그런데 1997년 말 외환위기 사태 이후 KT를 바라보는 정부의 시각이 달라졌다. 강도 높은 공공 부문 구조조정으로 민영화의 잣대가 엄격해졌고, 음성통신의 이동통신 사용 비중이 높아져 KT를 정부와 일체화해 보지 않게 된 것이다. 특히 외환위기 발발로 부족해진 달러 조달을 위해 KT 주식의 해외 매각이 적극 추진되었다.

1999년 5월 정부는 미국 뉴욕증권거래소(NYSE)에 KT 지분 중 정부 보유지분과 신주를 합쳐 14.5%를 주식예탁증서(DR: *depositary receipts*)[33] 방식으로 매각했다. 2001년 6월 2차 DR을 발행하여 정부 지분은 40.1%로 축소되었다. 같은 해 12월에는 해외 교환사채를 8.8% 발행하여 처분했다. 마이크로소프트에서 5억 달러를 투자하여 KT의 신주인수권부 사채(*bond with warrant*)[34]에 투자하기도 했다. 2002년 5월에는 정부의 KT 잔여 지분 28.3%가 국내 기업에 최종 매각되었다. 이때부터 KT는 기간통신사업자에서 민영 사업자로의 새로운 길을 걷게 되었다.[35]

양승택 KT를 뉴욕 증시에 상장하라는 미션이 제가 장관 되자마자 내려왔습니다. 정부 보유 총 주식의 17.8%에 해당하는 지분을 DR로 발행하여 판매하는 것이었죠. 상장하기 전에는 정통부가 보유한 주식인데 팔고 나면 그 돈이 기획예산처로 가는 식이었습니다. 잘못 팔면 제 책임이고 잘 팔아도 좋은 소리 못 듣는 경우였지요. 제가 미국 증시 전문가를 소개받아 열심히 교육도 받고 공부도 하여 다행히 그때 뉴욕 증시에서 좋은 값을 받고 잘 팔았습니다.

---

33 국내에 증권을 보관하고 이를 근거로 해외 현지에서 발행하여 유통시키는 증권이다.
34 발행회사의 주식을 매입할 수 있는 권리가 부여된 회사채다.
35 김유경, 2013, "공기업 민영화의 성과에 관한 연구", 중앙대 행정대학원 석사논문.

중국에서의 CDMA 마케팅

양승택 장관은 자신이 개발을 성공시킨 CDMA 이동통신 교환기를 미국 퀄컴이나 일본 소니보다 앞서 중국에 판매하기 위해 해외 마케팅에도 큰 노력을 기울였다.

홍은주 CDMA의 해외 수출을 위해 해외 마케팅을 많이 나가셨다고 들었습니다.

양승택 그렇습니다. 김대중 정부 때 제가 CDMA 마케팅을 위해 중국을 간다니까 대통령이 친서를 써 주었습니다. 중국에 방문해 주룽지 중국 총리 그리고 장관들과 쭉 앉아 함께 미팅했습니다. 내심 CDMA 건에 대해 어떻게 말을 꺼내야 하나 고민하면서 대통령 친서부터 전달했더니 주 총리가 쭉 읽어 보면서 농담으로 말문을 열더라고요. "제가 양 박사보다 한 수 위입니다. 저는 강전(強電)[36]을 했는데 양 박사는 약전(弱電)[37]을 했으니 제가 더 높은 것 아닙니까?"라기에 저도 농담으로 "저도 학부는 전기공학과를 나왔으니 강전입니다"라고 받았습니다. 그러면서 분위기가 아주 부드러워졌습니다. 마침 그 자리에 신식산업부장, 한국으로 치면 정보통신부 장관으로 우지촨 부장이 배석했었습니다. 주 총리가 "우 부장이 CDMA 하나 사 주지"라는 바람에 제가 설명하고 설득할 필요 없이 자연스럽게 판매했습니다.

　CDMA를 만드는 두 대기업인 LG와 삼성이 저와 함께 중국에 갔는데, 그때 보니 LG와 삼성의 의사결정 관리체계가 달랐어요. 삼성은 부사장이 왔는데 전권을 가져서 중국과 가격협상을 할 때 가격을 확 깎아 딜을 했습니다. LG는 부회장인데도 혼자 결정 못하고 서울에 물어보고 결정하겠다는 겁니다. 그사이에 결과가 어떻게 되었겠습니까? 삼성이 중국 시장을 그때부터 다 장악한 거죠. 이후 CDMA 기술이 중국 외에 인도, 베트남 등 아시아·태평양 국가로 진출하면서 '세계 CDMA 벨트'를 형성했습니다.

---

36 전기를 에너지로 다루는 것이다. 발전소에서부터 최종 소비자까지 전기를 공급하는 전력시스템에 필요한 각종 설비를 설계, 제작하고 설치하는 사업 전반을 말한다.
37 전기를 신호 또는 정보로 다루는 것이다. 통신뿐만 아니라 기기의 제어를 위한 신호, 소리나 영상 신호 등 다양한 형태의 신호를 다룬다. 전자공학은 약전에 해당된다.

CDMA 중국 판매 이후에 제가 중국 우지촨 부장과 친해져서 "우리가 4G를 협력해서 함께 개발하자"고 했는데, 중국은 중국대로 욕심이 있고 우리는 중국이 꼭 필요한 것은 아니니까 결국 흐지부지됐습니다.

양승택 장관을 따라 중국에 가서 CDMA 마케팅에 참여했던 노준형 당시 정보통신부 국제협력국장의 증언이다.

노준형 한국이 CDMA로 성공했는데 당시 시장은 미국과 한국뿐이었어요. 중국이 마침 시장을 개방해서 중국 시장 공략이 우리의 큰 목표였습니다. 중국을 설득하는 것이 우리에게 큰 기회가 되리라고 여겼죠. 우선 CDMA를 복수표준으로 도입하게 하고 나중에 시장을 열게 하기 위해 정부 차원에서 많이 노력했습니다.

나중에 강봉균 정보통신부 장관이 재정경제부 장관으로 취임했습니다. 강 장관이 1999년 12월 중국을 방문하여 중국 국가기획부주임과 만날 때 저한테 수행하라고 해서 따라갔습니다. "왜 정보통신부 국장이 재정경제부 장관을 수행하느냐?"고 물었더니 "CDMA와 관련하여 중국에 표준 채택을 요청하는 말을 하려고 한다"고 해서 따라간 것입니다. 결국 중국이 CDMA를 복수표준으로 채택했습니다.

그런데 표준으로 채택되었다고 하더라도 이걸 서비스하는 사업자가 생겨야 우리가 생산한 장비를 구입할 것 아닙니까? 나중에 양승택 정보통신부 장관을 모시고 다시 중국에 가서 CDMA 행사도 하고 그랬습니다. 중국 경제부총리가 주관하는 행사였는데 그때 우리 양 장관께서 영어를 아주 잘하셨습니다. 핵심만 잘 짚어 간략하고 설득력 있게 설명하셨습니다. 제가 '장관이 영어를 잘하면 저렇게 마케팅을 잘할 수 있구나'라고 깨달았던 기억이 납니다.

CDMA 수출은 외화부족으로 허덕이던 외환위기 시절에 한국 경제에 큰 마중물 역할을 했다. 정보통신부에 따르면 이러한 수출 성과는 1991년부터 시작된 TDX 시스템의 수출 규모를 능가하는 것이었다.[38] 한국 기업의 CDMA 제조 수출은 퀄

---

38 1992년부터 1999년 2월까지 TDX 시스템의 수출액은 7억 5천만 달러를 기록했다.

컴을 넘어섰다.

CDMA 방식 휴대폰의 해외 수출도 크게 증가했다. 1998년도 한 해만 CDMA 기반 단말기 수출은 약 6억 5천만 달러를 달했고 150%의 수출성장률을 기록했다. 삼성전자, LG정보통신, 현대전자 등 한국 3대 기업의 글로벌 시장점유율은 57% 수준에 이르렀다.

정보통신부, R&D 연구사업 대형화

양승택 장관 시절에 일어난 또 다른 변화는 정보통신 원천기술이나 기반기술의 연구개발에서 "대형기술을 중장기 추진과제로 한다"는 것이었다. 정보통신부가 운영하던 정보화기금도 방만한 누수 현상이 없도록 관련규정을 철저히 정비했다.

양 장관 시절에 정보통신부에서 이 같은 정보화기금 업무를 다진 사람은 노준형 통신정책국장이었다.

노준형 정보통신정책국장은 정보통신부 국장 서열 1위입니다. 정보화기금을 운영하는 주무책임 국장이라 어마어마하게 많은 예산을 관리해야 했습니다. 많은 예산을 집행하다 보니 잡음이 생기기 시작한 시점에 제가 국장이 되었습니다. 일부 교수들이 연구 목적과 다른 해외 출장을 갔다든지, 개인 장비를 산다든지 하는 문제들이 적발되어 경찰수사를 받고 사회문제가 되는 일들이 발생했습니다. 정보통신정책을 수립하러 갔는데 가자마자 사과문 발표나 하고 있으니 씁쓸했죠.

그래서 정보통신정책국장으로 가서 가장 먼저 한 일이 기금을 정비한 것입니다. 내용을 자세히 들여다봐서 문제의 소지가 있는 규정들을 죄다 고치고 간소화하고 정비했습니다. 제가 정보통신부에 오기 전에 예산실에서 오래 일했기 때문에 그런 업무에 익숙했던 것이 다행이었습니다.

정보통신정책국의 큰 업무 가운데 하나가 정보통신 원천기술이나 기반기술의 연구개발이었습니다. 이 부분은 양승택 장관께서 전문가이고 자세한 내용을 잘 알고 있으니까 장관이 생각하는 것을 제가 잘 구현하기 위해 노력했습니다. 우선 기술개발사업의 대형화를 추진했습니다. 지금 시각으로 보면 크지도 않지만 그때는 아주 큰 대형 기술사업에 대해 3~5년 동안 200~300억 원 정도를 투입하여 와이브로 등 신기술들을 개발하도록 했습니다.

당시 양승택 장관께서 하신 말씀 가운데 아주 중요하고 지금까지 가슴에 깊이 와닿는 것이 "기술개발사업은 크든 작든 다 비슷한 품이 들기 때문에 여러 개로 쪼개면 관리하기도 힘들고 성공과 실패 여부를 따지기도 힘들다"는 것이었습니다. 상용화 연구는 정부가 돕지 않아도 기업들이 알아서 잘할 것이고 중소기업용 상용화 기술은 작아도 됩니다. 하지만 시장의 판도를 바꾸는 원천기반 기술은 크게 중장기로 가야 일관성 있는 연구개발을 할 수 있다는 것입니다.

제가 양승택 장관의 그 말씀을 잘 이해하고 대형 연구로 가도록 노력했습니다. 그때는 기금법이 바뀌어서 연구개발에 쓰는 기금의 신청절차가 일반 예산과 동일했습니다. 제가 예산실 출신이라 돌아가는 메커니즘을 아니까 대형 연구의 필요성을 잘 설득할 수 있었습니다.

정보강국 'e-코리아' 추진[39]

남궁석 전 정보통신부 장관이 '사이버코리아 21'을 성공적으로 수립, 추진한 후에 물러나자 후임으로 안병엽 장관(ICU 총장, 17대 국회의원 역임)이 취임했다. 안 장관은 '사이버코리아 21'의 후속으로 'e-코리아' 정책을 마련하여 시행하겠다고 2002년 2월 김대중 대통령에게 보고했다. "그동안 구축한 정보 인프라를 기반으로 이제부터 국가·사회 전반의 지식정보화를 촉진하여 한국을 지식정보 강국 'e-코리아'로 건설하겠다"는 내용이었다.

'e-코리아'가 제대로 추진되려면 민관 협력이 필수적이었다. 정보통신부는 전경련과 상공회의소 등 4개 경제단체에 협력을 구했다. 그해 3월 김각중 전경련 회장은 "세계 각국의 정보화·디지털화 경쟁에 대응해 재계와 정부가 손잡고 국가적 차원의 정보화를 추진하겠다"면서 정부의 'e-코리아' 추진전략에 화답했다.

---

39 〈전자신문〉, 2013. 12. 12.

6월 정보통신부와 전경련은 서울 여의도 전경련 회관에서 김태현 정보통신부 차관과 이용태 정보통신위원장 등 관계자 60여 명이 참석한 가운데 e-코리아 추진기획단 회의를 열었다. 이날 기획단은 "IT 인력양성과 소프트웨어산업 육성, 디지털 경영환경 구축, IT 인프라 구축, 법・제도 개선 등 5대 분야에 걸쳐 세부 프로젝트 20개를 선정하고, 이를 추진하기 위해 산학연 전문가 15명으로 자문위원회와 5개 과제별 분과위원회(정부 측 국장급・민간 측 임원급 공동 주관), 분야별 실무작업반(과장급・팀장급)을 구성한다"고 밝혔다.

안 장관의 후임으로 정보통신부 장관이 된 양승택 장관은 이를 이어받아 2001년 9월 전경련 회관 19층 경제인클럽에서 'e-코리아 추진 민관협의회' 현판식을 갖고 '향후 정부의 e-코리아 추진정책 방향'을 발표했다. "국내 IT 산업 수요기반 확충을 위해 공공정보화 투자 확대로 민간투자 위축을 보완하겠다"는 내용이었다.

양승택 'e-코리아'는 국가의 모든 산업과 국민의 생활 속에 정보화를 내재화하고 고도화하자는 내용이었습니다. 그러려는 무엇보다 모든 가정에서 컴퓨터를 도입하고 쓸 수 있어야 하잖아요? 김대중 대통령이 "적어도 '1가구 1PC'로 가자"고 했습니다. 저는 내심으로 한 가구에 컴퓨터 한 대가 아니라 전 국민에게 컴퓨터를 보급하자고 생각했습니다. 그런데 요즘 스마트폰이 사실상 컴퓨터 기능을 하니 '1인 1컴퓨터'의 목표가 달성된 셈이라고 생각합니다.

홍은주 국책연구기관에서 장관으로 가셨는데 공무원으로서 어려운 점은 없었나요?

양승택 제가 사실 체신부 시절부터 정보통신정책을 막후에서 지원했습니다. ETRI 소장이던 최순달 박사가 정보통신부 장관으로 갔을 때 매번 저를 불러 정보통신 발전계획을 짜 보라고 해서 연구원들과 의논하여 전달했어요. 구미와 창원 예산 문제 등도 제가 다 해결했습니다. 그러니까 실무 공무원들이 화가 나죠. 제가 그걸 눈치채고는 장차관과 내용을 다 합의해 놓고도 사무관에게는 '낮은 포복'으로 접근했습니다. 만약 장관 위세를 등에 업고 계속 잘난 척했으면 최순실 사태와 같은 일이 일어나지 않았겠습니까? (웃음) 그런데 사무관이나 서기관 중 눈치 빠른 사람들은 제가 장관실에 이미 다녀온 것을 아니까 무엇을 도와드려야 하느냐고 묻곤 했습니다.

그런 식으로 체신부 시절부터 정보통신부 시절에 이르기까지 정책 전반을 도왔기 때문에 제가 내용을 누구보다 잘 알고 있었다고 생각합니다. 장관이 된 후에도 그전에 늘 했던 일을 하게 된 셈이라 큰 변화나 어려움은 없었습니다.

한국, 세계 정보통신의 중심에 서다

세계 최고의 초고속인터넷망 구축

양승택 장관은 2002년 월드컵을 성공적으로 치르고 그해 7월 11일 퇴임했다. 그의 퇴임사를 읽어 보면 세계 정보통신 시장에서 한국의 위상이 과거에 비해 비교할 수 없을 만큼 높아졌음을 알 수 있다.

> 무엇보다 자랑스러운 것은 한국이 이제 정보화에 관한 한 세계가 인정하는 '세계에서 가장 앞선 나라', '가장 빠르게 발전하는 나라'로 우뚝 올라섰다는 점입니다. … 한국은 이제 변방의 작은 나라가 아니라 차세대 이동통신 시장을 이끌고, 선진국과 더불어 전자정부를 선도하며 개발도상국과의 정보격차 해소를 주도하는 정보통신 중심국으로 당당히 올라섰습니다.[40]

한국이 2000년 전후 정보통신의 변방에서 선진국 수준으로 올라섰음을 보여주는 대표적 사건 가운데 하나가 세계 최초로 ADSL 상용화에 성공하여 세계 최고의 초고속인터넷망을 완성했다는 것이다.

초고속인터넷망이 갖춰지자 초고속인터넷서비스의 활성화가 시급한 과제였다.

---

40 "양승택 장관 이임사", 대한민국 정책브리핑, 2002. 7. 12.

초고속정보통신망 기반 완성 기념식 (2001).

정부는 초고속공중망서비스를 부가통신으로 분류하고 각종 진입규제를 최소화하는 한편 요금 등 영업 관련규제도 받지 않도록 조치했다.

제도적 유인책을 제공했던 것이 주효하여 초고속인터넷 가입자 수가 1999년 말에서 2002년 중반 사이 33배 이상 급증했다. 가구 수 대비 가입자 비율은 약 74%로 세계 최고 수준을 자랑했다. IT 기술기반 벤처기업 수도 급증했다. 이에 따라 초고속인터넷망을 통해 전자메일과 영상통화, VoIP, 소셜미디어, 메신저 등의 서비스가 폭발적으로 증가했다.

소프트웨어 역시 큰 성장세를 나타냈다. 2001년 무렵 한국의 소프트웨어 수출실적은 1억 8천만 달러에 불과했지만, 2년 후인 2003년 수출실적은 10억 달러로 증가했다.[41] 특히 이동통신 소프트웨어 분야가 약진했다. 한국에서는 이미 일반화된 컬러링 서비스를 외국에 나가 보여 주면 깜짝 놀라는 외국인들이 적지 않았다.

결정적으로 2002년 한일 월드컵을 치르면서 한국은 경기의 운영과 결과를 전송하는 전산시스템을 완벽히 구축하고 서비스하여 'IT 코리아 브랜드'를 세계에 알렸다. 월드컵 취재차 한국에 왔던 전 세계의 기자들은 아시아의 변방이라고 여겼던 한국의 초고속인터넷망과 ICT 기술의 눈부신 발전에 감탄했다.

---

41 "역대 정통부 장관은 말한다"(《디지털 콘텐츠》, 2004. 6. 21)의 양승택 장관 인터뷰를 참고해 재구성했다.

정보화 Episode: 정보통신 축제가 된 2002년 한일 월드컵

축구는 공을 발로 차면서 골대에 골을 넣어 승부를 가리는 아주 단순한 경기이다. 흙먼지 날리는 아프리카의 오지에서 돼지 오줌보로 만든 공과 어설픈 나무 골대만 있으면 할 수 있는 게임이지만, '월드컵'이라는 이름을 다는 순간 결코 단순하지 않은 경기가 된다.

축구를 열렬히 사랑하는 전 세계 25억 명의 사람들이 안방에서 선명한 화면으로 자세한 경기 내용을 즐기려면, 그리고 기자들이 그 결과를 전 세계에 실시간으로 알리려면 디지털 TV와 위성수신기, 방송장비, 네트워크 컴퓨터 등 최고의 방송 및 정보통신 시스템과 하드웨어, 유무선 초고속통신망, 관련 제어기술 및 소프트웨어가 없이는 불가능하기 때문이다. "월드컵 축구는 과학이다"라는 유명한 말은 이 같은 배경에서 나왔다(《디지털 콘텐츠》, 2002년 7호).

노준형 2002년 월드컵 때 서울에 왔던 전 세계 기자들이 기사를 작성해 송고하면서 "세상에 인터넷이 이렇게 빠른 나라가 있나?"라면서 그 편리성과 빠른 속도에 감탄하더군요. 또 이 사람들이 PC방을 보고 많이 놀랐습니다. 아주 낮은 비용으로 초고속인터넷을 어디서나 쉽게 사용하는 것을 보고 놀란 겁니다. 한국의 초고속인터넷망이 그때 전 세계에 많이 알려지게 됐죠. 우리 스스로는 초고속인터넷에 너무 익숙해져서 그 편리함을 잘 몰랐던 것이죠.

거꾸로 우리가 전 세계의 인터넷망이 후진적이란 사실에 놀라는 경험도 했습니다. 당시 월드컵 공식 홈페이지를 만들었는데 여러 나라의 한국 공관에서 "홈페이지가 현지에서는 열리지 않는다"고 해요. 무슨 영문인지 확인해 보니 우리가 홈페이지에 동영상, 컬러사진 등을 넣었는데, 그게 너무 용량이 커서 다른 나라 통신망에서는 안 열리거나 아주 느리거나 끊긴다는 겁니다. 우리는 초고속인터넷에 너무 익숙해서 그런 경우를 생각하지 못했습니다. 할 수 없이 텍스트 위주의 흑백 홈페이지를 해외용으로 따로 만들었던 적이 있습니다.

2002년 한일 월드컵 오프닝 행사를 위해 월드컵사업팀은 세계적으로 나오지 않은 기술을 고민했다. 그래서 IT 강국 위상에 맞게 2세대(2G)가 아닌 3세대(3G) 서비스를 활용한 이벤트를 구상했다. '한일 월드컵 비동기 IMT-2000' 시연을 기획한 것이다.

상암 월드컵경기장에서 열린 한일 월드컵 개막식 (2002. 5. 31)

한일 월드컵 개막 당일, 세계 180개국 25억 인구가 지켜보는 가운데 첨단 IT기술로 한국 전통문화를 역동적으로 표현한 개막식 행사가 열렸다. 한국 전통의상을 입은 디지털 메신 저 10명이 IMT 단말기로 통화하면서 경기장 상공에서 와이어를 타고 하강하는 모습이 전 광판에 나타났다. 정보통신 선진국의 이미지를 전 세계에 알린 행사였다.

IT 월드컵 대미를 장식한 것은 결승전을 목전에 둔 시점에 지구촌 처음으로 성사된 국제 영상통화 서비스였다. 월드컵 공동 개최국인 한국과 일본이 IMT-2000 비동기식 이동전화 단말기로 영상통화를 하는 것을 세계 최초로 선보였던 것이다("IT로 빛난 한일 월드컵", 〈전자신문〉, 2012. 9. 17).

월드컵 기간 동안 취재를 위해 한국에 왔던 외신기자들은 그동안 변방이라고 생각해왔 던 한국의 최첨단 정보통신 기술의 약진에 큰 놀라움을 나타냈다. 모든 경기장과 기자실에 는 기본적으로 초고속인터넷이 깔려 있었고, 경기장 포토존과 공항, 호텔, 지하철, 역사 등 에는 11Mbps 속도의 근거리 무선 랜(LAN) 서비스가 제공되었다. 외신기자들이 언제, 어디 서나 취재내용을 빠른 속도로 송고할 수 있었다.

데이터와 영상회의, 인터넷 서비스가 가능하고 생동감 있는 3차원 영상을 제공하여 '꿈의 TV'라 불리는 3DTV 시범서비스도 선보였다. 디지털방송, 고화질(HD) TV 중계, 인터넷방송 등 첨단 서비스를 통해 붉은 악마의 열렬한 응원전이 전 세계인들의 TV와 휴대폰에 선명한 화면으로 중계되었다. 코엑스에 있는 국제미디어센터(IMC)에서는 2002년 월드컵을 취재하기 위해 내한한 외국 기자들이 현장에서 노트북과 초고속인터넷을 이용해 실시간으로 기사와 사진을 타전했다. 프랑스 월드컵 때보다 네트워크 전송 용량이 두 배 이상 증가했다. 공항과 호텔 등 외국인들이 방문하는 시설에도 초고속인터넷 이용시설과 환경을 구축했다.

"실시간으로 정보를 공유할 수 있게 만든 미디어 서비스는 2002년 월드컵 대회가 한국의 첨단 IT 기술을 세계에 알리는 장이 되었음을 상징하는 일이었다. 2개 미디어 센터 사이에 'INFO 2002' 시스템을 도입하여, 양국에서 열린 경기 결과 및 주요 인물들의 인터뷰, 팀 일정 등의 정보를 실시간으로 공유할 수 있었던 것은 지식정보화 시대인 21세기의 첫 월드컵에 걸맞은 미디어 시스템이었다는 것이 세계 언론들의 공통된 평가였다."("다시 보는 2020 FIFA 월드컵", 국가기록원)

한국의 뛰어난 IT 기술을 선보이기 위해 IT 체험관과 대형 PC방, 정보화 시범마을 등을 둘러보는 'IT 테마 투어'에는 미국, 독일, 프랑스, 이탈리아 등에서 온 외신기자 78명이 참가했다. 월드컵을 직접 보기 위해 한국을 찾은 관람객이나 관광객들도 공항과 호텔, 관광공사 지하에 설치된 컴퓨터와 인터넷으로 각종 사이트를 검색하거나 이메일을 보내면서 한국의 빠른 초고속인터넷 환경에 감탄을 금치 못했다. 정보통신부의 발표에 따르면, 월드컵 개최 도시들에 설치된 10개 IT 기술 체험관에는 하루 평균 4만 3천 명(외국인 평균 4천여 명)이 방문했고 월드컵 개막 후 17일 동안 외국인 6만여 명이 찾아 한국의 IT에 높은 관심을 나타냈다(〈디지털 콘텐츠〉, 2002년, 7월호).

영국 〈파이낸셜 타임스〉, 홍콩 〈파 이스턴 이코노믹 리뷰〉 등의 언론사들이 상암동 플라자를 현장 취재했다. 일본 〈요미우리신문〉, 독일 공영방송 ZDF, 중국 신화통신 등은 한국의 IT 현황을 자세히 취재해 자국에 알렸다. 한국 IT의 우수성이 알려지면서 국내 기업이 당장 해외 수주를 받기도 했다. 월드컵 경기를 HDTV로 제작, 중계하면서 고선명·디지털 TV의 국내 보급이 빠르게 늘어나기도 했다.

정보통신부는 2002년 7월 '민관합동 IT산업 해외진출 추진위원회'를 구성하여 IT 수출을 체계적으로 지원했다. 또한 초고속인터넷과 통합시스템(SI) 등 10대 유망 IT 수출품목을 선정하고, 9월에 동유럽, 10월에 중남미, 11월에 중동과 중국 등에 시장개척단을 파견했다. 국가별, 상품별로 차별화된 로드쇼를 개최해 IT 코리아 브랜드를 극대화한다는 전략이었다.

KISDI는 2002 월드컵을 계기로 국내 IT산업의 인지도가 크게 높아지면서 전반적 수출증대가 이어질 것이며, 이로써 IT산업의 연간 생산유발효과는 2조 4,503억 원, 고용유발효과는 1만 5,582명에 이를 것으로 추정했다(최계영, 2002, 정보통신정책연구원).

이동통신 주도권 국제 경쟁에서 앞서 나가다

3세대 이동통신 IMT-2000

한국의 정보통신 기술이 한 단계 더 약진하는 계기는 3세대 이동통신 표준화 연대인 IMT-2000을 통해 마련되었다. 무선이동통신과 관련한 한국의 핵심 원천기술들이 동기식과 비동기식 모두에서 기술표준으로 채택된 것을 계기로 삼성과 LG 등 휴대폰이 세계시장에서 1, 2위를 다투며 각광받게 된 것이다.

IMT-2000은 원래, "국내 이동전화가 해외에 가면 연결이 안 되니 글로벌 로밍이 가능하도록 각 국가들이 표준화 기술을 추진해 보자"는 뜻에서 시작된 글로벌 협력 움직임이었다. IMT-2000은 구체적으로 추진되면서 본격적으로 정치쟁점이 되고 지역 간 통신 헤게모니 다툼에서 태풍의 핵으로 떠올랐다.

여기에는 다음과 같은 시대적·기술적 배경이 작용했다. 우선 1990년 중반 이후 초고속통신망의 일반화로 컴퓨터의 유선 인터넷망을 통해 전자메일과 영상통화, VoIP, 소셜미디어, 메신저 등 새로운 서비스가 폭발적으로 증가했다. 유선망의 움직임은 무선통신에도 영향을 미쳤다. 휴대폰 같은 이동통신도 음성뿐 아니라 영상과 데이터서비스까지 신속하게 제공하는 기술의 필요성과 시장의 요구가 높아졌다.[42]

또 다른 배경은 1990년대 중반에 한국과 미국에서 개발하여 혜성처럼 등장한 CDMA 기술이 문자 그대로 '천하통일'을 한 것이다. 영상과 데이터 서비스 수요가 갈수록 높아지자 유럽과 일본 등 GSM 진영이 기술적 한계가 분명한 TDMA를 과감하게 포기하고 CDMA 기술기반으로 전환했다.

기술표준화가 이루어지자 이동통신의 글로벌 단일 기술표준을 만든다는 IMT-2000의 기술적 이상(理想)이 실현 가능해졌다. 이에 따라 IMT-2000을 주도하는 국제전기통신연합(ITU-R)[43]은 이동하는 차량 환경과 보행자 환경, 실내 환경

---

42 송위진, 2005, 〈이동통신산업의 기술혁신패턴과 전개방향〉, 과학기술정책연구원.
43 국제전기통신연합(ITU)은 전기통신, 전파통신, 위성통신, 방송 등의 국제정보통신 분야를 총괄하는 UN 산하의 표준화 전문기구이다. ITU-R은 국제전기통신연합의 전파통신 분야이다.

에서 요구되는 최소한의 이동통신 용량과 속도를 정의한 후 1997년 2월부터 1998년 6월까지 각 국가나 진영별로 기술표준 제안을 받기 시작했다. 제안 내용에 대해 참여 주체들이 공동 합의를 거친 후, 1998년 9월까지 제안된 기술이 적정한지 평가를 마치고, 1999년 12월까지 가능한 단일표준을 설정해 뉴밀레니엄인 2000년부터 적용한다는 일정을 제시했다.

글로벌 정치쟁점화한 IMT-2000

3세대 이동통신의 기술표준을 정하는 IMT-2000에서는 미국·유럽을 주축으로 한 양대 진영 간 기싸움이 대단했다. 이동통신 기술이 1990년대를 관통하여 장기적으로 지역적 진영으로 뭉쳐져 다르게 적용되면서 통신장비 생산 및 서비스 기업 간에 사활을 건 경쟁이 발생했기 때문이다.

미국의 퀄컴, 루슨트 등이 주축이 된 기존 CDMA 진영은 자신들의 기술을 진화시킨 CDMA-2000을 내놓았다. 반면 과거 TDMA 진영은 W-CDMA를 내놓고 이에 정면으로 맞섰다. 같은 기반기술이었지만 CDMA-2000은 기지국 연결 방식이 동기식인 데 비해 W-CDMA는 비동기식이라는 것이 핵심적 차이였다.[44]

유럽과 일본 등이 비동기식을 따로 내놓은 이유는 무엇일까? 동기식은 GPS 위성을 이용하여 단말기 및 교환기의 시각을 일치시켜 신호를 전송하는 방식이었다. 미국의 GPS 제어를 받기 때문에 만약 동기식을 따라갈 경우 유럽의 통신주권이 미국의 통제하에 놓일 수 있다는 우려가 제기되었다.

이에 따라 유럽의 에릭슨과 노키아, 일본의 NTT도코모 등은 짧은 펄스 신호를 이용해 GSP 위성을 이용하지 않고도 단말기 및 교환기 신호를 일치시키는 비동기식 W-CDMA 방식의 표준화를 추진했다.[45]

---

44 송미원, 2003, 〈IMT-2000 사업자 선정 과정에서의 정책네트워크 분석〉, 이화여대 사회과학연구소.
45 송위진, 2005, 〈이동통신산업의 기술혁신패턴과 전개방향〉, 과학기술정책연구원.

한국 정부, "동기식과 비동기식 모두에 합류" 결단[46]

이때까지 한국은 통신 표준화를 둘러싼 지역적 진영논리에서 변방에 속했다. 1980년대 후반에 TDX를 개발하여 1가구 1전화 시대를 열었고 수출도 많이 했지만 어디까지나 선진국이 이미 개발해 놓은 기술을 다른 나라보다 좀 더 빨리 따라간 것뿐이었다. 통신기술 표준화에 대한 논의는 미국, 유럽, 일본 등 선진국들이 당연히 주도하는 것으로 생각하여 선진국이 표준을 만들면 우리는 거기에 맞춰 생산하면 된다는 소극적인 입장이었다.

1995년 CDMA 상용화 개발에 성공했고, 이후 2세대 이동통신기술이 세계적으로 CDMA 기반으로 통일되자 한국 정부나 생산기업의 자신감이 무르익기 시작했다. 1990년대 후반부터 ITU가 제기한 IMT-2000 규격 표준화 움직임은 아직 초기 단계였기 때문에 한국도 적극적으로 참여할 수 있었다.

지루한 '기술적 합의 과정'이 계속되고 각 지역과 국가들이 제출한 기술들이 각각 합종연횡하면서 1999년 무렵 자연스럽게 미국의 CDMA-2000 진영과 유럽의 W-CDMA 진영으로 확연히 나뉘었다.

이때부터 한국의 고민이 시작되었다. 한국이 미국의 CDMA-2000 진영과 유럽 및 일본의 W-CDMA 진영 중 어디를 선택하느냐가 문제였다. 어느 쪽에 줄을 서느냐에 따라 이동통신 기술표준 채택의 결과가 달라지고 이후 3세대 이동통신 시장의 판도가 좌우되기 때문이다.

한국은 CDMA 개발과 마케팅 과정에서 미국의 CDMA-2000 진영과 자연적 동맹관계가 형성되었다. 기술적 측면에서도 CDMA-2000에 가세하는 것이 훨씬 편했기 때문에 초기 단계에는 정부의 입장이나 연구개발의 무게중심이 동기식으로 쏠렸다.

그런데 시간이 흐를수록 유럽 진영의 W-CDMA의 상대적 우세가 점쳐지는 분위기가 감지되었다. 우선 유럽 진영의 W-CDMA는 세계시장의 70% 이상을 차지하는 넓은 시장이 장점이었다. 당시 미국은 두 가지 방식 모두를 국가표준으로

---

46 이하의 내용은 한국전자통신연구원, 2017, 《한국전자통신연구원 40년사》. 93쪽 참조.

동시 채택했기 때문에 W-CDMA 진영은 미국에서도 상당한 시장점유율을 나타내고 있었다. 기술적으로도 비동기식 진영이 다소 앞서는 상황이었다. [47]

유럽의 W-CDMA 세력기반이 만만치 않다고 판단한 한국 정부는 1999년부터 급히 태세를 전환했다. 비동기식인 W-CDMA 기술을 개발하는 데 최대한 연구역량을 집중하여 양쪽 모두에 한국의 이동통신 핵심기술 표준을 반영하고자 시도한 것이다.

결국 한국이 개발한 동기식 CDMA I 기술은 미국의 CDMA-2000 진영과, 비동기식 CDMA II 기술은 유럽 및 일본의 W-CDMA 진영과 연합하는 결과로 나타났다.

핵심기술 양대 진영에 모두 반영

IMT-2000의 핵심기술과 부품개발 및 이후 진영 선택 등의 단계에서 나타난 특징은 크게 2단계로 나누어 볼 수 있다. 1단계(1997~1999)까지는 CDMA 연구 때와 같이 ETRI로 상징되는 정부의 주관하에 민간기업들이 따라가는 연구였다. 상용화 단계인 2단계(1999~2000)에서는 연구역량이 축적된 민간 제조업체와 통신서비스 업체들이 상호 간 경쟁을 벌이면서 자체적으로 선택하고 주도하는 형태로 바뀌었다. [48]

그 이유는 3세대 이동통신의 미래를 예측하는 데 있어 업체들의 이해관계가 엇갈렸기 때문이다. 가령, 삼성전자는 미국 동기식을 선호하여 중점 개발한 반면, LG전자는 비동기식을 선호하여 중점 개발했다. 이동통신사업자들은 대체로 미국 방식을 선호한 반면, 유선사업자들은 기존 방식인 미국 방식을 채택하면 이동통신사업자들이 사업자 선정 과정에서 유리할 것으로 보고 유럽 방식의 채택을 주장했다. "어느 진영이 규모의 경제를 이루어 저렴한 가격에 망 구축과 단말기 보급이 가능한가?"를 살피느라 안테나를 세웠고 각 사업자에 지분을 가진 외국 사업자

---

47 광대역폭이 CDMA-2000은 1995년에 개발된 CDMA의 3.75배인 데 비해 W-CDMA는 5배나 되었다.
48 송미원, 2003, 〈IMT-2000 사업자 선정 과정에서의 정책네트워크 분석〉, 이화여대 사회과학연구소.

의 선호도도 영향을 미쳤다.

미래의 시계(視界)가 불확실하여 어느 기술표준이 주도하게 될지 알 수 없는 터라 정부가 민간 대기업에 어느 쪽으로 줄을 서라고 강요하기 어려운 상황이었다. 따라서 국책연구기관인 ETRI는 초기에는 CDMA-2000을 위주로 개발하다가 1999년부터는 비동기식 W-CDMA에도 연구를 집중하여 모뎀 칩과 기지국, 단말기, 코어네트워크 등을 중점 개발했다. 양쪽 모두를 버리기 어렵다고 판단한 정부의 입장이 반영된 것이다.

기존에 개발해오던 CDMA-2000 기술기반을 떠나 W-CDMA 기술로 선회한 후 2년도 안 되는 기간 내에 W-CDMA 핵심기술을 개발하는 것은 사실 커다란 도전이었다. ETRI 연구진과 민간기업들은 모든 기술적 역량을 총동원하여 밤낮없이 연구개발에 매진하여 짧은 시간에 큰 성과를 나타냈다. 다행히 W-CDMA 진영에도 늦지 않게 합류하여 적지 않은 한국의 핵심 원천기술을 표준에 반영하는 데 성공했다.

결과론적이지만 한국이 뒤늦게라도 W-CDMA 기술을 집중 개발하기로 정책적 결단을 내린 것은 큰 다행이었다. 전 세계 3세대 이동통신 시장의 80%를 유럽과 일본의 W-CDMA가 차지하는 강세가 지속되었기 때문이다.

"다양한 기술표준이 싹트고 있을 때 미래의 지배적 기술을 예측하는 것은 쉽지 않다. 1999년에 정부가 CDMA-2000의 관성에 매몰되지 않고 뒤늦게라도 W-CDMA 핵심기술 개발에 참여를 전격 결정하여 2000년부터 2001년 사이에 연구개발에 전력투구한 것은 올바른 정책적 판단이었다"는 평가를 받았다.[49]

그 결과, 양대 진영 각각에 한국의 핵심 원천기술을 반영한 것은 한국 정보통신기술 위상을 높이는 데 상당히 기여했다. 심지어 ETRI가 개발한 일부 핵심기술은 양대 진영 모두에 공동으로 채택되는 기술적 쾌거를 이룩했다.[50]

---

49 한국전자통신연구원, 2017, 《한국전자통신연구원 40년사》, 99쪽.
50 ETRI가 개발한 단말기 역방향 변조 및 스프레딩 방식인 OCQPSK는 양진영 모두에 채택된 기술이다(한국전자통신연구원, 2017, 《한국전자통신연구원 40년사》).

IMT-2000 사업자 선정

이후 국내 기업들이 가장 주목한 것은 "정부가 어떤 기준으로 IMT-2000 사업자를 선정하느냐?"였다. "IMT-2000에 참여하려면 반드시 컨소시엄을 구성해야 한다"는 원칙에 따라 KT, SK텔레콤, LG텔레콤, 한국 IMT-2000의 각 컨소시엄 창구에는 약 1,400개가 넘는 업체들이 지원하여, 문자 그대로 인산인해를 이루었다. [51]

정보통신부는 IMT-2000 사업자 선정을 위해 KISDI, ETRI 및 정보통신 업계 등의 여론을 수렴하고 공청회를 열었다. 이를 통해 2000년 6월 18일 사업자 선정의 핵심 쟁점인 허가신청 요령 및 심사기준의 초안을 밝혔다. 선정 사업자 수는 3개였다. PCS 사업자 선정에서 쓰라린 경험을 했던 정보통신부는 "선정방식은 자의적 평가를 배제하고 정량적 요소로 구성한다"고 밝혔다. 1차는 사업계획서에서 재무건전성과 기술 등 자격을 심사하고, 2차는 출연금이 높은 순서로 선정한다는 방안이었다. [52] 정보통신부는 추가적 의견수렴 절차를 거쳐 이 내용을 확정 고시하는 한편 2000년 10월에 허가신청을 받아 12월에 해당 사업자 선정 절차에 착수했다.

그 결과, 각각 1조 3천억 원의 출연금을 써낸 SK텔레콤과 KT가 비동기식 W-CDMA 사업자로 선정되었다. 비동기식을 계속 연구했던 LG텔레콤은 다음 해인 2001년 3월 "출연금을 줄여 줄 경우 동기식 IMT-2000사업에 참여하겠다"는 의사를 밝히고, 출연금 1조 1,500억 원을 써내 동기식 CDMA-2000 사업자 허가를 받았다.

정부는 IMT-2000 기술개발이 진행형이며 가변적인 점을 고려해 상용화 서비스를 2003년 내에 사업자가 원할 때 시작할 수 있도록 했다. 실제로 ITU-R이 유선에서 가능한 각종 인터넷 서비스를 무선에서도 가능하도록 만들기 위해 이동통신의 무선표준 규격으로 IMT-2000보다 현저히 높아진 통신용량과 속도 등을 갖

---

51 〈데이터넷〉(http://www.datanet.co.kr), 2000. 12. 19.
52 〈전자신문〉, 2000. 6. 9

이건희 삼성그룹 회장(가운데)이 아테네 올림픽 당시 아테네 삼성홍보관을
방문하여 전시된 삼성 휴대폰을 둘러보고 있다 (2004. 8).

춘 enhanced IMT-2000을 2002년에 제시했다. 이에 따라 SK텔레콤과 KT는 3
세대 이동통신 서비스를 예상보다 1년 늦은 2003년 12월에 시작하게 되었다.

한국, 휴대폰 시장에서 약진

한국은 양 진영 모두에 표준기술을 반영했고 양 진영의 기술기반을 모두 잘 알고
있었다. 이는 이후 벌어진 휴대폰 단말기 생산판매 경쟁에서 한국 휴대폰 생산기
업들이 약진하는 결과로 이어졌다. 한국이 개발한 이동통신 핵심기술을 국제표준
에 반영하고 이동통신 기술을 선도적으로 이끌면서 통신서비스 업체뿐만 아니라
국내 휴대폰 단말기 업체들의 약진이 시작되었다.

문자메시지 서비스가 가능해졌고, 휴대폰과 카메라, MP3, TV, 게임 등 다양
한 서비스가 결합하면서 휴대폰이 국민의 일상생활에 녹아들어 유선전화를 넘어
섰다. 정보통신 단말기의 해외수출도 크게 늘어났다. 1990년대 초반까지 국내시
장에서조차 모토로라에 밀렸던 한국 휴대폰 단말기 생산업체들은 CDMA 상용화
성공 이후 빠른 속도로 세계시장 점유율을 높여 나갔다.

ETRI의 조사에 따르면, 2004년 기준 세계 휴대폰 시장의 약 18~20% 선을 차지하던 CDMA 시장에서 삼성전자와 LG전자 등 국내 2대 휴대폰 단말기 업체의 비중이 40.5%로 뛰어올랐다. 2005년에는 세계시장에서 삼성전자가 4위, LG전자가 5위를 차지하였다. 팬택 등 다른 국내 휴대폰 생산업체들도 동반 약진하였다.[53]

이동통신 단말기 시장의 게임 체인저는 무선 인터넷이 가능한 스마트폰이었다. 애플의 스마트폰인 아이폰이 혜성처럼 등장하면서 세계시장 판도가 크게 요동쳤다. 2010년 무렵 삼성전자 2위, LG전자 3위를 차지했다. 2012년에는 삼성전자가 세계 1위를 차지하는 기염을 토했다.

이후 스마트폰 시장은 삼성과 애플의 주도가 뚜렷해지면서 전통적인 휴대폰 강자였던 노키아와 모토로라가 몰락했다. 힘겹게 삼성과 애플을 따라가던 LG전자는 중국의 화웨이, 샤오미 등의 등장으로 경쟁력을 잃어 2021년 이동전화 단말기 생산을 접게 되었다.

「전자정부법」 제정과 전자정부 본격 추진

전자정부 구축의 본격 출발

'전자정부'(*electronic government*)라는 단어는 1993년 미국의 클린턴 행정부에서 정보기술을 통한 정부업무의 전면 재구축(BPR: *Business Process Re-engineering*)을 추진하면서 처음 사용되었다.

한국에서 전자정부는 총무처(현 행정안전부)가 1978년에 '행정전산화 5개년 기본계획'을 수립하면서 행정전산화 초기(1978~1986)와 기반 조성기(1987~1996)를 거쳤다. 초고속행정전산망 구축을 계기로 1996년 전자정부 개념이 본격 확립되어 전자정부 구축이 추진되었다. 2003년에는 전자정부 고도화와 성숙단계(2003

---

53 한국전자통신연구원, 2017, 〈무선통신 네트워크 장비, 단말, 부품 도메인 분석〉.

~2012)에 진입했다.[54]

전자정부가 본격 추진된 시점을 1996년으로 보는 이유는 '정보화촉진 기본계획'(1996)에 "IT 기술기반을 기초로 정부가 생산하는 정보의 공개와 공유, 민원서비스의 질을 높이고 행정 투명성을 제고한다"는 전자정부의 기본 개념이 명시적으로 등장하기 때문이다. 다만 이때는 전자정부 구축이 전면에 등장하지 않았고, 국가정보화라는 큰 틀 속에서 10대 중점 추진과제 가운데 하나인 행정정보화 형태로 추진되었다.

1998년 초 국민의 정부가 제시한 100대 과제에 '전자정부 구현'이 정식 과제로 들어갔다. 행정자치부가 이를 구체화하여 '전자정부의 비전과 전략'을 발표하기도 했으나, 정부 출범 첫해는 외환위기로 유발된 경제난과 구조조정으로 전자정부 추진이 본격적으로 속도를 내지 못했다.

1999년 초 정통부가 발표한 '사이버코리아 21' 계획에도 "지식정보기반을 활용한 국가 전반의 생산성 향상을 위해 작고 효율적인 전자정부를 구현한다"는 내용이 들어 있었지만, 이 역시 매년 각 부처 계획을 토대로 '행정정보화 시행계획'을 수립하던 과거 시스템을 벗어나지 못해 장기적 지향점과 비전, 종합적 실천전략이 미흡하고 부처 간 이해 조정도 한계가 있었다.[55]

한편 글로벌적 지평에서는 미국에 이어 영국과 호주를 비롯한 선진국에서 '정부 현대화 계획'(Modernizing Government), '범정부 정보화 네트워크'(On-Line Australia 1999) 등 전자정부 추진을 통해 정부업무의 혁신적 재구축을 추진하고 있었다. 이에 자극받은 행정자치부는 그해 9월 본격적인 '전자정부 종합실천계획'을 만들어 발표했다. "행정 생산성과 투명성을 높이고 성공적 전자정부를 구현하기 위해 장기적 비전을 제시하고 중장기 실천계획을 수립하며 각 부처의 계획을 총괄 조정할 수 있는 범정부적 전자정부 종합실천계획이 필요하다"고 역설하는 내용이었다.

---

54 이 분류는 KDI, 2011, 〈경제발전경험 모듈화사업〉, '전자정부제도 도입'을 따랐다.

55 정통부는 각 부처의 정보화 업무를 지원하는 데 그쳤고 행정자치부의 역할은 시군구 민원업무를 전산으로 연결하는 정도에 그쳤다(출처: 위의 책).

새천년을 맞은 2000년 2월. Y2K도 별 문제 없이 지나갔고 외환위기도 큰 고비를 넘겨 정부업무는 기분 좋은 출발점에 섰다. 김대중 대통령은 설을 앞두고 각 부처 장관들에게 이메일을 보냈다. "국내 인터넷 이용자가 천만 명을 넘어섰고, 급속한 지식정보화에 따라 국제사회 구조가 급변하고 있습니다. 인터넷으로 민의를 수렴하고 정부 정책도 적극적으로 알리는 양방향 커뮤니케이션으로 전자민주주의 실현에 정부가 앞장서야 합니다"라고 촉구했다.

각 부처 장관들은 회신 이메일에서 "각 부처 업무처리에 이메일을 적극적으로 활용하도록 독려하겠습니다", "사이버 환경교육원을 개설하겠습니다", "집합식 월례조회를 전자우편 조회로 대체하겠습니다", "사이버 직거래 쇼핑몰을 개설하겠습니다" 등의 아이디어를 내놓았다. [56]

이때 상황에 대해 김대중 대통령은 자신의 자서전에서 "마음이 흐뭇했다. 국무위원들의 회신을 천천히 몇 번이나 읽어 보았다. 이메일을 주고받는 나는 행복한 대통령이었다. 반드시 전자정부를 건설해야겠다고 새삼 다짐했다"고 밝혔다. [57]

그해 말인 2000년 12월, 김대중 대통령이 지난 1년간의 개혁 성과를 보고받는 자리에서 김성재 청와대 정책기획수석은 "다가오는 새해는 종합적 추진기구로 전자정부특별위원회를 구성하여 적극적으로 전자정부를 추진하겠다"고 건의하여 재가를 받았다. [58]

전자정부특별위원회 출범: "정부를 당신 손안에"

2001년 1월, 2002년까지 전자정부 완성을 목표로 대통령 직속 전자정부특별위원회가 출범했다. 부처 간 경쟁과 중복투자, 예산낭비를 방지하고 추진의 효율성을 높이며 첨예한 이견을 조정하기 위해 전자정부특별위원회가 2년간의 한시기구로 만들어진 것이다.

---

56 행정안전부, 2017, 《되돌아보는 대한민국 전자정부 이야기 23선》, 휴먼컬처아리랑.
57 김대중, 2010, 《김대중 자서전 2》, 삼인.
58 행정안전부, 2017, 《되돌아보는 대한민국 전자정부 이야기 23선》, 휴먼컬처아리랑.

이때부터 전자정부가 국가정보화의 큰 틀에서 독립하여 독자적 목표를 가지고 추진되었고 핵심주체도 바뀌었다. 그전까지는 정보통신부가 그린 정보화의 큰 그림 속에서 각 부처와 기관이 각자 움직였다면, 2001년 1월부터는 전자정부특별위원회에서 부처 간 이해관계를 조율하고 종합하게 된 것이다.

당시 내세운 전자정부의 슬로건이 "정부를 당신 손안에"였다.[59] 민원행정서비스의 고도화와 효율화가 전자정부 구축의 핵심 목표 가운데 하나였던 점을 짐작할 수 있는 내용이다.

전자정부특별위원회 위원장은 여러 부처의 이해관계를 조정하고 의견을 조율하는 자리였다. 핵심 부처인 기획예산처와 정보통신부, 행정자치부 등 세 부처로부터 골고루 추천받은 사람은 1970년대 후반에 행정전산화 시범사업을 추진했던 안문석 고려대 교수였다.

안문석 어느 날 김성재 청와대 정책기획수석이 저를 찾아와 "대통령께서 전자정부특별위원회를 만들라고 합니다. 교수님이 위원장을 맡아 주십시오"라고 요청했습니다. "지금도 힘들게 많이 노력하고 있습니다. 더는 안 하겠습니다"라고 사양했는데, "기획예산처와 행정자치부, 정보통신부 등 세 부처에 물었더니 공통으로 안 교수님을 추천합니다. 꼭 좀 맡아 주세요"라고 그래요.

안문석 교수는 초창기 행정전산화 추진부터 시작하여 여러 정부에서 전산화 업무를 추진했다. 과거 경험상 각 부처의 업무를 통합하고 조율하고 종합하여 진정한 전자정부의 기초를 만들어내는 것이 쉽지 않을 것임을 짐작하고 김 수석에게 "업무에 관한 전권을 줄 것" 등 몇 가지 조건을 요구했다.

"전권이라 함은 구체적으로 뭘 의미하는 것입니까?"라고 김성재 수석이 물었다. 안 교수는 "전자정부특별위원회가 독립적으로 활동할 수 있도록 해주십시오. 대통령 직속으로 해서 제가 매주 직접 보고하게 해주십시오. 그리고 실무적 조율

---

59 이 슬로건은 김성재 청와대 정책기획수석의 아이디어였다.

을 맡도록 청와대에서 기획비서관을 파견해 주십시오" 등의 조건을 붙였다.

안문석 제가 왜 그런 요구를 했느냐? 과거에 정부 일을 해본 경험에 따르면 전자정부를 추진하는 데 있어 가장 어려운 것이 부처 간 조정업무에요. 그걸 추진하려면 최종적으로는 대통령이 나서서 결정해야 합니다. 그래서 대통령 직속으로 하고 제가 매주 정례보고를 해서 대통령께 그 중요성이나 심각성을 강조할 수 있도록 해달라고 조건을 내걸었던 것입니다. 또 대통령의 재가를 얻더라도 이걸 실무적이고 구체적으로 추진하려면 청와대의 정책기획조정비서관이 나서줘야 합니다. 그래서 정책기획조정비서관과 한국전산원장이 공동실무위원장으로 일할 수 있도록 해달라고 했습니다.

안문석 위원장의 요구는 모두 받아들여졌다. 전자정부특별위원회는 형식적으로 정부혁신위원회 산하였지만 실질적으로 독립적 운영이 보장되며 대통령에게 직접 보고하는 체제로 운영되었다. 회의도 청와대 별관 회의실에서 열었다.

전자정부특별위원회는 안문석 교수를 위원장으로, 재정경제부, 정보통신부, 행정자치부, 기획예산처 등 관계부처 차관과 서울시 행정부시장 등 당연직 외에 민간전문가 15명으로 구성되었다.[60] 간사는 김영주 청와대 정책기획조정비서관이 맡았다. 김성재 수석은 위원회 회원은 아니었지만 안 위원장의 요청이 있는 경우 회의에 참석해 업무 추진 시 애로사항이나 부처 간 갈등을 즉시 해결했다.

2001년 초 정부 업무보고는 모두 전자정부 구축에 맞추어졌다. 1월 19일 이한동 국무총리는 "전자상거래를 중앙정부, 지방자치단체, 공기업 등으로 확대하고, 물품과 시설공사 등에 대해 전자입찰제를 전면 실시하며, 전자지불, 전자인증제 등 관련법과 제도를 정비하겠다"고 밝혔다. 2월 19일 정보통신부 업무보고에서 김대중 대통령은 "전자정부 구현에 정보통신부가 선도적 역할을 다해 달라"고 당부했다. 2월 21일에는 최인기 행정자치부 장관이 "연내 정부의 전자결재율을 65%

---

60 민간위원은 김성태 성균관대 교수, 서삼영 한국교육학술정보원장, 송희준 이화여대 교수, 윤영민 한양대 교수, 윤창번 KISDI 원장, 황성돈 한국외국어대 교수 등이었다.

청와대의 첫 화상 국무회의 (2001. 2. 26).

로 높이고, 내년까지 610종의 대민업무를 모두 인터넷으로 처리하는 전자결재시
스템을 구축하겠다"고 보고했다.[61] 2월 26일 김대중 대통령은 대면 회의 없이 정
부중앙청사, 과천청사를 초고속통신망으로 연결한 가운데 사상 첫 화상 국무회의
를 주재하기도 했다.

2001년 3월 전자정부특별위원회는 "2002년까지 우선 추진과제를 선정하고
진행 정도를 정기적으로 대통령에게 직접 보고한다. 국가 우선순위에 따라 사업
을 배치하고 여러 부처가 관련사업은 중복개발 방지를 위해 단일사업으로 통합하
고 공동이용 및 연계를 추진하는 한편, 전자정부 사업에 대한 사전·사후 평가를
예산배정과 연계한다"는 등의 전자정부 추진 원칙을 확정했다.

그해 5월 김대중 대통령은 청와대에서 안문석 위원장을 비롯한 전자정부특별
위원회 위원들이 참석한 가운데 전자정부 전략 보고회의를 주재했다. 안문석 위
원장은 김 대통령에게 전자정부 3대 비전으로 최고 수준의 대국민 서비스 제공,
최적의 기업환경 제공, 생산성과 투명성 높은 정부 구현 등을 보고했다.

건강보험, 국민연금, 고용보험, 산재보험 등 4대 사회보험 정보시스템 연계체

계 구축과 국세청 홈택스, 전자조달시스템 구축 등 전자정부 추진을 위한 11대 중점과제[62]도 선정했다.

안문석 전자정부 11대 과제를 추진하는데 하나하나가 다 어려웠습니다. 여러 부처가 관련되어 이해관계가 얽혀 있으니까 조율이 쉽지 않았죠.

그 조정이 얼마나 힘드냐? 가령, 부처에 데이터 내놓으라면 다들 꺼리고 동의를 안 해 주었습니다. 그럼 제가 조찬회의를 개최하여 부처 국장들을 일일이 설득하면 그 자리에서는 설득된 것처럼 말하다가 부처에 돌아가서는 딴소리하는 경우가 많았습니다. 결국 꾀를 내서 대화 전체를 속기로 남기도록 했습니다.

또 제가 대통령에게 매주 보고하는 것을 다들 아니까 대통령 보고를 일종의 무기로 활용하였습니다. 초창기에 청와대에서 실무위원장 역할을 맡은 사람이 김영주 비서관인데 정말 스마트하고 겸손하고 추진력 있어서 실무적 내용과 조율 책임을 모두 담당했습니다. 전자정부 11대 과제는 김영주 비서관의 공이 아주 큽니다.

기술적 문제는 한국전산원이 책임졌습니다. 당시 전자정부 과제가 모두 11개 사업인데, 타당성을 검토해야 하고(ISP), 업무과정을 재설계해야 하고(BPR), 업계에 용역을 맡겨야 하고, 그 결과를 감리해야 합니다. 이 모든 기술적인 일은 한국전산원 서삼영 원장이 헌신적으로 처리했습니다. 이분이 KERIS 원장을 하시던 분인데 제가 도와달라고 해서 오신 거예요.

이분들이 자기 일처럼 열심히 하지 않았다면 위원회 조직으로 11개 전자정부 사업을 추진하는 것은 불가능했을 겁니다.

---

62 11대 중점과제는 ① 민원서비스의 혁신적 시스템 구축, ② 건강보험, 국민연금, 고용보험, 산재보험 등 4대 사회보험 정보시스템 연계체제 구축, ③ 국세청 홈택스 시스템 구축. ④ 조달행정 효율화와 투명화를 위한 전자조달 시스템 구축, ⑤ 재정정보 시스템 구축, ⑥ 교육행정정보 시스템 구축, ⑦ 공통 행정업무 정보화, ⑧ 표준인사관리 시스템 구축, ⑨ 전자결재 및 행정기관 간 전자문서 유통 확산, ⑩ 전자서명 전자관인 시스템 구축 및 사용자 확산, ⑪ 관인시스템의 범정부적 통합전산환경 구축 등이다.

「전자정부법」 제정

2001년 3월 28일 「전자정부 구현을 위한 행정업무 등의 전자화 촉진에 관한 법률」(「전자정부법」)이 제정되었다(법률 제6439호).[63] 이 법은 2000년 3월 22일에 최인기 행정자치부 장관이 새해 업무보고에서 "「전자정부법」을 제정하고 전자정부 실현을 위한 3개년 계획을 수립하겠다"고 보고하면서부터 추진되었으며, 행정학자들[64]과 법학자 2명[65]이 수행한 연구를 바탕으로 하여 정부가 「전자정부 구현을 위한 법률안」을 입안했다. 그사이에 국회에서는 이상희 과학기술정보통신위원회 위원장을 중심으로 관련법안을 준비하고 있었다.

11월 20일 행정자치부가 법안을 국회에 제출한 때와 비슷한 시기에 국회의원 34명이 「전자정부의 구현 및 운영에 관한 법률안」을 의원입법으로 발의했다. 두 법안을 동시에 접수한 국회는 정부와 이상희 의원이 발의한 두 법률안을 상호 보완하여 2001년 3월 「전자정부법」을 통과시켰다.

안문석 전자정부 11대 과제를 추진하려면 작은 규정까지 합쳐 무려 법을 250여 개나 바꿔야 하는 거예요. 제가 과거 충북 전산화 시범사업 추진 경험을 바탕으로 이 모든 법과 규정을 한꺼번에 정리할 수 있도록 「전자정부기본법」을 만들었습니다. 그 기본법을 만드는 데 황성돈 한국외국어대 교수가 참 고생했습니다. 황 교수가 김영삼 대통령 때 정책비서관을 해서인지 업무의 영속성을 잘 파악했고 정무감각이 있는 데다가 국회의원들과 사이가 좋아 법제 개정에 크게 기여했습니다.

「전자정부법」은 "전자정부 구현을 위한 사업을 촉진시키고, 행정기관의 생산성, 투명성 및 민주성을 높여 지식정보화 시대 국민의 삶의 질을 향상시키는 것을 목적(법 제1조)"으로 했다. 이 법의 주요 내용은 다음과 같다. 첫째, 행정부뿐만 아니라 국회와 법원 등 헌법기관까지 법 시행 대상에 포함했다. 둘째, 기존의 조직

---

63 「전자정부법은 전체 7장 52조(부칙 1조 포함)로 구성되었다
64 황성돈, 정충식, 명승환, 김현성 교수 등이다.
65 경건, 황승흠 교수 등이다.

및 업무절차를 재설계하고 법과 제도를 정비했다. 셋째, 행정기관의 전자거래에는 「전자서명법」에 의한 전자서명[66]을 사용할 수 있도록 했다.

2001년 제정 「전자정부법」의 주요 내용

- 행정부뿐만 아니라 국회, 법원 등 헌법기관에서도 정보기술을 활용하여 행정기관의 사무를 전자화하도록 한다(제2조).
- 전자정부의 구현 및 운영 등에 관하여 필요한 원칙을 정한다(제6조 등).
- 행정기관의 문서는 전자문서를 기본으로 하여 작성·관리하도록 하고, 전자문서에 적합한 서식을 마련하여 활용할 수 있도록 한다(제16조).
- 전자공문서에는 전자관인을 사용하되, 행정기관의 전자거래에는 「전자서명법」에 의한 전자서명을 사용할 수 있도록 한다(제20조).
- 행정기관의 장은 정보통신 기술의 도입에 적합하도록 기존의 조직 및 업무절차를 재설계하고 법·제도를 정비하도록 한다(제24조).
- 행정기관의 장은 공무원이 정보통신망을 이용하여 근무 및 교육훈련을 할 수 있도록 한다(제30조 등).
- 관계 법령에서 문서, 서면 등의 종이 문서로 신청, 신고 또는 제출 등을 하도록 규정하고 있거나 종이 문서로 처리 결과를 통보하도록 규정하고 있는 경우에도 이를 전자문서로 할 수 있도록 한다(제33조).
- 민원인이 행정기관을 직접 방문하지 아니하고도 민원업무를 처리할 수 있도록 관계 법령의 개선과 시설 등 제반 조치를 마련하도록 하고, 전자민원창구의 설치·운영방안을 마련하여야 한다(제34조).
- 의사결정 과정의 쇄신과 전자화, 각종 신청·신고·공고의 간소화 및 행정정보의 공동이용 등을 위하여 문서업무 감축계획을 작성하고, 이에 따른 자체 집행계획을 수립·시행하도록 한다(제40조 등).

---

[66] "전자서명은 전자문서를 작성한 자의 신원과 전자문서의 변경 여부를 확인할 수 있도록 비대칭 암호화 방식을 이용하여 생성한 정보로서 당해 전자문서에 고유한 것"으로 정의된다(「전자서명법」 제2조 2항).

전자서명 조항은 전자문서의 안전성과 신뢰성을 확보하고 이용을 활성화하기 위해 1999년 2월에 제정한 「전자서명법」의 내용을 반영한 것이다. 정보화 시대의 핵심은 정부나 기업에서 전자적으로 생성한 서류가 원본에 준하는 법적 인정을 받을 수 있는지 여부다. 「전자서명법」은 "전자서명은 당해 전자문서 명의자의 서명 또는 기명날인이며, 당해 전자문서가 전자서명된 후 그 내용이 변경되지 아니했다고 추정한다"(법 제3조 1, 2항)고 하여 한국 정보화를 촉진하는 중요한 계기가 되었다.

전자정부 추진효과 가시화

이후 각 부처의 전자정부 구축은 "마치 달리기 경주하듯" 빠른 속도로 진행되었다.[67] 전자정부가 국민의 정부 3년 차 핵심 국정과제로 떠오른 것은 외환위기 이후 강하게 추진하던 4대 부문 개혁 가운데 공공 부문 구조조정과 관련이 있다.

재벌기업과 금융기관 등 다른 부문의 구조조정이 어느 정도 마무리된 상황에서 "규제를 대폭 개혁하여 경제효율성을 높이고 부처 간 중복과 칸막이를 없애 행정 효율성을 제고하며 투명성을 높여 부패를 방지"하기 위한 핵심 수단으로 전자정부가 유효하다고 본 것이다. 2001년 UN이 평가한 전자정부 준비지수(e-Government Readiness Index)에서 한국은 15위를 차지하기도 했다.

당시 행정자치부에서 전자정부 본부장을 지낸 김남석은 "행정전산화와 전산망 구축이 산업발전을 뒷받침하기 위한 부차적 목적이 아니라 행정효율성을 높이고 민원업무를 수월하게 진행하기 위한 독자적 목표를 가지고 전자정부로 추진하기 시작한 시점이 김대중 정부 때라고 봐야 할 것"이라고 말한다.

김남석 2001년에 제정한 「전자정부법」 정식 명칭이 「전자정부 구현을 위한 행정업무 등의 전자화 촉진에 관한 법률」입니다. 이 법의 최우선 목표[68]가 무엇인지

---

67 행정안전부, 2017, 《되돌아보는 대한민국 전자정부 이야기 23선》, 휴먼컬처아리랑.

68 제1조 (목적) 이 법은 행정업무의 전자적 처리를 위한 기본 원칙·절차 및 추진방법 등을 규정함으로써 전자정부의 구현을 위한 사업을 촉진시키고, 행정기관의 생산성·투명성 및 민주성을 높여 지식정보화 시대의 국민의 삶의 질을 향상시키는 것을 목적으로 한다.

명칭에서부터 확실히 알 수 있지요? 그 정도로 김대중 정부는 확고한 의지를 가지고 전자정부를 추진했습니다. 그때가 대통령이 본격적으로 전자정부 구축에 관심을 가진 시점이 아닐까 생각합니다. 대통령 직속 위원회를 구성하고, 정보화 인프라와 관련된 것은 다 포함하자고 해서 11대 과제도 추진했습니다.

11대 과제를 추진한 결과, 나라장터, 홈택스, 온나라 시스템, 전자민원시스템, 전자출입국관리시스템 등이 만들어졌다. 행정 당국이나 공공기관에서도 홈페이지를 통해 공공정보를 공개하기 시작했다. 행정자치부는 11대 과제에 1,422억 원을 투입하여 적어도 5조 7천억 원의 비용을 절감하는 효과가 있었다고 평가했다.

2002년 6월에 발간한 UN의 〈전자정부 벤치마킹 보고서〉는 한국을 전자정부 정책이 가장 성공한 나라로 평가했다. 같은 해 12월에 발표한 미국 브라운대의 전자정부 평가에서는 한국이 세계 2위로 선정되었다. [69]

김대중 대통령은 퇴임 직전인 2003년 1월에 열린 전자정부 준공보고회에서 "제가 정치인으로 오래 살아오면서 사실 기쁜 날이 며칠 없었습니다. 그런데 오늘이 바로 그 기쁜 날입니다"라고 말했다.

안문석 제가 전자정부 11대 과제를 추진할 때 개인적으로 참 힘들었어요. 그때 조찬을 1년에 무려 55회를 했습니다. 거의 매주 조찬을 한 거죠. 한번은 어느 차관이 "적당히 하세요. 그거 안 될 거예요"라는데 오히려 오기가 나서 더 열심히 했습니다. 지금 생각해 봐도 진짜 초인적으로 일하고 고생했습니다.

나중에 한국의 성공한 전자정부를 배우겠다면서 일본 공무원들이 몇 차례 저를 찾아왔어요. 그래서 "일본은 잘 안 될 거다. 그 이유는 첫째, 주민등록번호가 없고, 둘째, 나 같은 위원장 찾기 힘들다"라고 웃으면서 농담했습니다. 이 사람들이 무슨 말인지 몰라 한참 눈만 깜박깜박하더라고요. 그런 농담을 할 정도로 제가 그때 정말 고생했습니다.

---

69 전자정부특별위원회, 2003, 〈전자정부 백서〉.

그래도 참 보람 있었습니다. 2003년 1월 29일 2년간의 위원회 활동이 종료되고 11대 과제가 완성된 기념으로 전자정부 준공보고회가 열렸습니다. 제가 그 자리에서 청조근정훈장을 받았습니다. 그때 보니까 김대중 대통령이 아주 기뻐하는 겁니다. 대통령이 "제가 정치인으로 오래 살아오면서 사실 기쁜 날이 며칠 없었습니다. 그런데 오늘이 바로 그 기쁜 날입니다"라며 기뻐하시는 것을 보면서 저도 내심 뿌듯했습니다. 실제로 그렇게 생각하셨는지 대통령의 자서전에도 제 이름을 두 번이나 언급했습니다. 이분이 진짜 제 고생과 노력을 평가하고 고맙게 생각했던 것 같아서 지금까지도 고생한 보람을 느낍니다.

전자정부 사업의 성공은 오랜 기간에 걸친 여러 정부의 노력이 결실을 맺은 것이다. 1960년대 후반부터 행정전산화가 부분적으로 추진된 이래 1970년대 말 전산망 구축 시범사업이 있었고, 1980년대에 5대 국가기간전산망 사업 마스터플랜이 만들어지는 등 기본을 다지는 단계를 거쳐 1996년부터 추진된 제2차 행정전산망 사업의 성공적 마무리로 기초 인프라가 구축되었다.

1990년대 말 정보화 뉴딜사업을 통해 공공 데이터베이스가 구축되었고 초고속 인터넷이 연결되었다. 2001년부터 본격적으로 전자정부 사업이 시작되어 국세와 토지 등 각종 행정망이 연결되었다. 여기에 금융전산망이 결합하자 5대 국가기간전산망 사업에서 기대했던 효과가 본격적으로 나타나기 시작했다.

사람과 토지, 돈의 흐름이 일목요연하게 파악되어 국가 경영의 효율성이 높아졌다. 국민이 몇 명 새로 태어나고 성장하여 생산가능인구에 진입했는지, 고용률과 실업률은 어느 정도이고 비경제활동인구는 몇 명인지, 산업의 어느 분야에서 얼마큼의 고용이 이루어지며, 국민 개개인의 부동산 재산과 금융소득은 어느 정도인지 등을 정확히 파악할 수 있게 되었다.

전자정부, 지방정부로 이어지다

중앙정부의 정보화와 전자정부 구축 노력은 지방정부에까지 확산되었다. 전자정부 구축으로 시민을 둘러싼 삶의 생태계가 완전히 달라졌다.

중앙정부의 전자정부 구축이 완결된 2002년 무렵, 서울시에서 시민이 모든 민원을 클릭 하나로 해결하는 사이버 시청을 만들어 온라인 전자민원 처리를 시작했다. 상하수도와 전기통신선, 도시가스관 등의 대형사고를 막는 전자지리정보시스템인 GIS 방재망 등도 구축하여 서울시 운영의 효율성을 높였다.

고건 당시 서울시장의 회고에 따르면, 1999년 초 서울시의 국장 한 사람이 뇌물수수 혐의로 긴급 체포된 사실에 충격을 받아서 사이버 시청 아이디어를 냈다고 한다.

> 너무 충격이 컸다. 밥맛이 사라지고 울화 때문에 잠을 설쳤다. 고민하던 와중에 아이디어가 떠올랐다. 수뢰사건이 생기는 이유는 비밀성 때문이다. 그런데 모든 이권 관련사업을 인터넷으로 신청받고 전자입찰을 실시하며 결제 단위별로 진행상황 및 결과, 그 결과가 도출된 이유 등을 인터넷으로 실시간 공개한다면 어떨까?
>
> 그 아이디어에서 탄생한 것이 서울시의 민원처리 온라인 공개시스템이다. 교통, 환경, 건설, 위생 등 비리 발생이 쉬운 26개 분야를 총망라했다. 특별한 사유 없이 오픈시스템에 공개하지 않을 경우 특별감사를 받도록 했다 이름도 오픈(OPEN: Online Procedures Enhancement for Civil Application)으로 했다. 이 시스템 구축으로 국제투명성기구의 초청을 받아 제9차 국제반부패회의에서 서울시의 시스템적 반부패대책에 대해 연설했다. 그 회의에서는 서울시의 오픈 시스템이 효과적 모델로 명기되기도 했다.[70]

서울시 전자정부는 미국 럿거스대 전자연구소와 보스턴 매사추세츠 국제정책대학원이 공동으로 선정하는 세계 100대 도시 전자정부 평가에서 2003년 이래 7회 연속 1위를 차지했다. UN과 OECD, 세계은행, IMF, 미국행정학회 등에서도 이

---

70 고건, 2017,《고건 회고록》, 나남.

제도를 효율적 부패방지 모델로 높이 평가했다.

상하수도와 전기통신선, 도시가스관 등의 대형사고를 막는 GIS 방재망을 전면적으로 구축한 시점도 이 무렵이다.

서울시의 생명선인 상하수도와 전기통신선, 도시가스관, 난방 등의 총 길이는 4만 km가 넘었다. 그러나 어느 선이 어디에 깔려 있는지 잘 알지도 못했고 관리도 어려웠다. 담당기관이 제각각이라 정보공유도 잘 안 됐다. 만약 하수도 공사를 하다가 도시가스관이라도 건드린다면 아현동 도시가스 폭발사건처럼 대형 인명사고로 이어질 위험이 컸다. 사고를 예방하기 위해 지하 매설물에 대한 정보를 통합한 전자지리정보시스템(GIS)이 필요했다.

서울시는 1998년 12월 6대 지하매설물 정보를 통합하는 데이터베이스를 구축하기로 하고 14개 기관에 흩어져 있던 정보를 한데 모으면서 GIS를 만들기 시작했다. 실제 매설 지도가 맞는지 확인하기 위해 일일이 현장을 확인했다. 3년 만인 2002년 서울의 GIS 지도가 완성되면서 도로나 지하철 공사를 할 때 공사 중 사고가 크게 줄었다. 재해나 재난 화재 등이 발생하면 GIS 지도를 바탕으로 방재센터에서 그 현장을 모니터로 보면서 방재대책을 수립할 수 있게 되었다. 센터 내 수해상황실에서는 한강의 수위를 관측하고 90여 개 펌프장의 작동을 감시하면서 수방대책을 지휘하는 등 첨단 방재시스템의 모델이 되었다.[71]

---

71 위의 책.

글로벌 리더 'e-코리아'

'정보화 기본계획'의 조기 달성

외환위기로 무너진 전통 제조업의 대안으로 정부는 정보통신산업과 전자산업을 활성화하고 벤처기업을 육성하려 노력했다. 이것이 결실을 거두어 '사이버코리아 21'에서 제시했던 각종 정보화 방안은 김대중 정부 임기 내에 성공적으로 추진했다.

1가구 1PC 보급운동으로 각 가정마다 컴퓨터가 도입되었고, 세계 최고의 초고속인터넷망과 정보 인프라가 조기 구축되었다. 2001년 대한민국은 OECD 회원국 중 인터넷초고속망 구축에서 세계 1위에 올랐다. 한국의 초고속인터넷 사용자 수는 100명당 10명으로 2위인 캐나다(4명) 보다 2배 이상 많았고, 3위인 미국(3명) 보다는 3배 이상 많은 수치였다.[72]

2002년 한일 월드컵에서 한국은 전 세계에 한국의 발전한 IT 기술을 선보였다. 그해 말 초고속인터넷 가입 가구가 천만 가구를 돌파했다. 도시지역의 경우 거의 모든 가구가 초고속인터넷을 연결했다는 뜻이고, 가구원을 기준으로 보면 3천만 명 이상이 컴퓨터를 이용하는 것으로 추정되었다.[73] 1998년 6월에 두루넷이 초고속인터넷서비스를 시작한 이래 불과 4년 만에 일어난 큰 변화였다.

초고속인터넷 인프라가 갖추어지면서 시스템 통합도 고도화되기 시작했다. 아날로그 방식이던 전자제품과 통신, 단말기 등도 디지털로 급속히 전환되었다. 학교와 학원 등 교육기관을 활용해 주부들에게도 컴퓨터 교육을 실시하고, 군에서도 정보화 교육을 추진했다. 정보통신부에서 정보화촉진기금을 지원하여 각 부처에서 소관대상별로 정보화 교육을 추진할 수 있는 예산을 확보한 점이 '1천만 명 정보화 교육' 목표를 조기에 달성하는 데 크게 기여했다.

정보화 교육을 통해 전 국민의 컴퓨터와 인터넷 활용능력이 향상되었고, 전자

---

72 OECD가 30개 회원국을 대상으로 조사한 통계이다(한국지능정보사회진흥원, 2016, 《2016 국가정보화백서》).
73 방송통신위원회, 2009. 12, 〈초고속인터넷가입자 현황〉.

상거래와 인터넷 금융거래 등이 늘어났다. 고려대 정보학연구소는 "1천만 명 정보화 교육이 경제에 미친 파급효과는 컴퓨터와 소프트웨어 구매, 정보통신서비스 이용 증대 등 총 1조 6,472억 원으로 추정된다"고 밝혔다. [74]

사이버 스페이스로의 확장

초고속 정보통신 인프라의 대대적 확충과 함께 네트워크가 연결되면서 분리되었던 '점의 경제'가 온라인을 통한 '선의 경제'로 이어졌다. 온라인으로 연결된 사이버 스페이스가 평행우주처럼 오프라인 세상과 공존하게 되었다. 사이버 공간은 공간제약이나 시간제약이 사라져 365일 24시간 움직이는 공간이다. 한국인의 시야는 월드와이드웹을 통해 전 세계로 확장되었다.

아날로그보다 디지털 전자기기의 비중이 더 높아지면서 디지털 기술과 소프트웨어가 확산, 발전하고 정보화를 통해 산업생산성도 높아졌다. 컴퓨터를 활용한 공장자동화, 사무자동화가 초고속통신과 결합하면서 고도화 단계로 진입했다. 인터넷과 PC가 폭발적으로 보급되면서 컴퓨터 및 인터넷, 통신관련 기기, 부품, 소프트웨어 등 혁신 벤처기업들이 급속도로 생겨났다. 디지털 기술 연구개발이 날개를 달았고, 벤처창업이 봇물을 이루었다. 코스닥을 통한 금융생태계가 갖추어지면서 이른바 '죽음의 계곡'(Death Valley)을 성공적으로 건넌 벤처기업들이 많이 생겨났다. [75]

정보산업 분야의 총생산액은 1998년 76조 원에서 2002년 189조 원으로 증가하여 국내 총생산의 14.9%로 확대되었다. 1997년에는 재계 서열 8위 기업의 몰락만으로도 휘청거렸던 한국 경제가 1999년에는 재계 서열 3위 대우그룹 부도라는 엄청난 사건에도 별 문제 없이 정상으로 회복했다. 닷컴비즈니스와 인터넷, 사이버 세상의 물결이 대우그룹의 부도를 덮을 정도로 한국 경제에 활력을 불러온 것이다.

---

74 고려대 정보학연구소, 2002, 〈1천만 명 정보화교육 성과 및 향후 과제 연구〉.
75 육성으로 듣는 경제기적 편찬위원회, 2019, 《코리안 미러클 5: 모험과 혁신의 벤처생태계 구축》, 나남.

이처럼 벤처기업이 활성화된 것은 외환위기 상황에서 무너지는 한국 경제를 되살리기 위해 정보화와 IT산업 육성이 절박하게 필요했기 때문이다. 경제위기 와중이었기 때문에 정보화를 빠르게 추진하기 위한 여러 가지 참신한 아이디어들을 기득권의 저항이나 부처 간 갈등, 여야 당쟁을 최소화한 상황에서 신속하게 집행할 수 있었다.

대표적 사례가 「벤처기업특별법」을 개정하여 대학과 연구소의 벤처창업을 지원한 일이다. "혁신 벤처기업을 창업할 수 있는 능력을 가진 사람들은 대부분 대학과 연구소에 집중되어 있으니 대학과 연구소에 대한 규제를 풀어 달라"는 요구가 그전부터 있었으나 교육부의 반대로 불가능했다. 국가부도 위기라는 초유의 사태에 직면하여 교육부가 한발 물러선 것이다.

정보화 정책의 연속성이 성공의 핵심

신속한 디지털 전환과 초고속통신망 구축을 통해 정보의 밀도와 처리능력, 전달속도가 빨라지면서 한국 경제는 새로운 성장 궤도로 진입하는 계기를 맞았다.

이것이 가능했던 가장 큰 이유는 우선 김영삼·김대중, 두 정부의 정보화 정책이 단절 없이 연계되었던 점을 들 수 있다. 김영삼 정부가 정보화를 적극적으로 추진할 수 있는 각종 밑그림과 설계도, 법과 제도 등을 모두 사전에 그려 놓았고, 김대중 정부가 이를 그대로 이어받았던 것이 신속하게 정책을 집행할 수 있었던 핵심적 이유였다.

김대중 정부 때 추진된 정보화 장기종합계획인 '사이버코리아 21'은 김영삼 정부인 1996년 말에 정보통신부가 수립했던 '정보통신산업발전 종합대책'을 보완하여 현실화한 계획이었다. 김영삼 정부 말기에 통과시킨 개혁 3법인 「국민고충처리위원회의 설치 및 운영에 관한 법률」, 「공공기관의 정보공개에 관한 법률」, 「행정규제기본법」 등도 김대중 정부 때 본격적으로 활용되었다. 김영삼 정부 때 통신정책을 경쟁정책으로 전환했기 때문에 시장을 통한 혁신적 집행방식이 큰 효과를 거두었다.

김영삼 정부와 김대중 정부의 정보화 정책의 연속성에 대해 안문석 교수는 "두 정부가 정책 단절이 없이 수미일관하게 이어진 것이 천만다행이며 정책의 성공 요인이었다"고 평가한다.

안문석 제가 오랫동안 한국의 정보화 정책을 지켜보면서 정권이 바뀌면 항상 단절 현상이 나타나는 것을 가장 우려했습니다. 그런데 신기하게도 김영삼·김대중 정부 때는 거의 단절이 일어나지 않고 정책의 연속성을 유지했습니다. 두 정부 간에 정책 단절이 없었어요.

대표적인 예가 김영삼 정부 말기에 통과시킨 개혁 3법, 「국민고충처리위원회의 설치 및 운영에 관한 법률」, 「공공기관의 정보공개에 관한 법률」, 「행정규제기본법」 등입니다. 김영삼 정부가 그 세 법을 통과만 시켰는데, 이를 본격적으로 시행한 것은 김대중 정부였습니다. 그 세 법이 없었더라면 김대중 정부가 IMF를 탈출하는 것이 크게 힘들었으리라고 생각합니다.

우선 「행정규제기본법」을 통해 규제개혁위원회가 구성됩니다. 김대중 대통령이 이 법을 잘 활용하여 규제개혁을 단행하면서 많은 규제가 완화되고 경제 활성화가 이루어졌습니다. 「공공기관의 정보공개에 관한 법률」은 아시아에서 한국이 최초로 제정한 법입니다. 공공기관의 정보제공 의무가 얼마나 공공기관 투명성을 높이고 부패를 줄이는 데 기여했는지 모릅니다. 「국민고충처리위원회의 설치 및 운영에 관한 법률」은 옴부즈맨 제도를 만들어 기업인들이 기업을 경영하면서 겪는 고충을 하소연하고 시정받을 수 있는 기회를 제공했습니다. 개혁 3법은 만들어진 후 사장될 뻔했는데 김대중 대통령이 100% 활용하여 각종 제도를 만들고 외환위기 극복의 동력으로 삼았습니다.

또 하나, 김영삼 대통령 시절에 만든 초고속통신망 마스터플랜을 김대중 대통령 때 열심히 추진했습니다. 얼마나 열심히 했느냐면 원래 예정했던 연도보다 훨씬 더 빨리 추진해 버렸어요. 나중에 전자정부 발대식에서 김대중 대통령이 "우리가 초고속망을 생각보다 빨리 완성했다. 그 후 빌 게이츠를 만났더니 '한국에 초고속망이 갖춰졌으니 이제 전자정부를 시작하는 게 어떻겠습니까?' 해서 전자정부를 할 생각이 들었다"고 하더라고요.

이것이 다 두 정부에서 정보화 정책이 연결되어 일어난 시너지였습니다. 제가 김영삼 정부 때는 정보화추진위원회에 참여하여 국민훈장 동백장을 받았고, 김대중 정부 때는 전자정부 11대 사업을 성공적으로 구축하여 청조근정훈장을 받았으니, 저도 나름대로 두 정권에서 전자정부 정책의 연속성에 기여하지 않았나 생각합니다.

'사이버코리아 21'에서 제시된 목표가 성공적으로 조기 달성됨에 따라 2001년 9월 제16차 정보화추진위원회에서는 "정보화 효과를 사회 전체로 고도화할 수 있는 활용 및 응용 중심의 새로운 기본계획(2002~2006)"을 수립했다. 세계 IT 강국으로서의 중장기 비전과 지원체계를 담은 '글로벌 IT 코리아 2006'도 함께 제시했다.[76] 글로벌 IT 강국으로 도약하겠다는 비전이 담긴 내용으로 '추격형 경제'에서 '추월형 경제'로의 전환 가능성을 시사하는 종합 전략이었다. 이 내용은 이후 노무현 정부에 이어져 'IT 836 전략' 및 전자정부 고도화 정책 등으로 확장되었다.

김영삼 정부에서 마스터플랜을 세우고, 김대중 정부에서 집행되었으며, 노무현 정부에서 고도화된 한국의 정보화는 이후 융합과 공진화를 거쳐 사회, 정치, 경제, 문화 인프라를 혁신하는 대전환으로 이어진다.

---

76 '글로벌 IT 코리아 2006'는 CDMA 등 이동통신과 SI, 브로드밴드, 인터넷, 온라인게임, 정보보호 소프트웨어 등 10대 수출품을 전략적으로 육성하여 IT 한국의 대표적 수출상품으로 만들겠다고 발표했다. 또 초고속 정보통신 인프라의 지속적 고도화, 정보 인프라의 활용도 제고, 정보화와 성장동력의 연계, 사회통합과 미래형 복지체계 구현 지원 등을 기본 방향으로 제시했다.

CHAPTER 6

연결시켜 꽃피우다:
정보화의 융합과 공진화

디지털 대전환 인식의 확산

'미래성장동력 확충'과 '정보화의 전면화'

2003년 2월 노무현 대통령이 이끄는 참여정부가 출범했다. 새 정부의 초창기 경제상황은 녹록지 않았다.

거시경제 전체로 봐도 경기 사이클 측면에서 불황기에 접어들었고, 카드채발 금융위기와 가계신용 위기, 소비위축, 북핵위기 불안심리, 고유가 등이 당장 해결해야 할 과제로 등장했다.[1] 대기업, 수출 제조업 위주로 진행되어 온 산업구조적 내부 특성이 외환위기라는 외부적 충격을 거치면서 한국 경제를 양극화로 몰아간 것이다. '저성장·양극화'가 본격적 화두로 떠오른 시점이었다.

심각한 저성장 국면을 맞은 한국 경제가 향후 어떻게 고부가가치 일자리를 창출하고 양극화를 해소할 것인지가 노무현 대통령 당선자 진영이 해결해야 할 첫 번째 문제였다. 두 번째 문제는 정치개혁이었다. 어떻게 행정 정의, 사법 정의 등을 제도적으로 실현하여 통합과 혁신, 투명성을 확보할 것인지 풀어야 했다.

참여정부 대통령직인수위원회에 참여했던 노준형 당시 정보통신부 정책국장은 "노무현 대통령 당선자는 이 두 문제를 한꺼번에 해결할 수 있는 핵심을 정보화의 전면화, 요즘 개념으로 디지털 대전환에서 찾았다"고 전한다.

노준형 제가 당시 인수위원회에 파견되었는데 저의 임무는 당선자의 생각과 의중을 읽고 이를 부처에 다시 전달하는 것이었습니다. 노무현 대통령 당선자가 요즘 우리가 생각하는 '디지털 대전환'(*digital transformation*)의 개념을 구체화하는 것을 정보통신부에 기대하시더라고요. ICT를 통한 사회개혁, 정치개혁, 행정개혁, 투명성 증진 등에 대단한 관심과 의지가 있었습니다. 당시 대통령은 IT 정보화가 경

---

1 2002년 GDP 성장률이 약 4.5% 정도로 하락했다.

제성장의 차세대 동력인 동시에 정치, 사회 전체를 고도화할 수 있는 인프라라고 보았던 것 같습니다. "한국 경제는 이것(정보화) 밖에 길이 없다"고 했고, 전자정부가 정치와 행정 등 국가 전체의 투명화와 혁신에 유효한 툴이라고 봤습니다. 정보화가 경제 생산성이나 효율성을 높일 뿐만 아니라 국민이 정부를 감시하는 민주주의 툴이라고 생각했던 것 같습니다.

홍은주 정보통신부가 참여정부 인수위원회에서 보고한 주요 내용은 무엇입니까?

노준형 정보통신부 보고 내용의 핵심은 '미래성장동력 확충'과 '정보화의 전면화' 두 가지였습니다.

우선 신성장동력 10가지를 선정하여 육성한다는 것이었습니다. 10개 품목은 KISDI와 ETRI의 연구를 기초로 정보통신부가 기업이나 학계의 의견을 다양하게 수렴하여 약 2년간의 숙고 끝에 선정한 것입니다. 육성정책을 어느 부처가 주도하느냐를 두고 논란이 있었지만, 이 10개 품목을 제대로 개발하고 도전해야 한국이 차세대 먹거리를 찾는다는 데는 컨센서스가 이루어져 이견이 없었습니다. 이것이 나중에 진대제 장관께서 오시면서 인프라와 서비스까지 가치사슬로 연결하여 'IT 839 전략'으로 진화됩니다.

또 하나 정보통신부가 내세운 것은 '정보화의 전면화'였습니다. "정보화가 특정 부처나 기업, 대학, 기관, 개인 각각의 문제가 아니라 국가 전체에 정보화가 스며들고 이를 기반으로 개혁이 이루어져야 한다. 전면적 디지털화가 추진되어야 한다"고 보고했습니다. 한마디로 "한국의 정치, 사회, 경제, 문화 모든 부문에서 정보화를 전면화해서 새로운 경제성장 동력을 창출한다"는 내용이었습니다.

노무현 대통령은 2003년 2월 25월의 취임사에서 갈수록 어려워지는 경제 환경을 돌파하기 위한 해법으로 "동북아 중심지 전략, 과학기술 혁신, 지식정보화기반구축과 IT 신산업 육성" 등 세 가지 방안을 제시했다.

고급 두뇌와 창의력, 세계 일류의 정보화기반, 물류기반을 바탕으로 한반도가 동북아의 중심지로 거듭날 수 있도록 동북아 중심지 전략을 추진하고 과학기술을 부단히 혁신해 '제2의 과학기술 입국'을 이루겠습니다. 지식정보화기반을 지속적으로 확충하고 신산업을 육성하고자 합니다.

이전에 김대중 정부에서 추진했던 IT산업 육성과 네트워크 인프라 및 전자정부 구축은 노무현 정부 때 연속성을 지닌 확실한 국정지표로 떠올랐다. 정보통신부는 과거 어느 정부 때보다 큰 역할을 하게 되었다. 노무현 대통령은 IT 정보화에 대한 이해도가 아주 높았다. 아직 컴퓨터가 드물던 시절인 1993년에 그룹웨어를 설치하느라 빚을 질 정도로 몰두하여 나중에는 직접 프로그램을 짤 수 있는 수준에 도달했다.

2002년 11월 12일 대선후보 초청 IT 정책 토론회에서 노무현 후보는 다음과 같이 말했다.

1980년대 초에 정보기술을 알아야겠다는 생각으로 서점에서 《전자정보처리시스템(EDPS) 개론》을 한 권 구입했습니다. 내용이 어려웠습니다. 그래도 계속 공부해서 1980년대 말 동료 변호사들이 타자기로 변론문을 작성할 때 저는 워드프로세서 '장원'을 구입해서 컴퓨터에 설치해 사용했습니다. 그러다가 1990년대 초 PC통신이 대중화되자 하이텔을 사용했습니다. 1993년에는 사무실에 수천만 원에 달하는 서버를 들여놓고 그룹웨어를 설치해 전자결재를 시도했습니다. 그 빚을 갚느라 오랫동안 애를 먹었습니다.

그는 1998년에 명함관리·회계·메신저 기능을 갖춘 '노하우 2000' 프로그램을 완성했다. 대통령이 된 후 "결정·집행 과정, 즉 맥락정보까지 남기는 최초의 국정업무 시스템"인 청와대의 '이지원'을 만들어 5인 이름으로 특허를 낼 정도로 IT 전문가였다. [2]

---

2 "이규연의 시시각각: 노무현 아바타 e지원", 〈중앙일보〉, 2013. 10. 11.

국민제안센터 개소식 (2003. 1. 10).

    따라서 참여정부 시절 각료들은 부처의 정보화 추진에 대해 대통령이 무엇을 물어볼지 몰라 열심히 공부했다고 한다. 진짜 엔지니어가 설명하기 전에는 각료들이 답변을 못하는 경우도 많았다. 그럴 때면 대통령은 질문을 중단하고 스스로 시스템을 찾아 들어가 알아보곤 했다.

장관후보 인터넷추천제

    참여정부는 초기에 '국민 인터넷추천제'를 통해 장관 후보자를 찾기도 했다. 1월 10일부터 25일까지 16일간 1,870명이 국민 추천을 받았는데, 이 가운데 정보통신부 장관으로 추천된 사람은 84명이었다. 국민 인터넷추천제는 국민의 정치적 관심을 인터넷으로 확산시키면서 '인터넷 정치'의 시작이 되었다는 평가를 받았다.

    인터넷추천을 받더라도 수많은 후보자 가운데 한 사람을 뽑기까지 복잡한 정치적 과정을 거쳐 대통령 당선자의 의중과 정무적 판단, 정치적 고려가 수반되었다.[3] 초기 내각구성은 향후 5년간 참여정부의 미래 방향성을 결정하기 때문에 모두가 숨죽이고 누가 장관으로 낙점될 것인지 지켜보았다.

"과학기술 혁명을 이루고 지식정보화기반을 지속적으로 확충하겠다"는 취임사에 걸맞게 두 사람의 핵심 인재가 각각 과학기술부총리와 정보통신부 장관으로 확정되었다. 신설된 과학기술부총리에 오명 전 장관이 내정되었고, 정보통신부 장관에 삼성전자의 현직 CEO 진대제 장관이 내정된 것이다.

당시 오명 전 장관은 〈동아일보〉 사장으로 일하고 있었다.

오 명 노무현 대통령으로부터 과학기술부총리 영입 제의를 받는데 제가 언론사 사장을 하다가 다시 공직에 가는 것이 맞나 싶어 고민을 좀 하다가 수락했습니다. 나중에 개각 발표에서 "삼고초려를 해서 오명 과학기술부총리를 모시게 되었다"라고 하시더군요.

제가 과학기술부총리로서 정보통신부, 과학기술부, 산업자원부 등의 회의를 주재했는데 장관들이 거의 빠지지 않았습니다. 신문에 장관 출석률이 가장 높은 회의라고 박스기사가 나기도 했습니다. 과학기술부총리가 예산권까지 가져서 매년 예산을 거의 15%씩 늘리면서 외교부, 검찰청, 관세청 등 모든 부처의 전산화와 과학화, 보안시스템 구축을 지원했습니다.

"한국 경제의 10년 후 먹거리를 찾아 주시오"

한편 정보통신부 장관에 삼성전자의 현직 CEO인 진대제 사장을 낙점한 것은 국민과 언론 모두에게 신선한 선택으로 다가왔다. 진대제 사장은 MIT에서 석사

---

3 대통령직 인수위원회는 5단계 인선과정을 거쳤다. 1차는 추천한 장관 후보자를 정리해 분과별 인사위원회로 넘겼다. 각 분과별로 언론, 학계, 시민단체, 각 분과위원 등 외부인사 4명이 참여하여 2차 심사를 했다. 3차 심사는 인수위원장, 인수위원회 부위원장, 각 분과 간사, 청와대 비서실장 내정자, 정무수석 내정자, 민정수석 내정자, 당선인 인사특보, 인사보좌관 내정자가 정밀 심사를 했다. 4차 심사는 3차 심사를 통과한 장관 후보자의 도덕성 등 정밀 검증작업을 했다. 5차는 당선자와 총리 내정자가 협의해 최종 인선을 매듭지었다(행정안전부, 2017, 《되돌아보는 대한민국 전자정부 이야기 23선》, 휴먼컬처아리랑).

학위를, 스탠퍼드대에서 박사학위를 받았고, 미국 휴렛팩커드 IC LAB 연구원과 IBM 왓슨연구소 연구원으로 일했다. 삼성전자에 들어가 상무에서 사장이 되는 동안 삼성전자의 반도체 혁명을 주도하여 일반 국민에게도 잘 알려진 인물이었다.

그는 한국에서 가장 잘나가는 기업인 삼성전자의 CEO였다. 높은 연봉과 천문학적 액수의 스톡옵션(현재 시가추정액 3천억 원)까지 포기하고 말 많고 탈 많은 공직을 선택한 이유는 무엇이었을까?

진대제 전 장관은 "국가로부터 징집당했다고 생각했다. 거절하는 것이 가능하다고는 생각지도 못했다"고 말한다.

홍은주 노무현 대통령의 참여정부 때 1호 정보통신부 장관이 되어 3년 이상 재임하면서 최장수 장관을 지냈습니다. 어떤 계기로 삼성전자 CEO를 하다가 정보통신부 장관으로 가시게 된 것입니까?

진대제 2003년 1월 무렵, 제가 삼성전자 사장을 하고 있을 때 상공회의소에서 '산업의 현황과 미래'라는 주제로 조찬강연을 했습니다. 강연의 요지는 "중국 기술이 빠른 속도로 한국을 추격하고 있어서 반도체는 몰라도 나머지 산업은 3~5년이면 거의 대부분 추월당하게 될 것이다. 시장을 빼앗기거나 중국에 뒤처질 것"이라는 내용이었습니다.

저는 몰랐는데 그 자리에 문희상 의원이 와서 제 강연을 듣고 자료를 받아갔다고 합니다. 그런데 이분이 노무현 대통령 당선자의 비서실장이 되어 대통령 취임식 전인 2월 초에 정보통신부 장관 후보자를 선정할 때 저를 대통령에게 추천해 여러 명의 장관 후보자 가운데 제 이름이 들어갔다는 기사가 언론에 나왔습니다. 제 이름이 어떻게 후보자 명단에 포함되었는지 영문도 몰랐고 장관이 될 가능성이 있다고 생각하지도 않았기 때문에 별로 신경을 쓰지 않았습니다. 삼성전자 업무가 워낙 바빠서 그 이야기를 흘려들었죠.

열흘쯤 지나니까 그사이에 다른 후보자들 이름이 이래저래 다 빠졌는데 제 이름

진대제 (陳大濟)

1952년 경남 의령에서 태어났다.
서울대 전자공학과를 졸업하고,
서울대에서 전자공학 석사학위를,
미국 MIT에서 전기공학 석사학위를,
미국 스탠퍼드대에서 전기공학 박사학위를
받았다. 미국 휴렛팩커드 IC LAB 연구원,
IBM 왓슨연구소 연구원을 거쳐
삼성전자 상무이사, 부사장, 사장을
지냈다. 2003년 정보통신부 장관을
역임했으며, 현재 한국정보통신대
석좌교수, 광운대 석좌교수,
KAIST 초빙(석좌/겸직) 교수이다.

이 계속 남아 있다는 거예요. 또 한 사흘 지나니까 진짜 서너 명의 후보자 이름만 남았는데 그때까지도 제 이름이 남아 있다는 이야기를 들었습니다.

홍은주 이른바 '숏 리스트'(*short list*)에 남게 된 거군요.

진대제 그렇습니다. 그런데 신문 기사를 읽는 것 말고는 아무도 저에게 이렇다 저렇다 말해 주는 사람이 없으니까 어떠한 상황인지 전혀 알지 못했습니다. 2월 25일 대통령 취임식이 있었고 27일에 조각 발표를 하는 것으로 예정되었습니다. 바로 그 전날인 26일 제가 위원으로 있던 국가과학기술자문회의 천성순 위원장이 돌아가셔서 저녁에 문상을 갔습니다. 그런데 기자들이 저를 둘러싸고 "정보통신부 장관 내정 이야기 들은 것 없습니까?"라고 묻는 거예요. 저는 아무 이야기도 들은 적 없다고 했죠. 실제로 그때까지 누구로부터도 비슷한 이야기조차 들은 적이 없었습니다.

　27일 아침, 삼성전자 임원들을 소집하여 마케팅 회의를 하고 있는데 회의 중에 비서가 "대통령께서 전화하셨습니다"라는 거예요. 막상 대통령 전화가 왔다니까 내심 "이거 큰일 났다" 싶었죠. 전화를 받았더니 "노무현입니다" 하더니, "우리 국민이 앞으로 10년, 20년 먹고살 수 있는 먹거리를 정보통신부가 찾아야 하는데 정보통신부 장관으로 가장 적임자가 진대제 사장이라는 이야기를 들었습니다. 와서 좀 맡아 주세요" 하는데 순간적으로 참 난감하더라고요. 잠깐 망설이다가 "알겠습니다"라고 대답했더니 "그럼 오늘 3시까지 청와대로 와서 임명장 받으세요" 그럽니다.

그래서 3시에 임명장 받으러 갔다가 5시에 정보통신부 들러 취임식 하고 6시에 삼성전자에 들러 제 자리를 정리했습니다. 다음 날부터 업무를 시작했고요.

홍은주 너무 바쁜 하루였군요. 삼성전자 사장으로서 엄청난 연봉과 1주일 후에 받을 수 있는 7만 주의 스톡옵션을 다 포기하고, 의무가 막중하고 사회적 감시와 국회의 제약이 많은 장관직으로 맡을 때 심적 갈등은 없었습니까?

진대제 저는 대통령이 "여기 와서 국가를 위해 봉사하라"고 하면 무조건 그래야 하는 걸로 알았지 그걸 거절할 수 있는 것인지도 몰랐어요. 대통령께서 직접 전화해 "당신이 앞으로 국민이 10년, 20년 먹고살 수 있는 먹거리를 정보통신에서 좀 마련해 달라"고 국가적 미션을 주는데 그건 도저히 거절할 수 없다고 생각했습니다. 그냥 '국가로부터 징집당했다'고 생각했습니다. 징집은 국가에 대한 의무이지 개인이 선택할 수 있는 게 아니잖아요? 그래서 장관으로 가겠다고 결심한 것입니다. 정보통신부에서 3년 넘게 정말 밤낮없이 한국 경제가 향후 10년, 20년 먹고살 거리가 무엇인지만 생각하면서 방법을 모색하고 집행했습니다.

가치사슬로 묶인 'IT 839 전략' 수립[4]

'정보산업 + 서비스 + 인프라'의 결합

한국은 외환위기를 극복하는 과정에서 부지런히 초고속정보통신망, 무선인터넷 사업 등을 추진하여 세계가 인정하는 최고 수준의 ICT 인프라를 갖추었다. 그러나 산업구조적 측면에서 편중이 심하다는 것이 문제였다. 메모리반도체, LCD, 휴대폰 등 3개 품목에 수출 의존도가 지나치게 높은 반면 시장잠재력이 큰 소프트웨어나 비메모리 분야 등은 극히 취약했다.[5] 새로운 경제성장의 계기를 마련하고, 정치와 행정 운영시스템을 혁신하여 국가경쟁력을 업그레이드하는 과감한 전략이 필요했다.

2003년 3월 7일, 참여정부 출범 직후 첫 국정토론회. 노무현 대통령은 "모방기술이나 응용기술로는 한계가 있다. 원천기술과 기반기술 개발이 중요하다"고 강조했다.

기술혁신이 핵심입니다. 대규모의 자본과 노동력을 투입해서 성장했던 것이 1980년대 초반까지의 경제였다면, 적어도 1980년대 후반이나 1990년대부터는 기술경쟁력을 성장의 동력으로 삼는 시대로 접어들었습니다. 지금 이 기술력에 관해서 많은 사람이 불안감을 가지고 있습니다. 지금의 기술, 즉 모방기술이나 응용기술로는 한계가 있기 때문에 원천기술 내지 기반기술, 나아가 기초기술을 개발해야 한다는 것이 공통의 생각입니다.

2004년 초 대통령 보고에서 정보통신부는 9대 신성장동력[6]을 가치사슬 네트워크 (*value chain network*)로 확장한 'IT 839 전략'(Information Technologies 839 Strategy)을

---

4 'IT 839 전략'의 구체적 내용은 《정보통신 표준화 백서》(한국정보통신기술협회, 2007) 참조.
5 제조업 부문의 생산액은 IT산업 생산액의 72.7% 이상, IT산업 수출액의 99% 이상을 차지했다(한국경제 60년사 편찬위원회, 《한국경제 60년사 Ⅱ》, 한국개발연구원).
6 지능형 서비스 로봇, 홈 네트워크, 차세대 PC, 차세대 이동통신, 디지털 콘텐츠, IT 인프라, 텔레매틱스, 내장형 소프트웨어, 디지털 TV 등이다.

수립하여 발표했다.

정보통신은 종횡으로 연결된 네트워크로 시너지를 높이고 융합하는 '망(網)의 경제'가 핵심이다. 선진국에서는 네트워크 광대역화라는 정보통신 인프라와 반도체, 첨단 단말기기의 발전을 기반으로 각종 소프트웨어, 다양한 콘텐츠를 결합하여 전에는 상상하지 못했던 새로운 서비스를 도입했다.

한국 경제의 앞날에 중요한 9대 신성장동력은 분리된 '점(點)의 경제'를 육성하는 것을 넘어 밀접한 가치사슬을 형성하여 전체 산업과 경제의 성장을 이끄는 선순환 구조를 만들 필요가 있었다.

이에 따라 9대 신성장산업에 동일한 가치사슬 공간에 있는 정보서비스와 인프라를 결합하여 융복합 시대를 선도할 정책 패러다임으로 만든 것이 'IT 839 전략'이었다. 'IT 839 전략'은 10년 후 한국 경제의 먹거리를 만들어 보자는 장기 로드맵 기반의 종합 마스터플랜이었다.

진대제 통신은 프로토콜과 규격이 정해져 있는 '망(network) 산업'입니다. 표준과 규격은 통신의 언어예요. 이것이 확립되어 있어야 정보와 데이터가 네트워크를 자유롭게 오가는 겁니다. 국가 간에 서로 다른 말로 이야기하면 통하지 않는 것처럼 표준과 규격이 다르면 통신은 절대로 연결되지 않습니다. 도로에서 자동차 노선이 어느 날은 1차선이었다가 어느 날은 4차선이었다가 하면 안 되는 것처럼 정보통신에는 사전에 정해진 프로토콜과 표준이 아주 중요합니다. 방송 주파수는 다 같아야 하고, 휴대폰은 다른 나라에서도 모두 쓸 수 있어야 하지요. 제가 삼성전자 사장일 때 해외 출장 나가면 몇 나라를 돌아다녀야 하는데 나라마다 이동통신 규격이 다르니까 휴대폰을 5, 6대씩 가져가야 했어요. 지금은 어떻습니까? 전화 한 대만 가져가도 다 로밍이 됩니다. 정보통신 분야에서 글로벌 표준이 정해져 연결되어 있으니까요.

이처럼 정보통신산업은 표준과 규격, 서비스, 네트워크망, 단말기 등 모든 관련산업이 가치사슬 속에 함께 묶여 있습니다. 가령, 기업에서 휴대폰을 판매하려면 통신서비스가 있어야 하고, 가정에서 TV를 보려면 콘텐츠가 있어야 합니다.

홍은주 한양사이버대 교수가 진대제 전 정보통신부 장관과 인터뷰를 진행하였다.

스마트폰이나 TV를 실내장식용으로 사는 것은 아니지요. 기업에서 가전이나 스마트폰을 잘 만들기 위해서 다양한 노력을 하지만 사실 그것은 껍데기일 뿐입니다. 훨씬 중요한 본질은 콘텐츠이고 통신서비스입니다. 그것이 없으면 누가 비싼 돈 내고 TV나 스마트폰을 사겠습니까? 우리는 자꾸 그것을 잊어버리는 경향이 있습니다.

이러한 가치사슬 측면에서 볼 때 정보통신은 반도체, TV, 휴대폰, 각종 단말기 등도 중요하지만, 거기에 부가되는 표준과 규격도 중요하고, 네트워크나 서버 같은 하드웨어, 소프트웨어, 콘텐츠 등도 다 중요합니다. 한마디로 말하면, 정보통신의 후방산업을 살리려면 표준이 있고 인프라가 있고 서비스가 있는 '종합적 접근'(holistic approach)이 이루어져야 합니다. 그래야 전체 산업 생태계가 동시에 발전하고 자생적 환경이 갖추어집니다. 하나의 가치사슬로 묶여 있는 모든 부문이 한 번에 통일하여 발전하고 움직여야 합니다. 다른 분야는 다 빨리 가는데 그중에 한 분야라도 속도가 느려진다면 가치사슬의 전체 속도가 느려지는 것입니다.

홍은주 가치사슬상에 있는 모든 요소를 종합해 국가적 마스터플랜을 만들고 중장기 로드맵에 기반하여 추진한 것이 'IT 839 전략'의 핵심이군요.

진대제 그렇습니다. 'IT 839 전략'의 의미는 "우선 8개의 통신방송 서비스를 전 세계에서 가장 먼저 개발하고 시행하겠다. 그리고 그에 필요한 3개 분야의 방송통신 통합 네트워크를 설치하고, 여기에 부가되는 9개 성장동력산업을 육성하겠다"는 것으로 요약됩니다.

당시 사람들은 대부분 이런 종합적 접근보다 수출 잘될 것 같은 미래산업 9개를 선정하여 중점 육성하는 것으로 생각했습니다. 노무현 대통령도 처음에는 그런 식으로 언급했습니다. 그런데 제가 "그게 아닙니다. 정보통신산업이 발전하려면 전체 생태계를 전부 함께 묶어 동시다발로 같이 발전시키는 종합적 접근이 필요합니다. 관련 서비스와 통신, 부가산업 전부를 엮어 함께 발전시켜야 시너지가 나기 때문입니다"라고 보고하여 'IT 839 전략'을 출범시켰습니다.

가치사슬 측면에서 다른 산업도 마찬가지입니다. 다른 산업에도 종합적 접근이 필요한데, 아직도 우리는 특정 기술이나 산업에 단편적으로 매달리는 경향이 있습니다.

정부와 민간의 역할분담

정부는 시장기반을 조성하고 핵심 연구개발을 선도 지원할 뿐이고, 투자는 철저히 사업자들이 경쟁을 통해 하도록 시장친화적 정책을 유도하는 것이 'IT 839 전략'의 또 다른 특징이다.

정부의 역할은 복수 사업자가 시장에 들어오도록 유도하고 잘 조율하는 것으로 제한했다. 정부가 할 일은 법과 제도를 정비하고 시장 규제를 합리적으로 개선하며 서비스 방식과 표준을 만들어 시장 환경을 조성해 주는 것일 뿐이고, 실제로 돈을 투자하고 사업을 해 나가는 것은 기업의 몫이라고 보았다. 새로운 시장에서 기업들이 경쟁하는 과정에서 인프라나 시설투자를 해서 자연스럽게 생산기반이 견고해지며, 첨단기기와 부품, 콘텐츠, 서비스, 소프트웨어 등이 함께 발전하는 동반성장 생태계를 형성한다는 것이다.

연구개발도 민간기업이 경쟁력을 갖는 분야, 예를 들어, 디스플레이, 반도체 등은 민간이 자율적으로 투자를 주도하도록 했다. 한편, 지능형 로봇과 미래형 자동차 등과 같이 당장 상용화는 어렵지만 장기적 비전이 있는 분야는 민간과 정부가 공조해 추진하며, 중장기적 육성이 필요한 기초기술 및 원천기술 연구개발에는 정부가 집중적으로 투자하기로 했다.

홍은주 정보화와 ICT 육성정책 추진에서 정부와 민간의 역할을 어떻게 정의하셨나요?

진대제 정부의 역할은 민간기업에 새로운 시장을 열어 주고 투자할 명분과 기회를 만들어 주는 겁니다. 당시에 정보통신 관련 전시회를 열면 수많은 사람이 왔습니다. 입장료를 만 원씩 받아도 3만 명 넘게 오곤 했습니다. 기자들도 많이 왔고요. 그럼 기자들 앞에서 기업인들과 공개적으로 토론을 했습니다. "이러이러한 시장이 미래에 열릴 텐데 다른 나라들보다 앞서 투자하세요. 투자하는 데 정부가 무엇을 도와드릴 수 있는지 말씀하시면 최대한 도와드리겠습니다." 기업에서 온 분들이 기자들 앞에서 투자를 약속하고 공개적으로 박수를 받으면 아무래도 그 약속을 지키게 되죠.

정부가 할 일과 하지 못할 일을 잘 가려야 합니다. 가령, 기업이 반도체 개발에 몇십조, 몇백조 원씩 쏟아붓는데, 거기에 정부가 연구개발자금 1조 원을 가지고 반도체산업을 지원한다고 젓가락 얹으려는 것은 아무런 의미가 없습니다. 반면, 방송통신정책의 경우 주파수 배정해야지, 경쟁정책 만들어야지, 정부가 할 일이 어마어마하게 많습니다. 정부가 할 일과 하지 않을 일을 제대로 판단해서 적절하게 개입해야지, 정부가 하나 마나 한 민간기업의 일에 괜히 끼어들어 젓가락 얹으려고 하면 안 되죠. 가령, 삼성전자가 한국에서 만드는 디지털 TV가 한 대도 없고 고용유발 효과도 별로 없는데, 정부가 한국의 디지털 TV 수출을 늘리려고 육성하고 지원하는 개별 산업 지원책은 아무런 의미가 없습니다.

기업투자의 미스매칭 정부가 조율

'IT 839 전략'은 산업 간에 발생할 수 있는 기간의 미스매칭을 정부가 적극적으로 조율하여 관련업체들이 신속하고 동시다발적으로 투자하도록 하는 전략이다. 진대제 장관은 전략을 집행할 때 같은 가치사슬에 묶여 있는 관련업계와 부품업체, 전문가, 정책담당자 등을 한자리에 다 불러 모아 동시다발로 토론하고 조율하여 추진하곤 했다. 나중에 딴소리가 나오지 않도록 기자들도 배석시켰다.

이러한 방식으로 진행하여 조기 구축에 성공한 대표적 사례가 3G 이동통신과 인터넷프로토콜 IPv 4(*Internet Protocol version 4*)의 차세대 버전인 IPv 6이다.

진대제 가령, 3G의 경우 통신사 사장분들을 전부 초청해 "3G 이동통신을 전 세계에서 우리가 가장 빨리 추진해야 하니까, 당장 시작합시다. 앞으로 정부는 인프라 투자는 하지 않겠습니다. 투자는 그걸로 돈을 버는 통신사가 해야 하니까 다음번 모임 때 어떻게 투자할 것인지 사업계획을 짜서 가져오시고, 그 후 투자집행을 어떻게 하는지 진행 과정 알려 주시면 됩니다"라고 독려했습니다.

또 하나 비슷하게 추진한 사례가 있습니다. 우리가 쓰는 컴퓨터나 여러 가지 디바이스를 웹에 접근할 수 있도록 하는 인터넷프로토콜인 IPv 4로 우리가 늦게 가는 바람에 IP 주소가 많이 부족했습니다.[7] 차세대 인터넷프로토콜인 IPv 6은 우리가 먼저 가면 훨씬 많은 주소를 확보하겠죠? 그래서 차세대 IPv 6 구축 내용이 IT 839 전략에 들어가 있었습니다. 2004년 11월 중순쯤에 제가 모든 통신사와 전자회사 등 관련회사 사장단을 식사에 초대해 "IPv 6을 어떻게 할 것인지 각자 계획을 다 마련하십시오"라고 했습니다. 그런데 막상 기업들의 계획을 받아 보니까 중구난방이고 제각각입니다. 투자하겠다는 기간이 6개월이나 1년씩 차이가 나

---

7 웹을 통해 정보를 얻기 위해 컴퓨터가 인터넷에 접속하면 '99.48.227.227' 같은 독특한 숫자의 IP 주소가 생성된다. 그런데 인터넷 접속량이 폭주하면서 기존의 IPv4로는 한계에 부딪히게 된다.

고, 중복투자도 있고, 방향이 엉뚱하게 설정된 것도 있어요. 우리가 그걸 전부 정리해서 국가적 종합 마스터플랜을 만들었습니다. ETRI를 비롯해 관련 연구기관 등의 연구주제도 전부 교통정리를 해서 중복을 해소했습니다. 그리고 12월 23일 우리가 다시 모여 이야기하자고 했습니다.

2004년 12월 23일, 크리스마스 이틀 전이었다. 통신사 사장단과, 삼성, LG 등 전자회사 사장단, IT 전문가, 부품기업 임원, ETRI 등 국책연구기관 임원 등 30여 명이 둘러앉아 IPv 6 추진을 위해 연석회의를 했다. 정보통신정책에 다들 관심이 높았던 때다. 기자 300여 명이 배석하여 무슨 이야기가 오가는지 귀를 기울였다.

정보통신부 과장이 정부의 IPv 6 구축 일정과 진행방식을 우선 발표했다. 그 후 진대제 장관이 회의에 참석한 KT와 SKT 사장에게 물었다.

"IPv 6을 어떻게 가져가려고 하십니까?"

"15만 회선 정도 하겠습니다."

"우리는 20만 회선 정도를 생각합니다."

KT와 SKT 등 통신사들이 투자에 미온적인 태도로 답했다. 서로 비슷한 수준인 것으로 보아 아마 사전에 서로 의사를 타진했을 것이다. 정부가 추진한다고 나서니 면을 세워 주는 정도의 수준이었다.

통신사들의 대답을 들은 진대제 장관은 다시 전자회사 사장단에게 물었다.

"어떻습니까?"

회의 자리에 와 있던 LG전자 사장이 딱 잘라 말했다.

"우리는 IPv 6 만드는 데 투자 안 합니다. 두 통신사 합쳐 봐야 겨우 몇십만 회선밖에 안 되는데 그 정도 규모밖에 안 되는 시장에 우리가 왜 투자합니까?"

진대제 장관이 다시 나섰다.

"두 통신사가 그렇게 가면 또 IPv 4 같은 부족사태가 나는 겁니다. 정말 큰일 아닙니까? 자, 그럼 처음부터 다시 이야기해 보도록 하지요. KT는 얼마나 하실 겁니까? 내부에 한 50만 회선 있는 것 아닙니까?"

KT가 입장을 바꾸어 말했다.

"사실 50만 회선이 있긴 한데 … ."

KT가 이렇게 나오니까 SKT도 할 수 없이 말했다.

"우리는 한 100만 회선 준비하겠습니다."

진대제 통신사들의 말을 듣고 나서 제가 또 LG 사장에게 물어봤어요. "통신사들이 150만 회선 하겠다는데 그 정도면 시장이 만들어지는 것 아닙니까?" 했더니 "그 정도면 해봐야죠"라는 반응이 나왔습니다. "서로가 일정에 맞춰 강하게 추진해 보자"는 쪽으로 분위기가 잡히게 되었습니다.

그런데 그 회의에 참석했던 한국 인터넷의 선구자인 KAIST 전길남 교수님이 "장관님, 그렇게 가서는 아마 잘 안 될 겁니다. 지금 바로 이 자리에서 딱 잘라 언제까지 IPv6을 구축하겠다고 선언해야 합니다"라고 하더라고요. "그건 어렵지 않습니다. 언제까지 하면 될까요?"라고 물었더니 "2010년까지 대전환이 되어야 합니다" 그래요. 그래서 제가 "우리가 2010년까지 완전히 바꿉시다. 구체적 추진을 위해 매 분기마다 IPv6 진행상황을 점검하는 회의를 하겠습니다"라고 선언했습니다. 분기별 조찬 때마다 진행상황을 일일이 확인하고 당시 정보통신부에 와 있던 관련분야 박사 PM 30여 명이 직접 기업체나 연구소를 방문해서 기술 컨설팅을 하니까 빠르게 일이 진행되기 시작했습니다.

그 후 딱 1년 만에 우리가 다시 모여 집행현황을 발표했습니다. 결과를 보니까 전자회사에서 IPv6 장비를 이미 다 만들었고 KT, SKT가 도입하여 시행에 들어간 거예요. 관련회사들이 한꺼번에 동시다발로 움직이니까 2010년이 아니라 바로 1년 만인 2005년에 거의 대부분 완료한 것입니다. 전길남 교수가 "일본이 그렇게 애써도 못하던 것을 한국이 단숨에 해치운 것을 내 눈으로 보고도 믿을 수 없다"고 감탄하셨습니다.

"밥값만 열심히 냈습니다"

진대제 전 장관이 이러한 방식으로 일을 진행하자 신산업을 육성한다는 명분으로 정부가 사업예산을 쓸 일이 별로 없었다. 기업들을 초청하여 설명하는 간담회에서 식사비만 열심히 냈다는 것이다.

진대제 시장진입의 타임라인을 정해 주고 강한 집행 의지를 시장에 보이는 것이 정부가 할 일입니다. 그건 별로 예산을 들이지 않고 할 수 있는 일이라는 것이 제가 강조하고 싶은 정책수행의 가장 중요한 포인트입니다. 그때 정부가 했던 일은 종합적 마스터플랜을 세우고 시장을 만들어 준 후에 기업 간에 경쟁체제를 구축하고 업계의 이견이나 이해관계를 조율하며 중복투자를 없애고 표준을 정해 주는 것이었습니다. 기업들이 기간 내에 비슷하게 가도록 독려하고 기간 미스매치를 조정해 주기도 했지요. 그런 식으로 했더니 가치사슬로 엮인 모든 산업이 동시에 움직여 짧은 시간 내에 성공할 수 있었습니다.

'IT 839 전략'에 포함된 다양한 사업을 추진하는 데 정보통신부가 예산을 별로 쓰지 않았습니다. 제가 쓴 돈은 통신과 전자 분야 사장단을 매 분기별로 초청하여 조찬 간담회나 오찬 간담회를 할 때 냈던 식사비밖에 없습니다. 실제로 정보통신부에서 'IT 839 전략'을 추진하면서도 2004년 예산을 6%나 자체적으로 감축했습니다.

노무현 정부 출범과 함께 기획예산처가 2003년 예산편성제도의 혁신을 추진했다. 이전에는 각 부처가 사업별로 예산안을 작성하여 올리면 기획예산처가 각 사업별로 유효성을 평가하여 조정하는 상향식(bottom-up)이었다. 그런데 향후에는 정부 각 부처의 예산총액, 즉 한도를 먼저 결정해 두면 해당 부처가 그 범위 내에서 예산을 편성하는 하향식(top-down)으로 바꾸기로 한 것이다.

재정개혁이 불가피했던 데는 몇 가지 배경이 있었다. 우선 정부부처가 추진하겠다고 올리는 사업의 유효성을 예산처가 일일이 점검하는 데 한계가 있었다. 또한 양극화 해소를 위한 재정수요가 높아지는 상황에서 장기적 재정건전성을 유지하려면 총액을 제한할 필요가 있었다. 한도만 정해 주면 그 예산을 구체적으로 어느 사업에 얼마나 쓸지는 해당 분야에 전문성 있는 각 부처가 알아서 정하라는 것이다.

2004년 초에 각 부처가 제출한 예산총액을 살펴보면, 직접 부처마다 방문하여 설명한 기획예산처의 사전 정지작업의 효과가 나타나 예산요구 증가율이 평균 5% 선이었다. 한편 일부 부처는 주어진 한도로는 사업을 하지 못하겠다고 강력히 거부했고, 부처의 필수경비는 늘리되 사업예산을 줄이는 꼼수가 드러나기도 했다.[8]

유일하게 전년도보다 예산을 줄여 제출한 부처가 정보통신부였다. 미래 먹거리를 준비하기 때문에 중장기 사업비를 가장 많이 요구할 것으로 예상되었던 부처가 총액예산을 줄여 제출하자 기획예산처에서는 희색이 만면했다.

2004년 5월 대통령 주재로 열린 재원배부회의에서 정보통신부는 일약 기획예산처가 선정한 '스타 부처'로 떠올랐다.

진대제 예산을 어떻게 줄였느냐? 간단해요. "IT 관련예산을 조기 집행한다고 하는데 얼마쯤 뒤에 실행부서로 전달되느냐? 그걸 알 수 있는 소프트웨어를 만들자"고 해서 만들었더니 예산집행 흐름이 한눈에 보입니다. 이렇게 전산화하려면 항목이 통일되어야 하는데 처음에 예산항목을 한 스무 꼭지로 나눠 가져왔습니다. 그 항목 중에서 비슷한 내용을 다 없애고 항목 자체를 줄였더니 예산까지 줄어들었습니다. 부처 예산을 자발적으로 줄인 사람은 유사 이래 저밖에 없지 않나 감히 자부합니다. 다만 기획예산처에 "우리가 예산을 6% 줄일 테니 다음 해 예산안을 작성할 때 줄인 것을 기준으로 하지 마라. 예산은 줄일 때도 있지만 더 필요한 경우가 있을 때 더 쓸 수도 있게 해야 한다"는 약속은 미리 받았습니다(웃음).

2004년 5월 중앙공무원연수원에서 아침부터 각 부처 장관들이 다 모여 예산안을 토의했습니다. 예산은 거의 다 잡혀 있는데 국방부, 교육부, 복지부 등 각 부

8 재경회·예우회 편, 2011,《한국의 재정 60년》, 매일경제신문사.

처에서 자기네 부처 예산이 얼마나 중요한지 강조하면서 모조리 다 늘려 달라는 이야기뿐이었죠. 부처마다 비슷한 이야기를 되풀이하니까 노무현 대통령이 중간에 "우리 휴식 삼아 커피나 한잔합시다" 해서 바깥으로 나가 잠깐 쉬다 와서 다시 토론을 시작했습니다.

정보통신부가 예산안을 줄인 유일한 부처니까 기획예산처 장관이 얼마나 좋아했겠습니까? 노 대통령에게도 당연히 보고되었겠지요. 대통령께서 다시 들어온 직후에, "진 장관이 정보통신부 예산을 줄였다는데 어떻게 예산을 줄인 거요? 이야기 좀 해보세요"라고 묻습니다. 제가 예산 절감할 수 있는 방향을 적나라하게 이야기하니까 다른 부처는 더 이상 말을 꺼내지 못했습니다. 노 대통령과 예산처 장관만 좋아했겠죠(웃음). 그러니 더 이상 부처에서 무슨 이야기를 하겠어요? 결국 대통령은 헬기 타고 돌아가고 11시 반쯤 회의가 끝나 버리고 말았어요. 이 회의가 원래 밤늦게까지 하기로 예정되어 있어 운전기사들이 전부 식사하러 가는 바람에 장관들이 서울로 돌아가지 못해서 모처럼 한가한 시간을 보냈던 에피소드가 있습니다.

그때 진대제 장관을 도와 2004년 정보통신부 예산안을 작성한 사람은 노준형 당시 기획관리실장이었다.

노준형 정책실장으로서 제가 했던 일은 IT 839 전략에 대한 진대제 장관의 뜻과 의지가 잘 펼쳐지도록 지원하고 예산을 기획재정부에서 추진한 재정개혁의 취지에 맞게 작성하는 것이었습니다. 당시 참여정부의 정책기조가 중장기 사업은 로드맵에 맞추어 일정대로 추진한다는 것이었습니다. 그래서 중기 재정개혁의 비중이 아주 높아진 첫해였습니다.

이를 위해 예산편성 개혁을 추진했습니다. 정부사업은 단년도도 있지만 중장기 사업도 많습니다. 그러니 매년 각 부처가 예산실이 제시한 예산의 상한을 받아들이면 구체적 사업내용과 일정은 각 부처에 맡겨 로드맵에 따라 사업예산을 집행하도록 하는 이른바 하향식 예산 방식을 참여정부에서 처음 추진하기로 한 것입니다.

사실 이것이 맞는 게 새 정부가 들어서면 일반적으로 첫해에 예산을 많이 쓰게됩니다. 장관들이 대부분 1년 정도면 그만두니까 자신의 재임 기간 안에 가시적성과를 내기 위해 예산요구가 많아지기 마련이죠. 그런 거품을 예산에서 걷어내자고 해서 하향식을 추진한 것입니다. 개인적으로도 예산을 4~5년간 지원했으면 아무리 좋은 취지라도 무조건 1년간은 정지해 검증하는 것이 옳다고 봅니다.

기획예산처 요구는 각 부처가 2004년의 예산증액 요구는 10% 이내에서 하라는 것이었습니다. 제가 당시에 정보통신부 실장으로서 했던 일이 일반회계, 기금회계, 통신사업특별회계를 연결한 기준으로 전년도 예산보다 적게 요구하는 것이었습니다. 아마 재정 역사에 다시 그런 일은 없을 겁니다. 정보통신부가 그해 말최우수기관상도 탔습니다.

홍은주 어떤 해는 좀 적게 사업예산을 쓰고 그걸 남겼다가 다른 해에 더 많이 쓰는방식이 당연히 더 좋은 것 아닙니까?

노준형 다른 부처를 위해 한 가지 밝혀야 할 점은 현실적으로 모든 부처가 이게 가능했던 것은 아니라는 것입니다. 정보통신부는 기금 및 통신사업특별회계를 가지고 있었기 때문에 중기 계획을 추진하는 과정에서 첫해 예산을 적게 쓰고 그 돈을남겨 두어도 예산당국이 그걸 다시 가져가는 일은 없습니다. 그런데 다른 부처는"예산을 쓰지 않고 남겨 둘 경우 다른 해에 더 많이 쓸 수 있도록 해 주겠다"는 중기재정계획의 취지를 아무리 설명해도 믿지 못하는 거예요. 왜냐하면 지금 예산실장이 그렇게 약속하더라도 다음에 장관이 바뀌고 실장이 바뀌면 그 약속이 지켜진다는 보장이 없으니까요.

우리가 다른 부처에 비해 이 점에서 유리했습니다. 그래서 제가 예산처에서 홍보 비디오를 만들 때 우정출연도 했죠. 다른 부처 직원 중에는 제가 예산실 직원인줄 아는 사람도 있었습니다.

홍은주 2004년에 정보통신부 예산에 반영된 주요 사업 가운데 IT 839 외에 또 주목할 만한 사업이 있었나요?

노준형 그해 예산에 반영된 주요 사업 중 하나가 누리꿈 스퀘어 사업이었습니다. 진대제 장관이 던진 아이디어의 취지를 제가 공감하고 이해하여 추진한 사업입니다. 당시 진 장관의 아이디어의 핵심은 정보화 관련 중소기업 지원을 효율적이고 제대로 하자는 것이었습니다. 어느 해나 예산편성 때만 되면 중소기업 지원이 화두입니다. 그런데 자세히 들여다보면 전부 짜깁기식이고 소액이라 효율성이 떨어집니다. 해당 중소기업에 직접 가는 예산이라 늘 형평성 문제가 생기고, 시장원리와 맞지 않는 경우도 있었습니다. 경쟁기반하에서 좋은 기술을 가지고 노력하는 중소기업이 더 많은 혜택을 가져가서 쭉 커 나가도록 해야 하는데, 그때까지 중소기업 예산지원은 그게 잘 안 되었습니다.

그래서 "벤처기업이 창업하면 단순히 일정 기간 동안 사무실을 지원해 주는 수준의 보육장소가 아니라 법률과 회계, 각종 전문 분야 자문 등을 원스톱으로 다 해줘서 혁신 중소기업을 대기업의 진정한 협력기업으로 성장시키는 맞춤 서비스를 제공하는 플랫폼 기능을 만들자"는 취지로 누리꿈 스퀘어 사업을 시작한 것입니다. '좋은 기업이 나오면 세계적 IT 기업과도 연결시켜 주자'는 생각이었습니다. 누리꿈 스퀘어에 들어오고 말고 하는 것은 시장 수급에 맞춰 선정하기로 하고 그해 예산에 중소기업 지원예산으로 반영했습니다. 누리꿈 스퀘어는 당시 정부예산으로 지은 건물 중 최고의 건물이라고 자부합니다.

"PM 제도? 그거 무좀약 이름인가요?"

2005년 정보통신부는 'IT 839 전략'과 함께 정보화산업의 원천기술과 기반기술 개발을 위해 산업계, 학계, 연구소 등과 공동으로 '브로드밴드 IT 코리아 건설을 위한 광대역통합망(BcN) 구축 기본계획'을 발표했다. 광랜 인프라를 설치하고 가정까지 광케이블(FTTH)을 가설해 더욱 빠른 인터넷서비스를 도입하고 이 과정에서 국제표준화를 선도한다는 것이다.

진대제 장관은 정책추진 과정에서 PM(*project manager*) 제도를 도입하는 등 공공 부문에 민간 DNA를 이식하여 효율성을 높였다.

진대제 제가 장관으로 가서 정보통신부를 민간기업처럼 운영했습니다. 우선 정부에 PM 제도를 처음 도입하여 한국 최고의 전문가 30여 명을 PM으로 정보통신부에 불러왔습니다. 대통령께 정보통신부가 PM 제도를 도입하겠다고 했더니 "그거 무좀약 이름입니까?"라고 농담하셨던 기억이 납니다. 그때 PM이라는 이름의 무좀약 광고가 TV에 나왔거든요. PM으로 온 박사들에게는 장관 월급의 1.5배를 지급한다고 했더니 유수의 박사들이 많이 지원했습니다. 정보통신부의 PM 제도가 성공하니까 대통령께서 다른 부처에도 도입하는 것이 좋겠다고 권고해서 다들 도입했죠. 산업자원부는 PD(*project director*) 제도라는 이름으로 도입했습니다. 이 제도가 각 부처로 확산되었고, 지금은 모든 지방정부에서 실시하는 것으로 알고 있습니다.

또 차관과 국장에서 사무관까지 모든 계획과 집행 일정을 연초에 제출하도록 하고 MBO(*management by objective*)를 설정해서 연말에 점검하곤 했습니다. 가령, 제가 삼성 CEO 시절 스팸메일을 너무 많이 받아 지우는 데 낭비하는 시간이 엄청났습니다. 정보통신부에 와서 정보화실장에게 "당신이 이걸 무슨 수를 쓰든 반으로 없애서 전체 국민의 스팸메일 불편을 없애 보라"고 했죠. 처음에는 정보통신부 일이 아니라면서 난감해하더니, 제가 무조건 해보라고 하니까 연말쯤 하루 100여 통 오던 스팸메일을 24.5개로 줄였습니다. 다음 해에 그걸 또 반으로 줄이라고 했더니 필터링 기술을 개발해 전부 없애 버렸습니다.

차관들에게는 그들의 위치와 역할에 맞는 미션을 부여했습니다. 한국의 모든 정보화 데이터를 국제기구에 제출하고 IR을 해서 한국 전체 등급을 올려 보라고 미션을 주었죠. 차관들이 열심히 여러 나라를 다니면서 홍보활동을 해서 한국의 모든 순위가 다 올라갔습니다. 또 장관 재임 시에 제가 가장 열심히 한 일 가운데 하나가 정보화 교육입니다. 대학, 기업, 연구소 등 여기저기에 수많은 강연을 다녔습니다.

속도감 있는 정책집행과 예산절감 등으로 2004년 정보통신부는 정부 업무평가에서 최우수 평가를 받았다. 주요 정책 추진과 고객만족도 분야에서 1위로 선정되었고 기타 분야에서도 고르게 높은 점수를 받아 24개 중앙부처 중 종합순위 1위를 차지했다.

대통령기관표창과 홍조근정훈장, 녹조근정훈장 등 기관포상과 개인포상을 모조리 휩쓸기도 했다. [9]

정보화 정책, 대통령 주재 토론회서 결론

가치사슬에 기반한 종합적 접근을 하자 전통적으로 산업과 과학기술을 육성하는 업무를 맡았던 산업자원부, 과학기술부, 문화부 등 다른 부처와 업무가 중복되어 부처 간에 각을 세우는 일이 많았다. 해당 산업의 주도권을 빼앗긴 다른 부처가 정보통신부의 독주에 반발하는 일이 벌어져 대통령 주재 국무회의에서 종종 관계부처 장관 간에 열띤 토론회가 이어지곤 했다.

노무현 대통령은 부처 간 토론을 장려하는 편이었는데, 양쪽의 발언 과정을 끝까지 지켜보고 그 자리에서 교통정리를 하는 방식을 택했다고 한다.

진대제 지능형 로봇을 예로 들어 보겠습니다. 이 로봇을 껍데기만 만든다고 생각하면 산업자원부가 하는 것이 맞겠죠? 그런데 로봇이 무슨 장식물이나 어른용 장난감이 아니잖아요? 로봇 자체가 목적물이 아니라 그걸 움직여 핵심 서비스나 역할을 수행하도록 하는 것이 목적이죠. 그러려면 명령을 내리는 데이터와 정보를 실시간으로 원격 전달해야 합니다. 로봇의 머릿속에 심은 칩에 정보나 명령을 전달하여 미션을 수행하려면 당연히 프로토콜과 표준도 중요하고요. 그런 점에서 로봇은 무선통신으로 연결된 일종의 걸어 다니는 휴대폰 같은 거예요. 로봇 역시 네트워크산업 축에 속한 것입니다. 제가 그렇게 설명하니까 산업자원부가 지능형

---

9 〈소비자경제신문〉, 2005. 1. 17.

로봇도 정보통신부에 양보하게 되었죠.

제가 소프트웨어를 육성하겠다고 하자 문화관광부 장관이 불편해하는 겁니다. 게임이나 애니메이션 소프트웨어는 문화관광부 소관이라고 해요. 그래서 "작가가 인쇄기를 직접 만듭니까? 사진작가가 카메라 직접 만드나요? 소프트웨어는 독자적인 것이 아니라 각종 방송과 정보통신 채널을 통해 소비자들에게 전달되는 것입니다"라고 반박했던 적도 있습니다.

또 하루는 산업자원부가 텔레매틱스(telematics)를 한다고 관련행사를 청와대에서 할 예정이니 저보고 참석하라는 연락이 왔습니다. 텔레매틱스가 뭐냐, 가령, 외국에서 물건을 싣고 온 수많은 배가 부산 항만에 도착해 온갖 화물을 하역하면 트럭들이 그걸 싣고 서울로 옵니다. 그런데 하역한 상품을 서울로 싣고 오는 트럭이 몇 대나 사용 가능한지, 서울로 오는 수많은 트럭이 뭘 싣고 있는지, 물량은 어느 정도이고, 언제쯤 도착하여 인수 가능한지 실시간으로 알려주는 것이 텔레매틱스입니다. 청와대에 가 보니까 산업자원부가 발표와 설명을 하는데, 그걸 들은 대통령께서 저보고 한마디 하라고 합니다. 그래서 제가 "텔레매틱스는 텔레(tele), 즉 TV와 인포매틱스(informatics)의 결합어로, 원격 정보전달이고 대표적 정보통신산업입니다. 산업자원부가 할 일이 아닙니다"라고 강조했습니다.

저는 각료회의에서 거침없이 대통령에게 하고 싶은 말은 다했어요. 대통령이 저에게 준 미션이 바로 10년 후 국민 먹거리를 만들라는 것 아닙니까? 저에게 주어진 분명한 미션을 수행하는 데만 집중했지요. 다른 부처에 대한 정치적 고려는 일체 하지 않았습니다. 아닌 것은 아니다, 거침없이 이야기했습니다.

결국 차세대 먹거리 9가지를 준비하는 데 있어 정보통신부와 중복투자를 방지하기 위해, 산업자원부는 디스플레이, 차세대반도체, 차세대전지, 미래형 자동차 등을 맡고, 과학기술부는 바이오신약을 집중적으로 추진하는 것으로 정리가 되었다.

"소프트웨어산업 육성 시급"

홍은주 정보통신부 장관으로 계실 때 소프트웨어산업과 엔지니어 육성을 특히 강조하셨지요?

진대제 제가 삼성에 있을 때 겪었던 가장 큰 어려움이 내장형 소프트웨어(*embedded software*)[10] 엔지니어를 충분히 채용하지 못했던 것이었습니다. 가령, 디지털 TV가 제대로 색을 내고 화면 조정하고 가동하게 만드는 것이 내장형 소프트웨어인데 언제나 부족합니다. 휴대폰 부문 이기태 사장이 "내장형 소프트웨어 기술자를 50명만 더 구해 주면 내가 5조 원 이상 매출을 늘릴 수 있겠다"고 늘 한탄하곤 했습니다. '대체 내장형 소프트웨어 엔지니어는 왜 없나?' 궁금했었죠.

막상 정부에 와서 보니까 소프트웨어 엔지니어가 20만여 명이나 있는데, 이 사람들이 매출이 얼마 안 되고 죄다 놀고 있는 것입니다. 왜냐? 내장형은 하지 않고 다들 패키지 소프트웨어만 만들고 있는 거예요. 가령, 교회 찬송가 앱 등을 개발하는 것이 패키지 소프트웨어입니다. 그때는 지금처럼 스마트폰에 앱스토어가 있는 것도 아닌 시절이니까 이 사람들이 아무리 앱을 개발해도 그걸 시장에 알릴 방법이 없어 어려움을 겪고 있었던 것입니다. 매출도 1인당 1억 원이 안 되었고요.

그래서 제가 단기간에 3만 명의 내장형 소프트웨어 개발 전문인력을 양성하겠다고 선언했습니다. 3천억 원을 정보통신부에서 마련하여 각 대학에 내장형 소프트웨어 엔지니어를 교육하는 학과를 개설했습니다. 3만 명 가운데 1만 명은 정부에서 육성할 테니 나머지는 민간에서 자체적으로 육성하라는 것이었습니다. 여러 대학에 관련학과를 만들어 충분한 내장형 소프트웨어 인력을 양성한 셈입니다.

다행히 정보통신부에 정보화기금 등으로 연구개발에 쓸 수 있는 돈이 있었습니

---

10 전자기기에 내장되어 유무선 네트워크를 통해 연결시키고 멀티미디어 정보를 처리하며 클라우드 기반 응용프로그램을 실행하고 수집된 데이터를 분석하는 등 제품의 다양한 기능을 구현할 수 있도록 하는 소프트웨어이다. RTOS(Real-Time Operating System), 미들웨어, 응용 소프트웨어 등이 있다 (박한솔·김문희, 2006, 〈임베디드 소프트웨어 기술 동향〉, 정보통신산업진흥원).

다. 제가 소프트웨어 인재양성이나 대규모 연구개발에 거액의 예산을 쓴다고 하면 노무현 대통령은 잘하라고 격려만 했지, 그 돈을 어디에 어떻게 쓰느냐고 절대로 묻지 않았습니다. 정보통신정책에 관한 한 장관이 책임지고 소신껏 일할 수 있도록 최대한 지원해 주는 스타일이었습니다.

홍은주 2021년 관점에서 볼 때 당시 만들었던 'IT 839 전략'이 어느 정도 진척되고 성취를 이루었다고 평가하시나요?

진대제 그때 우리가 만든 마스터플랜이 약 7천 쪽이었는데 그대로 다 집행되었습니다. 제가 정보통신부에 있었을 때 매년 연초에 보고한 목표 대비 약 97%를 완수했죠. 초기 조건이 갖추어진 뒤에는 결국 기업에서 하는 일이니까 계획의 완료 시점인 2010년 이전에 대부분 완료되었습니다.

한국, 추적자에서 추월자가 되다

초고속무선인터넷 와이브로 개발

'IT 839 전략'에 따라 10년 후 한국 경제를 먹여 살리기 위한 대규모 국가 R&D를 추진했다. 그 결과, 한국 ICT의 우수성을 세계에 알린 대표적 기술이 2004년 전후 쏟아져 나왔다. 한국 ICT가 추적자에서 추월자로 앞서는 신호탄이 된 대표적 기술 가운데 하나가 초고속무선인터넷서비스인 와이브로(WiBro: *wireless broadband internet*)[11]이다.

---

11 이동전화 업체들이 제공하는 무선광대역인터넷서비스 혹은 무선초고속인터넷서비스의 상호호환성 확보를 위한 표준이다. 노트북이나 PDA, 휴대폰, 차량용 수신기 등에 무선랜인 와이브로 단말기를 설치하여 빠른 속도로 이동하는 자동차나 지하철에서도 자유롭게 인터넷을 이용할 수 있는 서비스이다. 한국 정부는 2005년 1월에 와이브로 사업자로 KT, SK텔레콤, 하나로텔레콤을 선정했다. 2006년 중반부터 KT와 SK텔레콤이 서울과 수도권 일부 지역에서 세계 최초로 와이브로 상용서비스를 시작했다.

CDMA 이후 한국 이동통신 기술이 눈부시게 진화하고 유선 초고속인터넷 속도에 익숙해진 이용자의 요구가 높아지자, 정부는 기존의 무선인터넷이나 랜을 보완하는 연구에 착수했다. 최초의 기획 단계부터 세계시장 진출을 목표로 기술개발과 표준화, 주파수 분배를 연계하여 추진한 국가 민관종합 프로젝트가 추진되어 와이브로가 탄생한다. 12

와이브로는 고속도로상의 차량이나 선로를 달리는 기차 등13 언제, 어디서나, 이동 중에도 유선인터넷처럼 빠르고 끊김 없이 접속 가능한 무선인터넷 성능을 자랑했다. 14 휴대폰뿐만 아니라 PDA(*personal digital assistants*), 노트북, 모바일, PC, PMP(*portable multimedia player*) 등 다양한 단말기에서도 이용 가능한 통신기술로 이동성, 전송속도, 멀티미디어 등 3박자를 고루 갖춘 것이다.

2007년 10월 18일 와이브로는 '전파의 올림픽'이라 불리는 ITU 전파통신총회에서 3세대 이동통신의 6번째 표준으로 채택되었다. 한국의 IT 독주를 우려한 중국의 반대로 몇 차례 난항을 겪기도 했으나, 정보통신부와 ETRI는 물론 삼성전자, KT, SKT 등 관련기업들까지 적극적으로 나서 표준 채택이 성사되었다.

한국 경제가 정보통신에 관한 한 과거의 추격형·모방형 경제에서 탈피하여 선도형 기술경제 국가로 전환했음을 보여 주는 대표적 결과물 가운데 하나가 와이브로이다. 와이브로는 모바일 브로드밴드(*mobile broadband*)로 대표되는 초고속 무선인터넷 시대를 주도하면서 4세대 멀티미디어 통신으로 진화할 것으로 전망되었다. 멀티미디어 이용이 가능하여 이를 기반으로 유무선이 결합되거나 컨버전스형 콘텐츠와 비즈니스 모델의 활용과 전개가 가능하다는 잠재력이 점쳐지기도 했다. 그때까지 음성통화 중심이었는데, 와이브로를 개발한 후 데이터나 동영상을 아주 빠른 속도로 전달하는 것이 가능해졌다.

와이브로 기술은 전 세계의 주목을 끌었다. ETRI에 70여 개의 해외 통신사업

---

12 주종옥 (당시 정보통신부 주파수정책 팀장), 2007 "WiBro의 IMT-2000 표준 채택 의의와 시사점", 〈정보통신정책〉, 19권 21호(통권 428호).
13 차량이나 기차의 주행속도 120km/h 이상에서도 가능하다.
14 상향링크 1Mbps 이상, 하향링크 3Mbps 이상 가능하다.

자들로부터 기술협력 요청이 쇄도했다. [15] 삼성이 2005년에 와이브로를 상용화하자 인텔이 큰 관심을 나타내기도 했다.

진대제 와이브로는 3세대 이동통신 때 등장했지만 사실 4G와 성격이 비슷합니다. 와이브로를 연구 개발할 때 ETRI가 약 300억 원을 썼는데 그때 인텔이 1천억 원 들고 와서 자기네도 조인하겠다고 해서 삼성과 인텔이 같이 개발하기도 했죠.
  라틴아메리카은행 총재가 저를 방문해 자기네가 돈을 다 댈 테니 우리보고 좀 설치해 달라고 했습니다. 대만도 와이브로를 선택했고, 미국 스프린트도 와이브로를 선택했어요.

시대를 너무 앞선 기술의 비극

세계 최초로 와이브로 원천기술을 확보한 한국은 국제표준에 이 기술을 적극적으로 반영했다. 삼성전자에서 6천억 원을 투자하여 경쟁력 있는 모바일 와이맥스(Mobile WiMAX) 시스템을 상용화한 후 인텔과 협력하여 전 세계의 수많은 이동통신사업자와 공급 협약을 맺었다. 2005년 1월에 와이브로 사업자로 KT, SK텔레콤, 하나로텔레콤 등이 선정되었다. 2006년 중반부터는 서울과 수도권 일부 지역에서 세계 최초로 와이브로 상용서비스를 시작했다.
  그러나 와이브로는 시대를 너무 앞서는 바람에 시장 주도권을 잃고 만 '비운의 기술'이기도 하다. 와이브로는 노트북이나 PDA, 핸드폰, 차량용 수신기 등에 와이브로 단말기를 설치하여 빠른 속도로 이동하는 자동차나 지하철 등에서 자유롭게 인터넷을 이용할 수 있는 서비스이다. 당시 휴대폰은 대부분 전화통신에만 사용하고 있었다. PDA 등 다양한 모바일 기기를 쓰는 사람은 일부 전문가들로 제한되어 있었고 데이터 전송량도 크지 않아 와이브로의 뛰어난 기술적 장점이 부각되지 못했다.

15 임주환, "영상을 통해 만나는 대한민국 ICT 역사의 산증인", 한국전자통신연구원, 2021, 《ETRI 45주년》.

와이브로 기반 서비스가 업데이트되지 못한 채 주춤거리는 사이 기존 통신망의 속도를 개선한 LTE(long term evolution)가 빠르게 시장을 잠식했다. LTE는 "오랜 시간에 걸쳐 진화한 기술"이라는 뜻으로 기존의 3세대 이동통신 규격 가운데 세계 적 대세로 자리 잡은 W-CDMA를 발전시켜 속도를 대폭 높인 기술이다.

LTE 시대를 앞당긴 것은 2007년 애플 스마트폰의 등장이었다. 스마트폰의 등 장으로 데이터 전송이 폭발적으로 늘어나 기존의 무선 이동통신 방식으로는 더 이 상 감당할 수 없게 되었다. 이동 중 통화가 자꾸 끊기고 무선인터넷 접속이 어려워 지자 전 세계 이동통신 업체들은 이를 개선하기 위한 혁신을 서둘렀는데 그 진화 속도가 와이브로보다 빨랐다. LTE가 고속도로를 빠르게 주행 중인 자동차에서 영화 한 편을 3분 만에 다운로드할 수 있는 수준의 속도로 빠르게 진화하자 한국 이 주도한 와이브로는 시장에서 사장되고 만다.

ETRI의 와이브로 개발에 최초의 아이디어를 주었던 양승택 장관의 설명이다.

양승택 그때 디지털 TV 표준을 둘러싸고 미국식으로 갈 것이냐, 유럽식으로 갈 것이냐를 놓고 방송 3사 노조와 정보통신부가 정면으로 충돌했습니다. 하도 말 썽이 많으니까 제가 관심을 가지고 한번 들여다봤습니다. 이미 공개된 자료이기 때문에 제가 디지털 TV의 스펙을 연구해 보니까 이건 미국식으로 가는 게 맞아 요. 그런데 가만 보니까 주파수 변조효율이라는 게 있는데 미국식 디지털 TV가 쓰는 방식이 우리가 채택했던 CDMA보다 4배 정도 훨씬 높은 겁니다. 그래서 제 가 장관 퇴임 후 ETRI에 있을 때 연구원들에게 이걸 알려주면서 "이런 방식의 변 조를 쓰면 용량이 4배가 되는데 왜 옛날 방식을 고집하느냐? 이걸로 새로운 것을 개발해 봐"해서 ETRI 연구원들이 기를 쓰고 열심히 연구해 탄생한 것이 와이 브로입니다.

3세대 이동통신이 나오기도 전에 우리가 독자 개발한 앞선 기술이 와이브로입 니다. 요즘 전 세계적으로 쓰고 있는 와이파이(WiFi)는 10~20m 내외의 한 건물 에서만 가능합니다. 나중에 와이맥스(WiMAX)가 나와 도시 전체를 커버할 수 있 게 되었지만, 이동하면 옮겨 주지 못하는 단점이 있습니다. 그 단점을 보완하여 삼성이 모바일 와이맥스를 만들었는데 그것이 바로 우리가 한참 전에 개발했던 와이브로 기반이었습니다.

홍은주 그렇게 대단한 기술을 세계 최초로 개발했는데 왜 시장에서 사장되었나요?

양승택 문제는 와이브로가 그렇게 가는 동안 LTE 진영이 더 빠른 속도로 진화했다는 것입니다. 와이브로 진영은 LTE보다 상대적으로 진화 속도가 느리니까 결국 시간분할 방식인 TD-LTE 진영이 와이브로를 흡수하면서 최종적으로 이동통신의 주력으로 자리 잡게 된 것입니다.

　와이브로 진영이 왜 늦었느냐? 그 원인 가운데 하나가 국민이나 기업이 한국이 독자 개발한 기술을 불신했기 때문입니다. CDMA 상용화 때도 그랬지만 기업에서 미국이나 유럽 기술만 좋아하지 우리가 개발한 것은 잘 믿지 못하고 안 쓰려고 합니다. 와이브로가 기술적으로 다른 나라를 크게 앞섰기 때문에 그걸 계속 진화시켜서 밀고 갔어야 했는데, 한국 기업들이 와이브로 기술을 불신하고 적극적으로 나서지 않았습니다. 반면 LTE 진영에서는 지속적으로 기술과 속도를 업그레이드했죠. 결국 와이브로가 밀려 사라졌습니다. 나중에 LTE advanced가 생기면서는 사실상 와이브로와 TD-LTE가 융합됩니다.

와이브로가 시장에서 정착하지 못한 채 지체된 원인 가운데 하나로 중국의 지식재산권 침해도 지적되었다. 중국에서 모방기술로 한국의 절반 가격에 모바일 와이맥스 제품을 출시한 것이다.

　한국통신학회 회장을 지낸 조동호 KAIST 교수의 설명이다.

조동호 와이브로의 경우에는 세계 최초로 원천기술을 확보하고 국제표준에도 반영하고 삼성전자가 6천억 원을 투자하여 경쟁력 있는 모바일 와이맥스 시스템을 상용화한 후에 인텔과 협력하여 세계적으로 많은 이동통신 사업자들과 공급협약을 맺었음에도 불구하고, 중국에서 모방기술로 반값의 제품을 출시하면서 모바일 와이맥스 상품경쟁력을 상실하게 되었습니다. 지식재산권 문제를 이슈화하자 중국이 모바일 와이맥스를 LTE-TDD로 변경하여 국제표준에 반영한 후에 중국 전역에 LTE-TDD 망을 구축하면서 와이브로(Mobile WiMAX)는 국제 사업에서 실패하게 되었습니다.

와이브로는 비록 속도전에 밀려 상용화에 실패했지만 그 기술은 고스란히 남아 4세대, 5세대 이동통신에 반영되었기 때문에 기술사적 관점에서 의미가 큰 것으로 평가된다.

진대제 어떤 기술이 개발되고 나서 상업적 성공을 거두지 못하더라도 그 기술력과 개발 경험, 지식재산은 어디로 안 가고 다 남아 있으니까 다른 분야에 응용됩니다. 와이브로를 개발했던 경험이 축적되어 결국 우리가 4세대 이동통신으로 옮겨갈 때 큰 도움이 되었습니다. 지금 한국 기업들이 5세대 이동통신에 빨리 적응하는 것도 다 그때 축적된 기술이 바탕이 되었다고 할 수 있죠.

1980년대 초반 TDX 개발을 정책적으로 책임졌던 오명도 언론과의 인터뷰에서 비슷한 내용을 강조한 적이 있다. "사람들은 R&D라고 하면 성공 아니면 실패만 있다고 생각하지만 사실 R&D는 실패해도 성공이다"라는 것이다. 실패한 경우에도 그동안 터득한 기술이 고스란히 남아 다른 기술에 응용되고 외국 제품을 수입할 때도 뭐가 중요한지 내용을 잘 아니까 제품 가격을 깎을 수 있는 여지가 생기기 때문이다. [16]

16 오명, 2009, 《30년 후의 코리아를 꿈꿔라》, 웅진지식하우스, 107쪽.

세계 최초의 K-OS '위피' 개발

와이브로와 더불어 2004년 무렵 한국이 다른 선진국보다 훨씬 앞서 개발한 아이템 중 하나가 K-OS '위피'(WIPI: *wireless internet platform for interoperability*)[17]이다.

위피는 한국이 아이폰 앱스토어나 구글 안드로이드의 플레이스토어보다 훨씬 빨리 개발한 무선인터넷 플랫폼이었다. 위피가 나온 시점은 2004년 초로 미국에서 스마트폰에 앱스토어나 플레이스토어가 등장한 2007년 이후보다 더 이른 시기였다.

위피가 등장한 배경은 이렇다. CDMA 상용화 이후 휴대폰 가입이 급격히 증가하고 무선인터넷이 고속화되면서 휴대폰은 통신수단뿐만 아니라 국민이 여가시간을 즐기는 게임기 역할을 하게 되었다. 그런데 무선인터넷 플랫폼이 통신사마다 달라 게임업체들이 혼선을 빚자 "공통의 무선인터넷 플랫폼을 정해 달라"는 요구가 나왔다. 이에 따라 2002년 한국무선인터넷표준화포럼(KWISF)은 '위피 1.0' 규격을 발표했다. 2004년 2월에는 해외 진출을 목표로 자바(JAVA)[18]와 호환성을 갖춘 '위피 2.0' 규격을 발표했다. 2005년 4월 정보통신부는 국내 모든 휴대폰에 위피 OS를 탑재할 것을 의무화했다.

양승택 우리가 위피를 개발한 시기는 아이폰보다 빠르고 안드로이드보다도 7년 정도 앞섰습니다. CDMA 상용화에 성공한 후에 휴대폰이 보편화되자 1990년대 말에 휴대폰 앱이 엄청나게 많이 개발되었어요. 휴대폰 벨소리인 링톤이나 휴대폰 게임 등이 다 그때 나왔습니다. 그래서 우리가 '휴대폰 앱 개발자들이 쉽게 앱을 개발하도록 해서 한국 휴대폰이 세계시장을 석권하도록 만들자'고 생각했던 것이 위

---

17 이동전화 단말기(휴대폰)에 탑재하는 많은 콘텐츠 응용프로그램과 OS를 통합하는 미들웨어(*middle-ware*) 소프트웨어 표준이다. 한국 이동통신 회사들은 저마다 다른 방식의 무선인터넷 OS 플랫폼을 사용했기 때문에 휴대폰 업체와 콘텐츠 업체들은 개별 이동통신사마다 각각 다르게 만들 수밖에 없었다. 위피는 국가적 차원에서 이런 낭비 요소를 줄일 목적으로 2001년부터 국책사업으로 추진되었다.
18 미국의 선 마이크로시스템(Sun Microsystems)에서 개발한 크로스 플랫폼(*cross platform*) 프로그래밍 언어이다.

피의 개발과 보급으로 이어진 것입니다.

2005년 휴대폰 생산기업들도 원해서 한국에 판매되는 휴대폰 단말기에 반드시 위피를 탑재하라고 했습니다. 그런데 미국이 무역 제재라며 압력을 넣고, 사람들은 아직 휴대폰 앱을 활발히 사용하지 않을 때라 매년 업그레이드하지 못했죠. 결국 10년쯤 지나 흐지부지되었습니다. 그때까지만 해도 한국인의 관념상 휴대폰은 다양한 앱을 구동하는 기기라기보다 이동전화의 기능과 역할이 훨씬 강했던 것입니다.

위피를 표준으로 채택하고도 3개 통신사는 위피에 자신들의 고유 API를 얹어 각각의 위피 플랫폼을 만드는 바람에 애플리케이션 제작자들은 여전히 어려움을 겪었다. 위피 활성화가 벽에 부딪힌 것이다.

그사이에 2007년 애플이 아이폰 3G와 앱스토어를 선보였다. 구글과 애플, 마이크로소프트, 노키아 등 애플리케이션 개발업체들이 자체적으로 다양한 앱을 제작, 생산, 배포하도록 표준화한 플랫폼 기반의 개발환경을 공개적으로 제공하기 시작했다. 이른바 '오픈 OS-3 party' 기반의 비즈니스 모델이 글로벌 대세로 등장한 것이다. 이때부터 모든 소프트웨어와 인기게임이 애플 아이폰이나 구글 안드로이드폰으로 쏠렸고 국내에서 위피용으로 개발되는 소프트웨어가 줄어들기 시작했다.

이미 투자한 위피 플랫폼 및 위피기반 콘텐츠와 글로벌 추세인 '오픈 OS' 사이에서 고민하던 끝에, 2009년 방송통신위원회는 위피탑재 의무 정책을 철회했다. 위피의 수준이 아무리 뛰어나고 이미 투자한 것이 아깝더라도 한국만 쓰는 기술은 세계적 기술 흐름에서 동떨어져 '갈라파고스 현상'과 같은 국제적 고립을 초래할 수 있다는 판단 때문이었다.

위피탑재 의무화 정책의 철회로 이동통신사들은 애플 스마트폰을 적극적으로 유치하기 시작했고, 국내 휴대폰 업체들도 이에 대응하여 스마트폰의 연구개발과 생산경쟁에 돌입했다.[19] 글로벌 네트워크 외부효과가 작용하는 정보통신산업의

---

19 윤정호, 2009, 〈WIPI 탑재 의무화 폐지이후 국내 정보통신 시장의 변화〉, IT Find.

특성상 만약 한국 정부가 계속 위피를 고집했다면 스마트폰 도입이 미루어져 한국의 스마트폰 시대 진입을 더 늦추었을 수 있다는 견해도 있다.

양승택 위피가 뜨지 못한 이유 가운데 하나가 당시 한국 소프트웨어 수준이 참 낮았습니다. 2003년에 제가 가르치던 대학에서 학생들이 대학에 오면 휴대폰을 주었는데 총장인 저는 최고급 PDA를 받았습니다. 그런데 소프트웨어 '찌꺼기'가 많아 6개월쯤 쓰면 자기가 자기 메모리를 다 잡아먹어서 다시 리부팅했죠. 나중에 임기 끝나고 부산에서 서울 올 때 이걸 지우는 과정에서 전화번호까지 다 먹어 버렸습니다. 마침 제 전자수첩에 전화번호가 기록되어 있어 이걸 다시 옮겨 해결했죠. 저 같은 사람은 그렇다고 치고 기술적 내용을 모르는 일반 사람들은 그냥 다 날려먹는 거죠. 그 정도로 엉망이었습니다.

스티브 잡스의 아이폰은 원래 그런 PDA폰이나 다름없는데 거기에 많은 사람이 쉽게 쓸 수 있도록 소프트웨어를 넣은 것에 불과합니다. 기술적 이해도가 높은 일부 사람들뿐만 아니라 모두가 쓸 수 있게 쉽고 간단하게 만든 것이 오늘날의 아이폰인 것입니다. 사실 그것도 우연의 산물입니다. 아이폰이 나오니까 유저들이 앱을 많이 개발해 자기네끼리 거래하고 인터넷에 올리니까 스티브 잡스가 자기네가 만든 앱 아니면 못 쓰게 락(lock)을 걸어 막았습니다. 그랬더니 유저들이 그걸 풀고 또 개발해서 거래하고 올리고 그런 거예요. 그렇게 실랑이하다가 스티브 잡스가 결국 항복하여 "아이폰에 아예 앱스토어 만들어 줄 테니 거기서 거래해라, 단 30%의 거래 수수료를 받겠다"고 한 것이 아이폰 앱스토어입니다. 나중에는 그 수수료 수입이 아이폰 판매 수입보다 많아졌습니다.

홍은주 스티브 잡스가 기를 쓰고 막다가 할 수 없이 앱스토어를 만들어 다양한 앱이 나오도록 하니까 아이폰의 인기가 하늘 높은 줄 모르게 높아졌으니 참 아이러니하네요. 그러니까 정보통신은 소프트웨어와 하드웨어의 가치사슬의 효과가 어떤 제품보다 높은 것 같습니다.

양승택 그렇습니다. 제가 그래서 하드웨어와 함께 반드시 소프트웨어를 육성해야 한다고 항상 생각했습니다. 소프트웨어 가르친다면서 코딩이나 가르치면서 시간을 다 쓰는데 그건 소프트웨어 교육이 아닙니다. 코딩 교육이지요. 독수리는 새끼가 자라면 절벽에서 떨어뜨려 안 떨어지려고 버둥대다가 나는 방법을 익히도록 합니다. 그것이 바로 소프트웨어입니다. 무슨 코딩 언어가 있어야 하는 것이 아닙니다. 소프트웨어의 개발 목적이 분명한 상태에서 어떤 도구를 쓰느냐와 코딩을 배워야지 코딩을 배우고 나서 목적을 찾는 것은 옳지 못한 방법입니다.

'내 손안의 TV' DMB

디지털 TV의 생산과 다양한 디지털 콘텐츠 제작이 가능해지면서 휴대폰이나 디지털 이동통신 기기를 내장한 자동차에서 시청자가 고화질의 TV 드라마나 예능방송, 스포츠 중계를 볼 수 있는 이동형 방송서비스가 바로 DMB(*digital multimedia broadcasting*)이다. '움직이는 손안의 TV'라고 할 수 있는 DMB 역시 한국이 가장 먼저 개발하여 세계의 주목을 받았던 기술이다.

DMB가 등장하게 된 계기는 '우연에 의한 필연'이었다. 당시 한국은 지상파 TV의 디지털 방송을 앞두고 미국식으로 할 것인지 유럽식으로 할 것인지 논란이 있었다. 그 과정에서 미국식과 유럽식의 장점을 모두 채택할 수 있는 기술이 없는지 고민하다가 DMB가 탄생한 것이다.

당시 미국식 디지털 방송은 고화질이 장점이었다. 한편 유럽식은 COFDM(*coded orthogonal frequency division multiplex*, 직교부호화 주파수분할 다중방식)을 기반으로 하나의 단위 주파수 대역을 분할하여 3~4개 방송프로그램을 동시에 내보낼 수 있는 다채널 방식으로, 이동 중에도 수신이 가능하다는 장점이 있었다.

지상파 방송사들은 유럽식을 강하게 주장했다. 반면 정보통신부는 "1997년에 디지털 TV 전송방식은 미국식으로 하겠다고 이미 선언하여 디지털 TV 생산기업들이 미국식을 생산하고 있기 때문에 정책을 되돌릴 수 없다"는 입장이었다. 팽팽한 갈등 상황이 벌어졌다.

당시 미군 군용 차량에 치여 한국 소녀 두 명이 사망한 '미선이 효순이 사건'으로 반미 정서가 팽배하여 디지털 TV 전송방식은 정치적으로 쟁점화되기도 했다.

진대제 디지털 TV 전송방식을 놓고 정보통신부와 방송노조의 갈등이 아주 심각했습니다. 원래 디지털 TV 전송방식은 정보통신부가 1997년에 미국식으로 간다고 이미 선언했고 기업들도 미국식으로 만들고 있었습니다. 그런데 노무현 대통령이 후보 시절 "디지털 TV 전송방식을 재검토하겠다"고 공약했던가 봐요. 노 대통령이 당선하자 방송노조가 들고 일어나 "공약을 이행하라"고 요구했습니다. 제가 삼성전자 사장을 역임했지만 유럽식이 있다는 것도 사실 잘 몰랐습니다. 민간에서는 일단 수출이 잘되는 곳부터 먼저 잡아야 하니까요.

제가 그걸 모르고 정보통신부 장관으로 갔는데 느닷없이 방송노조가 "최근에 개발되어 기술이 더 나은 유럽식으로 바꾸라"고 요구하고 나선 겁니다. 그래서 제가 고민도 많이 하고 피가 마르는 경험도 했습니다. 방송노조와 정보통신부의 대립이 격화되면서 "실제 방송 현장에서 미국식이 나은지 유럽식이 나은지 비교 실사해 보자"고 하여 방송 및 통신 관계자, 전문가 등 20여 명으로 구성한 시찰단까지 해외에 보냈습니다.

미국, 유럽, 호주 등 동서로 나누어 시찰을 다녀왔는데, 시찰단의 결론이 "유럽식으로 바꾸는 것이 좋겠다"였습니다. 왜냐? 디지털 화질이 좋다는 것이 미국식의 장점인데, 유럽식은 화질도 나쁘지 않은 데다가 채널이 많고 무엇보다 이동하면서 방송시청이 가능하다는 것입니다. 그런데 정보통신부에서 실제로 분석해 보니까 유럽식 이동방송 기술이 아직 완전하지 못해 끊김 현상이 자주 있었습니다. 또 이동방송을 보려면 추가적 시설을 일정 거리마다 갖추어야 하기 때문에 인프라 구축비용이 많이 들었습니다.

정부와 방송사 간에 갈등의 골이 깊어지고 있을 무렵 절묘한 타이밍에 상황을 완전히 역전시키는 '게임 체인저'가 나타났다. 이동 중에 휴대전화나 PDA, 차량용 TV로 실시간 방송을 볼 수 있는 디지털 DMB 방송 개발에 성공한 것이다. DMB

는 기술이나 비용 측면에서 유럽 방식보다 훨씬 훌륭했다. 유럽식 디지털 TV처럼 추가적 부대시설을 설치할 필요가 없기 때문에 예산도 들지 않았다. 시험방송 결과 서울 시내 어디서도 끊김 현상이 없어 기술적 완성도도 더 높았다.

DMB 개발에 참여했던 ETRI 임주환 박사는 ETRI 45주년 기념 인터뷰에서 다음과 같이 밝혔다.

> 아날로그 시대에는 소니 등 일본 가전업체가 전 세계 TV 시장을 완전히 석권했다. 그걸 역전시키기 위해서는 우리가 디지털 TV를 먼저 개발하는 것이 필수적이라고 생각하여 디지털 TV 개발에 총력을 다했다. 2002년 월드컵 때 그 경기를 디지털 방송인 HDTV로 방송하는 것을 목표로 기술개발에 착수한 것이다. DMB는 휴대폰에 TV 방송이 나오는 것인데, 이는 우리가 디지털 TV를 개발하는 과정에서 우연히 개발한 기술이다. 유럽에 이미 라디오 방송을 이동하면서 듣는 DAB가 있었는데 우리가 거기에 코덱 하나를 더 얹어서 방송 화면까지 나오게 만들어 버린 것이다.[20]

진대제 어느 날 한 방송사에서 전송방식과 관련한 시사 프로그램을 만들어 방영했습니다. 한마디로 "화면뿐만 아니라 이동통신 기술까지 다 되는 우수한 유럽식을 정보통신부가 고집을 부려 미국식으로 가려는 것"이라고 주장하는 내용이었습니다. 대통령이 그 프로그램을 보고 화가 났던가 봐요.

제가 수요일 아침에 출근했는데 청와대에서 "진 장관, 그 프로그램 봤습니까?"라는 전화가 왔습니다. 수요일 수석회의에서 이것이 쟁점이 되었고, 회의 결과 정보통신부가 디지털 TV 전송방식 선정에서 손 떼는 방향으로 결정 나서 다음 날인 목요일에 임시 국무회의를 소집해 그걸 확정하기로 했다는 겁니다. 그러니 목요일에 저보고 집합하라는 거예요. 제가 보니까 정말 큰일이었습니다. 그건 정보통신부 문 닫으라는 이야기죠.

목요일에 소집된 임시 국무회의에 출석한 진대제 장관은 두 방식에 대해 소상하

---

20 임주환, "영상을 통해 만나는 대한민국 ICT 역사의 산증인", 한국전자통신연구원, 2021, 《ETRI 45주년》.

게 설명했다. 대통령이나 국회를 설득할 때는 명확히 이야기를 풀어가야 한다. "유럽식은 엄청난 인프라 구축비용을 들여 겨우 100만 명이 보는데, 휴대폰으로 DMB를 전송하면 어떤 비용도 없이 천만 명이 볼 수 있다"는 간단한 셈법을 제시했다.

"자, 우리 국민이 하루에 디지털 TV를 얼마나 볼까요? 천만 명이 하루 10시간씩 본다고 칩시다. 그럼 1억 man hr/day가 됩니다. 이동하면서 몇 사람이 얼마나 볼까요? 버스, 자가용, 택시를 다 합쳐 봐야 100만 명이 하루 한 시간씩 보면 가정용 TV에 비해 100분의 1도 안됩니다. 유럽식을 채택해서 차로 이동하면서 TV를 보려면 안테나를 정말 촘촘히 깔아야 합니다. 싱가포르 같은 작은 나라도 유럽식을 채택하여 무려 600억 원이 들었습니다. 한국처럼 큰 나라가 그 이동방송 서비스를 하려면 얼마나 거액을 들여야 하겠습니까? 그런 돈을 왜 들여야 합니까?

마침 우리가 DMB 개발에 성공했으니, 디지털 TV는 미국식으로 가고 이동방송은 DMB를 휴대폰에 장착하면 됩니다. 그러면 휴대폰을 가진 국민 천만 명 이상이 실시간으로 방송을 보게 됩니다. 지금 제가 이야기한 대로 해야 디지털 TV도 미국에 수출해서 먹거리와 일자리를 만들고 국민이 휴대폰으로 방송을 볼 수 있습니다. 무엇을 선택하시겠습니까?"

노 대통령이 다 듣고 나서 "어제 방송을 볼 때는 유럽식이 정답이라고 생각했는데, 오늘 진 장관 설명을 들어 보니 미국식이 맞는 것도 같고 생각이 반반이네. 그러니 진 장관 말을 들어야죠. 시간을 더 두고 검토하되 매달 나에게 보고해 주세요"라고 회의를 마무리했다.

홍은주 결국 지상파 TV는 미국식으로 가는 것으로 최종 결론이 났지요.

진대제 온갖 일들이 있었지만 결국 디지털 TV는 미국식, 휴대폰과 차량용 이동방송은 DMB로 해결했죠. 그것으로 정보통신부는 갈등과 분쟁 해결방식의 모델로서 다음 해에 상까지 받았습니다. 지금 한번 보세요. 그때 디지털 방송을 미국식으로 선택하지 않았다면, 우리가 미국 시장에 진출하지 못했을 겁니다. 유럽식으로 만들어 유럽에서만 팔았다면 진작 중국에 추월당했을 것입니다.

글로벌 표준화 전략

3세대 통신 전쟁에서 확인했듯이, 아무리 우수한 기술을 개발하더라도 이를 국제표준으로 정착시키려는 노력 없이는 글로벌 경쟁력을 가지기 어렵다. WTO에 의해 통신시장이 개방되자 선진국 및 글로벌 대기업들이 원천기술을 국제표준으로 만들어 사실상의 진입장벽으로 국제표준을 활용하는 경우가 늘어났다. 세계시장에서 국제표준의 전략적 가치가 크게 높아진 것이다. IMT-2000 표준 전쟁에서 자신감을 얻은 한국은 적극적으로 정보통신의 국제표준화 흐름에 동참했다.

2000년대 중반은 한국이 국제표준을 수동적으로 추종하는 수용자에서 적극적 제안자로 변화한 시점이다. 정보통신부는 정보통신 분야의 환경변화에 적극 대응하고 표준특허 등 핵심 지식재산권을 활용한 수익창출을 위해 2005년 사전기획 연구인 '정보통신 표준개발 추진방안 연구'에 착수했다. 2007년 정부는 이 연구에 기초하여 정보통신부, 과학기술부, 산업자원부 등 범부처별로 기술개발과 표준화, 지식재산권을 연계하는 방안을 수립하여 추진했다.

2004년 이후 국제표준 변화를 살펴보면, 한국의 제안은 2004년 133건에서 2006년 489건으로 늘어났다. 그중 국제표준에 반영한 사례는 2004년 87건에서 2006년 414건으로 증가했다.

'U-IT 839 전략'과 '스마일 IT 전략'

2006년 정보통신부는 대통령에게 'U-IT 839 전략'을 보고했다. 유비쿼터스 사회는 "컴퓨터가 첨단 네트워크로 연결되어 기반구조로 작동하면서, 정부·기업·국민이 합리적 의사결정에 필요한 정보에 언제나 접근할 수 있고 도시와 국토공간에서의 활동이 최대한 효율화되는 사회"이며, 하나의 사회가 궁극적으로 지향하는 정보화의 성숙단계로 정의된다. [21]

초고속통신망이 본격적으로 구현된 2002년 무렵부터 "U-시티 건설 등 국가적 선도과제를 추진하는 비전 및 전략이 필요하다"는 논의가 시작되었다. 이 내용을 'IT 839 전략'과 결합하여 건설·국방·건강·금융·사회안전망·교통 등 국민의 생활 곳곳에 진정한 유비쿼터스가 뿌리내리도록 한 것이 'U-IT 839 전략'이다.

유비쿼터스 사회가 되려면 원거리 무선통신은 물론 근거리 무선통신(NFC: *near field communication*)과 소프트웨어 등의 기술이 총체적으로 결합해야 한다. 따라서 칩, 태그, 리더 등으로 구성된 'U센서 네트워크'가 효율적으로 구동되도록 연결성과 이동성 요소를 반영했다. 와이브로, DMB 등의 개발추진 성과를 바탕으로 본격적 사업화와 신규 시장 창출을 목표로 한 실천계획을 수립했다. [22]

특히 소프트웨어산업 육성을 경쟁력 강화의 핵심요소로 보고 기존에 추진하던 내장용 소프트웨어 및 디지털 콘텐츠, 소프트웨어 솔루션과 함께 IT 서비스(SI, 컨설팅 등)와 소프트 인프라웨어(소프트웨어 공통기반)를 포함시켜 일관된 라인업을 구성했다.

2008년에는 신 IT 발전전략으로 '서비스와 상용화' 수준을 높이는 전략을 수립했다. 제조업보다 제조의 전 단계인 연구개발과 기획, 디자인 및 제조 후 단계인 서비스에서 훨씬 큰 부가가치가 만들어진다는 경험적 이론을 원용한 전략이었다. 기존의 신성장동력의 핵심기술 개발은 그대로 이어가고 통방융합 인프라, 융합·부품, 소프트웨어 콘텐츠, 융합서비스 등 네 가지 영역을 강화하여 부가가치를 높

---

21 〈전자신문〉, 2002. 12. 26.
22 정보통신부, "연두 업무보고", KTV, 2006, 2. 8.

인다는 것이다. 이것이 마치 웃는 모습처럼 보인다고 하여 '스마일 IT 전략'으로 명명되었다.

'U-IT 839 전략'과 '스마일 IT 전략'은 미래에도 진행될 것이다. 빅데이터와 사물인터넷, 인공지능 등을 활용한 초연결 사회의 도래 및 4차 산업혁명의 발달과 함께 지속적으로 보완하고 강화하며 융복합으로 진행하는 노력이 필요하다.

명실상부한 정보화 선진국으로 부상

김영삼 대통령부터 시작하여 김대중·노무현 대통령에 이르는 동안 꾸준히 집행하고 추진한 IT산업 육성정책이 노무현 대통령 집권 후기인 2000년대 중반부터 빛을 발했다. IT 관련제품의 수출이 크게 증가하고 빠른 유무선인터넷과 통신이 대한민국의 대표 브랜드로 자리 잡았다. 와이브로와 위피, DMB 등을 세계 최초로 개발하면서 국제적 기술표준의 제안자로 부상하기도 했다.

한편 지식재산권 보호를 위해 지속적으로 노력한 결과 미국과 유럽, 일본, 중국과 함께 세계 5대 IP 국가로 부상했다. 해외에서 한국을 벤치마킹하거나 ETRI 등에 기술지원을 요청하는 경우도 늘었다. 한국의 선진화된 ICT 인프라를 주목한 인텔과 IBM, HP 등 세계 유수 IT 기업이 한국 시장을 시험시장(test-bed)으로 활용하는 경우도 점차 늘어났다.

현장에서 열심히 정보화 정책을 추진한 사람들조차 "언제 우리가 이렇게까지 정보화 선진국이 됐지?"라고 할 만큼 급속한 진보였다. 세계가 한국의 IT 수준을 높이 평가했기 때문에 거의 모든 대통령 공식순방에 공식수행원으로 정보통신부 장관이 빠진 적이 없을 정도였다.

노준형 제가 정보통신부 장관을 지낼 때 이미 한국은 세계 최정상급 IT 강국으로 부상한 상태였습니다. 프랑스처럼 자존심 강한 나라의 대통령도 인정할 정도였죠. 프랑스를 방문했을 때 한명숙 총리가 한국의 IT 수준을 설명했더니 시라크 대통령이 "우리가 한국의 IT 발전에 대한 이야기는 많이 들어 잘 압니다"라는 겁니다. 외국인들이 제게 가장 먼저 하는 질문이 "한국이 어떻게 했기에 이것이 가능한가?"라는 것이었습니다. 제가 생각하는 성공비결은 이렇습니다.

첫째, 처음에 정보통신 발전이라는 시대적 어젠다를 선정하여 장기 계획을 잘 세웠습니다. 시작부터 정보통신 기본계획을 잘 수립하여 집행했죠. 나중에 나온 '사이버코리아 21', 'U-코리아 전략' 등은 정보화의 진전에 따른 '초고속정보통신기반 구축계획'의 연동계획이라고 보아야 합니다. 이용환경이 바뀌고 기술변화에 따라 일정 부분 내용을 보완하거나 미세하게 조정했지만, 수미일관하게 장기적으로 계속한 연동계획이었습니다. 정부가 새로 바뀌면 자꾸 옛날 계획은 밀어 버리고 뭔가 새로운 것을 시도하기 때문에 이름이나 개념도 좀 바뀌기는 했지만 원래 처음부터 있었던 계획들이죠. 모든 일은 시작이 가장 중요하고 어렵습니다. "시작이 반이다"라는 말은 시작이 어렵고 중요하다는 것이죠. 시작을 잘하면 무난히 잘 끝나게 되어 있습니다. 반면에 시작이 잘못되면 맨 마지막 사람이 고생합니다. 처음에 잘못 시작하면 그걸 바로잡기 어려울 뿐만 아니라 잘못되면 그 몇 배의 노력이 들어가도 잘 안 됩니다. 그런데 우리의 정보화 정책은 시작이 아주 잘된 사례라고 생각합니다.

둘째, 정보통신부가 출범하여 정보화 업무를 가장 중요한 사업으로 추진하는 정부부처가 존재했다는 점을 들 수 있습니다. 미국에서도 전국의 초등학교와 도서관을 초고속망으로 연결하는 것이 가장 우선순위가 높은 정책 목표였습니다. 결과적으로 한국이 초고속국가망을 구축하여 미국보다 훨씬 먼저 이 목표를 달성했습니다. 만약 정보통신부가 신설되지 않고 체신부로 그냥 있었더라면 교육부가 아무리 노력을 기울여도 그렇게 빨리 초고속망을 연결할 수 없었을 겁니다.

셋째, 앞서 설명했듯이 경쟁정책을 도입해서 민간의 활력을 유도하는 환경을 과감하게 만들었다는 점을 들 수 있습니다.

넷째, 한국인은 뛰어난 학습능력이 있다는 것입니다. 컴퓨터나 인터넷이라는 새로운 개념이 생기면 엄마, 아빠, 아이들이 모두 배우고 활용하는 것이 한국에서는 일반적이지 않습니까? 전 국민이 그걸 금방 배울 지적 능력과 의욕이 있어요. 저는 정보화 시대의 키워드는 학습능력이라고 생각합니다. 선진국이든 후진국이든 다른 나라들이 도저히 따라올 수 없는 한국만의 요소가 바로 학습능력이었죠.

다섯째, 1997년 외환위기를 정보화 투자를 확대하는 좋은 기회로 활용한 것입니다. 이것은 미국이 2008년 금융위기를 극복하는 과정에서도 확인할 수 있습니다.

홍은주 열성적 소비자가 있어야 기술발전도 이루어지죠. 한국은 현재 모든 면에서 세계적 LTE 강국입니다. 한국의 '빨리빨리 문화'도 IT 발전에 한몫했을 것 같습니다.

노준형 그렇습니다. 문화적 측면에서도 초고속정보화가 한국 사람들에게 잘 맞았다고 생각해요. 우리에게는 '빨리빨리 문화'가 있잖습니까? 무엇을 할 때 당장 되지 않으면 안 되고 인터넷도 초고속이 아니면 참지 못하죠. 이러한 수요에 맞추어 개발과 추진이 잘 진행된 것 같습니다.

한미 FTA 통신협상

미국 쌍무협상으로 선회

노무현 대통령의 집권 중기인 2005년부터 한미 FTA 협상이 시작되었다. FTA의 별도 챕터로 통신협상이 진행되었다. 노준형 정보통신부 장관시절이었다. 다행히 한미 통신협상에서 한국은 기싸움에서 밀리지 않고 미국의 압력을 잘 막아냈다. 1980년대 후반부터 미국에 시달리면서 개방압력을 받아 그 기간 동안 부지런히 통신산업 구조를 경쟁적으로 재편했고 규제도 완화했기 때문이다.

당시 정보통신부 국장으로 한미 FTA 통신협상을 막후에서 조율했던 김용수 전 과학기술정보통신부 차관의 증언이다.

김용수 제가 국장을 하면서 노준형 장관님 정책보좌관 역할을 했는데, 노 장관님이 저에게 당부한 내용이 두 가지였습니다. 방송·통신 융합정책과 한미 FTA 통신협상을 좀 책임져 달라는 것이었죠.

당시 저는 개인적으로 더 이상 협상업무를 하고 싶지 않았지만, 국제협력국장이 국제행사 등 다른 업무로 아주 바빴을 때였습니다. "제가 정식 FTA 멤버가 아닌데 왜 그걸 저보고 하라고 하십니까?"라고 살짝 반항했죠. 물론 받아들여지지 않았지만요(웃음).

한미 FTA 업무를 맡았을 때 중요한 사안이라 부담이 상당했습니다. 시애틀 회의부터 시작해 이후 모든 회의에 참석했습니다. 실제 협상장 분위기를 묘사하면, 공식 협상단인 분과장 두 사람이 참석해 미국과 회의할 때 제가 뒤에서 묵묵히 앉아 있곤 했습니다. 미국 협상단이 이상하게 생각했죠. 저는 옵서버로 뒤에서 앉아 있는데 협상하는 과장 두 사람이 주요 사안마다 자꾸 뒤를 보면서 제 표정을 살펴보니까요.

그때 한미 FTA의 배경은 뭐냐? 한동안 WTO 다자체제로 가다가 결국 미국이 다자체제로 더 이상 안 되겠다, 양자협상으로 가야겠다고 생각하게 되었습니다. 소련이 붕괴하고 1극체제가 되면서 미국이 그 자신감으로 다자체제로 올 수 있었죠. 그런데 2000년 무렵 클린턴 대통령이 중국을 인정하기 시작하면서 WTO 지도자 회의인 그린 룸 회의가 더 이상 작동하지 않게 되었습니다.

이전에는 미국이 유럽만 조율하면 됐었는데 중국과 인도가 새로 들어오면서 이해관계가 아주 복잡해졌어요. 예를 들어, 미국과 유럽이 "상품무역, 서비스 자유화합시다" 그러면 중국과 인도가 "노동시장도 자유화합시다" 할 것 아니에요? 그럼 더 이상 이야기가 진전되지 못합니다. 제가 2002년까지 제네바에서 WTO 업무를 했는데, 그때 이미 '아, WTO 체제가 더 이상 작동하기 어렵겠구나'라고 느꼈습니다.

한국에 돌아와서 한동안 국제 협상을 잊고 지냈는데, 미국이 갑자기 모든 것을 양자협상으로 바꾸자고 나왔습니다. 당시 국내 사정도 있어서 2006년부터 한미 FTA가 시작되었습니다. 별도 챕터로 통신협상이 있었고요. 별도 챕터로 간다는 것은 그 분야가 그만큼 중요하다는 뜻이지요. 중요도에 따라 별도 챕터로 다루는 것입니다.

　한미 FTA 협상은 외교부가 주도하고 각 부처 과장급 혹은 고참 사무관급이 협상 실무단으로 참여하여 섹션별로 진행되었습니다. 그때 FTA 협상의 공식적 참여자는 과장급 두 사람이었고, 저는 담당국장으로서 막후에서 많은 정책결정을 내렸습니다. 사실상 한미 FTA의 중요한 내용에 거의 다 관여한 셈이죠. 당시 정보통신과 전자상거래, 관세, 우편서비스, 체신금융 등 다섯 가지 업무를 관할했습니다.

WTO 정보통신 협상에 참여했던 KISDI 이한영 박사는 대학으로 자리를 옮겼다. 그러나 정부의 요청에 따라 미국을 오가면서 FTA 통신협상 막후에서 많은 지원을 했다.

이한영 한미 FTA에서 미국 요구로 양국 간 합의된 가장 민감했던 문제가 양허원 칙입니다. 이것은 WTO 양허원칙과 상이했습니다. WTO의 양허표는 시장개방 대상 서비스 분야를 포지티브 리스트로 기재하는 데 비해 한미 FTA는 이를 네거티브 리스트로 기재합니다. 양허표에 기재하지 않은 서비스 분야를 무조건 개방하는 것으로 이해하는 방식입니다. 이는 제한조치에서도 마찬가지입니다. 기재하지 않은 제한조치를 협정 발효 후 시행하면 협정위반이 되는 것이 네거티브 리스트 방식입니다. 한미 FTA는 한번 타결하면 되돌릴 수 없는 노릇이죠.

　문제는 향후 20년, 30년 후에 새로 생겨나는 통신서비스가 무엇인지 전혀 모르는 상태에서 민감한 서비스를 예상해 이를 명시해 두는 것이 불가능하다는 것이죠. 당시 모두가 고민했던 문제가 "통신과 방송이 지금처럼 따로 가면 좋은데 통방 융합을 통해 탄생하게 될 서비스가 있다. 그러한 융합서비스를 구체적으로 예상하지 못하는 상황에서 이를 어떻게 효과적으로 처리할 것인가?"라는 것이었습니다. 많은 고민 끝에 일부는 한미 FTA 유보안[23]에 기재했죠.

---

23 WTO의 양허표에 상응하는 개념으로 볼 수 있다.

한미 FTA의 쟁점 1: 기술선택의 자율성 이슈

FTA 협상에서 가장 정치적이고 영향력이 큰 이슈는 두 가지였다. 정치적으로 민감한 것은 '외국인 통신지분 제한' 이슈였고, 실질적으로 장기적 영향을 미치는 중요한 이슈는 '기술선택의 자율성' 이슈였다. 미국은 "정부가 특정 기술표준을 강요하지 말고 민간사업자가 무슨 기술을 채택하든 알아서 하도록 내버려 두라"고 집요하게 요구했다. 반면에 한국은 기술표준을 국가에서 요구할 수 있어야 한다는 입장이었다.

김용수 결론부터 이야기하면, 한미 FTA 기술선택의 자율성 이슈에서 결국 우리 주장을 완강하게 지켜냈습니다. 그것이 가능했던 핵심 요인은 당시 협상할 때 우리 쪽은 기술을 아는 실무부처가 협상의 주도권을 쥐고 있었기 때문이라고 생각합니다. 결국 어느 쪽 논리가 맞느냐, 논리에 대한 증빙자료를 어느 정도 제시할 수 있느냐가 관건이었습니다.

한미 통신협상에서 미국은 협상도 잘하고 협상에 사용하는 언어도 영어이니까 당연히 우리보다 우위일 것 아닙니까? 그런데 결정적으로 기술은 우리가 훨씬 더 잘 알았습니다. 미국은 결정권을 USTR이 가지고 있었는데, 이 사람들이 협상의 귀재인 변호사가 많았지만 통신에 관한 전문지식이 떨어졌어요. 그들도 내부적으로 자문을 받았겠지만 어디까지나 한계가 있었죠. 우리는 표면적으로는 외교부가 주도했지만 실제로 협상참여는 실무부처가 했거든요. 협상장에서 공방을 벌이면 우리가 백전백승이에요. 토론이 깊어져서 디테일한 기술적 지식으로 들어가면 그쪽에서는 속수무책이었습니다. 우리가 영어는 부족해도 기술적 지식과 경험이 풍부하니까요.

예를 들어, 미국 대표가 "미국은 국가에서 민간기업에 기술표준을 한 번도 강요한 적이 없습니다"라고 하면 우리가 미국 FCC에서 민간기업에 강요했던 각종 규제들을 다 찾아 증거로 내미니까 할 말이 없죠. 또 "미국이 표준을 강요하지 않아서 통신산업이 발전했습니다"라고 하면 우리가 이를 반박하는 사례로 모토로라의 예를 들었습니다. "미국 회사인 모토로라가 추락한 이유가 뭔 줄 압니까? 미국 정부가 표준을 정해 주지 않고 각 주별로 TDMA, CDMA 등 마음대로 선택하라고 내버려 두었기 때문입니다. 통신단말기 회사들이 여러 가지 표준을 모조리 채택해서 각각 따로 생산해야 하니까 제조비용이 비싸지고 결국 사업자들이 대량생산을 못해 외국 회사인 노키아가 미국에서 1등이 된 겁니다."

이런 식으로 반박하면서 기술선택의 자율성 이슈에 대응했습니다.

이 두 가지 이슈에 대한 논의가 협상 말미까지 계속되었는데 노준형 장관님이나 제가 아주 정치적 부담이 컸습니다. 협상 자리에서 정책적 판단을 해야 하는데 이것이 미국과 국내 모두를 설득해야 하는 양면협상이기 때문입니다. 한미 FTA 통신협상에서 돌아와 우리가 왜 기술표준을 양보하면 안 되는지에 대해 협상 지휘부를 설득했습니다. 협상 지휘부에서는 전체 패키지 딜을 중요하게 보니까 통신을 다른 분야와 바꾸자고 할 수도 있는 것이거든요. 이해관계가 얽힌 다른 부처에서 "한국이 통신강국이니까 통신을 양보하고 다른 것을 얻어내자"는 주장이 나오는 거죠.

그러나 다른 건 몰라도 노 장관님이나 저나 그 두 가지는 양보 못 한다는 것에 동의했습니다. 우리가 통신강국으로 도약한 것은 정부가 표준을 주도했기 때문이라는 점을 지속적으로 설득했습니다.

한미 FTA에서 이슈가 되었던 '기술표준 선택의 자유'는 사실 2라운드에 해당되는 셈이었다. 2002년과 2003년 사이에 기술표준 문제만 다루는 1라운드 한미 양자 협상이 한차례 있었던 것이다. 당시 문제가 되었던 기술표준이 한국이 세계 최초로 개발한 위피와 와이브로 등이었다.

'기술표준 선택의 자유'에 관한 두 차례의 한미 협상에서 노준형은 1차 때는 국제협력관으로서, 2차 한미 FTA 때는 장관으로서 이 문제에 대응했다.

노준형 미국이 전 세계에 공통적으로 주장한 내용은 "정부가 어떤 표준을 정할 때 자국 기업에 유리한 특정 기술로 표준을 정하면 안 된다"는 것이었습니다. 당연히 한미 FTA에서도 이 문제가 주요 어젠다로 떠올랐습니다. 왜냐하면 첨단기술을 먼저 표준화해 버리면 후발주자가 따라갈 수 없고 어느 한쪽이 최종승자가 되거든요.

예를 들어, 우리가 이동통신사업에서 CDMA를 단일표준으로 했기 때문에 오늘날의 삼성 휴대폰이 있는 것 아닙니까? CDMA를 단일 기술표준으로 채택하기 전에는 한국 휴대폰 시장을 모토로라가 장악했는데, CDMA를 표준으로 채택한 후 모토로라가 자동적으로 퇴출되었습니다. 미국이 그 점에 대해 실기한 쓰라린 경험이 있어서인지 통신협상을 할 때마다 그 부분을 강조하는 겁니다.

1차 한미 기술표준 협상이 이루어지던 시점에 제가 국제협력관이었습니다. 당시 미국과 한국의 가장 큰 이슈 가운데 하나가 위피(WIPI)였습니다. 퀄컴이 브루(BREW)를 개발했는데, 이것이 지금의 플레이스토어와 같은 앱스토어 개념입니다. 퀄컴은 그때나 지금이나 기술력이 뛰어났고 브루를 앞세워 세계 무선인터넷 플랫폼 시장에 진출하고자 했습니다. 모든 앱이 개발되면 퀄컴의 인증을 받도록 하고 그 미들웨어가 나중에 칩으로 휴대폰에 설치되면 퀄컴의 시장장악력이 훨씬 강해지겠죠. 그러면 우리 입지가 줄어들고 공정경쟁 측면에서도 문제가 되지 않겠습니까? 이에 대응하여 우리가 위피 개발에 착수했고, 이것을 국내 휴대폰에 공통으로 탑재하도록 한 것입니다. 그러자 미국과 계속 갈등 국면이 지속되었습니다.[24]

김용수 1989년에 우리가 아무것도 몰라서 부가통신 시장을 개방당했던 것이고, 2003년에 위피나 와이브로 기술은 우리가 다른 선진국을 훨씬 앞서 있던 상태였어요. 미국과 일대일로 붙어도 자신 있을 정도였습니다. 위피는 휴대폰에서 사용하는 앱 통합 플랫폼 같은 것인데, 우리가 세계 최초로 개발한 최신 기술이니까 다른 국제표준이 없었습니다. 와이브로 역시 세계 최초로 시도했던 무선인터넷

---

24 "한국이 중요한 발판인데 한국 정부가 위피를 내놓음으로써 차질을 빚고 있는 것이다. 지난해 제이콥스 회장이 사적으로는 친구인 당시 이상철 정보통신부 장관을 방문한 것도 이 같은 배경이다. 이미 브루는 한국에서 KTF를 통해 230만 명의 이용자를 확보하고 있다. 퀄컴은 중국의 차이나 유니콤이 브루를 테스트 하고 있어 한껏 고무되어 있다. 위피는 결국 칩의 형태로 상품이기 때문에 기술장벽이라는 USTR의 논리가 전혀 근거가 없는 것은 아니다."(〈아이뉴스 24〉, 2003. 4. 2)

사업인데 세계를 주도한다는 의미로 야심 차게 서비스를 출범시켰습니다. 그걸 보고는 미국이 내심 화가 났겠죠. 미국은 위피를 정부가 민간 통신업체에 강요했다고 하는데, 사실 우리가 강요한 것이 아니었습니다. 기술을 개발한 후 미국 전기전자학회(IEEE)에 표준으로 등록하고 거기에 맞추어 사업자 2개를 선정했던 것입니다.

퀄컴은 2004년 "한국 정부가 위피를 배타적 표준으로 결정하여 자사의 무선인터넷 플랫폼인 브루의 시장진입을 원천 차단하고 있다"고 주장하며 USTR에 이 문제를 제소했다. 미국 USTR은 "퀄컴의 주장이 일리가 있다. 한국이 기술장벽을 쌓고 있다"면서 위피를 WTO에 제소했다.

이에 한국이 WTO에 제시한 논리는 "위피는 상품이 아니라 상호접속 서비스를 위한 기본적 요구사항(requirement)"이라는 것이었다. "위피는 브루를 포함한 모든 VM과의 상호호환을 목표로 한다. 그런데도 퀄컴이 민간 주도로 구성된 KWISF 참여를 거부한 채 무역장벽이라고 주장하는 것은 억지"라고 방어논리를 폈다.

이한영 2002~2003년 한미 기술표준 협상은 세간에 잘 알려지지 않았지만 사실 아주 중요했습니다. 통신기술 표준의 경우 WTO에도 표준관련 협정문이 있습니다. 무역기술장벽(TBT: *technical barriers to trade*) 협정인데 표준과 기술규정 또는 기술기준(*technical regulation*)에 특화된 다자협정입니다. 여기에 WTO 회원국이 표준이나 기술기준과 관련하여 준수해야 할 모범관행 규약이 상세히 적혀 있습니다.

표준은 "시장에서 자유로이 채택될 수 있도록 하자"(기술선택의 자유)는 것이 TBT의 근본 취지이지만, 회원국이 합법적 정책 목표 달성을 위해 꼭 필요하다면 예외적으로 기술기준(국가표준)을 정할 수 있다는 법적 근거도 있습니다. 위피나 와이브로는 관련 서비스의 단절 없는 제공을 위해 전제되어야 할 상호호환성(*interoperability*) 확보를 위해 한국 정부가 정한 국가표준인 것이지요. 그런데 TBT는 국가표준을 정함에 있어 국제표준을 원용하면 크게 문제 되지 않는다는 취지의 법적 근거도 존재합니다.

당시 한국 정부가 위피를 밀었던 것은 퀄컴으로부터 벗어나려는 목적이 가장 컸고, 퀄컴에 본때를 보여 주려는 의도도 약간 있었던 게 아닌가 싶어요. 왜냐하면 당시 휴대폰에 장착되는 핵심 칩(middleware software)의 제공 주체인 퀄컴이 한국에서 발생하는 로열티 수입이 막대한데도 칩 한 개당 로열티를 중국에서 한국의 반값으로 낮추는 조치를 취했기 때문입니다. 당연히 국내에서는 난리가 났지요. 퀄컴이 한국을 가격차별하는 것이니까요. 퀄컴이 CDMA를 개발했지만, 한국에서 이걸 상용화하지 못했다면 중국으로 확산시키는 것은 불가능했을 겁니다. 한국이 없었다면, 퀄컴이 중국에서 설 자리도 없었을 것입니다. CDMA 상용화와 확산이 한국과의 합작품인데 중국만 로열티를 깎아 주다니요. 한국 정부가 퀄컴의 처사에 일종의 배신감을 느낄 수밖에 없지 않았나 생각합니다.

한국의 위피에 해당하는 퀄컴의 표준규격이 브루인데, 퀄컴 회장 아들이 맡았던 사업 부문이었습니다. 만약 위피가 국가규격이 되면 브루는 원칙적으로 판매하지 못하게 됩니다. 판매하고 싶으면 위피와 상호호환성을 확보해야 하며, 이는 퀄컴이 한국 국가표준인 위피를 사실상 수용하는 것을 의미합니다.

2003년 1라운드 협상에서 원하는 만큼 결과를 얻지 못한 미국은 2라운드인 한미 FTA 협상을 통해 반드시 기술표준 선택의 자유를 얻겠다고 결심했는지 이를 계속 주장했습니다. 우리는 우리대로 미국과 2년간 강도 높은 협상을 하는 과정에서 향후 미국이 이 문제를 재차 거론하면 어떻게 대응해야겠다는 논리적 교훈을 얻었지요. 1라운드 때 필요한 경험과 정보를 모았던 것이 2라운드 표준협상을 위한 전략을 구상하는 데 도움이 되었습니다.

김용수 통신 분야는 ITU에서 국제표준을 만듭니다. 그걸 가져다가 각 국가가 제각기 표준을 만들면 그 자율성을 인정해 줍니다. 가령, 유럽이 TDMA로 간다, 한국은 CDMA로 간다고 하면 기술적 완성도를 판단하여 기준을 통과하면 그걸 모두 다 인정해 줍니다. 그런데 미국은 전통적으로 산업정책이라는 것이 없어요. 특히 당시는 신자유주의가 판칠 때니까 그 규격을 사업자가 알아서 하도록 두라고 했는데 우리는 거기에 동의하지 않았던 것이죠.

시계를 돌려 현재 상황을 보세요. 지금 바이든 정부가 어떻게 하고 있습니까? 만약 10년 전에 미국 정부가 지금의 바이든처럼 했다면 당시 기준에서 다 미쳤다고 했을 겁니다. 제 이야기는 한마디로 절대적 진리는 없다는 거예요. 표준에 대한 주장도 논쟁적입니다. EU는 어느 정도 국가개입 필요성을 인정하고, 미국은 기술표준에 국가가 개입하지 말라고 합니다. 사실 미국의 실리콘밸리에서도 필요하다는 쪽과 아니라는 쪽의 주장이 맞서고 있습니다. 워싱턴의 지배층이 어떤 생각을 하느냐에 따라 결론이 달라진다고 봐야죠.

이건 후일담이지만, 아마도 미국이 내심 한국 정부 개입을 꺼렸던 이유는 한국이 자꾸 국제표준을 치고 나가고 정부가 표준을 강제하면 이걸 중국이 카피할 것이라고 우려했기 때문이 아닐까 추정합니다. 한미 FTA 때도 미국 정부를 움직이는 배후 로비세력은 주한미국상공회의소(AMCHAM), 한국과 거래하는 퀄컴 등이었습니다. 미국 시스템은 로비단체에 의해 움직이니까요.

그런데 그때 우리가 주도했던 와이브로든 위피든 그 기술들이 나중에 애플 스마트폰이 나오면서 다 무의미한 이야기가 되었습니다. 그때 애플 스마트폰의 등장을 지켜보면서 제가 얻은 결론이 "여러 가지 기술적 갈등이 있을 수 있지만, 결국 혁신이 모든 것을 해결한다"는 것이었습니다.

한미 FTA의 쟁점 2: 통신사의 외국인 지분제한 이슈

한미 FTA에서 또 한 가지 주요 쟁점이 기간통신사에 대한 외국인 지분제한 이슈였다. 한국 법에서는 통신사의 외국인 지분소유를 직접투자 방식으로만 허용했고 한도를 49%로 제한했다. 반면 미국 법은 간접투자 형태로 대부분 허용하고 있었다. 외형상 한국이 과도한 규제를 하는 것처럼 보이는 상황이었다.

김용수 당시는 신자유주의가 판치던 시절이라 "기왕 개방하는 김에 화끈하게 열자"는 주장도 있었죠. 하지만 "기간통신사업자가 미국인"이라면 우리 국민이 어떻게 생각할까요? 통신지분의 과감한 개방은 정치적으로 정권에 부담이 된다고 보았습니다. 미국도 보호무역주의를 주장하는 요즘 시점에서 생각해 보면 그때 기간통신 사업자의 외국인 지분을 49% 이하로 제한해야 한다고 강하게 버틴 것은 아주 잘한 일이었습니다.

당시 장차관들 간에도 의견이 엇갈려 이걸 제가 지켜야 한다고 고집하니까 "그 친구 말 안 들으면 바꿔야 한다"는 이야기도 나왔다고 전해 들었습니다. 이 부분에서 이한영 교수가 지분제한 유지 논리와 협상전략을 개발하는 데 크게 기여했습니다.

홍은주 이한영 교수님께서는 구체적으로 어떤 논리를 개발하셨나요?

이한영 미국은 직접투자 한도를 20%까지, 나머지 80%를 간접투자로 허용하는 방식을 취했습니다. 여기서 간접투자는 외국인이 미국 내에 지주회사를 설립하고, 그 회사 명의로 통신사 지분을 획득하는 우회적 투자방식입니다. 일반인이 말하는 간접투자는 본인 자금을 증권사에 맡기고 본인을 대신해 주식 투자하도록 위임하는 것인데, 그와 다른 것입니다. 미국 정부가 자국 내에 소재한 외국인 소유 지주회사를 규제하기 쉬운 구조이지요. 즉, 외국인 지분소유를 100% 허용하는 것처럼 보이지만, 규제 관할권을 확보할 수 있다는 장점을 갖습니다. 예컨대, 미국 소재 외국인 소유 지주회사가 통신사 지분을 획득하기에 안전한지 등 적격성 심사(공익성 심사)를 용이하게 할 수 있습니다.

우리가 미국의 이 방식을 한국 법에 도입했습니다. 그래서 미국인이 한국 통신사의 경영권을 획득하고 싶으면, 49%까지는 직접투자로 해도 좋으나 나머지는 적격성 심사를 거쳐 간접투자 방식으로 해야 한다고 투자방식을 설계했던 것입니다.

김용수 마지막까지 진땀을 빼고, 사실 지분협상 건으로 국내 설득이 더 힘들어 양보할 뻔했습니다. 우리가 결국 타협안으로 "간접투자를 허용하겠다. 그 대신 미국처럼 적격성 심사를 하겠다. 그리고 SKT, KT는 49% 이상은 안 된다"고 마지노선을 제시했습니다. 결론적으로 말하면, 결국 두 이슈가 모두 다 잘 해결되었습니다. 다행히 제가 김현종 통상교섭본부장을 제네바에서도 뵌 적이 있어요. 협상을 시작하기 전에 통신 분야는 기술적 용어가 많고 내용이 전문적이니까 저한테 자문을 구하기도 했죠. 그래서 이 문제에 대해 직접 만나 말했는데 통신주권 의식이 확고한 분이라 힘을 실어 주셔서 이야기가 잘됐습니다.

나중에 한미 FTA 결과를 분석한 논문도 많이 나왔는데 기술선택 이슈와 통신주권 이슈 등 우리가 끝까지 지켜낸 것이 아주 좋은 평가를 받았습니다. 정보통신만큼 잘 지켜낸 분야가 별로 없어요. 미국이 왜 이걸 다 들어주었는지 모르겠다는 말이 나올 정도였습니다.

1989년 한미 통신협상을 시작하여 한미 FTA 통신협상까지 오랫동안 진행되었습니다. 전체적 시계열 프레임으로 살펴보면, 초기에는 한국 통신시장이 아직 덜 발달되어 골치 아픈 이슈가 많았습니다. 하지만 점차 개방이 이루어지고 경쟁을 통해 통신서비스와 통신장비산업, 통신소프트웨어산업이 빠른 속도로 발달하고 선진화하면서 상대적으로 압력을 덜 느끼게 되었습니다.

노준형 통신협상을 할 때 우리가 많이 고생했지만 대부분 성공적으로 잘 마무리했습니다. 그 이유는 한국이 점차 ICT 수준이 높아져 수출국이 됨에 따라 저쪽의 요구대로 적극적으로 관세를 낮춰도 한국에 오히려 유리한 국면이 되었기 때문입니다. 이 밖에 통신서비스의 문호를 개방하라는 압력 등이 높았지만 잘 대처하여 넘어갔습니다.

한미 FTA 통신협상을 할 때는 협상의 주 대표가 외교부이고 차석 대표가 정보통신부였지만, 워낙 기술적 측면이 많고 전문적인 분야라 사실상 정보통신부가 협상을 주도했습니다. 한국이 당시에 네트워크 투자나 통신서비스 수준이 미국보다 앞서 있었기 때문에 유리한 점이 없지 않았어요. 지금은 별거 아니지만, 당시 휴대폰 화면이 컬러로 나오거나 인기음악이 다이얼톤으로 나오는 것 등을 미국보다 우리가 먼저 상용화했죠. 회의하러 한국에 왔던 미국인들이 이런 걸 보고 들으면 우리에게 한 수 접고 들어가곤 했습니다.

기반기술이나 기초기술은 미국이 앞서 있었지만, 상용화 서비스는 기술만으로 되는 것이 아니라 시장에서 수용할 준비가 되어야 하잖아요? 한국에서는 이런 서비스가 시장으로 급속히 확산되어 모든 국민이 상용하고 있었습니다. 당시는 그런 나라가 한국뿐이었습니다. 우리가 더 먼저 경험해 봤으니까 통상협상을 할 때 이렇게 이야기를 풀어 나갑니다. "당신들은 아직 경험이 없어 모르겠지만, 우리가 이러이러한 서비스를 해보니 당신들이 주장하는 것보다는 이런 쪽이 더 시장적합성이 있고 더 낫더라." 그러면 미국 사람들은 자기네가 아직 해보지 않은 서비스이니까 우리 주장에 뭐라 대응할 논리가 부족하여 반박하지 못했습니다.

기간통신사업에 대한 외국인 지분한도도 큰 문제가 되었습니다. 이 문제가 한미 FTA 협상에서 마지막 순간까지 딜브레이커(deal-breaker)가 됐어요. 당시 권오규 경제부총리, 진동수 재정경제부 차관, 김현종 통상교섭본부장 등이 전폭적으로 정보통신부를 도와주어서 잘 정리되었어요. "기간통신사업은 각 나라마다 역사가 다르고 지켜야 할 부분이 있다"는 점을 강조하여 KT와 SKT의 외국인 투자자 지분한도를 49%에서 막을 수 있었죠. 사실 이 문제는 다른 나라와의 FTA 통신협상의 선례로 남는 것이기 때문에 미국이 정말 강경하게 나왔는데 잘 대응하여 그 정도로 막아낸 겁니다.

"소고기보다 라면"

홍은주 한미 FTA 통신협상을 할 때 기억나는 에피소드가 있다면요?

김용수 2001년 미국에서 9·11 테러가 발생했잖아요? 미국이 9·11 이후 외국에서 입국하는 사람들을 대상으로 공항에서 무작위로 정밀 검사를 했는데, 이상하게 한미 FTA 협상을 하러 미국에 갈 때마다 한국 협상단은 대부분 정밀 검사에 걸렸습니다. 처음엔 '우리가 운이 없나 보다' 생각했지만 계속 몇 번 당하니까 불안하더라고요. 그 후 다시는 한미 FTA 협상 관련서류를 출장가방에 넣고 다니지 않았습니다. 확증은 없지만 가능성이 상당히 있다고 봤습니다. 우리가 미국 출장 갈 때마다 우리를 잡아서 그걸 항의했더니 이름이 이상해서 잡았대요. 그래서 "아시아인 중에 테러리스트로 걸린 사람 있으면 이름 알려 달라"고 항의한 적도 있습니다.

이한영 한번은 몬태나주의 막스 보커스라는 상원의원이 한미 협상팀을 몬태나 보즈먼으로 초청해 협상한 적이 있습니다. 정확히 말하면, 보즈먼 인근의 스키 리조트였죠. 몬태나가 소고기가 많이 생산되는 주였는데 한국 대표들이 직접 소고기를 맛보고 소고기 시장을 개방하게끔 유도하기 위해 초대했다는 소문이 있었습니다. 보즈먼까지 직항이 없기 때문에 시애틀에서 로컬 비행기로 갈아타고 가야 하는데 아무리 기다려도 대표단 짐이 안 나오는 거예요. 그때도 역시 우리 팀의 짐을 정밀 검사했던 것 같습니다.

김용수 그때 몬태나주 협상은 공항에서 걸린 것 말고 또 하나 에피소드가 있습니다. 미국에서 협상할 때 삼시 세끼를 소고기를 먹여요. 아침은 훈제 소고기, 점심엔 버거, 저녁에는 스테이크. 결국 3일째 되니까 한국 협상단 전원이 식당에서 사라졌어요. 다들 방에서 라면 끓여 먹으면서 더는 소고기 못 먹겠다고 하더라고요.

홍은주 라면은 언제나 진리죠(웃음). 소고기 많이 사달라고 한국 대표단에게 열심히 대접했을 텐데 역효과만 난 거군요. 이제부터 최근 이야기로 화제를 돌려 보겠습니다. 국경 간 콘텐츠 서비스와 관련하여 한국 통신사들이 넷플릭스에 망사용료를 내라고 요구하고 넷플릭스는 이걸 못 내겠다고 버텨 결국 법정소송으로 가는 사건이 발생했습니다. WTO 기본통신협상, 한미 통신협상을 담당하셨던 입장에서 이 문제를 어떻게 보십니까?

이한영 서비스 무역의 학술적 정의에 따르면, 서비스업의 전통적 특징은 기본적으로 소비자와 공급자 간에 대면하는 것을 전제로 합니다. 과거 국제무역론 교재에서는 서비스업을 비교역재(non-tradables)라고 했죠. 서비스는 상품과 달리 저장되지 않는다는 점에서 소비자와 공급자 간 대면을 전제로 거래가 가능하다고 봤던 거죠.
　제가 1990년대 초 WTO 협상을 하면서 양허표를 작성할 때 보니까 국가 간 서비스 무역이 가능한 서비스 공급방식을 네 가지로 분류했는데, 여기에 '국경 간 공급'(cross-border supply)이라는 항목이 있어요. 상품무역 방식인 국경 간 공급이 서비스 무역에서 가능하다는 거예요. '이게 대체 뭐냐?'고 협상 초기에 당황했던 기억이 있습니다. 제가 서비스의 국경 간 공급 개념을 이해하느라 반년은 걸린 것 같아요. 쉽게 말하면, 소비자와 공급자가 대면하지 않고 각자 자국에 주재하면서 서비스 거래를 하는 것을 말합니다.

상품이야 증발하는 것이 아니니 이런 무역거래가 일반적이지만, 이를 서비스 무역에 적용하는 것이 꽤 이상했던 겁니다. 아마 아직도 개도국들 가운데 이게 구체적으로 무엇인지 잘 이해하지 못하는 국가가 있을 거예요. 당시 국가마다 그 개념에 대해 설왕설래가 있었는데 양허표를 작성하면서 그게 무슨 의미인지 잘 모르는 나라들 중 과도하게 용감한 많은 국가는 국경 간 공급에 의한 서비스 무역을 '전면 개방'한다고 기재했어요. 그나마 신중했던 나라는 강하게 '개방 안함'이라고 기재했죠.

우리는 시장 혁신이 기본적으로 국내외 경쟁에서 나오고 시장을 무조건 닫는 게 능사가 아니라고 생각하여 '부분 개방'을 기재하는 것으로 정리했습니다. 이게 뭐냐? 즉, 아직 국경 간 공급에 의한 서비스 무역이 구체화되지 않은 시점이라 구체적으로 어떤 내용인지 모르지만, 만약 향후에 해외사업자가 국내에 들어오지 않은 채 자국에서 국내 소비자에게 기본통신서비스를 공급한다면 최소한 국내 소비자를 보호하기 위한 규제권한의 행사, 즉 실효적 관할권 행사가 가능할 수 있어야 하잖아요? 그래서 "가령, 해외 사업자가 국내 소비자에게 국경 간 공급방식으로 서비스를 제공하려면 사전에 국내 사업자와 약정을 체결해라. 그 조건하에서 문제가 생기면 그 약정에 따라 해결한다"는 내용의 제한조치를 기재했던 것입니다.

그때는 이것이 별 문제가 안 되었죠. 그런데 1990년대 후반부터 월드와이드웹 인터넷이 전 세계를 휩쓸고, 서비스 무역에서 국경 간 공급방식이 아주 중요한 거래방식으로 부상했습니다. 참고로 한국은 UR 협상에서 부가통신서비스 분야의 국경 간 공급에는 전면 개방을 약속했습니다. 한국의 규제체계상 부가통신서비스에 속하는 플랫폼 비즈니스의 국경 간 공급을 적극적으로 통제할 수 있는 정책수단이 마땅치 않습니다.

지금 미국은 플랫폼 기업의 강자를 죄다 갖고 있죠? 이들이 구사하는 거래방식이 모두 국경 간 공급방식입니다. 미국 정부는 자국 플랫폼 기업이 전 세계를 대상으로 비즈니스를 하기 때문에 FTA를 통해 자국 플랫폼 기업의 이해를 반영하려 하고 있습니다. 반면 한국은 토착기업들이 다 죽게 생겼다는 것이 국내의 일반적 견해인 것 같습니다. 기본통신서비스 분야에는 더 이상 신통한 먹거리가 없는 상황에서 KT, SKT도 플랫폼 비즈니스에 본격적으로 뛰어들고 있습니다만, 미국 플랫폼 기업들의 경쟁력이 워낙 막강하기 때문이죠. 넷플릭스 사건은 이러한 맥락에서 이해할 수 있을 것 같습니다. KT, SKT가 제공하는 IPTV와 OTT가 경쟁 구조인데, 통신망 투자는 KT, SKT가 하고 넷플릭스는 무료로 통신망을 이용한다고 생각하는 것이죠. 공정하게 경쟁하려면, 망사용료를 내라는 것입니다.

김용수 당시 호주나 한국은 방송은 유보하면서도 주문형 비디오 서비스 등 부가통신사업은 규제 없이 시장을 개방했습니다. 실질적으로 OTT 서비스를 규제할 방법은 없습니다. 한국도 미국 CNN 방송을 다 공짜로 보잖아요? 만약 우리가 FTA에 있는 방송의 유보 조항을 활용하려면 국내법상 방송의 정의를 국회에서 바꿔야 합니다. 이것은 정치적 이슈이죠. 넷플릭스 같은 콘텐츠 사업자 입장에서는 "우리 같은 콘텐츠 업체들이 많아져야 소비자들이 통신을 쓰고 그 통신료를 소비자들에게 받는데 우리한테 또 받는 건 이중으로 얻는 것 아니냐?"고 주장하는 겁니다.

제가 전용회선 제도를 활용해서 네이버나 다음 같은 국내 플랫폼 기업이 통신사 망사용료를 내는 방식의 시스템을 만들었습니다. 그런데 넷플릭스는 돈을 안 내요. 통신사들이 회선을 끊겠다고 하면 "끊어 봐라. 누가 아쉽냐"라며 배짱을 내밀고 있는 것입니다.

지금의 상황을 보면 협상의 프레임만 규제로 만들어 두었고 실제 협상은 사업자들끼리 합니다. 가령, 페이스북 사건 이후 페이스북은 지금 돈을 냅니다. 기술적으로 두 나라를 연결하는 캐시서버를 두는데 캐시서버에 비용을 지불하는 방식이죠. 결국 이 문제는 누가 게임의 우위에 있느냐가 이슈가 됩니다. 만약 넷플릭스가 아쉬운 입장이면 자기네가 먼저 적극적으로 망사용료를 내겠다고 하겠지요.

인터넷을 시작하면서 한국에서 미국에 접속하는 경우가 대부분이라 미국까지 가는 비용을 한국 통신사업자가 다 냈습니다. 원래는 반반 내야 하는데 미국이 배짱을 내밀었어요. "그럼 미국 사이트에 들어오지 마라. 누가 아쉬운지 한번 보자" 고요. 요즘은 미국 사람들이 한국 K-Pop을 보면서 한국행 트래픽이 늘어났지만 옛날부터 지금까지 지속된 규칙은 바뀌지 않고 있습니다. 과거에 제가 제네바에 있을 때 트래픽에 따라 돈을 부담하자고 이 문제를 호주와 연합해 해결하려 했더니 저를 불러 그야말로 "너 좀 혼나 볼래? 까불지 마" 하는 수준이었습니다. 앞으로 국 경 간 서비스가 늘어날수록 이 문제가 크게 부각될 겁니다.

홍은주 그 이슈의 핵심에 거대 플랫폼사업자들이 있지 않습니까? 빅테크 기업들을 바라보는 시각에 대해 말씀해 주십시오.

이한영 현재 국내에서는 플랫폼사업자들에게 "망사용료를 내라", "디지털세를 내 라", "방송에 준하는 규제를 하겠다", "한국에서 사업하고 싶으면 국내 대리인을 두어라" 등 여러 가지 규제 도입을 진행 중입니다. 다른 나라들도 유사한 고민에 빠져 있지만, 특히 한국에서 새로운 규제 도입에 적극적입니다. 이를 위해 한국이 주로 참고하는 것이 플랫폼 분야에 강성규제 입장을 취하는 EU 법제입니다. 플랫 폼 시장 규제는 한미 FTA 이후 가장 크고 어려운 이슈가 될 것으로 판단합니다. 미국에서도 논란거리가 되고 있습니다. 탈규제를 즐겨온 플랫폼 분야에 규제를 도입하는 것은 정치적으로 민감한 문제이고, 새로운 규제의 적용 범위가 넓어지 면 반드시 얻는 것만 있다고 보기도 어렵습니다.

넷플릭스가 제공하는 비디오서비스가 바로 국경 간 공급방식에 의한 서비스의 대표적 사례입니다. 과거에는 부가통신서비스 비중이 낮고 서비스 종류도 별로 없 었기 때문에 기본통신서비스가 전부라고 생각했죠. 세상이 이렇게 바뀔 줄 아무도 몰랐던 겁니다. 과거 규제는 주로 기본통신서비스에 집중되었기 때문에 요즘도 정 부가 기본통신서비스에는 규제 재량권을 행사할 수 있는 여지가 있습니다. 그런데 부가통신서비스는 시장이 다 열려 있기 때문에 해외 거대 플랫폼 기업들을 규제할 수 있는 수단이 별로 없습니다. 근본적으로 규제 틀 자체를 바꾸는 시도를 하지 않 는 한, 현재의 국내 법제는 거대 플랫폼 비즈니스를 규제하기 어려운 실정입니다.

김용수 정보통신산업은 서비스, 네트워크, 제조업, 소프트웨어 등으로 구성된 에코시스템입니다. 예전엔 미국에서는 AT&T, 한국에서는 KT 등 통신사 비중이 컸죠. 다음으로 삼성전자, 애플 같은 제조업이 주류로 등장했고, 그다음으로 소프트웨어로 주도권이 넘어갔습니다. 지금은 바로 콘텐츠가 왕이에요. 또한 경제 전반에 플랫폼 이코노미가 형성되고 있습니다.

GAFA(Google, Amazon, Facebook, Apple), FANG(Facebook, Amazon, Netflix, Google) 등으로 불리는 플랫폼 강자들의 등장은 모든 산업 전반에 영향을 미치고 있습니다. 신문, 방송, 유통, 금융 등 전통 산업들이 이들에게 모조리 희생 제물로 바쳐진 셈입니다. 세계 경제질서가 재편되고 있습니다. 전방위적으로 모든 게임의 규칙, 규제 시스템이 바뀌어야 한다는 뜻이기도 합니다.

최근 미국 공정거래위원장으로 32세의 젊은 여성이 지명되었는데, 이제 막 예일대에서 박사학위를 받은 조교수입니다. 그런 젊은 사람이 어떻게 공정거래위원장이 될 수 있었는가? 바로 "아마존의 반독점 역설"(Amazon's Antitrust Paradox)이라는 거대 플랫폼 기업 규제와 관련된 논문을 썼기 때문입니다.

즉, ICT가 경제와 통상에서 차지하는 비중이 너무 커진 것이죠. 최근에 드디어 디지털세가 타결되었습니다. 플랫폼 기업이 특정 국가에서 영업해 돈을 벌면 그 국가에 세금을 내라는 것인데 이것이 곧 시행될 겁니다. 국경 간 서비스 공급 문제도 달라져야 할 것입니다. 처음 통신시장을 개방하는 협상을 시작했던 1990년과 2005년 이후 세상은 너무 다릅니다. 또 한 번 게임의 규칙이, 프레임이 달라지고 있는 것입니다.

2017년에 제가 6개월에 한 번씩 실리콘밸리로 출장 가서 4차 산업혁명 계획을 만드는 과정에서 세상이 바뀌는 것을 봤는데, 지금 살펴보면 실제로 경제구조가 다 바뀌고 있습니다. 경제구조, 산업구조, 노동문제 등 모든 것들이 다 바뀌고 있어요. 과거에는 비정규직 이야기를 했는데 지금은 플랫폼 노동자가 가장 큰 노동 이슈죠. 이런 문제가 예전에도 대응하기 쉽지 않았지만, 지금은 그 변화가 너무 빠르게 계속 진행 중이니까 더 어렵습니다. 결국 더 나아가 법과 정치, 규제가 모두 바뀌어야 할 것입니다.

전자정부를 고도화하다

'전자정부 31대 로드맵 과제' 추진[25]

김대중 정부가 추진한 전자정부는 노무현 정부 때 고도화 단계에 진입했다. 참여정부는 출범 당시 혁신의 비전을 '일 잘하는 정부', '대화 잘하는 정부'로 정했다. 또한 '일 잘하는 정부'는 능력 있는 정부, 가치정부, 지식정부 등 세 가지로 정의하였다.

이 목표를 실현하기 위해 '정부혁신추진위원회'가 만들어졌고, 이는 행정개혁팀과 재정개혁팀, 전자정부팀으로 구성되었다. 참여정부가 행정개혁과 재정개혁을 위해서는 바탕이 되는 핵심 인프라로 전자정부 구축이 필수라고 보았다는 점을 알수 있는 대목이다.

참여정부 출범 직후에 가동된 정부혁신추진위원회는 2003년 8월 공무원의 일하는 방식 혁신 11개 과제와, 대국민 서비스 확산 14개 과제, 정부의 정보자원 관리 및 전자정부 관련법·제도 혁신 5개 과제 등 31개 과제를 확정했다.

우선 업무 전자화를 통해 중앙·지방 간 행정처리를 간소화하고, 중앙·지방자치단체 간 보고체계 온라인화를 두 배 이상으로 대폭 늘리기로 했다.[26] 행정정보 공동이용을 확대하고, 민원인의 편의를 제고하기 위해 정부 간 공유정보를 대폭 늘리기로 했다.[27] 정부부처 간에 공유정보를 늘리면 국민이 여권을 발급받거나, 국민기초생활보호 신청을 할 때 구비서류를 대폭 줄일 수 있기 때문이다.

온라인을 통한 민원 이용 건수를 2007년까지 4,500만 건으로 늘리기로 했다. 특히 홈택스를 통한 세금 전자신고 비율을 2007년 8월까지 81% 이상으로 늘리기로 했다. 원스톱 처리기반을 마련하여 복합 민원처리에 걸리는 기간을 대폭 줄이

---

25 이하의 31대 로드맵 과제는 〈전자정부 추진성과 및 정보보호 현황 보고〉(혁신관리비서관실, 2007. 9)를 참조하여 정리했다.
26 2005년 270종에서 2006년 665종으로 늘리기로 했다.
27 2003년 20종에서 2007년에는 42종으로 늘리기로 했다.

행정자치부 주최로 열린 전자정부 토론회 (2004. 12. 23).

고,[28] 전자통관시스템을 구축해 수출입 화물처리 기간도 절반 이하로 줄인다는 목표를 세웠다.[29]

이 밖에 온라인 국민참여 포털, 행정정보 공개포털을 통한 국민의 참여를 확대하여 행정의 민주성을 강화하며, 정부의 정보자원 관리 및 전자정부 관련법·제도를 혁신하기로 했다.

정부혁신추진위원회는 확정된 과제를 행정자치부에 이관했다. 과제를 넘겨받은 행정자치부는 정부혁신본부와 전자정부 본부를 만들어 추진하기 시작했다. 혁신위원회는 행정자치부가 추진한 '전자정부 31대 로드맵 과제'를 중간 평가하여 과제별 미비점을 점검한 후, 향후 보완사항에 대해 종합적 대안을 마련하기로 했다.

2006년 12월부터 2007년 1월까지 이루어진 혁신위원회의 중간 평가 결과, 총 31개 추진과제 중 정상 속도 이상으로 추진된 것이 30개 과제로 목표를 충분히 달성한 것으로 나타났다. 형사사법통합체계 구축 등 일부 과제(4개)는 사업 확대,

---

28 2004년 44일에서 2006년에는 14일로 줄이기로 했다.
29 2002년 9.6일에서 2006년 3.9일로 줄이기로 했다.

부처 갈등의 사유로 구축 일정이 다소 지연된 것으로 평가되었다. 2007년 9월에는 전자정부 완성 보고대회를 개최했다. [30]

'정부 24' 구축과 민원처리 효율화

전자정부 과제가 성공적으로 달성되면서 국가정보가 통합적으로 연계되어 처리되었다. 청와대는 '이지원 시스템'을 만들었고, 각 중앙부처는 '온나라 시스템'을 구축했다. 청와대의 '이지원 시스템'과 국조실의 국정관리 시스템, 각 중앙부처는 물론이고 지방자치단체까지 연결하는 '온나라 시스템'이 작동하면서 청와대·중앙부처·지방자치단체·공공기관 간 행정정보 공유로 수직적·수평적 통합이 이루어졌다. 그 결과, 2007년 말에 행정정보 공동이용 건수는 약 4천만 건으로 급격히 증가했다. 기업과 개인의 민원을 담당하는 '정부 24' 시스템이 구축된 시점도 이때이다.

참여정부 당시 '전자정부 31대 로드맵 과제'의 추진과 조율을 책임졌던 김남석 당시 행정자치부 전자정부 본부장(후일 행정안전부 차관)의 증언을 들어 본다.

홍은주 그 당시에 전자정부 추진 수준은 어느 정도였습니까?

김남석 행정전산화와 전산망 구축이 산업발전을 뒷받침하기 위한 부차적 목적이 아니라 행정효율성을 높이고 민원업무를 수월하게 하기 위한 독자적 목표로 추진하기 시작한 시점이 김대중 정부 때라면, 전자정부를 완전히 꽃피운 시기는 노무현 정부 때였다고 봅니다. 노 대통령은 우선 개인적으로 정보화나 IT에 관심이 많았습니다. 기회가 될 때마다 정보화 이야기를 국무회의에서 강조하곤 했습니다.

정부혁신추진위원회에 행정개혁팀, 재정개혁팀, 전자정부팀 등이 만들어졌고, 31대 과제에도 법과 제도, 시스템 등이 망라되었습니다. 정부혁신추진위원회에서 31대 과제를 확정하여 실제 추진 및 집행기관으로 행정자치부를 지정한 때가

---

30 청와대 혁신관리비서관실, 2007. 9, 〈전자정부 추진성과 및 정보보호 현황 보고〉.

432

그림 6-1 '정부 24'의 주요 민원서비스

| 주민등록등본
(초본) | 건축물대장 | 토지(임야)
대장 | 지적도
(임야도) | 토지이용
계획확인 | 예방접종 증명
(코로나19 포함) |
| 요금감면
일괄신청 | 지방세
환급계좌 | 지방세
납세증명 | 지방세 세목별
과세증명 | 납세증명 | 소득금액
증명 |

출처: '정부 24' 홈페이지.

2004년입니다. 그때부터 전자정부 본부(행정자치부)에서 과제를 인수받아 실무
적으로 추진하기 시작했습니다. 그때 정부 간 정보공유가 많이 이야기되고 행정망
연계와 연결 등이 제안되어 '전자정부 31대 로드맵 과제'에 전부 포함되었습니다.
하지만 추진 초기에는 현실적으로 조달과 관세, 국세, 특허 등 개별 시스템을 구
축하는 것이 우선적 과제였습니다.

홍은주 그전에 추진된 정부전산화와 전자정부가 표면에 등장하고 난 이후 과제가
어떻게 달랐습니까? 특히 참여정부가 추진한 전자정부의 특징은 무엇입니까?

김남석 그전에도 정부업무 전산화를 추진했지만, 각 부처별로 업무의 단편적·부
분적 전산화에 불과하였습니다. 정보화를 직접 책임진 부서가 아니면 사실 다들
별 관심이 없었습니다. 부처 전체가 연결된 종합적 시스템 개발에 착수한 시기는
31대 과제 추진 때부터라고 봅니다. 주민등록관리, 토지관리, 금융전산망 등 그동
안 제각기 추진되어 오던 국가기간전산망이 전체적으로 효율화된 것도 31대 과제
추진 이후부터였습니다. 노 대통령께서 관심을 보이니까 예산이 많이 투입되었습
니다. 제가 전자정부 본부장을 할 때는 예산을 확보하는 데 아무런 어려움이 없었
습니다. 계속 개발하고 돈도 많이 투입하니까 당연히 진적이 빨라지게 된 것이죠.

김남석 (金南奭)

1956년 강원도 삼척에서 태어났다. 한양대 행정학과를 졸업하고, 성균관대에서 정보처리학 석사학위를 취득했다. 1979년 행정고시에 합격하여 총무처 제도1과장, 행정자치부 행정제도과장, 기획예산담당관, 혁신기획관, 정부혁신지방분권위원회 행정개혁팀장, 전자정부 본부장, 정책홍보관리실장, 기획조정실장 등을 지냈다. 2010년 행정안전부 제1차관, 2015년 우즈베키스탄 정보통신기술부 차관을 역임했다.

홍은주 당시 행정자치부와 각 부처의 역할은 어떤 방식으로 조율하였는지 궁금합니다.

김남석 '전자정부지원사업'이라는 이름으로, 31대 로드맵 과제를 추진할 수 있도록 행정자치부에 전체 예산을 할당해 주었습니다. '온나라 시스템' 같은 기본 시스템이나 정부지원 시스템처럼 표준화된 코드를 관리하는 시스템 등 각 정부기관에서 공통으로 사용하는 시스템을 우리가 직접 개발하기도 했습니다. '정부 24'도 직접 구축했습니다.

또 관세시스템, 홈텍스 같은 경우 관세청, 국세청 등 관련기관에서 추진하면 행정자치부에서 재원을 주고 사업진척도를 관리했습니다. 대부분 로드맵에 근거한 장기 연속사업이라 진도를 점검했던 것입니다. 당시는 어느 부처에서 시스템을 개발했다고 하면 청와대에서 노 대통령이 직접 보고를 받았습니다. 이분이 호기심이 많고 지식도 해박해서 시스템을 시연하면 그걸 다 직접 해보고 지시도 하고 그랬습니다.

노무현 대통령이 주재하는 정부업무평가에서
'온나라 시스템'을 학습하고 있다 (2007. 2. 28).

홍은주 참여정부 때 청와대에서 내부 업무 및 과제관리 시스템인 '이지원'(e-知園)을 구축한 계기는 무엇입니까? 그 뜻을 찾아보니 '전자적 지식의 정원'이던데요.

김남석 그건 노무현 대통령의 의사결정 프로세스와 사고를 반영하여 완성한 시스템입니다. 노 대통령이 청와대에서 업무를 시작했는데 의사결정에 참고하기 위해 예전 자료를 찾아보면 제대로 남아 있는 게 거의 없었다고 합니다. 그래서 대통령으로서 국가 경영의 효율적 의사결정을 위해 구축한 것이 '이지원'입니다. 가령, 과제관리를 한 번 클릭하면 과제 추진의 배경과 경위, 경과, 결과 등을 동시에 볼 수 있도록 한 것이죠.

'이지원'이 대통령의 의사결정 철학이 반영된 것이라면, 일반 행정기관에서 공무원들이 쉽게 쓸 수 있는 시스템을 개발해 보자고 해서 만든 것이 '온나라 시스템'입니다. 행정기관이 정책을 추진할 때 이런 정책이 언제 무슨 배경에서 시작되었고 누가 추진했고 경과와 결과는 어떠했는지 일목요연하게 볼 수 있게 한 것이죠. 정책의 투명성과 효율성을 시계열로 볼 수 있도록 설계했고, 나아가 업무 편의를 위해 전자결재 시스템을 부가한 것입니다.

홍은주 공무원 평가업무도 여기에 반영했습니까?

김남석 아닙니다. 성과관리 시스템을 정보화하자고 해서 해양경찰청에서 가장 먼저 개발했고 다른 부처도 각자 성과관리 시스템을 구축한 경우가 많았는데, 모두 '온나라'와 연결한 건 아니었습니다. '온나라'와 연결된 성과관리 시스템은 행정자치부가 처음 개발했습니다. 성과관리를 할 때 '온나라'를 반드시 쓰라고 한 것은 아니었고 부처가 자율적으로 선택할 수 있었습니다.

홍은주 한국 국세전산망인 홈택스가 아주 효율적이라는 국제적 명성을 얻었습니다. 이것은 어떻게 추진했습니까?

김남석 지금은 전 국민이 연말정산을 할 때 아무 서류도 필요 없잖아요? 제가 과거에 전자정부 본부장을 지낼 때는 그걸 상상도 못했습니다. 31대 로드맵 과제 중에 국세전산화가 포함되었지만 구체적으로 세부 분야는 정해지지 않았고 각 부처가 알아서 추진했습니다. 지금처럼 한국의 국세행정이 선진화된 것은 국세청 자체의 혁신적 아이디어와 노력의 결과라고 봐야죠. 처음에 국세청에서 찾아와 요청하기에 지원해 주었더니 국세청 시스템이 오늘날 우리가 경험하는 편리한 홈택스로 빠르게 진화하더라고요.

홍은주 본격적인 대민행정서비스 개선은 언제부터 추진되었습니까?

김남석 '전자정부 31대 로드맵 과제'의 추진으로 부처 종합전산시스템이 구축된 후 공공기관이 서로 정보를 교환하여 대민행정서비스를 향상시키는 데 포커스를 맞추었습니다. 가령, 인허가 서류가 필요하면 과거에는 일일이 관련기관을 방문해 서류를 따로 발급받아 제출해야 했는데, 'G4C 서류발급시스템'이 구축되면서부터 행정기관을 일일이 방문하지 않아도 인터넷으로 모두 신청할 수 있게 되었습니다.

나중에는 서류를 발급받아 어느 기관에 제출할 필요가 없이 해당 기관이 그냥 전산으로 확인하도록 행정정보 공동이용시스템을 구축했습니다. 그런 개념이 나온 시기가 2006년에서 2007년 무렵이었는데, 그때부터 행정정보 공동이용시스템을 만들었고, 각 부처가 국가정보를 자유롭게 서로 확인할 수 있게 되었습니다.

예를 들어, 전에는 여권을 발급받으려면 서류를 떼러 경찰청, 세무서, 동사무소 등을 다 돌아다녀야 했어요. 지금은 사진 한 장만 가져가면 구청 등에서 개인정보 열람 동의하에 그냥 한군데서 다 확인하여 여권을 만들어 주잖아요? 앞으로 사진도 온라인으로 보내고 여권을 수령할 때만 가면 되도록 한답니다. 그게 다 공동이용시스템 구축 이후에 가능해졌습니다.

홍은주 행정전산화와 전자정부 구축이 대민행정서비스 향상 및 정부업무 효율성 혁신과 개혁에 어떻게 작용했다고 보십니까?

김남석 정부혁신의 인프라 기반은 전자정부입니다. 노무현 정부 때 정부혁신위원회 산하에 IT팀이 만들어진 이유는 바로 IT 인프라가 행정혁신과 효율성을 높이는 필수적 수단으로 보았기 때문입니다. 투명성과 반부패지수도 당연히 향상됩니다. 조달, 정부계약 등이 다 온라인 비대면으로 진행되니까 부정부패가 많이 사라지는 겁니다. 어느 정도 기여했는지 제가 정량적으로 측정하기 어렵지만 정보화시스템이 그런 변화를 뒷받침한 것은 분명합니다.

홍은주 정부와 공공기관의 전산화가 급속도로 발전하고 전 국민의 데이터가 축적되면서 '빅브라더 사회'에 대한 우려도 생겼습니다.

김남석 어차피 데이터가 유통되고 개인정보가 돌아다니면 위험이 있습니다. 그렇다고 전자정부를 포기할 수 없으니 정보접근 과정을 투명하게 하고 「개인정보 보호법」을 보완하는 방향으로 가야겠지요. 마이데이터사업이 진화하면서 신산업이 열리게 될 테니, 사회적 비용과 효익을 비교해 사업성과 개인정보 보호를 조화롭게 추구해야 할 것입니다.

그런데 이 문제는 각 나라와 사회의 신뢰자본에 따라 좀 다르게 받아들이는 것 같습니다. 가령, 유럽에서는 개인 간의 신뢰가 높아서 개인정보가 누설되었을 때 남들이 악용하지 않을 것이라고 확신합니다. 반면, 한국은 개인정보의 악용이나 유용에 대한 우려가 큰 편입니다. 어떤 나라에서는 지나가는 차의 번호판만 두드리면 그 차의 모든 히스토리가 다 나옵니다. 그것을 아무나 볼 수 있게 해 놓았죠. 사회적 신뢰가 높기 때문에 가능한 일입니다. 우리에게는 큰 문제가 되겠죠. 이러한 상황을 고려하여 보안투자와 비용 측면에서 어디까지 감수해야 하는지 성찰해 보아야 할 것입니다.

홍은주 참여정부 이후 전자정부 추진 상황은 어떻게 변화했습니까?

김남석 전자정부 구축이나 정보화 정책이 시들해진 것이 이명박 정부 때입니다. 어차피 많은 정책이 대통령의 국정철학을 반영하는데, 이 대통령의 중점 방향은 정보화 쪽은 아니었습니다. 전체적으로 전자정부 추진 예산도 대폭 줄고 침체기를 맞았습니다.

박근혜 정부 때 추진된 '정부 3.0'은 정부혁신의 명칭입니다. 각 부처의 개혁과제를 뭉뚱그린 것이죠. 전자정부와 직접 관련은 없는데 정부의 성과를 직접 나타내는 것이 전자정부 사업이다 보니 종종 언급되는 정도입니다.

최근 들어서는 지능형 전자정부 이야기가 나옵니다. 4차 산업혁명에 대비한 데이터 관리의 중요성, AI 등이 강조되면서 지금은 전자정부, 디지털 정부, 지능형 전자정부 등으로 개념이 진화하고 있습니다.

전체적으로 보면, 정보화추진위원회가 김대중 정부 때 만들어져 총무처 시절, 행정자치부 시절, 행정안전부 시절까지 쭉 지속되었습니다. 김대중 정부와 노무현 정부 때 그 권한이 아주 강했고, 나머지 정부 때는 힘이 좀 약화되었죠. 그 이유는 한마디로 대통령이 이 문제에 얼마나 관심이 있는가, 얼마나 힘을 실어 주는가에 따라 달라졌다고 할 수 있습니다. 어떤 시기에는 그냥 간신히 이름만, 명목만 유지하던 때도 있었습니다.

홍은주 노무현 대통령의 정보화 리더십은 어떠했다고 보십니까?

김남석 노무현 대통령의 정보통신 관심도는 아주 높았습니다. 이분이 너무 관심이 많아 우리가 오히려 부담스러웠을 정도로 지시 사항이 아주 구체적이었습니다. '이지원'은 대통령이 결재할 때 자기 의견을 쓸 수 있게 되어 있습니다. 어떤 시스템 구축정책 보고서가 올라오면, 정책 자체에 대한 코멘트보다 본인이 시스템을 직접 사용해 보니 이게 이렇고 저게 저렇더라는 코멘트를 2~3쪽에 걸쳐 썼습니다. 그 정도로 관심이 많았어요.

홍은주 요즘 말로 '깨알 코멘트'였군요(웃음).

김남석 '이지원'은 노무현 대통령이 비즈니스 모델 특허의 80%를 가지고 있고, 비서관들이 나머지 20%를 가지고 있습니다. '온나라 시스템'을 개발할 때 그 특허를 무상으로 사용하라고 해서 우리가 썼습니다.

그리고 일하다가 필요하다고 느끼면 자주 아이디어를 내서 구체화했습니다. 예를 들어, 국무회의 결재시스템도 노 대통령 아이디어예요. "국무회의에서 결정되면 이중으로 일하지 말고 바로 그 자리에서 지문으로 결재할 수 있도록 하자. 그것도 '이지원'과 연계해 봐라" 해서 만들어진 거예요. 현재 권익위원회가 운영하는 신문고 시스템도 노 대통령 아이디어였습니다.

노무현 대통령은 정부부처가 구축하는 시스템에 대해 청와대에서 보고를 많이 받았고, 보고받을 때 메뉴를 하나하나 다 눌러 보면서 자세한 의견과 코멘트를 많이 제시했습니다. 대통령이 질문하는데 "기술적 분야라서 제가 잘 모릅니다"라고 답할 수는 없잖아요? 하는 수 없이 저도 공부를 많이 했고, 부처의 장관들도 다들 긴장해 공부를 열심히 했습니다. 만약 장관들이 잘 몰라 대답하지 못하면 대통령이 직접 하나하나 클릭해 보면서 이해하곤 했습니다.

정보화 Episode: 전자정부의 재정정책과 국세행정 효율화

통합재정정보 시스템 구축

중앙정부와 지방정부, 공공기관 등에서 통합재정정보 시스템 구축이 본격화된 시기는 노무현 정부 때이다. 재정경제부와 기획예산처, 행정자치부 등 관계부처가 모여 2004년 5월 디지털 예산회계 기획단을 발족했고, 총 567억 원을 들인 통합재정정보 시스템이 2007년 1월 개통했다. 전 세계적으로 통합재정정보 시스템을 구축한 27개 국가가 시스템 구축에 평균 5~9년이 걸린 데 비해 한국은 2004년 중반에 작업을 시작해 2006년 말에 완성한 것이다. 이 시스템의 완성으로 재정계획 수립, 예산편성, 예산집행, 자금과 자산 및 부채 관리, 회계결산, 재정 성과관리 등에서 효율적 재정정책 추진이 가능해졌다. 재정의 중복집행이나 문제점도 빠른 시간 내에 발견할 수 있게 되었다(재경회·예우회 편, 2011,《한국의 재정 60년》, 매일경제신문사).

국세통합전산망 구축과 홈택스

한국 행정전산화 과정에서 가장 빠른 속도로 진화한 것이 국세청 홈택스다. 국세청은 과세자료를 전산 처리하여 근거과세를 확립하는 것이 초기 국세행정 전산화의 주요 목적이었다. 1977년부터 부가가치세 제도가 시행되면서 소득합산표 출력과 세금계산서 상호대조를 위해 전산화의 필요성이 높아짐에 따라 국세청은 1976년 전산시스템을 대폭 확장했다. 또한 '국세행정 전산화 5개년계획'을 2차에 걸쳐 수립, 시행하여(1982~1992) 본격적 근거과세의 정착을 위해 노력했다.

1996년 금융소득종합과세 실시로 최신형 주전산기 교체가 이루어졌고 국세청 전 직원이 1인당 PC 1대씩을 사용하도록 했다. 직원들의 PC 사용능력을 높이기 위해 경진대회를 개최하기도 했다. 1997년부터는 국세통합시스템(TIS)의 도입에 따른 세정전산화와 업무 고도화가 추진되었다. 국세통합시스템 구축을 통해 과세자료를 인별, 기업별, 사업장별로 파악하고 각종 영수증과 신용카드 사용, 과세자료 수집 및 활용을 통해 세무조사의 실효성을 높이며 탈루세금을 방지하는 체계적 시스템을 갖추었다.

국세청 홈택스 홈페이지 메인 화면 (2022. 3. 31).

1999년부터 추진된 대대적 국세전산화는 전자기반 신고납부제도의 심화를 기반으로 국세행정의 방점을 세무조사 기능강화와 탈세방지에 두었다. 국세통합전산망을 가동하여 납세자 정보를 시계열로 축적하고 추적하기 시작한 것이다("정보기술의 발달과 국세행정의 변화", 국체청, 1996.《국세청 30년사》).

국세전산화의 고도화로 납세자들의 편의성도 획기적으로 높아졌다. 과세 당국의 자의적 재량행위 때문에 발생하는 민원이 줄어들었고, 전자신고 및 납부가 일상화되었다. 세금의 자진신고 접수를 위해 관할 세무서에서 아침부터 길게 줄 서는 풍경은 이제 아득한 옛날이야기가 되었다. 오늘날 한국에서는 수백만 근로자의 연말정산이 서류 한 장 제출할 필요 없이 쉽고 빠르게 이루어지고 있다.

9·11 테러가 앞당긴 정부통합전산센터 구축

2001년 9월 11일. 마치 영화의 한 장면 같은 자살테러 사건이 미국 뉴욕 심장부에서 발생했다. 허드슨 강변에 있던 세계무역센터의 허리 부분을 자살테러 비행기가 직격한 것이다. 미국 자본주의 상징처럼 서 있던 거대한 마천루가 무너져 내리고 방송에서 이를 지켜본 전 세계 사람들은 충격 속에 얼어붙었다.

당시 세계무역센터에는 모건스탠리, 아메리카은행, 메릴린치와 같은 글로벌 금융기업이 입주해 있었다. 하지만 이들 금융기업의 고객정보와 같은 핵심 정보자산은 전혀 피해를 보지 않았다. 전산정보 백업시스템을 다른 곳에 두었기 때문이다.

9·11 테러로 데이터 보안의 중요성을 깨닫게 된 한국 정부는 입법부, 행정부, 사법부 등 대한민국 정보자원을 보호하기 위해 전자정부특별위원회에서 선정한 전자정부 11대 과제 중 하나인 '정부통합전산센터 구축'을 본격 추진하게 되었다. 2001년 11월 전자정부특별위원회는 정보통신부와 행정자치부, 기획예산처 등 3개 부처가 이 사업을 담당하도록 결정했다.

이 사업은 정부가 제시한 까다로운 조건 때문에 2002년에 한차례 유찰되는 등 우여곡절을 거치면서 김대중 정부에서 노무현 정부로 넘어가게 되었다. 2003년 8월 참여정부에서 확정한 '전자정부 31대 로드맵 과제' 가운데 정부통합전산센터 구축이 정보화전략계획(ISP) 사이에 들어 있었다. 입지 조건과 보안성, 기존 기반시설, 운영 및 유지 보수 협조 가능성 등의 조건에 맞추어 대전 KT 건물이 최종 부지로 선정되었다.

2005년 초에 제1정부통합전산센터가 출범했다. 2001년에 추진했던 사업이 무려 4년이나 걸려 완성된 것은 많은 이해관계가 얽혀 있었기 때문이다. 정보통신부와 행정자치부 중 어느 쪽이 주도권을 쥘 것이냐는 문제는 노무현 대통령이 결단을 내려 비교적 쉽게 해결되었다. 그러나 정부 각 부처의 전산업무를 전부 통합하는 과정에서 수많은 전산직 공무원과 직원들의 반발을 무마하는 문제는 간단치 않았다.

정부통합전산센터 구축을 추진했던 진대제 당시 정보통신부 장관의 증언이다.

정부통합전산센터 출범 (2005. 11. 24).

진대제 당시 부처별로 IT 조직이 있어 각각 따로 구축, 운영, 관리하고 있었습니다. 그래서 제가 "정부전산망을 통합해야 한다. 그래야 비효율을 줄이고, 확실한 보안시스템을 구축하여 해킹 위험을 줄이고, DB 구축도 효율적으로 추진된다"고 강하게 주장했습니다. 그때 그것을 성사시키느라 제가 각 부처와 전쟁을 치르다시피 했습니다. 우선 각 부처의 예산과 자리가 줄어드는 일이라 다들 반대했죠. 그래서 각 부처의 IT 담당자들을 천안 연수원에 다 모아 필요성을 역설하고 설득했습니다. 전문가들이니까 제 논리를 납득해 결국 다 종합해서 만들기로 했습니다.

간신히 추진을 결정하고 나니까 이번에는 행정자치부가 정부전산망이니까 자신들이 관리하겠다고 나서는 바람에 부처 간에 얼굴 붉힐 정도로 격렬한 토론이 있었습니다. 양측이 대통령 앞에서 토론했는데 결국 "해킹 보안과 관리 측면에서 정보통신부가 하는 것이 좋겠다"고 노 대통령이 결론을 내렸습니다.

그 결과, 정부통합전산센터가 대전에 만들어졌습니다. 전산센터를 전부 통합하면서 보니까 10년 이상 된 낡은 서버를 쓰는 곳이 있어 전부 신형으로 재구축하고 중복과 비효율도 제거했습니다. 그리고 데이터센터를 설립하여 정부의 모든 정보가 드나드는 관문이 되었습니다. 이것이 나중에 '정부 3.0'의 기반이 되기도 했죠.

우여곡절이 있었지만 정부통합전산센터 구축은 탁월한 결정이었다. 개별 구축 대비 국가정보화 예산을 30%가량 절감했다. 뿐만 아니라 반복되는 D-DOS 공격과 하루 평균 6~10만 건이 넘는 사이버 테러에 효율적으로 대응하여 중단하거나 느려지는 일 없이 전자정부 서비스를 제공하게 되었다.

2005년 제1정부통합전산센터가 출범했을 때 정보시스템은 총 4,213대, 1인당 운영장비 수는 25.5대였다. 그로부터 10년이 지난 2015년 6월 정보시스템은 2만 5,154대로 5.9배가 늘었으며, 1인당 운영장비 수도 89.5대로 3.5배가 증가했다. [31]

전자정부 추진 10년 만에 세계 1위

UN은 2002년부터 회원국의 전자정부 수준을 전자정부 준비지수로 계량화하여 그 점수와 순위를 발표했다. 2002년 한국의 전자정부 순위는 190개국 중 15위였다. 한국은 꾸준히 전자정부를 추진하면서 2003년 191개국 중 13위, 2004년 191개국 중 5위로 전자정부 선도국가로 부상했다. 2010년 드디어 한국은 UN이 평가하는 전자정부 1위에 올라섰다. 2001년 「전자정부법」 제정 후 10년 만에 거둔 눈부신 성과였다.

김남석 UN에서 2년마다 전자정부 평가를 하는데, 2010년 이래 한국이 3회 연속 1위였고 지금은 2~3위 정도인 것으로 압니다. 2010년에 전자정부 세계 1위로 올라선 이유는 그전에 이미 탄탄한 토대를 구축했기 때문입니다. 참여정부에서 추진한 '전자정부 31대 로드맵 과제'를 잘 살펴보면 아시겠지만, 거기에 UN의 전자정부 평가요소가 거의 대부분 반영되어 있었습니다. UN이 정한 기준이지만 사실 우리와 생각이 비슷하지 않겠습니까? 대민행정서비스가 얼마나 접근성이 높고 가능한가, 얼마나 편리하고 빠르게 처리할 수 있는가, 얼마나 다양한 서비스를 제공

31 행정안전부, 2017, 《되돌아보는 대한민국 전자정부 이야기 23선》, 휴먼컬처아리랑, 35쪽.

하는가 등이죠. 그걸 추진 단계에서 다 반영했기 때문에 저절로 순위가 올라갔고, 그 무렵 만든 전자정부가 지금까지 작동하고 있는 겁니다.

실제로 IT사업을 하시는 분들 이야기를 들어 보면 그때가 가장 좋았다고 합니다. IT 정보화를 위해 정부가 돈을 많이 풀고 시장이 새로 생겨 비즈니스 측면에서 좋았다는 거죠. 전자정부 사업 하나만 놓고 봐도 1조 원 규모의 시장이 만들어졌습니다. 사업하는 분들의 이야기를 들어 보면, 그때 정부에서 시스템 발주를 가장 많이 하고 돈도 많이 풀었다고 합니다.

한국 정부가 추진한 전자정부가 UN의 평가에서 세계 1위로 올라선 것은 어떠한 의미가 있을까?

KDI는 "전자정부는 행정의 투명성과 효율성을 증대시켰을 뿐만 아니라, 보다 우호적인 경영환경을 조성함으로써 한 국가의 경제 발전에 이바지해왔다"고 평가했다.[32] 전자정부의 발전이 정부행위의 투명성과 행정의 효율성, 국민에 대한 서비스 강화 등을 실현하는 가장 강력하고 구체적 수단이 된 것이다.

가령 금융과 조세의 투명성을 담보하는 가장 중요한 법인 금융실명제[33]가 대통령 긴급명령으로 만들어진 것은 1993년이고, 부동산실명제가 공표된 것은 1995년이지만 이 두 개의 법이 실질적으로 투기와 탈세, 거래의 투명성을 담보하게 된 것은 IT기술 발전 및 전자정부 발전과 궤를 같이하는 것으로 평가된다.

고액 현금거래를 감시하는 「특정 금융거래정보의 보고 및 이용 등에 관한 법률」(FIU법)과 「범죄수익은닉 규제법」, 「전자금융거래법」 등 여러 가지 법이 속속 제정되어 실효적으로 작동하고 있는 것 역시 전자정부 구축의 공로라고 할 수 있다.

---

32 KDI, 2011, 〈2011 경제발전경험 모듈화사업〉.

33 법안의 정식명칭은 「금융실명거래 및 비밀보장에 관한 법률」이다.

우즈베키스탄, 한국에 정보화 컨설팅 요청

UN에서 한국 전자정부를 1위로 평가하고, 이 사실이 전 세계적으로 알려지면서 한국정부는 EDCF, ODA 사업 등과 병행하여 해외로 전자정부 시스템을 수출하였다. 우즈베키스탄에서는 아예 한국 정부에 차관급 인사를 보내 달라고 요청하여 김남석 전 행정안전부 차관이 현지에서 직접 정보화를 지원하기도 했다. 한국 공무원이 외국의 차관급 공무원으로 정식 임명받아 일한 드믄 경우였다.

김남석 제가 전자정부를 쭉 추진해왔지만, 솔직히 외국에서 한국을 어떻게 보는지 잘 몰랐습니다. 우즈베키스탄에 초빙되었을 때 비로소 한국 전자정부가 외국에서 대단한 평가를 받는다는 것을 실감했습니다.

우즈베키스탄 대통령이 2012년에 한국을 방문했을 때 이명박 대통령에게 "우리나라도 전자정부를 추진하고 싶다. 한국에서 사람을 좀 보내 달라"고 요청했던가 봐요. 또 맹형규 행정안전부 장관에게도 추천을 부탁했습니다. "한국에서 사람을 보내 주면 차관급 공무원으로 정식으로 임관하겠다. 그리고 타시켄트에 IT 국립대가 있는데 거기 부총장으로도 한국인을 쓰겠다"고 제안했습니다.

그래서 저와 이철수 한국정보화진흥원 원장(한국인터넷진흥원 원장 역임)이 선임되어 우즈베키스탄에 갔습니다. 제가 우즈베키스탄 정보통신기술부 차관으로, 이 원장이 IT 국립대 부총장으로 갔죠. 이 원장은 예전에 데이콤에서 행정전산망 사업을 해서 저와 잘 아는 사이였기 때문에 제가 같이 가자고 설득했습니다.

그때 우즈베키스탄에 가서 4년간 일했습니다. 거기서 보니까 한국 정부가 우즈베키스탄 전자정부의 롤 모델이에요. 그 사람들이 존경하는 시선으로 우리를 봅니다. 저는 한국에서는 별로 알려지지 않았는데 우즈베키스탄에서는 널리 알려진 인물이 되었습니다.

홍은주 우즈베키스탄에서 IT계의 BTS가 되셨군요(웃음).

홍은주 한양사이버대 교수가 김남석 전 행정안전부 차관과 인터뷰를 진행하였다.

김남석 BTS는 절대로 아니었고요(웃음). 우즈베키스탄 대통령께서 관심을 가지고 열심히 전자정부 사업을 추진하시는 데다가 내각회의에서도 제 이야기를 여러 사람에게 하시니까 제 이름이 많이 알려진 거죠. 대통령이나 총리가 "왜 우즈베키스탄에 전자정부를 추진해야 하는지 사람들이 잘 모르니까 좀 설득하고 교육해 달라"고 해서 제가 지방정부를 많이 돌아다녔습니다. 우즈베키스탄은 국토가 아주 넓은데 14개 주를 두 차례나 순회했습니다. 그곳에서는 주지사를 '하킴'이라고 하는데 이분들이 굉장한 열의를 가지고 있습니다. 제가 이야기하면 관심이 아주 크고 한국은 어떻게 하는지 질문도 많이 했습니다. 그 과정에서 한국 전자정부 위상을 새삼 체감할 수 있었습니다.

제가 한 가지 놀란 사실은 이분들이 개인적으로 이미 상당한 수준의 IT 지식을 가지고 있다는 것입니다. 그곳에 가기 전에는 아무래도 한국보다 정보화 수준이 낮을 테니까 한국 시스템을 소개하는 정도면 되겠다고 쉽게 생각했죠. 막상 가서 보니까 전혀 예상과 달랐습니다. 특히 우즈베키스탄 정보통신기술부는 모든 공무원이 선망하는 최고 엘리트 집단입니다. 공채 공무원이 아니라 재력 있고 가문 좋은 사람들이 정보통신부에 들어오기 때문에 많은 공무원이 석박사로 유학 다녀온 사람들입니다. 당연히 영어도 잘하고요. 다만 개인의 아이디어가 쉽게 반영되는 개방적인 분위기가 아니었습니다.

이분들이 해외에서 다 보고 경험하고 배웠기 때문에 이론도 상당한 수준이었습니다. 가령, 거기 국세위원회 사람들은 한국말도 잘하고 매일 한국 홈택스를 들여다보고 있어서 무엇을 어떻게 배치하고 어떤 서비스를 제공해야 하는지 이미 구체적으로 다 알고 있습니다. 그들이 원하는 것은 단순한 소개가 아니었습니다. 예를 들어, "'온나라 시스템'을 개발할 때 법과 제도는 어떻게 제정했나?", "재원은 어떻게 마련했나?", "개발하는 과정에서 무슨 문제가 있었나?", "문제가 있었다면 어떻게 해결했나?" 등 아주 구체적 질문을 해옵니다. 그래서 제가 컨설팅 방향을 전면 수정했습니다.

그런데 행정시스템이 일선 공무원이 건의한다고 고쳐지는 개방적인 문화가 아닙니다. 공무원들이 아는 것은 많은데 구체적으로 정책을 제안하고 구현하는 조직문화가 덜 갖추어져 있으니까 저에게 자신들의 생각을 대통령이나 경제부총리에게 전달해 달라는 부탁을 많이 했습니다. 경제부총리가 제 이야기는 곧바로 그 자리에서 다 들어준다는 걸 이 사람들이 아니까요. 제가 대통령이나 경제부총리를 자주 만나 중간에서 의견을 전달하는 역할을 열심히 했습니다. 대통령이나 경제부총리 방문 전에 정보통신부의 젊은 공무원들을 만나 어떤 내용을 전달하길 원하는지 물어보고 열심히 전했는데, 다행히 대부분 실현되었습니다.

홍은주 우즈베키스탄에서 컨설팅과 교육 외에 어떤 업무를 추진하셨습니까?

김남석 제가 2013년에 가서 가장 중점적으로 추진한 일은 우즈베키스탄 공무원들과 2014년부터 2020년까지 7년간의 중장기 계획을 세운 것입니다. 우즈베키스탄 전자정부 중장기 계획을 만들기로 하고 계획서를 받았는데, 대부분이 전자정부가 근본적으로 무엇을 추진해야 하는지 잘 모르고 홈페이지 만드는 사업 같은 소소한 것을 제출했습니다. 추진 재원은 ODA(official development assistance) 사업을 많이 하니까 한국, 독일, 미국, 일본 등에서 무상원조를 받겠다는 것이었습니다.

장기 계획 가운데 제일 먼저 착수한 사업이 행정전산망과 비슷한 주민통계와 부동산 DB를 구축하는 일이었습니다. 가장 큰 문제가 거기에는 개개인을 식별할 수 있는 주민번호가 없다는 것이었습니다. 개인 번호가 있긴 한데 세금신고 번호, 여권번호 등 제각각이에요. 모든 국가정보를 데이터베이스화하고 그 정보를 통합하고 유통하고 연결하려면 개인과 기업을 식별하는 고유식별번호를 만드는 작업이 선행되어야 했습니다.

홍은주 그래서 고유식별번호 문제는 어떻게 해결하셨습니까?

김남석 제가 관찰해 보니까 거기는 여권이 바로 신분증이에요. 미성년자만 제외하고 모두 여권을 가졌고 주거이전 등의 내용도 다 여권에 기록합니다. 그래서 미성년자에게도 여권번호를 확대하여 고유식별번호를 여권번호로 통일시켰습니다.

홍은주 실제로 행정시스템 구축에 한국 기업도 참여했나요?

김남석 행정시스템 개발은 한국 모델을 기초로 했고, 소프트웨어는 주로 우즈베키스탄 소프트웨어 업체들이 자체 개발했습니다. 하드웨어나 SI는 그쪽 역량으로는 한계가 있어 한국 기업들에서 개발했으면 좋겠다 싶었죠. 그래서 한국 대기업을 한 군데 설득해 합작회사를 만들어서 전자정부 과제를 수주하도록 했습니다. 그런데 안타깝게도 지금은 새로운 정권이 들어서고 새 정부의 정책적 역점사업이 바뀌어 철수한다는 이야기를 들었습니다.

실제로 SI 사업을 할 때 그쪽에서는 당연히 한국의 유명 대기업이 와서 일해 주길 원했습니다. 그런데 한국은 대기업·중소기업 상생 규제 때문에 일정액 미만의 SI 구축에 대기업이 원칙적으로 참여하지 못합니다. 한국 ODA 자금으로 추진한 우즈베키스탄 SI 사업에 한국 대기업이 참여하지 못하는 것이죠. 이러한 규제는 외국의 경우는 예외로 두어 해외에서는 좀 풀어야 한다고 생각합니다.

홍은주 전체적으로 회고할 때 한국 전자정부 발전 요인은 무엇이라고 보시나요?

김남석 정책결정자인 대통령의 관심과 리더십이 가장 핵심이었다고 봅니다. 행정
지원 및 국가예산 지원 등이 그에 따라 달라지니까요. 또 한 가지 요인은 1980년
대 후반 이후 정치와 사회가 민주화되면서 정부에 대한 국민의 민원이나 요구가
크게 늘었기 때문이라고 봅니다. 서비스 개선 및 정부혁신에 대한 민원이 많아지
고 국민이 정부에 원하는 요구 수준이 높아진 것이 추진동력이 되었던 것입니다.
국민의 목소리가 커지면 정부도 관심을 가질 수밖에 없잖아요? 두 가지 요인이 적
절히 조화를 이루었다고 생각합니다.

홍은주 4차 산업혁명 시대의 전자정부 사업은 어떻게 추진해야 할까요?

김남석 저는 시대에 따라 전자정부 사업의 기술은 달라져도 그 기본 개념은 변하
지 않는다고 생각합니다. 우선 정부 내부의 효율성과 투명성을 높이는 방향으로
추진해야 합니다. 어느 정부이든 행정개혁은 지속해야 하고 그걸 구체화할 수 있
는 수단이 전자정부인 것입니다.

　　또한 대민행정서비스의 편리성과 신속성, 정확성을 높여야 합니다. 과거 정부
부터 이를 추구해왔지만 새로운 기술이 계속 개발되고 도입되니까 재구축해야 합
니다. 향후에는 정부 데이터 관리를 효율화하고, AI를 활용한 선제적 서비스를
제공하는 방향으로 가야 할 것입니다.

국제공인 받은 한국 전자정부 시스템

국제기구 수상

- 출입국 심사(법무부) : UN의 '공공서비스혁신상'(2007)
- 정보화마을(행정자치부) : 세계전자정부포럼의 '전자정부특별상'(2006)
- 나라장터(조달청): 세계정보기술올림픽(WCIT)의 '공공분야 최우수상'(2006)

국제기구 우수사례 선정

- 홈택스 서비스(국세청) : OECD 보고서 '전자세정 우수사례'(2006)
- 참여마당 신문고(국민고충처리위원회): 세계전자정부포럼 'Online Politics Trophy Top10'(2006)
- 전자무역(산업자원부) : APEC 2005 리포트 'World Advanced'(2005)
- 긴급재난 문자서비스(방재청) : 아시아 재난감소회의 '우수사례'(2006)
- 전자통관시스템(관세청) : 반부패포럼 '부패방지 우수사례'(2003)

국제표준 지정

- 나라장터(조달청) : UN/CEFACT 제6차 포럼 '국제입찰 표준안'(2005)
- SPi-1357(중소기업청) : 제13차 APEC 중소기업 장관회의 '공동 선언문' (2006)
- 국제특허출원시스템(특허청) : WIPO '정보기술표준'(2006)

국제인증 획득

- 온라인특허출원시스템(특허청) : ISO 20000 인증(2006)
- 농식품안전안심시스템(농림부) : ISO 9001 인증(2005)
- 전자통관시스템(관세청) : ISO 20000(2006), ISO 9001(2006)

〈전자정부 추진성과 및 정보보호 현황 보고〉, 혁신관리비서관실 보도자료, 2007. 9.

정보화 역기능의 대책 마련

사이버중독과 사이버폭력 문제 대두

초고속인터넷 인프라가 구축되면서 인터넷 이용자가 급격히 늘어나 2006년 인구 100명당 평균 인터넷 이용자 수는 70.6명으로 추정되었다. 이에 따라 국민의 일상이 사이버 공간으로 확장되었고, 정부 행정이 효율화되었으며, 기업 생산성이 높아졌다. 동시에 청소년 음란물 이용과 게임중독 등 정보화 역기능이 가시화되었고, 사이버폭력이 큰 사회문제로 떠올랐다. 학자들은 이에 대한 대책 마련이 시급하다고 촉구했다.[34]

가장 심각한 문제는 인터넷을 통한 명예훼손과 가짜뉴스 확산, 허위사실 유포였다. 익명성 뒤에 숨어 탤런트나 영화배우, 가수 등에게 언어폭력과 모욕 등을 일삼는 이른바 '악플'의 폐해가 갈수록 확산되었다. 사이버 언어폭력 폐해를 지적하고 법적 방지대책 마련을 촉구하는 목소리가 높아졌다.[35]

이 무렵 실제로 사이버 공간의 가짜뉴스 확산과 수많은 악의적 댓글에 오랫동안 시달리던 유명 여배우가 자살하는 사건이 발생하여 큰 충격을 주었다. 2008년 10월 2일 새벽, '시청률의 여왕' 최진실 씨가 자택에서 숨진 채로 발견되었다. 당시 신문 기사에 따르면, 최진실 씨를 자살로 몰고 간 원인 가운데 하나는 인터넷에 떠돌던 '사채업자 루머'였다고 한다.

> 최진실은 "자살한 고(故) 안재환이 빌려 쓴 사채 가운데 25억 원이 최진실의 돈"이라는 소문에 시달려 왔던 것으로 알려졌다. 증권가에서 떠돌던 이 루머는 한 포털 사이트 증권 관련 카페에 올라오면서 급속도로 확산되었다.
>
> 소문은 "사채업에 손을 대고 있던 최진실이 바지사장(명의만 빌려주는 사장)을 내세워 안재환에게 25억 원을 빌려주었다", "사망 소식에 최진실이 제일 먼저 병원으로 달려간

---

34 김덕모, 2003, "청소년의 음란물 이용행태와 대처방안에 관한 연구", 〈언론과학연구〉, 3권 3호.
35 이성식, 2006, "사이버 언어폭력의 원인과 방지대책", 〈형사정책〉, 18권 2호.

것도 안재환에게 25억 원을 못 받았기 때문"이라는 식으로 번져갔다. 신빙성을 더하기 위해 청와대나 국정원이 출처로 거론되거나 현재 경찰 수사가 진행 중이라는 내용이 덧붙기도 했다.

수사에 착수한 경찰은 지난달 30일 증권사 직원 A 씨(25세 여성)를 불구속 입건하고, 최 씨가 차명으로 사채업을 하며 자금난에 시달리던 안 씨에게 25억 원을 빌려주었다는 내용의 글을 인터넷에 올렸다는 진술을 확보했다.[36]

과거에는 몇몇 호사가들의 입에서나 거론되었던 증권가 '찌라시' 등 가짜뉴스가 인터넷에서 마치 사실인 듯 퍼져 나가면서 악성 댓글이 수없이 달렸다. 결국 이혼 등 개인사로 가벼운 우울증을 앓고 있던 최진실 씨는 죽음을 선택했다.

한국방송영화공연예술인 노동조합은 최진실 씨의 사망과 관련하여 "악성 댓글의 무자비한 폭력성이 최진실의 죽음을 불러왔다"고 규탄하고, 2008년 10월 6일 대국민 성명을 발표했다.

인터넷 악성 댓글의 가장 심각한 폐해는 터무니없는 주장이 유포되어도 피해 당사자가 아무런 대응을 할 수 없는 '무자비한 폭력성'에 있습니다. 비록 실체적 진실이 밝혀지더라도 대중문화 예술인들은 이미 추락해 버린 이미지를 회복하지 못합니다. 인기로 먹고사는 대중문화 예술인에게 이것은 생존을 위협하는 행위입니다.

이에 따라 정부는 "국가기관, 인터넷 언론, 포털 서비스 제공자와 UCC 사이트 등에서 게시판을 설치하여 운영하는 경우 이용자의 본인 확인을 위한 방법과 절차를 마련해야 한다"는 속칭 '인터넷실명제' 법안 도입을 결정했다.

내년 상반기(1~6월)부터 본인 실명(實名) 확인을 거치지 않은 사람은 네이버, 다음, 엠파스 등 주요 포털 사이트 게시판에 글을 올리거나 댓글을 달 수 없게 된다. 정보통신부와 열린우리당은 노준형 정보통신부 장관과 변재일 제4정조위원장이 참석한 가운데 28일

---

36 "최진실 사채업자 루머는 이것", 〈동아일보〉, 2008. 10. 2.

국회에서 당정회의를 갖고 인터넷상의 '제한적 본인확인제' 도입을 중심으로 하는 「정보통신법」 개정안을 확정했다.

제한적 본인확인제는 일정 규모 이상의 사이트 게시판에 글을 쓸 때는 반드시 본인 여부를 확인하도록 하는 제도다. 본인 확인은 개인의 ID와 비밀번호로 '회원 로그인'을 해야 글을 쓸 수 있는 방식이다. 회원 가입 때 주민등록번호 등 본인임을 증명할 수 있는 자료를 입력해야 한다.[37]

그런데 정부의 인터넷실명제 조치에 대한 사회적 반발도 만만치 않았다. 시민단체 등이 "정부의 인터넷 감시나 인권 침해, 사전검열이나 사전규제 같은 역기능이 더 클 것으로 우려한다"면서 반대에 나선 것이다. 법학자들도 반대 진영에 동참했다. 법학자들은 "헌법적 원칙에 어긋나고, 표현의 자유에 지나친 제약을 줄 수 있다"는 점과 "범죄방지 등 의도한 효과를 실제로 달성하기 어렵다"는 점 등을 논거로 들었다.[38] "인터넷에서의 불법행위 수사는 IP 추적으로 가능하고, 1% 미만인 악플러를 제한하기 위해 99%에게 족쇄를 채우는 것은 과도하며, 해외 사이트는 그대로 두면서 국내 기업만 역차별하는 산업적 폐해가 있다"는 지적 등도 잇따랐다.[39]

인터넷실명제를 둘러싼 뜨거운 논란이 일자 학자들이 인터넷 게시판의 변화를 분석한 연구를 발표했다. "실명제 실시 이후 게시글의 비방과 욕설 정도는 줄어들지 않았다. 반면에 댓글에서의 비방과 욕설은 실명제 이후 감소했다. 실명제의 도입이 인터넷상 비방과 욕설을 없애거나 줄이는 것을 목표로 했다면 의도한 효과가 달성되고 있음이 부분적으로 검증되었다고 할 수 있다"는 내용이었다. 다만 "글을 쓰는 IP의 숫자가 줄어들고 게시판 참여자 숫자도 감소했다"고 하여 위축의 우려도 사실임을 지적했다.[40]

---

37 "내년부터 인터넷 '제한적 본인확인제' 시행", 〈동아일보〉, 2006. 7. 28.

38 김기창, 2009, "인터넷실명제의 기술적·사업적·법적 문제점", 〈인권과 정의〉, 7월호, 78~97쪽.

39 〈한겨레〉, 2012. 8. 23.

40 우지숙·나현수·최정민, 2009, "인터넷 게시판 실명제의 효과에 대한 실증 연구", 〈행정논총〉, 48권 1호.

인터넷실명제가 후퇴하게 된 결정적 이유는 실명확인 과정에서 네티즌이 입력한 주민등록번호와 전화번호 등 개인정보가 빈번하게 유출되었기 때문이다. 개인정보를 노린 해킹이 빈발하고 내부 직원들의 개인정보 불법판매 등의 사건이 발생한 것이다. 2011년 12월 방송통신위원회는 업무보고에서 "인터넷실명제를 재검토하고, 인터넷에서 주민등록번호 수집과 이용을 금지하겠다"고 밝혔다. 부분적 실명제라고 할 수 있는 '인터넷실명추적제'를 도입했으나 이 역시 다음 해인 2012년 8월 위헌판결을 받아 폐지되었다.

장관 재직 시절 인터넷실명제를 고민했던 진대제 전 정보통신부 장관의 설명이다.

진대제 인터넷실명제를 도입하려 했으나, 결국 잘 되지 않았습니다. 인터넷실명제에 대해 국민에게 직접 의견을 물었으면 70% 이상 찬성했을 텐데, 전문가들만 모여 이야기하니까 다들 목숨 걸고 반대했습니다. 제가 판사와 검사, 민간단체 관계자 등을 다 만났는데 이분들은 다 반대했습니다. 결국 대안으로 부분적 실명제라고 할 수 있는 인터넷실명추적제가 나중에 만들어졌는데, 이것도 헌법불일치 위헌판결을 받았습니다.

나중에 헌법재판소 자문위원을 지낼 때 헌법재판관들에게 "왜 이걸 위헌이라고 판결했습니까?"라고 물었어요. 헌법재판소 소장께서 "개인 표현의 자유는 민주주의 400년 역사의 산물입니다. 개개인의 피해가 설령 있더라도 표현의 자유의 가치를 지키는 것이 훨씬 더 중요합니다"라고 엄숙하게 이야기하더라고요.

「개인정보 보호법」 제정과 '개인정보 보호위원회' 설립

2007년 무렵부터 '개인정보 보호'와 '정보 보안' 이슈에 대한 대책도 본격적으로 마련되었다. 우선 공공 부문에서는 개인정보 보호 전담조직을 확충하여 정보유출 및 유용에 빠르게 대응하도록 했다. 특히 정부관계자가 개인정보를 유출하는 경우 형사고발 등 처벌·징계 수위를 대폭 강화했다. 민간 부문에서도 과태료를 상향 조정하거나 벌칙조항 신설 및 위반 사업자에 대한 과징금 제도 도입 등을 추진했다. 또한 업무담당자, 이용자 교육을 강화하고, 개인정보 보호의 중요성에 대한 홍보를 지속적으로 진행했다. 관리자 및 이용자가 웹사이트의 개인정보 보호 수준 및 취약점을 분석할 수 있는 소프트웨어도 개발, 보급하도록 계도했다.

2011년 3월에는「개인정보 보호법」이 제정되어 9월부터 시행되었다. '개인정보의 수집·유출·오용·남용으로부터 사생활의 비밀 등을 보호'하기 위한 목적으로 제정된 이 법은 각 기관의 개인정보 보호의무를 규정했다. 한편 개인정보 보호에 관한 사항을 심의·의결하기 위해 대통령 소속[41] '개인정보 보호위원회'를 두는데, 위원장 1명, 상임위원 1명을 포함한 15명[42] 이내의 위원으로 구성한다. 이들은 개인정보 보호와 관련된 법령의 개선, 정책과 제도 및 계획의 수립·집행, 정보주체의 권리침해 조사 및 이에 대한 처분, 개인정보 처리와 관련한 고충처리·권리구제, 개인정보에 관한 분쟁의 조정, 개인정보 보호에 관한 기술개발 지원·보급, 전문인력 양성 등의 업무를 하게 되었다.

개인정보 보호위원회는 2016년부터 개인정보 침해요인 평가기능 신설 및 개인정보 분쟁조정 기능 이관 등을 통해 조직과 정원을 확대했다. 2020년 8월에는 행정안전부(공공·민간)와 방송통신위원회(온라인), 금융위원회(상거래기업 개인신용정보 조사·처분) 등에 분산되었던 개인정보 보호감독 기능을 통합하여 중앙행정기관으로 출범하여 오늘에 이르고 있다. [43]

---

41 2021년 12월 현재는 국무총리 소속이다.

42 2021년 12월 현재는 9명이다.

43 개인정보보호위원회 홈페이지(www.pipc.go.kr/np, 2021. 12. 1 인출).

정보통신부의 해체

정보통신부 폐지를 둘러싼 논란

2007년 12월, 이명박 후보가 새 대통령으로 당선되었다. 이명박 정부는 '작고 효율적인 정부'를 지향하며 정보통신부 등 일부 부처의 폐지 결정을 내린다. 업무가 여러 부처와 중복된다는 이유였다. 과학기술부를 교육부에 집어넣었고, 정보통신부를 없앤 후 그 기능을 행정안전부, 지식경제부, 방송통신위원회, 문화체육관광부 등에 이전했다.

정보통신부가 없어진다는 청천벽력 같은 소식에 체신부와 정보통신부의 전 · 현직 장관과 관료들, 그동안 정보화 정책을 추진하는 데 이바지했던 모든 관계자가 정보통신부를 되살리기 위해 애썼다.

이석채 이명박 정부가 정보통신부를 해체하여 방송통신위원회에 흡수시키기로 발표한 후 제가 그것을 뒤집으려고 엄청나게 노력했어요. 김영삼 대통령께도 부탁해 이명박 당선자에게 좀 말씀해 달라고 하고, 인수위원회 등 여러 사람한테 가서 얘기했어요. 한번은 공개적으로 이야기한 게 언론에 보도되어 곤욕을 치르기도 했습니다. 정보통신부 일부 기능을 산업자원부나 과학기술부, 방송통신위원회로 보낸다는 것은 무리입니다. 위원회란 대개 일이 다 벌어진 후 사후적으로 분쟁을 조정하는 것이 핵심 업무잖아요? 즉, 위원회는 적극적 행정이 아니라 수동적이고 방어적인 행정을 하는 조직이죠.

물론 잘못하면 시장이나 업계를 간섭할 수도 있지만, 정보통신부는 경제구조를 혁신하기 위해 미래를 내다보고 앞장서서 치고 나가는 조직입니다. 특히 변화라는 것은 대개 기득권과 부딪히거든요. 새로운 변화가 일어나면 구질서하고 신질서가 충돌하게 마련입니다. 경제의 신질서가 제대로 뿌리내리고 앞으로 성장하도록 이것을 뒷받침해 줄 수 있는 강력한 추진력이 필요해요. 그래서 앞장서서 기득권과 끊임없이 싸우는 조직이 있어야 합니다. "이것만이 내 먹거리다. 이게 내 일이다"라는 사람들이 있어야 그 일이 아무리 작더라도 큰일로 만들고 변화를 가져올 수 있는 겁니다. 만약 정보통신혁명이 야기한 변화가 이미 완성형이어서 그냥 놔둬도 시장에서 알아서 진행된다면 상관없겠지만, 적어도 당시에는 정보통신혁명이 현재 진행형이었잖아요? 그래서 제 나름대로 열심히 정보통신부 해체를 막으려고 노력했던 것입니다.

김영삼 정부 시절에 정보통신부와 정보화기획실 탄생을 도왔던 이각범 전 청와대 수석도 "평생 동안 해보지 않았던 정치적 로비를 그때 한 번 해보았다"고 기억한다.

이각범 김영삼 대통령께서 대통령직인수위원회를 만드셨을 때 저는 일체 관여하지 않았습니다. 사실 인수위원회를 만들기 전에 제1의 국정과제로 했던 부정부패 척결은 제가 짜 드린 안대로 되었거든요. 부패방지위원회는 인수위원회에서 논쟁하다가 결론이 안 났고, 이회창 감사원장이 저에게 부정방지위원회를 조직해 달라고 해서 황우여 감사위원과 같이 작업했어요.

그런데 정보통신부 없어진다니까 제가 평생 동안 안 하던 일을 했어요. 이명박 당선인의 인수위원장인 이경숙 숙명여대 총장을 만났습니다. 저와 대학 동기이자 나중에 국회의장이 된 부산 영도구 출신의 김형오 과학기술정보위원장도 세 번이나 찾아갔습니다.

인수위원회 행정학자들이 '작은 정부'라는 명목으로 과학기술부를 없애서 교육부에 집어넣고, 정보통신부를 행정안전부, 지식경제부, 방송통신위원회, 문화체육관광부 등으로 4분할을 하지 않았습니까? 그래서 "4분할이라는 게 능지처참 아닙니까? 정보통신부가 뭘 잘못했다고 능지처참합니까?"라고 따졌죠. "미래를 위해 가장 강조해야 하는 부분이 과학기술과 정보통신입니다. 앞으로 새로운 시대를 이끌어갈 두 부처를 그런 식으로 해체하면 안 됩니다"라고 강력히 반대 의견을 표명했습니다.

제가 마지막으로 제시했던 안이 과학기술부와 정보통신부를 꼭 다른 부처와 합쳐야 한다면 이 두 부처를 통합하여 미래부로 하라는 것이었지만 그것도 받아들여지지 않았습니다.

평생 동안 정보통신정책을 수립하고 집행하면서 체신부 장관을 지내고 은퇴한 윤동윤 전 장관까지 나서서 대통령직인수위원회와 국회를 찾아다녔다. 만나 본 사람들 모두가 "개인적으로 정보통신부를 없애는 데 반대한다"는 반응을 보였는데 왜 끝내 폐지되었는지는 미스터리로 남았다. 국회에 마지막 희망을 걸었지만, 여야의 거래 속에서 정보통신부는 역사 속으로 사라지고 말았다.

윤동윤 정보통신부는 김영삼 대통령 때 출범하여 그 후 김대중·노무현 대통령이 아주 잘 활용했습니다. 그런데 이명박 대통령 당선인의 인수위원회에서 정보통신부를 없앤다는 것입니다. 제가 공직을 그만둔 지 이미 10여 년이 지났는데도 나름대로 그걸 막아 보려고 앞장섰죠.

당시 이경숙 인수위원장을 만나 폐지하지 말라고 설득했는데, 이 위원장이 "저도 개인적으로 반대합니다"라고 해요. 김형오 부위원장이 인수위원회 실세라고 해서 찾아가 설명했더니 자기도 폐지를 반대했대요. 다들 개인적으로 폐지를 반대한다고 했는데도 정보통신부 폐지가 기정사실화되었습니다.

이래서는 안 되겠다 싶어 국회로 가자고 해서 정보통신부 후배들을 데리고 여야 총무들을 다 만났습니다. 당시 여당 원내대표가 KISDI 원장을 지낸 분인데 그분도 말이 안 된다고 생각한대요. 야당 원내대표도 노력해 보겠다는 반응이었습니다. 실제로 여야 쟁점사항 6개 중 하나가 정보통신부 폐지 문제였습니다. 그런데 여야가 하나하나 서로 정치적으로 교환하고 협상하는 과정에서 정보통신부 건은 뒤로 밀려 아예 빠져 버렸습니다.

그때 보니까 이명박 대통령 캠프에서는 정보통신부가 제 역할을 못한다는 인식이 있던 것 같습니다. 그러니까 정보통신부를 쪼개 산업자원부, 문화관광부, 행정안전부, 방송통신위원회 등으로 나눠 버린 거예요. 산업자원부는 정보통신부 기능을 대부분 흡수하여 명칭을 지식경제부로 바꾸었고, 그 바람에 정보통신부는 역사 속으로 완전히 사라졌습니다.

나중에 박근혜 정부와 문재인 정부 때 과학기술정보통신부로 반쯤 부활되어서 1차관, 2차관으로 되긴 했죠. KISDI 출신 윤창번 박사가 박근혜 정부의 수석으로 있으면서 많이 노력했는데도 이름만 살린 셈이 됐습니다. 그 후 정보통신부를 부활시키려는 노력을 포기하고 제가 10여 년간 정우회 회장을 지냈습니다. 정보통신부가 사라진 것은 아직도 아쉬움이 큽니다.

자신이 부총리급으로 격상시켰던 과학기술부가 교육부로 넘어가고, 정보통신정책 기능이 4개 부처에 나누어져 정보통신부가 사라진다는 내용의 새 정부 조직개편안을 접한 노무현 대통령은 2008년 1월 28일 기자회견을 열어 공식적 비판과 함께 거부권 행사 가능성까지 시사했다. 노무현 대통령의 기자회견을 들은 이명박 대통령 당선인의 인수위원회는 이날 오후 5시 "시효가 이미 끝난 참여정부의 오만과 독선"이라며 정면으로 비판하였다. 신구 정부의 대립 상황은 결국 노 대통령이 정부조직 개편안에 사인하면서 종료되었다.

1994년 김영삼 정부 때 정보화를 국가의 미래 비전으로 실현하기 위해 신설되어 CDMA 세계 첫 상용화, 초고속인터넷서비스, 세계적 전자정부 등을 추진하며 'ICT 한국의 신화'를 만들어낸 정보통신부는 14년 만에 막을 내렸다. 이전 체신부 시절까지 합치면 정부수립 이래 수십 년간 지속되었던 조직이 역사 속으로 사라진 것이다.

정보통신부의 마지막 수장이던 유영환 장관은 이임사에서 떨리는 목소리로 "조직과 직원 여러분을 제대로 지켜 주지 못했다는 생각에 얼굴을 들 수 없다"고 말했다. 통한의 이임사였다. [44]

아이러니하게도 정보통신부가 사라진 직후부터 한국의 정보화가 세계적으로 주목받게 되었다. UN 전자정부 준비지수에서 2008년 6위였던 한국은 2010년 1위를 차지한 이래 격년으로 실시된 조사에서 3회 연속 1위를 차지했고, 그 후로도 2, 3위에 올랐다. [45]

---

[44] "이현덕의 정보통신부 204: 굿바이 정통부 (하)", 〈전자신문〉, 2014. 11. 6.

[45] UNPAN 홈페이지(http://www.unpan.org).

제4차~제6차 '국가정보화 기본계획'

정보통신부를 해체하고 그 기능을 여러 부처로 이전한 이명박 정부는 산업발전 측면으로서의 ICT보다 'ICT의 국민생활 속 내재화'를 내세웠다.

2008년 12월 '제4차 국가정보화 기본계획'(2008~2012)은 사회 전반의 지식창출 및 활용체계를 혁신하기 위한 '창의적 소프트파워', 디지털 컨버전스 시대에 적합한 '첨단 디지털 융합인프라', 안전하고 성숙한 '신뢰의 정보사회', 국민과 소통하고 협업하는 '일 잘하는 지식정부', 첨단 ICT 기술과 서비스를 활용하여 '편리하고 윤택하게 생활하는 잘사는 국민' 등 5대 국가정보화를 목표로 제시했다.

특히 "인터넷 이용자 수가 3,400만 명에 이르는 등 정보화가 사회 전반으로 확산되었으나, 유해 및 허위정보의 범람으로 불건전한 사이버 문화가 사회문제로 대두되고, 해킹과 개인정보 유출과 같은 사고가 지속적으로 발생하여 국민의 불안이 가중되는 등 사회적 신뢰가 심각하게 훼손되고 있다"고 지적하고, 인터넷 보안을 강화하는 각종 정책을 수립했다(행정안전부, 2008, 〈제4차 국가정보화 기본계획〉). 2011년에는 「개인정보 보호법」이 제정되었다.

박근혜 정부 때는 정보화사업을 미래창조과학부가 주도했다. 미래창조과학부는 2013년 12월 "정부 주도의 정책 추진에서 한발 더 나아가 국민의 상상력과 창의력을 ICT와 결합하여 사회 현안을 해결하고, 새로운 가치를 창출하는 것에서 정보화의 역할을 찾는 것이 매우 중요해졌다"고 밝히고, 이 같은 방향에 근거하여 '제5차 국가정보화 기본계획'(2013~2017)을 수립, 추진했다.

'제5차 국가정보화 기본계획'은 애플, 구글 등 글로벌 플랫폼 기업은 콘텐츠(C), 플랫폼(P), 네트워크(N), 기기(D) 등이 긴밀하게 연계되어 있는 ICT 생태계가 주도한다는 점을 예로 들었다. 그러면서 "콘텐츠산업, 통신서비스 등 다양한 생태계를 연계, 통합하는 등 ICT 선순환 생태계를 조성하여 글로벌 ICT 산업을 주도한다. 모바일 인터넷, SNS의 대중화 등 ICT 환경 변화는 개방, 공유, 협력의 시대정신을 사회 전반에 확산시켜 집단지성을 활용한 가치 창출에 기여한다"는 목표를 제시하였다(미래창조과학부, 2013, 〈제5차 국가정보화 기본계획〉).

2016년 산업부와 미래부에서는 4차 산업혁명에 대응하는 10대 기술을 선정하여 육성하기로 했다. 8대 스마트 제조기술로 스마트센서, CPS, 적층 가공, 에너지 절감, IoT, BD, 클라우드, 홀로그램을 선정했고, 여기에 산업용 로봇과 AI를 추가하여 10대 집중 육성기술로 제시한 것이다.

문재인 정부 들어 다시 과학기술정보통신부가 신설되면서 정보화 정책을 책임지게 되었다. 2018년 12월 '제6차 국가정보화 기본계획'(2018~2022)은 4차 산업혁명 시대에 대응하기 위해 인공지능 · 빅데이터 · 클라우드 산업을 연결시키는 '지능정보화 사회' 추진 전략을 제시했다.

"인공지능 · 빅데이터 · 클라우드 등 지능정보기술을 적용하는 정보화사업 비중을 2022년까지 35%로 확대하고, 의료 · 복지 · 교육 분야에서 개인별 맞춤형 지능화 서비스를 제공한다. 범죄 · 재난 사전 예측 및 방지, 미세먼지 통합 관리 등에도 지능화 기술을 적용한다. 지능화 기반 혁신성장을 위해 데이터 구축 · 개방, 저장 · 유통, 분석 · 활용 등 전 주기 지원을 통해 데이터 경제를 활성화한다. 기업의 빅데이터 이용률을 2018년 9.5%에서 2022년 20%까지 높여 나간다. 초연결 사회에서 지능화 서비스 이용이 가능한 10기가 유선 네트워크를 확충해 나감과 동시에 네트워크 품질과 안정성을 확보하기 위해 통신구간 해킹을 원천 차단할 수 있는 양자 암호통신 등을 도입한다"(과학기술정보통신부, 2018, 〈제6차 국가정보화 기본계획〉).

과학기술정보통신부는 4차 산업혁명의 8대 선도 분야로 인공지능, 클라우드, 빅데이터, 블록체인, AR · VR, 자율주행차, 드론, 스마트공장을 제시했다. 2019년에는 미래차, 바이오헬스, 스마트공장 · 산단, 핀테크, 에너지 신산업, 스마트시티, 스마트팜, 드론 등을 4차 산업혁명 선도사업으로 추가 지정했다.

이러한 4차 산업혁명 대비 신기술 육성정책은 각 기술 간에 상호연관성과 계층성(hierarchy), 연결의 중심성(degree centrality), 그리고 유사성(technology proximity)에 차이가 있기 때문에 이를 파악하여 중심 기술을 우선 추진하고 연결하기로 했다(김상훈 · 김승민 · 황원식, 2020, 〈4차 산업혁명 연관기술 도입 효과와 관계성 분석〉, 산업연구원). 제조업과 서비스업 등 세부 업종별로도 기술활용 수준에 상당한 격차가 있기 때문에 한국의 산업구조를 고려한 전략을 추진한다는 원칙을 세웠다.

정보화 정책의 표류

정보화를 총괄하던 정보통신부가 폐지되자 정보화 정책 기능도 표류하게 되었다. 처음에는 행정안전부로 이관되어 행정안전부에 '정보화전략실'이 신설되었고 「정보화촉진 기본법」은 「국가정보화 기본법」으로 대체되었다.

정보통신부의 정보통신 관련산업 육성업무는 지식경제부로 넘어갔다. 지식경제부가 이관받은 정보통신 업무는 컴퓨터 및 정보통신 기기와 관련한 산업(「전기통신기본법」 제2조 제2호), 「소프트웨어산업 진흥법」에 따른 소프트웨어 진흥사업 및 「전자거래기본법」 제2조 제5호에 따른 전자거래와 관련한 산업, 「산업발전법」에 따른 지식서비스산업(제8조 제2항), 「이러닝(전자학습) 산업 발전법」에 따른 이러닝산업(제2조 제3호), 「국가정보화 기본법」에 따른 정보보호 관련산업(제3조 제6호) 등이었다.

지식경제부에서는 넘겨받은 수많은 관련법안의 내용을 통합하고 체계적으로 규정하기 위해서 2009년 5월에 「정보통신산업 진흥법」(정보통신산업법)을 제정하였다.[46]

이 법의 주요 내용은 정보통신산업의 부문별 진흥시책, 전문인력 양성, 국제협력 및 해외시장 진출지원 등에 관한 사항을 포함하는 진흥계획을 수립하도록 하는 것이었다(법 제5조). 또한 정보통신산업의 진흥을 위해서 정보통신 기술 등에 관한 표준을 「산업표준화법」에 따른 산업표준으로 정하여 사용하도록 했으며, 새로 개발한 정보통신 기술 등이 신속하게 그 성능을 인증받아 국내외의 신뢰를 획득할 수 있도록 필요한 시책을 마련하게 하는 항목도 담았다(법 제13조 및 제14조).

한편, 지식경제부 장관은 정보통신산업의 진흥을 지원하기 위해 정부의 출연금 또는 융자금, 주파수 할당대가 등의 재원으로 조성된 정보통신진흥기금을 설치하도록 했다. 정보통신진흥기금은 정보통신 연구개발사업 등의 용도로 사용하도록

---

46 법률 제9708호 (시행 2009. 8. 23).

했다(법 제41조, 제42조 및 제44조).

2009년 8월 지식경제부는 정보통신연구진흥원, 한국소프트웨어진흥원, 한국전자거래진흥원 등 세 기관을 통합하여 '정보통신산업진흥원'(NIPA: National IT Industry Promotion Agency)을 설립했다.

이명박 정부 시절에 속절없이 사라졌던 과학기술부와 정보통신부는 5년 뒤 박근혜 정부가 출범하면서 '미래창조과학부'라는 이름으로 다시 태어나게 되었다. 이각범 수석이 박근혜 대통령이 국회의원이던 시절에 독대한 자리에서 "과학기술부와 정보통신부는 한국 경제의 미래를 위해 꼭 필요한 부처입니다. 미래부라고 이름을 짓고 이 두 부처를 되살리는 것이 좋습니다"라고 조언한 적이 있었다. 실제로 박근혜 정부 출범 후 미래창조과학부라는 이름의 부처가 설립된 것이다. 미래창조과학부는 2017년 문재인 정부 들어 '과학기술정보통신부'로 명칭이 변경되었다.

정보통신부를 다시 생각한다

홍은주 2008년 2월 정보통신부가 역사 속으로 사라졌습니다. 14년간 존속되었던 정보통신부의 역할과 기능을 지금 관점에서 재평가해 주시겠습니까?

노준형 제가 정보통신부의 역사적 의미가 무엇인지 곰곰이 생각해 보았습니다. 시간이 지날수록 김영삼 정부 때 체신부를 보강하여 정보통신부를 신설하기로 했던 결정은 정말 적시에 잘한 일이었다고 생각합니다.

당시 정보통신부를 규정하는 가장 특징적인 요소들은 다음과 같습니다.

첫째, 새로운 정보화와 인터넷의 물결에 대응하는 주무부처로서 만들어졌다는 것입니다.

둘째, 더 중요한 것은 정보화의 물결이 밀려오면서 많은 정보화 산업과 시장이 새로 생겼을 때 정보통신부가 당시 기득권으로부터 상당히 자유로웠다는 것입니다. 만약 기득권을 가진 산업이 있는 부처에서 정보화를 관장했다면 새로운 정책을 추진하고 시장을 만들 때 현실적 문제가 발생할 수 있습니다. 기득권을 가진 사람들로부터 강한 저항을 받거나, 그들의 입장을 먼저 고려해야 하거나, 시끄러워지는 것을 막기 위해 정책 아이디어를 자기도 모르게 규제하는 일이 생기는 것입니다.

셋째, 기존의 정부부처가 절대로 갖기 어려웠던 다양성이라는 요소를 가졌다는 것입니다. 정보화는 단순히 IT나 통신기술만의 문제가 아니라 국가 전체를 아우르는 여러 부처의 공동사업입니다. 그래서 정보통신부에서는 설립 당시에 EPB와 산업자원부 등 여러 부처에서 많은 사람을 받아들였습니다.

예를 들어, 정보통신부 조직이 존속되었던 1994년 말부터 2008년 초까지 정보통신부 장관들의 출신을 살펴보면 매우 다양합니다. 민간기업 경영인, EPB 관료, ETRI 등 연구기관 원장 등 다양한 부문의 인사가 고루 포진해 있습니다. 정부 역사상 정보통신부만큼 민간 출신 장관이 많은 곳이 없습니다. 또 EPB에서 이석채, 강봉균 등 최고의 역량을 지닌 관료들이 초기 정보통신부 장관으로 왔습니다. 미래를 고민하고 다양한 아이디어를 받아들여 정책으로 기획한 후 이를 실행하기 위해 다른 부처와 조율하는 일에 익숙한 부처에서 오신 이분들이 정보화 정책을 강하게 추진했던 것입니다. 이런 다양한 배경을 가진 분들이 장관으로 오셨기 때문에 정보통신부가 열린 시각과 참신한 아이디어로 정보화에 필요한 다양한 이슈를 다룰 수 있었습니다.

마지막으로, 정보통신부 조직의 분위기가 기존 업계와 이해관계로 얽혀 있지 않았기 때문에 통신업계 경쟁체제 도입 등 민감한 문제를 신속하고 거침없이 추진할 수 있었습니다. 정보통신부 조직의 분위기 자체가 다양한 이슈를 자유롭게 받아들이고 고민하고 가장 이상적인 방식을 고안해 추진하는 방향으로 조화가 아주 잘 이루어졌습니다.

홍은주 정보통신부의 전신이 체신부였는데, 정보통신부가 과거 체신부와 다른 가장 차별화된 요소는 무엇이었습니까?

노준형 체신부는 통신사업이나 통신 인프라 구축을 담당했고 정보통신 기술을 연구개발을 하는 등 기술적 성격이 강했습니다. 한편 정보통신부는 국가와 사회 전체를 관통하는 정보화사업을 전면에 내세워 추진한 점이 차별화됩니다.

　정보화는 결코 한 부처가 할 수 있는 일이 아니고 국가와 사회의 정치, 행정, 경제 전반이 바뀌는 프로세스라 입법적 기반이 반드시 필요합니다. 그래서 정보통신부가 출범하자마자 「정보화촉진 기본법」 제정을 역점사업으로 시작했습니다. 그 법이 통과된 후 정보화의 추진체계, 예를 들어, 정보화추진위원회 등이 전부 법에 근거하게 되었습니다. 후속 조치로 '정보화촉진 기본계획'을 세우고 각 부처가 실행계획을 만드는 등 일목요연한 일련의 정책 흐름이 생겨났습니다. 또 가장 중요한 것은 사업하려면 재원이 필요한데 정보화촉진기금을 만들어 정보통신부 산하에 두어 정보통신부에서 정보화를 촉진할 수 있는 정책적 수단을 갖게 되었습니다.

　이러한 작업이 초대 경상현 장관, 정홍식 실장 시절에 추진되었습니다. 2대 정보통신부 장관으로 오신 이석채 장관께서 1996년에 정보화기획실을 만들었고, 명실상부한 정보통신부의 틀이 완전히 갖추어졌죠.

홍은주 정보화 정책은 국가와 정부부처 전반에 걸친 사업이었는데 부처 간 업무조정은 어떻게 이루어졌습니까?

노준형 제가 정보통신부 기획심의관으로 정보화 정책을 추진할 때도 분야별 정보화를 정보통신부가 모두 가져오겠다는 생각은 전혀 없었습니다. 정보화 추진은 그걸 가장 잘할 수 있는 부처가 해야 합니다. 정보통신부가 할 일은 부처들이 정보화 업무를 효율적으로 잘 추진할 수 있도록 돕는 것입니다.

　미국도 그랬지만, 정보통신부에서 초기에 정보화를 추진할 때 가장 중요하다고 본 것이 전국의 학교와 도서관을 인터넷으로 연결하는 것이었습니다. 기업에서는 전자상거래가 중요했고요. 이걸 가장 잘 추진할 수 있는 부처가 교육부와 산업자원부라고 판단했습니다. 그래서 제가 심의관으로 있을 때 정식으로 정보화위원회를 개최하여 전자상거래업무는 산업자원부, 교육정보화 업무는 교육부로 과감히 밀어주었습니다. 정보화추진기금으로 전자상거래와 교육정보화를 지원했더니 한국이 초고속인터넷으로 교육망을 세계에서 가장 먼저 연결했습니다. 만약 부처의 기득권을 먼저 생각했다면 절대로 그렇게 빠르게 일이 이루어지지 못했을 겁니다.

사실 정보통신부 내부에서 반대가 없었던 것은 아니지만 마침 정보화기획실에서 저와 같은 EPB 출신인 안병엽 실장이 강한 의지를 갖고 계셔서 마무리할 수 있었습니다. 잘 아시듯이 EPB는 정부부처 업무를 조율하는 데 익숙했고 산하에 관련업계가 전혀 없어서 기득권과 거리가 있는 정부조직이었거든요.

"초중고와 대학의 정보화를 가장 효율적이고 빠르게 추진하는 방법이 뭐냐? 교육부를 지원해 교육부가 추진하는 것이 맞다"고 판단했고, 발생할 수 있는 갈등요인은 내부적으로 조정하여 업무추진을 위한 권한과 책임을 교육부에 위임한 것입니다. 정보통신부의 이러한 열린 자세 덕분에 한국이 어느 나라보다 빨리 교육망과 도서관망을 완성할 수 있었다고 생각합니다.

홍은주 정보통신부가 출범 초기에 내세웠던 캐치프레이즈가 "산업화에 늦었지만, 정보화는 앞서간다"는 것이었죠?

노준형 그렇습니다. 정보통신부 조직 전체가 "전 세계적으로 밀려오는 정보화의 물결 속에서 정보화는 우리가 1등이 되어 보자"는 각오가 대단했고, 정보화 정책이 모두 그런 각오 속에서 나왔습니다. 당시 정보통신부 조직 전체가 그런 분위기였죠. 우리가 추구해야 할 목표로 가장 우수한 기술, 가장 뛰어난 기준과 표준을 설정하여 개발했습니다. 글로벌 1등 정신의 실현을 위해 경쟁과 개방을 전제로 수월성에 의한 시장선택이 이루어지도록 정책적 유인을 설정하기도 했습니다. 중소기업 창업보육센터도 가장 혁신적이고 잘될 만한 혁신 벤처기업을 선정해 지원했습니다.

이런 식이다 보니 나중에 노무현 정부 들어 지역 균형발전을 위해 각 부처에 지역예산을 내놓으라는데 정보통신부는 내놓을 게 없었습니다. 다 시장선택에 따른 1등주의 사업이라서 그랬습니다.

홍은주　복수 사업자에 의한 통신시장 경쟁정책 아이디어 자체는 1980년대 체신부 시절부터 있었던 것 같은데 이를 실제로 구현한 것은 정보통신부 시절이었지요?

노준형　그렇습니다. 정보통신부 시절에 있었던 가장 큰 변화는 경쟁정책을 도입한 것입니다. 정보통신부가 출범하면서 경상현 차관(전 ETRI 소장, 한국전산원장)이 초대 장관으로 오셨고, 정홍식 전산관리소장이 정보통신정책실장으로 오셨죠. 이 두 분이 초기 정보통신부의 역할을 정의하고 기초를 다지는 중요한 역할을 했습니다.

　부처가 새로 생겼으니 새 부처가 표방하는 간판정책을 만들어야 하지 않겠습니까? 그때 우리가 상공회의소나 전경련 등을 통해 기업들의 요청사항을 종합해 보았는데 모두가 "통신 부문에 경쟁을 도입해 달라, 사업참여 기회를 달라"는 것이었습니다. 이러한 업계 건의를 받아들였습니다.

　경상현 장관께서 아주 확고한 경쟁정책 의지를 가지고 있었고 정홍식 실장도 마찬가지여서 통신사업 경쟁력 향상을 위한 최우선 기본 정책 방향으로 '선 국내경쟁, 후 시장개방'이라는 경쟁도입 원칙을 수립했습니다. 지금 기준으로 보면 별일 아닌 것처럼 생각하겠지만, 전화통신 기술이 도입된 후 그때까지 미국을 제외한 거의 모든 나라에서 100년 가까이 국가가 정보통신을 독점해왔거든요. 한국도 마찬가지였고요.

　통신 분야에 경쟁정책을 도입한다는 원칙을 전면에 내세운 것은 그야말로 혁신적 정책전환이었습니다. 음성통신 분야에서는 우선 국제전화와 시외전화를 경쟁시키고, 최종적으로 시내전화와 이동통신까지 경쟁정책을 도입하기로 했습니다. 그때 저는 솔직히 '저게 어느 세월에 될까?'라는 의구심을 가졌어요. 그런데 시간이 흐르자 정말 빠르게 복수 사업자들이 선정되고 다양한 부문의 통신시장에서 경쟁구도가 형성되더라고요. 우리가 경쟁정책을 도입할 때 KT 민영화 결정도 함께 내렸습니다.

홍은주　글로벌 경쟁에서 아득히 뒤처졌던 정보화와 ICT를 단기간에 세계적 수준으로 만들려면 시장경쟁에 의한 선택이 가장 효과적인 정책수단이었으리라고 추정합니다. 그렇게 노력하다 보니 어느새 우리가 추격자에서 추월자로 변화했습니다. 언제쯤 그걸 객관적으로 인식했습니까?

노준형 OECD 보고서 등 객관적 지표를 살펴보면, 2000년대 초반 들어 유무선 통신 공히 최우수 국가가 됩니다. 우리를 앞서는 곳은 광케이블을 일찍 설치했던 일본 등을 제외하면 거의 없었습니다. 특히 2002년 월드컵 때는 외국 기자들이 한국의 앞선 정보통신 수준에 전부 놀랐습니다.

홍은주 정보통신부가 없어진 일에 대해 여러분들이 안타까워하고 있는데 현재는 과학기술정보통신부가 되어 반쯤은 돌아온 셈입니다. 이런 형태의 조직에 대해서는 어떻게 보시나요?

노준형 대부분의 대통령이 작은 정부를 지향한다면서 실제로는 여러 부문을 적당히 합친 대부처를 만들어 오히려 상당한 비효율이 발생했습니다. 건설부와 교통부를 합쳐 건설교통부를 만들고, 보건부와 복지부를 합쳐 보건복지부를 만들고, 과학기술처와 정부통신부를 합쳐 과학기술정보통신부를 만든 것 등이 그 예입니다.
　　대부처제로 가는 것은 좋은데 그것이 제대로 작동하려면 반드시 책임과 권한이 뒤따라야 합니다. 저는 정책 부문별 각자대표제를 제안합니다. 가령 보건복지부라면 보건복지부라는 큰 틀 아래 보건부 장관과 복지부 장관이 있어서 각자대표로서 권한과 책임을 가지는 방식입니다. 메르스나 코로나 19 같은 사태가 일어나면 의사 출신 장관이 필요하고, 평상시에는 복지나 연금정책 전문가 장관이 필요합니다. 장관이라고 모든 분야를 다 잘 알 수 없지 않습니까? 의사 출신 장관에게 연금개혁을 주문하는 것이 얼토당토않은 것처럼 연금전문가 장관에게 코로나 19를 해결하라면 그게 말이 됩니까? 과학기술정보통신부나 산업자원부나 다 각자대표가 있어서 자신의 전문성과 판단으로 해당 분야에서 책임지고 정책을 이끌어야 합니다. 그러기 위해서 각 부문별 대표는 독자적 전문성과 행정능력을 가진 사람이 되어야겠지요.

하나의 부처에 여러 명의 장관을 둔다는 것은 우리의 오랜 경험에 익숙하지 않아 분명히 도전이 될 것이라고 예상합니다. 그러나 지나치게 넓은 업무영역을 한 사람의 장관에게 부여함으로써 생기는 문제점을 보완하기 위해 1차관, 2차관 또는 국장 몇 명을 관장하는 실장 등 중간관리층이 늘어나는 현실은 신속하고도 질 좋은 의사결정이 필요한 4차 산업혁명 시대를 대비하는 정부조직으로서 심각한 문제가 있습니다. 저는 복수장관제 도입이 대부처주의의 장점도 살리면서 전문성, 민첩성, 소통과 협력 증진 모두를 확보할 수 있는 대안이 아닐까 생각합니다.

4차 산업혁명:
기회 혹은 몰락?

'체스의 후반부'에 이른 정보화 혁명

4차 산업혁명의 시대의 도래

트랜지스터와 반도체, 컴퓨터와 네트워크의 발전으로 시작된 '제3의 물결'은 각종 산업의 디지털 전환과 함께 4차 산업혁명이라는 시대적 화두로 이어지고 있다.

4차 산업혁명이라는 단어와 개념이 글로벌 무대에 선보인 시점은 2016년 1월 스위스에서 열린 제46회 세계경제포럼(WEF, 일명 다보스포럼)[1]에서였다. 포럼에서는 "4차 산업혁명은 디지털 · 물리적 · 생물학적 영역의 경계가 없어지면서 기술이 융합되는 것"이라고 정의하고, "이는 변화혁신의 속도, 범위, 영향력 등에서 과거 3차까지의 산업혁명과 차별화되어 인류가 한 번도 경험하지 못한 새로운 시대"가 다가올 것이라는 예상했다.

일반적으로 4차 산업혁명 연관 핵심기술은 사물인터넷(IoT), 클라우드, 빅데이터, 모바일, 인공지능, 블록체인, 3D 프린팅, 로봇공학, 가상 · 증강현실(AR · VR) 등 9개로 구분된다.[2]

가까운 미래에 4차 산업혁명이 불러올 변화의 사례로 "사람과 사물의 경계가 없는 안전하고 스마트한 초연결 사회, 스스로 학습하고 진화하는 초지능 정보사회, 가상과 현실의 경계가 사라지는 초실감 사회, 4차 산업혁명을 뒷받침할 새로운 ICT 소재부품, ICT 융복합이 만드는 새로운 세상" 등이 언급되었다.[3]

4차 산업혁명은 또한 "분절된 각각의 산업이 아니라 각 기술 간의 연계와 융합을 통한 공진화, 그리고 기존 생산기술(OT: operational technology)과의 유기적 결합과 통합"으로 정의된다.[4] 4차 산업혁명을 성공적으로 달성하려면 "국민생활, 행정 및 정책, 국방, 의료, 교육 등 전 분야에 걸쳐 사람 · 사물 · 정보(데이터)가 언제 어디

---

[1] '4차 산업혁명의 이해'(*Mastering the Fourth Industrial Revolution*)라는 주제하에 기술혁명이 우리 삶과 미래세대에게 어떤 변화를 가져올지 논의했다.

[2] 통계청, 2020, 〈기업활동 조사〉.

[3] "ETRI가 만드는 2025년의 미래", 한국전자통신연구원, 2017, 《한국전자통신연구원 40년사》.

[4] 과학기술정보통신부, 2018, 〈제6차 국가정보화 기본계획〉.

서나 지능적으로 연결되는 지능형 디지털화(IDX: *intelligent digital transformation*)가 확산되어야 한다"는 것이다.

그 결과, 국민의 삶 속에 큰 변화가 나타나게 된다. 인공지능 서비스 로봇이 365일 24시간 동안 독거노인이나 장애인의 일상생활을 보조하며, 도로교통망과 신호제어, 자동차 운전 등으로 구성된 지능형 교통인프라가 정밀하게 구축된다. 의료인공지능시스템이 개인의 유전자 정보와 건강 정보 등의 빅데이터를 분석하여 훨씬 더 신속하고 정확하게 질병을 진단하고 치료하게 된다.

제조업 분야에서는 ICT를 적용한 스마트공장이 등장했다. 스마트한 인공지능 로봇이 알아서 생산시스템을 원격제어하고, 제품 디자인과 생산공정 설계에 VR을 적용함으로써 고객맞춤형 다품종 소량생산이 효율적으로 이루어지게 되었다. 또 배달용 인공지능 드론을 활용하여 상품을 전달하고, IoT와 빅데이터를 활용하여 물류의 전 과정을 최적화하는 완벽한 무인물류시스템을 구축하게 된다. 이 같은 변화는 이미 시작되었지만 향후에는 완결형에 더 가까워지는 것이다. [5]

'선착의 효'로 누리는 착시현상

4차 산업혁명 기술은 빅데이터를 스스로 학습하는 지능형 네트워크 연결이 핵심이다. 글로벌 플랫폼 성격이 강하므로 '승자독식'(*Winner takes it all*) 현상이 현저히 나타날 것이라는 예측도 있다. AI, 5G 등 새롭게 등장하는 게임 체인저 기술 경쟁력을 가진 국가 혹은 기업이 최종 승자가 될 것이며, "적당히 기술을 개발하고 혁신하다가 적당히 시장을 나누는 것이 불가능하다"는 것이다. [6]

그렇다면 한국의 4차 산업혁명 준비 수준은 어느 정도일까?

2018년 1월 세계경제포럼 기술혁신분과위원회는 〈4차 산업혁명 시대 국가별 대응 상황〉(*2018 Measuring Readiness for The Future of Production*) 보고서를 발표했다. 세계 100여 개국을 대상으로 기술혁신과 인적 자원, 국제무역, 투자, 정부 연구기관의

---

5 한국전자통신연구원, 2017, 《한국전자통신연구원 40년사》.
6 신성철, 2020, "국회 4차 산업혁명 포럼 창립 심포지엄 기조강연".

그림 7-1 25대 글로벌 리더 그룹의 향후 지속성 점수 (2018)

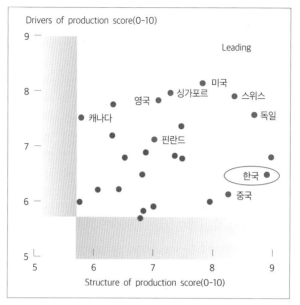

출처: WEF, 2018.

상호 협력, 지속성장 가능성, 시장상황기반 시스템 구축 정도 등 7개 분야의 90개 세부 항목을 조사, 분석한 자료였다. 한국은 G20 국가 중 기술혁신 3위, 인적 자원 9위에 오르며 미국, 중국, 독일, 일본 등과 함께 '25대 글로벌 리더 그룹'이 되었다.[7]

그러나 내용을 더 자세히 들여다보면 결코 낙관할 상황이 아님을 알 수 있다. 한국은 생산구조 면에서 2위를 차지했지만, 향후 지속성 면에서는 21위에 그쳤다.[8] 일본도 사정은 비슷하다. 높은 잠재력, 선도 부문, 초창기, 장기지속성 등 4개 분면으로 나눠 본 결과, 한국과 일본은 '선착(先着)의 효(效)'(legacy champions) 덕분에 앞서가지만 지속성장이 의심스러운 그룹으로 분류된 것이다.

한마디로 한국이나 일본은 과거에 이룬 생산구조 측면에서 현재 유리한 위치를 차지하고 있지만, 미래 발전가능성 측면에서는 선두그룹에 들어가지 못하는 것으로 평가되었다.

---

7 WEF, 2018, 〈Measuring Readiness for The Future of Production〉.
8 김동섭(기술경영전문대학원 석좌교수), "한국의 '4차 산업혁명' 대응 수준", 〈전자신문〉, 2017. 10.

4차 산업혁명 기술격차 평가[9]

2018년 세계경제포럼의 조사 이후 현재까지 한국의 4차 산업혁명 준비는 어떻게 전개되고 있을까? 그때 이후 사정이 좀 더 개선되었을까?

2020년 말 한국과학기술기획평가원(KISTEP)에서 전문가들의 정성평가와 논문, 특허 등 정량분석을 실시하여 한국의 기술수준을 종합으로 평가했다. 그 결과, 한국은 미국이나 유럽보다 상당히 뒤져 있고, 아직 일본을 따라잡지 못하는 상황에서 중국으로부터 거세게 추적당하고 있는 것으로 나타났다. 상당히 여러 분야에서 이미 중국에 추월당한 상태였다.

2020년 정성평가 결과, 최고기술 보유국인 미국을 100으로 볼 때 한국의 기술수준은 약 80.1% 수준으로 나타났다. 이는 EU(95.6%)나 일본(87.3%)에 비해 낮은 수준이며 중국(80%)과 비슷하다. 기술격차를 더 이해하기 쉽게 '해당 기술을 따라잡는 데 걸리는 기간'으로 환산하면, 한국은 미국에 비해 3.3년, 유럽에 비해 2.6년, 일본에 비해 1.3년 차이가 난다.

120개 중점 과학기술에 대한 정량분석 가운데 활동성 분석에서 한국은 논문증가율에서 2위를 차지했다. 논문점유율은 5위로 최하위였고, 특허점유율에서는 4위, 특허증가율에서 3위를 차지하는 데 그쳤다. 정량분석 중 기술성 분석에서는 특허 영향력에서 2위, 논문 영향력 및 특허 청구 수에서 3위를 차지했다. 한편, 주요 특허 비율과 중요 논문 비율, 연구주제의 다양성, IP4(미국, 일본, 중국, 유럽) 점유율 등 4개 지표에서는 순위가 낮았다.

표 7-1 국가별 기술수준 및 기술격차 변동 (2018~2020)

구분	한국		중국		일본		EU		미국	
	2018	2020	2018	2020	2018	2020	2018	2020	2018	2020
기술수준(%)	76.9	80.1	76.0	80.0	87.9	87.3	94.8	95.6	100.0	100.0
기술격차(년)	3.8	3.3	3.8	3.3	1.9	2.0	0.7	0.7	0.0	0.0

출처: 한국과학기술기획평가원, 2020

---

9 이하의 내용은 한국과학기술기획평가원, 2020, 〈2020년 기술평가 보고서〉에서 인용했다.

한국의 연구개발은 논문이나 특허의 중요도, 다양성 측면에서 별다른 진전을 보이지 못한 채 정체되어 있다. 그사이 중국은 논문증가율, 특허점유율, 특허증가율에서 압도적인 1위의 활동량을 나타냈다. 연구주제의 다양성에서도 유럽에 이어 2위를 차지하여 한국을 거세게 추격 중인 것으로 나타났다.

전체 기술 가운데서 'ICT와 소프트웨어' 등 정보통신 분야를 분석한 결과는 어떻게 나타났을까?

정성분석에서 미국을 100으로 볼 때 한국의 기술수준은 83%로 EU, 중국, 일본에 이어 5위로 나타났다. [10] 미국과의 기술격차는 중국과 일본이 각각 1.6년, 한국이 1.9년이므로 세 나라가 비슷한 상황이다. 하지만 기술개발 속도가 유난히 빠르고 네트워크 효과가 작동하는 분야인 만큼 잠깐 머뭇거리면 눈 깜작할 사이에 격차가 더 크게 벌어질 수 있다.

ICT, 소프트웨어 분야 가운데서도 17개 중점기술에 초점을 맞추면 4개 항목[11]은 미국과 비교할 때 90% 이상으로 기술격차를 좁혔지만, 나머지 항목은 80%대에 그쳤다. '신개념 컴퓨팅 기술'과 '지능형 콘텐츠 제작기술', '시스템 소프트웨어 운영 및 기반 기술' 등은 70% 수준에 그쳤다. 가장 열악한 분야는 '초고속·대용량 데이터 플랫폼 기술'로 미국의 절반 수준(50%)에 불과했다. '양자정보통신 기술' 역시 55%에 그쳤다.

중소기업도 사정은 비슷하다. 중소기업중앙회가 2019년 9월에 실시한 〈중소제조업 4차 산업혁명 대응 실태조사〉를 살펴보면, 조사대상의 절반이 넘는 중소기업이 4차 산업혁명이 '기회이자 위기'로 작용할 것(50.6%)이라고 답변했다. 그러나 4차 산업혁명에 대해 '알고 있는 편'이란 답변은 36.3%에 불과했다. '모르는 편'이란 답변(63.7%)의 절반 수준이며, 2년 전 조사(39.5%)와 거의 비슷한 수준이다. 통계오차를 고려하면 그사이에 거의 변화가 없었다는 뜻이다. [12]

---

10 미국 100%, EU 90.9%, 중국 85.7%, 일본 84.3%였다.
11 초고집적 반도체 공정 및 장비·소재기술, 인체친화형 디스플레이 기술, 대면적·초고속·초정밀 디스플레이 소재·공정 및 장비 기술, 초고속·대용량·초저지연 통신 네트워크 기술 등이다.
12 중소기업중앙회, 2019, 〈중소제조업 4차 산업혁명 대응 실태조사〉.

"체스 게임의 후반부, 지금이 더 중요"

기술적 관점에서 인류는 그 어느 때보다 다양한 파괴적 변화에 직면해 있다. 그 변화를 일으키는 가장 큰 요인은 최근 가속화되는 기술발전 속도이다.

1953년 제임스 왓슨과 프랜시스 크릭이 디옥시리보핵산(DNA)의 이중나선 구조를 밝힌 이래, DNA 유전자 염기서열 정보를 밝혀 암 치료 등에 활용하기 위한 연구가 장기간 지속되었다. 1990년에 최초의 인간게놈 분석 프로젝트가 시작된 후 30억 달러라는 천문학적 돈을 들여 미국, 영국, 독일, 프랑스, 일본, 중국 등 관련분야 과학자들이 총동원되었는데도 2003년 완성까지 13년이라는 오랜 시간이 걸렸다.

그런데 2014년 일루미나(Illumina)에서는 1년 만에 2만 개의 게놈을 분석할 수 있는 슈퍼컴퓨터(HiSeq XTen)를 내놓았다.[13] 게다가 겨우 천 달러의 비용이 들었다. 옥스퍼드 나노포어 테크놀로지(Oxford Nanopore Technologies) 역시 '1천 달러 DNA 시퀀싱' 시대를 열었다. 일루미나에서 개발한 100만 달러짜리 3세대 시스템인 최신 NovaSeq 6000은 해독할 수 있는 정보가 1990년대보다 800배 이상이다.[14] 이처럼 놀라운 속도의 기술변화는 연구자들이 수많은 질병의 원인이 되는 유전자의 염색체상 위치를 이해할 수 있게 하여 의학과 과학 분야의 발전 속도에 큰 영향을 미칠 것이다.

사물인터넷도 마찬가지다. 현재는 컴퓨터나 전화 연결이 대부분이다. 하지만 미래의 어느 시점에는 모든 사물에 고성능 내장형 소프트웨어나 스마트 센서가 결합되어 지능화될 것이다. 5G 이동통신이나 Wi-Fi 6 같은 고대역폭, 저지연 무선통신과 결합하여 IoT로 연결되면 정보의 유통과 가공, 활용 속도는 지금 수준으로는 상상하기 어려울 만큼 빨라질 것이다.

기계와 기술, 네트워크의 발전 속도만큼 중요한 것이 사용자의 수용 속도인데 이 역시 점점 빨라지고 있다. 전화기 발명 이후 미국 가정의 50%가 전화기를 사용

---

13 리처드 돕스·제임스 매니카·조나단 위첼, 2016, 《미래의 속도》, 청림출판.
14 김진철의 How-to-Big Data, 2020. 6. 30.

하는 데 50여 년이 걸렸지만, 미국인의 절반이 스마트폰을 사용하기까지는 5년이 걸렸다. 라디오는 미국인 5천만 명이 사용하는 데 38년이 걸렸지만, 인터넷은 3년 밖에 걸리지 않았다.[15] 아이폰 탄생 2년 후인 2009년에 개발된 앱은 15만 개였지만, 2014년에는 120만 개로 늘었다. 사용자들은 750억 개의 앱을 다운로드했다.

인터넷과 디지털, 이동통신에 연결된 삶을 살아가는 사람들의 숫자는 앞으로 더욱더 늘어날 것이다. 기술의 혁신적 발전과 사용자의 증가, 적극적 수용 성향 때문에 '모든 것이 모든 것과 연결된' 융복합적 진화가 경제, 사회 전반에서 확산될 것이다.

노준형 전 정보통신부 장관은 오늘날 한국의 ICT 발전을 바둑이나 체스로 비유했다. '선착의 효'를 잘 살리고 발 빠른 행마로 우세를 점했지만, 4차 산업혁명이라는 체스의 후반부에도 여전히 우세를 점할 수 있을지는 의문이라고 말한다.

노준형 공직자들 사이에 회자되는 농담이 "누구의 후임으로 가느냐가 중요하다"는 것입니다. 왜 중요하냐? 많은 일에서 성공 여부를 가름할 때 마무리한 사람이 대부분 상을 받기 때문입니다. 그런데 저는 정책은 시작이 훨씬 중요하다고 생각합니다. 시작이 반이 아니라 반 이상입니다. 시작을 잘못하면 끝까지 해결이 안 되거나 어마어마하게 고생해도 되돌릴 수 없는 경우가 많습니다. 그런 점에서 오늘날 한국의 정보통신산업은 처음에 시작하셨던 분들이 아주 훌륭했습니다. 시대를 앞선 정책결정과 여러 사람, 여러 기관, 여러 기업의 혁신적 노력이 합쳐져 오늘날 한국의 앞선 정보통신산업과 ICT 기술이 있는 것입니다.

복기해 볼 때, 첫 번째 결정적 전기는 1976년에 정부가 디지털 전화교환기를 도입하고 국산화하자는 결정을 내린 시점이었습니다. 그 정책결정이 내려졌기 때문에 1980년 초반에 전전자교환기 TDX 연구개발을 추진한 것이고, TDX 국산화가 되니까 유선전화 보급이 급격히 늘어났습니다. 그때 부족한 유선전화 회선을 늘리기 위해 단순히 아날로그 교환기를 더 수입해 추가 보완하는 것으로 정책결정을

15 매킨지 글로벌, 〈소셜 이코노믹스 보고서〉; 리처드 돕스·제임스 매니카·조나단 위첼, 2016, 《미래의 속도》, 청림출판, 71쪽 재인용.

내렸더라면 지금쯤 한국의 정보통신산업이 어떤 상황이 되어 있을까요?

우리가 그때 다른 나라보다 전화통신교환기 디지털화 정책결정을 훨씬 먼저 내렸고 국산화 연구개발을 추진하는 방향으로 갔기 때문에 이미 그때부터 정보화에 앞서 나가는 계기를 마련한 것입니다. TDX 개발 성공으로 디지털전산망이나 전자교환기가 갖춰지면서 디지털 산업전자가 발전하기 시작했고, 유선통신 분야에서 압도적으로 빨리 전화가 개설됩니다. 당일 전화개설이 가능해졌습니다. 오전에 이사 가면서 전화국에 전화해서 "오늘 우리가 어디로 이사 갑니다"라고 주소를 알려 준 후, 이삿짐센터가 짐 나르는 것을 보고 회사 출근했다가 저녁에 퇴근해 보면 이미 새집에서 전화 통화가 됩니다. 세계에 이런 나라가 지금도 없습니다. 미국은 1주일 걸립니다. 저는 이게 전부 1976년 전화교환기 디지털화 결정에서 나왔다고 생각합니다.

이동통신에서는 1990년대 초반에 우리가 선제적으로 디지털 이동전화 교환 기술을 CDMA로 채택하고 상용화에 성공했습니다. 여러 가지 정치적 논란에도 CDMA를 이동통신 단일표준으로 한다는 정책적 결단을 내렸기 때문에 기존의 GSM을 따라잡는 결정적 계기를 마련했던 것입니다.

또한 우리는 정보통신부를 만들어 제3의 물결에 선제적으로 대응했습니다. 미국보다 먼저 전국 초등학교 도서관을 연결했습니다. 또 한국 병원의 디지털화를 보세요. 모든 시스템이 정보화되어 있습니다. 이것이 우리 병원시스템이 효율화되고 의료인력이나 시스템이 해외로 진출하는 계기가 되었습니다.

홍은주 문제는 지금부터입니다. 앞으로도 그런 강세가 이어질 수 있을까요?

노준형 사실 저는 향후 4차 산업혁명 경쟁 레이스에서 한국이 계속 앞설 수 있을 것인지 강한 의문과 우려를 가지고 있습니다. 현재 4차 산업혁명 시대를 앞두고 과거 제3의 물결 이상의 급격한 변화가 예상되지 않습니까? 미국인들은 4차 산업혁명 시대에 대비하는 정보화 정책에 대해 "지금이 체스의 후반부다"라고 이야기합니다.

홍은주 체스의 후반부라는 말은 무슨 뜻으로 이해해야 할까요?

노준형 '체스의 후반부'라는 말은 미래학자 레이 커즈와일(Ray Kurzweil)이 2000년에 출간한 《21세기 호모 사피엔스》(*The Age of Spiritual Machine*)에서 언급되었습니다. 기하급수적 증가 상황에서는 일정 시점이 지나면서 그 수가 상상할 수 없을 만큼 엄청나게 증가합니다. 체스판에는 모두 64개의 구획이 있는데 첫째 칸에 쌀한 알, 둘째 칸에 쌀 두 알, 셋째 칸에 쌀 네 알, 넷째 칸에 쌀 여덟 알을 놓는 식으로 빈칸을 채워간다면 33번째 칸, 절반을 넘어서면서부터 감당할 수 없이 급격히 늘어난다는 것입니다. 그런데 디지털 혁신에서 지금이 그 절반을 넘어가는 시점이라는 이라는 것입니다. 4차 산업혁명을 준비하는 데 있어 앞으로의 변화는 이때까지 일어난 변화보다 훨씬 급격하면서 반전이 있기 때문에 더 중요해진다는 뜻이죠.

4차 산업혁명 정책의 문제점과 대응방안

연구개발 투자의 비효율 심각

한국이 4차 산업혁명 정책을 추진하는 데 있어 우선 해야 할 일이 연구개발(R&D) 정책 방향에 대한 보완이라는 지적이 나온다.

OECD가 발표하는 주력과학기술지표(MSGI)에 따르면, 한국의 GDP 대비 민관 연구개발 비율은 4.64%로 이스라엘의 4.93%에 이어 2위를 기록했다. 호주나 미국은 물론 독일의 3.9%보다 높은 수준이다. 특히 정부 연구개발 투자 비율 면에서는 세계 1위를 차지했다.[16]

그러나 연구개발 투자비율은 높은데 막상 그 성과나 투자 효율성은 그리 높지 않은 것으로 나타났다. 미국 상공회의소에서 2021년에 발표한 국제 지식재산권(International IP Index)에서 한국은 조사대상 53개국 가운데 미국, 영국, 독일, 프

---

16 OECD, 2019, MSGI(Main Science and Technology Indicators).

랑스, 일본 등에 이어 12위에 그쳤다.

분야별로 살펴보면, 한국의 연구개발이 안고 있는 문제가 더 두드러진다. 특허 부문에서 한국은 세계 3위를 달리지만, 지식재산권 상용화 부문에서는 30위에 그쳤다.[17] 이 분야는 IP 자산 상용화에 필요한 기술이전과 라이센싱 제도, 조세와 경제적 유인 등을 종합적으로 측정했는데, 한국은 조사대상국 평균 59.42점에도 못 미치는 57점에 불과했다. 정부가 연구개발에 열심히 투자하지만 개발된 기술이 기업 생산이나 벤처기업 혁신으로 이어지지 못하고 사장되는 경우가 많음을 보여 준다.

신기술을 잘 개발하더라도 그것으로 끝나는 것이 아니다. 신기술은 시장에 이전되어 상용화되어야 비로소 경제성장과 고용에 기여할 수 있다. 기술이전과 라이센싱 제도, 경제적 유인이 얼마나 효율적으로 작동하느냐가 기술개발만큼, 혹은 그 이상으로 중요한데 후속 단계가 제대로 이루어지지 않는 것이다.[18]

"성공하는 R&D의 저주"

연구개발 투자의 비효율이 높고 기술이 시장에까지 이르지 못한 채 사장되는 비율이 높은 이유는 한마디로 연구개발 설계가 잘못되었기 때문이다.

우선, 연구개발 업무가 산업자원부, 과학기술정보통신부, 교육부, 특허청 등 여러 부처나 기관으로 나뉘어 유기적 연계가 이루어지지 못하고 있다. 각 부처에서도 연구개발자금이 국이나 과 단위로 나뉘고, 그 자금이 또다시 수많은 연구기관과 대학 등으로 나뉘어 집행된다. 대규모 연구나 융합 및 학제 간 연계연구가 구조적으로 어려운 것이다.

둘째, 장기 연구보다 단년도에 결과를 제출해야 하는 연구가 많고, 정부 연구

---

17 U. S. Chamberof Commerce, 2021, 〈International IP Index〉.

18 이 항목의 중요성에 대한 설명은 다음과 같다. "New technologies can contribute to economic activity only if they are successfully commercialized in the marketplace. Technology transfer and licensing are critical mechanisms for commercializing and transferring research from public and governmental bodies to private entities and private-to-private entities for the purpose of developing usable products and commercially available technologies."

482

개발자금의 감사체계가 연구 실패를 쉽게 인정하지 않는 구조이다. 실패에서 더 큰 경험을 얻고 더 깊이 있는 연구로 장기화하는 것이 어렵기 때문에 모든 연구자가 '반드시 성공하는 쉬운 연구'에만 집중하도록 유인구조가 잘못 설계되어 있는 것이다. 이른바 '성공하는 R&D의 저주'라는 역설적 현상이 발생하고 있다.

셋째, 성공하여 지식재산권에 등록한 연구라도 이 기술이 상업화, 특히 혁신 중소기업의 탄생으로 원활히 연결되지 못하고 있다. 기술을 개발하고 IP 등록을 해도 막상 그 기술을 시장에서 상업화하기까지는 '악마의 강', '죽음의 계곡', '다윈의 바다' 등으로 불리는 넓고 깊은 골짜기를 건너야 한다. 상업화 가능성이 있는 어떤 기술이 개발되더라도 이를 기반으로 시작품을 만들고, 다시 기업이 시장에 내놓을 수 있는 시제품으로 만들어 상용화 가능성을 타진하는 것은 완전히 다른 과정이다.

일반적으로 정부 연구는 '수요조사, 기획, 연구개발, 기술이전, 사업화'에 이르는 프레임을 기초로 진행된다. 실제로 정부 연구개발 투자액을 100으로 볼 때, 기업의 시장진입 지원액은 150.8인 데 비해, 개발된 기술을 사업화하는 데 필요한 실증연구 규모는 3.0 수준에 불과하다. 연구개발에서 사업화로 연결되는 부분이 가장 약한 고리(*weakest link*)로 나타난 것이다.[19] 정부가 벤처기업 창업 지원에 많은 예산을 들이는 반면, 연구개발을 통해 개발된 기술이 기업에 이전되어 상업화되는 중간 단계를 강화하고 혁신 생태계를 구축하는 분야의 지원에는 소홀함을 단적으로 보여 주는 통계이다.

윤윤규 등이 2006년에서 2017년까지 10년간 기업들의 연구개발 현황을 종합한 결과, 연구개발의 편중 현상도 심해지고 있다. 대기업의 연구개발은 증가 추세이나, 중소기업 및 벤처기업의 연구개발은 감소 추세를 보여 격차가 갈수록 확대되었다. 연구개발 용도도 생산공정 효율화 같은 시스템적 목적보다 단순 제품개발에 집중되었다.[20] 수도권은 비중이 빠르게 증가한 반면 비수도권은 감소하여 연구개발 활동의 지역적 편중 현상도 심화되었다.[21]

---

19 손수정·이세준·우청원·김명순, 2020, "실증연구 없는 기술사업화는 가능한가?", 〈STEPI Insight〉, 통권 254호.
20 제품개발의 비중이 3분의 2이며 공정개발의 비중이 3분의 1이다.

R&D 과제기획 시스템 혁신 및 법제도 개정

현재의 R&D 시스템이 문제가 많다는 지적에 대해 조동호 KAIST 명예교수는 "기존의 ICT R&D 관련 법과 규정을 개선하는 차원이 아니라 완전한 폐기 수준으로 가야 한다"고 주장한다.

조동호 ICT R&D의 4차 산업 육성 지원을 위해서는 기존의 ICT R&D 관련 법과 규정을 개선하는 차원이 아니라 완전한 폐기 수준으로 가야 합니다. 4차 산업혁명과 디지털 전환의 과정에서 발생할 수 있는 여러 상황에 대해 시뮬레이션을 통해 완벽히 검증한 후, 법과 제도를 완전히 새로 만들어 R&D 개혁을 체계적이고 효율적이면서 일관성 있게 수행해야 합니다. 그래야만 대한민국이 ICT 산업의 정체 위기에서 탈출하고 세계적 경쟁력을 보유하고 세계를 선도하게 될 것입니다. 정부와 국민이 원하는 양질의 청년 일자리도 만들어지고요.

그러기 위해서는 가장 먼저 R&D 과제기획 시스템부터 혁신해야 합니다. 추격형 R&D를 세계 최초이면서 최고의 선도형 R&D로 대폭 전환해야 하는데, 대부분의 연구자가 자기가 풀 수 있는 문제만 정의하고 풀 수 없는 문제는 정의하지 않거든요? 이 때문에 한정된 연구자를 통하여 과제기획을 추진하고 있는 현재의 제도로는 분명한 R&D의 한계가 존재합니다.

여러 분야의 전문가와 수요자가 모여 제대로 문제를 정의하고 기획하는 것이 창의융합 R&D 연구과제의 성공여부를 결정하게 될 것입니다. 가령 세계 최초인 연구제안서에 대한 평가의 경우, 국내외 최고 전문가가 충분한 시간을 갖고 전문성에 입각하여 잠재적 가치를 공정하게 평가해야 하고, 각 전문 분야별로 창의융합 연구개발 성공 경험이 있는 국내외 전문가의 평가를 통해 과제 제안자보다 한 수 위에서 자문해 줄 수 있는 평가가 이뤄져야 할 것입니다.

과제평가단은 연구자에게 개선 아이디어를 제공하고 사업화가 가능하도록 지

21 윤윤규 · 노민선 · 조성훈, 2019, 〈R&D 및 기술혁신 지원정책과 청년 일자리 창출〉, 한국노동연구원.

조동호(趙東浩)

1956년 전북 부안에서 태어났다.
서울대 전자공학과를 졸업하고,
한국과학원에서 전기 및 전자공학
석사학위와 박사학위를 받았다. KIST
통신공학연구실 선임연구원과 경희대
전자계산공학과 교수 및 전자계산소장을 거쳐
1998년부터 KAIST 전기 및 전자공학부 교수로
근무하며 KT 석좌교수, 정보통신대학장,
조천식녹색교통대학원장, IT 융합연구소장,
무선전력전송연구센터장, IT Convergence
Campus 부총장 등을 지냈다. 2014년에
한국통신학회 회장을 역임했다.

원하기 위하여 다분야 협력연구 경험이 있고 전문성과 공정성을 갖춘 융합 평가팀으로 구성되어야 합니다. 또한 창의융합 연구개발 및 사업화 성공 경험이 있는 전문가를 확보하여 ICT R&D의 기획, 평가, 사업화뿐만 아니라 연구 수행의 핵심 인력으로 활용해야 합니다.

독점적, 폐쇄적으로 이용되어 사업화 상생효과가 없는 R&D 성과를 모든 연구자가 공유하도록 연구 성과의 개방도 유도해야 합니다.

R&D 산학연 연구체계 혁신

조동호 산학연 연구체제도 혁신되어야 합니다. 지금까지의 추종 연구에서 탈피하여 창의융합 원천핵심 연구의 완성도를 제고하기 위한 전일제 연구원 중심의 대학연구소가 필요합니다.

정부출연 연구소의 역할도 재정립되어야 합니다. 중진국형의 산업체 지원 연구개발에서 탈피하여 미래 정책 수요를 선제적으로 지원하는 출연 연구소가 되어야 합니다.

또한 민간 첨단 융합연구소를 설립할 필요가 있습니다. 세계 최초·최고의 창의융합 성과를 도출하고 신기술 시범사업을 통해 신규 제품과 서비스의 인증을 해결하는 민간 연구소가 필요합니다. 4차 산업혁명 시대에 ICT 산업이 세계적으로 급성장하고 있고, 실시간으로 기술이 변화하는 혁신성을 감안하여 정부와 민간은 시간과 공간상에서 R&D 방향성과 사업성을 일치시켜야 합니다. 실시간으로 전 세계가 전쟁하고 있는 ICT 제품에 대해 민간이 수행하는 R&D를 정부가 지원하는 '시장친화형 R&D 사업화 전략' 모델을 만들어야 합니다.

예를 들어 안전문제를 완벽하게 해결하고 경제성을 높일 수 있는 자율주행 전기차의 사업화를 촉진하기 위해서는 정부의 선도 인프라 구축이 필요합니다. 세계 최초로 센서, 5G 이동통신, 빅데이터, 클라우드 컴퓨팅, 사이버 물리시스템 기술을 기반으로 하는 디지털 스마트 도로 인프라 및 교통 플랫폼 인프라를 정부가 선도적으로 만들어 주어 자율주행 제조업체나 서비스업체가 이러한 인프라를 활용하여 시험할 수 있도록 하고 제품과 서비스의 인증을 받아 세계 시장으로 경쟁력 있게 진출 할 수 있도록 도와주어야 합니다.

기술사업화를 위한 '제도적 다리'의 부재

기술의 연구개발과 상용화 사이 거대한 갭을 메우려면 제도, 평가, 경제적 유인 등 다양한 측면에서 기술사업화의 '제도적 다리'가 필요하다는 지적이 나온다. 연구자가 기술개발을 한 후 이를 상업화까지 진행하도록 지원하는 노력이 중요하다는 것이다. 즉, 경제적·제도적 유인을 제공하고, 기술·상용화 갭을 메울 기술사업화 프로세스 및 예산과 이를 제도적으로 뒷받침할 기관이 필요하다. [22]

손수정 (2021) 은 연구자가 기술을 개발하여 논문을 작성하거나 특허등록을 하고 난 후 사업화로 이어지도록 하는 중간 단계로 '기술검증 단계'(*tech feasibility*) 와 '시장화 검증 단계'(*product feasibility*) 등을 제시했다. [23] 기술사업화 과정의 불확실성

---

22 손수정, 2021, 〈기술사업화에 대한 접근〉, 과학기술정책연구원
23 손수정, 2021, 〈대학의 기술사업화 전개와 과정〉, 과학기술정책연구원.

을 줄이고, 기술의 시장진입 안정성을 높이려면 '3단계 실증연구' 과정이 필요하며, [24] 이를 위해 「기초연구진흥 및 기술개발지원에 관한 법률」, 「기술의 이전 및 사업화 촉진에 관한 법률」 등 관련법에 근거 규정을 두어야 한다는 것이다.

황인영(2021)도 "우선 연구개발을 기획하는 단계에서부터 사업화를 위한 관점과 의도가 명확해야 한다. 향후 기술사업화 성과와 연계를 고려하여 초기부터 전략적으로 설계해야 한다"고 강조한다. 또한 "연구개발을 하는 중간 단계에 수요기업이 참여하도록 하는 등 기업에 필요한 요소를 고려하여 연구개발을 수행하도록 하며, 연구개발의 성과평가 지표를 단순히 IP나 기술료뿐만 아니라 상업화 성공까지 확장해야 한다"고 말한다. [25]

기업의 정부 R&D 지원제 기피

한국 기업들이 정부의 민간기업 연구개발 지원제도를 외면하는 것도 문제점으로 지적된다. 과학기술정책연구원(STEPI)에서 조사한 결과, 한국 기업의 89.9%가 정부의 기술지원 제도를 활용하지 않는 것으로 나타났다. 그 이유는 우선 특허 및 매출과 고용률 등으로만 연구개발 성과를 측정하는 성과지표의 문제점 때문이었다. 기술개발과 사업화 지원 단위가 1년에 불과한 단년도 예산이 대부분이라 체계적이고 중장기적인 기술개발과 상업화가 어려우며, 절차 및 점검이 복잡한 것도 문제이다. [26] 또한 정부는 정부지원 예산에 대해 개방형 혁신을 주장하는 반면 기업은 개방을 원치 않기 때문에 정부지원을 기피한 채 단독 기술개발을 선호하는 것이다.

이를 개선하기 위해 "정부나 관공서 중심이 아닌 기업 또는 기술 중심의 기술거래 플랫폼 활성화가 필요하다"는 주장이 나온다. 또한 "기술개발 및 사업화 지원

---

24 "첫째, 사업화 관점의 기획의도가 명확한 R&D를 실증연구와 연계시키는 모델을 구축한다. 둘째, 모형검증을 통해 시제품이 완성되면 실증연구에 필요한 추가적 R&D 예산을 지원한다. 셋째, 에너지와 화학 플랜트 등 융복합 기술 및 종합적 실증이 필요한 분야는 R&D 후속으로 공공 연구기관과 산업계 공동의 실증연구를 의무화한다"는 등의 3단계 방안을 제시했다.

25 황인영, 2021, 〈국가 연구개발 단계별 기술사업화 주요 이슈 탐색〉, 한국과학기술기획평가원.

26 김선우 · 김재원, 2020, "혁신성장을 위한 중소기업 R&D 지원 개선방안", 〈STEPI Insight〉, 통권 249호.

까지의 최소단위를 3년 이상으로 확대하여 기업이 연구개발에 집중할 수 있는 시간을 주고, 업종 및 기업 규모뿐만 아니라 기업 속성을 고려한 연구개발 지원사업을 설계해야 한다"는 것이다. 기업지원 연구개발 방식 역시 정부개입을 줄이고 저리 융자형이나 보조금 플러스 융자형 등으로 다양화하는 방식이 제시되었다.[27]

기술혁신은 한 나라가 구축한 시스템 전체가 효율적으로 작동하는 과정에서 이루어진다. 기업, 정부, 대학, 연구소 등이 상호 협력하여 역할분담을 하도록 종합적으로 연구개발 과정을 설계해야 하며, 연구 결과가 시너지를 내고 시장 혁신으로 이어지도록 통합적으로 설계해야 한다.[28] 독일이나 스위스처럼 연구자와 기업을 잇는 '공동연구·공동혁신·사업화 지원' 생태계나 플랫폼이 필요한 이유다.

공동연구와 사업화 지원의 대표적 사례가 미래형 자동차와 이동기기에 중점을 둔 독일 산학연 공동혁신 연구개발 플랫폼 'ARENA 2036'이다. 2012년에 출발한 'ARENA 2036'은 다양한 부문 간 기초·응용연구에 기반을 두고, 기술개발과 혁신성이 민간기업에 즉시 반영되도록 하는 개방형 연구플랫폼이다. 자동차, 항공, 우주, 섬유 및 소재 등의 연구기관과 대학뿐만 아니라 노키아, 다임러 벤츠, 인텔, 보쉬, 지멘스 등 쟁쟁한 58개 기업이 2021년 말 현재 파트너사로 이름을 올려 공동연구를 가속화하고 있다.[29]

스위스 연방 재료시험연구소 EMPA는 "과학과 상업화, 사회를 연결한다"는 모토를 지향한다. 연구소 및 대학, 산업계, 공공 부문이 파트너가 되어 나노급 물질과 엔지니어링, 에너지, 환경, 건강 등 다양한 분야에서 연구 기술이 상용화에 성공하고 더 나은 환경과 미래로 이어지도록 지원하는 것이다.[30]

---

27 강희종 외, 2021, "기업혁신 현황 국제비교 및 활성화 방향", 〈STEPI Insight〉, 통권 278호.

28 이병헌 외, 2019, 〈기업지원형 정부 R&D 투자 개선방안 연구〉, 기술경영경제학회·한국과학기술기획평가원.

29 ARENA 2036 홈페이지(www.arena2036.de/en)

30 EMPA 홈페이지(www.empa.ch/web/empa).

중소기업 혁신환경의 조성 미흡

한국은 4차 산업혁명에 대비하는 기업혁신 환경 조성도 미흡한 것으로 평가된다. OECD 37개국의 혁신 분야 기업경쟁력 순위는 뉴질랜드 1위, 미국 2위, 호주 3위, 프랑스 18위에 이어 한국은 19위로 중위권에 그쳤다.[31] 개별 요인을 살펴보면 창업 절차와 창업 준비기간은 상위권이지만,[32] 지식재산권 보호는 29위, 창업비용은 36위로 낮은 수준이다.[33]

한국기업혁신조사(KIS: Korea Innovation Survey)와 CIS[34]를 비교하여 산출한 분석에 따르면,[35] 한국 기업은 자체 혁신활동도 부족한 데다가 다른 기업이나 기관과의 협력활동도 적은 것으로 나타났다. 부문별로 보면 한국의 상품혁신기업 비중은 23.8%로 10위권의 낮은 수준이다. 1위인 독일의 44.9%는 물론 유럽 평균 33.5%에도 미치지 못했다. 비즈니스프로세스혁신기업 비중 역시 한국은 28.3%로 10위인데, 1위인 독일의 59%나 유럽 평균 42.5%보다 훨씬 낮다. "혁신활동을 위해 다른 기업이나 기관과 협력한 적이 있느냐?"는 질문에 긍정적으로 답한 혁신협력기업 비중도 한국은 19.9%로 최하위권인 9위에 그쳤다.[36] 혁신협력을 한 기업 수를 살펴보면 독일은 15,872개 사에 이르는 데 비해 한국은 759개 사에 불과했다.

혁신부재 현상은 중소기업에서 더 심각했다. 규모가 큰 기업은 인력, 자금, 기술 지원제도를 전반적으로 잘 활용했다. 반면 중소기업은 높은 인건비, 자금조달 어려움, 생산 및 수익성 저하 등의 요인으로 혁신활동에 어려움을 겪었다. 중소기

---

31 전국경제인연합회, 2021. "기업제도경쟁력 글로벌 비교", 〈글로벌 인사이트〉 재인용.

32 창업 절차 순위는 3위, 창업 준비기간 순위는 8위였다.

33 전국경제인연합회, 2021. "기업제도경쟁력 글로벌 비교", 〈글로벌 인사이트〉 재인용.

34 제조업 조사가 가능한 유럽 11개국으로, 오스트리아, 핀란드, 프랑스, 독일, 그리스, 이탈리아, 폴란드, 포르투갈, 스페인, 스웨덴, 터키 등이다.

35 비교통계는 KIS는 2020년, CIS는 2018년 통계를 기반으로 했다(강희종 외, 2021, "기업혁신 현황 국제 비교 및 활성화 방향", 〈STEPI Insight〉, 통권 278호).

36 스웨덴이 1위로 45.8%였고 조사 대상국 평균이 24.9%였다.

업을 위한 정부의 인력지원 사업으로 고용지원금이나 조세혜택,[37] 병역대체복무 지원 등이 있다. 그러나 석박사급 우수인력이 장기적으로 남아 참여할 만큼 유인이 크지 않기 때문에 중소기업은 기술혁신 자체가 어렵고, 따라서 생산성 및 경쟁력이 떨어지는 악순환이 반복되는 것이다.

4차 산업혁명 시대에 대비하려면 인재양성 교육이나 상용화를 위한 노력이 필요하다. 산학연 협력을 강화하고, 교육과 산업 정책을 재점검하며, 중소벤처와 창업기업을 4차 산업혁명의 주체가 되도록 유도하는 체계화된 종합지원 시스템을 구축해야 한다. 단기지원 과제, 협소한 기술자문, 형식적인 대기업·중소기업 상생 협력에서 과감히 벗어나야 한다. 연구개발 혁신 시스템을 재구축하지 못하면 글로벌 레이스에서 뒤처지는 것은 눈 깜박할 사이라는 것이다.[38]

기술, 소통과 융합의 시너지 필요

미래 기술혁신의 패러다임 변화는 "생산자 중심 혁신에서 사용자 중심 혁신으로, 제조업 혁신에서 서비스 혁신으로, 폐쇄형 혁신에서 개방형 혁신으로, 분산된 혁신에서 네트워크 기반 혁신으로, 그리고 정형화된 혁신에서 비정형화된 혁신"으로 진화하고 있다.[39]

이에 대응하기 위해서는 원천기술 개발 강화, 융합연구 강화, 기술변화에 신속히 대응하는 체제 등이 강조된다. 대학·기업·연구소 및 대기업·중소기업 등 기술혁신 주체 간 소통과 협력 활성화도 필수적이다.

가령, 2021년 백신 부족 사태 당시 한국을 곤경에서 빠져나올 수 있도록 도왔던 혁신제품이 최소잔여형(LDS: *low dead space*) 주사기다. 일반 주사기는 병에 남은 잔류부피 기준이 0.070㎖ 이하인 데 비해 LDS 주사기는 0.035㎖ 이하를 기준으로 하므로 5회분인 코로나19 백신을 6회분으로 만들 수 있다. 이 주사기는 정

---

37 인건비의 25%를 법인세나 소득세에서 공제하는 혜택이다.

38 김동섭(기술경영전문대학원 석좌교수), "한국의 4차 산업혁명 대응 수준", 〈전자신문〉, 2017. 10.

39 홍사균, 2016, 〈기술혁신의 패러다임 변화에 대응하는 국가 과학기술 혁신전략 탐색연구〉, 과학기술정책연구원.

부·대기업·중소기업 간 소통과 협력의 힘으로 세계 최초로 개발되었다.

6회형 주사기의 필요성에 대한 화이자의 니즈를 파악한 대기업의 요청으로 중소벤처기업부가 나서서 주사기를 생산하는 중소기업을 설득하고 자금을 지원했다. 대기업이 중소기업의 스마트공장 구축을 지원했고, 주사기 금형을 만드는 다른 중소기업까지 힘을 보탰다. 이러한 노력이 모여 최단 기간 내에 세계 최초의 최소잔여형 주사기가 개발, 보급되었다. [40]

법과 제도의 정비

4차 산업혁명 환경변화에 신속히 대응하려면 유연한 제도 수립과 시행이 병행되어야 한다. 현재의 법과 규제는 대부분 과거에 칸막이형으로 만들어졌다.

가령, 인천국제공항 도로 위에 짙은 안개가 퍼진 상황에서 무인 자동차의 연속 추돌 사고를 사전에 감지하고 방지할 수 있는 인공지능기반 신기술을 개발한 벤처기업이 이를 시험하려면 어느 부처를 찾아가야 할까? 중소벤처기업부인가, 과학기술정보통신부인가, 국토교통부인가? 또 코로나 19 관련 ICT가 개발되었다면 어느 부처를 찾아가야 할까? 과학기술정보통신부인가, 보건복지부인가, 식약처인가, 질병관리본부인가?

4차 산업혁명 시대는 기술과 기술, 기술과 제도, 기술과 생산이 융복합하여 공진화하는 것이 특징이다. 과거 산업사회에서 만들어져 시행되던 각종 칸막이형 제도와 법 규정, 정부부처 체계가 대폭 수정, 보완되어야 한다. 융복합 시대에 맞춰 법과 제도도 융복합적으로 만들고 운영해야 할 것이다.

또한 한국은 시장이 좁기 때문에 처음부터 글로벌 시장을 겨냥해야 한다. 국내 시장에 맞추어 개발했다가 세계시장 진출을 위해 기술표준을 재개발하는 시행착오를 줄이는 방향으로 한국 제도를 세계적 추세에 부합시키는 선제적 노력이 필요하다.

그렇다면 4차 산업혁명에 대응하는 디지털 전환을 효과적으로 추진하려면 구체

---

40 손현덕, "K-주사기 크리스마스의 기적", 〈매일경제〉, 2012. 12. 15.

적으로 어떠한 정책 방향을 수립해야 할까?

김상훈 등은 유럽 기업들이 디지털 기술(고속 광대역 인터넷망, 클라우드 컴퓨팅, ERP, CRM 등)을 도입함으로써 생산성에 어떠한 영향을 주었는지 분석하면서 몇 가지 흥미로운 결론을 제시했다. 첫째, 애초에 높은 기술생산성을 가진 기업이 더 많은 생산성 향상을 보이면서 디지털 기술이 기업 간 생산성 격차를 심화시키고 있다. 둘째, 생산성 향상 효과는 루틴화된 작업이 많은 기업에서 더 크게 나타났고, 이러한 효과는 조직 관리, 기술적 지식 등 기업의 무형자산과도 상호보완 관계가 있는 것으로 확인되었다. 셋째, 4차 산업혁명의 가장 중요한 핵심은 4차 산업혁명 연관기술과 기존 생산기술의 유기적 결합 또는 통합에 달려 있다.[41]

이러한 관찰이 의미하는 바는 무엇일까? 한마디로, "기술이 가지는 융복합적 성격을 고려하여 기술 간의 연관성 및 계층성에 대한 관계 분석이 중요하며, 기술이 나아가는 진화의 방향을 정확히 이해한 후 정부가 정책을 수립해야 한다"는 것이다.

선도산업 플랫폼 구축

한국은 과거에 빠르게 선진국 기술을 추종하여 IT 선진국들과 어깨를 나란히 하게 되었다. 그러나 4차 산업혁명 기술은 아직 많은 부분이 미지의 영역, 실험의 영역이다. 이러한 점에서 선도기술 개발을 지원하고 초기시장을 만들어 주는 방식은 과거뿐만 아니라 미래에도 여전히 유효하다고 할 수 있다.

조동호 KAIST 교수는 여기서 한발 더 나아가 "세계 최초 및 최고를 지향하는 위험성이 큰 선도산업의 경우 과거 추종산업과는 다른 기획연구와 시범사업 플랫폼이 필요하다"고 강조했다.

조동호 기획, 선정, 수행, 평가, 법제도 개선, 인증 등 시범사업 전 과정에 걸쳐 새로운 패러다임을 제시하고 구축하는 것이 필요합니다. 신기술기반 신산업을 통

41 김상훈·김승민·황원식, 2020, 〈4차 산업혁명 연관기술 도입 효과와 관계성 분석〉, 산업연구원.

해서 부가가치를 높이고 경쟁력 있는 신산업 생태계를 구축할 수 있으며 많은 좋은 일자리를 창출할 수 있습니다. 또한 새로운 개념의 정보공유 데이터 인프라 구축도 필요합니다. 정부의 정책자금이 일부라도 투입되는 모든 사업 및 과제의 경우 관련 데이터 정보를 공유하는 시스템을 구축하는 것입니다. 정부 차원에서 정보공유 데이터 인프라를 구축하면 새롭고 다양한 융합산업이 개화될 수 있고, 지금까지 풀지 못했던 난해한 문제를 다른 분야의 전문적 시각에서 비교적 수월하게 해결할 수 있습니다.

이와 함께 세계적 선도기술 벤처창업 생태계를 구축해야 합니다. 세계 최초, 세계 최고 기술기반을 가진 벤처기업 육성정책이 필요합니다. 그러려면 기술가치 기반의 투자와 IPO가 현실적으로 가능하도록 제도를 완비할 필요가 있습니다. 아울러 성공한 기술은 국가적 차원에서 과감한 규제개선과 시범사업 추진을 지원해야 합니다.

4차 산업혁명에 대응하는 정부조직

4차 산업혁명 시대의 초입에 있는 한국의 입장에서 정보화 이슈를 효율적 정책으로 추진하기 위해 바람직한 정부조직은 어떤 모습일까?

홍은주 한국의 정보통신을 선도했던 정보통신부가 이명박 정부 출범과 동시에 해체된 후 기능이 여기저기로 나뉘어 네트워크나 가치사슬 효과가 사라지고 경험이나 전문성이 단절되었습니다. 박근혜 정부 때 미래창조과학부가 생겼고, 현재는 과학기술정보통신부와 중소벤처기업부가 정보통신부의 산업육성 측면을 이어받고 있죠. 그런데 부처 간 칸막이도 높고 연구개발 효율성이나 예산집행 효율성도 의문시됩니다. 정보화의 효율적 추진을 위해 바람직한 정부조직의 모습은 어떠해야 한다고 보시나요?

노준형 4차 산업혁명이나 디지털 대전환을 속도감 있게 추진하기 위해 정보화 추진 조직을 어떻게 가져가야 한다는 목소리가 많이 나옵니다. "총리실 직속으로 두어 위상을 높여야 한다", "예전의 EPB처럼 기획과 예산기능을 통합해야 한다", "독자적 예산권을 부여해야 한다" 등의 다양한 의견이 나옵니다.

그러나 정보화가 정말 시급한 시대적 과제라고 인식한다면 정보화의 최고 책임자이자 컨트롤 타워는 당연히 총리실이 아니라 대통령이 되어야겠죠. 또 개발연대 제조업 발전에 최적화된 EPB 같은 조직이 새로운 4차 산업혁명 시대에 맞는지 의문입니다. 정보화 조직은 과거에 천착하기보다는 새로운 방향을 명확히 정의하고 설정하여 거기에 맞춰 조직과 기능을 만들어 나가야 합니다.

저는 조직의 형태나 정치적 슬로건보다는 전문성, 소통, 협력이 뒷받침되는 '빠른 실행력'에 방점을 두어야 한다고 생각합니다. 새 정부가 정보화 관련부처를 완전히 새롭게 만들어 보겠다고 이리저리 조직을 떼어 붙이고 나누고 하면 정치적으로 내보이기는 좋을지 몰라도 해당 조직의 구성원들은 적응비용이 만만치 않을 것입니다. 대통령 임기가 장기적이라면 새롭게 조직개편을 한 후 지속적으로 유지할 수 있는 시간 여유가 있겠죠. 하지만 대통령 임기가 5년밖에 안 되는 한국에서 차기 정부가 들어서면 그 조직을 또 바꾸고자 할 것 아닙니까? 그럼 매번 조직이 달라지고, 업무가 달라지고, 사람이 달라지겠죠. 업무의 영속성이 사라질 것이고, 전문성이 없어질 것이며, 특히 경험에서 오는 '암묵지'(暗默知)가 쌓일 겨를이 없을 것입니다. 이리저리 바꾸는 것만이 능사가 아닙니다.

홍은주 지금 전 세계가 4차 산업혁명을 향해 빠르게 움직이고 있는데 정치나 홍보 목적의 조직개편 등으로 머뭇거릴 시간이 없다는 말씀으로 이해합니다. 실제로 1950년에 S&P 500 지수에 포함된 미국 기업은 평균 60년 이상 존속한 기업들이었는데, 2011년에는 평균 존속기간이 18년으로 줄었다고 합니다. 2027년이 되면 현재 S&P 500 기업의 75%가 사라지리라는 전망도 나옵니다.[42] 그만큼 시장혁신과 변화가 빠르다는 뜻인데요. 시간이나 적응비용이라는 현실적 제약조건을 고려한

---

42 리처드 돕스·제임스 매니카·조나단 위첼, 2016, 《미래의 속도》, 청림출판.

다면, 향후 정부가 새로운 조직의 구성이나 이름짓기에 몰두하기보다는 기존의 조직을 어떻게 효율적으로 운용할 것인지 대안을 마련해야 할 것 같습니다.

김용수 전 과학기술정보통신부 차관은 "차기 정부를 누가 이끌게 되든 시대적 소명을 읽는다면 여기저기 분산된 기능과 조직을 통합하여 정보화 기능을 강화하고 종합적으로 대응해야 한다"고 말한다.

김용수 저는 김영삼 정부 때 정보통신부라는 특화된 부처를 만들어 초기에 전력 투구했던 것이 오늘날 한국이 ICT 강국으로 도약하는 데 결정적으로 기여했다고 생각합니다. 한국 경제의 규모가 별로 크지 않거든요? 한정된 자원으로 최대 효과를 내려면 전략적 선택이 불가피합니다. 시장과 민간의 자율에 모든 걸 맡기고 실패를 자양분 삼아 오랫동안 정보통신 산업과 기술을 육성할 여력이 없기 때문에 정책의 선택과 집중을 해왔고 이것이 효과가 있었습니다.

4차 산업혁명 시대를 맞아 과거보다 더 빠르고 혁명적인 변화가 전개되고 있기 때문에 정보화 조직의 중요성이 더 커졌고 따라서 분발해야 한다고 생각합니다. 차기 정부에 누가 대통령이 되든 시대적 소명을 읽는다면 관련기능을 강화하고 필요한 기능을 다 모아서 할 수 있는 일을 빨리 추진해야 합니다. 최소한 지금의 형태 이상으로 강화하는 것이 필연적인 수순이라고 봅니다.

가령, 방통융합 콘텐츠가 중요한 시기에 그 기능을 방송통신위원회에 맡기는 것이 바람직할까요? 현재의 방송통신위원회 조직은 이미 일어난 문제를 정치적으로 처리하는 것은 잘할 수 있겠지만, 전문성과 신속한 결정, 미래의 통찰이 필요한 영역의 문제를 처리하는 데는 한계가 있습니다. 만일 방송통신위원회 조직을 현재처럼 유지하려면 업무영역을 정할 때 정치적 사안이나 관련분쟁을 처리하는 기능 외에 다른 신규 업무를 추가하는 일에 정말 신중할 필요가 있습니다.

KISDI에서 장기간 한국의 정보통신정책 발전을 위한 논리를 개발한 경험이 있는 이한영 중앙대 교수는 향후 정보화를 추진할 조직은 플랫폼 비즈니스의 특성을 고려하여 경쟁법, 통상법 등 다양한 분야의 전문가들을 추가로 참여시키는 것이 바람직하다고 조언한다.

이한영 어떤 정부조직이 정보화를 책임지든 향후 디지털 플랫폼에 대한 실효적 규제를 위해 새로운 시대 상황에 맞게 플러스알파 기능을 추가하는 것을 고민해야 할 시점이라고 생각합니다. 디지털 플랫폼 이슈는 집단지성이 필요한 주제입니다. 디지털 플랫폼은 '양방향 시장'을 전제로 하는 중개 서비스를 기본으로 합니다. 전통적 제조업의 거래 형태는 공급자에서 소비자로 향하는 일방향인 데 비해, 디지털 플랫폼의 비즈니스 모델은 공급자와 소비자 양쪽을 다 보아야 중개가 이루어지는 쌍방향입니다. 모든 플랫폼 비즈니스가 그러한 특성에 기초합니다. 따라서 경쟁법과 통상법 등 다양한 분야 전문가가 참여하는 것이 바람직하다고 생각합니다.

'스마트 디스토피아'의 위험: 보안 리스크 관리

미디어에 등장하는 4차 산업혁명과 디지털 전환의 미래는 대부분 긍정적 내용이다. 노인을 돌보는 휴먼로봇, 스마트 홈과 스마트 드라이빙에 기반한 유비쿼터스 도시, 최첨단 생활 인프라 등이 미래의 중심 기술로 거론된다.

아침에는 키친로봇이 제공하는 식사를 하고, 자동제어 자동차를 타고 출근하며, 인텔리전트 오피스에서 일하고, 퇴근 후에는 케어로봇의 시중을 받는다. 스마트 의료로 암이나 불치병이 치료되고 생명이 연장된다. 뇌신경망 구조의 심층 알고리즘을 학습한 지능형 AI의 등장으로 산업과 경제, 건강과 교육 등 대부분 산업의 혁신이 일어난다. 공장과 산업현장은 생산성이 높아지며 국가경제는 높은 부가가치를 얻게 된다.

그러나 4차 산업혁명 시대를 높은 부가가치 산업이 확산되고 국민의 삶의 질이 향상되는 '스마트 유토피아'로만 볼 수 있을까?

"모두를 죽이려면 여기를 클릭하세요"라는 섬뜩한 제목의 책이 2019년 서점에 등장했다. [43] 'IT 보안의 구루'인 브루스 슈나이어(Bruce Schneier)가 저술한 이 책은 "4차 산업혁명 시대가 모두가 기대하는 스마트 유토피아만은 아니며 심각한 보안 이슈에 대응하는 기술개발과 인식, 법과 제도의 마련이 병행되어야 한다"고 경고한다.

과거의 컴퓨터 보안 이슈는 개인정보 유출이나 악성 댓글, DDoS 공격에 의한 서버 마비 정도로 그쳤다. 그러나 '모든 것이 모든 것과 연결된' 4차 산업혁명 시대에 테러범들은 더 이상 총이나 칼로 사람을 위협하지 않을 것이다. 자동차 시스템 해킹으로 브레이크나 앞차와의 간격을 제어하는 기능을 무력화시켜 생명을 위협할 수도 있고, 하늘을 나는 항공기나 인텔리전트 빌딩의 엘리베이터를 해킹하여 다수의 목숨을 빼앗을 수도 있다. 전력이나 원자력 등에 쓰는 산업형 제어시스템(SCADA)을 해킹하여 과거에는 전혀 예상하지 못했던 거대한 재앙을 일으킬 수도 있다. 중앙시스템에 연결된 전국 병원 및 약국의 바이오 프린터가 살인 바이러스를 인쇄하도록 만들어 전국적인 대량 살상을 일으킬 수도 있다. 총칼의 위협과 비교할 수 없는 거대한 시스템의 위험, "인터넷에서 클릭 한 번이면 모두를 죽일 수 있는" 섬뜩한 이면이 4차 산업혁명의 또 다른 얼굴인 것이다.

노준형 앞으로 '모든 것과 모든 것이 연결된' 유비쿼터스 시대가 도래하고 사물인터넷과 초연결 사회가 되면 보안 이슈가 큰 문제로 떠오를 것입니다. 모든 기기에 프로세서가 들어가 네트워크와 연결되는데 수많은 제품에 들어가다 보니 낮은 단가에 보안을 확보할 수 없습니다. 가정에서 24시간 켜진 스마트 냉장고도 문제가 되고 스마트 TV도 문제가 될 수 있습니다. 스위치나 조명 등 모든 것이 사물인터넷으로 연결되어 개인정보가 흘러나가는 통로가 될 수 있습니다.

가령, 우리가 사 먹는 물 한 병에도 음식물 안전과 관련된 많은 규제가 있습니다. 건물 하나를 지으려 해도 엄청난 건축 규제를 받고 수많은 사람이 안전 관련 자격증을 따서 관리합니다. 그런데 네트워크 컴퓨터는 그 중요성이 어마어마하고

---

43 브루스 슈나이어, 2019, 《모두를 죽이려면 여기를 클릭하세요》, 김상현 역, 에이콘출판사.

앞으로는 더욱 중요해질 텐데도 우리는 현재 보안이나 규제에 대한 인식이 별로 없습니다. 특히 전력이나 원자력 등 여러 사람의 생명과 안전에 치명적 영향을 미치는 핵심 인프라는 시스템 위험관리를 철저히 해야 합니다.

제이미 다이먼 JP모건체이스 회장은 2008년 금융위기 이후 10년이 지난 2018년에도 현직에 남은 유일한 사람입니다. 그가 2018년 인터뷰에서 "앞으로 금융위기가 올지 안 올지 모르지만, 만약 온다면 그것은 인터넷을 비롯한 IT 시스템에서 시작될 것이다"라고 말한 적이 있습니다. 인공지능 초연결 시대에는 제조업에 못지않게 IT산업과 관련한 각종 제도와 법, 규제 등을 정비하여 정부가 주도적으로 위험관리에 나서야 합니다.

"모두를 죽이려면 여기를 클릭하세요"의 '클릭'에 손을 누르는 결과가 나타나지 않도록 지금부터 보안 이슈에 대응해야 한다. 정부의 법과 규제, 산업정책에 보안 문제를 반영해야 하며, 보안 소프트웨어와 기술개발, 인재양성에 투자해야 한다. 공격과 방어를 함께 고려하지 않는다면, 4차 산업혁명 시대에 도래하는 '스마트 유토피아'는 '스마트 디스토피아'가 될 수도 있다.

소프트파워 의식혁명

노준형 전 정보통신부 장관은 4차 산업혁명 시대의 정보화 미션으로 사고의 전환을 강조했다. "산업화의 진전으로 전 세계 농업 부문 부가가치가 현저히 줄어들었듯이 제조업이 얼마 안 있어 '제2의 농업'이 될 것"이라는 피터 드러커(Peter Drucker)의 말을 인용하며 "한국 전체가 과거의 제조업적 사고에서 소프트웨어적 사고로 대전환해야 한다"고 역설했다.

과거 한국의 정보화는 특정 산업 육성과 망 구축 등 제조업 위주였다. 남들보다 한발 앞서 계획을 세우고 집행하는 과정에서 단기간에 큰 성공을 거두기도 했다. 그러나 정보화를 더욱 고도화해야 하는 진행형 미래에서는 1980년대, 1990년대의 제조업 위주 정보화의 성공담은 오히려 발목을 잡을 수 있다.

노준형 전 장관은 '제조업 성공신화'라는 과거지향적 사고에서 벗어나지 못하고, 한국의 '인더스트리 4.0'이 여전히 공장자동화 수준의 인식에 머무른다면 4차 산업혁명 시대에 크게 뒤처지고 말 것이라고 경고한다.

노준형 제조업을 포기하자는 말이 아닙니다. '인더스트리 4.0'을 논하고 4차 산업혁명 시대 정보화 정책을 수립한다면서 제조업 시대의 마인드를 가지고 대량생산 체제에 유리한 정책만 이야기해서는 곤란하다는 것입니다. 과거 모든 정부가 소프트웨어가 중요하다고 강조했는데 소프트웨어 육성이 현재 잘 안 되고 있잖아요?

2000년대 초중반부터 G 7 선진국들이 정보화지수를 발표했는데 거기에 한국을 포함시켰습니다. 인프라 구축이 역동적이고 놀랍게 빠르니까요. 그때 조사를 보면 초고속통신망을 잘 구축하고도 이메일을 가장 쓰지 않는 나라가 한국과 일본이었습니다.

요즘에도 상황은 비슷해요. 미국은 가능한데 한국이나 일본이 잘 못하는 것이 바로 벤처캐피탈과 소프트파워입니다. 과거 제조업의 성공이 오히려 소프트웨어 산업 발전의 발목을 붙잡는 요인이 아닌가 우려합니다. 유사 이래 제조업에서 한국만큼 성공한 나라가 없습니다. 그래서 모든 법제도와 교육, 사회시스템 등이 제조업에 특화되어 있고, 우리의 가치관과 교육관, 사고체계도 대부분 제조업에 맞추어져 있습니다. 가령, 반도체 분야에서도 비메모리가 훨씬 부가가치가 높은데 우리는 메모리의 글로벌 성공에 너무 집착하는 측면이 있습니다. 제조업에 경도되어 말로는 소프트웨어가 중요하다면서 실제로는 소프트웨어로 못 가고 있습니다.

홍은주 4차 산업혁명의 핵심인 초연결 사회, 유비쿼터스 사회의 핵심이 내장형 소프트웨어인데 한국은 아직 그 수준이 낮습니다. 핵심 인력도 부족하고요.

노준형 소프트웨어가 중요한데, 소프트파워의 핵심은 한마디로 생각의 다양성입니다. 그런데 대량생산 중심의 제조업에서는 다양성은 곧 불량품으로 배척받았습니다. 한국 사회 전체가 '나와 다른 것'을 용인하고 다양성을 인정하는 것을 전제하지 않으면 소프트웨어에 대한 도전의 미래가 밝지 않습니다. 과거의 제조업 기득권이 존재하는 한 미래를 바라보는 시각이나 정책도 그쪽 논리에 끌려갈 수밖에 없으니까요.

향후 4차 산업혁명이라는 새로운 물결에 대응하고 정보화 정책을 제대로 추진하려면 제조업 등 모든 분야의 기득권으로부터 자유로운 조직이 필요하다고 생각합니다. 대통령의 리더십이 중요하니까 이런 문제를 제대로 파악하고 방향타를 잡아야겠지요. 4차 산업혁명이 야기하는 변화가 국가와 경제에 얼마나 중요한지 확고하게 인식하고 결단력 있게 정책 대응을 해야 합니다. 지도자의 확고한 의지와 더불어 다양성을 존중하고 아이디어를 자유롭게 구상하며 실천할 수 있는 정보화 조직이 필수적이라고 봅니다.

누가 다음 정부의 리더가 되든 이 문제를 유념해야 합니다. 선착의 효를 이용하여 지금까지 나름대로 유리한 국면으로 이끌어온 체스 게임을 끝까지 잘 마무리해야 합니다. 관성적으로 한국의 정보통신이 다른 나라보다 앞서 있다는 막연한 생각에 빠져 앞선 사람들이 이룩한 과실만 누리려고 한다면 실패는 이미 예견된 것입니다.

그리하여 …

한국 경제는 현재 온전한 정보화와 4차 산업혁명으로 향하는 중대한 갈림길에 서 있다. 정보화 시대의 초입에서 대담한 첫걸음을 남들보다 빠르게 잘 내디뎠고 지금까지도 시의적절하게 잘 대처해왔지만, 자칫 잘못 판단하거나 머뭇거리다가 실기할 경우 체스의 후반부에서 끝내기 패배를 당해 분루를 삼켜야 할 수도 있다.

후회는 아무리 빨라도 늦는 법이다. 차기 정부에서 정보화의 각종 문제들을 얼마나 시급하게 인식하는가, 4차 산업혁명으로 향하는 데 걸림돌이 되는 내용 해결을 위해 얼마만큼 대담하게 정책을 세우고 유연하게 집행할 수 있는가가 4차 산업혁명의 성공과 실패를 판가름하는 중요한 승부수가 될 것이다.

APPENDIX

1. 시기별 주요 정보화 정책

2. 정보화 분야 재정투자 추이(1999~2011)

3. 인터넷 이용자 및 이용률 현황(2000~2019)

4. 정보통신서비스 이용자 / 가입자 추이(1987~2020)

5. 정보화 정책 시계열 자료(1991. 8~2021. 10)

6. OECD OURdata 지수

7. OECD 국가 초고속인터넷 가입자 수 현황(유선)

8. OECD 국가 초고속인터넷 가입자 수 현황(무선)

1. 시기별 주요 정보화 정책

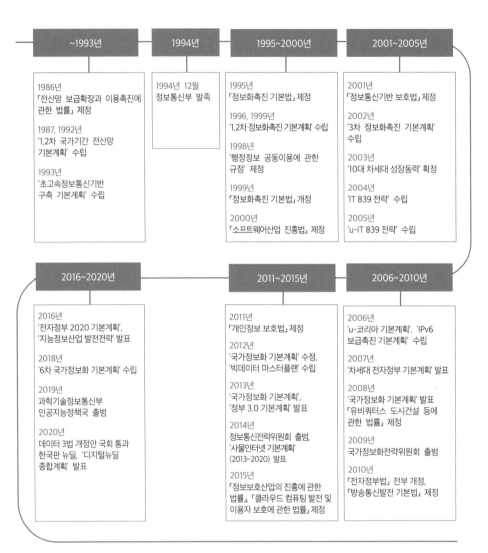

~1993년

1986년
「전산망 보급확장과 이용촉진에 관한 법률」 제정

1987, 1992년
'1,2차 국가기간 전산망 기본계획' 수립

1993년
'초고속정보통신기반 구축 기본계획' 수립

1994년

1994년 12월
정보통신부 발족

1995~2000년

1995년
「정보화촉진 기본법」 제정

1996, 1999년
'1,2차 정보화촉진 기본계획' 수립

1998년
'행정정보 공동이용에 관한 규정' 제정

1999년
「정보화촉진 기본법」 개정

2000년
「소프트웨어산업 진흥법」 제정

2001~2005년

2001년
「정보통신기반 보호법」 제정

2002년
'3차 정보화촉진 기본계획' 수립

2003년
'10대 차세대 성장동력' 확정

2004년
'IT 839 전략' 수립

2005년
'u-IT 839 전략' 수립

2016~2020년

2016년
'전자정부 2020 기본계획', '지능정보산업 발전전략' 발표

2018년
'6차 국가정보화 기본계획' 수립

2019년
과학기술정보통신부 인공지능정책국 출범

2020년
데이터 3법 개정안 국회 통과 한국판 뉴딜, '디지털뉴딜 종합계획' 발표

2011~2015년

2011년
「개인정보 보호법」 제정

2012년
'국가정보화 기본계획' 수정, '빅데이터 마스터플랜' 수립

2013년
'국가정보화 기본계획', '정부 3.0 기본계획' 발표

2014년
정보통신전략위원회 출범, '사물인터넷 기본계획' (2013~2020) 발표

2015년
「정보보호산업의 진흥에 관한 법률」, 「클라우드 컴퓨팅 발전 및 이용자 보호에 관한 법률」 제정

2006~2010년

2006년
'u-코리아 기본계획', 'IPv6 보급촉진 기본계획' 수립

2007년
'차세대 전자정부 기본계획' 발표

2008년
'국가정보화 기본계획' 발표 「유비쿼터스 도시건설 등에 관한 법률」 제정

2009년
국가정보화전략위원회 출범

2010년
「전자정부법」 전부 개정, 「방송통신발전 기본법」 제정

주: 《2020 국가정보화 백서》를 바탕으로 재구성하였다.

2. 정보화 분야 재정투자 추이(1999~2011)

정보화 투자 재원은 크게 정보화촉진기금과 정보화 예산으로 구분된다. 1990년대 중반 정보통신부 출범 이후 정부는 정보화촉진기금을 조성하였으며, 각 부처에 정보화 예산을 배정하여 공공은 물론 민간의 정보화에 중요한 역할을 담당하였다. 정보화촉진기금은 일반계정과 R&D 계정으로 구성되었다. 정보화 예산은 정보통신부의 일반회계, 통신사업특별회계(통특회계), 재정융자특별회계(재특회계)와 각 부처별 일반회계로 구성되었다.

(단위: 억 원)

구분	1999년	2000년	2001년	2002년	2003년	2004년	2005년
합계	16,623	19,208	31,162	27,949	27,793	28,445	29,058
예산	8,562	12,155	15,029	16,114	16,380	16,947	20,272
기금	8,061	7,053	16,133	11,835	11,413	11,498	8,786

구분	2006년	2007년	2008년	2009년	2010년	2011년
합계	34,343	34,104	34,669	33,354	33,439	32,676
예산	23,469	21,885	22,705	21,612	21,909	21,451
기금	10,874	12,219	11,964	11,742	11,530	11,225

주: 2006년부터 정보통신부의 전파 관련 예산, 각 부처 기금(예: 국민건강증진기금, 기술신용보증기금 등)의 정보화사업 등
   기존에 포함되지 않았던 정보화사업을 추가했다.
출처: 기획예산처, 〈국가재정운용계획〉, 국회예산정책처, 〈예산분석실 경제예산분석팀 예산안 분석〉, 각 연도.

(단위: 억 원)

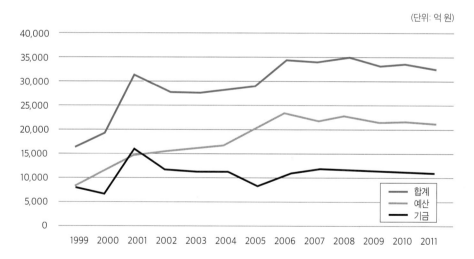

3. 인터넷 이용자 및 이용률 현황(2000~2019)

(단위: %, 천 가구, 국내 전체 가구 기준)

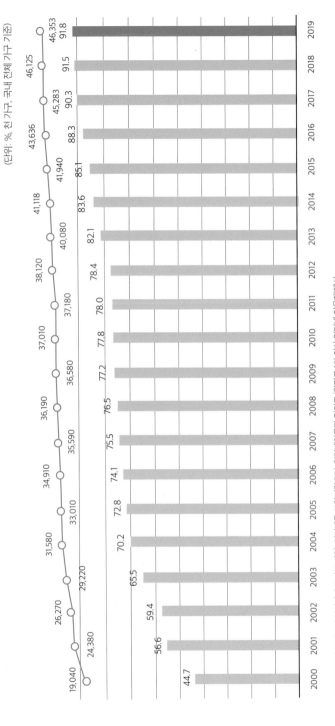

주: 1) 2004년 조사부터 인터넷에 무선(모바일) 인터넷을 포함시켰으며, 인터넷이용자 정의로 '월평균 1회 이상 인터넷 이용자'에서 '최근 1개월 이내 인터넷이용자'로 변경했다.
2) 2006년 조사부터 조사 대상을 만 3세 이상 인구로 확대했다(2000~2001년: 만 7세 이상 인구, 2002~2005년: 만 6세 이상 인구.

출처: 한국지능정보사회진흥원 2020, 《2020 국가정보화통계집》; 과학기술정보통신부 · 한국정보화진흥원 2020, 《2019 인터넷이용실태조사》.

504

4. 정보통신서비스 이용자/가입자 추이(1987~2020)

1987년
전국 전화
천만 회선 돌파

1995년
전국 전화
2천만 회선 돌파

1995년
이동전화 가입자
100만 명 돌파

1998년
이동전화 가입자
천만 명 돌파

1999년
인터넷 이용자
천만 명 돌파
이동전화 가입자
2천만 명 돌파

2001년
OECD 선정,
세계 초고속망 구축 1위
인터넷 이용자 수 2천만 명 돌파

2002년
초고속인터넷 가입
천만 가구 돌파
이동전화 가입자
3천만 명 돌파

2004년
인터넷 이용자
3천만 명 돌파

2005년
OECD 선정, 인구 100명당
초고속인터넷보급률
세계 1위

2006년
이동전화 가입자
4천만 명 돌파
1위

2007년
인터넷뱅킹 이용자
4천만 명 돌파

2008년
초고속인터넷 가입자
1,500만 명 돌파
지상파 DMB 단말기
판매 천만 대 돌파

2009년
실시간 IPTV 가입자 100만 명 돌파
인터넷전화 가입자 300만 명 돌파
모바일뱅킹 등록고객 천만 명 돌파

2010년
실시간 IPTV 가입자
300만 명 돌파
인터넷 사용자 3,700만 명 돌파
유무선 BCN 가입자
4천만 명 돌파
이동전화 가입자 5천만 명 돌파

2011년
스마트폰 가입자 2천만 명 돌파
인터넷전화 가입자 천만 명 돌파
IPTV 가입자 440만 명 돌파
OECD 회원국 최초,
초고속무선인터넷보급률 100% 돌파

2012년
스마트폰
가입자
2,756만 명
돌파

2013년
인터넷전화(VoIP) 가입자
1,200만 명 돌파
IPTV 가입자 800만 명 돌파
디지털방송
600만 명 돌파

2014년
스마트폰 가입자 4천만 명 돌파
IPTV 가입자 천만 명 돌파

2016년
초고속인터넷 가입자
2천만 명 돌파
이동통신 가입자
6천만 명 돌파
모바일 IPTV 가입자
100만 명 돌파

2017년
유료방송서비스 가입자
3천만 명 돌파
알뜰폰 가입자 700만 명 돌파
IoT 가입자 600만 명 돌파
웨어러블 가입자 100만 명 돌파

2018년
스마트폰 가입자
5천만 명 돌파
IoT 가입자
800만 명 돌파
웨어러블 가입자
120만 명 돌파

2019년
스마트폰 가입자
5,051만 9천 명
사물인터넷 가입자 천만 명
초고속인터넷 가입자 2,167만 명

2020년
스마트폰 가입자
5,136만 8천 명
초고속인터넷
가입자 2,225만 명
카카오뱅크 가입자
1,200만 명

행정전산화 추진

국가사회 정보화 촉진

국가기간전산망 구축·확대

국가사회 정보화 촉진

지식정보사회 구현

국가사회 정보화 촉진

지능정보사회 도래

출처: 한국지능정보사회진흥원 2020, 《2020 국가정보화 백서》.

5. 정보화 정책 시계열 자료(1991. 8~2021. 10)

KDI는 1990년대 이후 발표된 주요 경제정책의 정부 발표자료를 비롯하여 언론보도, 연구기관 보고서, 여론조사 결과 등을 시간의 흐름에 따라 체계적으로 분류·정리한 '경제정책 시계열 서비스'(https://epts.kdi.re.kr)를 구축·운영하고 있다. 이 DB에서 정보화와 관련된 정보통신 일반, 소프트웨어(소프트웨어, 정보보호), 통신, 정보융합(인터넷융합)을 중분류로 한 시계열 자료를 발표일 순(2021. 10. 10 기준)으로 수록한다.

정보통신 일반

No.	발표일	정책 자료	담당 부서
1	1992. 12. 14	정보산업 발전을 위한 국가전략계획	경제기획원 정책조정국 산업4과
2	1993. 5. 22	신경제 5개년계획: 국가사회의 정보화 및 정보산업 발전전략	경제기획원 정책조정국 산업2과
3	1994. 3. 23	초고속정보통신망 구축 종합계획	체신부 통신정책실 통신기획과
4	1994. 11. 17	초고속정보통신산업 발전종합계획(안)	상공자원부 전자정보공업국 정보진흥과
5	1994. 11. 29	정보통신산업 종합정보시스템 구축계획(안)	체신부 정보통신정책실 기술기획과
6	1995. 3. 14	초고속정보통신기반구축 종합추진계획	정보통신부 초고속정보통신망 구축기획단
7	1996. 6. 11	제1차 정보화촉진기본계획	정보통신부 정보통신정책실 정보정책과
8	1996. 8. 27	정보통신기기산업 정책방향	통상산업부 생활공업국 전자기기과
9	1996. 10. 15	정보통신산업발전 종합대책 수립을 위한 정보통신 기술개발 대책	정보통신부 정보통신정책실 정책총괄과
10	1996. 11.8	정보통신산업발전 종합대책 수립을 위한 정보통신 전문인력 양성대책(안)	정보통신부 정보통신정책실 기술기획과
11	1996. 12. 7	정보통신산업발전 종합대책(안)	정보통신부 정보통신정책실 정책총괄과
12	1997. 2. 4	정보화를 위한 인력양성대책(안)	정보통신부 정보화기획실 기획총괄과
13	1997. 3. 22	중소기업 주문형반도체(ASIC)개발 지원계획	정보통신부 정보통신정책실 산업지원과
14	1997. 6. 25	정보통신 중소기업의 해외진출 지원방안(안)	정보통신부 정보통신정책실 산업지원과
15	1997. 9. 30	정보통신망 고도화 추진계획	정보통신부 정보화기획실 초고속망기획과, 기획총괄과
16	1998. 2. 23	구내정보통신망(LAN) 기술개발 계획(안)	정보통신부 정보통신정책실 산업지원과
17	1998. 12. 4	기업정보화 종합대책	정보통신부 정보화기획실 기획총괄과
18	1999. 3. 31	국민정보화교육 종합계획	정보통신부 정보화기획실 정보화제도과
19	1999. 3. 31	사이버코리아 21(제2차 정보화촉진기본계획)	정보통신부 정보통신정책국 지식정보산업과
20	2000. 6. 19	초고속정보통신 시공인력 양성계획	정보통신부 성보통신정책국 지식정보산업과

(계속)

No.	발표일	정책 자료	담당 부서
21	2000. 7. 12	정보격차 해소를 위한 향후 정책방향 및 정보화역기능 해소를 위한 종합대책	정보통신부 정보화기획실 기획총괄과
22	2001. 3. 19	차세대 e-Business기반구축 전략	정보통신부 전자거래기반팀
23	2001. 4. 6	ASIC산업 기반 조성계획	정보통신부 정보통신정책국 산업기술과
24	2001. 7. 5	초고속 정보통신망 고도화 기본계획	정보통신부 정보화기획실 기획총괄과
25	2001. 9. 19	정보화촉진 기본계획(2002~2006)	정보통신부 정보화기획실 기획총괄과
26	2002. 3. 15	e-코리아 비전 2006 (제3차 정보화촉진기본계획)(안)	정보통신부 정보화기획실 기획총괄과
27	2003. 5. 27	차세대통합네트워크(NGcN) 구축계획	정보통신부 정보화기획실
28	2003. 12. 17	브로드밴드 IT 코리아 비전 2007 (참여정부의 정보화 촉진 및 정보통신 발전 전략)	정보통신부 정보화기획실 기획총괄과
29	2004. 2. 25	브로드밴드 IT 코리아 건설을 위한 광대역 통합망 구축 기본계획	정보통신부 정보화기획실 기획총괄과
30	2004. 4. 8	텔레매틱스 서비스 활성화 기본계획	정보통신부 정보통신진흥국 통신이용제도과
31	2004. 6. 9	IT분야 신성장동력, u-코리아 추진전략	정보통신부 정보화기획실 정보이용촉진과
32	2005. 12. 6	제2차 정보격차해소 종합계획	정보통신부 정보화기획실 정보보호산업과
33	2006. 1. 12	IT 부품ㆍ소재산업 경쟁력 강화대책	정보통신부 정보통신정책국 산업기술팀
34	2006. 2. 17	u-IT 839 전략	정보통신부
35	2006. 5. 29	u-코리아 기본계획	정보통신부 미래정보전략본부 IT인프라정책팀
36	2008. 5. 8	China RoHS 강제인증 사전대응체제 구축	지식경제부 성장동력실 정보통신산업정책관 정보전자산업과
37	2008. 6. 28	주력산업과 IT산업의 융합촉진 방안	지식경제부 성장동력실 정보통신산업정책관 정보통신총괄과
38	2008. 7. 11	뉴 IT 전략	지식경제부 성장동력실 정보통신산업정책관 정보통신총괄과
39	2008. 12. 24	텔레매틱스 산업 발전전략(안)	지식경제부 성장동력실 정보통신산업정책관 정보통신산업과
40	2009. 1. 15	녹색성장을 위한 IT산업 전략(Green IT)	지식경제부 성장동력실 정보통신산업정책관 정보통신총괄과
41	2009. 9. 2	IT 코리아 5대 미래전략	지식경제부 성장동력실 정보통신산업정책관 정보통신총괄과

(계속)

No.	발표일	정책 자료	담당 부서
42	2010. 2. 9	IT인력양성 중기 개편방안	지식경제부 성장동력실 정보통신산업정책관 정보통신산업과
43	2010. 3. 15	'인터넷안전 1등국가 건설'을 위한 인터넷중독 예방 및 해소 종합계획	행정안전부 정보화전략실 정보문화과
44	2010. 7. 21	IT융합 확산전략	지식경제부 성장동력실 정보통신산업정책관 정보통신정책과
45	2010. 8. 18	IT 네트워크장비산업 발전전략	지식경제부 성장동력실 정보통신산업정책관 정보통신산업과
46	2010.10.13	IT산업 비전 2020	지식경제부 성장동력실 정보통신산업정책관 정보통신정책과
47	2010.12.17	정보보안 산업 활성화 방안	지식경제부 성장동력실 정보통신산업정책관 전자정보산업과
48	2011. 1. 26	차세대(4G) 모바일 주도권 확보 전략	지식경제부 성장동력실 정보통신산업정책관 정보통신산업과
49	2011. 4. 14	산학 간 고용불일치 해소를 위한 대학 IT 교육 개선방안	지식경제부 성장동력실 정보통신산업정책관 정보통신산업과
50	2013. 6. 14	생애주기별 인터넷중독 통합지원체계 구축을 위한 제2차 인터넷중독 예방 및 해소 종합계획	미래창조과학부 정보화전략국 정보문화과
51	2013. 6. 19	정부 3.0을 통한 창조경제 기반 조성계획	미래창조과학부 정보통신정책실 인터넷융합정책관 정보화기획과
52	2013. 8. 21	ICT 장비산업 경쟁력 강화 전략(안)	미래창조과학부 정보통신산업국 정보통신산업과
53	2013. 11. 12	창조 비타민 프로젝트 추진계획	미래창조과학부 정보통신정책실 인터넷융합정책관 정보화기획과
54	2013. 12. 11	창조경제 및 정부 3.0 지원을 위한 빅데이터산업 발전전략	미래창조과학부 정보화전략국 정보화기반팀
55	2013. 12. 26	제5차 국가정보화 기본계획(2013~2017)	미래창조과학부 정보통신정책실 인터넷융합정책관 정보화기획과
56	2014. 8. 12	SW · 정보통신서비스 투자활성화 대책	미래창조과학부 정보통신방송정책실 정보통신융합정책관 정책총괄과
57	2014. 12. 5	인간중심의 초연결 창조사회를 위한 국가 정보화 비전	미래창조과학부 정보통신정책실 인터넷융합정책관 정보화기획과
58	2015. 3. 25	K-ICT 전략	미래창조과학부 정보통신정책실 정보통신산업정책관 정보통신정책과
59	2016. 5. 13	스마트폰 · 인터넷 바른 사용 지원 종합계획 (2016~2018)	미래창조과학부 정보통신정책실 정보보호정책관 정보활용지원팀
60	2016. 12. 27	제1차 3D프린팅산업 진흥 기본계획 (2017~2019)	미래창조과학부 정보통신정책실 인터넷융합정책관 정책총괄과

(계속)

No.	발표일	정책 자료	담당 부서
61	2016. 12. 27	제4차 산업혁명에 대응한 '지능정보사회 중장기 종합대책'	미래창조과학부 지능정보사회추진단
62	2017. 1. 20	취약계층 정보접근성 제고를 위한 정책방안	미래창조과학부 정보통신정책실 정보보호정책관 정보활용지원팀
63	2017. 12. 14	종이 없는 사회 실현을 위한 전자문서 이용 활성화 계획	과학기술정보통신부 정보통신정책실 인터넷융합정책관 정책총괄과
64	2018. 1. 24	I-코리아 4.0, 과학기술과 ICT로 열어가는 사람 중심 4차 산업혁명 구현	과학기술정보통신부 기획조정실 기획재정담당관
65	2018. 1. 30	I-Korea 4.0: ICT R&D 혁신전략	과학기술정보통신부 정보통신정책실 정보통신산업정책관 정보통신방송기술정책과
66	2018. 12. 14	제6차 국가정보화 기본계획(2018~2022)	과학기술정보통신부 정보통신정책실 인터넷융합정책관 정보화기획과
67	2019. 1. 10	ICT 규제 샌드박스 시행 및 향후계획	과학기술정보통신부 정보통신정책실 인터넷융합정책관 인터넷제도혁신과
68	2019. 1. 25	제4차 스마트폰·인터넷 과의존 예방 및 해소 종합계획(2019~2021)	과학기술정보통신부 정보통신정책실 정보보호정책관 정보활용지원팀
69	2019. 1. 30	ICT산업 고도화 및 확산전략	과학기술정보통신부 정보통신정책실 정보통신산업정책관 정보통신정책과
70	2020. 2. 21	코로나19 대응 ICT산업 지원방안(Ⅰ)	과학기술정보통신부 정보통신정책실 정보통신산업정책관 정보통신산업정책과
71	2020. 6. 22	제2차 3D프린팅산업 진흥 기본계획 (2020~2022)	과학기술정보통신부 정보통신산업정책과
72	2020. 6. 24	디지털 경제의 신뢰 기반 조성을 위한 보이스피싱 척결 종합방안	금융위원회 금융소비자국 전자금융과
73	2021. 2. 18	K-사이버방역 추진 전략	과학기술정보통신부 정보통신정책실 정보통신산업정책관 정보보호기획과
74	2021. 4. 30	양자기술(Quantum Technology) 연구개발 투자전략	과학기술정보통신부 연구개발투자심의국 기계정보통신조정과
75	2021. 5. 28	4차 산업혁명 대도약(퀀텀점프)을 위한 국가초고성능컴퓨팅 혁신전략	과학기술정보통신부 연구개발정책실 기초원천연구정책관 원천기술과
76	2021. 6. 11	민관협력기반 데이터 플랫폼 발전전략	과학기술정보통신부 정보통신정책실 인공지능기반정책관 데이터진흥과
77	2021. 8. 17	5세대(5G) + 융합서비스 확산 전략	과학기술정보통신부 정보통신정책실 정보통신산업정책과
78	2021. 9. 6	방송통신기자재 등의 적합성평가제도 개선 종합계획	과학기술정보통신부 정보통신정책실 정보통신정책총괄과
79	2021. 9. 6	디지털 트윈 활성화 전략	과학기술정보통신부 정보통신정책실 정보통신정책총괄과
80	2021. 9. 6	제3차 클라우드 컴퓨팅 기본계획 (2022~2024)	과학기술정보통신부 정보통신정책실 인터넷진흥과

소프트웨어

No.	발표일	정책 자료	담당 부서
1	1993. 6. 15	정보통신 소프트웨어산업 육성계획	체신부 정보통신국 전산망과
2	1993. 10. 27	소프트웨어육성 국가전략 기본계획	과학기술처 기술개발국 정보산업기술과
3	1994. 8. 11	첨단영상소프트웨어 지원 기술개발사업(안)	과학기술처 기술개발국 정보산업기술과
4	1994. 8. 26	소프트웨어(SW)산업 구조 고도화 계획	상공자원부 전자정보공업국 정보진흥과
5	1995. 2. 16	소프트웨어산업 육성 정책방향	정보통신부 정보통신자원국 정보통신진흥과
6	1996. 10. 28	소프트웨어산업 육성 대책(안)	정보통신부 정보통신정책실 정보통신진흥과
7	1998. 5. 4	전자문서 교환시 한글처리 대책	정보통신부 정보화기획실 정보보호과
8	1999. 2. 23	소프트웨어산업 발전을 위한 기반기술 대책	정보통신부 정보통신정책실 정보통신진흥과
9	1999. 3. 23	정부 및 공공기관의 소프트웨어 정품사용 대책	정보통신부 정보통신정책실 정보통신진흥과
10	2001. 2. 26	S/W산업육성 기본계획	정보통신부 정보통신정책국 소프트웨어진흥과
11	2001. 9. 10	SI산업 해외진출 강화방안	정보통신부 정보통신정책국 소프트웨어진흥과
12	2002. 5. 5	건전한 온라인게임 산업육성 종합대책	정보통신부 정보통신정책국 소프트웨어진흥과
13	2005. 12. 2	SW산업 발전전략	정보통신부 정보통신정책국 SW진흥팀
14	2006. 3. 24	SW 공공구매 혁신 방안	정보통신부 SW진흥단 소프트웨어정책팀
15	2008. 10. 31	SW산업의 발전방안	지식경제부 성장동력실 신산업정책관 소프트웨어산업과
16	2009. 12. 31	클라우드 컴퓨팅 활성화 종합계획	지식경제부 성장동력실 정보통신산업정책관 정보통신산업과
17	2010. 2. 4	소프트웨어 강국 도약전략	지식경제부 성장동력실 신산업정책관 소프트웨어정책과
18	2011. 3. 9	RFID 확산 전략	지식경제부 성장동력실 정보통신산업정책관 소프트웨어융합과
19	2011. 5. 12	클라우드 컴퓨팅 확산 및 경쟁력 강화 전략	지식경제부 성장동력실 정보통신산업정책관 정보통신산업과
20	2011. 10. 27	공생발전형 SW 생태계 구축 전략	지식경제부 성장동력실 정보통신산업정책관 소프트웨어산업과
21	2012. 6. 12	SW R&D 체계개편 방안	지식경제부 성장동력실 정보통신산업정책관 소프트웨어융합과

(계속)

No.	발표일	정책 자료	담당 부서
22	2012. 6. 27	소프트웨어 제값받기를 위한 상용 SW 유지관리 합리화 대책	지식경제부 성장동력실 정보통신산업정책관 소프트웨어산업과
23	2012. 12. 1	SW 품질 강화 대책	지식경제부 성장동력실 정보통신산업정책관 소프트웨어진흥팀
24	2013. 10. 8	소프트웨어(SW) 혁신전략	미래창조과학부 정보통신방송정책실 소프트웨어정책관 소프트웨어융합과
25	2014. 1. 15	클라우드산업 육성계획	미래창조과학부 정보통신방송정책실 소프트웨어정책관 인터넷신산업팀
26	2014. 7. 23	소프트웨어 중심사회 실현전략	미래창조과학부 정보통신방송정책실 소프트웨어정책관 소프트웨어정책과
27	2014. 8. 12	SW · 정보통신서비스 투자활성화 대책	미래창조과학부 정보통신방송정책실 정보통신융합정책관 정책총괄과
28	2014. 10. 15	공공 조달을 통한 SW 산업 발전방안	미래창조과학부 정보통신방송정책실 소프트웨어정책관 소프트웨어정책과
29	2015. 1. 30	SW 중심사회 확산 방안	미래창조과학부 정보통신방송정책실 소프트웨어정책관 소프트웨어정책과
30	2015. 3. 3	「경제활성화법」, 「클라우드컴퓨팅 발전법」 국회 본회의 통과	미래창조과학부 정보통신방송정책실 소프트웨어정책관 소프트웨어융합과
31	2015. 5. 30	K-ICT 디지털콘텐츠산업 육성계획	미래창조과학부 정보통신정책실 소프트웨어정책관 디지털콘텐츠과
32	2015. 11. 10	제1차 클라우드컴퓨팅 발전 기본계획(2016~2018)	미래창조과학부 정보통신정책실 소프트웨어정책관 소프트웨어진흥과
33	2015. 12. 6	소프트웨어 교육 활성화 기본계획	미래창조과학부 정보통신정책실 소프트웨어정책관 소프트웨어교육혁신팀
34	2016. 4. 11	SaaS 글로벌 경쟁력 강화 방안 (2016~2018)	미래창조과학부 정보통신정책실 소프트웨어정책관 소프트웨어진흥과
35	2017. 12. 20	SW산업 육성을 위한 공공SW사업 혁신방안	과학기술정보통신부 정보통신정책실 소프트웨어정책관 소프트웨어산업과
36	2018. 3. 16	「소프트웨어산업 진흥법」 전면개정 추진	과학기술정보통신부 정보통신정책실 소프트웨어정책관 소프트웨어정책과
37	2018. 9. 11	소프트웨어(SW) 일자리 창출 전략	과학기술정보통신부 정보통신정책실 소프트웨어정책관 소프트웨어정책과
38	2018. 12. 31	제2차 클라우드 컴퓨팅 발전 기본계획 (2019~2021)	과학기술정보통신부 정보통신정책실 인터넷융합정책관 정책총괄과
39	2020. 12. 3	디지털 전환 선도를 위한 소프트웨어 진흥 실행전략	기획재정부 정책조정국 정책조정총괄과
40	2021. 6. 9	민관협력 기반의 소프트웨어 인재양성 대책	기획재정부 경제구조개혁국 일자리경제지원과
41	2021. 8. 12	정밀의료 소프트웨어 선도계획	기획재정부 정책조정국 신성장정책과

정보보호

No.	발표일	정책 자료	담당 부서
1	1997. 1. 3	정보통신 이용자보호 추진계획	정보통신부 정보통신정책실 정보통신정책과
2	1997. 11. 26	정보보호산업 발전대책	정보통신부 정보화기획실 정보보호과
3	1999. 10. 22	정보화 역기능 방지대책	정보통신부 정보화기획실 정보보호과
4	2000. 7. 12	정보격차 해소를 위한 향후 정책방향 및 정보화 역기능 해소를 위한 종합대책	정보통신부 정보화기획실 기획총괄과
5	2001. 12. 26	이동통신사 가입자 개인정보관리 대책	정보통신부 정보화기획실 정보이용보호과
6	2002. 5. 9	국경 간 해킹 · 스팸메일 대책	정보통신부 정보통신정책실 정보보호정책관 정보보호기획과
7	2002. 7. 15	중장기 정보보호 기본계획(안)	정보통신부 정보통신정책실 정보보호정책관 정보보호기획과
8	2002. 10. 22	정보보호문화운동 추진 계획	정보통신부 정보화기획실
9	2003. 10. 15	휴대폰 스팸방지 종합대책	정보통신부 정보화기획실 정보보호정책과
10	2004. 10. 20	피싱(phishing) 피해 방지대책	정보통신부 정보화기획실 정보보호정책과
11	2005. 9. 22	전자거래 안전성 강화 종합대책	정보통신부 정보화기획실 정보보호정책과
12	2006. 7. 11	휴대전화 스팸 방지대책	정보통신부 정보보호기획단 정보윤리팀
13	2006. 9. 27	개인정보보호 강화를 위한 보안서버 보급 확대	정보통신부 정보보호기획단 정보보호정책팀
14	2007. 1. 3	VoIP 정보보호 추진대책	정보통신부 정보보호기획단 정보보호정책팀
15	2008. 7. 22	인터넷 정보보호 종합대책	방송통신위원회 네트워크정책관실 개인정보보호과
16	2009. 9. 14	국가 사이버위기 종합대책	방송통신위원회 네트워크정책국 네트워크정보보호팀
17	2009. 10. 16	스팸방지 종합대책	방송통신위원회 네트워크정책국 개인정보보호윤리과
18	2010. 12. 24	스마트 모바일 시큐리티 종합계획	방송통신위원회 네트워크정책국 네트워크정보보호팀
19	2011. 1. 21	스팸방지 종합대책	방송통신위원회 네트워크정책국 네트워크윤리팀
20	2011. 6. 28	전자정부 정보보호 중기(2012~2014) 추진계획	행정안전부 정보화전략실 정보보호정책과
21	2011. 8. 8	국가 사이버안보 마스터플랜	방송통신위원회 네트워크정책국 네트워크정보보호팀
22	2012. 1. 13	2012~2014년도 개인정보보호 기본계획	행정안전부 정보화전략실 개인정보보호과
23	2012. 4. 20	주민번호 수집 · 이용 최소화 종합대책	행정안전부 정보화전략실 개인정보보호과

(계속)

No.	발표일	정책 자료	담당 부서
24	2012. 8. 9	이통사 개인정보보호 및 불법 TM 방지를 위한 개인정보보호 개선 방안	방송통신위원회 네트워크정책국 개인정보보호윤리과
25	2012. 11. 22	인터넷전화서비스 안전성 강화를 위한 인터넷전화 정보보호 강화대책	방송통신위원회 네트워크정책국 네트워크정보보호팀
26	2013. 7. 4	정보보호산업 발전 종합대책	미래창조과학부 정보화전략국 정보보호정책과
27	2013. 7. 4	국가 사이버안보 종합대책	미래창조과학부 정보화전략국 정보보호정책과
28	2013. 12. 23	제2차(2015~2017년) 개인정보보호 기본계획(안)	안전행정부 창조정부조직실 개인정보보호과
29	2014. 7. 31	개인정보보호 정상화 대책	안전행정부 창조정부조직실 개인정보보호과
30	2015. 3. 3	경제활성화법, 클라우드컴퓨팅 발전법 국회 본회의 통과	미래창조과학부 정보통신방송정책실 소프트웨어정책관 소프트웨어융합과
31	2015. 3. 5	공유기 보안 강화대책	미래창조과학부 정보화전략국 사이버침해대응과
32	2015. 3. 25	공공아이핀 부정발급 재발방지 종합대책	행정자치부 창조정부조직실 개인정보보호정책과
33	2015. 4. 29	정보보호가 기본(基本)이 되고 창조경제 먹거리 산업화를 위한 'K-ICT시큐리티 발전 전략'	미래창조과학부 정보통신정책실 정보보호정책관 정보보호기획과
34	2015. 6. 10	사물인터넷(IoT) 정보보호 로드맵 3개년(2015~2017) 시행계획	미래창조과학부 정보통신정책실 정보통신산업정책관 정보보호지원과
35	2015. 9. 10	클라우드 서비스 활성화를 위한 정보보호 대책	미래창조과학부 정보통신정책실 소프트웨어정책관 소프트웨어진흥과
36	2016. 2. 3	K-ICT 시큐리티 해외진출 가속화 방안	미래창조과학부 정보통신정책실 정보보호정책관 정보보호기획과
37	2016. 5. 13	초연결 지능정보사회의 사이버안전 생태계 조성을 위한 사이버 시큐리티 인력양성 종합계획	미래창조과학부 정보통신정책실 인터넷융합정책관 정책총괄과
38	2016. 5. 13	ICT 융합 안심사회 구현 및 新산업 육성을 위한 'K-ICT 융합보안 발전 전략'	미래창조과학부 정보통신정책실 정보보호정책관 정보보호지원과
39	2016. 6. 9	정보보호산업 육성 및 전문 일자리 창출을 위한 제1차 정보보호산업 진흥계획(2016~2020)(가칭: K-ICT 시큐리티 2020)	미래창조과학부 정보통신정책실 정보보호정책관 정보보호기획과
40	2016. 12. 26	제3차 개인정보보호 기본계획 (2018~2020년)	개인정보보호위원회
41	2017. 12. 19	가상통화 관련 긴급대책: 가상통화거래소에 대한 사이버보안 및 개인정보보호 체계 강화	과학기술정보통신부 정보통신정책실 정보보호정책관 사이버침해대응과
42	2017. 12. 26	국민 생활안전 실현을 위한 IP 카메라 종합대책	과학기술정보통신부 정보통신정책실 정보보호정책관 사이버침해대응과
43	2019. 1. 8	민간부문 정보보호 종합계획 2019: I-KOREA 4.0 정보보호 분야 계획	과학기술정보통신부 정보통신정책실 정보보호정책관 정보보호기획과

통신

No.	발표일	정책 자료	담당 부서
1	1991. 8.14	이동전화서비스 확대	체신부 전파관리국 기술과
2	1992. 1. 8	이동통신 관련 기기 국산화 개발정책	체신부 전파관리국 기술과
3	1993. 3. 22	부가통신사업 육성대책(안)	체신부 정보통신국 정보통신업무과
4	1993. 12. 13	UR통신서비스 협상 대응방안	체신부 통신정책실 통신기획과
5	1994. 4. 25	복지정보통신서비스 확대 계획	체신부 정보통신국 정보통신업무과
6	1995. 7. 4	통신산업 경쟁력 강화를 위한 기본정책방향	정보통신부 정보통신정책실 정책총괄과
7	1995. 8. 18	통신장비산업 지원 육성계획	통상산업부 생활공업국 전자기기과
8	1996. 4. 20	CDMA 이동통신 기술개발 추진계획	정보통신부 정보통신지원국 정보통신진흥과
9	1997. 3. 3	정보통신서비스 품질평가 추진계획(안)	정보통신부 정보통신정책실 정보통신정책과
10	1998. 7. 20	통신서비스 신용정보 공동관리 추진계획	정보통신부 정보통신지원국 부가통신과
11	1999. 2. 24	정보통신서비스 품질평가제도(안)	정보통신부 정보통신지원국 부가통신과
12	1999. 4. 14	IMT-2000 기술개발 정책방향	정보통신부 전파방송관리국 전파방송기획과
13	2000. 5. 1	PC통신 및 인터넷 이용환경의 획기적 개선을 위한 종합대책	정보통신부 정보통신지원국 부가통신과
14	2000. 5. 17	부가통신산업 종합발전 대책(안)	정보통신부 정보통신지원국 부가통신과
15	2000. 6. 7	무선인터넷 활성화를 위한 정책방향	정보통신부 정보통신지원국 부가통신과
16	2001. 5. 29	CDMA 해외진출종합계획 (Mobile Vision 2005)	정보통신부 국제협력관실 협력기획담당관
17	2002. 6. 3	통신시장 공정경쟁 정책방향	정보통신부 정보통신지원국 통신기획과
18	2002. 6. 27	통신서비스 및 사업자 분류제도 개선방안(안)	정보통신부 정보통신지원국 통신기획과
19	2002. 10. 9	단말기보조금 금지 법제화 (전기통신사업법 개정안)	정보통신부 정보통신지원국
20	2003. 7. 24	통신시장 경쟁정책 방향	정보통신부 정보통신진흥국
21	2003. 9. 18	통합지휘무선통신망구축사업 기본계획	정보통신부 전파방송관리국
22	2007. 3. 15	통신규제정책 로드맵 제1차 정책방안	정보통신부 통신전파방송정책본부 통신방송정책총괄팀
23	2007. 4. 2	단말기 보조금 규제 일몰에 대비한 정책방향	정보통신부 전파방송기획단 통신이용제도팀
24	2007. 7. 23	통신규제정책 로드맵 제2차 정책방안	정보통신부 통신전파방송정책본부 통신방송정책총괄팀

(계속)

No.	발표일	정책 자료	담당 부서
25	2008. 7. 9	이동통신산업 발전전략	지식경제부 성장동력실 정보통신산업정책관 정보통신산업과
26	2013. 3. 14	통신과금서비스 이용자 보호 개선 대책	방송통신위원회
27	2013. 8. 14	휴대전화 부정사용 피해방지 종합대책	미래창조과학부 통신정책국 통신이용제도과
28	2013. 8. 27	기업투자 활성화를 위한 규제개선방안	미래창조과학부 기획조정실 규제개혁법무담당관
29	2013. 10. 4	와이브로 정책방향	미래창조과학부 통신정책국 통신서비스기반팀
30	2013. 12. 9	단말기 보조금 제재 개선방안	방송통신위원회
31	2014. 6. 26	2014년도 알뜰폰 활성화 방안	미래창조과학부 통신정책국 통신경쟁정책과
32	2014. 7.01	2014년 가계통신비 경감 방안	미래창조과학부 통신정책국 통신이용제도과
33	2014. 7. 28	재난 및 안전관리 혁신 방안	미래창조과학부 비상안전기획관실
34	2014. 10. 1	단말기 유통구조 개선법(단통법) 시행	미래창조과학부 통신정책국 통신이용제도과
35	2014. 12. 8	정보통신공사업 역량강화 방안	미래창조과학부 정보통신정책실 인터넷융합정책관 네트워크기획과
36	2015. 5. 22	알뜰폰 제2의 도약을 위한 3차 활성화 계획	미래창조과학부 통신정책국 통신경쟁정책과
37	2015. 6. 25	이동통신시장 경쟁촉진 및 규제합리화를 위한 통신정책 방안	미래창조과학부 통신정책국 통신정책기획과
38	2015. 12. 28	공중케이블 정비 중장기 종합계획(안)	미래창조과학부 통신정책국 통신자원정책과
39	2016. 7. 25	통신시장 경쟁정책 추진계획	미래창조과학부 통신정책국 통신정책기획과
40	2017. 8. 25	단말기유통구조 개선 대책 및 데이터 로밍 요금 개선 방안	방송통신위원회
41	2018. 12. 24	소비자 관점의 완전자급제 이행방안	과학기술정보통신부 통신정책국 통신이용제도과
42	2020. 8. 6	6G 시대 선도를 위한 미래 이동통신 R&D 추진전략	과학기술정보통신부 네트워크정책실 정보보호네트워크정책관 네트워크정책과
43	2020. 8. 9	알뜰폰 활성화 대책	과학기술정보통신부 네트워크정책실 통신정책관 통신경쟁정책과
44	2021. 2. 2	제2차 공중케이블 정비 중장기 종합계획 (2021~2025)	과학기술정보통신부 통신정책국 통신자원정책과
45	2021. 6. 23	6세대(6G) 연구개발(R&D) 실행계획	과학기술정보통신부 네트워크정책실 네트워크정책과

정보융합

No.	발표일	정책 자료	담당 부서
1	2000. 5. 9	인터넷데이터센터 발전 방안	정보통신부 정보화기획실 인터넷정책과
2	2000. 5. 12	ASP산업 육성방안	정보통신부 정보통신정책실 인터넷융합정책관 인터넷정책과
3	2000. 6. 12	도메인분쟁 해결정책 추진계획	정보통신부 정보통신정책실 인터넷융합정책관 인터넷정책과
4	2001. 1. 31	닷컴기업 활성화 지원 대책	정보통신부 정보통신정책실 인터넷융합정책관 인터넷정책과
5	2001. 5. 21	차세대인터넷 기반구축을 위한 국가 GRID 기본계획	정보통신부 정보통신정책실 인터넷융합정책관 인터넷정책과
6	2003. 9. 17	인터넷산업 강국 건설을 위한 IPv6 보급 촉진 계획	정보통신부 정보화기획실
7	2005. 7. 23	인터넷주소자원의 개발·이용촉진 및 관리에 관한 기본계획	정보통신부 정보통신정책실 인터넷융합정책관 인터넷정책과
8	2006. 12. 28	인터넷산업 강국 건설을 위한 IPv6 보급 촉진 기본계획 II	정보통신부 미래정보전략본부 IT인프라정책팀
9	2009. 7. 16	차세대 IDC 그린화 추진방안	지식경제부 성장동력실 정보통신산업정책관 정보통신산업과
10	2013. 6. 5	인터넷 신산업 육성 방안: 아이디어가 세상을 바꾸는 인터넷 구현	미래창조과학부 정보화전략국 지능통신정책과
11	2014. 3. 27	무제한인터넷주소(IPv6) 확산 로드맵	미래창조과학부 정보통신정책실 인터넷융합정책관 인터넷정책과
12	2014. 5. 8	초연결 디지털 혁명의 선도국가 실현을 위한 사물인터넷 기본계획	미래창조과학부 정보통신방송정책실 소프트웨어정책관 인터넷신산업팀
13	2014. 9. 4	인터넷경제 활성화를 위한 규제혁신 방안	미래창조과학부 정보통신정책실 인터넷융합정책관 네트워크기획과
14	2014. 12. 8	데이터산업 발전전략	미래창조과학부 정보화전략국 정보화기반팀
15	2015. 4. 1	민간분야 ActiveX 이용 개선방안	미래창조과학부 정보통신정책실 인터넷융합정책관 인터넷제도혁신과
16	2015. 5. 7	융합 신산업 창출을 위한 규제개혁 추진방향	미래창조과학부 정보통신정책실 인터넷융합정책관 정책총괄과
17	2015. 6. 3	금융권 빅데이터 활성화 방안	금융위원회 기획조정관실 신용정보팀
18	2015. 12. 8	사물인터넷 확산 전략	미래창조과학부 정보통신정책실 인터넷융합정책관 정책총괄과
19	2016. 5. 18	ICT 융합 신산업 규제혁신방안	미래창조과학부 정보통신정책실 인터넷융합정책관 융합신산업과

(계속)

No.	발표일	정책 자료	담당 부서
20	2017. 11. 30	혁신성장을 위한 사람 중심의 4차 산업혁명 대응계획	과학기술정보통신부 정보통신정책실 인터넷융합정책관 정책총괄과
21	2018. 5. 15	I-Korea 4.0 실현을 위한 인공지능(AI) R&D 전략	과학기술정보통신부 지능정보사회추진단 인공지능정책팀
22	2018. 5. 17	제5차 인터넷주소자원 기본계획 (2018~2020)	과학기술정보통신부 정보통신정책실 인터넷융합정책관 인터넷제도혁신과
23	2018. 6. 21	블록체인 기술 발전전략	과학기술정보통신부 정보통신정책실 인터넷융합정책관 융합신산업과
24	2018. 6. 27	데이터산업 활성화 전략	과학기술정보통신부 정보통신정책실 인터넷융합정책관 융합신산업과
25	2019. 1. 16	데이터 · AI경제 활성화 계획(2019~2023)	과학기술정보통신부 정보통신정책실 인터넷융합정책관 융합신산업과
26	2019. 4. 8	혁신성장 실현을 위한 5G+ 전략	과학기술정보통신부 정보통신정책실 인터넷융합정책관 정책총괄과
27	2019. 9. 17	콘텐츠산업 3대 혁신전략	과학기술정보통신부 정보통신정책실 소프트웨어정책관 디지털콘텐츠과 문화체육관광부 문화산업정책과
28	2020. 10. 13	인공지능 반도체 산업 발전전략	산업통상자원부 산업정책실 소재부품산업정책관 반도체디스플레이과
29	2020. 12. 24	인공지능 법 · 제도 · 규제 정비 로드맵	과학기술정보통신부 정보통신정책실 인공지능기반정책관 인공지능기반정책과

6. OECD OURdata 지수

OECD의 OURdata 지수는 정부 데이터의 유효성(*availability*), 접근가능성(*accessibility*) 및 재사용(*re-use*)을 측정하고 평가한다. 이는 OECD 국가들과 파트너 국가들의 정부 데이터 공개 정책 디자인과 집행에 관련된 주요 진전 동향과 도전을 평가한다. 주요 평가항목별 구성 내용은 아래와 같다.

1) 데이터 가용성: 정부에서 출판되는 데이터의 내용, 데이터 공개와 관련된 이해관계자 참여, 집행 수준 등으로 구성
2) 데이터 접근성: 데이터에 대한 무제한 접근성, 데이터 품질과 내용에 대한 이해관계자 참여, 집행 수준 등에 대한 평가에 기초
3) 정부 지원: 정부의 데이터 공개 촉진과 파트너십 향상, 공무원들의 데이터 문해력(*literacy*) 향상, 모니터링 영향 등에 대한 평가로 구성

OECD 주요 회원국의 순위, 점수 및 부문별 점수 증감

순위	국가	점수		부문별 점수 증감		
		합계	증감	데이터 가용성	데이터 접근성	정부 지원
1	한국	0.93	+0.01	-0.01	0.0	0.0
2	프랑스	0.90	+0.05	+0.02	0.0	+0.03
3	아일랜드	0.77	+0.24	+0.09	+0.02	+0.13
9	그리스	0.70	+0.16	+0.03	+0.02	+0.11
10	슬로베니아	0.67	+0.19	+0.09	+0.05	+0.05
14	폴란드	0.63	+0.15	+0.12	0.0	+0.03
16	체코 공화국	0.61	+0.16	+0.03	-0.04	+0.09
19	벨기에	0.58	+0.12	-0.01	+0.04	+0.08
20	영국	0.57	-0.22	-0.09	-0.04	-0.10
21	라트비아	0.54	+0.35	+0.11	+0.12	+0.13
27	덴마크	0.49	+0.27	+0.07	+0.08	+0.13
28	핀란드	0.47	+0.20	-0.05	+0.01	-0.16
30	칠레	0.41	+0.10	+0.05	+0.01	+0.04

출처: 한국지능정보사회진흥원, 2020, 《2020 국가정보화 백서》, 448쪽.

7. OECD 국가 초고속인터넷 가입자 수 현황(유선)

(단위: 명)

순위	국가	DSL	케이블	광섬유	위성망	고정무선	기타	합계	총 가입자 수
1	스위스	23.2	13.0	9.2	0.0	0.0	0.8	46.14	3,928,550
2	프랑스	27.9	6.5	8.6	0.0	0.7	0.0	43.67	29,376,000
3	덴마크	13.9	14.7	14.5	0.0	0.3	0.0	43.44	2,516,848
4	네덜란드	15.2	20.3	7.7	0.0	0.0	0.0	43.13	7,431,746
5	한국	1.2	6.5	34.2	0.0	0.0	0.0	41.90	21,622,143
6	노르웨이	8.5	11.3	21.3	0.0	0.7	0.0	41.89	2,226,259
7	독일	30.3	9.8	1.5	0.0	0.0	0.1	41.71	34,576,580
8	영국	31.3	7.9	0.9	0.0	0.0	0.1	40.24	26,732,352
9	벨기에	18.6	20.8	0.4	0.0	0.0	0.0	39.75	4,542,618
10	스웨덴	4.4	6.6	27.1	0.0	0.1	0.1	39.26	3,994,475
11	캐나다	10.9	20.5	5.9	0.0	1.8	0.0	39.12	14,499,324
12	아이슬란드	15.9	0.0	22.9	0.0	0.1	0.0	38.97	137,438
13	그리스	37.6	0.0	0.1	0.0	0.0	0.0	37.66	5,042,165
14	포르투갈	5.3	11.5	18.1	0.0	2.7	0.0	37.61	3,867,937
15	룩셈부르크	17.7	3.7	15.8	0.0	0.0	0.2	37.31	227,150
16	호주	19.5	6.9	6.7	0.5	1.2	0.0	34.83	8,705,523
17	뉴질랜드	12.6	1.3	16.7	0.0	3.8	0.0	34.42	1,694,393
18	미국	6.2	21.6	5.3	0.6	0.5	0.2	32.83	8,705,523
19	스페인	6.6	5.0	20.2	0.1	0.5	0.2	32.36	112,515,000
20	헝가리	7.3	15.7	8.0	0.0	1.1	0.0	32.15	3,143,314
21	에스토니아	9.2	7.3	12.9	0.0	2.5	0.3	32.12	423,633
22	일본	1.3	5.4	25.3	0.0	0.0	0.0	32.05	40,524,759
23	핀란드	6.9	8.0	16.8	0.0	0.1	0.1	31.94	1,762,000
24	체코	8.5	5.6	6.0	0.0	10.8	0.0	30.85	3,277,804
25	아일랜드	18.4	7.7	2.6	0.1	1.0	0.0	29.74	1,445,435
26	슬로베니아	9.4	8.4	11.4	0.0	0.3	0.1	29.62	613,629
27	오스트리아	17.4	9.9	0.8	0.0	0.3	0.0	28.45	2,514,111
28	이탈리아	12.6	0.0	1.7	0.0	2.1	12.0	28.40	17,160,113
29	슬로바키아	8.7	3.3	9.0	0.0	6.2	1.0	28.26	1,538,773
30	이스라엘	19.1	8.4	0.6	0.0	0.0	0.0	28.15	2500,000
31	리투아니아	4.6	0.8	21.9	0.0	1.6	0.2	28.14	788,398
32	라트비아	5.9	0.9	18.3	0.0	0.5	1.1	26.76	515,396
33	폴란드	5.2	7.1	3.9	0.0	2.3	1.2	19.71	7,569,796
34	칠레	2.6	9.7	4.6	0.0	2.3	1.2	19.71	7,569,796
35	터키	11.8	1.2	3.6	0.0	0.0	0.3	16.90	13,758,657
36	멕시코	5.61	5.80	3.3	0.02	0.03	0.37	15.09	18,796,911
37	콜롬비아	3.3	8.0	1.9	0.0	0.6	0.0	13.82	6,888,556
	OECD 평균	11.00	0.53	8.42	0.17	0.59	0.69	31.39	424,345,936

주: 유선 인터넷의 기술별 100명당 해당 가입자 수이다.
출처: OECD Broadband Potal, 2019. 6.(www.oecd.org/internet/broadband/oecdbroadbandportal.htm)

8. OECD 국가 초고속인터넷 가입자 수 현황(무선)

(단위: 명)

순위	국가	데이터 및 음성	데이터	전체(구분할 수 없음)	합계	총 가입자 수
1	일본	97.9	78.7		176.6	223,321,956
2	핀란드	114.6	39.9		154.5	8,520,000
3	에스토니아	90.7	62.1		152.8	2,015,735
4	미국			149.7	149.7	490,000,000
5	호주	110.2	33.5		143.6	5,900,000
6	덴마크	119.1	20.0		139.2	8,062,603
7	라트비아	92.5	34.4		126.9	2,444,886
8	스웨덴	108.6	16.0		124.5	12,671,093
9	아이슬란드	103.8	17.5		121.3	427,667
10	네덜란드	114.8	2.9		117.8	20,290,000
11	한국	102.1	11.4		113.5	58,577,844
12	폴란드	91.3	20.0		111.2	42,728,485
13	아일랜드	97.6	6.3		103.9	5,084,856
14	리투아니아	82.1	20.9		102.9	2,883,753
15	노르웨이	95.1	6.7		101.8	5,411,206
16	이스라엘			101.3	101.3	9,000,000
17	스페인	98.0	3.3		101.3	47,335,156
18	룩셈부르크	89.9	11.3		101.2	616,300
19	영국	94.4	6.7		101.1	67,177,087
20	스위스	92.2	8.2		100.4	8,550,000
21	체코	86.8	9.8		96.5	10,258,160
22	뉴질랜드	88.9	7.1		96.0	4,725,848
23	칠레	90.7	3.5		94.2	17,673,814
24	프랑스	85.9	4.9		90.8	61,077,000
25	오스트리아	66.0	24.7		90.7	8,013,913
26	이탈리아	75.0	13.5		88.5	55,451,981
27	슬로바키아	76.3	10.5		86.8	4,725,292
28	그리스	82.2	4.2		86.4	9,273,133
29	독일	81.0	4.1		85.1	70,527,905
30	슬로베니아	76.5	5.2		81.6	1,691,562
31	캐나다	71.5	7.3		78.8	29,185,940
32	벨기에	74.6	3.6		78.3	8,943,867
33	포르투갈	70.7	5.2		75.9	7,802,490
34	터키	74.7	0.9		75.5	61,493,495
35	멕시코	73.2	0.9		74.1	92,262,838
36	헝가리	64.9	4.6		69.5	6,797,873
37	콜롬비아	52.1	0.8		53.0	26,394,509
	OECD 평균			112.8	112.8	1,525,282,509

주: 무선 인터넷의 기술별 100명당 해당 가입자 수이다.
출처: OECD Broadband Potal, 2019. 6.(www.oecd.org/internet/broadband/oecdbroadbandportal.htm)

홍은주

한양대를 졸업하고, 미국 오하이오주립대에서 경제학 석사학위와 박사학위를 받았다. MBC 경제부장, 논설실장을 거쳐 iMBC 대표이사를 지냈다. 한국여기자협회 부회장·회장 직무대행, 한국 여성경제학회 회장 등을 역임하였으며, 현재 한양사이버대 경제금융학과 교수로 있다. 저서로는《경제를 보는 눈》,《초국적 시대의 미국기업》,《부실채권 정리: 금융산업의 뉴 프론티어》,《(그림으로 이해하는) 경제사상》등 다수가 있다. 재경회와 KDI가 공동 기획한《코리안 미러클》시리즈를 단독 혹은 공동 집필해왔다.

육성으로 듣는 경제기적 VIII

코리안 미러클 7

정보화 혁명, 정책에 길을 묻다

2022년 5월 10일 발행
2022년 5월 10일 1쇄

기획 및 집필_ 육성으로 듣는 경제기적 편찬위원회
발행자_ 趙相浩
발행처_ (주) 나남
주소_ 10881 경기도 파주시 회동길 193
전화_ 031) 955-4601 (代)
FAX_ 031) 955-4555
등록_ 제 1-71호(1979. 5. 12)
홈페이지_ www.nanam.net
전자우편_ post@nanam.net

ISBN 978-89-300-4103-4
ISBN 978-89-300-8001-9(세트)

코리안 미러클

육성으로 듣는 경제기적 편찬위원회 (위원장 진념) 지음

현오석 · 김호식 · 엄일영 · 윤대희 · 조원동 · 지동욱 · 최우석

박정희 시대 '경제기적'을 만든 사람들을 만나다!
경제난 어떻게 풀어 '창조경제' 이룰 것인가?
전설적인 경제의 고수들에게 배우라!

홍은주 전 iMBC 대표이사와 조원동 전 청와대 경제수석이 '그 시대'
쟁쟁한 경제거물들인 최각규, 강경식, 조경식, 양윤세, 김용환,
황병태, 김호식, 전응진을 만났다. 그들의 생생한 육성으로 통화개혁,
8 · 3조치, 수출정책, 과학기술정책 추진과정을 둘러싼 007작전과
비화들을 듣는다.

크라운판 · 양장본 | 568면 | 35,000원

나남 www.nanam.net | 031-955-4601

코리안 미러클 2

도전과 비상

육성으로 듣는 경제기적 편찬위원회 (위원장 이헌재) 지음

김준경 · 진 념 · 강봉균 · 윤대희 · 김호식 · 박병원 · 임영록 · 고일동

1980~90년대 '전환의 시대'를 이끈 경제주역들의 생생한 증언!
국가주도 경제에서 시장경제로 패러다임을 바꾸다!

1960~70년대 순항하던 한국경제호는 살인적 물가폭등과 기업과 은행의 부실,
개방압력 등으로 흔들리기 시작한다. 바야흐로 물가를 안정시키고 기업과
은행의 자율성을 키우며 시장을 개방하는 것이 한국경제의 지상과제로 떠오른
것이다. 이 책은 이러한 시대의 키워드인 안정, 자율, 개방을 구현하는 데
핵심적 역할을 했던 경제정책 입안자 강경식, 사공일, 이규성, 문희갑, 서영택,
김기환의 인터뷰를 담고 있다. 한국경제 연착륙을 위해 고군분투하는 그들의
이야기는 난세영웅전을 방불케 할 정도로 흥미진진하다.

크라운판 · 양장본 | 552면 | 35,000원

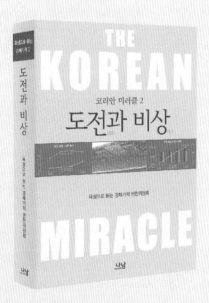

나남 nanam www.nanam.net | 031-955-4601

코리안 미러클 3

숨은 기적들

1권 중화학공업, 지축을 흔들다
2권 농촌 근대화 프로젝트, 새마을 운동
3권 숲의 역사, 새로 쓰다

육성으로 듣는 경제기적 편찬위원회 (위원장 강봉균) 지음

김준경·이규성·이헌재·진 념·윤대희·박병원·안병우·조원동·김주훈·조병구

'한강의 기적'에 가려졌던 숨겨진 기적을 만나다

한국이 황폐한 농업국가에서 세계 10위권의 경제대국으로 도약한 배경은
무엇이었나? 이 책은 그 답으로 중화학공업, 새마을 운동, 산림녹화 등 국가
발전의 기틀과 인프라가 만들어진 역사를 밝힌다. 방위산업 육성과 수출 100억
달러 달성이라는 두 마리 토끼를 잡기 위해 정부와 기업이 기술과 투지로
일으킨 중화학공업, '농촌의 자립자활'의 기치를 내걸고 농촌지도자와 농민들이
변혁의 횃불을 든 새마을 운동, 정부와 국민이 손잡고 민둥산을 푸른 숲으로
만든 산림녹화 …. 정부, 기업, 국민이 하나 되어 이룬 기적의 현장을 돌아본다.

1권 크라운판·양장본 | 436쪽 | 값 26,000원
2권 크라운판·양장본 | 244쪽 | 값 20,000원
3권 크라운판·양장본 | 268쪽 | 값 20,000원

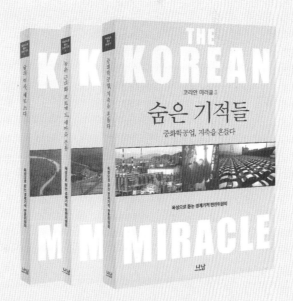

나남 nanam www.nanam.net | 031-955-4601

코리안 미러클 4

외환위기의 파고를 넘어

육성으로 듣는 경제기적 편찬위원회 (위원장 강봉균) 지음

김준경 · 안병우 · 김용덕 · 윤대희 · 조원동 · 김주훈

한국 경제의 불시착과 재비상의 드라마!
국가부도의 위기에서 대한민국 경제를 사수하라!

1997년 '우리나라가 부도날지도 모른다'는 청천벽력과 같은 소식이 전해진다.
믿었던 대기업이 무너지고 수많은 가장이 직장을 잃으며 가정이 흔들렸다.
이 책은 이러한 위기의 시기, 1997년 IMF로부터 구제금융을 받은 시점부터
2001년 외환위기가 공식 종료된 시점까지 긴박했던 순간을 고스란히 담았다.
당시 초유의 사태를 극복하기 위해 추진했던 금융 및 기업 부문의 구조조정,
공공부문 개혁, 서민 생활보호와 사회안전망 구축 정책을 경제 드림팀 이규성,
강봉균, 이헌재, 진념 재경부 장관의 생생한 목소리로 들어본다.

크라운판 · 반양장 | 752면 | 39,000원

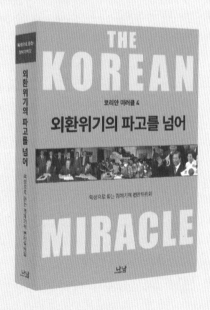

나남
nanam | www.nanam.net | 031-955-4601

코리안 미러클 6

금융실명제 한국의 경제질서를 바꾼 개혁

육성으로 듣는 경제기적 편찬위원회 (위원장 한덕수) 지음

최정표 · 남상우 · 백운찬 · 서중해 · 윤대희 · 윤용로 · 윤증현 · 진동수 · 최규연

투명한 경제, 깨끗한 사회를 연 기폭제, 금융실명제

1993년 대통령 긴급명령으로 전격 시행된 금융실명제는 경제뿐만 아니라
정치, 사회 전반에 깨끗하고 공정한 질서를 확립하여 신뢰자본을 형성하고
경제의 지속발전을 추구하며 한국의 국격을 높이기 위한 '빅 픽처'였다.
이 책은 1982년과 1989년, 1993년 세 차례에 걸친 금융실명제의 주역인
홍재형, 강경식, 윤증현, 김용진, 김진표, 진동수, 김종인, 남상우,
백운찬, 윤용로, 강만수, 임지순의 생생한 증언을 통해 당시 정치·경제적
배경에서부터 금융실명제의 전 과정을 살펴보며 우리가 지향해야 할
투명사회의 미래를 발견한다.

크라운판·양장본 | 460면 | 40,000원

나남
nanam www.nanam.net | 031-955-4601